COLLECTION ITINÉRAIRES LITTÉRAIRES
OUVRAGE RÉALISÉ SOUS LA DIRECTION DE

GEORGES DÉCOTE ET HÉLÈNE SABBAH
AGRÉGÉ DE L'UNIVERSITÉ
DOCTEUR ÈS LETTRES
CERTIFIÉE DE LETTRES CLASSIQUES
PROFESSEUR DE LYCÉE

Histoire de la

LITTÉRATURE FRANÇAISE

XVIIIe

HÉLÈNE SABBAH - MARIE-CAROLINE CARLIER -
CLAUDE ETERSTEIN
DOMINIQUE GIOVACCHINI - ADELINE LESOT
AVEC LA COLLABORATION DE :
JOËL DUBOSCLARD - ANNE-ÉLISABETH HALPERN

Itinéraires Littéraires

HATIER

AVANT-PROPOS

Cet ouvrage a une triple fonction : il offre à la fois un recueil de textes, une histoire littéraire et une étude des styles et des formes littéraires. Il a paru important de faire figurer, de manière équilibrée, ces différents éléments dans un même volume pour apporter aux lecteurs un outil de travail efficace et complet.

Ce livre se divise en quatre grandes parties :

LES PRÉCURSEURS (1685-1715) ;

L'ESSOR DES LUMIÈRES (1715-1750) ;

L'APOGÉE DES LUMIÈRES ET DES SENSIBILITÉS PRÉROMANTIQUES (1750-1778) ;

L'ÈRE DES BOULEVERSEMENTS (1778-1802).

Cette répartition chronologique, dont chaque étape est précédée d'une introduction, facilite la mise en perspective historique des textes et permet de suivre, par exemple, l'évolution de l'esprit philosophique et son aboutissement dans le théâtre de Beaumarchais ou dans les textes politiques révolutionnaires.

À l'intérieur de ces quatre grandes parties, des introductions littéraires regroupent des auteurs dans des orientations esthétiques ou idéologiques : Lesage, Marivaux et Prévost illustrent les tendances d'un roman et d'un théâtre nouveaux. On trouve chez Rousseau et chez Bernardin de Saint-Pierre les mêmes élans d'une sensibilité qui annonce le Romantisme.

Dans chacun de ces regroupements, chaque auteur se trouve au centre d'un dossier complet dont la structure comporte les éléments suivants :

– **un portrait biographique** qui retrace les événements marquants d'une vie, les attaches familiales de l'écrivain, son intégration à un milieu et à une époque. Cette reconstitution biographique permet au lecteur de créer des liens avec chaque auteur ;

– **une présentation des œuvres** qui met en lumière leurs sources d'inspiration, leur situation par rapport à l'époque et aux mouvements esthétiques, à l'histoire, leurs caractères spécifiques ;

Coordination éditoriale : PUBLIPLUS - Maïe Fortin
Conception graphique : Jean-Luc Dusong
Mise en page : Christian Blangez
Iconographes : Édith Garaud, Nelly Gras, Claire Venriès

ISBN 2 218-04196-0

– **des extraits des textes essentiels**, précédés d'une brève introduction qui les situe dans leurs contexte immédiat. Les textes les plus importants du XVIIIe siècle figurent en bonne place dans cet ouvrage. Y figurent également des auteurs moins importants susceptibles de correspondre à la sensibilité de notre époque ;

– **des extraits d'autres écrivains français** dont la thématique et l'écriture sont en résonnance avec tel ou tel écrivain majeur. Pour en faciliter le repérage, nous avons intitulé ces extraits « textes écho » ;

– **des textes de littérature étrangère**. Ils permettent d'établir des parallèles entre les différents mouvements ou entre les différents thèmes d'inspiration. Au XVIIIe siècle en particulier, ils soulignent le caractère cosmopolite de la littérature ;

– **des textes critiques**, qui offrent un éclairage moderne et permettent de comprendre les différentes approches critiques des œuvres ;

– **une synthèse** qui, pour les auteurs les plus importants, propose un aperçu des caractéristiques thématiques et formelles propres à l'écrivain étudié.

Enfin, de nombreuses mises au point apportent des précisions sur des notions historiques ou culturelles importantes (« problèmes religieux et tolérance », « la franc-maçonnerie »), sur les genres (« le roman épistolaire », « le conte philosophique »), sur des particularités stylistiques (« l'ironie »), sur des domaines esthétiques différents (« musique et opéra »), sur des thèmes représentatifs des préoccupations littéraires et sociales (« l'idée de bonheur », « cosmopolitisme et voyage », « le mythe du bon sauvage », « qu'est-ce qu'un philosophe ? »). Elles présentent, de manière structurée, avec des exemples renvoyant aux auteurs et aux textes, un historique, des analyses et des éléments permettant de mieux cerner quelques problématiques littéraires.

L'iconographie, choisie parmi la production artistique du XVIIIe siècle, s'offre comme un reflet des mouvements et des sensibilités esthétiques. Elle fait comprendre qu'il n'y a pas de cloisonnement entre les différents modes d'expression, peinture, sculpture, architecture et littérature pas plus qu'il n'y en a entre ces arts et l'époque qui les voit naître.

Les auteurs

Sommaire

Le Siècle des lumières

Les précurseurs (1685-1715)

L'essor des Lumières (1715-1750)

Apogée des Lumières et sensibilités préromantiques (1750-1778)

SOMMAIRE (suite)

L'ÈRE DES BOULEVERSEMENTS (1778-1802)

Introductions littéraires : regroupement d'auteurs dans un mouvement, une orientation esthétique...

« Textes écho » ; Textes de littérature étrangère ; textes critiques.

Fiches récapitulatives sur un mouvement littéraire ou un genre formel ; mises en relief d'aspects spécifiques du XVIIIe siècle.

François Boucher (1703-1770), *Le Triomphe de Vénus,* 1,30 × 1,62 m, 1740 (Stockholm, Nationalmuseum).

LE SIÈCLE DES LUMIÈRES

À Versailles, le 1er septembre 1715, la mort de Louis XIV, le Roi-Soleil, ouvre le Siècle des lumières. Lumières de la raison humaine au service de la liberté contre l'absolutisme terni par le déclin d'un trop long règne. Éclat d'une civilisation brillante, modèle de raffinement pour l'Europe entière, mais surtout illumination de la pensée critique, arme de la littérature et de la philosophie contre l'obscurantisme du préjugé et les sombres effets de l'injustice. Rappelons que le XVIIIe siècle conduit à l'explosion révolutionnaire de 1789 d'autant plus sûrement qu'il l'a préparée.

1715-1789 : entre ces deux dates clefs s'accomplit en France une évolution considérable de l'économie, de la société et des mentalités. Évolution mal mesurée et mal maîtrisée par un pouvoir monarchique qui ne sait, en définitive, s'adapter à des réalités nouvelles. Ni Louis XV qui règne de 1715 à 1774, ni Louis XVI qui règne jusqu'en 1792 et meurt sur l'échafaud l'année suivante n'entreprendront les réformes nécessaires à l'accompagnement de cette transformation qui conduit à la chute de l'Ancien Régime. Les écrivains-philosophes des Lumières ont au contraire senti, éclairé et ainsi favorisé cette métamorphose en contestant les bases politiques et idéologiques du vieux monde et en inventant les valeurs d'un monde nouveau.

Du « siècle de Louis XIV » à la Révolution

La fin du règne du Roi-Soleil (1685-1715)

La crise de l'Ancien Régime a commencé pendant le règne de Louis XIV dont les dernières années sont marquées par la menace constante de la famine, par les persécutions contre les jansénistes et les protestants (surtout après la révocation de l'édit de Nantes en 1685). De surcroît, de 1689 à 1697, puis de 1702 à 1713, la France est en guerre contre des coalitions européennes menées par l'Autriche puis par l'Angleterre. Sont en jeu la prééminence en Europe, mais surtout la maîtrise des empires coloniaux et les profits de leur exploitation.

En effet, à la fin du XVIIe siècle, les revenus de la terre ne constituent plus l'unique source de richesse. Des fortunes énormes s'édifient grâce au commerce avec l'Amérique et l'Orient. Une classe de « nouveaux riches », de financiers, d'armateurs, de négociants conteste à l'ancienne noblesse une suprématie sociale que l'absolutisme louis-quatorzien s'est employé de son côté à abaisser.

La Régence (1715-1723)

À la mort du roi se produit d'ailleurs une réaction aristocratique favorisée par la Régence de Philippe d'Orléans (1715-1723) : longtemps tenus à l'écart des responsabilités, les grands seigneurs reprennent leurs prérogatives et leur liberté dans une atmosphère de luxe et de plaisir dont les « fêtes galantes » du peintre Antoine Watteau offrent la couleur. Mais la vie fastueuse de la cour ne peut dissimuler les lézardes de l'édifice politique et social. Contesté par le Parlement, c'est-à-dire par la haute assemblée des magistrats de la noblesse de robe[1], l'absolutisme monarchique doit s'imposer à nouveau dès 1718, en refusant toute contestation et tout partage du pouvoir.

Financièrement en déséquilibre, l'État cherche également une remise en ordre de sa trésorerie dans le système imaginé par le contrôleur général Law : fondée sur l'émission de papier-monnaie, l'opération conduit malheureusement en 1720 à une banqueroute, catastrophique pour les milliers de particuliers qui ont fait confiance à l'État.

Le règne de Louis XV (1723-1774)

Sous le long ministère Fleury (1726-1743), le pays retrouve une paix et une prospérité relatives. La fin des grandes « mortalités » dues aux épidémies et aux famines engendre un essor démographique qui fait de la France le pays le plus peuplé d'Europe occidentale. Mais l'amélioration de l'agriculture, déterminante dans une civilisation encore essentiellement rurale, reste modeste et ne profite qu'aux riches propriétaires, les seuls qui ne soient pas écrasés par les impôts de plus en plus lourds perçus par l'État et par l'Église. Les « philosophes de la terre » – les physiocrates – proposaient comme réformes, dans les années 1750, la disparition des contraintes de la féodalité et la liberté des échanges commerciaux de province à province. L'application partielle de leurs théories sera finalement un échec, car les grands propriétaires terriens refusent de voir mis en question leurs droits seigneuriaux.

1. On désigne par cette expression la noblesse acquise par l'achat de certaines charges (ou fonctions) de justice.

L'État monarchique doit mener une double lutte : contre les ambitions d'une aristocratie défendue par le Parlement[1] et contre toutes les dissidences religieuses et intellectuelles (persécution contre les protestants et les philosophes trop audacieux). La politique de prestige menée par le roi (construction de l'opéra de Versailles et de la place Louis XV[2] à Paris par l'architecte Gabriel) ne peut empêcher le discrédit dans lequel tombe le régime qui accumule les revers militaires et diplomatiques : le traité de Paris de 1763 assure le triomphe de l'Angleterre en Amérique et en Inde.

Le règne de Louis XVI (1774-1792)

L'intervention de la France dans la guerre d'Indépendance américaine décidée par Louis XVI en 1778 redonne quelque lustre à la politique extérieure française mais, si elle est victorieuse, elle coûte cher au royaume et contribue à sa désorganisation financière. Les ministres « philosophes », Turgot (1774-1776) et Necker (1777-1781), sont renvoyés avant d'avoir pu infléchir, par de véritables réformes, un mouvement qui conduit à la crise finale de 1788-1789. La crise, économique et monétaire (mauvaises récoltes, faillites, banqueroute de l'État), est aussi une crise sociale : par faiblesse et manque de lucidité, Louis XVI, renonçant aux principes du despotisme éclairé cher aux philosophes des Lumières, cède aux pressions de la noblesse qui revendique la restauration de ses droits féodaux et veut contrôler la monarchie. Intellectuellement ouverte aux idées nouvelles mais socialement conservatrice, l'aristocratie est traversée de trop de contradictions pour pouvoir empêcher l'avènement des valeurs et du pouvoir de la bourgeoisie. Même si elle rêve encore d'anoblissement, la classe des financiers, des marchands, des maîtres de forge et des artisans affirme une idéologie de plus en plus autonome qui fait du travail et du mérite

Élisabeth-Louise Vigée-Le Brun (1755-1842), *Marie-Antoinette, reine de France, dit Marie-Antoinette à la rose*, détail, 1784 (Versailles, Musée national du Château).

1. Désigne, sous l'Ancien Régime, une assemblée de notables.

2. L'actuelle place de la Concorde à Paris.

personnel les fondements de la réussite sociale. Elle remet en cause les privilèges, les pouvoirs politiques et les institutions religieuses qui la marginalisent alors qu'elle fait la preuve, sur le terrain économique, de son dynamisme. Par ses critiques de l'ordre établi et par sa volonté de changement, elle trouve des alliés dans le peuple des villes et des campagnes.

La Révolution française (1789-1799)

Les exigences de la bourgeoisie affirmées par les députés du tiers état aux états généraux de 1789 trouveront leur traduction politique, la même année, dans les événements de la Révolution française : la prise de la Bastille, symbole du despotisme (14 juillet), l'abolition des privilèges (4 août), la déclaration des Droits de l'homme et du citoyen (26 août), la mise à disposition de la nation des biens du clergé (2 novembre).

Avec l'abolition de la royauté (21 septembre 1792), l'instauration de la République, la mobilisation contre les armées étrangères ennemies de la Révolution (bataille de Valmy, le 20 septembre 1792), l'exil d'une partie de la noblesse, le gouvernement de Robespierre et du Comité de salut public (1793-1794), le mouvement révolutionnaire se radicalise. La chute de Robespierre (9 Thermidor-27 juillet 1794) marque la fin de la Terreur jacobine. Ainsi s'achève une période d'extrême tension au cours de laquelle les transformations de la société souhaitées par l'aile gauche de la Convention (l'Assemblée) se heurtent à de nombreuses résistances qui sont éliminées par la force (des tribunaux révolutionnaires à la guillotine). Thermidor marque la reprise en main du pouvoir par des éléments plus conservateurs de la bourgeoisie. Sous le Directoire (instauré en 1795), la guerre reprend le pas sur les événements intérieurs. Elle va permettre à un

Léonard Defrance (1735-1805), *L'Abolition de la servitude dans les domaines du roi de France*, huile sur bois, 0,73 × 0,98 m, 1786-1787 (Liège, collection particulière).

général de l'armée républicaine de s'élever jusqu'au pouvoir personnel : c'est le coup d'État de Napoléon Bonaparte, le 18 Brumaire 1799. Une autre histoire commence alors. Celle de la France romantique. Celle de la France moderne.

Voyage au pays des philosophes

« Liberté, égalité, fraternité », les idées maîtresses de notre « bréviaire » républicain, héritées de la Révolution française, sont devenues des principes universels. Elles ont été élaborées au cours du XVIIIe siècle par des hommes qui ne concevaient guère d'autre système politique que la monarchie mais qui pensaient l'améliorer, la réformer pour le bien de l'humanité. En voulant « tout examiner, tout remuer », selon le mot d'ordre des Encyclopédistes, ils ont contribué à ébranler un système qui trouvait sa justification dans un ordre voulu par Dieu et son fondement dans la préservation des privilèges et des pouvoirs d'une caste.

Esprit critique et curiosité intellectuelle

Récusant les dogmes chrétiens et les explications métaphysiques du monde, les philosophes des Lumières s'appliquent à critiquer tout ce qui, dans l'ordre de la pensée, éloigne l'esprit humain de la vérité. Parce qu'ils estiment qu'il est dans la nature de l'homme d'être libre, ils entendent lui rendre cette liberté en renversant « toutes les barrières que la raison n'aura point posées » (Diderot). Cette ambition critique, libératrice et novatrice menace donc les traditions et les institutions politiques, religieuses, morales et esthétiques du passé. Même si elle rencontre des obstacles, des contradictions et se teinte parfois de pessimisme, la pensée des Lumières qui fait de la conquête du bonheur son credo, a foi dans le progrès. Rationaliste et empirique, elle se passionne pour tout ce qui enrichit la connaissance et l'expérience humaines.

Sa curiosité l'ouvre aux civilisations exotiques, à l'Orient des *Mille et Une Nuits* (traduites par A. Galland en 1704), aux « bons sauvages » d'Amérique ou de Tahiti. Mais la référence capitale des contemporains de Voltaire, dans les domaines politique et littéraire, est l'Angleterre dont la monarchie constitutionnelle[1] (depuis 1688), les philosophes et les savants (Locke et Newton), les romanciers (Defoe, Fielding et surtout Richardson) exercent une influence considérable sur la pensée française.

Le progrès des sciences

Le XVIIIe siècle voit s'opérer une véritable révolution scientifique et idéologique : la puissance de la nature devient un objet d'émerveillement et d'étude. La physique, la biologie, la botanique ou la médecine passionnent les cercles cultivés. Les sociétés savantes et les académies parisiennes et provinciales se multiplient. Fontenelle anime les débats de l'Académie royale des sciences dont les publications alimenteront l'*Encyclopédie* de Diderot et d'Alembert. L'*Histoire naturelle* de Buffon (1749) ou le *Traité de chimie* de Lavoisier (1789) sont célébrés bien au-delà du monde des savants. Les applications concrètes de la science suscitent également une vive curiosité : l'électricité, le magnétisme, le paratonnerre, les vols en ballon font l'objet de modes qui traduisent l'engouement du siècle pour les progrès scientifique et technique.

1. Désigne un système monarchique dans lequel la présence d'une constitution définit et limite les pouvoirs royaux.

L'enseignement des collèges assuré principalement par les oratoriens et les jésuites n'est pas coupé de ce mouvement, même s'il accorde toujours une part essentielle aux « humanités », c'est-à-dire aux langues anciennes. Mais cette culture humaniste, importante dans la formation civique des hommes des Lumières qui trouvent chez les auteurs grecs et latins des modèles de pensée et de vertu, s'adresse encore exclusivement aux garçons.

Salons et cafés

C'est pourtant chez des femmes, dans les salons de Mesdames de Lambert et de Tencin, dans ceux de Madame du Deffand ou de Madame Geoffrin, que se forme et s'exprime l'esprit nouveau. Le bouillonnement des idées naît dans ces creusets où la rencontre des gens de cour, des esprits savants et lettrés, crée l'étincelle favorable au progrès des Lumières. L'ambiguïté des relations entre le « parti des philosophes » et les classes dirigeantes apparaît nettement dans ces salons : le grand seigneur et l'écrivain s'y côtoient, le premier par goût de l'originalité, le second par plaisir social ou par nécessité économique. La disparité des rangs s'efface le plus souvent devant le règne de l'esprit, et la mode des idées conduit parfois l'aristocrate à savourer les théories qui le condamnent. Phénomène caractéristique d'une civilisation mondaine où la conversation est reine, le salon autorise les conceptions les plus hardies, les débats les plus libres à condition qu'ils s'expriment d'une manière divertissante et raffinée. Fontenelle, Montesquieu, Marivaux ou Voltaire y forment leur pensée et leur style.

Loin de la mondanité des salons mais dans des cadres souvent élégants, les cafés offrent à leurs habitués les plaisirs du jeu et de la discussion. Les gens d'esprit s'y rassemblent pour commenter l'actualité politique ou théâtrale. Diderot et Rousseau fréquentent le café de la Régence, place du Palais-Royal. D'autres préfèrent le Procope où se font et se défont les réputations des auteurs et des acteurs.

Vue du café du Caveau du Palais-Royal,
aquarelle, XVIIIe s. (Paris, musée Carnavalet).

Écrire et publier au XVIIIe siècle

La condition d'écrivain

Les écrivains, au XVIIIe siècle, ne constituent pas un groupe social homogène. Certains appartiennent à la noblesse d'épée[1] comme Saint-Simon ou de robe[1] comme Montesquieu, au clergé comme Prévost ou Condillac mais de plus en plus souvent leur extraction est roturière (Beaumarchais est le fils d'un horloger) et provinciale (Diderot est fils d'un coutelier de Langres). Si les plus chanceux ont une place à la cour (Voltaire et Marmontel sont historiographes[2] du roi), la plupart des hommes de lettres doivent chercher leurs moyens d'existence dans le mécénat, le journalisme ou une activité parallèle : Beaumarchais fait des affaires, Rousseau est laquais, musicien, secrétaire…

Nicolas-Henry Jeaurat de Bertry (1728-1796 ?), *Jean-Jacques Rousseau et les symboles de la Révolution*, 0,39 × 0,54 m (Paris, musée Carnavalet).

1. On distingue ainsi la noblesse militaire (symbolisée par l'épée) et celle des magistrats (représentée par la robe).

2. Chargés d'écrire l'histoire du roi.

Cependant une catégorie limitée mais nouvelle apparaît : celle des écrivains professionnels qui réussissent à vivre de leur plume. Pour eux, il n'est en général pas question de faire fortune. Dans les milieux de la « bohème littéraire », on vit souvent modestement. Jusqu'à la reconnaissance juridique de l'homme de lettres (arrêt de 1749 définissant la propriété littéraire[1], création de la Société des auteurs dramatiques par Beaumarchais en 1777), les auteurs n'ont aucun droit sur leur œuvre et dépendent des « libraires-éditeurs ».

L'édition et la censure

Ceux-ci doivent, pour leur part, tenir compte, lorsqu'ils publient un livre, des règlements très stricts de l'administration royale. Pour paraître, un ouvrage doit recevoir un « privilège » ou une « permission » délivrés par un censeur qui mesure la « conformité » du manuscrit aux normes religieuses, politiques ou morales. Auteurs et éditeurs multiplient les ruses pour éviter les interdictions qui menacent les ouvrages trop audacieux. En 1734, on annonce l'édition des *Lettres philosophiques* de Voltaire à Amsterdam alors qu'elles sont imprimées à Rouen ! Les livres les plus importants et les moins conformistes sont souvent édités à l'étranger, à Londres ou à Genève, à Francfort ou à Bâle mais le plus souvent en Hollande, véritable refuge de la liberté de publication. La clandestinité des écrits donne lieu à des trafics, des contrefaçons, un commerce souvent très lucratif. Mais au XVIIIe siècle, la « liberté de blâmer[2] » peut conduire les écrivains en prison (Voltaire à la Bastille, Diderot à Vincennes) ou en exil. Ils bénéficient néanmoins de protections : de grands seigneurs, certains ministres, des souverains « éclairés » d'Europe (Frédéric de Prusse pour Voltaire, Catherine de Russie pour Diderot) s'intéressent à leur œuvre et parfois leur apportent leur soutien.

La production littéraire

Malgré des conditions parfois difficiles, la production de livres connaît un essor important, surtout dans le domaine scientifique, mais aussi dans des genres littéraires comme le roman dont le XVIIIe siècle marque le véritable avènement. Les tirages dépassent rarement le millier d'exemplaires, le livre restant un objet coûteux. Toutefois, le succès de l'*Encyclopédie* (4 000 exemplaires vendus pour l'édition originale) manifeste l'appétit de connaissance d'une époque qui aime le savoir concret et la diffusion des grandes œuvres dans des cercles de plus en plus larges de la société. Le goût pour le théâtre – on construit beaucoup de salles nouvelles au XVIIIe siècle – illustre également une transformation de la sensibilité puisqu'aux spectacles de la tradition, la comédie et la tragédie, s'ajoutent des genres nouveaux, des genres « bourgeois » comme le drame sérieux. La prédominance de la littérature en prose qui assure la propagation des idées des Lumières s'affirme, sans que disparaisse une poésie qui se veut souvent didactique et descriptive. Les journaux périodiques rendent compte de la diversité des opinions et offrent une tribune aux partisans et aux adversaires des philosophes : après 1750, le célèbre *Journal de Trévoux* ou *L'Année littéraire* de Fréron symbolisent la résistance d'une partie des milieux intellectuels aux idées menaçant la religion et la tradition.

À côté d'une culture des lettrés qui ne concerne que quelques dizaines de milliers de privilégiés du savoir, il existe une littérature populaire diffusée par le colportage : ouvrages de piété, d'astrologie et de féerie de la *Bibliothèque bleue* de Troyes. On peut enfin rappeler qu'au XVIIIe siècle, l'analphabétisme touche encore près de trois Français sur quatre...

1. On reconnaît à l'écrivain un droit sur la publication de ses œuvres : « droit » au sens juridique et « droits d'auteur » perçus par l'écrivain en rémunération de son travail.

2. Beaumarchais, *Le Mariage de Figaro* (voir p. 374).

Jacques de Lajoue (1687-1761), *Le Cabinet de physique de M. Bonnier de La Mosson,* détail, 1,19 × 1,52 m (Irlande, collection Sir Alfred Beit).

LES PRÉCURSEURS

(1685-1715)

Si la fin du règne de Louis XIV peut apparaître comme une période d'immobilisme, si le temps semble être à la condamnation de toutes les « hérésies » religieuses et intellectuelles, se dessinent pourtant, à l'intérieur des cadres de pensée, des règles et des formes fixées par le classicisme[1], des tensions et des évolutions annonciatrices d'un siècle nouveau.

SPLENDEUR ET MISÈRE D'UN GRAND RÈGNE

En 1685, la puissance de Louis XIV est à son apogée. À l'extérieur, l'Europe est soumise aux desseins d'un souverain apparemment invincible sur la terre et sur les mers. À l'intérieur, la noblesse en est réduite à applaudir le maître qui l'a rassemblée à Versailles pour la tenir en son pouvoir. Dans le domaine des arts et de la pensée, le classicisme légifère, imposant ordre et unité à toutes les productions de l'esprit.

Anonyme, gravure en couleurs publiée par Le Roux, *Distribution du pain du roy au Louvre*, 1709 (Paris, BN).

1. Voir le chapitre consacré au classicisme dans *Itinéraires littéraires, XVIIe siècle.*

Pierre-Denis Martin dit Martin Le Jeune (1663-1742), *Vue du château et des jardins de Marly*, 1,37 × 1,55 m, 1723 (Versailles, Musée national du Château).

Le temps du déclin

Pourtant le Roi-Soleil, « ce maître de la paix et de la guerre, ce distributeur des couronnes, ce châtieur des nations, ce conquérant, ce grand par excellence, cet homme immortel pour qui on épuisait le marbre et le bronze », est conduit, en l'espace de trente ans, « au dernier bord du précipice » (Saint-Simon). Les difficultés se multiplient. Les conflits qui opposent la France à l'Europe coalisée à partir de 1688 marquent le déclin de l'impérialisme français. La guerre de la Ligue d'Augsbourg (1688-1697) et celle de la Succession d'Espagne (1702-1713) aboutissent à un nouvel équilibre qui donne aux puissances rivales de la France, l'Angleterre et l'Autriche, de substantiels avantages économiques et territoriaux. Si le sol français est globalement préservé de l'invasion étrangère, le pays est épuisé, écrasé par le poids des impôts nécessaires à l'effort de guerre, décimé par la famine et les épidémies. Rares sont les régions et les activités qui échappent au marasme général. Le peuple des villes et des campagnes connaît une misère extrême.

Le temps de l'intolérance

À ces difficultés économiques, s'ajoute une grave crise religieuse : l'absolutisme d'un roi devenu dévôt sous l'influence des jésuites conduit à une politique d'intolérance légale. Ainsi le « quiétisme », une forme de mysticisme qui séduit bon nombre de catholiques et particulièrement Fénelon, est condamné par le pape et par Louis XIV en 1699. Quant aux jansénistes, sommés de renoncer à une théologie qui conteste l'autorité de l'Église officielle et du roi, ils sont persécutés, les évêques qui les soutiennent, exilés, et le monastère de Port-Royal[1], symbole de leur résistance, détruit (1709). Et c'est encore par la violence qu'est « réglée » la question protestante après la révocation de l'édit de Nantes[2] (1685) : les conversions forcées et la « guerre des Cévennes » attisent la haine et entraînent la fuite à l'étranger de nombreuses familles huguenotes.

Le raidissement de l'autorité politique dans le domaine religieux doit être replacé dans un contexte plus large : c'est la pensée dans toutes ses manifestations qui est censée se plier aux règles et aux traditions d'une orthodoxie et d'un académisme voulus et contrôlés par le roi. Pourtant de nombreux facteurs d'évolution se dessinent, ouvrant des perspectives nouvelles.

LA CRISE DE LA CONSCIENCE EUROPEENNE

Préludant au mouvement philosophique du XVIIIe siècle, la « crise de la conscience européenne[3] » qui se manifeste à partir des années 1680, marque le progrès du rationalisme. C'est en effet au nom de la raison que les disciples de Descartes[4] s'emploient à critiquer les croyances traditionnelles et les autorités. À cette époque, les avancées de la science, repoussant les frontières du monde connu et découvrant des espaces infinis, détruisent l'ancienne vision aristotélicienne d'un univers centré autour de la terre. Les voyages lointains, en Amérique ou en Orient, offrent une autre leçon de relativisme en révélant aux Européens que leur culture et leur religion s'inscrivent dans une prodigieuse diversité d'institutions, de mœurs et de croyances. La vulgarisation scientifique (Fontenelle, *Entretiens sur la pluralité des mondes*, 1686) et les relations de voyage (celles de Chardin et de Tavernier sur l'Orient) sont à la mode dans les salons où survit parfois une tradition de libertinage érudit et sceptique.

Les progrès du rationalisme

Devant la floraison d'idées qui remettent en question les fondements de la foi et de la société politique, Bossuet s'inquiète : « Je vois un grand combat se préparer contre l'Église, sous le nom de philosophie cartésienne. [...] Chacun se donne la liberté de dire : "J'entends ceci et je n'entends pas cela" et sur ce seul fondement, on approuve ou on rejette tout ce qu'on veut. Il s'introduit sous ce prétexte une liberté de juger qui fait que, sans égard à la tradition, on avance témérairement tout ce qu'on pense[5]. »

L'influence de Nicolas Malebranche (1638-1715), philosophe chrétien et rationaliste, est alors considérable. Dans sa *Recherche de la vérité* (1674), il invite à traquer l'erreur et ouvre la voie à une critique de la superstition et du fanatisme. Or,

1. Il s'agit du fameux monastère de la vallée de Chevreuse près de Paris où furent élevés Blaise Pascal et Jean Racine.
2. À partir de 1685, les protestants sont exclus de toutes les charges et de la plupart des professions libérales. Leur religion devient illégale. La répression contre leurs assemblées est particulièrement brutale dans le Midi de la France.
3. Paul Hazard, *La Crise de la conscience européenne*, éd. Boivin, 1935.
4. Voir le chapitre consacré à Descartes dans *Itinéraires littéraires, XVIIe siècle*.
5. Bossuet, *Lettre au marquis d'Allemans* (1687).

Sébastien Leclerc (1634-1714), *L'Académie des Sciences et des Beaux-Arts*, détail, plume et encre noire, lavis gris et brun, 0,20 × 0,35 m (Paris, École nationale supérieure des Beaux-Arts, Bibliothèque).

cette critique va bientôt s'attaquer au texte même de la *Bible* dont des exégètes savants comme Richard Simon (1638-1712) dénoncent certaines incohérences. La croyance aux miracles est tournée en ridicule par le protestant Pierre Bayle (1647-1706) (voir p. 25) ainsi que par Fontenelle (1657-1757) (voir p. 30).

Dans ce combat des « rationaux » contre les « religionnaires », la philosophie de Baruch Spinoza (1632-1677) livre des armes redoutables. Avec le *Traité théologico-politique* (1670) et surtout *L'Éthique* (1677), le philosophe d'Amsterdam assure que les religions révélées sont au service du despotisme des rois et que l'homme doit chercher en lui-même la voie du salut par une connaissance de Dieu qui relève d'une démarche rationaliste.

Quant à l'Anglais John Locke (1632-1704), il guide les pas de la raison dans la direction d'un empirisme qui voit, à l'origine des idées les plus abstraites, des sensations dont il décrit les transformations complexes dans son *Essai sur l'entendement humain* (1690).

Malgré la résistance de grands penseurs comme Fénelon, Arnauld, Bossuet et, en Allemagne, Leibniz (1646-1716), les attaques contre les traditions et les dogmes religieux gagnent sans cesse du terrain.

La querelle des Anciens et des Modernes

Dans le domaine littéraire, la critique des autorités donne lieu à la querelle des Anciens et des Modernes. Celle-ci éclate en 1687 lorsque Charles Perrault lit à l'Académie française un poème, *Le Siècle de Louis le Grand*, dans lequel il met en doute la supériorité des poètes antiques sur les poètes modernes. Fontenelle, en 1688, dans sa *Digression sur les Anciens et les Modernes*, récuse lui aussi l'idéal classique en affirmant : « Rien n'arrête tant le progrès des choses, rien ne borne tant les esprits que l'admiration excessive des Anciens. » Accusés de sacrilège par les partisans de la tradition (Boileau, La Fontaine, La Bruyère), les Modernes ouvrent la voie à une nouvelle esthétique et à une nouvelle sensibilité qui mêlent le naturel et la préciosité.

LA FORMATION DE L'ESPRIT CRITIQUE
BAYLE, FONTENELLE

Anonyme, *Fontenelle méditant sur la pluralité des mondes*, estampe, 1791 (Paris, musée Carnavalet).

La fin du XVIIe et le début du XVIIIe siècle voient s'opérer un changement profond des mentalités et des esprits. Le développement des voyages et les progrès scientifiques déterminent des modes de pensée nouveaux et une remise en question des traditions jusque-là admises. La croyance au progrès s'oppose au respect du principe d'autorité[1].

Ce nouvel esprit, caractérisé par son exigence critique, forge ses instruments d'analyse, l'observation et l'expérimentation, et pose comme principe de ne rien accepter sans vérification. Son maître mot est la Raison, perçue comme un véritable guide. N'est-elle pas, comme le dit Montesquieu, capable de « débrouiller le Chaos » et d'« expliquer par une mécanique simple l'ordre et l'architecture divine[2] » ?

1. Voir p. 22 l'explication de ce terme.

2. Montesquieu, *Lettres persanes* (Lettre 97).

Les conditions du changement

Le premier élément favorable au changement des mentalités est le voyage. Les esprits s'ouvrent sur le monde. La curiosité, les progrès de la navigation, les ambitions commerciales, la volonté missionnaire expliquent le nombre des expéditions vers les terres lointaines. En ce sens, on peut rapprocher cette époque de celle des grandes découvertes. À la fin du XVe siècle, déjà, de profonds changements étaient nés d'une vision nouvelle du monde. De ces voyages en Orient (Perse, Chine) ou vers le continent américain, on rapporte des « relations », récits qui connaissent un grand succès. On peut citer celles de Chardin (*Voyages en Perse et aux Indes orientales*, 1686) et de Tavernier (*Six voyages de Jean-Baptiste Tavernier*, 1682) ; le philosophe Bayle se réfère souvent aux textes de Tavernier pour signaler une coutume, ou une vertu inconnue à l'Europe.

Car le récit de voyage n'a pas pour seul rôle de peupler l'imaginaire européen de Persans, de Siamois ou de Hurons. Il ouvre à la diversité des usages, des cultures et des religions et suscite l'étonnement, puis la réflexion par le jeu des comparaisons. L'Européen apprend que chaque peuple reconnaît des valeurs particulières, souvent opposées aux siennes. De là naît l'idée d'une vérité relative et non universelle et absolue. La diversité des coutumes pose les bases d'une leçon de relativité.

La seconde ouverture au monde se fait par la science. Le développement de l'astronomie, les progrès des instruments de recherche, la découverte de la loi de gravitation par Newton en 1687 remettent en cause un certain nombre de certitudes. Aux explications théologiques de l'univers, on oppose des théories scientifiques. Pour comprendre le « fonctionnement » du monde, on ne recourt plus exclusivement aux textes sacrés (la « Genèse »), qui font d'ailleurs l'objet d'examens critiques. Le philosophe juif Spinoza applique sa connaissance de l'hébreu à signaler des contradictions dans l'Écriture. Les progrès scientifiques instaurent et développent un mode de raisonnement qui repose en priorité sur l'esprit d'examen. C'est tout un domaine de croyances métaphysiques et théologiques qui se trouve contesté par une pensée résolument moderne.

Il faut en effet ajouter à ces conditions générales des prises de position tout à fait novatrices, que matérialise la célèbre querelle des Anciens et des Modernes[1]. Deux groupes d'écrivains et de penseurs s'opposent à la fin du XVIIe siècle sur la double notion de progrès et de tradition. Les Anciens[2] restent partisans d'une soumission à la tradition qui leur paraît la seule garante du Bien, du Vrai et du Beau. Les Modernes[3] voient au contraire, dans un respect systématique et inconditionnel du passé et des modèles de l'Antiquité, un frein au progrès. Ils se tournent vers l'avenir et contribuent ainsi au développement de l'esprit nouveau.

Les caractéristiques de l'esprit nouveau

Le premier principe est qu'il faut partir des données de l'observation et appliquer à toute étude ce que l'on appelle l'esprit d'examen. Une observation attentive et réfléchie des faits évite les jugements hâtifs, source d'erreurs susceptibles de se transmettre et de s'amplifier. Dans l'anecdote de la dent d'or (voir p. 30), Fontenelle met plaisamment en scène des savants qui raisonnent très « savamment » des causes d'un phénomène qu'ils n'ont même pas pris la peine d'observer. Dans ses *Pensées diverses sur la comète* (voir p. 24) : Bayle s'applique à montrer que s'il existe une simultanéité temporelle entre le passage d'une comète et des

1. Voir p.19 ainsi que *Itinéraires littéraires, XVIIe siècle*.
2. Représentés par Boileau, La Fontaine, La Bruyère.
3. Représentés par Fontenelle, Perrault et Houdar de la Motte.

événements malheureux, on ne doit pas pour autant en tirer des conclusions pseudo-scientifiques sur une relation de cause à effet entre les deux. Il montre de cette façon la nécessité de l'expérience. L'observation est fondamentale et doit précéder toute forme d'affirmation et de jugement.

Le second principe, qui ne peut se comprendre indépendamment du premier, est le refus de ce qui relève uniquement de la tradition et du principe d'autorité. Ce principe, en matière religieuse par exemple, suffisait à établir la vérité des Écritures et des dogmes en imposant que l'esprit s'y soumît sans examen ni jugement personnel. La tradition (par exemple, l'enseignement de l'histoire) était, elle aussi, le garant suffisant de la vérité de ce qu'elle transmettait. Cette toute-puissance de la tradition et de l'autorité s'étendait à la morale, à la pensée, à la politique, à l'esthétique. Le nouvel esprit critique remet en cause ces fondements traditionnels : il pose comme postulat que l'esprit est lui-même capable de progresser dans la recherche de la vérité. C'est ce que démontre Locke dans l'*Essai sur l'entendement humain*.

Ces deux principes relèvent l'un et l'autre d'un souci de clarté et de vérité. Ils sont indissociables de la notion de raison, qui préside à l'affranchissement de l'esprit des illusions et des contraintes qui pèsent sur lui. La raison est en effet la référence et le guide suprêmes. Au XVIIe siècle déjà, on l'opposait à l'imagination et Descartes faisait reposer sur elle sa recherche de la vérité. Au tournant du XVIIIe siècle, elle devient une véritable arme de combat contre les préjugés et les superstitions, contre l'erreur et les croyances irraisonnées. On ne la conçoit pas autrement que comme une aide essentielle dans la recherche d'une nouvelle forme de liberté.

Les objectifs de l'esprit critique

L'application des nouvelles méthodes et des nouveaux instruments (comme l'esprit d'examen) a des objectifs nettement définis.

Il s'agit tout d'abord de lutter contre l'ignorance et contre les préjugés. C'est en effet l'ignorance qui engendre des idées fausses et, de là, des jugements portés sans fondement et sans vérification. La raison corrige cette faiblesse en démontant les mécanismes de l'erreur, l'esprit d'examen opère les vérifications nécessaires auprès des faits. C'est ce qui permet d'éviter, comme l'explique Fontenelle, le ridicule de trouver, de manière faussement brillante, la cause de ce qui n'existe point. Les préjugés sont dangereux : ils se transmettent facilement parce qu'ils évitent de penser réellement et de s'interroger. Analysant ce processus, Bayle démontre clairement qu'une idée fausse partagée par un grand nombre peut passer pour une vérité, même si elle n'a aucun fondement réel.

L'esprit critique a également comme objectif de venir à bout des superstitions qui répandent des croyances dépourvues de fondements rationnels ou scientifiques. Des titres comme les *Pensées diverses sur la comète* ou l'*Histoire des oracles* disent bien que l'examen et la réfutation des fables et des prodiges est une priorité pour les partisans de la raison. Il faut débarrasser l'esprit des chimères entretenues par la crédulité du plus grand nombre et par l'imposture de quelques-uns. L'évolution de l'esprit humain, celle des mentalités et des mœurs passent par l'analyse critique de ce qui, bien souvent, maintient les êtres dans un état de dépendance et d'obscurantisme.

La volonté critique, la remise en question qui caractérisent l'esprit nouveau vont servir de base et de moteur à une véritable entreprise de contestation qui n'exclura aucun domaine. Le champ d'investigation englobe tous les domaines de la pensée et des mentalités. Il comprend également tout ce qui touche aux institutions, garantes de ces traditions et qui établissent leur légitimité. Le pouvoir politique et la religion ne seront pas épargnés.

L'esprit contestataire et constructif des Lumières est déjà en germe dans toutes les manifestations de l'esprit critique qui caractérise le début du siècle.

Pierre Bayle
1647-1706

Pierre Savart (1737-1780 ?), *Portrait de Pierre Bayle*, gravure, 1774 (Paris, BN).

Avoir vécu au tournant de deux siècles condamne parfois au second rôle des penseurs qui, cependant, ont agi très profondément sur l'histoire des idées. C'est le cas de Bayle, modèle accompli de ces esprits de « transition ».

Un homme en marge

Fils de pasteur, Pierre Bayle naquit en 1647 dans la province de Foix, près de Toulouse. Sa double qualité de méridional et de protestant le mettait en marge des milieux littéraires et mondains où s'épanouissaient au contraire les talents de Fontenelle. Il ne connut jamais la stabilité ; sa vie fut une suite de situations précaires où il se trouvait particulièrement exposé.

Converti en 1669 au catholicisme, il revient au protestantisme l'année suivante ; mais ce retour qui le plaçait dans la dangereuse condition de « relaps[1] » le poussa à s'exiler à Genève, foyer du calvinisme, où il entreprit des études de théologie. Il enseigna ensuite la philosophie à l'Académie protestante de Sedan, mais elle fut fermée par ordre du roi en 1681. Ce fut alors l'exil à Rotterdam, en Hollande.

Un esprit précurseur

Bayle se consacra dès lors à la rédaction de plusieurs ouvrages. Avec les *Pensées diverses sur la comète*, où il entreprenait d'épurer de ses superstitions la religion de son temps, il ouvrit la voie au rationalisme et à l'esprit philosophique. Dans les *Nouvelles de la république des lettres*, une revue mensuelle qui parut à partir de 1684, il pratiqua le premier un « journalisme » éclairé.

Mais la lutte contre les protestants s'intensifiait en France et la révocation de l'édit de Nantes, en 1685, donna le signal des persécutions. L'arrestation de son frère, pasteur, qui mourut en prison, attisa l'ardeur polémique de Bayle. Il s'engagea passionnément dans le combat pour la tolérance. Ses plaidoyers en faveur de la liberté de conscience étaient si audacieux qu'ils lui valurent l'hostilité même de ses amis protestants et, en 1693, il dut abandonner la chaire d'histoire qu'il occupait à Rotterdam. Il mourut dans cette ville en 1706. Il avait consacré les dernières années de sa vie à une immense entreprise de « rectification » des erreurs et des préjugés : le *Dictionnaire historique et critique* qui, malgré son interdiction, connut une large diffusion et qui exerça une grande influence sur Voltaire et les Encyclopédistes.

Pensées diverses sur la comète (1682), essai → pp. 24-25.
Commentaire philosophique (1686), essai → pp. 26-27.
Dictionnaire historique et critique (1695-1696).

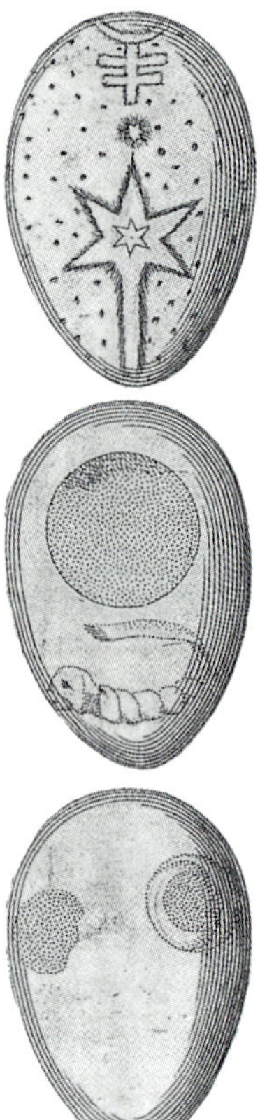

Anonyme, *Apparition d'une comète le 4 novembre 1680,* gravure italienne à l'eau-forte (Paris, BN).

Pensées diverses sur la comète

1682

En 1680, aux environs de Noël, parut une comète. On vit là un très mauvais présage, les comètes ayant la réputation d'entraîner à leur suite une infinité de désolations. Dans ses *Pensées diverses écrites à un docteur de la Sorbonne à l'occasion de la comète de 1680,* Bayle se saisit de l'événement pour tourner en ridicule les puérilités de la superstition et montrer que les phénomènes jugés miraculeux ne se produisent en fait qu'en vertu des lois générales de la nature.

La comète, pensait-on, était un signe envoyé par Dieu pour empêcher les progrès de l'athéisme. À cette interprétation, Bayle oppose des arguments théologiques : on ne peut imaginer que Dieu se serve de prodiges propres à renforcer la superstition à seule fin de combattre l'athéisme. En effet, l'athéisme est bien préférable à l'idolâtrie, démontre Bayle ; les athées sont très capables de vivre vertueusement.

Ce « paradoxe » de la vertu des athées, qui fonde la séparation entre religion et morale, sera un des grands débats de la pensée des Lumières. À l'occasion du passage de la comète, Bayle parvenait, on le voit, à démonter les mécanismes de la crédulité et à bouleverser les préjugés religieux.

« Que ne pouvons-nous voir ce qui se passe dans l'esprit des hommes... »

Les légendes sont accréditées par le plus grand nombre ; elles n'en sont pas vraies pour autant. Le consentement général n'est pas un critère de vérité.

Que ne pouvons-nous voir ce qui se passe dans l'esprit des hommes lorsqu'ils choisissent une opinion ! Je suis sûr que si cela était, nous réduirions le suffrage d'une infinité de gens à l'autorité de deux ou trois personnes, qui ayant débité une doctrine que l'on supposait qu'ils avaient examinée à fond, l'ont persuadée à plusieurs autres par le préjugé[1] de leur mérite, et ceux-ci à plusieurs autres qui ont trouvé mieux leur compte, pour leur paresse naturelle, à croire tout d'un coup ce qu'on leur disait qu'à l'examiner soigneusement. De sorte que le nombre des sectateurs[2] crédules et paresseux s'augmentant de jour en jour a été un nouvel engagement aux autres hommes de se délivrer de la peine d'examiner une opinion qu'ils voyaient si générale et qu'ils se persuadaient bonnement n'être devenue telle que par la solidité des raisons desquelles on s'était servi d'abord pour l'établir ; et enfin on s'est vu réduit à la nécessité de croire ce que tout le monde croyait, de peur de passer pour un factieux[3], qui veut lui seul en savoir plus que tous les autres et contredire la vénérable Antiquité ; si bien qu'il y a eu du mérite à n'examiner plus rien et à s'en rapporter à la Tradition. Jugez vous-même si cent millions d'hommes engagés dans quelque sentiment de la manière que je viens de représenter peuvent le rendre probable et si tout le grand préjugé qui s'élève sur la multitude de tant de sectateurs[4] ne doit pas être réduit, faisant justice à chaque chose, à l'autorité de deux ou trois personnes qui, apparemment, ont examiné ce qu'elles enseignaient.

Bayle, *Pensées diverses sur la comète*, chapitre VII.

« Si on donnait à deviner les mœurs des chrétiens... »

Les hommes ne vivent pas conformément à leurs principes ; Bayle le prouve dans ce texte avec l'exemple des chrétiens. Ce constat lui servira à combattre l'idée selon laquelle la connaissance de Dieu porterait les hommes au Bien, alors que les athées, ignorant Dieu, seraient mauvais. Au contraire, les athées peuvent être vertueux. À qui en douterait, Bayle objecte qu'« il n'est pas plus étrange qu'un athée vive vertueusement qu'il est étrange qu'un chrétien se porte à toutes sortes de crimes. Si nous voyons tous les jours cette dernière espèce de monstres, pourquoi croirons-nous que l'autre soit impossible ? »

J'avoue que si l'on donnait à deviner les mœurs des Chrétiens à des gens d'un autre monde à qui l'on dirait simplement que les Chrétiens sont des créatures douées de raison et de bon sens, avides de la félicité, persuadées qu'il y a un Paradis pour ceux qui obéissent à la loi de Dieu, et un Enfer pour ceux qui n'y obéissent pas, ces gens d'un autre monde ne manqueraient pas d'assurer que les Chrétiens font à qui mieux mieux pour observer les préceptes de l'Évangile ; que c'est parmi eux à qui se signalera davantage dans les œuvres de miséricorde, dans la prière et dans l'oubli des injures, s'il est possible que parmi eux quelqu'un soit capable d'offenser son prochain. Mais d'où viendrait qu'ils feraient ce jugement si avantageux ? C'est qu'ils ne considéreraient les Chrétiens que dans une idée abstraite ; car s'ils les considéraient en détail, et par tous les endroits qui les déterminent à agir, ils rabattraient bien de la bonne opinion qu'ils en auraient eue, et ils n'auraient pas plutôt vécu quinze jours parmi nous, qu'ils prononceraient que dans ce monde on ne se conduit pas selon les lumières de la conscience.

Voilà le véritable dénouement de cette difficulté. Quand on compare les mœurs d'un homme qui a une Religion avec l'idée générale que l'on se forme des mœurs de cet homme, on est tout surpris de ne trouver aucune conformité entre ces deux choses. L'idée générale veut qu'un homme qui croit[5] un Dieu, un Paradis et un Enfer fasse tout ce qu'il connaît être agréable à Dieu et ne fasse rien de ce qu'il sait lui être désagréable. Mais la vie de cet homme nous montre qu'il fait tout le contraire.

Bayle, *Pensées diverses sur la comète*, chapitres CXXXIV et CXXXV.

1. Idée préconçue.
2. Les adeptes, les partisans de cette opinion.
3. Un rebelle, qui s'oppose au pouvoir.
4. Qui se fonde sur cette approbation unanime.
5. En français moderne « qui croit en Dieu... »

Commentaire philosophique
1686

Dans l'Évangile selon saint Luc, un maître de maison envoie son serviteur sur les chemins pour qu'il invite des convives à son festin. Il lui donne cet ordre : « Contrains-les d'entrer » *(compelle intrare)*. Saint Augustin avait voulu voir dans cette parabole la justification des conversions par la contrainte. Au XVIIe siècle, ces paroles de l'Évangile servaient de caution aux persécutions religieuses, principalement contre les protestants.

En 1686, un an après la révocation de l'édit de Nantes, Bayle publie le *Commentaire philosophique sur ces paroles de Jésus-Christ : « Contrains-les d'entrer », où l'on prouve par plusieurs raisons démonstratives qu'il n'y a rien de plus abominable que de faire des conversions par la contrainte, et où l'on réfute tous les sophismes des convertisseurs à contrainte et l'apologie que saint Augustin a faite des persécutions.*

« Tout le désordre vient non pas de la tolérance, mais de la non-tolérance »

Loin d'entraîner la division et le désordre, la diversité des religions dans un même État favoriserait, selon Bayle, la concorde et l'émulation. À condition que l'une de ces religions ne prétende pas s'imposer par la force et entraver la liberté de conscience, ose-t-il ajouter.

Il n'y a pas, dit-on, de plus dangereuse peste dans un État que la multiplicité de Religions, parce que cela met en dissension[1] les voisins avec les voisins, les pères avec les enfants, les maris avec les femmes, le Prince avec ses Sujets. Je réponds que bien loin que cela fasse contre moi, c'est une très forte preuve pour la tolérance ; car si la multiplicité de Religions nuit à un État, c'est uniquement parce que l'une ne veut pas tolérer l'autre, mais l'engloutir par la voie des persécutions, [...] c'est là l'origine du mal. Si chacun avait la tolérance que je soutiens, il y aurait la même concorde dans un État divisé en dix Religions que dans une ville où diverses espèces d'artisans s'entre-supportent mutuellement. Tout ce qu'il pourrait y avoir, ce serait une honnête émulation à qui plus se signalerait en piété, en bonnes mœurs, en science ; chacune se piquerait[2] de prouver qu'elle est la plus amie de Dieu, en témoignant un plus fort attachement à la pratique des bonnes œuvres ; elles se piqueraient même de plus d'affection pour la patrie si le Souverain les protégeait toutes et les tenait en équilibre par son équité[3]. Or il est manifeste qu'une si belle émulation serait cause d'une infinité de biens ; et par

Carle Van Loo (1705-1765), *Prédication de saint Augustin devant Valère, évêque d'Hippone* (Paris, église Notre-Dame des Victoires).

1. Désaccord, conflit.
2. Elle mettrait son point d'honneur à...
3. Justice.

conséquent, la tolérance est la chose du monde la plus propre à ramener le siècle d'or et à faire un concert et une harmonie de plusieurs voix et instruments de différents tons et notes, aussi agréable pour le moins que l'uniformité d'une seule voix. Qu'est-ce donc qui empêche ce beau concert formé de voix et de tons si différents l'un de l'autre ? C'est que l'une des deux Religions veut exercer une tyrannie cruelle sur les esprits et forcer les autres à lui sacrifier leur conscience ; c'est que les Rois fomentent[1] cette injuste partialité et livrent le bras séculier[2] aux désirs furieux et tumultueux d'une populace de Moines et de Clercs ; en un mot tout le désordre vient non pas de la tolérance, mais de la non-tolérance.

Bayle, *Commentaire philosophique*, II, chapitre VI.

Synthèse

Dernier témoin brillant de la vigueur de la pensée théologique au XVIIe siècle, Pierre Bayle apparaît déjà comme le précurseur de la pensée des Lumières, premier des philosophes au sens que prend ce mot au XVIIIe siècle.

Pour un rationalisme critique

L'apport premier de Bayle au progrès de l'esprit critique est la remise en question systématique des fables, des chimères et des illusions. Le *Dictionnaire historique et critique* dévoile les innombrables mensonges qui se donnent pour vrais, les erreurs de jugement qui se perpétuent de siècle en siècle.

Pour opérer cette démystification, Bayle use d'une méthode critique rigoureuse, qu'il a mis brillamment en œuvre dans les *Pensées diverses sur la comète* : examiner les causes au lieu de divaguer sur l'interprétation des faits, ne jamais s'autoriser de la seule tradition pour souscrire à une idée.

Pour une religion éclairée

Bien que formé à la controverse, c'est-à-dire au débat polémique entre catholiques et protestants, Bayle a su éviter le fanatisme. Homme de foi, il n'a pas craint d'appliquer au domaine religieux l'instrument critique de la raison.

Il a dénoncé la contradiction entre les principes religieux et la conduite des hommes dans les faits (voir p. 25). Son aversion pour une religion défigurée par l'« idolâtrie » (telle qu'elle lui apparaissait dans l'Église romaine) l'a conduit à faire l'éloge des athées, au risque d'être taxé lui-même d'irréligion. Par respect pour la vérité, il a tout soumis à l'épreuve du doute, jusqu'à être accusé de scepticisme.

Pour la tolérance et la liberté de conscience

Dans sa vie et ses actions, Bayle a pris courageusement parti contre les persécutions religieuses, en particulier contre la révocation de l'édit de Nantes. Refusant tout dogmatisme, il a montré, dans le *Commentaire philosophique*, que l'influence du milieu d'origine est déterminante en matière de religion et qu'en conséquence il est absurde de prétendre imposer une vérité absolue en ce domaine.

Son audace se manifeste aussi dans sa défense de la liberté de conscience : contre l'opinion des théologiens de son temps, il revendique pour chaque homme le droit de suivre sa conscience en matière religieuse, même s'il paraît s'égarer et tomber dans l'« erreur ». Ce « droit de la conscience errante » est le droit pour tout esprit libre de trouver *sa* vérité, fût-ce en dehors du dogme.

1. Suscitent et entretiennent.

2. La justice et l'autorité laïques, par opposition à « ecclésiastiques ».

Fontenelle
1657-1757

Nicolas de Largillière (1656-1746),
Portrait de Fontenelle,
0,62 × 0,45 m (Chartres, musée des Beaux-Arts).

Des cent ans que dura sa vie, Fontenelle en vécut la moitié au XVIIe siècle, l'autre au XVIIIe siècle... Division artificielle mais qui représente assez justement cet esprit, encore classique et déjà moderne, principal pivot du tournant de pensée qui s'opérait alors.

Bel esprit et savant

Apparenté aux Corneille, comme eux né à Rouen, Bernard Le Bovier de Fontenelle commença sa carrière de bel esprit au *Mercure galant*, journal qui, comme l'indique son titre, ne dédaignait pas le genre mondain. Défenseur des Modernes[1], touche-à-tout talentueux, Fontenelle plaisait par son libertinage souriant. En marge d'une production poétique aujourd'hui oubliée, le jeune écrivain donne les *Dialogues des morts* (1683), où les entretiens qu'il imagine entre les habitants de l'autre monde (Socrate avec Montaigne, Charles Quint avec Érasme...) permettent des comparaisons astucieuses et hardies. Mais deux ouvrages philosophiques surtout manifestent des opinions profondément novatrices : un brillant traité de vulgarisation scientifique, *Entretiens sur la pluralité des mondes* (1686) et l'*Histoire des oracles* (1687) qui inaugure une critique historique audacieuse.

Académicien et mondain

Entré à l'Académie française à trente-quatre ans, en 1691, Fontenelle devint dès lors un personnage officiel. Il aurait pu se contenter de cette position ; mais tirant parti de sa large audience, il continua à jouer un rôle non négligeable dans l'avancée des idées nouvelles. Élu secrétaire perpétuel de l'Académie des sciences pour ses qualités de vulgarisateur, il s'appliqua à faire l'éloge des savants et diffusa les connaissances scientifiques de son temps.

Sa vie de mondain, exceptionnellement longue, lui permit de faire valoir les facettes de son brillant esprit auprès de deux générations de lettrés. À quatre-vingt-dix-neuf ans, il était encore familier des salons philosophiques.

Dialogue des morts (1683), essai.
Entretiens sur la pluralité des mondes (1686), essai → p. 29.
Histoire des oracles (1687), essai → p. 30.

1. Les partisans des auteurs modernes, opposés aux Anciens, qui étaient, eux, les partisans des écrivains de l'Antiquité (voir pp. 19 et 21).

Entretiens sur la pluralité des mondes
1686

Pour mettre l'astronomie à la portée des esprits curieux mais non spécialistes, Fontenelle rapporte les entretiens qu'il aurait eus avec une aimable marquise sous le ciel étoilé des nuits d'automne. Au cours des six soirées, il fait découvrir à son élève les phénomènes célestes ; il explique le système de Copernic, décrit les planètes et les étoiles fixes, avance l'idée qu'il existe d'autres mondes habités.

Mais auparavant, il a pris soin, en vrai philosophe, de dissiper les illusions qui nous font voir le monde tout autrement qu'il n'est.

« Je me figure toujours que la nature est un grand spectacle... »

Je me figure toujours que la nature est un grand spectacle, qui ressemble à celui de l'opéra. Du lieu où vous êtes à l'opéra, vous ne voyez pas le théâtre tout à fait comme il est : on a disposé les décorations et les machines pour faire de loin un effet agréable, et on cache à votre vue ces roues et ces contrepoids qui font tous les mouvements. Aussi ne vous embarrassez-vous guère de deviner comment tout cela joue. Il n'y a peut-être que quelque machiniste caché dans le parterre, qui s'inquiète d'un vol qui lui aura paru extraordinaire, et qui veut absolument démêler comment ce vol a été exécuté. Vous voyez bien que ce machiniste-là est assez fait comme les philosophes. Mais ce qui, à l'égard des philosophes, augmente la difficulté, c'est que, dans les machines que la nature présente à nos yeux, les cordes sont parfaitement bien cachées, et elles le sont si bien, qu'on a été longtemps à deviner ce qui causait les mouvements de l'univers : car représentez-vous tous les sages à l'opéra, ces Pythagores, ces Platons, ces Aristotes, et tous ces gens dont le nom fait aujourd'hui tant de bruit à nos oreilles : supposons qu'ils voyaient le vol de Phaéton[1] que les vents enlèvent, qu'ils ne

Décor pour *Phaéton* tragédie lyrique de Quinault et Lully (1683) maquette d'après Berain, détail, dessin à la plume et au lavis, 0,66 × 0,49 m (Paris, BN). Brandissant la foudre, son attribut principal, Jupiter précipite vers la terre le char de l'audacieux Phaéton qui avait voulu conduire le char du Soleil, propriété d'Apollon.

1. Fils d'Hélios, conducteur du char solaire, foudroyé par Zeus. Ses apparitions, dans l'opéra à grand spectacle à la mode du temps, nécessitaient une machinerie importante.

pouvaient découvrir les cordes, et qu'ils ne savaient point comment le derrière du théâtre était disposé. L'un d'eux[1] disait : « C'est une vertu secrète qui enlève Phaéton. » L'autre[2] : « Phaéton est composé de certains nombres qui le font monter. » L'autre[3] : « Phaéton a une certaine amitié pour le haut du théâtre ; il n'est pas à son aise quand il n'y est pas. » L'autre[4] : « Phaéton n'est pas fait pour voler ; mais il aime mieux voler que de laisser le haut du théâtre vide » ; et cent autres rêveries que je m'étonne qui n'aient perdu de réputation toute l'Antiquité. À la fin, Descartes et quelques autres modernes sont venus, qui ont dit : « Phaéton monte parce qu'il est tiré par des cordes, et qu'un poids plus pesant que lui descend. » Ainsi on ne croit plus qu'un corps se remue, s'il n'est tiré, ou plutôt poussé par un autre corps : on ne croit plus qu'il monte ou qu'il descende, si ce n'est par l'effet d'un contrepoids ou d'un ressort ; et qui verrait la nature telle qu'elle est ne verrait que le derrière du théâtre de l'opéra.

Fontenelle, *Entretiens sur la pluralité des mondes*, Premier Soir.

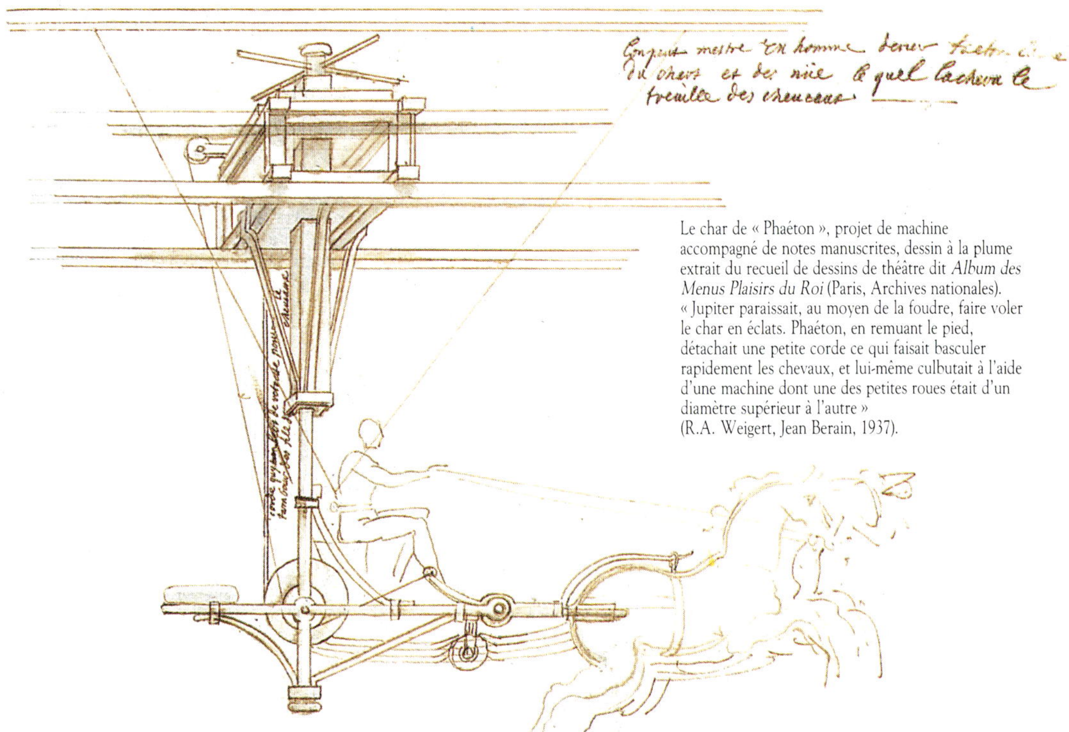

Le char de « Phaéton », projet de machine accompagné de notes manuscrites, dessin à la plume extrait du recueil de dessins de théâtre dit *Album des Menus Plaisirs du Roi* (Paris, Archives nationales). « Jupiter paraissait, au moyen de la foudre, faire voler le char en éclats. Phaéton, en remuant le pied, détachait une petite corde ce qui faisait basculer rapidement les chevaux, et lui-même culbutait à l'aide d'une machine dont une des petites roues était d'un diamètre supérieur à l'autre » (R.A. Weigert, Jean Berain, 1937).

Histoire des oracles
1687

Dans cet ouvrage, Fontenelle démontre que les oracles, dont l'Antiquité était si avide, étaient en réalité des illusions entretenues à dessein grâce à tout ce qui pouvait frapper l'imagination ; que les Anciens eux-mêmes en faisaient peu de cas et ne s'y soumettaient que par superstition. Mais la mise en cause va plus loin. En dénonçant les impostures du paganisme, Fontenelle s'en prend en réalité à l'esprit religieux tout entier, dans lequel il critique ce qui lui paraît être, chez les prêtres, de la fourberie, et chez le peuple, de la naïveté. Sans les nommer, il vise certaines croyances et certaines pratiques chrétiennes. En outre, il ressort de l'analyse philosophique que Fontenelle fait de la plupart des « mystères » dont le monde est si friand qu'ils ne sont dus qu'à l'intérêt de ceux qui les suscitent et à la crédulité de ceux qui y adhèrent. Enfin, de façon générale, la croyance au surnaturel, suggère Fontenelle, n'est-elle pas bien souvent le produit de l'ignorance ?

« Mais on commença par faire des livres, et puis on consulta l'orfèvre... »

L'anecdote de la « dent d'or » illustre particulièrement bien, aux yeux de Fontenelle, l'attitude qui consiste à raisonner avant d'observer. En contant, avec visiblement beaucoup de plaisir, cette histoire exemplaire, il montre lui-même comment l'illustration concrète se met au service du raisonnement abstrait.

1. Aristote (384-322 av. J.-C.), philosophe grec qui fut le précepteur d'Alexandre le Grand.
2. Pythagore, philosophe et mathématicien grec du VIe siècle av. J.-C.
3. Platon (428-347 av. J.-C.), philosophe grec.
4. Jusqu'à Pascal, régnait l'idée que la nature avait horreur du vide.

Assurons-nous bien du fait, avant que de nous inquiéter de la cause[1]. Il est vrai que cette méthode est bien lente pour la plupart des gens qui courent naturellement à la cause, et passent par-dessus la vérité du fait ; mais enfin nous éviterons le ridicule d'avoir trouvé la cause de ce qui n'est point.

Ce malheur arriva si plaisamment sur la fin du siècle passé à quelques savants d'Allemagne, que je ne puis m'empêcher d'en parler ici.

« En 1593, le bruit courut que, les dents étant tombées à un enfant de Silésie âgé de sept ans, il lui en était venu une d'or à la place d'une de ses grosses dents. Horstius, professeur en médecine dans l'université de Helmstad, écrivit, en 1595, l'histoire de cette dent, et prétendit qu'elle était en partie

Joseph-Marie Vien (1716-1809), *La Vertueuse Athénienne*,
0,89 × 0,67 m, 1762 (Strasbourg, musée des Beaux-Arts).

1. Parce que la « cause », dans les cas d'ignorance, est aussitôt interprétée comme magique.

naturelle, en partie miraculeuse, et qu'elle avait été envoyée de Dieu à cet enfant pour consoler les chrétiens affligés par les Turcs ! Figurez-vous quelle consolation, et quel rapport de cette dent aux chrétiens ni aux Turcs ! En la même année, afin que cette dent d'or ne manquât pas d'historiens, Rullandus en écrit l'histoire. Deux ans après, Ingolsteterus, autre savant, écrit contre le sentiment que Rullandus avait de la dent d'or, et Rullandus fait aussitôt une belle et docte réplique. Un autre grand homme, nommé Libavius, ramasse tout ce qui avait été dit de la dent, et y ajoute son sentiment particulier. Il ne manquait autre chose à tant de beaux ouvrages, sinon qu'il fût vrai que la dent était d'or. Quand un orfèvre l'eut examinée, il se trouva que c'était une feuille d'or appliquée à la dent, avec beaucoup d'adresse : mais on commença par faire des livres, et puis on consulta l'orfèvre. »

Rien n'est plus naturel que d'en faire autant sur toutes sortes de matières. Je ne suis pas si convaincu de notre ignorance par les choses qui sont, et dont la raison nous est inconnue, que par celles qui ne sont point, et dont nous trouvons la raison. Cela veut dire que, non seulement nous n'avons pas les principes qui mènent au vrai, mais que nous en avons d'autres qui s'accommodent très bien avec le faux.

Fontenelle, *Histoire des oracles*, Première Dissertation, chapitre IV.

Synthèse

Le procès de la mentalité magique

L'histoire de l'esprit humain est dominé par des chimères : superstitions, fables, oracles... À cette obscurité, à ce faux merveilleux, Fontenelle, comme les philosophes du XVIIIe siècle, pense qu'il faut opposer les lumières du savoir et de la raison. Il emploie sa compétence scientifique mais aussi son esprit enjoué à faire reculer le plus possible l'irrationnel et les craintes qu'il entraîne.

La nature même est l'objet d'illusions et d'interprétations fantaisistes. Il faut dissiper ces rêveries. « Assez de gens ont toujours dans la tête un faux merveilleux enveloppé d'une obscurité qu'ils respectent. Ils n'admirent la nature que parce qu'ils la croient une espèce de magie où l'on n'entend rien[1]. » Fontenelle invite à observer et à raisonner.

Les audaces de la spéculation

Le rationalisme ne dénie pas tout mérite à l'imagination. Dépasser les limites de notre expérience sensible est même nécessaire à un bon jugement, sans quoi nous sommes comme ces roses qui croient le monde immuable parce que de mémoire de rose, on n'a jamais vu mourir un jardinier, selon la belle comparaison des *Entretiens sur la pluralité des mondes*.

Dans ces mêmes *Entretiens*, Fontenelle se livre à des conjectures hardies sur la diversité des mondes habités. Il se promène avec ravissement sur cette frontière ténue qui sépare ce qui est plus que vraisemblable de ce qui n'est pas tout à fait certain. Son intelligence prospective s'amuse à pousser le plus loin possible la question : pourquoi pas ? L'avenir est plein de promesses. Et le philosophe est résolument confiant dans le progrès du savoir et des sciences.

L'esprit au service de la vulgarisation

Pour hâter le progrès des connaissances, Fontenelle s'emploie à « instruire et divertir tout ensemble ». Sa méthode ? plaire. Par des ouvrages brefs ; une forme vivante, comme le dialogue ; la surprise des paradoxes ; un style vivant ; des anecdotes. On lui reprocha cette légèreté. Mais c'est lui qui familiarisa les esprits de son temps avec la science, et par ses éloges des savants, il imposa au public la reconnaissance d'une valeur nouvelle : la supériorité du talent, du travail et de l'intelligence.

1. *Entretiens sur la pluralité des mondes*, Premier Soir.

PASSION POUR LA SCIENCE ET CROYANCE AU PROGRÈS

Anonyme, *Exposition de lunettes astronomiques et instruments d'optique*, gravure (Paris, musée du Louvre).

Les découvertes scientifiques réalisées au XVIIIe siècle suscitent une immense curiosité pour la science qui devient alors une véritable passion. Les nouveaux moyens de diffusion du savoir, l'intérêt que les Lumières portent à la pédagogie, permettront de répandre ce goût auprès d'un public de plus en plus nombreux. Il va sans dire qu'un tel intérêt, porté à un domaine de la connaissance qui repose tout entier sur la notion de progrès, entraîne un profond changement de mentalité : tel que le voient la plupart des philosophes, l'homme nouveau, grâce aux succès de son intelligence, peut prétendre à l'épanouissement de sa condition ; l'avenir désormais lui appartient ; le progrès accompagne la marche de l'humanité.

Le développement des sciences

C'est dès la fin du XVIIe siècle qu'il faut chercher l'origine de la révolution scientifique qui allait fonder le monde moderne. L'héritage est prestigieux : l'astronome Kepler, le mathématicien Leibniz, le physicien Newton, et leur aîné, Descartes. Pour sa part, le XVIIIe siècle a développé et étendu les recherches du siècle précédent ; c'est le siècle des réalisations et des perfectionnements. William Herschel reprend les travaux de Christiaan Huygens sur l'optique et invente le télescope ; la « machine à vapeur », expérimentée dès 1679 par Denis Papin, est mise au point et brevetée en 1769 par James Watt. Certaines découvertes fondamentales du XVIIe siècle tardaient à s'imposer ; il appartient au XVIIIe siècle de les avoir fait admettre. C'est le cas de la loi sur l'attraction universelle de Newton, établie dès 1665, qui parvint à triompher des réticences grâce à l'action des philosophes.

Une science résume l'idéal de la connaissance au début du XVIIIe siècle : la géométrie. Le mot désigne les mathématiques dans leur ensemble. La géométrie comble la raison parce qu'elle permet la maîtrise du monde grâce au calcul et met en œuvre l'esprit de rigueur logique et de déduction. Mais le XVIIIe s'est aussi tourné avec ferveur vers les sciences expérimentales. Ces sciences répondaient au goût des esprits du temps pour l'utilité ; elles pouvaient trouver une application pratique. Conduisant à la découverte et à l'observation d'un monde désormais élargi, elles suscitent aussi l'admiration et la curiosité : les sciences naturelles invitent l'homme à se situer dans son environnement physique ; l'astronomie amène à l'émerveillement devant l'ordre de l'univers ; la physique dévoile les lois de la nature.

Ce grand essor scientifique connaît au XVIIIe siècle une importante diffusion grâce aux efforts menés pour rendre les sciences accessibles.

La diffusion des connaissances scientifiques

Dès la fin du XVIIe siècle, des sociétés scientifiques et des académies étaient nées en Europe : la Royal Society en Angleterre ; l'Académie royale des sciences en France dès 1666 ; celle de Saint-Pétersbourg, en Russie naîtra en 1726. Les observatoires, les muséums, le « Jardin du Roi » à

Paris, dont Buffon fut l'intendant à partir de 1739, assurent un enseignement et favorisent les recherches. Les échanges entre les pays témoignent du cosmopolitisme de la science : Fontenelle et Maupertuis sont membres de l'Académie royale de Prusse.

Le XVIIIe siècle est le siècle de la vulgarisation scientifique. Le latin commence à être abandonné au profit des langues nationales ; les ouvrages deviennent plus accessibles. Le ton employé pour répandre l'intérêt pour la science n'est ni pédant ni obscur : Fontenelle expose l'astronomie dans un dialogue mondain ; Voltaire explique Newton dans une épître en vers. Les vulgarisateurs ont le sens de la pédagogie et veillent même à ce qu'il n'y ait rien dans leurs ouvrages « que les dames ne puissent comprendre assez aisément... » (Bayle). Il était très courant, dans les salons, de se livrer à des expériences de physique ou d'astronomie. On voit là à quel point les sciences étaient intégrées à la vie mondaine.

Les philosophes font l'éloge des savants. Ces deux mondes sont d'ailleurs étroitement liés. Au début du siècle, Fontenelle emploie encore couramment le mot « philosophe » pour désigner celui que nous appelons aujourd'hui « scientifique ». Lorsque Voltaire fait connaître la physique newtonienne en 1738, il intitule son livre : *Éléments de la philosophie de Newton.* La plupart des savants de ce temps sont eux-mêmes philosophes : d'Alembert, Leibniz, grands mathématiciens, sont des philosophes. Et les philosophes se sont passionnés pour les sciences : Voltaire pour les mathématiques et la physique, Diderot pour l'anatomie et la physiologie, Rousseau pour la botanique. C'est dire que la science n'est pas un domaine cloisonné, réservé aux seuls spécialistes. Science et philosophie concourent également à former ce qui deviendra l'esprit des Lumières.

Car les découvertes scientifiques et l'intérêt pour la science auront créé les conditions d'un nouvel esprit, d'un nouvel espoir.

Naissance d'un mythe : le progrès

Certaines découvertes scientifiques dans le domaine de la physique, de la mécanique, de la médecine, trouvent une application dans la vie quotidienne, le travail ou la santé des hommes. Elles apportent ainsi l'immense espoir de voir grandir le bien-être de l'humanité, et par suite, son bonheur.

Mais il y a plus ; les progrès réalisés dans les sciences au tournant du siècle ont formé les esprits à un certain modèle : l'idée s'impose que d'autres viendront qui poursuivront l'œuvre entreprise. L'espoir d'un progrès continu de l'humanité s'ancre dans les esprits. Comme les terrains nouvellement conquis par la science, l'avenir s'ouvre aux victoires de l'intelligence humaine.

Deux images communément répandues illustrent cette notion de progrès. Celle de la croissance : l'homme, jusqu'alors un enfant, vivait dans l'ignorance ; le développement des sciences et des connaissances le fait accéder à l'âge adulte. Et celle de la lumière : l'humanité tâtonnait dans les ténèbres ; elle est maintenant en marche vers une clarté nouvelle.

À l'évidence, une telle confiance en l'avenir investit l'homme d'un nouveau statut. Ayant pris conscience de sa perfectibilité, il devient l'instrument de son propre avenir et doit travailler au progrès de l'humanité. En conséquence, il a pour tâche de combattre tout ce qui pourrait freiner cette marche du progrès : préjugés, ignorance, intolérance. Les Lumières s'emploieront à cette double mission.

En 1794, en pleine tourmente révolutionnaire, l'ouvrage de Condorcet : *Esquisse d'un tableau historique des progrès de l'esprit humain* témoignera encore de la confiance inébranlable de ce siècle.

Sphère armillaire d'après le système de Ptolémée, destinée à expliquer le mécanisme des éclipses. Fin du XVIIe s., sphère de 0,57 m de diamètre montée sur pieds en bois doré, hauteur totale : 1,52 m (Paris, BN).

Antoine Watteau (1684-1721), *Le Rêve de l'artiste*, 0,63 × 0,80 m (Grande-Bretagne, collection privée).

L'ESSOR DES LUMIÈRES

(1715-1750)

Selon Saint-Simon, le jour de la mort de Louis XIV, « Paris, las d'une dépendance qui avait tout assujetti, respira dans l'espoir de quelque liberté, et dans la joie de voir finir l'autorité de tant de gens qui en abusaient. Les provinces, au désespoir de leur ruine et de leur anéantissement, respirèrent et tressaillirent de joie [...]. Le peuple, ruiné, accablé, désespéré, rendit grâces à Dieu[1]. »

Par bien des aspects, la France des années 1715-1750 marque sa réaction vis-à-vis du précédent règne.

L'ESPOIR DE QUELQUE LIBERTÉ

La Régence de Philippe d'Orléans est une période d'effervescence intellectuelle et d'émancipation morale favorisées par un prince artiste et libertin. La grande noblesse retrouve le goût des fêtes où se côtoient, dans des mises en scène fastueuses, grands seigneurs et financiers. L'inflation suscitée par le système de Law[2], une conjoncture économique favorable et la paix restaurée permettent une croissance durable. L'argent devient la mesure de toute chose. Les banquiers, comme les frères Pâris-Duverney, règnent sur la capitale. Les négociants nantais ou bordelais, enrichis par le commerce triangulaire[3], se font construire de splendides hôtels particuliers. Partout,

Christophe Huet (?-1759), *Le Cabinet des singes*, décoration exécutée de 1749 à 1752. (Paris, Hôtel de Rohan).

1. Saint-Simon, *Mémoires*.
2. Voir Introduction, p. 8.
3. C'est-à-dire le trafic de marchandises et d'esclaves selon un itinéraire en forme de triangle : Europe, Afrique, colonies américaines puis retour en Europe.

au goût du luxe répond une morale du plaisir immédiat. Préférant le raffinement intime d'appartements richement décorés à la majesté parfois austère du Grand Siècle, l'époque de Philippe d'Orléans, celle de Louis XV et de la Pompadour mettent à l'honneur le style rococo et sa fantaisie de lignes contournées en coquilles, ses thèmes galants, ses chinoiseries et ses soies précieuses. La symétrie et la clarté, exigences du classicisme, cèdent la place à un savant désordre et à un art consommé de la suggestion. On découvre le charme des jardins à l'anglaise tandis que dans les tableaux d'Antoine Watteau, on s'embarque pour l'île de l'Amour[1] au gré d'une « fête galante » où les plaisirs de la mondanité et du théâtre remplacent la solennité des sujets héroïques.

La survivance de l'héritage classique pendant cette période souligne, par contraste, l'audace des innovations qui la mettent en cause : Voltaire, défenseur résolu des grands genres de la tragédie et de l'épopée, s'illustre dans le même temps dans des genres légers, courts et satiriques, caractéristiques du goût des Modernes. Et lorsque Boucher est salué, dans les années 1740, comme le restaurateur du « grand goût » classique en peinture, il n'en exprime pas moins, dans son *Triomphe de Vénus* (1740) une sensibilité nouvelle : celle d'un siècle qui redonne au corps, à la nature et au désir toute leur liberté. Renouvellement des formes inséparable d'un bouleversement des valeurs et des manières de penser.

AU NOM DE LA RAISON ET DE LA VÉRITÉ

Ce qu'on appelle en France les Lumières[2] ne constitue pas véritablement un système philosophique. La diversité des hommes et des pensées, la singularité de chaque itinéraire individuel rendent impossible tout définition univoque. En revanche, il est possible de cerner les traits caractéristiques d'une démarche d'esprit commune aux écrivains les plus marquants de la période.

Une démarche méthodique

Inspirée de la recherche dans les sciences, cette démarche méthodique est fondée sur l'expérience concrète « sans cesse en action » (Diderot) qui cherche à éclairer les régions obscures dans le champ de la connaissance, en déchirant le voile épais des faux savoirs, des croyances infondées, en fuyant l'erreur née du préjugé, pour suivre « les pas de la raison humaine » (Montesquieu). Révolution dans la pensée qui passe par la destruction d'un ordre intellectuel clos et stable (celui du XVIIe siècle classique) et qui élabore un nouvel espace de réflexion et d'invention plus ouvert, traversé de contradictions mais toujours en mouvement.

L'homme des Lumières

Les contemporains de Molière voyaient le monde comme un univers éternel et statique dont l'homme pouvait avoir une vision définitive, de la Création au Jugement dernier, en se référant à une théologie fixée une fois pour toutes. Cette théologie donnait sa légitimité au pouvoir monarchique et à l'édifice social. Les bons rois et les tyrans étant jugés nécessaires à l'économie du monde, à la récompense et au châtiment des hommes, toute révolte était considérée comme impie. La seule tâche de l'homme résidait dans la recherche de son salut et dans l'obéissance aux puissances divines et terrestres.

L'homme des Lumières, au contraire, prend conscience de sa force et de sa liberté. Il est l'artisan de son propre bonheur. Il n'est plus le spectateur passif du déroulement de l'histoire. Il en témoigne (voir Saint-Simon), en reconstitue la trame et en étudie les lois (Montesquieu, *L'Esprit des lois* ; Voltaire, *Le Siècle de Louis XIV*). Il se sent responsable de son devenir et voudrait limiter

1. Watteau, *L'Embarquement pour Cythère* (1717) (voir p. 130).

2. *Aufklärung*, en Allemagne. *Enlightment*, en Angleterre.

Antoine Watteau (1684-1721), *Les Comédiens italiens*, 0,63 × 0,76 m (Washington, National Gallery of Art, collection Samuel H. Kress).

les effets pervers de l'absolutisme et du fanatisme (Voltaire, *Lettres philosophiques*). Désormais le but du philosophe, dans le domaine politique comme dans celui des sciences ou de la morale, est moins de révérer une autorité que d'atteindre la vérité dans sa nature.

Le goût de la nouveauté

La nouveauté et le progrès n'apparaissent plus comme des chimères dangereuses mais comme les conditions de l'épanouissement de l'homme sur terre. Les forces d'innovation, isolées au XVIIe siècle, participent, à l'époque de Voltaire, à l'esprit général du temps et sont soutenues par une opinion publique intellectuelle avec laquelle le pouvoir politique doit compter. C'est l'originalité des *Lettres persanes* de Montesquieu, dans le fond et dans la forme, qui fait leur extraordinaire succès et les écrits clandestins les plus subversifs, comme les *Mémoires* du curé Meslier, connaissent une diffusion significative. Un nouveau style de la prose philosophique apparaît. Bacon, Descartes ou Spinoza écrivaient en latin. C'est en français que Montesquieu ou Voltaire composent leurs œuvres. Leur écriture, qui joint à la légèreté du style Régence l'éloquence des Romains, fait de la concision et de l'ironie des armes efficaces. Inaugurant le conte philosophique ou le récit épistolaire, ils rendent leur réflexion plus concrète, plus vivante, indissociable de l'imagination et de l'échange intellectuel.

La création théâtrale et romanesque

De nouvelles formes apparaissent également dans les domaines du théâtre et du roman (voir p. 132), régénérés par l'observation critique des conditions sociales dans lesquelles s'inscrivent les destins individuels. La comédie d'amour n'est jamais loin, chez Marivaux, de la comédie de mœurs et Prévost fait de *Manon Lescaut* (voir p. 172) un roman de l'argent autant qu'un roman de la passion. Notons enfin que dans les récits ou sur la scène, les figures féminines (Manon, Marianne, Silvia[1]) concquièrent une place importante.

Antoine Watteau, *Les Comédiens italiens*, détail (Washington, National Gallery of Art, collection Samuel H. Kress).

C'est qu'au XVIIIe siècle, la femme, de cœur ou d'esprit, est mieux reconnue dans son droit à la liberté et au bonheur (voir « Des femmes écrivains », p. 120 et Marivaux, *La Colonie*, p. 152).

En 1748, *L'Esprit des lois* de Montesquieu est mis à l'Index[2] tandis que Voltaire, disgrâcié, fait paraître *Zadig*, une autre réflexion sur la liberté : à cette date, il ne s'agit plus d'escarmouches, la bataille philosophique est engagée.

1. Prévost, *Manon Lescaut* ; Marivaux, *La Vie de Marianne, La Double Inconstance, Le Jeu de l'amour et du hasard.*
2. L'Index est la liste des ouvrages dont le pape interdit la lecture, pour des raisons religieuses ou morales. Tout livre inscrit sur cette liste est dit « mis à l'Index », ce qui correspond à une condamnation officielle par l'Église.

HISTOIRE ET POLITIQUE : UN NOUVEAU REGARD
MONTESQUIEU, SAINT-SIMON

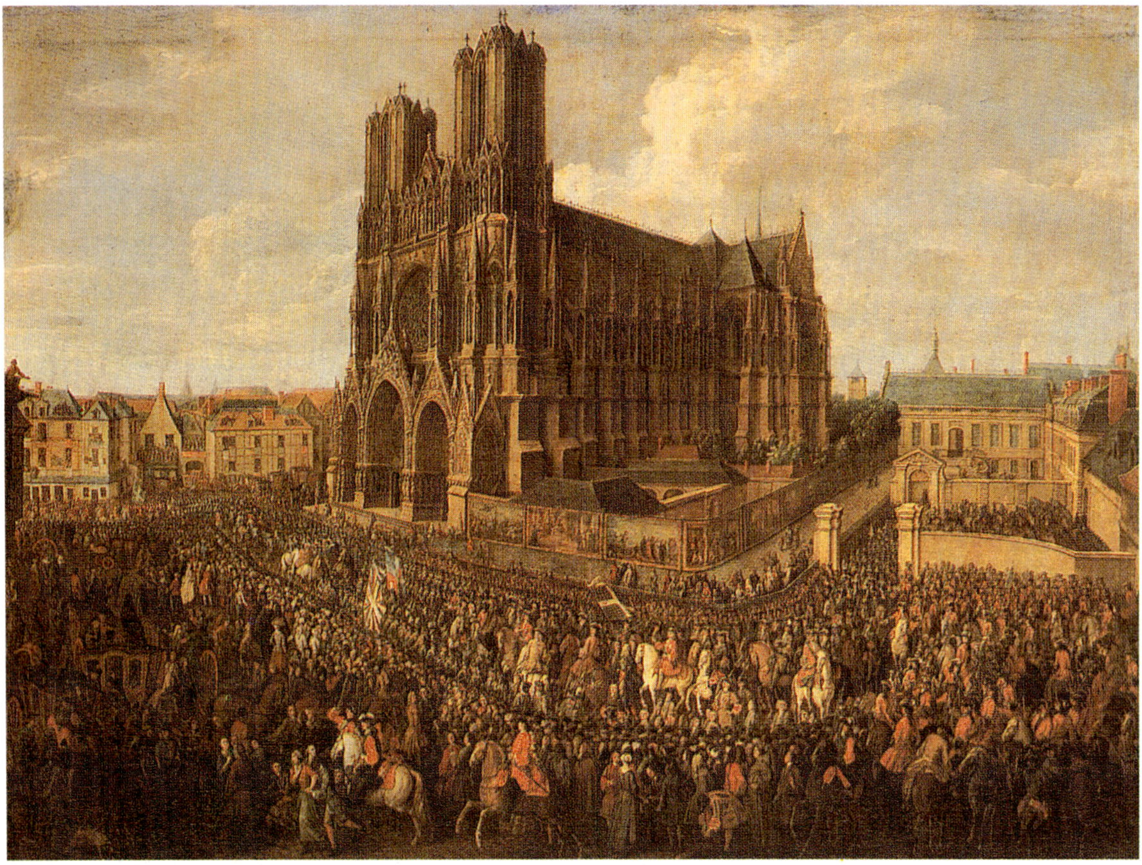

Pierre-Denis Martin dit Martin Le Jeune (1663-1742), *Cavalcade de Louis XV après le sacre, 26 octobre 1722*, 0,88 × 1,25 m, 1724 (Versailles, Musée national du Château).

La fin du règne de Louis XIV[1], qui ouvre le XVIIIe siècle, offre un sombre tableau : échecs politiques, décisions contestables[2], et, du côté du peuple, misère et mécontentement[3]. Le prestige du Roi-Soleil s'est éteint avec les défaites et les difficultés économiques. L'austérité de la cour, la persistance d'une étiquette rigide cachent mal la perte d'influence progressive d'une aristocratie dont les codes changent avec l'évolution des mentalités.

Cet état de fait et le développement de la pensée des Modernes[4], qui s'appuie sur une méthode rigoureuse, sont sans doute à l'origine d'une réflexion critique sur l'histoire et sur la politique. Les interrogations qui l'accompagnent portent sur

1. Louis XIV meurt en 1715.
2. En 1713, en particulier, Louis XIV condamne le jansénisme.
3. En 1709, il y eut à Paris et à Versailles des émeutes dues à la famine.
4. Voir pp. 19 et 21, la querelle des Anciens et des Modernes.

la valeur d'un régime dont on conteste à la fois l'autoritarisme et les faiblesses et plus largement, sur la légitimité de la monarchie absolue.

Cette réflexion, qui naît dans la première moitié du siècle, est menée par deux écrivains qui – paradoxalement – appartiennent l'un et l'autre à la noblesse. Il s'agit de Saint-Simon et de Montesquieu, morts la même année (1755) mais nés à quatorze ans de distance (Saint-Simon en 1675 et Montesquieu en 1689). L'érudition historique et l'observation des faits dont ils sont les témoins nourrissent chez l'un et chez l'autre une analyse politique. Mais bien qu'ils soient contemporains et marqués par l'esprit nouveau, leurs objectifs et leurs conclusions sont différentes. Saint-Simon prend appui sur la critique d'une fin de règne pour rappeler avec nostalgie la rigueur du temps de Louis XIII. Les recherches de Montesquieu, dans une perspective résolument novatrice, le conduisent à analyser les différents systèmes politiques pour définir celui qui constituerait un idéal.

Une réflexion sur l'histoire

L'histoire, dans son déroulement lointain (histoire romaine en particulier pour Montesquieu), ou dans son caractère contemporain (dès l'âge de dix-neuf ans, Saint-Simon se posa en témoin actif de son milieu social et politique), offre un riche terrain d'investigation et permet l'élaboration d'une méthode.

La réflexion historique de Saint-Simon prend racine dans la lecture et dans l'étude systématique du *Journal* de Dangeau. Cette simple chronologie des événements qui se sont déroulés de 1684 à 1720 lui donne l'occasion de commenter, de critiquer, d'annoter, d'observer et de réfléchir sur le déroulement des faits. Lorsqu'il commence à rédiger ses *Mémoires*, il abandonne Dangeau pour construire une œuvre personnelle qui se veut d'abord un tableau fidèle de la cour. « Je n'ai songé qu'à l'exactitude et à la vérité », écrit-il. Le tableau est-il exact et vrai ? Il est, de manière évidente, cruel et critique. Mettant à jour les intrigues, les conflits, les passions, Saint-Simon fait apparaître, en historien plus qu'en psychologue ou en moraliste, leur rôle déterminant dans la causalité de certains événements. L'ensemble des portraits, des récits et des descriptions qui forment les *Mémoires* permettent de discerner ce qui constitue dans l'histoire d'un milieu limité (la cour), mais influent (surtout dans un État aussi centralisé), les éléments clefs d'une dynamique événementielle.

En même temps, la mise en évidence du caractère répétitif de certaines situations permet de passer d'une approche immédiatement historique à une vision plus large. Ainsi, les attitudes composées et étudiées des courtisans à la mort du Grand Dauphin ne sont jamais que la reprise d'attitudes observées à d'autres moments dans des circonstances analogues. La réflexion historique se confond là avec l'analyse lucide et sans illusion des comportements humains.

La conception historique de Montesquieu est différente. Passionné d'histoire antique, il complète son érudition d'observations glanées au cours de ses nombreux voyages. La synthèse de ses réflexions le conduit à conclure, en matière d'histoire, à l'existence de lois récurrentes inscrites dans un ordre qui n'est pas celui, aléatoire, d'une fatalité aveugle. Son analyse des « causes de la grandeur des Romains et de leur décadence » souligne la possibilité de trouver des explications à une situation historique. Ces explications peuvent, selon lui, s'inscrire dans un système rigoureux et devenir des lois. « Ce n'est pas la fortune qui domine le monde[1] », écrit-il. « Il y a des causes générales, soit morales soit physiques qui agissent dans chaque monarchie, l'élèvent, la maintiennent ou la précipitent[1]. » Le caractère déterministe[2] d'une telle conception de l'histoire est cependant tempéré, chez Montesquieu, par un idéalisme social qui lui dicte une véritable foi dans l'homme et dans le progrès.

1. Montesquieu, *Considérations sur les causes de la grandeur des Romains et de leur décadence* (1738).
2. Le déterminisme est une conception philosophique selon laquelle tous les phénomènes doivent leur existence à des causes. Dans un système déterministe, les mêmes causes engendrent les mêmes effets.

De l'histoire à l'analyse politique

Chez Saint-Simon aussi bien que chez Montesquieu, il est difficile de séparer histoire et politique. Ces deux écrivains ont d'ailleurs sur ce plan des conceptions qui se rejoignent par certains aspects.

Par exemple, la *Lettre anonyme* au roi, écrite en 1712 par Saint-Simon, ou la Lettre 37 des *Lettres persanes* (un portrait sévère de Louis XIV), ou encore l'analyse du despotisme qui est faite par Montesquieu dans *L'Esprit des lois*[1], comportent le même type de critiques du roi (Louis XIV) et du régime (la monarchie absolue). De même, certaines prises de position très constestataires (sur la misère du peuple, sur la condamnation du jansénisme) rapprochent, sur le plan idéologique, ces deux écrivains. Ajoutons qu'ils défendent l'un et l'autre un système monarchique reposant sur la conservation de l'ordre nobiliaire, l'aristocratie représentant pour eux le pilier indispensable à l'équilibre du royaume.

Pourtant, les deux démarches diffèrent profondément dans leurs objectifs et dans leurs motivations. Saint-Simon se donne pour tâche de mener une analyse sévère du règne finissant et de montrer les dérèglements d'un pouvoir à ses yeux abusivement centralisé. Ses conceptions politiques, nettement traditionalistes, le poussent à dénoncer un régime dans lequel il ne voit que la perversion d'un système idéal à l'époque de Louis XIII. Il accuse en effet la centralisation qui caractérise le régime de Louis XIV d'avoir réduit l'aristocratie à un rôle secondaire et d'avoir privé les grands du royaume de l'indépendance et des responsabilités auxquelles, selon lui, leur rang leur permet de prétendre. Mais volontiers nostalgique, il développe une conception politique très conservatrice qui ne remet en cause ni la monarchie ni l'ordre social. L'importance, pour certains excessive, qu'il accorde à l'étiquette est à l'image de cette fidélité aux structures traditionnelles de l'aristocratie et de la vie de cour. Le respect des usages et des conventions constitue le ciment, garant d'une monarchie solide.

Montesquieu, quant à lui, aborde la politique à travers une étude comparée des lois. Cette analyse, qui se veut rigoureuse et méthodique permet de comprendre à quel point ces lois sont tributaires d'un ensemble d'éléments géographiques, climatiques, humains, sociaux qui déterminent leurs origines et leur nature et les relations avec l'environnement qui les a créées, et qui permet de les expliquer. Il pose en cela les bases d'une véritable science politique. Face à Saint-Simon, qui ne s'intéresse qu'au seul gouvernement de Louis XIV, Montesquieu ouvre largement son étude et applique son analyse à la monarchie, au despotisme et à la démocratie. Il en détermine les caractéristiques et les principes, et va jusqu'à préciser sous l'influence de quels facteurs ces différents types de régimes peuvent être corrompus.

Déjà en germe dans l'apologue des Troglodytes[2], et illustrée par certaines autres Lettres persanes, l'élaboration d'un système prenant en compte la notion de « contrat » entre gouvernant et gouvernés se développe *De l'esprit des lois*. L'idéal de gouvernement, selon Montesquieu, s'apparente à la monarchie parlementaire anglaise, et l'un de ses principes réside dans une innovation importante, la séparation des pouvoirs. Par son côté novateur, lucide et contestataire, la pensée politique de Montesquieu, qui refuse à la fois l'utopie d'un système trop idéalisé pour être appliqué et le dogmatisme, est déjà intégrée à l'idéologie des Lumières.

1. Œuvre publiée en 1748.

2. Montesquieu, *Lettres persanes* (1721), Lettres 10, 11, 12, 13, 14.

UNE INFLUENCE DIFFÉRENTE

Vivant à la même époque, Montesquieu et Saint-Simon apparaissent comme deux témoins dont les prises de position divergent, malgré certaines similitudes dans la critique de la monarchie. Avec l'objectif de « savoir le mieux qu'[il] pourrait les affaires de [son] temps », Saint-Simon est arrivé à une sorte de prescience qui lui a fait deviner la « dissolution prochaine de cette monarchie ». Mais même s'il a établi plusieurs *Projets de gouvernement*, même s'il préconise de réunir plus fréquemment les états généraux pour tenir compte de l'expression de l'opinion, il semble davantage tourné vers le passé que vers l'avenir. Sa vision historique est pessimiste et souvent amère, marquée par une affectivité parfois « bilieuse », par des haines tenaces et par des réactions passionnelles. Il est le témoin perspicace d'une décadence et souligne les tares d'un régime à travers une fresque impitoyable. Montesquieu, de son côté, à partir de l'observation du même univers, pose les bases d'une réflexion à la fois critique et constructive, dans le sens d'un humanisme ordonné et rassurant, qui jette une passerelle entre les années 1715-1720 et l'esprit des Lumières.

Ils sont placés l'un et l'autre au confluent de deux siècles, et appartiennent à la même caste. Mais l'un marque la fin d'une époque tandis que l'autre inaugure une pensée politique nouvelle dont se ressentent les démocraties du XXe siècle et dont se sont prévalus certains théoriciens comme Robespierre, Proudhon ou Marx.

Pierre-Denis Martin dit Martin Le Jeune (1663-1742), *Cavalcade de Louis XV après le sacre*, détail (Versailles, Musée national du Château).

Montesquieu
1689-1755

École française du XVIIIe s., *Charles de Secondat, baron de Montesquieu*, 0,63 × 0,52 m, 1728 (Versailles, Musée national du Château).

Rien ne semblait disposer cet aristocrate bordelais, homme de tradition, à venir bouleverser l'histoire des idées. Et pourtant, avec les *Lettres persanes*, avec *De l'esprit des lois*, Montesquieu fit entendre les séductions d'un esprit et d'un langage nouveaux, et rendit son siècle « philosophe ».

L'aristocrate éclairé

Charles-Louis de Secondat, baron de Montesquieu, est issu d'une grande famille de parlementaires bordelais. Jusqu'à onze ans, il est élevé au village et au château de La Brède, qui l'avait vu naître le 8 janvier 1689. Après des études de droit à Bordeaux, c'est à Paris qu'il découvre avec une curiosité passionnée les cercles de lettrés, de savants et de voyageurs.

Pour autant, il ne néglige pas la tradition aristocratique et garde son attachement à sa province. À la mort de son père, il entre en possession de son héritage : le château de La Brède et ses riches vignobles. En 1716, son oncle lui lègue sa fortune et sa charge de président au parlement de Bordeaux. Toute sa vie, Montesquieu restera fidèle à ses devoirs de magistrat et à ses tâches de propriétaire terrien.

Mais son intérêt pour la vie de l'esprit l'emporte : membre de l'académie des sciences de Bordeaux, il rédige de nombreux traités sur la politique et l'histoire, sur l'économie, sur les sciences. Déjà s'y exprime son indépendance d'esprit ; certaines idées sur la religion inquiètent par leur nouveauté.

La révélation des *Lettres persanes*

Sans doute ces réflexions, cette curiosité de savant et de moraliste préparaient-elles en profondeur la première œuvre importante de Montesquieu, les *Lettres persanes*. Pourtant ce roman totalement inattendu fit l'effet d'une révélation par son audace et son esprit. Il avait été publié à Amsterdam et Montesquieu, par prudence, se gardait bien d'avouer qu'il en était l'auteur. Il s'amusait (mais peut-être s'inquiétait-il !) du contraste qui ne manquerait pas d'apparaître entre le grave magistrat qu'il était officiellement et le conteur irrévérencieux que révélaient les *Lettres*.

Au reste, l'anonymat des *Lettres persanes* ne trompa personne. Les audaces du roman compromirent même provisoirement l'élection de Montesquieu à l'Académie française. Mais le succès ouvrit à l'auteur les salons parisiens : chez la marquise de Lambert, on débattait des questions de morale, on parlait du bonheur ; au club de l'Entresol, étaient agités les sujets politiques et religieux. Ces cercles mondains, où se formait l'esprit des Lumières, recevaient de Montesquieu autant qu'ils lui apportaient. Le milieu libertin lui inspira un roman galant, *Le Temple de Gnide*, en 1725.

L'esprit cosmopolite

Gentilhomme vigneron enraciné dans son terroir bordelais, Montesquieu, paradoxalement, a passé une grande partie de sa vie à fréquenter les salons parisiens. Plus surprenant encore est l'intérêt qu'il portait aux voyages et le temps qu'il leur consacra. Cette contradiction, à l'image d'une personnalité complexe, traduit une ouverture d'esprit et une faculté d'adaptation peu communes. « Quand j'ai voyagé dans les pays étrangers, je m'y suis attaché comme au mien propre », disait Montesquieu. De 1728 à 1731, il fait le tour des pays d'Europe : Hongrie, Italie, Hollande, Angleterre où il séjourne un an et demi. Partout il interroge, observe, compare les usages et les systèmes politiques. Avec curiosité, avec lucidité, il préparait par l'expérience vécue les réflexions et les travaux que les sources livresques enrichissaient aussi constamment.

« Un ouvrage utile » dont le sujet est « immense »

Retiré après ses voyages dans son château de La Brède, Montesquieu se consacra à l'étude de l'histoire. Ses *Considérations sur les causes de la grandeur des Romains et de leur décadence* constituent un livre précurseur de l'analyse historique moderne. Cet essai, publié finalement à part en 1734, devait former un chapitre d'un ample ouvrage de philosophie politique que Montesquieu méditait depuis longtemps et qu'il commença alors à rédiger. Il ne sera achevé que treize ans plus tard ; ce sera *De l'esprit des lois.*

Pendant toutes ces années, puisant dans son immense bibliothèque de trois mille titres à La Brède, fréquentant les philosophes quand il était à Paris et écoutant avec passion les témoignages des voyageurs, Montesquieu organisait, remaniait, augmentait son œuvre. Après un travail acharné, devenu presque aveugle, il publia enfin en 1748 les trente et un livres de *De l'esprit des lois*, l'ouvrage, disait-il, de toute sa vie.

Un avenir contrasté

Paru sans nom d'auteur, *De l'esprit des lois*, officiellement interdit en France, eut un immense retentissement. Aussitôt attaqué par les jésuites et les jansénistes, essentiellement pour son éloge de la religion naturelle[1] et son analyse critique de la monarchie, le livre est mis à l'Index (voir note 2 p. 39) en 1751 et la faculté de théologie de Paris en condamne dix-sept propositions. Pourtant, l'auteur avait brillamment expliqué son œuvre dans la *Défense de L'Esprit des lois* en 1750. Il répondait aux accusations, non en polémiquant mais en clarifiant sa réflexion, en redéfinissant les termes clefs de sa pensée politique. Le dernier travail de Montesquieu, accompli par amitié pour Diderot et d'Alembert, est de donner à l'*Encyclopédie* l'article « Goût », qui sera publié après sa mort, survenue à Paris le 10 février 1755.

Les philosophes du XVIIIe siècle reconnaissent en Montesquieu leur précurseur ; ses idées inspirent leur combat. Les Lumières désormais deviennent inséparables des conquêtes de la raison, de l'esprit de tolérance qu'il avait défendus, et, en politique, de sa théorie de la séparation des pouvoirs, de sa critique de l'absolutisme. Certains pourtant reprochent à Montesquieu d'être trop prudent et de conserver ses préjugés d'homme de robe et de gentilhomme[2]. Cette polémique, que l'on retrouve dans la diversité des jugements que la

1. La religion naturelle, née du besoin de croire en une divinité, prend la forme d'un déisme spontané, en dehors de toute Église établie.

2. Le philosophe Helvétius faisait ce reproche à Montesquieu.

postérité porte sur lui, illustre bien le rôle charnière qu'a joué Montesquieu dans l'histoire de la pensée. Homme de deux siècles, le plus « philosophe » des classiques, c'est un esprit conservateur épris d'ordre et pourtant tout entier tourné vers les revendications d'une époque nouvelle. Certes, sa pensée politique est bien loin d'être aussi audacieuse que celle de Rousseau, même si celle-ci lui doit beaucoup. Mais en 1721, quand Voltaire en était encore à produire des tragédies, Montesquieu, à travers la gravité souriante et l'insolence des *Lettres persanes*, permettait au XVIIIe siècle contestataire et irrévérencieux de prendre la parole.

Lettres persanes (1721), roman épistolaire → pp. 46-57.
Le Temple de Gnide (1725), conte libertin.
Considérations sur les causes de la grandeur des Romains et de leur décadence (1734), essai → pp. 58-60.
De l'esprit des lois (1748), essai → pp. 60-68.
Défense de L'Esprit des lois (1750), essai.

Lettres persanes
1721

Poussés par « l'envie de savoir », deux Persans, Usbek et Rica, quittent Ispahan « pour aller chercher laborieusement la sagesse ». À Paris, ils font l'expérience des coutumes et du mode de vie français et s'étonnent de traditions politiques et religieuses différentes des leurs. Pendant les huit années de leur séjour, ils transmettent à leurs amis persans les réflexions que leur inspirent les mœurs occidentales. Ils reçoivent en retour des nouvelles d'Orient : durant l'absence d'Usbek, les femmes du sérail se sont révoltées ; Roxane, la favorite, se suicide.

Telle est l'intrigue des *Lettres persanes*, publiées à Amsterdam en 1721. L'auteur, anonyme, se donnait pour le simple traducteur de cette correspondance qu'il prétendait tenir d'authentiques Persans.

En imaginant la confrontation entre le monde oriental et le monde occidental à travers le regard de deux voyageurs, Montesquieu donnait au thème philosophique de la relativité une forme romanesque qui conquit ses lecteurs : « Rien n'a plu davantage, dans les *Lettres persanes*, que d'y trouver, sans y penser, une espèce de roman[1]. » Les *Lettres persanes* réunissaient en effet toutes les facettes du roman pour former une œuvre complexe dont les intérêts s'entrecroisent adroitement.

Le roman oriental

Les lettres qu'échangent les Persans plongent le lecteur français dans la réalité orientale. La curiosité est grande à une époque où les relations de voyages en Orient abondent. Aussi Montesquieu ne néglige-t-il aucun effet de pittoresque : calendrier musulman, couleur locale, style fleuri. Les intrigues du harem et les personnages des eunuques donnent la note libertine.

Mais l'auteur va bien au-delà des récits de Chardin ou de Tavernier, ses principales sources (voir p. 70). L'opposition (ou parfois l'assimilation malicieuse) entre l'islam et le christianisme est chargée de sous-entendus critiques. Les remarques faites sur le despotisme oriental permettent d'audacieux rapprochements avec la monarchie française.

Le roman épistolaire

À la date où paraissent les *Lettres persanes*, le personnage du correspondant oriental est déjà devenu un type littéraire. Montesquieu s'inspire de *L'Espion turc* (voir p. 52) de l'Italien Marana, paru en 1684. Mais il exploite mieux les ressources de la forme épistolaire et fonde le genre du « roman par lettres ». L'idée neuve des *Lettres persanes* est d'établir un réel échange de correspondance entre les voyageurs et la Perse. Les thèmes de l'Orient et de l'Occident sont ainsi liés étroitement, enrichis par la variété des points de vue qui s'expriment.

La succession des lettres dans le recueil permet en outre d'aborder sans transition une grande diversité de sujets, de susciter sans cesse un intérêt nouveau. Montesquieu reconnaissait, avec la forme épistolaire, s'être donné « l'avantage de pouvoir joindre de la philosophie, de la politique et de la morale à un roman, et de lier le tout par une chaîne secrète et, en quelque façon, inconnue[1] ». Enfin, par la composition habile du roman, l'écrivain ménage des surprises, provoque des rapprochements inattendus, des ruptures de ton, créant ainsi cette « esthétique du contraste[2] » dont l'écriture des Lumières tirera si grand profit.

1. Montesquieu, *Quelques réflexions sur les Lettres persanes*.

2. Paul Vernière, préface à l'édition des *Lettres persanes*, Garnier, 1960.

D'après Van Loo, *Le Déjeuner de la sultane*, peinture sur porcelaine, 1783 (Sèvres, musée de la Manufacture).

Le roman satirique

Les lettres des Persans donnent lieu à une mordante satire de la société française des dernières années du règne de Louis XIV et de la Régence. Le roi « magicien », le pape, « vieille idole qu'on encense par habitude », les milieux parisiens, les caprices de la mode, les femmes, sont l'objet de leurs critiques malicieuses ou de leurs interrogations, tout aussi insolentes.

En introduisant dans la société française des observateurs étrangers que tout étonne, Montesquieu créait la distance ironique capable de mettre en cause le bien-fondé des coutumes, de changer en bizarreries les usages les mieux admis, et finalement d'ébranler bien des certitudes. « Entrer chez les gens pour déconcerter leurs idées, leur faire la surprise d'être surpris de ce qu'ils font, de ce qu'ils pensent, et qu'ils n'ont jamais conçu différent, c'est, au moyen de l'ingénuité feinte ou réelle, donner à ressentir toute la relativité d'une civilisation, d'une confiance habituelle dans l'Ordre établi [...][1]. »

Le roman philosophique

Les grandes questions qui seront les principales revendications du combat philosophique s'expriment déjà dans les *Lettres persanes*, sous une forme ironique, faussement

1. Paul Valéry, préface aux *Lettres persanes*, *Variété II*, 1930.

naïve ou paradoxale qui annonce Voltaire ou Diderot. Le bonheur y est présenté comme une exigence humaine. Montesquieu fait l'éloge de tout ce qui peut y contribuer : la vertu, la justice, le travail, la circulation des richesses, le développement des arts, des sciences et des techniques. La défense de la liberté passe par l'appel à la tolérance et l'éloge du pluralisme religieux. Sur le plan politique, le despotisme, et son double, l'absolutisme, sont condamnés. La leçon enfin que donnent les *Lettres persanes* est d'obéir à la nature. Les préjugés et l'hypocrisie dénaturent la vérité ; le roman les démasque. Rites et superstitions sont ridiculisés. Partout les lettres dénoncent l'« antinature » : en Occident, aussi bien dans les artifices de la mode que dans le célibat des moines ; en Orient, dans la réclusion contre nature du sérail.

La « bonne nouvelle » des *Lettres persanes*

« La bonne nouvelle qu'apportaient les *Lettres persanes* aux lecteurs européens de 1721 était celle de l'universelle facticité[1]. » Tels que les peignent en effet les *Lettres*, les hommes sont des comédiens qui s'en laissent conter par des charlatans. Les plus sages vivent eux aussi dans l'illusion : Usbek se croyait philosophe et découvre, par le suicide de Roxane, qu'il était un tyran. L'organisation du recueil dénonce cette facticité : les lettres « occidentales » s'achèvent sur la banqueroute de Law, fin d'une gigantesque supercherie financière ; dans les dernières lettres « orientales », se précipite la crise du sérail qui fait tomber tragiquement les masques du despotisme. La société entière repose sur des artifices ; le pouvoir et la religion s'imposent par la magie.

Mais Montesquieu montrait que pour dissiper les mensonges et atteindre la vérité, il n'est pas plus sûr moyen que de provoquer la surprise, le doute. L'écriture des *Lettres persanes* procède elle aussi par ruses : la fausse naïveté des Persans est son meilleur masque. La distanciation ironique vient fausser les points de vue habituels. Les cibles sont abordées de biais. Et cette esthétique du trompe-l'œil appliquée à un monde de faux-semblants finit par redresser les perspectives et fait apparaître en plein la réalité du mensonge. Montesquieu révélait au XVIIIe siècle la force de contestation qui se dégage d'un style.

Antoine Watteau (1684-1721), *Le Persan*, sanguine et pierre noire, 0,30 × 0,19 m (Paris, musée du Louvre, cabinet des Dessins).

Histoire des Troglodytes ou « Le combat de l'injustice et de la vertu »

La réflexion politique et philosophique de Montesquieu s'exprime, à l'intérieur de l'intrigue des *Lettres persanes*, dans une fable morale ou apologue ; l'histoire du peuple imaginaire des Troglodytes vient illustrer la nécessité de la vertu comme fondement de la vie sociale et ressort du meilleur gouvernement. C'est le sage Usbek qui développe cette allégorie politique en réponse à son ami Mirza qui l'avait interrogé : « Je t'ai souvent ouï dire que les hommes étaient nés pour être vertueux, et que la justice est une qualité qui leur est aussi propre que l'existence. Explique-moi, je te prie, ce que tu veux dire » (Lettre 10).

1. Jean Starobinski, *Montesquieu par lui-même*, Le Seuil, 1953. Voir extrait ci-après, p. 58.

Usbek à Mirza, à Ispahan

Il y avait en Arabie un petit peuple appelé *Troglodyte*, qui descendait de ces anciens Troglodytes qui, si nous en croyons les historiens, ressemblaient plus à des bêtes qu'à des hommes. Ceux-ci n'étaient point si contrefaits : ils n'étaient point velus comme des ours ; ils ne sifflaient point ; ils avaient deux yeux ; mais ils étaient si méchants et si féroces qu'il n'y avait parmi eux aucun principe d'équité ni de justice.

Ils avaient un roi d'une origine étrangère, qui, voulant corriger la méchanceté de leur naturel, les traitait sévèrement. Mais ils conjurèrent contre lui, le tuèrent et exterminèrent toute la famille royale.

Le coup étant fait, ils s'assemblèrent pour choisir un gouvernement, et, après bien des dissensions, ils créèrent des magistrats. Mais, à peine les eurent-ils élus, qu'ils leur devinrent insupportables, et ils les massacrèrent encore.

Ce peuple, libre de ce nouveau joug, ne consulta plus que son naturel sauvage ; tous les particuliers convinrent qu'ils n'obéiraient plus à personne ; que chacun veillerait uniquement à ses intérêts, sans consulter ceux des autres.

Cette résolution unanime flattait extrêmement tous les particuliers. Ils disaient : « Qu'ai-je affaire d'aller me tuer à travailler pour des gens dont je ne me soucie point ? Je penserai uniquement à moi ; je vivrai heureux. Que m'importe que les autres le soient ? Je me procurerai tous mes besoins, et, pourvu que je les aie, je ne me soucie point que tous les autres Troglodytes soient misérables. »

On était dans le mois où l'on ensemence les terres. Chacun dit : « Je ne labourerai mon champ que pour qu'il me fournisse le blé qu'il me faut pour me nourrir : une plus grande quantité me serait inutile ; je ne prendrai point de la peine pour rien. »

Les terres de ce petit royaume n'étaient pas de même nature : il y en avait d'arides et de montagneuses, et d'autres qui, dans un terrain bas, étaient arrosées de plusieurs ruisseaux. Cette année, la sécheresse fut très grande, de manière que les terres qui étaient dans les lieux élevés manquèrent absolument, tandis que celles qui purent être arrosées furent très fertiles. Ainsi les peuples des montagnes périrent presque tous de faim par la dureté des autres, qui leur refusèrent de partager la récolte.

Antoine Watteau (1684-1721), *Persan assis de profil, tourné vers la gauche*, sanguine et pierre noire, 0,25 × 0,21 m (Haarlem, Teylers Museum).

L'année d'ensuite fut très pluvieuse ; les lieux élevés se trouvèrent d'une fertilité extraordinaire, et les terres basses furent submergées. La moitié du peuple cria une seconde fois famine ; mais ces misérables trouvèrent des gens aussi durs qu'ils l'avaient été eux-mêmes.

Montesquieu, *Lettres persanes*, Lettre 11, d'Erzeron, le 3 de la lune de Gemmadi 2, 1711.

Usbek au même, à Ispahan

Tu as vu, mon cher Mirza, comment les Troglodytes périrent par leur méchanceté même et furent victimes de leurs propres injustices. De tant de familles, il n'en resta que deux qui échappèrent aux malheurs de la Nation. Il y avait dans ce pays deux hommes bien singuliers[1] : ils avaient de l'humanité ; ils connaissaient la justice ; ils aimaient la vertu. Autant liés par la droiture de leur cœur que par la corruption de celui des autres, ils voyaient la désolation générale et ne la ressentaient que par la pitié ; c'était le motif d'une union nouvelle. Ils travaillaient avec une sollicitude commune pour l'intérêt commun ; ils n'avaient de différends que ceux qu'une douce et tendre amitié faisait naître ; et, dans l'endroit du pays le plus écarté, séparés de leurs compatriotes indignes de leur présence, ils menaient une vie heureuse et tranquille. La terre semblait produire d'elle-même, cultivée par ces vertueuses mains.

Ils aimaient leurs femmes, et ils en étaient tendrement chéris. Toute leur attention était d'élever leurs enfants à la vertu. Ils leur représentaient[2] sans cesse les malheurs de leurs compatriotes et leur mettaient devant les yeux cet exemple si triste ; ils leur faisaient surtout sentir que l'intérêt des particuliers se trouve toujours dans l'intérêt commun ; que vouloir s'en séparer, c'est vouloir se perdre ; que la vertu n'est point une chose qui doive nous coûter ; qu'il ne faut point la regarder comme un exercice pénible ; et que la justice pour autrui est une charité pour nous.

Ils eurent bientôt la consolation des pères vertueux qui est d'avoir des enfants qui leur ressemblent. Le jeune peuple qui s'éleva sous leurs yeux s'accrut par d'heureux mariages : le nombre augmenta ; l'union fut toujours la même, et la vertu, bien loin de s'affaiblir dans la multitude, fut fortifiée, au contraire, par un plus grand nombre d'exemples.

Qui pourrait représenter ici le bonheur de ces Troglodytes ? Un peuple si juste devait être chéri des Dieux. Dès qu'il ouvrit les yeux pour les connaître, il apprit à les craindre, et la Religion vint adoucir dans les mœurs ce que la Nature y avait laissé de trop rude.

Montesquieu, *Lettres persanes*, Lettre 12, d'Erzeron, le 6 de la lune de Gemmadi 2, 1711.

« ... Je n'ai eu à peine que le temps de m'étonner »

L'étonnement des Persans oblige les Français à s'étonner d'eux-mêmes et à s'interroger à leur tour.

En mettant sur le même plan le tableau traditionnel des « embarras de Paris » et la satire irrévérencieuse du roi et du pape, Montesquieu tentait peut-être d'atténuer la hardiesse de ses railleries : ses voyageurs s'ébahissent de tout, sans distinction ; tout paraît étrange au visiteur étranger !

Mais ce rapprochement malicieux a aussi comme fonction plus subversive d'introduire jusque dans la peinture du pouvoir et du sacré le thème de la relativité.

Rica à Ibben, à Smyrne

Nous sommes à Paris depuis un mois, et nous avons toujours été dans un mouvement continuel. Il faut bien des affaires avant qu'on soit logé, qu'on ait trouvé les gens à qui on est adressé, et qu'on se soit pourvu des choses nécessaires, qui manquent toutes à la fois.

Paris est aussi grand qu'Ispahan. Les maisons y sont si hautes qu'on jugerait qu'elles ne sont habitées que par des astrologues. Tu juges bien qu'une ville bâtie en l'air, qui a six ou sept maisons les unes sur les autres, est extrêmement peuplée, et que, quand tout le monde est descendu dans la rue, il s'y fait un bel embarras.

Tu ne le croirais pas peut-être : depuis un mois que je suis ici, je n'y ai encore vu marcher personne. Il n'y a point de gens au monde qui tirent mieux parti de leur machine que les Français : ils courent ; ils volent. Les voitures lentes d'Asie, le pas réglé de nos chameaux, les feraient tomber

1. Différents des autres.

2. Ils leur rappelaient.

Pierre Subleyras (1699-1749), *Benoît XIV, élu pape en 1740* (Versailles, Musée national du Château).
« Il y a un autre magicien plus fort que lui [...] ce magicien s'appelle *le Pape* ».

en syncope. Pour moi, qui ne suis point fait à ce train, et qui vais souvent à pied sans changer d'allure, j'enrage quelquefois comme un Chrétien : car encore passe qu'on m'éclabousse depuis les pieds jusqu'à la tête ; mais je ne puis pardonner les coups de coude que je reçois régulièrement et périodiquement. Un homme qui vient après moi, et qui me passe, me fait faire un demi-tour, et un autre, qui me croise de l'autre côté, me remet soudain où le premier m'avait pris ; et je n'ai pas fait cent pas, que je suis plus brisé que si j'avais fait dix lieues.

Ne crois pas que je puisse, quant à présent, te parler à fond des mœurs et des coutumes européennes : je n'en ai moi-même qu'une légère idée, et je n'ai eu à peine que le temps de m'étonner.

Le roi de France est le plus puissant prince de l'Europe. Il n'a point de mines d'or[1] comme le roi d'Espagne, son voisin ; mais il a plus de richesses que lui, parce qu'il les tire de la vanité de ses sujets,

1. Les mines d'or du Pérou.

plus inépuisable que les mines. On lui a vu entreprendre ou soutenir de grandes guerres, n'ayant d'autres fonds que des titres d'honneur à vendre[1], et, par un prodige de l'orgueil humain, ses troupes se trouvaient payées, ses places, munies, et ses flottes, équipées.

D'ailleurs ce roi est un grand magicien : il exerce son empire sur l'esprit même de ses sujets ; il les fait penser comme il veut. S'il n'a qu'un million d'écus dans son trésor, et qu'il en ait besoin de deux, il n'a qu'à leur persuader qu'un écu en vaut deux, et ils le croient. S'il a une guerre difficile à soutenir, et qu'il n'ait point d'argent, il n'a qu'à leur mettre dans la tête qu'un morceau de papier est de l'argent, et ils en sont aussitôt convaincus. Il va même jusqu'à leur faire croire qu'il les guérit de toutes sortes de maux en les touchant[2], tant est grande la force et la puissance qu'il a sur les esprits.

Ce que je te dis de ce prince ne doit pas t'étonner : il y a un autre magicien, plus fort que lui, qui n'est pas moins maître de son esprit qu'il l'est lui-même de celui des autres. Ce magicien s'appelle *le Pape*. Tantôt il lui fait croire que trois ne sont qu'un, que le pain qu'on mange n'est pas du pain, ou que le vin qu'on boit n'est pas du vin, et mille autres choses de cette espèce.

Montesquieu, *Lettres persanes*, Lettre 24, de Paris, le 4 de la lune de Rebiab 2, 1712.

« ... Une troupe de chenilles avides »

Texte étranger

Dans *L'Espion dans les cours des princes chrétiens*[3] de l'Italien Marana (paru en 1684), le héros, l'espion turc Méhémet commente à sa façon les événements politiques de l'Europe des années 1637 à 1682, dans des lettres qu'il adresse à des correspondants de divers pays.

Le personnage de l'étranger « mahométan », le genre épistolaire, les audaces de pensée de Marana ont inspiré Montesquieu qui possédait cet *Espion turc* depuis 1717.

À Muhammet Bassa

Les rois de France se sont emparés de tout le sel du royaume, et ils obligent leurs sujets à l'acheter d'eux au prix qu'ils y mettent eux-mêmes. Pour cet effet, ils ont des officiers partout pour le vendre. Et c'est ce qu'on appelle gabelle. Il semble qu'ils en usent ainsi pour empêcher que leurs sujets ne se corrompent, comme s'ils avaient peur qu'ils se pourrissent tout vivants, car il n'y a point d'homme dans leurs États qui ne soit obligé d'en prendre la quantité que les officiers du roi lui imposent. Il faut en excepter quelques provinces particulières qui en sont exemptes pour des raisons d'État, ou parce qu'elles ont traité. Le revenu que le roi tire de cette gabelle monte annuellement à près de trois millions d'écus. Il tire huit millions d'un autre côté de l'impôt qu'il a mis sur les denrées des paysans, outre les impôts particuliers sur la viande, sur le vin et autres marchandises. Cependant il perd une grande partie de ses revenus en les affermant[4] à ses sujets, ou en les engageant en temps de guerre pour avoir de l'argent comptant. Il n'y a guère moins de trente mille officiers tous employés à la collecte de ces impôts. Les gages de tous ces gens diminuent les revenus de la Couronne de plus de la moitié ; de sorte que de quatre-vingts millions d'écus qu'on arrache tous les ans des peuples, à peine en entre-t-il trente mille dans les coffres du roi.

Tu seras surpris de l'imprudence de ces Infidèles, et condamneras en même temps la tyrannie et l'injustice, qui opprime, pille, et ruine ceux qui leur fournissent tout ce qui est nécessaire à la subsistance humaine, non pour s'enrichir, mais pour enrichir une troupe de chenilles avides ; car on ne saurait donner d'autre nom à ceux qui font la collecte des revenus de cet État. Il n'en est pas de même dans le Saint Empire des Osmans, où la justice a élevé son trône, et où l'oppression n'oserait lever la tête.

Jean-Paul Marana, L'Espion turc, *Lettre 34, tome II, 1684.*

1. Selon les besoins du Trésor, des charges – ou « offices » – étaient créées. Elles s'achetaient fort cher car elles conféraient la noblesse.
2. Le jour de son sacre, le roi de France était censé guérir les écrouelles, tumeurs dues à une maladie cervicale d'origine tuberculeuse.
3. Cet ouvrage est également souvent cité sous le titre *L'Espion turc*, que nous reprenons plus loin. Un autre titre lui est parfois donné par la critique : *L'Espion du grand seigneur.*
4. Pour percevoir les impôts indirects, le roi n'avait pas recours à des fonctionnaires, comme aujourd'hui. Il les « affermait » c'est-à-dire qu'il en confiait le recouvrement à des personnes privées, les « fermiers généraux ». Ces financiers remettaient d'avance au roi une somme forfaitaire convenue, puis ils se remboursaient, avec un large bénéfice, en faisant payer les contribuables.

« Comment peut-on être Persan ? »

À travers la critique amusée de la curiosité des Parisiens, c'est la question de l'être et du paraître qui est ici posée. Le Persan Rica n'existe en effet aux yeux des curieux que par son apparence.

Les Persans, qui jusqu'ici s'étaient étonnés de tout, provoquent à leur tour l'interrogation. Et au-delà de son costume qui attire l'attention, c'est la nature même de l'étranger qui pose question : comment peut-on être différent ?

Rica à Ibben, à Smyrne

Les habitants de Paris sont d'une curiosité qui va jusqu'à l'extravagance. Lorsque j'arrivai, je fus regardé comme si j'avais été envoyé du Ciel : vieillards, hommes, femmes, enfants, tous voulaient me voir. Si je sortais, tout le monde se mettait aux fenêtres ; si j'étais aux Tuileries[1], je voyais aussitôt un cercle se former autour de moi : les femmes mêmes faisaient un arc-en-ciel, nuancé de mille couleurs, qui m'entourait ; si j'étais aux spectacles, je trouvais d'abord[2] cent lorgnettes dressées contre ma figure : enfin jamais homme n'a tant été vu que moi. Je souriais quelquefois d'entendre des gens qui n'étaient presque jamais sortis de leur chambre, qui disaient entre eux : « Il faut avouer qu'il a l'air bien Persan. » Chose admirable[3] ! je trouvais de mes portraits partout ; je me voyais multiplié dans toutes les boutiques, sur toutes les cheminées : tant on craignait de ne m'avoir pas assez vu.

Tant d'honneurs ne laissent pas d'être à charge : je ne me croyais pas un homme si curieux et si rare ; et, quoique j'aie très bonne opinion de moi, je ne me serais jamais imaginé que je dusse troubler le repos d'une grande ville où je n'étais point connu. Cela me fit résoudre à quitter l'habit

es Parrocel (1688-1752), *Mehemet Effendi, ambassadeur turc arrive aux Tuileries, 21 mars 1721*, 2,28 × 3,29 m, 1721 (Versailles, Musée national du Château).

1. Le jardin du palais des Tuileries, résidence royale.
2. Aussitôt, dès le premier abord.
3. Étonnante.

persan et à en endosser un à l'européenne, pour voir s'il resterait encore dans ma physionomie quelque chose d'admirable. Cet essai me fit connaître ce que je valais réellement : libre de tous les ornements étrangers, je me vis apprécié au plus juste. J'eus sujet de me plaindre de mon tailleur, qui m'avait fait perdre en un instant l'attention et l'estime publique : car j'entrai tout à coup dans un néant affreux. Je demeurais quelquefois une heure dans une compagnie sans qu'on m'eût regardé, et qu'on m'eût mis en occasion d'ouvrir la bouche. Mais, si quelqu'un, par hasard, apprenait à la compagnie que j'étais Persan, j'entendais aussitôt autour de moi un bourdonnement : « Ah ! ah ! Monsieur est Persan ? c'est une chose bien extraordinaire ! Comment peut-on être Persan ? »

Montesquieu, *Lettres persanes*, Lettre 30, de Paris, le 6 de la lune de Chalval, 1712.

« Un homme faisait tous les jours à Dieu cette prière... »

La confrontation entre l'islam des Persans et le christianisme qu'ils découvrent en France est, dans les *Lettres persanes*, le procédé le plus efficace de la satire religieuse. Mais dans cette lettre, Usbek se montre moins musulman que philosophe. Porte-parole de Montesquieu, il plaide pour la religion naturelle, avec ses deux caractéristiques : le souci de la morale et de l'humanité ; le refus des rites, des « cérémonies ».

Jean Jouvenet (1644-1717), *Messe du chanoine Delaporte au maître-autel de Notre-Dame de Paris*, détail, 1,62 × 1,41 m (Paris, musée du Louvre).

Usbek à Rhédi, à Venise

Je vois ici des gens qui disputent[1] sans fin sur la religion ; mais il me semble qu'ils combattent en même temps à qui l'observera le moins.

Non seulement ils ne sont pas meilleurs chrétiens, mais même meilleurs citoyens, et c'est ce qui me touche : car, dans quelque religion qu'on vive, l'observation des lois, l'amour pour les hommes, la piété envers les parents, sont toujours les premiers actes de religion.

1. Discuter. Ligne 18, « disputes » : discussions.

En effet, le premier objet d'un homme religieux ne doit-il pas être de plaire à la Divinité, qui a établi la religion qu'il professe ? Mais le moyen le plus sûr pour y parvenir est sans doute d'observer les règles de la société et les devoirs de l'humanité ; car, en quelque religion qu'on vive, dès qu'on en suppose une, il faut bien que l'on suppose aussi que Dieu aime les hommes, puisqu'il établit une religion pour les rendre heureux ; que s'il aime les hommes, on est assuré de lui plaire en les aimant aussi, c'est-à-dire en exerçant envers eux tous les devoirs de la charité et de l'humanité, et en ne violant point les lois sous lesquelles ils vivent.

Par là, on est bien plus sûr de plaire à Dieu qu'en observant telle ou telle cérémonie : car les cérémonies n'ont point un degré de bonté par elles-mêmes ; elles ne sont bonnes qu'avec égards et dans la supposition que Dieu les a commandées. Mais c'est la matière d'une grande discussion ; on peut facilement s'y tromper ; car il faut choisir les cérémonies d'une religion entre celles de deux mille.

Un homme faisait tous les jours à Dieu cette prière : « Seigneur, je n'entends rien dans les disputes que l'on fait sans cesse à votre sujet. Je voudrais vous servir selon votre volonté ; mais chaque homme que je consulte veut que je vous serve à la sienne. Lorsque je veux vous faire ma prière, je ne sais en quelle langue je dois vous parler. Je ne sais pas non plus en quelle posture je dois me mettre : l'un dit que je dois vous prier debout ; l'autre veut que je sois assis ; l'autre exige que mon corps porte sur mes genoux. Ce n'est pas tout : il y en a qui prétendent que je dois me laver tous les matins avec de l'eau froide ; d'autres soutiennent que vous me regarderez avec horreur si je ne me fais pas couper un petit morceau de chair. Il m'arriva l'autre jour de manger un lapin dans un caravansérail. Trois hommes qui étaient auprès de là me firent trembler : ils me soutinrent tous trois que je vous avais grièvement offensé ; l'un[1], parce que cet animal était immonde ; l'autre[2], parce qu'il était étouffé ; l'autre[3] enfin, parce qu'il n'était pas poisson. Un Brachmane[4] qui passait par là, et que je pris pour juge, me dit : "Ils ont tort : car apparemment vous n'avez pas tué vous-même cet animal. – Si fait, lui dis-je. – Ah ! vous avez commis une action abominable, et que Dieu ne vous pardonnera jamais, me dit-il d'une voix sévère. Que savez-vous si l'âme de votre père n'était pas passée dans cette bête ?" Toutes ces choses, Seigneur, me jettent dans un embarras inconcevable : je ne puis remuer la tête que je ne sois menacé de vous offenser ; cependant je voudrais vous plaire et employer à cela la vie que je tiens de vous. Je ne sais si je me trompe ; mais je crois que le meilleur moyen pour y parvenir est de vivre en bon citoyen dans la société où vous m'avez fait naître et en bon père dans la famille que vous m'avez donnée. »

Montesquieu, *Lettres persanes*, Lettre 46, de Paris, le 8 de la lune de Chahban, 1713.

« Voilà, sublime dervis, la clef de la nature »

Faire l'éloge de la pensée scientifique et rationnelle équivalait encore au XVIIIe siècle, à un véritable aveu d'impiété. Trente ans après leur publication, les *Lettres persanes* subirent un examen rigoureux entrepris dans le but d'y débusquer toute proposition antireligieuse. L'abbé Gaultier s'en prenait particulièrement à cette lettre dans laquelle, disait-il, « l'auteur laisse à penser que la raison humaine est un guide plus sûr que la Révélation[5] ».

Le jugement ne manquait pas de justesse. C'est bien, en effet, l'art de Montesquieu de « laisser à penser ». Les allusions voilées, les ornements du style oriental, les ruses du dépaysement sont des masques qui cachent, en les révélant, les hardiesses de la pensée.

Usbek à Hassein, dervis[6] de la montagne de Jaron[7]

Ô toi, sage dervis, dont l'esprit curieux brille de tant de connaissances, écoute ce que je vais te dire.

Il y a ici des philosophes qui, à la vérité, n'ont point atteint jusqu'au faîte de la sagesse orientale : ils n'ont point été ravis jusqu'au trône lumineux ; ils n'ont ni entendu les paroles ineffables dont les concerts des anges retentissent, ni senti les formidables accès d'une fureur divine ; mais, laissés à eux-mêmes, privés des saintes merveilles, ils suivent dans le silence les traces de la raison humaine.

1. Un Juif (note de Montesquieu).
2. Un Turc (note de Montesquieu).
3. Un Arménien (note de Montesquieu).
4. Un prêtre hindou.
5. Abbé Gaultier, *Les « Lettres persanes » convaincues d'impiété*, 1751.
6. Religieux musulman. Dans les fictions orientales des philosophes du XVIIIe siècle (Montesquieu, Voltaire), les dervis (ou derviches) désignent indirectement les moines ou les prêtres catholiques.
7. Djaroun, ville de Perse.

Anonyme, miniature représentant *Mohamed Shah et Nadir Shah*, XVIIIe s., Inde (Paris, musée Guimet).

Tu ne saurais croire jusqu'où ce guide les a conduits. Ils ont débrouillé le Chaos et ont expliqué, par une mécanique simple, l'ordre de l'architecture divine. L'auteur de la nature a donné du mouvement à la matière : il n'en a pas fallu davantage pour produire cette prodigieuse variété d'effets que nous voyons dans l'Univers.

Que les législateurs ordinaires nous proposent des lois pour régler les sociétés des hommes ; des lois aussi sujettes au changement que l'esprit de ceux qui les proposent, et des peuples qui les observent ! Ceux-ci[1] ne nous parlent que des lois générales, immuables, éternelles, qui s'observent sans aucune exception avec un ordre, une régularité et une promptitude infinie, dans l'immensité des espaces.

Et que crois-tu, homme divin, que soient ces lois ? Tu t'imagines peut-être qu'entrant dans le conseil de l'Éternel tu vas être étonné par la sublimité des mystères ; tu renonces par avance à comprendre, tu ne te proposes que d'admirer.

Mais tu changeras bientôt de pensée : elles n'éblouissent point par un faux respect[2] ; leur simplicité les a fait longtemps méconnaître, et ce n'est qu'après bien des réflexions qu'on en a vu toute la fécondité et toute l'étendue.

La première est que tout corps tend à décrire une ligne droite, à moins qu'il ne rencontre quelque obstacle qui l'en détourne ; et la seconde, qui n'en est qu'une suite, c'est que tout corps qui tourne autour d'un centre tend à s'en éloigner, parce que, plus il en est loin, plus la ligne qu'il décrit approche de la ligne droite[3].

Voilà, sublime dervis, la clef de la nature ; voilà des principes féconds, dont on tire des conséquences à perte de vue.

La connaissance de cinq ou six vérités a rendu leur philosophie pleine de miracles et leur a fait faire presque autant de prodiges et de merveilles que tout ce qu'on nous raconte de nos saints prophètes.

Montesquieu, *Lettres persanes*, Lettre 97, de Paris, le 10 de la lune de Chahban, 1716.

1. Les philosophes dont Usbek fait l'éloge.
2. Respect injustifié.
3. Usbek résume les principes de la physique cartésienne.

« Je trouve les caprices de la mode, chez les Français, étonnants »

À la manière de La Bruyère, Montesquieu peint les ridicules de la société française à travers l'une de ses expressions les plus capricieuses : la mode. C'est Rica, le plus jeune des Persans, qui trace ici ce tableau satirique. En d'autres occasions, et à ses dépens, il avait déjà fait l'expérience du caractère inconstant des Français et de l'importance qu'ils accordent à l'apparence (lettre 30, p. 53).

Rica à Rhédi, à Venise

Je trouve les caprices de la mode, chez les Français, étonnants. Ils ont oublié comment ils étaient habillés cet été ; ils ignorent encore plus comment ils le seront cet hiver. Mais, surtout, on ne saurait croire combien il en coûte à un mari pour mettre sa femme à la mode.

Que me servirait de te faire une description exacte de leur habillement et de leurs parures ? Une mode nouvelle viendrait détruire tout mon ouvrage, comme celui de leurs ouvriers, et, avant que tu eusses reçu ma lettre, tout serait changé.

Une femme qui quitte Paris pour aller passer six mois à la campagne en revient aussi antique que si elle s'y était oubliée trente ans. Le fils méconnaît le portrait de sa mère, tant l'habit avec lequel elle est peinte lui paraît étranger ; il s'imagine que c'est quelque Américaine qui y est représentée, ou que le peintre a voulu exprimer quelqu'une de ses fantaisies.

Quelquefois, les coiffures montent insensiblement, et une révolution les fait descendre tout à coup. Il a été un temps que leur hauteur immense mettait le visage d'une femme au milieu d'elle-même. Dans un autre, c'étaient les pieds qui occupaient cette place : les talons faisaient un piédestal qui les tenait en l'air. Qui pourrait le croire ? Les architectes ont été souvent obligés de hausser, de baisser et d'élargir leurs portes, selon que les parures des femmes exigeaient d'eux ce changement, et les règles de leur art ont été asservies à ces caprices. On voit quelquefois sur un visage une quantité prodigieuse de mouches[1], et elles disparaissent toutes le lendemain. Autrefois, les femmes avaient de la taille et des dents ; aujourd'hui, il n'en est pas question. Dans cette changeante nation, quoi qu'en disent les mauvais plaisants, les filles se trouvent autrement faites que leurs mères.

Il en est des manières et de la façon de vivre comme des modes : les Français changent de mœurs selon l'âge de leur roi. Le monarque pourrait même parvenir à rendre la nation grave, s'il l'avait entrepris. Le Prince imprime le caractère de son esprit à la Cour ; la Cour, à la Ville ; la Ville, aux provinces. L'âme du souverain est un moule qui donne la forme à toutes les autres.

Montesquieu, *Lettres persanes*, Lettre 99, de Paris, le 8 de la lune de Saphar, 1717.

Anonyme, *Costumes féminins, coiffures nouvelles vers 1726*, détail, estampe (Paris, BN).

1. Petit morceau de tissu noir que les femmes collaient sur leur visage pour faire ressortir la blancheur de leur teint.

Masques et ironie dans les « Lettres persanes »

Texte critique

Ainsi la société de la Régence apparaît comme un monde masqué. Tout y est feint : les hommes croyaient s'occuper sérieusement de choses sérieuses. Et soudain ils se voient tels qu'ils sont : des comédiens. La religion : cérémonies. La majesté royale : un art de magie (« ce roi est un grand magicien ») *; l'esprit : des grimaces apprises. Partout des masques. Quoi d'étonnant à cela ? Sitôt que le regard conteste la légitimité des apparences, tout lui apparaît masque. L'ironie est partout à l'affût du mensonge et de l'illusion, qui lui sont douces proies. Elle se divertit des contradictions de l'être et du paraître. Nulle part Montesquieu n'est si magistral que lorsqu'il s'agit de montrer le néant réel de* « l'homme qui représente »... *Mais, pour faire tomber les masques de l'hypocrisie et des préjugés, il a fallu faire entrer dans Paris des personnages masqués. Le travesti persan de Rica et d'Uzbek sert, en quelque façon, de « réactif » : une sorte de contagion fait que les faux Persans propagent le sentiment du* faux *; dès qu'ils s'avisent d'examiner une de nos certitudes, elles nous devient aussitôt hypothétique, comme si leur regard avait le don de transformer ce qu'il rencontre : une fois vus par ces étrangers, les objets n'ont plus pour nous la même consistance : ils sonnent faux.*

La bonne nouvelle qu'apportaient les Lettres persanes *aux lecteurs européens de 1721 était celle de l'universelle facticité. Les hommes sont tels que leurs habitudes, leur climat, leur éducation les ont faits. Quand les Persans iront dans Paris demandant le pourquoi de chaque coutume et de chaque rite, l'important ne sera pas la réponse à ce pourquoi, mais le fait tout simple que l'on puisse demander pourquoi. Et cette simple question dévoile instantanément l'absurdité des croyances et des rites, qui ne subsistaient que parce qu'on ne s'était jamais avisé d'en demander le pourquoi. Il y a là un :* comment peut-on être Français ? *qui répond implicitement au :* comment peut-on être Persan ? *Et voilà qui semblera étrange : l'épreuve des masques est une épreuve de la vérité. Il faut faire entrer des personnages costumés et masqués pour que la vraie nature des hommes se* démasque *en leur présence.*

Jean Starobinski, Montesquieu par lui-même, *Le Seuil, 1953.*

Considérations sur les causes de la grandeur des Romains et de leur décadence

1734

Montesquieu impose, dans les *Considérations*, une vision profondément renouvelée de l'histoire en commençant par refuser l'idée que les faits historiques seraient l'objet du hasard : « Ce n'est pas la fortune qui domine le monde ». Si nous pouvons peut-être croire, par erreur, que l'histoire est une suite d'événements fortuits et que des incidents règlent son cours capricieux (le nez de Cléopâtre qui aurait changé la face du monde, selon Pascal !), l'observation raisonnée doit permettre de découvrir la logique profonde des phénomènes, que masque l'incohérence des faits accidentels.

Bossuet, déjà, avait voulu voir dans l'histoire une logique mais il en attribuait le dessein aux ordres secrets de la divine providence. Montesquieu s'écarte de ce providentialisme et met au point la théorie du déterminisme historique : l'histoire est déterminée par des causes, qui sont à l'œuvre à des niveaux différents ; les causes particulières sont multiples et apparentes ; la cause générale est plus profonde et détermine elle-même toutes les causes particulières.

L'étude ce ces causes permet de dégager des lois invariables. Travaillant sur l'histoire romaine, Montesquieu énonce ainsi la loi du déclin des peuples : quand l'esprit général d'une nation est atteint, quand le principe du gouvernement se perd, le peuple nécessairement dégénère. Les circonstances accidentelles ne feront que précipiter une chute inévitable.

Voici en un mot l'histoire des Romains : ils vainquirent tous les peuples par leurs maximes ; mais, lorsqu'ils y furent parvenus, leur République ne put subsister, il fallut changer de gouvernement, et des maximes contraires aux premières, employées dans ce gouvernement nouveau, firent tomber leur grandeur.

Ce n'est pas la Fortune[1] qui domine le Monde. On peut le demander aux Romains, qui eurent une suite continuelle de prospérités quand ils se gouvernèrent sur un certain plan, et une suite non

1. Le hasard.

Jean-Nicolas Servandoni (1695-1766), *Ruines romaines*, 1,31 × 0,96 m, vers 1729 (Lyon, musée des Beaux-Arts).

interrompue de revers lorsqu'ils se conduisirent sur un autre. Il y a des causes générales, soit morales, soit physiques, qui agissent dans chaque monarchie, l'élèvent, la maintiennent, ou la précipitent ; tous les accidents sont soumis à ces causes, et, si le hasard d'une bataille, c'est-à-dire une cause particulière, a ruiné un État, il y avait une cause générale qui faisait que cet État devait périr par une seule bataille. En un mot, l'allure principale entraîne avec elle tous les accidents particuliers.

Nous voyons que, depuis près de deux siècles, les troupes de terre de Danemark ont presque toujours été battues par celles de Suède. Il faut qu'indépendamment du courage des deux nations et du sort des armes il y ait dans le gouvernement danois, militaire ou civil, un vice intérieur qui ait produit cet effet, et je ne le crois point difficile à découvrir.

Enfin, les Romains perdirent leur discipline militaire ; ils abandonnèrent jusqu'à leurs propres armes. Végèce[1] dit que, les soldats les trouvant trop pesantes, ils obtinrent de l'empereur Gratien de quitter leur cuirasse et ensuite leur casque, de façon qu'exposés aux coups sans défense ils ne songèrent plus qu'à fuir.

Il ajoute qu'ils avaient perdu la coutume de fortifier leur camp, et que, par cette négligence, leurs armées furent enlevées par la cavalerie des Barbares.

La cavalerie fut peu nombreuse chez les premiers Romains : elle ne faisait que la onzième partie de la légion, et très souvent moins ; et, ce qu'il y a d'extraordinaire, ils en avaient beaucoup moins

1. Écrivain latin de la fin du IVe siècle, auteur d'un *Traité de l'art militaire*.

que nous, qui avons tant de sièges à faire, où la cavalerie est peu utile. Quand les Romains furent dans la décadence, ils n'eurent presque plus que de la cavalerie. Il me semble que, plus une nation se rend savante dans l'art militaire, plus elle agit par son infanterie, et que, moins elle le connaît, plus elle multiplie sa cavalerie. C'est que, sans la discipline, l'infanterie, pesante ou légère, n'est rien ; au lieu que la cavalerie va toujours, dans son désordre même. L'action de celle-ci consiste plus dans son impétuosité et un certain choc ; celle de l'autre, dans sa résistance et une certaine immobilité : c'est plutôt une réaction qu'une action. Enfin, la force de la cavalerie est momentanée ; l'infanterie agit plus longtemps ; mais il faut de la discipline pour qu'elle puisse agir longtemps.

Les Romains parvinrent à commander à tous les peuples, non seulement par l'art de la guerre, mais aussi par leur prudence, leur sagesse, leur constance, leur amour pour la gloire et pour la Patrie. Lorsque, sous les empereurs, toutes ces vertus s'évanouirent, l'art militaire leur resta, avec lequel, malgré la faiblesse de la tyrannie de leurs princes, ils conservèrent ce qu'ils avaient acquis. Mais, lorsque la corruption se mit dans la milice même, ils devinrent la proie de tous les peuples.

Montesquieu, *Considérations sur les causes de la grandeur des Romains et de leur décadence*, chapitre XVIII.

De L'Esprit des lois
1748

Les principes

« J'ai bien des fois commencé, et bien des fois abandonné cet ouvrage », écrivait Montesquieu dans la préface de *L'Esprit des lois.* Il lui consacra, en effet, vingt années de sa vie ; et toutes ses observations, toutes ses réflexions tous ses travaux antérieurs semblent converger vers cette immense entreprise ou en constituer le terrain d'essai. Mais ce n'est que lorsqu'il découvrit ses « principes » qu'il vit venir à lui ce qu'il cherchait et que l'abondante matière dont il disposait prit son sens. Quels étaient donc ces principes ?

L'idée radicalement nouvelle est la notion même de loi. Jusqu'à Montesquieu, ce mot n'était employé qu'au sens de « loi positive » (la loi qui commande, la loi qui interdit). Si l'on parlait ailleurs de loi, c'était pour désigner les lois naturelles, par exemple les lois physiques qui régissent l'univers. Or, Montesquieu montrait que le domaine politique, lui aussi, répond à des lois comme le monde physique, que l'on peut dégager les causes qui ont engendré telle législation, qu'il existe des rapports entre les types de gouvernement et la nature des pays où ils sont établis ; que les lois, en somme, ont leurs lois.

Cette idée fondamentale, qui guide toute l'entreprise de Montesquieu, fait de lui le précurseur des sciences politiques.

Les sources, la méthode, le plan

Ses exemples, les preuves de ses principes, Montesquieu les trouve dans l'observation de la réalité : « Je n'ai point tiré mes principes de mes préjugés, mais de la nature des choses » (Préface). Il disposait d'innombrables sources pour étudier les régimes politiques, la diversité des lois, des mœurs et des religions. Ses voyages en Europe l'avaient mis en contact avec différents gouvernements : la monarchie parlementaire en Angleterre, la république de Venise ; il avait écouté les récits d'étrangers qui venaient de pays plus lointains. Ses lectures surtout nourrissent sa réflexion : les textes politiques de l'Antiquité, les historiens grecs et romains, les philosophes anglais, les relations de voyages, les rapports de missionnaires.

Un biographe de Montesquieu[1] montre quel parti l'écrivain savait tirer de sa documentation. Un jésuite décrivait ainsi la vie d'un village de l'Illinois : « Nos sauvages ne sont pas accoutumés à cueillir le fruit aux arbres ; ils croient faire mieux d'abattre les arbres mêmes : ce qui est cause qu'il n'y a presque aucun arbre fruitier aux environs des villages. » Montesquieu réinterprète la remarque, la transforme en idée et en fait le chapitre le plus court, et le plus saisissant, de *L'Esprit des lois* : « Quand les sauvages de la Louisiane veulent avoir du fruit, ils coupent l'arbre au pied et cueillent le fruit. Voilà le gouvernement despotique » (livre V, chapitre 13).

On a reproché à *L'Esprit des lois* d'abonder en anecdotes, de manquer de structure, de laisser une impression de désordre. Il est de fait que chaque partie se trouve fragmentée en de nombreux chapitres, de longueur très inégale, selon une division apparemment arbitraire. Montesquieu a travaillé plus de dix ans à la rédaction de son œuvre ; il a constamment procédé à des ajouts et à des digressions. Mais ce morcellement, outre qu'il rompt avec la composition traditionnelle de la rhétorique classique et provoque adroitement la réflexion, laisse apparaître un plan qui ne manque pas de cohérence.

- Montesquieu commence par définir les lois comme « les rapports nécessaires qui dérivent de la nature des choses » (Livre I).
- Puis il distingue les différents types de gouvernement, leur nature, leur principe (Livres II et III) (voir p. 62).
- Les Livres IV à X montrent que les lois doivent être

1. Robert Shackleton.

Hyacinthe Rigaud (1659-1743), *Louis XV roi de France et de Navarre*, 0,79 × 0,72 m, 1715 (Versailles, Musée national du château).
« L'homme est une créature qui obéit à une créature qui veut. »

relatives au principe de chaque gouvernement (voir p. 64).
- Les Livres XI à XIII traitent du rapport des lois et de la liberté (voir p. 64).
- Les Livres XIV à XXVI sont consacrés aux rapports des lois avec le climat et le terrain, les mœurs, le commerce, la monnaie, la démographie, la religion (voir p. 65).
- Enfin les Livres XXVII à XXXI, ajoutés au moment de l'impression de l'ouvrage, étudient les législations romaine et féodale.

Le premier des sociologues

Montesquieu est considéré comme le précurseur de la sociologie parce qu'il est le premier à étudier scientifiquement les sociétés et à prendre en compte dans son analyse la totalité du réel. Le juridique, le politique, la psychologie et la morale y sont en constante interaction. La religion même est traitée en fait social, tout comme l'ensemble des composantes qui forment la vie d'un peuple : « Plusieurs choses gouvernent les hommes, le climat, la religion, les lois, les maximes du gouvernement, les exemples des choses passées, les mœurs, les manières, d'où il se forme un esprit général qui en résulte » (Livre XIX, chapitre 4).

Parmi ces agents déterminant l'esprit général d'une nation, le climat donne lieu (Livre XIV) à une étude que Montesquieu fonde sur des observations pseudo-scientifiques. Il y établit que le climat a des effets physiologiques qui exercent une influence sur la psychologie des peuples, et donc sur leur organisation politique. Ainsi, on aurait de la vigueur dans les pays froids, mais peu de sensibilité aux plaisirs ; au contraire, le climat excessivement chaud (d'Orient, d'Asie), amollissant les hommes, les disposerait à la servitude.

Cette « théorie des climats » amène à s'interroger sur l'optique déterministe de *L'Esprit des lois*. Les éléments climatiques conditionneraient-ils les hommes ? Les sociétés, en raison de leur situation géographique, seraient-elles vouées fatalement à un type de gouvernement ? Montesquieu corrige ce déterminisme : c'est le rôle des lois de dégager les peuples de la trop grande emprise du climat ; « Les mauvais législateurs sont ceux qui ont favorisé les vices du climat et les bons sont ceux qui s'y sont opposés » (Livre XIV, chapitre 5). Il n'y a pas de fatalité en politique. Ni le despotisme ni l'esclavage ne sont inévitables, et Montesquieu les condamne radicalement.

Influence et postérité de l'œuvre

Montesquieu, on l'a vu, fut le premier à appliquer l'esprit scientifique à l'étude des faits politiques et des faits sociaux, entre lesquels des rapports et des liens précis s'établissent. Cette nouveauté lui valut les foudres de ses adversaires : « Les lois, des rapports ! Cela se conçoit-il ? » s'indignaient les jansénistes. La monarchie (bien que Montesquieu lui donne la préférence) considérée comme un gouvernement parmi d'autres ! La religion mise au rang des phénomènes formant l'esprit des nations, au même titre que le climat et les coutumes ! Cette démarche était trop novatrice ; *L'Esprit des lois* fut mis à l'Index[1] et condamné.

Dans le camp des philosophes, on suit l'idéal politique de Montesquieu : son éloge de la monarchie tempérée, sa théorie de la séparation des pouvoirs (le législatif, l'exécutif, le judiciaire), son respect des lois, son amour de la liberté, sa condamnation de l'esclavage et de la torture. La Constitution américaine, la Constitution de 1791, les institutions des gouvernements libéraux se sont inspirées de ces principes. Aujourd'hui, nous reconnaissons à Montesquieu le titre de philosophe des Lumières, nous voyons en lui un précurseur de la déclaration des Droits de l'homme.

Mais quel chemin parcouru ! Voltaire considérait *De l'esprit des lois* comme « le code de la raison et de la liberté », mais le mettait encore « au rang des livres originaux qui ont illustré le siècle de Louis XIV[2] »... Helvétius ironisait sur les prudences du baron de La Brède : « Quant aux aristocrates et à nos despotes de tout genre, s'ils vous entendent, ils ne doivent pas trop vous en vouloir[3]. » Pourtant, de son côté, d'Alembert célébrait « l'esprit de citoyen[4] » de Montesquieu. Robespierre fera de l'idée de vertu politique, puisée chez Montesquieu, un thème révolutionnaire. La condamnation du despotisme que contenait *L'Esprit des lois* inspirera même à Marat une condamnation de la monarchie que Montesquieu n'aurait certainement pas tolérée.

Rarement une pensée aura été à ce point sollicitée. C'est qu'elle était originale, foisonnante et étrangement moderne.

Du principe des divers gouvernements

Montesquieu distingue trois espèces de gouvernements : le républicain, dont l'Antiquité fournit le modèle ; le monarchique, que l'on trouve par exemple en France ou en Angleterre ; le despotique, qui domine en Orient.

Chaque gouvernement a sa nature propre, c'est-à-dire sa structure particulière : « Le gouvernement républicain est celui où le peuple en corps[5], ou seulement une partie du peuple[6], a la souveraine puissance ; le monarchique, celui où un seul gouverne mais par des lois fixes et établies ; au lieu que dans le despotique, un seul, sans loi et sans règle, entraîne tout par sa volonté et par ses caprices » (*De l'esprit des lois*, livre II, chapitre 1).

Chacun de ces gouvernements se fonde sur un principe qui lui est propre : la république, sur la vertu ; la monarchie, sur l'honneur ; le despotisme, sur la crainte. Ce principe est le ressort moral qui fait agir chaque gouvernement et lui permet de se maintenir.

La vertu, principe de la démocratie

Il ne faut pas beaucoup de probité, pour qu'un gouvernement monarchique ou un gouvernement despotique se maintiennent ou se soutiennent. La force des lois dans l'un, le bras du prince toujours levé dans l'autre, règlent ou contiennent tout. Mais, dans un État populaire, il faut un ressort de plus, qui est la VERTU.

Ce que je dis est confirmé par le corps entier de l'histoire, et est très conforme à la nature des choses. Car il est clair que, dans une monarchie, où celui qui fait exécuter les lois se juge au-dessus des lois, on a besoin de moins de vertu que dans un gouvernement populaire, où celui qui fait exécuter les lois sent qu'il y est soumis lui-même, et qu'il en portera le poids.

Il est clair encore que le monarque qui, par mauvais conseil ou par négligence, cesse de faire exécuter les lois, peut aisément réparer le mal ; il n'a qu'à changer de Conseil, ou se corriger de cette négligence même. Mais lorsque, dans un gouvernement populaire, les lois ont cessé d'être exécutées, comme cela ne peut venir que de la corruption de la république, l'État est déjà perdu.

L'honneur, principe de la monarchie

Le gouvernement monarchique suppose, comme nous avons dit, des prééminences, des rangs, et même une noblesse d'origine. La nature de l'*honneur* est de demander des préférences et des distinctions ; il est donc, par la chose même, placé dans ce gouvernement.

1. Ce terme est expliqué p. 39, note 2.
2. Voltaire, *Le Siècle de Louis XIV*.
3. Helvétius, *Lettre à Montesquieu*. Sur Helvétius, voir p. 249.
4. D'Alembert, *Éloge de Monsieur de Montesquieu*.
5. C'est-à-dire collectivement. Il s'agit alors d'une démocratie.
6. C'est alors une aristocratie.

L'ambition est pernicieuse dans une république. Elle a de bons effets dans la monarchie ; elle donne la vie à ce gouvernement ; et on y a cet avantage, qu'elle n'y est pas dangereuse, parce qu'elle y peut être sans cesse réprimée.

Vous diriez qu'il en est comme du système de l'univers, où il y a une force qui éloigne sans cesse du centre tous les corps, et une force de pesanteur qui les y ramène. L'honneur fait mouvoir toutes les parties du corps politique ; il les lie par son action même ; et il se trouve que chacun va au bien commun, croyant aller à ses intérêts particuliers.

Il est vrai que, philosophiquement parlant, c'est un honneur faux qui conduit toutes les parties de l'État : mais cet honneur faux est aussi utile au public, que le vrai le serait aux particuliers qui pourraient l'avoir.

Et n'est-ce pas beaucoup, d'obliger les hommes à faire toutes les actions difficiles, et qui demandent de la force, sans autre récompense que le bruit[1] de ces actions ?

Alexandre Magnasco (1681-1747), *L'Embarquement des galériens*, détail, 1,16 × 1,42 m (Bordeaux, musée des Beaux-Arts).

La crainte, principe du gouvernement despotique

Comme il faut de la *vertu* dans une république, et dans une monarchie de l'*honneur*, il faut de la CRAINTE dans un gouvernement despotique : pour la vertu, elle n'y est point nécessaire ; et l'honneur y serait dangereux.

Le pouvoir immense du prince y passe tout entier à ceux à qui il le confie. Des gens capables de s'estimer beaucoup eux-mêmes seraient en état d'y faire des révolutions. Il faut donc que la *crainte* y abatte tous les courages, et y éteigne jusqu'au moindre sentiment d'ambition. [...]

Dans les États despotiques, la nature du gouvernement demande une obéissance extrême ; et la volonté du prince, une fois connue, doit avoir aussi infailliblement son effet, qu'une boule jetée contre une autre doit avoir le sien.

Il n'y a point de tempérament[2], de modification, d'accommodements, de termes[3], d'équivalents, de pourparlers, de remontrances : rien d'égal ou de meilleur à proposer. L'homme est une créature qui obéit à une créature qui veut.

Montesquieu, *De l'esprit des lois*, Livre III, chapitres 3, 7, 9 et 10.

1. Le retentissement, l'éclat, la renommée.
2. Moyen terme.
3. Limites, bornes.

De la corruption du principe des trois gouvernements

À chaque type de gouvernement se rapportent des lois : lois concernant l'éducation, lois politiques, lois civiles, qui doivent être strictement conformes au principe de ce gouvernement.

Dans les démocraties, elles doivent inspirer l'amour de la patrie et établir l'égalité ; dans les monarchies, favoriser le sentiment de l'honneur ; dans le despotisme, imposer la crainte d'une volonté unique.

Mais que le principe d'un gouvernement vienne à se corrompre, l'État se dégrade et dégénère.

Le principe du gouvernement despotique « se corrompt sans cesse parce qu'il est corrompu par sa nature ». « Le principe de la démocratie se corrompt, non seulement lorsque l'on perd l'esprit d'égalité, mais encore quand on prend l'esprit d'égalité extrême » qui mène à l'anarchie puis au despotisme. Lorsque le principe de la monarchie se corrompt, le gouvernement lui aussi dégénère en despotisme.

De la corruption du principe de la monarchie

La monarchie se perd, lorsqu'un prince croit qu'il montre plus sa puissance en changeant l'ordre des choses qu'en le suivant ; lorsqu'il ôte les fonctions naturelles des uns, pour les donner arbitrairement à d'autres ; et lorsqu'il est plus amoureux de ses fantaisies que de ses volontés.

La monarchie se perd, lorsque le prince, rapportant tout uniquement à lui, appelle l'État à sa capitale, la capitale à sa cour, et la cour à sa seule personne.

Enfin elle se perd, lorsqu'un prince méconnaît son autorité, sa situation, l'amour de ses peuples ; et lorsqu'il ne sent pas bien qu'un monarque doit se juger en sûreté, comme un despote doit se croire en péril.

Montesquieu, *De l'esprit des lois*, Livre VIII, chapitre 6.

Le principe de la monarchie se corrompt, lorsque les premières dignités sont les marques de la première servitude ; lorsqu'on ôte aux grands le respect des peuples, et qu'on les rend de vils instruments du pouvoir arbitraire.

Ils se corrompt encore plus, lorsque l'honneur a été mis en contradiction avec les honneurs, et que l'on peut être à la fois couvert d'infamie et de dignités.

Il se corrompt, lorsque le prince change sa justice en sévérité ; lorsqu'il met, comme les empereurs romains, une tête de Méduse[1] sur sa poitrine ; lorsqu'il prend cet air menaçant et terrible que Commode[2] faisait donner à ses statues.

Le principe de la monarchie se corrompt, lorsque des âmes singulièrement lâches tirent vanité de la grandeur que pourrait avoir leur servitude ; et qu'elles croient que ce qui fait que l'on doit tout au prince, fait que l'on ne doit rien à sa patrie.

Mais, s'il est vrai (ce que l'on a vu dans tous les temps), qu'à mesure que le pouvoir du monarque devient immense, sa sûreté diminue ; corrompre ce pouvoir, jusqu'à le faire changer de nature, n'est-ce pas un crime de lèse-majesté contre lui ?

Montesquieu, *De l'esprit des lois*, Livre VIII, chapitre 7.

De la Constitution d'Angleterre

Tout gouvernement, si son principe se corrompt, peut dégénérer en despotisme. La monarchie elle-même y tend, comme Montesquieu le constate avec l'absolutisme du règne de Louis XIV. Mais l'exemple de l'Angleterre lui fournit le modèle d'une monarchie modérée « qui a pour objet direct de sa Constitution la liberté politique ».

Pour éviter l'abus de pouvoir, il faut empêcher que tous les pouvoirs soient concentrés dans la même main. La séparation entre les fonctions : législative, exécutive et judiciaire, permet de s'opposer à ce cumul. Une constitution doit garantir l'équilibre de ses pouvoirs, et les corps intermédiaires (le Parlement, la noblesse) user de leur « faculté d'empêcher ». Car « pour qu'on ne puisse abuser du pouvoir, il faut que, par la disposition des choses, le pouvoir arrête le pouvoir » (Livre XI, chapitre 4).

1. Dans la mythologie, la tête de Méduse frappait de stupeur et changeait en pierre quiconque la regardait.

2. Empereur romain qui régna de 180 à 192 ap. J.-C. Tyrannique et cruel, il se comparait à Hercule.

La théorie de la « séparation des pouvoirs » formera la pensée politique des Constituants de 1789. Elle est inscrite dans la déclaration des Droits de l'homme et du citoyen : « Toute société dans laquelle la garantie des droits n'est pas assurée, ni la séparation des pouvoirs déterminée, n'a pas de constitution » (article 16).

Il y a, dans chaque État, trois sortes de pouvoirs : la puissance législative, la puissance exécutrice des choses qui dépendent du droit des gens[1], et la puissance exécutrice de celles qui dépendent du droit civil.

Par la première, le prince ou le magistrat fait des lois pour un temps ou pour toujours, et corrige ou abroge celles qui sont faites. Par la seconde, il fait la paix ou la guerre, envoie ou reçoit des ambassades, établit la sûreté, prévient les invasions. Par la troisième, il punit les crimes, ou juge les différends des particuliers. On appellera cette dernière la puissance de juger ; et l'autre, simplement la puissance exécutrice de l'État.

La liberté politique, dans un citoyen, est cette tranquillité d'esprit qui provient de l'opinion que chacun a de sa sûreté ; et, pour qu'on ait cette liberté, il faut que le gouvernement soit tel, qu'un citoyen ne puisse pas craindre un autre citoyen.

Lorsque, dans la même personne ou dans le même corps de magistrature, la puissance législative est réunie à la puissance exécutrice, il n'y a point de liberté ; parce qu'on peut craindre que le même monarque ou le même sénat ne fasse des lois tyranniques, pour les exécuter tyranniquement.

Il n'y a point encore de liberté, si la puissance de juger n'est pas séparée de la puissance législative et de l'exécutrice. Si elle était jointe à la puissance législative, le pouvoir sur la vie et la liberté des citoyens serait arbitraire ; car le juge serait législateur. Si elle était jointe à la puissance exécutrice, le juge pourrait avoir la force d'un oppresseur.

Tout serait perdu, si le même homme, ou le même corps des principaux, ou des nobles, ou du peuple, exerçaient ces trois pouvoirs : celui de faire des lois, celui d'exécuter les résolutions publiques, et celui de juger les crimes ou les différends des particuliers.

Dans la plupart des royaumes de l'Europe, le gouvernement est modéré, parce que le prince, qui a les deux premiers pouvoirs, laisse à ses sujets l'exercice du troisième. Chez les Turcs, où ces trois pouvoirs sont réunis sur la tête du sultan, il règne un affreux despotisme.

Montesquieu, *De l'esprit des lois*, Livre XI, chapitre 6.

De l'esclavage des nègres

Dans son étude des effets du climat sur les mœurs et les lois, Montesquieu en vient à se demander si les lois de l'esclavage ont, selon ses propres termes, « du rapport avec la nature du climat ». Après avoir examiné l'origine du droit de l'esclavage, il en conclut que l'esclavage est « aussi opposé au droit civil qu'au droit naturel » (Livre XV, chapitre 2). Pourtant les raisons avancées pour justifier une pratique si contraire à la dignité de l'homme n'ont jamais manqué.

En sont la preuve les arguments spécieux des esclavagistes que Montesquieu reprend ironiquement à son compte pour mieux les dénoncer.

Si j'avais à soutenir le droit que nous avons eu de rendre les nègres esclaves, voici ce que je dirais :

Les peuples d'Europe ayant exterminé ceux de l'Amérique, ils ont dû mettre en esclavage ceux de l'Afrique, pour s'en servir à défricher tant de terres.

Le sucre serait trop cher, si l'on ne faisait travailler la plante qui le produit par des esclaves.

Ceux dont il s'agit sont noirs depuis les pieds jusqu'à la tête ; et ils ont le nez si écrasé, qu'il est presque impossible de les plaindre.

On ne peut se mettre dans l'esprit que Dieu, qui est un être très sage, ait mis une âme, surtout une âme bonne, dans un corps tout noir.

Il est si naturel de penser que c'est la couleur qui constitue l'essence de l'humanité, que les peuples d'Asie qui font des eunuques, privent toujours les noirs du rapport qu'ils ont avec nous d'une façon plus marquée.

1. Droit qui règle les rapports des différentes nations.

On peut juger de la couleur de la peau par celle des cheveux, qui, chez les Égyptiens, les meilleurs philosophes du monde, étaient d'une si grande conséquence[1], qu'ils faisaient mourir tous les hommes roux qui leur tombaient entre les mains.

Une preuve que les nègres n'ont pas le sens commun, c'est qu'ils font plus de cas d'un collier de verre que de l'or, qui, chez des nations policées[2], est d'une si grande conséquence.

Il est impossible que nous supposions que ces gens-là soient des hommes ; parce que, si nous les supposions des hommes, on commencerait à croire que nous ne sommes pas nous-mêmes chrétiens.

De petits esprits exagèrent trop l'injustice que l'on fait aux Africains. Car, si elle était telle qu'ils le disent, ne serait-il pas venu dans la tête des princes d'Europe, qui font entre eux tant de conventions inutiles, d'en faire une générale en faveur de la miséricorde et de la pitié ?

Montesquieu, *De l'esprit des lois*, Livre XV, chapitre 5.

Antoine Watteau (1684-1721),
Études de la tête d'un jeune Noir,
0,24 × 0,27 m (Paris, musée du Louvre, cabinet des Dessins).

« Une Juive de dix-huit ans, brûlée à Lisbonne... »

Comme il avait pris parti contre l'esclavage, Montesquieu dénonce ici l'intolérance. Traitant des lois pénales en matière de religion, il s'indigne que l'on ose imposer une croyance par la force, ou qu'on en combatte une autre en la persécutant. Son réquisitoire vise directement l'Inquisition, le tribunal ecclésiastique fondé au XIIIe siècle qui, en Espagne et au Portugal, condamnait encore les hérétiques au supplice.

Le philosophe adopte, dans ce chapitre, l'artifice bien connu de l'auteur anonyme (ici, un auteur juif) dont il feint de rapporter les propos. Prudence, peut-être ; mais habileté surtout, et audace : ce sont ici les condamnés, les infidèles, les incroyants qui donnent aux chrétiens des leçons de tolérance et de pitié.

Une Juive de dix-huit ans, brûlée à Lisbonne au dernier autodafé[3], donna occasion à ce petit ouvrage ; et je crois que c'est le plus inutile qui ait jamais été écrit. Quand il s'agit de prouver des choses si claires, on est sûr de ne pas convaincre.

L'auteur[4] déclare que, quoiqu'il soit Juif, il respecte la religion chrétienne, et qu'il l'aime assez pour ôter aux princes, qui ne seront pas chrétiens, un prétexte plausible pour la persécuter.

« Vous vous plaignez, dit-il aux inquisiteurs, de ce que l'empereur du Japon fait brûler à petit feu tous les chrétiens qui sont dans ses États ; mais il vous répondra : Nous vous traitons, vous qui ne croyez pas comme nous, comme vous traitez vous-mêmes ceux qui ne croient pas comme vous : vous

1. Importance.
2. Civilisées.
3. L'*auto-da-fé* était la cérémonie d'« acte de foi » au cours de laquelle les condamnés se voyaient infliger des peines pouvant aller jusqu'à la mort par le feu. Voltaire dans *Candide* (chapitre 6, « Comment on fit un bel autodafé... ») prend lui aussi pour cible les cruautés de l'Inquisition.
4. L'auteur présumé du « petit ouvrage » adressé aux inquisiteurs.

ne pouvez vous plaindre que de votre faiblesse, qui vous empêche de nous exterminer, et qui fait que nous vous exterminons.

« Mais il faut avouer que vous êtes bien plus cruels que cet empereur. Vous nous faites mourir, nous qui ne croyons que ce que vous croyez, parce que nous ne croyons pas tout ce que vous croyez[1]. Nous suivons une religion que vous savez vous-mêmes avoir été autrefois chérie de Dieu : nous pensons que Dieu l'aime encore, et vous pensez qu'il ne l'aime plus : et parce que vous jugez ainsi, vous faites passer par le fer et par le feu ceux qui sont dans cette erreur si pardonnable, de croire que Dieu aime encore ce qu'il a aimé.

« Si vous êtes cruels à notre égard, vous l'êtes bien plus à l'égard de nos enfants ; vous les faites brûler, parce qu'ils suivent les inspirations que leur ont données ceux que la loi naturelle et les lois de tous les peuples leur apprennent à respecter comme des dieux[2].

« Vous vous privez de l'avantage que vous a donné sur les mahométans la manière dont leur religion s'est établie. Quand ils se vantent du nombre de leurs fidèles, vous leur dites que la force les leur a acquis, et qu'ils ont étendu leur religion par le fer : pourquoi donc établissez-vous la vôtre par le feu ?

« Quand vous voulez nous faire venir à vous, nous vous objectons une source dont vous vous faites gloire de descendre[3]. Vous nous répondez que votre religion est nouvelle, mais qu'elle est divine ; et vous le prouvez parce qu'elle s'est accrue par la persécution des païens et par le sang de vos martyrs : mais aujourd'hui vous prenez le rôle des Dioclétiens[4], et vous nous faites prendre le vôtre.

« Nous vous conjurons, non pas par le Dieu puissant que nous servons vous et nous, mais par le Christ que vous nous dites avoir pris la condition humaine pour vous proposer des exemples que vous puissiez suivre ; nous vous conjurons d'agir avec nous comme il agirait lui-même, s'il était encore sur la terre. Vous voulez que nous soyons chrétiens, et vous ne voulez pas l'être.

« Mais, si vous ne voulez pas être chrétiens, soyez au moins des hommes : traitez-nous comme vous feriez, si, n'ayant que ces faibles lueurs de justice que la nature nous donne, vous n'aviez point une religion pour vous conduire, et une révélation pour vous éclairer.

« Si le Ciel vous a assez aimés pour vous faire voir la vérité, il vous a fait une grande grâce : mais est-ce aux enfants qui ont l'héritage de leur père, de haïr ceux qui ne l'ont pas eu ?

« Que si vous avez cette vérité, ne nous la cachez pas par la manière dont vous nous la proposez. Le caractère de la vérité, c'est son triomphe sur les cœurs et les esprits, et non pas cette impuissance que vous avouez, lorsque vous voulez la faire recevoir par des supplices.

« Si vous êtes raisonnables, vous ne devez pas nous faire mourir, parce que nous ne voulons pas vous tromper. Si votre Christ est le fils de Dieu, nous espérons qu'il nous récompensera de n'avoir

Bernard Picart (1673-1733), *Supplice des condamnés*, gravure (Paris, BN).

1. Les Juifs ne croient pas que Jésus soit le messie, le libérateur envoyé par Dieu aux hommes.
2. C'est-à-dire leurs parents.
3. La religion d'Abraham et l'Ancien Testament.
4. Empereur romain (284-305) qui persécuta les chrétiens.

pas voulu profaner ses mystères : et nous croyons que le Dieu que nous servons vous et nous, ne nous punira pas de ce que nous avons souffert la mort pour une religion qu'il nous a autrefois donnée, parce que nous croyons qu'il nous l'a encore donnée.

« Vous vivez dans un siècle où la lumière naturelle est plus vive qu'elle n'a jamais été, où la philosophie a éclairé les esprits, où la morale de votre Évangile a été plus connue, où les droits respectifs des hommes les uns sur les autres, l'empire qu'une conscience a sur une autre conscience, sont mieux établis. Si donc vous ne revenez pas de vos anciens préjugés, qui, si vous n'y prenez garde, sont vos passions, il faut avouer que vous êtes incorrigibles, incapables de toute lumière et de toute instruction ; et une nation est bien malheureuse, qui donne de l'autorité à des hommes tels que vous.

« Voulez-vous que nous vous disions naïvement notre pensée ? Vous nous regardez plutôt comme vos ennemis, que comme les ennemis de votre religion : car, si vous aimiez votre religion, vous ne la laisseriez pas corrompre par une ignorance grossière.

« Il faut que nous vous avertissions d'une chose ; c'est que, si quelqu'un dans la postérité ose jamais dire que, dans le siècle où nous vivons, les peuples d'Europe étaient policés[1], on vous citera pour prouver qu'ils étaient barbares, et l'idée que l'on aura de vous sera telle, qu'elle flétrira votre siècle, et portera la haine sur tous vos contemporains. »

Montesquieu, *De l'esprit des lois*, Livre XXV, chapitre 13.

Synthèse

Les facettes d'un génie complexe

On ne peut pas manquer d'être frappé par le contraste que présente l'œuvre de Montesquieu : d'un côté, le roman satirique et libertin des *Lettres persanes* ; de l'autre, le monument austère de *L'Esprit des lois*. L'écrivain excelle autant dans la légèreté que dans la profondeur et, dans chacune de ces deux œuvres si différentes, il pousse encore la confusion jusqu'à traiter légèrement des sujets graves, ou bien à imposer la gravité sous le masque souriant de l'ironie. Dans cette richesse de tonalités réside l'attrait de cet esprit énigmatique. La diversité convient à Montesquieu, modèle cette « âme qui se plaît à tout ».

Un tel composé résulte d'une personnalité difficile à saisir et qui semble résister à toute classification. Socialement, Montesquieu est un paradoxe. Noble, il a contesté son propre milieu ; cependant les attaques qu'il lance contre la royauté viennent d'un monarchiste convaincu. Il assume lucidement des contradictions réputées inconciliables : son appartenance à l'aristocratie, qu'il ne renia jamais, et son engagement dans le mouvement des philosophes. Politiquement, le président du parlement de Bordeaux oscille entre le conservatisme et le réformisme, sans vouloir rien bouleverser mais en imposant néanmoins les théories les plus novatrices. Mais trop à l'avant-garde pour ses contemporains, il semble bien lent à ceux qui ont profité de ses idées pour avancer plus vite.

On conçoit dès lors que Montesquieu occupe une place à part parmi les philosophes du XVIIIe siècle. À la fois marginal et précurseur, il fait entendre dès le début du siècle une voix originale, son style. Mais ce style, lui aussi, échappe à la définition : il se souvient parfois de La Bruyère et annonce déjà Voltaire. Il trouvera, un siècle plus tard, un écho inattendu chez Stendhal qui enviait sa rapidité et sa concision. C'est une écriture légère, variée, précise, discrète. D'Alembert la qualifiait en disant que Montesquieu savait traiter toutes sortes de matières « en paraissant glisser sur elles[2] ». Moins constamment ironique, moins méchant que Voltaire, Montesquieu avait une recette qui donne une juste idée du dosage subtil de son esprit et de son œuvre : « Il ne faut pas mettre du vinaigre dans ses écrits : il faut y mettre du sel[3]. »

1. Civilisés.
2. D'Alembert, *Éloge de Monsieur de Montesquieu*.
3. Montesquieu, *Cahiers*, Grasset, publication posthume, 1941.

Une vision de l'homme : le particulier et l'universel

La grande curiosité de Montesquieu, ses lectures, ses voyages, l'ont formé au sentiment du divers ; toute son œuvre développe ce thème et abonde en exemples prouvant la variété des usages. Si l'écrivain recense ces différences, c'est d'abord pour s'en étonner, comme le font ses Persans. À cela s'ajoute la conscience de la relativité des coutumes et des lois. *De l'esprit des lois* démontre que la législation est relative aux mœurs d'un pays, qui dépendent elles-mêmes de facteurs aussi particuliers que le climat ou la nature du terrain ; ou bien encore, l'ouvrage prouve aussi que certaines lois résultent de conventions purement arbitraires. Dans ses observations, le philosophe rejoint presque le scepticisme de Montaigne, autre voyageur curieux, dont Pascal avait résumé l'esprit dans la formule : « Vérité au-deçà des Pyrénées, erreur au-delà. »

Mais l'œuvre de Montesquieu est également traversée par la conviction qu'il existe une nature humaine qui n'est soumise ni à la variété ni au changement. Dans une perspective matérialiste, l'historien constate que les sociétés diffèrent en fonction de données concrètes, que la diversité des conditions produit des hommes différents. Mais, par ailleurs, dans une perspective idéaliste, il proclame une nature humaine invariable. Observant la disproportion des châtiments d'un pays à l'autre, Usbek conclut à l'inconstance de la justice, mais il sait qu'il existe en l'homme une loi naturelle qui le guide : « Voilà, Rhédi, ce qui m'a fait penser que la Justice est éternelle et ne dépend point des conventions humaines » (Lettre 83).

Nulle part cette ambivalence de l'homme – être particulier et être universel – n'apparaît mieux que dans les *Lettres persanes*. Le procédé du dépaysement vient accentuer les différences entre les mœurs, les religions, les peuples ; Persans et Français s'étonnent constamment les uns des autres. Montesquieu souligne à plaisir les caractères distinctifs de chaque nation pour provoquer l'interrogation. Mais le procédé permet en même temps de réduire ces particularités. Renvoyées les unes aux autres par un constant jeu de miroir, les étrangetés finissent par s'annuler. Les différences que l'on croyait irréductibles se révèlent de simples préjugés quand l'ironie a fait tomber les masques.

La recherche de l'équilibre

En philosophe, Montesquieu dénonce tout ce qui contribue à diviser et exalte au contraire ce qui parle à l'homme universel. Aussi plaide-t-il en faveur du déisme et de la morale contre les particularités des religions qui enferment les hommes dans leurs spécificités. Contre les « cérémonies », il célèbre la Raison.

Le juriste et le politique enseignent aussi comment les lois permettent de concilier particularité et universalité. Elles doivent convenir aux nécessités d'une société donnée, tout en étant conformes aux aspirations de l'homme universel. En d'autres termes, elles dépendent de conditions spécifiques et de conventions humaines, mais elles doivent répondre à l'universalité de la Raison. Il existe des lois naturelles présentes en tout homme, et des lois civiles et politiques, relatives à la situation particulière d'un pays. L'idéal politique de Montesquieu serait de les voir coïncider, celles-ci dérivant de celles-là. « La loi, en général, est la raison humaine en tant qu'elle gouverne tous les peuples de la terre ; et les lois politiques et civiles de chaque nation ne doivent être que les cas particuliers où s'applique cette raison humaine » (*De l'esprit des lois*, Livre I, chapitre 3). Ainsi l'harmonie serait réalisée et le bonheur possible.

Cosmopolitisme et voyage au XVIIIe siècle

On voyage beaucoup au XVIIIe siècle. Aventuriers, missionnaires, colonisateurs en quête de terres nouvelles, négociants ou simples voyageurs curieux se côtoient sur des itinéraires européens ou plus lointains et plus exotiques. L'Orient méditerranéen, l'Inde, la Chine, le Nouveau Monde exercent une constante fascination sur ceux qui considèrent qu'il n'y a pas de barrières à la curiosité humaine et qui se posent en « citoyens du monde[1] ». Les récits de voyage connaissent une extraordinaire floraison. Ils retracent des expériences vécues ou des périples imaginaires en pays d'utopie. Ils sont à l'origine de toute une littérature d'initiation qui repose sur l'idée que le dépaysement est formateur et utile.

C'est sans doute la raison pour laquelle les romanciers et les philosophes font appel au voyage pour confronter leurs porte-parole aux vicissitudes du monde. Eux-mêmes sont les fervents adeptes et les exemples vivants d'un cosmopolitisme qui réduit les dimensions de l'univers, forge des liens et suscite une réflexion sur la diversité des coutumes et sur la relativité du jugement.

Une époque favorable aux voyages

Le contexte historique, économique et culturel est, pour la France du XVIIIe siècle, tout à fait propice aux voyages. La puissance économique réside en effet moins dans les ressources de la terre que dans le commerce maritime. La volonté de s'approprier des voies commerciales, la recherche d'implantations coloniales, le besoin croissant de denrées exotiques (café, sucre, cacao, coton, soie...) sont à l'origine d'un accroissement important des voyages et des échanges commerciaux. Les ports atlantiques sont très actifs dans leurs relations avec les Antilles, l'Amérique espagnole, la Chine. Le développement de la Compagnie des Indes[2] établit des relations régulières avec le Sénégal, la Guinée, les Indes. Certains de ces pays sont d'ailleurs déjà ouverts à l'influence occidentale par les missions que les jésuites y ont installées. La France a aussi des relations avec des pays plus proches, comme l'Espagne ou l'Italie, que Montesquieu et le président de Brosses[3] découvrent avec ravissement, l'Angleterre qui accueille Voltaire exilé et les Pays-Bas, où se publient les ouvrages menacés par la censure. On voyage beaucoup et on aime raconter ses voyages.

Jacques Grasset de Saint-Sauveur (1757-1810), frontispice de l'*Amérique*, extrait de l'*Encyclopédie des voyages*, 1796 (Paris, musée des Arts décoratifs, Bibliothèque).

L'importance des récits de voyage

La fin du XVIIe siècle et le début du XVIIIe sont marqués par une prolifération d'ouvrages relatant des voyages réels ou imaginaires. Ainsi, l'Orient est à la mode grâce à Tavernier *(Voyages)*, Bernier *(Mémoires)*, Chardin *(Voyages en Perse)*, Thévenot. Les récits de Chardin permettent aux Français de découvrir non seulement les paysages décrits et les mœurs étudiées, mais aussi une véritable analyse de la politique et de l'économie du royaume perse. La *Bibliothèque orientale* de Herbelot de Molainville pose les bases d'une connaissance ethnologique de l'islam. La Chine est connue par les textes des jésuites. Le *Grand voyage au pays des Hurons* permet de découvrir le Nouveau Monde.

La littérature d'imagination joue un rôle tout aussi important. Dès 1720, le public français peut lire dans sa langue le *Robinson Crusoé* de Daniel Defoe. La traduction des *Mille et Une Nuits* de Galland (1704-1712) accrédite l'image d'un Orient fabuleux, sensuel et poétique, tandis que se multiplient les images utopiques d'un Eldorado peuplé de « bons sauvages ».

La lecture de récits de voyages suscite la réflexion sur le voyage. D'expérience vécue par des voyageurs, il devient expérience littéraire, philosophique, initiatique.

1. Le terme « cosmopolite » vient en effet de deux mots grecs *cosmos*, l'univers, et *politès*, le citoyen. L'adjectif caractérise l'attitude de celui qui voyage et adopte les usages du pays où il se trouve.

2. Créée initialement par le financier Law en 1719, cette compagnie financière et économique disparut en 1721 mais fut reconstituée en 1722.

3. Auteur des *Lettres familières écrites d'Italie*.

Voyage et littérature

L'importance du voyage dans la littérature du XVIIIe siècle est fortement redevable à l'existence de ces nombreux récits. Elle vient aussi du fait que les écrivains, romanciers ou philosophes reconnaissent au voyage plusieurs fonctions. La première est sans doute de favoriser toute forme de découverte et d'enrichir les connaissances. Montesquieu donne le ton en précisant que ses Persans ont quitté leur pays pour « s'instruire dans les sciences de l'Occident[1] ». Quant à Voltaire, il promène Candide à travers l'Europe, puis au Nouveau Monde, pour lui faire ouvrir les yeux sur les différents aspects de la condition humaine.

Le voyage est formateur. Il est aussi une source de réflexion sur les différences. *Micromégas*, inspiré des *Voyages de Gulliver*, de Swift, conduit le lecteur à de constantes réadaptations (la terre / Sirius, le grand / le petit) de manière à mieux lui faire comprendre la relativité des jugements et des coutumes. Dépaysant, le voyage est à l'origine d'une remise en question de ce qui est habituel. Le *Supplément au voyage de Bougainville* (1772) de Diderot, ou *Les Incas* (1777) de Marmontel sont l'occasion d'une critique sévère de l'esprit de conquête. La réflexion qui porte sur les notions de civilisation et de barbarie touche au problème des relations entre la nature et la culture. Elle aborde aussi, sur le plan juridique *(De l'esprit des lois)* ou romanesque *(Candide)*, la question de l'esclavage et de ses pseudo-justifications. Les écrivains proposent à leurs lecteurs des exemples de voyages formateurs, qu'ils ont souvent expérimentés eux-mêmes. Conscients de l'importance des échanges, ils sont l'exemple d'un cosmopolitisme varié et enrichissant.

Attraits et bénéfices du cosmopolitisme

Il est assez paradoxal de constater que ni les difficultés et l'inconfort des voyages, ni les barrières territoriales ou linguistiques ne constituent un obstacle majeur au déplacement des hommes du XVIIIe siècle. On ne s'étonnera donc pas de voir Diderot entreprendre un très long périple pour se rendre auprès de la Grande Catherine de Russie, ou Voltaire rendre visite à Frédéric II de Prusse. Montesquieu voyagea lui aussi beaucoup, en Autriche, en Hongrie, aux Pays-Bas, en Angleterre. À lire la vie de ces hommes qui se présentaient comme des « citoyens du monde », on prend conscience d'une caractéristique commune : la volonté d'ouverture sur les autres et sur le monde. Les voyages exotiques de Bernardin de Saint-Pierre, les vagabondages pédestres de Rousseau, le rocambolesque périple de Beaumarchais montrent que le besoin de dépaysement et d'échanges vient à bout des frontières.

Ces voyages, les rencontres, les correspondances sont à la fois l'illustration et le point de départ d'une interpénétration des idées et des arts. On note le lien étroit entre le théâtre de Marivaux et la *commedia dell'arte*, les analogies entre le roman picaresque espagnol et *Les Aventures de Gil Bas de Santillane*, de Lesage. Swift *(Les Voyages de Gulliver)*, H. Fielding *(Tom Jones)*, Richardson *(Clarisse Harlowe)* révèlent une inspiration qui s'apparente à celle de Voltaire, de l'abbé Prévost et de Diderot. Les *Salons* que ce dernier rédige tous les deux ans (de 1759 à 1769) pour la *Correspondance littéraire* de Grimm font connaître à toute l'Europe les tableaux exposés à Paris. Les idées passent également d'un pays à l'autre : l'idéal monarchique des philosophes est la monarchie parlementaire anglaise. Les théories du despotisme éclairé sont connues jusque dans la lointaine cour des tsars. En 1784, à la fin du siècle, c'est vers la jeune république américaine que se tournent tous les regards. Et La Fayette est peut-être celui qui, à la veille de la Révolution, incarne le mieux l'esprit d'aventure et d'ouverture qui aura marqué tout le siècle.

Jacques Grasset de Saint-Sauveur (1757-1810), frontispice de l'*Afrique*, extrait de l'*Encyclopédie des voyages*, 1796 (Paris, musée des Arts décoratifs, Bibliothèque).

1. Montesquieu, *Lettres persanes*, Lettre 8.

Saint-Simon
1675-1755

Jean Bonvoisin (1752-1837),
Portrait du duc de Saint-Simon (Paris, BN).

Bien qu'il soit contemporain de Montesquieu et de Voltaire, Louis de Rouvroy, duc de Saint-Simon, s'apparente peut-être plus au siècle de Louis XIV qu'à celui des Lumières.

Sa situation est en effet paradoxale : aristocrate proche des milieux royaux à l'époque du Roi-Soleil, il ne dresse pas moins de cette période, dans ses *Mémoires*, un tableau tout à fait critique. Il rejoint ainsi, en apparence, certains aspects de la contestation philosophique ; en réalité, nostalgique du règne de Louis XIII, que son père lui a fait connaître et admirer, il fait figure de grand seigneur égaré à une époque qui remet en question des valeurs auxquelles il reste profondément attaché.

Historien précis et observateur cruel, moraliste sans illusion, aristocrate d'une indépendance d'esprit affirmée, Saint-Simon est aussi un écrivain d'une grande originalité. Il n'appartient réellement à aucun mouvement.

Un grand seigneur

Par son ascendance, Louis de Saint-Simon peut revendiquer la plus ancienne et la plus haute noblesse. Louis XIV est son parrain. Il fréquente les plus grands seigneurs du royaume et reçoit l'éducation réservée à ceux qui ont pour vocation d'assumer les hautes charges de l'État. Il commence une carrière d'officier en 1691 et gagne avec bravoure ses galons de colonel. Il n'a pas encore vingt ans ! C'est à cette époque qu'il commence à écrire, prenant des notes à propos d'événements qu'il vit ou dont il est le témoin.

Son mariage avec Marie-Gabrielle de Dufort de Lorge, fille d'un maréchal de France, le fait entrer dans une famille qui devrait assurer son crédit et sa fortune. Il s'agit d'un mariage arrangé, comme c'est la coutume, mais il donne cependant naissance à une grande et profonde passion. Saint-Simon et sa femme forment un couple uni dont la fidélité est admirée et enviée de toute la cour.

Un ambitieux déçu

Sa carrière militaire ne le satisfait pas pleinement. Il quitte donc l'armée en 1702 et s'établit à Versailles, se livrant à une observation minutieuse des comportements et des attitudes de la cour. Le roi lui-même n'est pas épargné. Saint-Simon n'hésite pas à faire connaître ses critiques sur les mœurs en usage à la cour. Facilement intrigant, il participe à de nombreuses cabales dans l'espoir de jouer un rôle important après la mort du roi. Mais la mort prématurée du Dauphin, le duc de Bourgogne, en 1711, ruine ses plans. Il se retire alors sur ses terres à La Ferté-Vidame, persuadé d'assister à la fin de la monarchie et au déclin de la France.

En 1715, la Régence l'attire à nouveau vers les allées du pouvoir. Mais, malgré son attachement à la personne du Régent, il ne se voit confier que des rôles secondaires. Il a cependant la satisfaction d'écarter de la succession au trône les enfants illégitimes de Louis XIV, notamment le duc de Maine. Il est ensuite chargé d'une ambassade dont la mission est de préparer le mariage du futur Louis XV et de l'infante d'Espagne (1722). À la mort du Régent, en 1723, il s'exile de nouveau à La Ferté-Vidame.

L'écrivain solitaire

Amer, Saint-Simon envisage alors de mettre à exécution un projet conçu dès 1694, et pour lequel il a déjà accumulé de très nombreuses notes. À partir de 1728, il lit, commente et annote le fastidieux *Journal* de Dangeau, simple chronique de tous les événements qui se sont déroulés de 1684 à 1720. En 1739, il commence réellement à rédiger ses *Mémoires*, entreprise interrompue par le désespoir que provoque la mort de sa femme, en 1743, puis reprise, comme s'il trouvait une forme de consolation dans l'écriture. Cette passion, qui s'accompagne d'une très grande érudition acquise par la lecture, lui fait négliger ses affaires. À sa mort, en 1755, il ne laisse que des dettes à ses héritiers.

Son œuvre, qui constitue un témoignage très critique sur la vie de cour à l'époque charnière entre le XVIIe et le XVIIIe siècle, connut un sort curieux : elle ne fut en effet découverte qu'en 1830 lorsqu'on l'exhuma des archives royales où elle avait été reléguée.

Mémoires (écrits de 1739 à 1750, publiés en 1830) → pp. 73-76.
Parallèle des trois premiers rois Bourbons (publié, parmi d'autres inédits, entre 1880 et 1892), essai historique.

Mémoires

1739-1755

Les *Mémoires* de Saint-Simon sont une œuvre dense et minutieuse, aussi révélatrice de l'univers dépeint – les milieux de la cour – que du tempérament et de l'idéologie personnelle de son auteur. Longtemps pensée avant d'être réalisée, cette œuvre complexe qui mêle histoire et politique est celle d'un écrivain original. L'écriture, qui forge parfois sa propre syntaxe et utilise toutes les ressources de la langue, possède une grande force d'expression : le réalisme de nombreuses images, la violence de la passion, la sécheresse de certaines analyses lui confèrent une remarquable singularité.

L'idée d'écrire ses *Mémoires* mûrit quelque quarante ans dans l'esprit de Saint-Simon lorsqu'il se décide à les rédiger, en 1739. Auparavant, il a accumulé des quantités de notes et s'est familiarisé avec l'histoire événementielle en analysant le *Journal* de Dangeau (à partir de 1728).

L'œuvre ne répond à aucun principe de composition autre que la simple juxtaposition chronologique. L'ensemble constitue une gigantesque fresque qui relate dans leur continuité les faits marquants de la vie à la cour, entre 1691 et 1723. À l'intérieur de cette succession d'éléments, aucune véritable hiérarchie n'apparaît. Les récits, parfois très détaillés parce qu'ils relèvent d'une observation aiguë des comportements, alternent avec les portraits et les descriptions. Leur caractéristique commune est la précision, le souci du trait juste qui cerne sans figer et qui rend compte de tout un arrière-plan de passions, d'intrigues et de motivations cachées. La critique est la plupart du temps affirmée, le regard sans indulgence, surtout lorsqu'il s'agit du vieux Roi-Soleil, que Saint-Simon rend responsable de la décadence d'un régime que lui-même ne remet pas en question.

L'écrivain-historien semble avoir en effet un premier objectif, celui de stigmatiser les décisions, à ses yeux contestables, d'un monarque incapable de s'entourer d'hommes de valeur. Le grand seigneur s'indigne du sort réservé à ceux de sa caste, traditionnellement destinés à participer aux destinées du royaume, mais remplacés à la cour par des courtisans hypocrites et flatteurs, que le monarque ne traite pas autrement que des laquais. En même temps, l'observation des faits, la réflexion sur les hommes construisent peu à peu une conception de l'histoire souvent pessimiste et amère.

Vivre la fin du régime de Louis XIV puis la Régence achève de convaincre Saint-Simon qu'il ne suffit pas de changer les hommes pour modifier le cours des choses. La prescience lucide qu'il a de la fin de l'absolutisme marque d'une tonalité violente et réaliste sa représentation sociale. À l'opposé de Montesquieu, qui manifeste une foi optimiste dans l'homme et dans l'histoire, Saint-Simon réalise avec ses *Mémoires* une sorte de testament désabusé de la monarchie.

Étienne Allegrain (1644-1736), *Versailles, les jardins vers 1689*, 2,60 × 3,83 m (Versailles, Musée national du Château).

« La révocation de l'édit de Nantes »

À la fin du XVIe siècle, en 1598, Henri IV avait mis fin aux guerres de Religion qui déchiraient la France depuis plus d'un demi-siècle. L'édit de Nantes reconnaissait aux protestants le droit de pratiquer leur culte. En 1685, sous la pression des catholiques extrémistes, Louis XIV le révoque, décision que critique violemment Saint-Simon. Il met en évidence non seulement l'horreur de la violence et de l'intolérance, mais aussi les conséquences désastreuses de cette mesure sur les plans politique et économique. C'est également pour lui l'occasion d'accabler le roi en le présentant comme un ambitieux grisé par l'hypocrite admiration de ses courtisans, et de souligner les réactions de protestations d'une partie du clergé.

La révocation de l'édit de Nantes sans le moindre prétexte et sans aucun besoin, et les diverses proscriptions[1] plutôt que déclarations qui la suivirent, furent les fruits de ce complot affreux qui dépeupla un quart du royaume, qui ruina son commerce, qui l'affaiblit dans toutes ses parties, qui le mit si longtemps au pillage public et avoué des dragons[2], qui autorisa les tourments et les supplices dans lesquels ils firent réellement mourir tant d'innocents de tout sexe par milliers, qui ruina un

1. Acte par lequel on condamne, on met hors-la-loi, on bannit certaines personnes.

2. Soldats réputés pour leur férocité, envoyés dans les provinces pour y maintenir l'ordre et pour obtenir des conversions forcées.

peuple si nombreux, qui déchira un monde de familles, qui arma les parents contre les parents pour avoir leur bien et les laisser mourir de faim, qui fit passer nos manufactures[1] aux étrangers, fit fleurir et regorger leurs États aux dépens du nôtre et leur fit bâtir de nouvelles villes, qui leur donna le spectacle d'un si prodigieux peuple proscrit, nu, fugitif, errant sans crime, cherchant asile loin de sa patrie ; qui mit nobles, riches, vieillards, gens souvent très estimés pour leur piété, leur savoir, leur vertu, des gens aisés, faibles, délicats, à la rame et sous le nerf[2] très effectif du comite[3], pour cause unique de religion, enfin qui, pour comble de toutes horreurs, remplit toutes les provinces du royaume de parjures et de sacrilège, où tout retentissait d'hurlements de ces infortunées victimes de l'erreur, pendant que tant d'autres sacrifiaient leurs consciences à leurs biens et à leur repos, et achetaient l'un et l'autre par des abjurations simulées, d'où sans intervalle on les traînait à adorer ce qu'ils ne croyaient point, et à recevoir réellement le divin corps du Saint des saints[4], tandis qu'ils demeuraient persuadés qu'ils ne mangeaient que du pain, qu'ils devaient encore abhorrer. Telle fut l'abomination générale enfantée par la flatterie et par la cruauté. De la torture à l'abjuration, et de celle-ci à la communion, il n'y avait pas souvent vingt-quatre heures de distance, et leurs bourreaux étaient leurs conducteurs et leurs témoins. [...]

Le Roi recevait de tous les côtés des nouvelles et des détails de ces persécutions et de toutes ces conversions. C'était par milliers qu'on comptait ceux qui avaient abjuré et communié : deux mille dans un lieu, six mille dans un autre, tout à la fois, et dans un instant. Le Roi s'applaudissait de sa puissance et de sa piété. Il se croyait au temps de la prédication des apôtres, et il s'en attribuait tout l'honneur. Les évêques lui écrivaient des panégyriques[5], les jésuites en faisaient retentir les chaires[6] et les missions. Toute la France était remplie d'horreur et de confusion, et jamais tant de triomphes et de joie, jamais tant de profusion de louanges. Le monarque ne doutait pas de la sincérité de cette foule de conversions ; les convertisseurs avaient grand soin de l'en persuader et de le béatifier par avance. Il avalait ce poison à longs traits. Il ne s'était jamais cru si grand devant les hommes, ni si avancé devant Dieu dans la réparation de ses péchés et du scandale de sa vie. Il n'entendait que des éloges, tandis que les bons et vrais catholiques et les saints évêques gémissaient de tout leur cœur de voir des orthodoxes[7] imiter, contre les erreurs et les hérétiques, ce que les tyrans hérétiques et païens avaient fait contre la vérité, contre les confesseurs[8] et contre les martyrs.

Saint-Simon, *Mémoires*.

Anonyme, *Le Fanatisme renouvelé*, détail, 1703 (Paris, BN, collection Hennin).

1. Fabriques. Encouragé par Colbert, l'essor des manufactures et de l'industrie était un facteur du progrès économique de la France, auquel les protestants avaient participé activement pendant tout le XVIIe siècle.

2. Nerf de bœuf ou fouet.

3. Garde-chiourme sur les galères.

4. C'est-à-dire le corps de Dieu, du Christ représenté par le pain ou l'hostie dans le rite catholique de l'eucharistie. Imposer ce sacrement à des huguenots qui n'en reconnaissent pas la signification constitue, aux yeux de Saint-Simon, fervent catholique, un véritable sacrilège.

5. Des discours pour chanter ses louanges.

6. Siège élevé d'où l'on enseigne et d'où l'on prêche, dans les écoles et les églises. Prédicateurs renommés, les jésuites forment un ordre savant et professent dans de nombreuses écoles, des collèges et des universités célèbres.

7. Ceux qui observent rigoureusement la doctrine officielle de l'Église romaine.

8. À l'époque des premiers chrétiens, on appelait ainsi ceux qui, malgré les persécutions, ne craignaient pas de déclarer publiquement, de « confesser » leur foi.

« C'était un homme uniquement personnel... »

Faire le portrait de Louis XIV en situation donne l'occasion à Saint-Simon de montrer ses talents d'historien et ses dons d'observateur. L'évocation des relations du monarque avec sa cour, l'insistance sur l'étiquette qu'il impose, la présentation détaillée de ses exigences permettent de tracer un tableau extrêmement critique.

L'égoïsme et l'autoritarisme abusifs du vieux monarque se révèlent à travers la soumission et les humiliations qu'il impose à son entourage, en particulier aux femmes de sa suite. Témoin impitoyable de cette vie de cour, Saint-Simon met au service de l'analyse des mœurs un sens aigu du détail et une écriture cruelle par son réalisme.

C'était un homme uniquement personnel, et qui ne comptait tous les autres, quels qu'ils fussent, que par rapport à soi. Sa dureté là-dessus était extrême. Dans les temps les plus vifs de sa vie pour ses maîtresses[1], leurs incommodités les plus opposées aux voyages et au grand habit de cour, car les dames les plus privilégiées ne paraissaient jamais autrement dans les carrosses ni en aucun lieu de cour, avant que Marly[2] eût adouci cette étiquette, rien, dis-je, ne les en pouvait dispenser. Grosses, malades, moins de six semaines après leurs couches, dans d'autres temps fâcheux, il fallait être en grand habit, parées et serrées dans leurs corps, aller en Flandres et plus loin encore, danser, veiller, être des fêtes, manger, être gaies et de bonne compagnie, changer de lieu, ne paraître craindre ni être incommodées du chaud, du froid, de l'air, de la poussière, et tout cela précisément aux jours et aux heures marquées, sans déranger rien d'une minute. Ses filles, il les a traitées toutes pareillement. On a vu en son temps qu'il n'eut pas plus de ménagement pour Mme la duchesse de Berry, ni même pour Mme la duchesse de Bourgogne, quoi que Fagon[3], Mme de Maintenon, etc., pussent dire et faire quoiqu'il aimât Mme la duchesse de Bourgogne aussi tendrement qu'il en était capable, qui toutes les deux s'en blessèrent[4], et ce qu'il en dit avec soulagement, quoiqu'il n'y eût point encore d'enfants[5].

Il voyageait toujours son carrosse plein de femmes : ses maîtresses, après ses bâtardes, ses belles-filles, quelquefois Madame[6], et des dames quand il y avait place. Ce n'était que pour les rendez-vous de chasse, les voyages de Fontainebleau, de Chantilly, de Compiègne, et les vrais voyages, que cela était ainsi. Pour aller tirer, se promener, ou pour aller coucher à Marly ou à Meudon, il allait seul dans une calèche. Il se défiait des conversations que ses grands officiers auraient pu tenir devant lui dans son carrosse, et on prétendait que le vieux Charost[7], qui prenait volontiers ces temps-là pour dire bien des choses, lui avait fait prendre ce parti, il y avait plus de quarante ans[8]. Il convenait aussi aux ministres, qui sans cela auraient eu de quoi être inquiets tous les jours, et à la clôture[9] exacte qu'en leur faveur lui-même s'était prescrite, et à laquelle il fut si exactement fidèle. Pour les femmes, ou maîtresses d'abord, ou filles ensuite, et le peu de dames qui pouvaient y trouver place, outre que cela ne se pouvait empêcher, les occasions en étaient restreintes à une grande rareté, et le babil fort peu à craindre. Dans ce carrosse, lors des voyages, il y avait toujours beaucoup de toutes sortes de choses à manger : viandes, pâtisseries, fruits. On n'avait pas sitôt fait un quart de lieue[10] que le Roi demandait si on ne voulait pas manger. Lui jamais ne goûtait à rien entre ses repas, non pas même à aucun fruit ; mais il s'amusait à voir manger, et manger à crever. Il fallait avoir faim, être gaies, et manger avec appétit et de bonne grâce ; autrement il ne le trouvait pas bon, et le montrait même aigrement : on faisait la mignonne, on voulait faire la délicate, être du bel air[11] ; et cela n'empêchait pas que les mêmes dames ou princesses qui soupaient avec d'autres à sa table le même jour, ne fussent obligées, sous les mêmes peines, d'y faire aussi bonne contenance que si elles n'avaient mangé de la journée.

Saint-Simon, *Mémoires*.

1. C'est-à-dire à l'époque où il manifesta le plus d'intérêt pour ses favorites.
2. Résidence royale où la cour venait parfois en villégiature. L'étiquette y était moins impitoyable qu'à Versailles.
3. Médecin personnel du roi.
4. Traduire : « firent une fausse couche ».
5. Saint-Simon rapporte qu'à la nouvelle de la fausse couche de Madame de Bourgogne, c'est-à-dire la femme du Dauphin, qui n'avait pas encore d'enfant, le roi aurait déclaré devant la cour atterrée : « Dieu merci ! elle est blessée, puisqu'elle avait à l'être, et je ne serai plus contrarié dans mes voyages et dans tout ce que j'ai envie de faire par les représentations des médecins et les raisonnements des matrones. »
6. La femme de Monsieur, frère du roi.
7. Le duc de Charost (1641-1712) était l'un des familiers du roi.
8. Dans la mesure où le vieux Charost profitait de ces promenades en tête à tête avec le roi pour lui présenter ses requêtes ou pour lui faire des observations, c'est lui qui aurait inspiré, involontairement, à Louis XIV le désir d'être seul en pareilles occasions.
9. Il faut comprendre que cela convenait à « l'obligation de réserve » que le roi s'imposait lui-même pour ne pas contrarier, par ses déclarations privées, les initiatives de ses ministres, pour ne pas sembler les désavouer.
10. Soit un kilomètre, puisqu'une lieue en vaut quatre.
11. Vouloir affecter des manières élégantes, précieuses.

Synthèse

Personnalité riche et complexe, Saint-Simon ne saurait être considéré comme un écrivain facile. Homme du Grand Siècle, il est sans doute moins classique que ne l'est Voltaire. Aristocrate, il critique la royauté avec souvent plus de virulence que l'auteur de *Candide*. Il n'est pourtant ni moderne ni révolutionnaire.

Des opinions politiques originales mais ambiguës

En établissant une chronique des faits agrémentée de portraits, de récits et de descriptions, Saint-Simon ne se contente pas de rapporter des événements, il explique, analyse, juge et prend position. L'ensemble constitue un véritable réquisitoire contre Louis XIV et contre la monarchie absolue. Il évoque avec sévérité « ce maître despotique si jaloux de tout faire et de tout diriger par lui-même », lui reprochant d'être à l'origine d'une véritable décadence du régime.

Mais il faut bien constater que cet esprit critique exprime essentiellement la rancune d'un grand seigneur ulcéré de voir la noblesse écartée du pouvoir. Les réformes qu'il préconise sur un plan politique sont une remise en cause de l'extrême centralisation administrative et financière établie par Louis XIV. Saint-Simon souhaite l'abolition de la vénalité des charges. Mais, partagé entre l'émotion sincère que lui inspire la misère du peuple et la défense des prérogatives de sa caste, il incarne les contradictions d'une féodalité sur le déclin.

Une écriture marquée par le souci de l'expressivité

Avec de telles prises de position, Saint-Simon ne se place pas dans la situation d'un témoin objectif. Il considère lui-même que l'impartialité est « impossible à qui écrit ce qu'il a vu et manié. On est charmé des gens droits et vrais ; on est irrité contre les fripons dont les cours fourmillent ; on l'est encore plus contre ceux dont on a reçu du mal. » L'expression de ces émotions contradictoires, de ses propres réactions, donne, dans l'écriture, un relief extraordinaire aux figures et aux événements. Saint-Simon maîtrise l'art du portrait et celui de la mise en scène. On peut en juger par la longue phrase qui trace le portrait de Monsieur, frère du roi : « C'était un petit homme ventru monté sur des échasses tant ses souliers étaient hauts, toujours paré comme une femme, plein de bagues, de bracelets, de pierreries partout, avec une longue perruque toute étalée en devant, noire et poudrée, et des rubans partout où il pouvait en mettre, plein de toutes sortes de parfums, et, en toutes choses, la propreté même. »

Tantôt souple et sinueux, tantôt rude et réaliste, ce style n'évite ni l'obscurité ni certaines hardiesses du vocabulaire. Souvent caractérisé par la recherche de la formule frappante, il obéit à des besoins d'expressivité. Parfois elliptique et sec, il peut aussi atteindre l'amplitude de vastes périodes oratoires, construites avec éloquence.

Ainsi écrits, les *Mémoires* constituent une œuvre étrange dans laquelle certains voient l'extériorisation d'un esprit passionné et excessif, tourmenté et violent, fasciné par les contrastes et la diversité des comportements humains.

L'IRONIE

De nombreux textes écrits au XVIIIe siècle ont une vocation contestataire et dénonciatrice. Plus que la parole, l'écriture constitue une véritable force qui met ses moyens d'expression au service de la critique. Parmi ceux-ci, l'ironie se révèle particulièrement efficace. Elle a pour effet immédiat de provoquer la surprise, puis la réflexion et une interrogation sur le « sérieux » de celui qui l'utilise. On se demande alors quelles sont ses intentions. Elle est une arme redoutable dont se sont souvent servis les philosophes.

L'art de dire le contraire

Dans son sens le plus général, l'ironie se définit comme une « manière de railler, de se moquer de quelqu'un ou de quelque chose en disant le contraire de ce que l'on veut faire entendre ». Cette définition pose très clairement le problème du fonctionnement et de l'efficacité de l'ironie.

Le fait de « dire le contraire de ce que l'on veut faire entendre » fait apparaître très nettement un décalage entre l'expression, d'une part, et le fond de la pensée de celui qui parle, d'autre part. Or, si celui qui parle dit le contraire de ce qu'il pense, son interlocuteur peut considérer ce contraire comme l'expression réelle de la pensée. Il est donc nécessaire que certains indices attirent l'attention sur le phénomène de décalage. L'ironie nécessite que l'on ne prenne pas les mots dans leur sens immédiat. Il est nécessaire que le contexte (circonstances, personnalité du narrateur...) donne quelques éléments attirant l'attention du lecteur.

Ainsi, par les contradictions et par le décalage qu'elle souligne, l'ironie a pour première efficacité la moquerie. Mais le rire qu'elle provoque est très souvent grinçant. Elle pousse alors à la réflexion et à l'interrogation. Elle semble mettre en relief des situations absurdes, et c'est cet absurde qui pousse à réfléchir.

Pour comprendre ce que souligne la définition, il est nécessaire d'analyser quelques exemples. Voici quelques passages ironiques empruntés à Voltaire et à Beaumarchais.

1. « Monsieur le baron était un des plus puissants seigneurs de la Westphalie car son château avait une porte et des fenêtres. » Voltaire, *Candide*, chapitre I.	Le décalage vient du (faux) rapport logique (« car ») établi entre la puissance du baron et la présence, dans le château, d'éléments n'ayant strictement rien à voir avec la notion de puissance.
2. « Les Français, qui passent, je ne sais pourquoi, pour un peuple fort humain, s'étonnent que les Anglais, qui ont eu l'inhumanité de nous prendre tout le Canada, aient renoncé au plaisir de donner la question. » Voltaire, *Dictionnaire philosophique*, article « Torture ».	Le décalage vient du double jugement parallèle : – Français/humains/pratique « avec plaisir » de la torture, – Anglais/inhumains/abolition de la « question » (torture appliquée lors des procès).
3. « Rien n'était si beau, si leste, si bien ordonné que les deux armées. Les trompettes, les fifres, les hautbois, les tambours, les canons, formaient une harmonie telle qu'il n'y en eut jamais en enfer. » Voltaire, *Candide*, chapitre III.	Il existe ici un décalage entre la tonalité admirative, le lexique élogieux et la référence finale (l'enfer). Faussement admiratif, Voltaire souligne l'horreur de la guerre en mettant en relief le décalage entre l'apparence esthétique et la réalité.
4. « On me dit que, pendant ma retraite économique, il s'est établi dans Madrid un système de liberté sur la vente des productions, qui s'étend même à celles de la presse ; et que, pourvu que je ne parle, en mes écrits, ni de l'autorité, ni du culte, ni de la politique, ni de la morale, ni des gens en place, ni des corps en crédit, ni de l'Opéra, ni des autres spectacles, ni de personne qui tienne à quelque chose, je puis tout imprimer librement sous l'inspection de deux ou trois censeurs. Beaumarchais, *Le Mariage de Figaro*, acte V, scène 3.	Le décalage vient ici de l'opposition entre la notion de liberté et l'énumération d'interdits qui privent un journaliste de la liberté de s'exprimer.

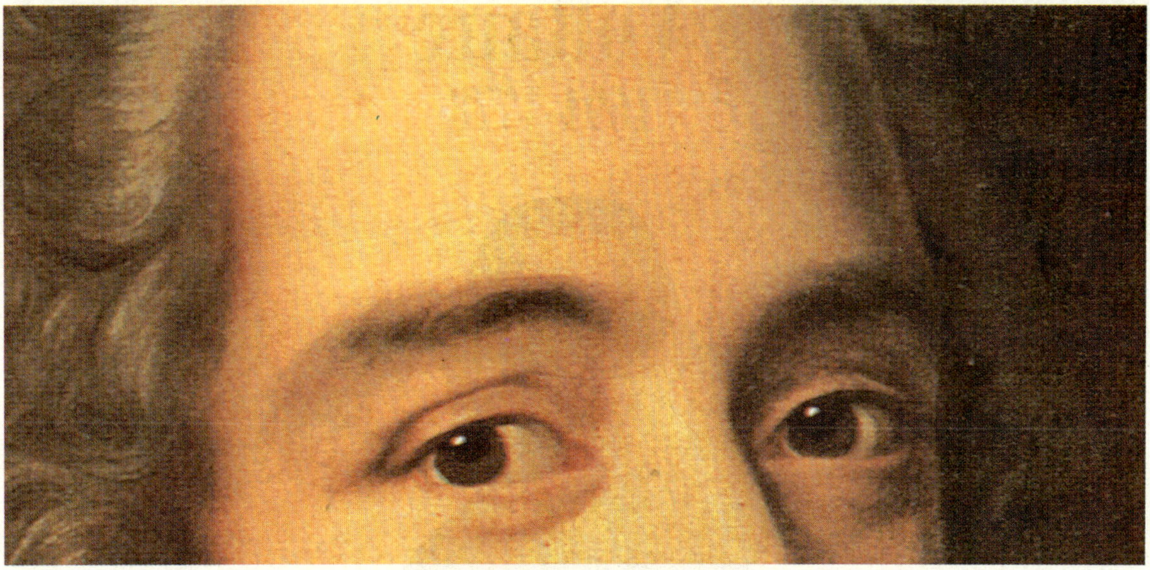

Copie du pastel de Maurice Quentin de La Tour (1704-1788), *François-Marie Arouet dit Voltaire à 40 ans*, détail (Versailles, Musée national du Château).

Les effets de décalage

Les exemples précédents montrent que les phénomènes de décalage ne sont pas tous les mêmes. S'il existe souvent une idée d'absurdité, elle ne repose pas toujours sur les mêmes procédés.

La fausse logique : la logique est soulignée par un lien qui établit, par exemple, une relation de cause à effet (« car »). Mais les notions rapprochées de cette façon n'ont, en réalité, aucun lien de ce type. La puissance d'un châtelain n'a rien à voir avec le fait que son château possède une porte et des fenêtres !

Le constat apparemment objectif d'une absurdité : c'est le cas des exemples 2 et 3. Dans l'exemple 2, l'absurdité naît des jugements portés sur les Français et sur les Anglais, jugements qui devraient en réalité être inversés. Le parallélisme Français/humanité/torture et Anglais/inhumanité/abolition de la torture fait naître une incohérence, surtout quand on donne à cette inhumanité une illustration diplomatique discutable. Dans l'exemple 4, l'absurdité constatée vient de l'affirmation d'une liberté suivie d'une accumulation lassante d'interdictions qui détruisent toute idée de liberté.

Le jeu sur l'expression (images, périphrases, métaphores) : on peut encore citer une autre façon d'être ironique. C'est celle qui consiste à « camoufler » la réalité derrière une figure de style. Lorsque Voltaire parle « d'appartements d'une extrême fraîcheur » (*Candide*, chapitre VI) pour désigner des cachots, il joue sur un aspect des lieux, de manière élogieuse, en masquant volontairement leur horreur. Il en est de même lorsqu'il utilise un ton léger et désinvolte pour parler de choses graves : « Le spectacle de gens brûlés à petit feu en grande cérémonie est un secret infaillible pour empêcher la terre de trembler » (*Candide*, chapitre VI).

Les indices destinés au lecteur

Les « clins d'œil » du narrateur à son lecteur : si l'on prend les affirmations « au pied de la lettre », c'est-à-dire dans leur sens immédiat, il n'y a plus d'ironie, donc plus d'efficacité. C'est pourquoi le narrateur doit glisser, d'une manière ou d'une autre, quelques indices ayant valeur d'avertissement. Ces indices se trouvent dans les phrases ironiques ou dans le contexte proche.

Dans l'exemple 1, l'absurdité est si flagrante qu'elle se passe d'indice. Dans l'exemple 2, les indices résident dans le « je ne sais pourquoi » grâce auquel Voltaire fait savoir qu'il ne prend pas à son compte le jugement énoncé. Dans l'exemple 3, il faut chercher les indices dans les illustrations de l'enfer de la guerre, illustrations qui sont données dans la suite (le massacre des populations civiles). Enfin dans l'exemple 4, le « on me dit » souligne que Figaro se contente de rapporter le contenu incohérent des nouvelles lois sur la presse.

L'efficacité

Toute forme de décalage pose un problème de cohérence : on ne comprend plus. Il faut donc, sous le coup de la surprise, une fois le sourire ou le rire passé, réfléchir. L'ironie bouscule les idées reçues et fait apparaître les anomalies. Elle déstabilise. Montrer que sous l'apparence glorieuse et ordonnée des armées rangées en véritable tableau esthétique se cache l'horreur des massacres rend l'horreur encore plus épouvantable et la fait apparaître comme une anomalie.

Ainsi l'ironie permet de retourner une situation. Elle dénonce. En ce sens, on peut dire qu'elle est destructrice ; mais la réflexion qu'elle suscite permet de reconstruire de manière positive. C'est à cette fin que l'ont utilisée les philosophes du Siècle des lumières.

Voltaire
1694-1778

Nicolas de Largillière (1656-1746), *Voltaire en 1718*, détail (Paris, musée Carnavalet).

Né sous le règne de Louis XIV, mort onze ans avant la Révolution française, Voltaire vécut une époque cruciale de l'histoire des idées, qu'il contribua grandement à façonner lui-même, par la diversité de ses écrits et l'autorité de ses engagements.

Illustre en son temps pour son théâtre que nous ne lisons plus, et célébré unanimement aujourd'hui pour les *Contes* dont il osait à peine s'avouer l'auteur, il brilla dans tous les genres et mérita bien le surnom de « multiforme » que lui donnait d'Alembert. À l'exemple de ce qu'il fut lui-même, généreux pour ses amis, impitoyable envers ses ennemis, il suscita les passions les plus extrêmes. Car il était l'homme des contradictions : classique dans ses goûts mais audacieux dans ses idées, courtisan et frondeur, conseiller des princes et défenseur des condamnés.

Mais toujours il fut fidèle à la mission qu'il fixait à l'écriture à travers les formes les plus variées : éclairer, libérer, défendre.

La formation du libertin et du poète (1694-1726)

François-Marie Arouet est né à Paris, le 20 février 1694. Sa famille avait accédé en quelques générations à une importante fortune, son père – fils de marchand drapier –, ayant pu acheter la charge de receveur à la Cour des comptes. Le jeune garçon, qui perd sa mère à l'âge de sept ans, noue peu de liens affectifs avec son père qui cherchera toujours à « corriger » ce fils turbulent.

Au collège Louis-le-Grand, les jésuites, ses maîtres, lui donnent une culture classique, mais ils forment aussi son esprit à la discussion, à la répartie et font naître en lui la passion du théâtre. Dans ce collège où se côtoient la bourgeoisie aisée et l'aristocratie, il se lie d'amitié avec de jeunes nobles appelés par la suite à de hautes fonctions dans la monarchie.

À vingt ans, Arouet cherche à briller dans l'entourage des princes et dans les salons où son esprit et son insolence séduisent. Mais le jeune libertin va trop loin : ses libelles contre le Régent lui vaudront d'être enfermé onze mois à la Bastille.

Bientôt, avec la tragédie *Œdipe* (1718) qu'il signe pour la première fois Voltaire, anagramme d'Arouet[1] le Jeune, avec l'épopée *La Ligue* (1723) qui deviendra *La Henriade*, où il dénonce le fanatisme des guerres de Religion, le jeune poète triomphe dans les grands genres.

1. Pour comprendre la transformation, il faut se souvenir qu'à l'époque le V et le U majuscules s'écrivaient de la même manière (V).

Entre 1720 et 1725, période d'activité intense, Voltaire connaît au théâtre succès et échecs ; tour à tour, il amuse et inquiète le jeune Louis XV, devenu roi en 1723. Il est reçu à la cour et peut prétendre à une carrière de poète officiel lorsqu'un événement vient interrompre ses ambitions : à la suite d'une dispute, le chevalier de Rohan, qui l'a jugé insolent envers lui, le fait bastonner par ses domestiques et enfermer à la Bastille par lettre de cachet. Un mois plus tard, Voltaire doit quitter la France. Il s'embarque pour l'Angleterre, patrie de la liberté.

La formation du philosophe (1726-1734)

Ce séjour de deux ans et demi a une grande influence sur l'esprit philosophique de Voltaire qui découvre en Angleterre la monarchie parlementaire, la tolérance religieuse, l'esprit d'entreprise.

De retour en France, il déploie une activité étonnante malgré sa santé déplorable. Plusieurs échecs devraient le faire renoncer au théâtre mais en 1732, il écrit en vingt-deux jours la tragédie *Zaïre* qui remporte un immense succès ; déjà, la pièce contient des idées audacieuses sur la relativité des opinions religieuses et la vertu morale des païens.

C'est à cette époque qu'il se lie avec Émilie du Châtelet, sans doute la femme la plus savante de son temps. En 1734, quand, ayant laissé publier les *Lettres philosophiques* malgré leur interdiction, il est menacé d'être arrêté, il se réfugie auprès d'elle à Cirey, à la frontière de Lorraine, province qui n'appartient pas à la France à cette époque.

Sciences et expériences (1734-1750)

L'exil à Cirey est, en vérité, une retraite studieuse et heureuse. Auprès de Madame du Châtelet, mathématicienne férue d'astronomie, Voltaire se passionne pour les sciences et écrit avec les *Éléments de la physique de Newton* un ouvrage de vulgarisation qui a une importance considérable pour la diffusion des théories nouvelles. On retrouvera dans *Micromégas* cette curiosité scientifique, qui n'exclut pas l'amusement ; car le château de Cirey procure à ses nombreux invités bien des divertissements : théâtre, marionnettes, lanterne magique ! Joie de vivre, raffinements et plaisirs trouvent leur écho dans l'optimisme du poème *Le Mondain*.

L'histoire occupe aussi Voltaire à Cirey. Le début du *Siècle de Louis XIV*, aussitôt condamné, apporte au genre un renouveau original : l'historien fonde son récit sur des faits réels, débarrassés de la légende, et il célèbre, en même temps que le monarque, tout ce qui concourt au rayonnement de la civilisation.

Le roi Frédéric II de Prusse, qui entretient une correspondance avec le philosophe, voudrait attirer Voltaire à Postdam. Mais l'écrivain, qui a maintenant cinquante ans, déploie ses talents de courtisan en direction de Versailles. Il obtient des charges honorifiques et la place d'historiographe du roi. Pour forcer les portes de l'Académie française où son impiété lui vaut beaucoup d'ennemis, il va jusqu'à dédier au pape sa tragédie, *Mahomet* !

Cette carrière de courtisan rappelle *Zadig*, écrit en 1747, mais comme celle du jeune Babylonien, elle a ses revers. Voltaire choque par ses hardiesses ; il se rend odieux par des impertinences qui l'enchantent. Au Jeu de la Reine, à la cour, voyant Madame du Châtelet perdre de fortes sommes, il lance insolemment : « Vous jouez avec des fripons ! » La disgrâce est complète ; il doit se faire oublier et vivre deux mois caché à Sceaux chez la duchesse du Maine.

Voltaire connaît alors une autre infortune : Madame du Châtelet le trompe avec le jeune poète Saint-Lambert. Enceinte, elle accouche et meurt le 4 septembre 1749. Voltaire en ressent une grande douleur et, cédant aux appels de Frédéric II, il part pour la Prusse.

Le roi et le poète (1750-1755)

L'amitié de Voltaire et de Frédéric II offrira aux yeux de l'histoire un puissant symbole : l'alliance du pouvoir et de l'esprit, de la politique et des Lumières. Dans son château de Sans-Souci, le roi courtise son poète, qui projette sur son bienfaiteur son idéal du souverain éclairé. Mais bientôt viennent les suspicions et les rivalités. Voltaire se moque des prétentions littéraires de son protecteur ; le roi l'apprend. Frédéric se sert du poète et dit à son propos :

Anonyme, *Scène de la tragédie de Voltaire « Sémiramis »*, aquarelle rehaussée de gouache, 0,87 × 0,57 m (Paris, Centre culturel suédois, Institut Tessin).

« On presse l'orange, et on jette l'écorce » ; cette amabilité est aussitôt communiquée à l'intéressé. Ne pouvant renoncer au plaisir de la dispute, Voltaire se brouille avec les familiers du roi et devient indésirable à la cour.

La *Diatribe du docteur Akakia, médecin du pape*, insolent pamphlet dont toute l'Europe va rire, porte à son comble la tension entre les deux hommes. En hâte, Voltaire quitte Frédéric sans que celui-ci cherche à le retenir.

Retiré près des frontières, entre l'Allemagne qui ne lui offre plus l'asile et la France qui le lui refuse, le philosophe trouve finalement à se fixer près de Genève dans la propriété des Délices.

L'ardeur polémique (1755-1760)

La république de Genève ne permettra pas à Voltaire de jouir en paix de ses « Délices ». Son théâtre particulier est fermé sur ordre des pasteurs qui interdisent toute représentation sur le territoire ; on soupçonne (à juste titre) le philosophe d'avoir inspiré à d'Alembert l'article « Genève » de l'*Encyclopédie*, très sévère à l'égard du calvinisme. Rousseau, pour défendre sa patrie, se lancera à son tour dans la bataille contre Voltaire.

Au milieu de ces controverses, survient la nouvelle du tremblement de terre de Lisbonne, au mois de novembre 1755. Bouleversé, Voltaire exprime son émotion et ses doutes dans le *Poème sur le désastre de Lisbonne* qui l'entraînera dans un autre débat avec Rousseau au sujet de la Providence.

Enfin pour défendre l'*Encyclopédie*, il engage la lutte quand le dictionnaire est condamné au feu par le Parlement en 1759. Déchaîné, jamais si inspiré que quand il peut attiser une polémique, il déploie ses redoutables dons de pamphlétaire, principalement contre les jésuites, hostiles aux encyclopédistes. La *Relation de la maladie du jésuite Berthier* est le chef-d'œuvre de cette raillerie venimeuse dont l'écrivain accable ses ennemis.

C'est dans ce contexte où s'épanouit pleinement son esprit combatif qu'apparaît chez Voltaire la tentation du pessimisme, aggravé par ce qu'il apprend des cruautés de la guerre de Sept Ans[1], commencée en 1756. *Candide* (1759) en porte la marque, mais aussi l'*Essai sur les mœurs et l'esprit des nations* (1756), où le philosophe démontre que l'histoire de l'humanité est faite de crimes, de guerres, de fanatisme et d'oppression.

Les derniers combats (1760-1778)

En 1760, à près de soixante-dix ans, Voltaire devient seigneur de Ferney, un domaine qu'il a acheté à proximité de Genève mais en terre française. Il y « cultive son jardin » tout en gérant très sûrement ses affaires. Il construit une église mais, par protestation déiste, la dédie « à Dieu » seul et défend ses paysans contre le curé du village.

Heureux sur ses terres, Voltaire n'est pas pour autant retiré du monde. Ses dernières années sont au contraire les plus militantes de sa vie. Usant de son crédit pour dénoncer certaines affaires judiciaires, il obtient, après y avoir consacré son temps, son argent et de patientes recherches, la révision de procès injustes et la réhabilitation d'innocents comme Calas ou Sirven. Dans le *Traité sur la tolérance*, il plaide pour l'humanité entière contre le fanatisme et la persécution, et répand les idées de liberté et de raison grâce au *Dictionnaire philosophique* portatif, publié en 1764.

« L'aubergiste de l'Europe » reçoit à Ferney tous les esprits éclairés du temps ; son immense correspondance et ses contes, comme *L'Ingénu* (1767), entretiennent la diffusion des Lumières et de l'esprit.

Pourtant, lorsqu'il revient à Paris en février 1778, Voltaire n'est toujours pas reçu à la cour de Versailles, que la mort de Louis XV n'a pas rendue plus accueillante à l'indésirable. Mais son séjour dans la capitale permet de mesurer sa renommée : les délégations de l'Académie et du théâtre, Benjamin Franklin, les intimes du roi viennent lui rendre visite ; il est couronné sur scène après le triomphe de sa dernière tragédie, *Irène*.

Voltaire meurt le 30 mai 1778, à quatre-vingt-quatre ans. Tourmenté par la souffrance, il avait consenti à signer la rétractation de ce que l'Église appelait sa vie impie ; mais il tint à laisser de lui ce testament plus sincère : « Je meurs en adorant Dieu, en aimant mes amis, en ne haïssant pas mes ennemis et en détestant la superstition. »

Les funérailles religieuses lui étant refusées à Paris, il fallut enterrer le corps presque clandestinement en Champagne. Le 10 mai 1791, les restes de Voltaire furent transférés solennellement au Panthéon.

1. Il s'agit de la guerre qui, de 1756 à 1763, opposa la France à l'Angleterre et à la Prusse. Elle fit perdre à la France ses colonies en Inde et au Canada.

Œdipe (1718), tragédie.
La Henriade (1728), épopée.
Histoire de Charles XII (1731), essai historique.
Zaïre (1732), tragédie.
Lettres philosophiques (1734) → pp. 84-87.
Le Mondain (1736), poème satirique → pp. 87-88.
Éléments de la physique de Newton (1738).
Micromégas (écrit vers 1739, publié en 1752), conte → pp. 92-94.
Mahomet (1741), tragédie.
Zadig (1748), conte philosophique → pp. 88-91.
Le Siècle de Louis XIV (1752), essai historique.
Diatribe du docteur Akakia, médecin du pape (1752), pamphlet.
Essai sur les mœurs (1756).
Poème sur le désastre de Lisbonne (1756) → pp. 95-96.
Poème sur la religion naturelle (1756).
Candide ou l'optimisme (1759), conte → pp. 96-104.
Relation de la maladie, de la confession, de la mort et de l'apparition du jésuite Berthier (1759), essai satirique → pp. 104-105.
Traité sur la tolérance (1763), essai philosophique → pp. 106-107.
Dictionnaire philosophique (1764) → pp. 108-111.
« De l'horrible danger de la lecture », *in* **Nouveaux mélanges** (1765) → pp. 111-112.
L'Ingénu (1767), conte → pp. 112-114.
Irène (1778), tragédie.

Lettres philosophiques

1734

Les coups de bâton du chevalier de Rohan avaient montré à Voltaire ce qu'il en coûte à un roturier de prétendre traiter d'égal à égal avec la noblesse. Avec la lettre de cachet qui l'obligeait à s'exiler, il eut à subir l'abus le plus détestable de l'arbitraire royal.

Débarquant en Angleterre en 1726, l'exilé découvre une monarchie parlementaire rendue prospère par l'activité d'une importante bourgeoisie, une terre de liberté où savants et gens de lettres bénéficient d'une grande considération. Comment ne pas voir dans ce pays l'envers de la France ? Célébrer l'Angleterre, ce sera dénoncer l'archaïsme des institutions, l'intolérance et les préjugés de la société française.

Écrits d'abord directement en anglais, les témoignages du visiteur, complétés par quelques anecdotes, furent publiés en Angleterre dès 1733 sous le titre : *Letters Concerning the English Nation.* Puis Voltaire les traduisit, et les augmenta dans le but de faire de son ouvrage le recueil des idées nouvelles.

Dans leur version définitive de 1734, les *Lettres anglaises*, devenues *Lettres philosophiques*, rassemblent la plupart des grands thèmes des Lumières :

– la défense de la liberté politique (« Lettre sur le Parlement ») et religieuse (« Lettre sur les quakers ») ;

– l'éloge de la prospérité et du progrès (« Lettre sur le commerce ») ;

– la vulgarisation scientifique (« Lettre sur Newton ») ;

– la diffusion des idées matérialistes, en particulier le sensualisme (« Lettre sur Locke ») ;

– la confiance optimiste en l'homme (« Remarques sur les *Pensées* de Monsieur Pascal »).

Idées dangereuses, puisque Voltaire n'obtint pas l'autorisation de publication. Quand le livre parut clandestinement, il fut condamné par le Parlement ; l'auteur, menacé d'arrestation, dut se réfugier à Cirey. Il entrait dès lors, et pour un demi-siècle, dans le combat philosophique.

« J'allai trouver un des plus célèbres quakers[1] d'Angleterre... »

En faisant l'éloge d'une secte alors encore peu connue, Voltaire défend le droit au pluralisme religieux et plaide en faveur de la tolérance. Les quakers, qui pratiquent une religion épurée de ses rites, délivrée de ses superstitions, libérée de sa hiérarchie, lui semblent l'exemple vivant de son idéal déiste.

J'ai cru que la doctrine et l'histoire d'un peuple si extraordinaire méritaient la curiosité d'un homme raisonnable. Pour m'en instruire j'allai trouver un des plus célèbres quakers d'Angleterre, qui après avoir été trente ans dans le commerce, avait su mettre des bornes à sa fortune et à ses désirs, et s'était retiré dans une campagne auprès de Londres. Je fus le chercher dans sa retraite ; c'était une maison petite, mais bien bâtie, pleine de propreté sans ornement. Le quaker était un vieillard frais qui n'avait jamais eu de maladie, parce qu'il n'avait jamais connu les passions ni l'intempérance : je n'ai point vu en ma vie d'air plus noble ni plus engageant que le sien. Il était vêtu comme tous ceux de sa

1. Secte religieuse fondée en 1647 par George Fox en Angleterre. Pour les quakers, l'Esprit-Saint s'adresse directement à la conscience du croyant, sans intermédiaire, sans liturgie ni clergé.

religion, d'un habit sans plis dans les côtés, et sans boutons sur les poches ni sur les manches, et portait un grand chapeau à bords rabattus comme nos ecclésiastiques ; il me reçut avec son chapeau sur la tête, et s'avança vers moi sans faire la moindre inclination de corps ; mais il y avait plus de politesse dans l'air ouvert et humain de son visage qu'il n'y en a dans l'usage de tirer une jambe derrière l'autre et de porter à la main ce qui est fait pour couvrir la tête. « Ami, me dit-il, je vois que tu es un étranger ; si je puis t'être de quelque utilité, tu n'as qu'à parler. – Monsieur, lui dis-je, en me courbant le corps et en glissant un pied vers lui, selon notre coutume, je me flatte que ma juste curiosité ne vous déplaira pas, et que vous voudrez bien me faire l'honneur de m'instruire de votre religion. – Les gens de ton pays, me répondit-il, font trop de compliments et de révérences ; mais je n'en ai encore vu aucun qui ait eu la même curiosité que toi. Entre, et dînons d'abord ensemble. » Je fis encore quelques mauvais compliments, parce qu'on ne se défait pas de ses habitudes tout d'un coup, et après un repas sain et frugal qui commença et qui finit par une prière à Dieu, je me mis à interroger mon homme. Je débutai par la question que de bons catholiques ont faite plus d'une fois aux huguenots[1] : « Mon cher monsieur, lui dis-je, êtes-vous baptisé ? – Non, me répondit le quaker, et mes confrères ne le sont point. – Comment morbleu, repris-je, vous n'êtes donc pas chrétiens ? – Mon fils, repartit-il d'un ton doux, ne jure point, nous sommes chrétiens, et tâchons d'être bons chrétiens ; mais nous ne pensons pas que le christianisme consiste à jeter de l'eau froide sur la tête, avec un peu de sel. [...]

Ensuite il me rendit raison en peu de mots de quelques singularités qui exposent cette secte au mépris des autres. « Avoue, dit-il, que tu as eu bien de la peine à t'empêcher de rire, quand j'ai répondu à toutes tes civilités avec mon chapeau sur ma tête et en te tutoyant ; cependant tu me parais trop instruit pour ignorer que du temps du Christ aucune nation ne tombait dans le ridicule de substituer le pluriel au singulier. On disait à César Auguste : je t'aime, je te prie, je te remercie ; il ne souffrait pas même qu'on l'appelât Monsieur, *Dominus*. Ce ne fut que très longtemps après lui que les hommes s'avisèrent de se faire appeler vous au lieu de tu, comme s'ils étaient doubles, et d'usurper les titres impertinents de Grandeur, d'Éminence, de Sainteté, que des vers de terre donnent à d'autres vers de terre, en les assurant qu'ils sont avec un profond respect et une fausseté infâme leurs très humbles et très obéissants serviteurs. C'est pour être plus sur nos gardes contre cet indigne commerce de mensonges et de flatteries que nous tutoyons également les rois et les savetiers, que nous ne saluons personne, n'ayant pour les hommes que de la charité, et du respect que pour les lois.

Voltaire, *Lettres philosophiques*, Lettre 1.

Anonyme, *Assemblée de quakers*, 1698 (Paris, BN).

1. Les protestants calvinistes. Le mot, à l'origine, est péjoratif.

« Le commerce, qui a enrichi les citoyens en Angleterre, a contribué à les rendre libres... »

L'éloge du négociant ne surprend pas sous la plume de Voltaire, riche bourgeois qui fit fructifier une partie de sa fortune dans le commerce et comptait de nombreux amis dans ce milieu.

Mais vanter les mérites du commerce est, à l'époque, une entreprise plus audacieuse qu'il n'y paraît : car cet éloge entraîne la critique de l'immobilisme et des préjugés de la noblesse française qui jugeait le négoce contraire à son honneur ; de plus, il implique des positions antireligieuses puisqu'il suppose que la prospérité matérielle est, à elle seule, capable de libérer l'homme et d'assurer son bonheur.

Joseph Vernet (1714-1789), *Le Port de commerce de Marseille*, détail, 1754 (Paris, musée de la Marine).

Le commerce, qui a enrichi les citoyens en Angleterre, a contribué à les rendre libres, et cette liberté a étendu le commerce à son tour ; de là s'est formée la grandeur de l'État ; c'est le commerce qui a établi peu à peu les forces navales, par qui les Anglais sont les maîtres des mers. Ils ont à présent près de deux cents vaisseaux de guerre ; la postérité apprendra peut-être avec surprise qu'une petite île, qui n'a de soi-même qu'un peu de plomb, de l'étain, de la terre à foulon[1] et de la laine grossière, est devenue par son commerce assez puissante pour envoyer en 1723 trois flottes à la fois en trois extrémités du monde, l'une devant Gibraltar conquise et conservée par ses armes, l'autre à Porto-Bello[2] pour ôter au roi d'Espagne la jouissance des trésors des Indes, et la troisième dans la mer Baltique pour empêcher les puissances du nord de se battre.

Quand Louis XIV faisait trembler l'Italie, et que ses armées déjà maîtresses de la Savoie et du Piémont étaient prêtes de prendre Turin, il fallut que le prince Eugène[3] marchât du fond de l'Allemagne au secours du duc de Savoie : il n'avait point d'argent sans quoi on ne prend ni ne défend les villes, il eut recours à des marchands anglais ; en une demi-heure de temps, on lui prêta cinquante millions, avec cela il délivra Turin, battit les Français, et écrivit à ceux qui avaient prêté cette somme ce petit billet : « Messieurs, j'ai reçu votre argent et je me flatte de l'avoir employé à votre satisfaction. »

Tout cela donne un juste orgueil à un marchand anglais, et fait qu'il ose se comparer, non sans quelque raison, à un citoyen romain. Aussi le cadet d'un pair du royaume ne dédaigne point le négoce : milord Townshend, ministre d'État, a un frère qui se contente d'être marchand dans la Cité.

1. Argile servant au dégraissage du drap.
2. Port de l'Amérique centrale.
3. Le prince Eugène de Savoie, passé au service de l'empereur d'Autriche, remporta de brillantes victoires à la tête de l'armée impériale.

Dans le temps que milord Oxford gouvernait l'Angleterre, son cadet était facteur[1] à Alep[2], d'où il ne voulut pas revenir, et où il est mort.

Cette coutume, qui pourtant commence trop à se passer, paraît monstrueuse à des Allemands entêtés de leurs quartiers[3] ; ils ne sauraient concevoir que le fils d'un pair d'Angleterre ne soit qu'un riche et puissant bourgeois, au lieu qu'en Allemagne tout est prince ; on a vu jusqu'à trente altesses du même nom, n'ayant pour tout bien que des armoiries et de l'orgueil.

En France est marquis qui veut, et quiconque arrive à Paris du fond d'une province avec de l'argent à dépenser et un nom en *ac* ou en *ille*, peut dire « un homme comme moi, un homme de ma qualité », et mépriser souverainement un négociant ; le négociant entend lui-même parler si souvent avec dédain de sa profession qu'il est assez sot pour en rougir ; je ne sais pourtant lequel est le plus utile à un État, ou un seigneur bien poudré qui sait précisément à quelle heure le roi se lève, à quelle heure il se couche, et qui se donne des airs de grandeur en jouant le rôle d'esclave dans l'antichambre d'un ministre, ou un négociant qui enrichit son pays, donne de son cabinet des ordres à Surate[4] et au Caire, et contribue au bonheur du monde.

Voltaire, *Lettres philosophiques*, Lettre 10.

Le Mondain

1736

Mêlant les sentences épicuriennes aux scènes burlesques, Voltaire illustre, dans *Le Mondain*, cette idée aimablement provocante : les raffinements de la civilisation augmentent le bonheur des hommes. Il s'oppose ainsi au pessimisme de Pascal pour qui l'homme est un « monstre » incompréhensible, « égaré dans ce recoin de l'univers[5] » ; il répond par avance aux nostalgiques du bonheur ancestral qui associent le renouveau moral à la pratique d'une frugalité austère.

Cette apologie du luxe, du plaisir et de l'action, qui paraît légère et souriante, causa de vives inquiétudes à Voltaire : craignant qu'une copie du poème ne soit découverte, il se cacha deux mois en Hollande sous un faux nom pour échapper aux risques de poursuite. *Le Mondain* serait-il une œuvre subversive ? Sans doute, puisqu'on y lit une satire grotesque du récit de la Genèse ; mais surtout parce que Voltaire situe l'homme dans la perspective toute matérialiste de son épanouissement ici-bas. Pour le « mondain » qui espère tout de ce monde-ci, la recherche du bonheur terrestre l'emporte sur l'attente du salut éternel.

Regrettera qui veut le bon vieux temps.
Et l'âge d'or et le règne d'Astrée[6],
Et les beaux jours de Saturne et de Rhée[7],
Et le jardin de nos premiers parents ;
Moi, je rends grâce à la Nature sage.
Qui, pour mon bien m'a fait naître en cet âge
Tant décrié par nos pauvres docteurs :
Ce temps profane est tout fait pour mes mœurs.
J'aime le luxe, et même la mollesse,
Tous les plaisirs, les arts de toute espèce
La propreté, le goût, les ornements :
Tout honnête homme a de tels sentiments.
Il est bien doux pour mon cœur très immonde
De voir ici l'abondance à la ronde,
Mère des arts et des heureux travaux,
Nous apporter de sa source féconde,
Et des besoins et des plaisirs nouveaux.
L'or de la terre et les trésors de l'onde,
Leurs habitants et les peuples de l'air,
Tout sert au luxe, aux plaisirs de ce monde.
Ah ! le bon temps que ce siècle de fer[8] !
Le superflu, chose très nécessaire,
A réuni l'un et l'autre hémisphère.
Voyez-vous pas ces agiles vaisseaux
Qui du Texel[9], de Londres, de Bordeaux,
S'en vont chercher, par un heureux échange,
De nouveaux biens, nés aux sources du Gange,
Tandis qu'au loin, vainqueurs des musulmans,
Nos vins de France enivrent les sultans ?
Quand la nature était dans son enfance,
Nos bons aïeux vivaient dans l'innocence,
Ne connaissant ni le tien ni le mien.
Qu'auraient-ils pu connaître ? Ils n'avaient rien,
Ils étaient nus ; et c'est chose très claire
Que qui n'a rien n'a nul partage à faire.
Sobres étaient. Ah ! je le crois encor ;
Martialo[10] n'est point du siècle d'or.
D'un bon vin frais ou la mousse ou la sève
Ne gratta point le triste gosier d'Ève.
La soie et l'or ne brillaient point chez eux :

1. Agent commercial.
2. Ville de Syrie.
3. Un quartier de noblesse représente quatre ascendants nobles.
4. Port de la côte occidentale de l'Inde.
5. Blaise Pascal, *Pensées*.
6. Fille de Zeus et de Thémis, elle personnifie l'âge d'or.
7. Chassés de l'Olympe, ils avaient fait régner l'âge d'or sur terre.
8. Selon la mythologie, les grandes périodes de l'histoire étaient l'âge d'or, l'âge d'argent, l'âge d'airain et l'âge de fer.
9. Île de Hollande.
10. Auteur d'un traité de gastronomie.

Admirez-vous pour cela nos aïeux ?
Il leur manquait l'industrie[1] et l'aisance :
Est-ce vertu ? C'était pure ignorance. [...]

[Le poème se termine par ce vers :]
Le paradis terrestre est où je suis.

Voltaire, *Le Mondain*, vers 1-43.

François Boucher (1703-1770), *Portrait de Madame de Pompadour*, détail, 2,01 × 1,57 m, 1756 (Munich, Alte Pinakothek).
« Tout sert au luxe, au plaisir de ce monde. »

Zadig ou la Destinée

1748

Zadig est une histoire orientale dans le goût des *Mille et Une Nuits*, ensemble de contes orientaux qu'une récente traduction en français venait de mettre à la mode. Les enseignements philosophiques se coulent aisément dans le style du conte arabe, riche en images, en paraboles, en fables.

Zadig est aussi un roman d'apprentissage : le héros fait l'expérience du monde. Mais il n'est pas récompensé selon ses mérites ; au contraire, sa franchise et sa sagesse causent sa perte. Difficultés et désillusions l'amènent à s'interroger sur le sens de sa vie. À travers les faveurs et les disgrâces, les aléas du succès et de l'infortune (que Voltaire lui-même venait de rencontrer à la cour), *Zadig* pose la question : le bonheur est-il possible ?

La vie du héros est une suite incohérente d'états contradictoires ; ses bonnes actions le perdent ; quand il croit atteindre la félicité, le malheur s'abat sur lui. *Zadig*, conte philosophique, pose la question de la destinée : la vie serait-elle une suite de hasards et d'absurdités ? L'homme est-il le jouet du destin ? Où se trouve alors sa liberté ?

Cette interrogation n'est pas encore marquée par le pessimisme que l'on trouvera plus tard dans *Candide*. Bien qu'il fasse subir à son personnage les hasards les plus divers, Voltaire ne rejette pas l'idée qu'une puissance règle le cours de nos vies. Zadig connaît finalement une destinée heureuse : il retrouve Astarté, objet de sa félicité. Les bons seront récompensés et les méchants punis...

Dans la conclusion du conte, Voltaire va jusqu'à admettre l'idée de la Providence, c'est-à-dire du dessein de Dieu sur les hommes. L'ange Jesrad ordonne même à Zadig de s'y soumettre et de l'adorer. Mais est-il le porte-parole de l'auteur ? Au-delà du chaos de nos destinées individuelles, sans doute existe-t-il un ordre providentiel qui nous dépasse : telle est l'hypothèse émise par Voltaire.

Comme Zadig, le philosophe s'interroge. Mais déjà, il invite les hommes à ne point « disputer » sur ce qui leur est inaccessible.

1. Activité propre à développer un savoir-faire.

« Zadig vit combien il était dangereux quelquefois d'être trop savant... »

À Babylone, Zadig, jeune homme de beaucoup d'esprit et de sagesse, a connu à ses dépens les désillusions de l'amour. Il cherche alors son bonheur dans l'étude de la nature, s'étant retiré « dans une maison de campagne sur les bords de l'Euphrate ».

Un jour, se promenant auprès d'un petit bois, il vit accourir à lui un eunuque[1] de la reine, suivi de plusieurs officiers qui paraissaient dans la plus grande inquiétude, et qui couraient çà et là, comme des hommes égarés qui cherchent ce qu'ils ont perdu de plus précieux. « Jeune homme, lui dit le premier eunuque, n'avez-vous point vu le chien de la reine ? » Zadig répondit modestement : « C'est une chienne, et non pas un chien. – Vous avez raison, reprit le premier eunuque. – C'est une épagneule très petite, ajouta Zadig. Elle a fait depuis peu des chiens ; elle boite du pied gauche de devant et elle a les oreilles très longues. – Vous l'avez donc vue ? dit le premier eunuque tout essoufflé. – Non, répondit Zadig, je ne l'ai jamais vue, et je n'ai jamais su si la reine avait une chienne. »

Précisément dans le même temps, par une bizarrerie ordinaire de la fortune, le plus beau cheval de l'écurie du roi s'était échappé des mains d'un palefrenier dans les plaines de Babylone. Le grand veneur[2] et tous les autres officiers couraient après lui avec autant d'inquiétude que le premier eunuque après la chienne. Le grand veneur s'adressa à Zadig et lui demanda s'il n'avait point vu passer le cheval du roi. « C'est, répondit Zadig, le cheval qui galope le mieux ; il a cinq pieds de haut, le sabot fort petit ; il porte une queue de trois pieds et demi de long ; les bossettes[3] de son mors sont d'or à vingt-trois carats ; ses fers sont d'argent à onze deniers. – Quel chemin a-t-il pris ? où est-il ? demanda le grand veneur. – Je ne l'ai point vu, répondit Zadig, et je n'en ai jamais entendu parler. »

Le grand veneur et le premier eunuque ne doutèrent pas que Zadig n'eût volé le cheval du roi et la chienne de la reine ; ils le firent conduire devant l'assemblée du grand desterham[4], qui le condamna au knout[5] et à passer le reste de ses jours en Sibérie. À peine le jugement fut-il rendu qu'on retrouva le cheval et la chienne. Les juges furent dans la douloureuse nécessité de réformer leur arrêt ; mais ils condamnèrent Zadig à payer quatre cents onces d'or pour avoir dit qu'il n'avait point vu ce qu'il avait vu. Il fallut d'abord payer cette amende ; après quoi il fut permis à Zadig de plaider sa cause au conseil du grand desterham ; il parla en ces termes :

Anonyme, *Zadig, ou la Destinée.*
Impressions sur étoffes (Paris, BN).

« Étoiles de justice, abîmes de science, miroirs de vérité, qui avez la pesanteur du plomb, la dureté du fer, l'éclat du diamant et beaucoup d'affinité avec l'or ! Puisqu'il m'est permis de parler devant cette auguste assemblée, je vous jure par Orosmade[6] que je n'ai jamais vu la chienne respectable de la reine, ni le cheval sacré du roi des rois. Voici ce qui m'est arrivé. Je me promenais vers le

1. Gardien des femmes du harem.
2. Officier des chasses.
3. Désigne des ornements en saillie des deux côtés du mors d'un cheval.
4. Le mot exact est *defterdar* et désigne une sorte de surintendant des Finances en Perse.
5. Le knout est un fouet. Ce mot, qui appartient à la langue russe, désigne aussi le supplice qui consiste à frapper un homme à l'aide de ce fouet.
6. Ormuzd, le principe du Bien chez les anciens Persans.

bois, où j'ai rencontré depuis le vénérable eunuque et le très illustre grand veneur. J'ai vu sur le sable les traces d'un animal, et j'ai jugé aisément que c'étaient celles d'un petit chien. Des sillons légers et longs, imprimés sur de petites éminences de sable, entre les traces des pattes, m'ont fait connaître que c'était une chienne dont les mamelles étaient pendantes, et qu'ainsi elle avait fait des petits il y a peu de jours. D'autres traces en un sens différent, qui paraissaient toujours avoir rasé la surface du sable à côté des pattes de devant, m'ont appris qu'elle avait les oreilles très longues ; et comme j'ai remarqué que le sable était toujours moins creusé par une patte que par les trois autres, j'ai compris que la chienne de notre auguste reine était un peu boiteuse, si je l'ose dire.

« À l'égard du cheval du roi des rois, vous saurez que, me promenant dans les routes de ce bois, j'ai aperçu les marques de fers d'un cheval ; elles étaient toutes à égales distances. "Voilà, ai-je dit, un cheval qui a un galop parfait." La poussière des arbres, dans une route étroite qui n'a que sept pieds de large, était un peu enlevée à droite et à gauche, à trois pieds et demi du milieu de la route. "Ce cheval, ai-je dit, a une queue de trois pieds et demi, qui, par ses mouvements de droite et de gauche, a balayé cette poussière." J'ai vu sous les arbres, qui formaient un berceau de cinq pieds de haut, les feuilles des branches nouvellement tombées, et j'ai connu que ce cheval y avait touché, et qu'ainsi il avait cinq pieds de haut. Quant à son mors, il doit être d'or à vingt-trois carats : car il en a frotté les bossettes contre une pierre que j'ai reconnu être une pierre de touche[1] et dont j'ai fait l'essai. J'ai jugé enfin, par les marques que ses fers ont laissées sur des cailloux d'une autre espèce, qu'il était ferré d'argent à onze deniers de fin[2]. »

Tous les juges admirèrent le profond et subtil discernement de Zadig ; la nouvelle en vint jusqu'au roi et à la reine. On ne parlait que de Zadig dans les antichambres, dans la chambre et dans le cabinet ; et, quoique plusieurs mages opinassent qu'on devait le brûler comme sorcier, le roi ordonna qu'on lui rendit l'amende des quatre cents onces d'or à laquelle il avait été condamné. Le greffier, les huissiers, les procureurs, vinrent chez lui en grand appareil lui rapporter ses quatre cents onces ; ils en retinrent seulement trois cent quatre-vingt-dix-huit pour les frais de justice, et leurs valets demandèrent des honoraires.

Zadig vit combien il était dangereux quelquefois d'être trop savant, et se promit bien, à la première occasion, de ne point dire ce qu'il avait vu.

Voltaire, *Zadig*, chapitre III.

« Qui te l'a dit, barbare ? cria Zadig... »

Le sage Zadig se signale par d'autres actions justes et valeureuses et ses mérites séduisent la reine Astarté. Le jeune homme aime la reine, mais les hasards de la destinée, l'envie des jaloux, les caprices des méchants, tout les sépare. L'infortuné se laisse aller à murmurer contre la Providence, lorsqu'il rencontre un ermite qui lit le Livre des destinées. Lui ayant demandé le livre, il ne peut y déchiffrer un seul caractère...

Espérant être éclairé par le sage vieillard, Zadig voyage en sa compagnie. Les deux hommes sont reçus avec générosité par un philosophe retiré du monde.

Quand l'ermite et lui furent dans leur appartement, ils firent longtemps l'éloge de leur hôte. Le vieillard au point du jour éveilla son camarade. « Il faut partir, dit-il ; mais, tandis que tout le monde dort encore, je veux laisser à cet homme un témoignage de mon estime et de mon affection. » En disant ces mots, il prit un flambeau, et mit le feu à la maison. Zadig, épouvanté, jeta des cris, et voulut l'empêcher de commettre une action si affreuse. L'ermite l'entraînait par une force supérieure ; la maison était enflammée. L'ermite, qui était déjà assez loin avec son compagnon, la regardait brûler tranquillement. « Dieu merci ! dit-il, voilà la maison de mon cher hôte détruite de fond en comble ! L'heureux homme ! » À ces mots Zadig fut tenté à la fois d'éclater de rire, de dire des injures au révérend père, de le battre, et de s'enfuir, mais il ne fit rien de tout cela, et toujours subjugué par l'ascendant de l'ermite, il le suivit malgré lui à la dernière couchée.

Ce fut chez une veuve charitable et vertueuse qui avait un neveu de quatorze ans, plein d'agréments et son unique espérance. Elle fit du mieux qu'elle put les honneurs de sa maison. Le lendemain, elle ordonna à son neveu d'accompagner les voyageurs jusqu'à un pont qui, étant rompu depuis peu, était devenu un passage dangereux. Le jeune homme, empressé, marche au-devant d'eux. Quand ils furent sur le pont : « Venez, dit l'ermite au jeune homme, il faut que je marque ma reconnaissance à votre tante. » Il le prend alors par les cheveux et le jette dans la rivière. L'enfant

1. Morceau de jaspe sur lequel les bijoutiers et les orfèvres essaient l'or et l'argent. 2. C'est-à-dire pur.

tombe, reparaît un moment sur l'eau, et est engouffré dans le torrent. « Ô monstre ! ô le plus scélérat de tous les hommes ! s'écria Zadig. – Vous m'aviez promis plus de patience, lui dit l'ermite en l'interrompant : apprenez que, sous les ruines de cette maison où la Providence a mis le feu, le maître a trouvé un trésor immense ; apprenez que ce jeune homme, dont la Providence a tordu le cou, aurait assassiné sa tante dans un an, et vous dans deux. – Qui te l'a dit, barbare ? cria Zadig ; et quand tu aurais lu cet événement dans ton livre des destinées, t'est-il permis de noyer un enfant qui ne t'a point fait de mal ? »

Tandis que le Babylonien parlait, il aperçut que le vieillard n'avait plus de barbe, que son visage prenait les traits de la jeunesse. Son habit d'ermite disparut : quatre belles ailes couvraient un corps majestueux et resplendissant de lumière. « Ô envoyé du ciel ! ô ange divin ! s'écria Zadig en se prosternant, tu es donc descendu de l'empyrée pour apprendre à un faible mortel à se soumettre aux ordres éternels ? – Les hommes, dit l'ange Jesrad, jugent de tout sans rien connaître : tu étais celui de tous les hommes qui méritait le plus d'être éclairé. » Zadig lui demanda la permission de parler. « Je me défie de moi-même, dit-il ; mais oserai-je te prier de m'éclaircir un doute : ne vaudrait-il pas mieux avoir corrigé cet enfant, et l'avoir rendu vertueux, que de le noyer ? » Jesrad reprit : « S'il avait été vertueux, et s'il eût vécu, son destin était d'être assassiné lui-même avec la femme qu'il devait épouser, et le fils qui en devait naître. – Mais quoi ! dit Zadig, il est donc nécessaire qu'il y ait des crimes et des malheurs, et les malheurs tombent sur les gens de bien ? – Les méchants, répondit Jesrad, sont toujours malheureux : ils servent à éprouver un petit nombre de justes répandus sur la terre, et il n'y a point de mal dont il ne naisse un bien. – Mais, dit Zadig, s'il n'y avait que du bien, et point de mal ? – Alors, reprit Jesrad, cette terre serait une autre terre ; l'enchaînement des événements serait un autre ordre de sagesse ; et cet autre ordre, qui serait parfait, ne peut être que dans la demeure éternelle de l'Être suprême, de qui le mal ne peut approcher. Il a créé des millions de mondes dont aucun ne peut ressembler à l'autre. Cette immense variété est un attribut de sa puissance immense. Il n'y a ni deux feuilles d'arbre sur la terre, ni deux globes dans les champs infinis du ciel, qui soient semblables ; et tout ce que tu vois sur le petit atome où tu es né devait être dans sa place et dans son temps fixe, selon les ordres immuables de celui qui embrasse tout. Les hommes pensent que cet enfant qui vient de périr est tombé dans l'eau par hasard, que c'est par un même hasard que cette maison est brûlée ; mais il n'y a point de hasard : tout est épreuve, ou punition, ou récompense, ou prévoyance. Souviens-toi de ce pêcheur qui se croyait le plus malheureux de tous les hommes[1]. Orosmade[2] t'a envoyé pour changer sa destinée. Faible mortel, cesse de disputer contre ce qu'il faut adorer. – Mais, dit Zadig... » Comme il disait *mais*, l'ange prenait déjà son vol vers la dixième sphère. Zadig, à genoux, adora la Providence, et se soumit. L'ange lui cria du haut des airs : « Prends ton chemin vers Babylone. »

Voltaire, *Zadig*, chapitre XVIII.

Élisabeth-Louise Vigée-Lebrun (1755-1842), *Madame Grassini dans le rôle de Zaïre*, 1,27 × 0,95 m (Rouen, musée des Beaux-Arts).

1. Allusion au chapitre XV. Zadig avait secouru cet homme en lui donnant la moitié de sa fortune.
2. Voir note 6 p. 89.

Histoire du mari et du perroquet

Texte écho

« Un bonhomme avait une belle femme qu'il aimait avec tant de passion, qu'il ne la perdait de vue que le moins qu'il pouvait. Un jour que des affaires pressantes l'obligeaient à s'éloigner d'elle, il alla dans un endroit où l'on vendait toutes sortes d'oiseaux ; il y acheta un perroquet, qui non seulement parlait fort bien, mais qui avait même le don de rendre compte de tout ce qui avait été fait devant lui. Il l'apporta dans une cage au logis, pria sa femme de le mettre dans sa chambre et d'en prendre soin pendant le voyage qu'il allait faire ; après quoi il partit.

À son retour, il ne manqua pas d'interroger le perroquet sur ce qui s'était passé durant son absence ; et là-dessus, l'oiseau lui apprit des choses qui lui donnèrent lieu de faire de grands reproches à sa femme. Elle crut que quelqu'une de ses esclaves l'avait trahie ; elles jurèrent toutes qu'elles lui avaient été fidèles, et convinrent qu'il fallait que ce fût le perroquet qui eût fait ces mauvais rapports. Prévenue de cette opinion, la femme chercha dans son esprit un moyen de détruire les soupçons de son mari, et de se venger en même temps du perroquet ; elle le trouva. Son mari étant parti pour faire un voyage d'une journée, elle commanda à une esclave de tourner pendant la nuit, sous la cage de l'oiseau, un moulin à bras ; à une autre de jeter de l'eau en forme de pluie par le haut de la cage ; à une troisième, de prendre un miroir et de le tourner devant les yeux du perroquet, à droite et à gauche, à la clarté d'une chandelle. Les esclaves employèrent une grande partie de la nuit à faire ce que leur avait ordonné leur maîtresse, et elles s'en acquittèrent fort adroitement.

Le lendemain, le mari étant de retour, fit encore des questions au perroquet sur ce qui s'était passé chez lui ; l'oiseau lui répondit : "Mon maître, les éclairs, le tonnerre et la pluie m'ont tellement incommodé toute la nuit, que je ne puis vous dire ce que j'en ai souffert." Le mari, qui savait fort bien qu'il n'avait ni plu ni tonné cette nuit-là, demeura persuadé que le perroquet ne disant pas la vérité en cela, ne la lui avait pas dite aussi au sujet de sa femme. C'est pourquoi, de dépit, l'ayant tiré de sa cage, il le jeta si rudement contre terre, qu'il le tua. Néanmoins, dans la suite, il apprit de ses voisins que le pauvre perroquet ne lui avait pas menti en lui parlant de la conduite se sa femme, ce qui fut cause qu'il se repentit de l'avoir tué... »

Là s'arrêta Scheherazade, parce qu'elle s'aperçut qu'il était jour : « Tout ce que vous nous racontez, ma sœur, dit Dinarzade, est si varié, que rien ne me paraît plus agréable. – Je voudrais continuer de vous divertir, répondit Scheherazade ; mais je ne sais si le sultan, mon maître, m'en donnera le temps. » Schahriar, qui ne prenait pas moins de plaisir que Dinarzade à entendre la sultane, se leva, et passa la journée sans ordonner au vizir de la faire mourir.

Les Mille et Une Nuits, *XIVe Nuit, Traduction d'Antoine Galland, publié de 1704 à 1717.*

Micromégas

publié en 1752

L'aventure de Micromégas s'inspire de la tradition des voyages extraordinaires, tels que l'*Histoire comique des États et Empires de la lune* (1657) de Cyrano de Bergerac, ou les *Voyages de Gulliver* (1726) de Swift, que Voltaire admirait beaucoup.

Bien qu'il n'ait été publié qu'en 1752, ce conte scientifique se rattache directement à la période de Cirey (1734-1744) où Voltaire, auprès de Madame du Châtelet, entreprit de sérieuses études d'astronomie et se passionna pour la physique de Newton. Mais bien sûr, le cosmos, les sphères célestes, les planètes du conte ressemblent étrangement au monde familier : on y rencontre une cour capricieuse, l'Inquisition, un secrétaire d'Académie... La science-fiction et la satire font bon ménage.

Micromégas, sous-titré *Histoire philosophique*, développe, par le biais de la fantaisie, une réflexion sur l'entendement humain et sur les limites de la connaissance. La satire voltairienne vise principalement les erreurs d'appréciation, dues au fait que les hommes ne sortent jamais de leur « sphère » pour juger des choses. Le personnage du géant extraterrestre incarnera, quant à lui, la hauteur de vue, nécessaire à un jugement droit.

Le voyage extraordinaire livre aussi une leçon de relativisme : les hommes, si fiers de leur puissance, sont des « mites » aux yeux de l'habitant de Saturne ; mais il est lui-même un nain en comparaison du Sirien. Le nom même de Micromégas, qui signifie en grec le « petit-grand », est un résumé de cet enseignement. Par là, Voltaire dévoile l'illusion anthropocentriste[1] qui fait croire

1. Rappelons que le terme est formé à partir du mot grec *anthropos* (ανθροπος) qui signifie « l'homme ».

Gérard Vidal (1742-1801), *Le Géant Micromégas et le Nain de Saturne*, gravure d'après Ch. Monnet, 1777 (Paris, BN).

à l'homme qu'il est le centre et le maître du monde ; il montre le profit que l'entendement peut tirer des comparaisons, et les risques que l'on court à tout mesurer par rapport à soi.

Malgré les disproportions qu'il présente (la terre est une « taupinière » pour ces géants !), le monde de *Micromégas* n'est pas tragique. L'infiniment petit et l'infiniment grand ne sont pas cause d'effroi comme chez Pascal. L'homme n'est pas perdu dans l'univers ; il est simplement « remis à sa place ». Les disproportions, et donc les proportions, sont bien la preuve qu'il existe un ordre dans l'univers ; il suffit de respecter l'échelle pour en mesurer l'harmonie. La sagesse est de proportionner ses ambitions à ses moyens, sans prétendre atteindre « le bout des choses », comme il est dit à la fin du conte.

« Ô atomes intelligents... »

Micromégas, habitant de l'étoile Sirius, banni de sa planète en raison de découvertes scientifiques jugées suspectes, voyage « de globe en globe » avec un habitant de Saturne. Le Saturnien n'est qu'un nain au regard du Sirien, mais lorsque les deux voyageurs découvrent les habitants de la terre, c'est au tour de l'habitant de Saturne d'être géant pour ces « insectes invisibles ». Ayant réussi à entrer en contact avec un groupe de philosophes à l'aide d'un microscope et d'un cornet acoustique improvisés, Micromégas, curieux de savoir comment vivent les « infiniment petits », les interroge.

« Ô atomes intelligents, dans qui l'Être éternel s'est plu à manifester son adresse et sa puissance, vous devez sans doute goûter des joies bien pures sur votre globe ; car, ayant si peu de matière et paraissant tout esprit, vous devez passer votre vie à aimer et à penser, c'est la véritable vie des esprits. Je n'ai vu nulle part le vrai bonheur, mais il est ici sans doute. » À ce discours, tous les philosophes secouèrent la tête ; et l'un deux, plus franc que les autres, avoua de bonne foi que, si l'on en excepte un petit nombre d'habitants fort peu considérés, tout le reste est un assemblage de fous, de méchants et de malheureux. « Nous avons plus de matière qu'il ne nous en faut, dit-il, pour faire beaucoup de mal, si le mal vient de la matière, et trop d'esprit, si le mal vient de l'esprit. Savez-vous bien, par exemple, qu'à l'heure que je vous parle il y a cent mille fous de notre espèce, couverts de chapeaux, qui tuent cent mille autres animaux couverts d'un turban, ou qui sont massacrés par eux[1], et que, presque par toute la terre, c'est ainsi qu'on en use de temps immémorial ? » Le Sirien frémit et demanda quel pouvait être le sujet de ces horribles querelles entre de si chétifs animaux. « Il s'agit, dit le philosophe, de quelques tas de boue grands comme votre talon. Ce n'est pas qu'aucun de ces millions d'hommes qui se font égorger prétende[2] un fétu sur ces tas de boue. Il ne s'agit que de savoir s'il appartiendra à un certain homme qu'on nomme *Sultan* ou à un autre qu'on nomme, je ne sais pourquoi, *César*. Ni l'un ni l'autre n'a jamais vu ni ne verra jamais le petit coin de terre dont il s'agit, et presque aucun de ces animaux qui s'égorgent mutuellement n'a jamais vu l'animal pour lequel ils s'égorgent.

– Ah, malheureux ! s'écria le Sirien avec indignation, peut-on concevoir cet excès de rage forcenée ? Il me prend envie de faire trois pas, et d'écraser de trois coups de pied toute cette fourmilière d'assassins ridicules. – Ne vous en donnez pas la peine, lui répondit-on ; ils travaillent assez à leur ruine. Sachez qu'au bout de dix ans il ne reste jamais la centième partie de ces misérables ; sachez que, quand même ils n'auraient pas tiré l'épée, la faim, la fatigue ou l'intempérance les emportent presque tous. D'ailleurs, ce n'est pas eux qu'il faut punir : ce sont ces barbares sédentaires qui, du fond de leur cabinet, ordonnent, dans le temps de leur digestion, le massacre d'un million d'hommes, et qui ensuite en font remercier Dieu solennellement. »

Le voyageur se sentait ému de pitié pour la petite race humaine, dans laquelle il découvrait de si étonnants contrastes. « Puisque vous êtes du petit nombre des sages, dit-il à ces messieurs, et qu'apparemment vous ne tuez personne pour de l'argent, dites-moi, je vous en prie, à quoi vous vous occupez. – Nous disséquons des mouches, dit le philosophe, nous mesurons des lignes, nous assemblons des nombres, nous sommes d'accord sur deux ou trois points que nous entendons, et nous disputons sur deux ou trois mille que nous n'entendons pas. » Il prit aussitôt fantaisie au Sirien et au Saturnien d'interroger ces atomes pensants pour savoir les choses dont ils convenaient.

[Les hommes tombent d'accord sur quelques vérités scientifiques ; mais sur les questions métaphysiques, les discussions sont sans fin...]

Mais il y avait là, par malheur, un petit animalcule en bonnet carré[3], qui coupa la parole à tous les animalcules philosophes ; il dit qu'il savait tout le secret, que cela se trouvait dans la *Somme* de saint Thomas[4] ; il regarda de haut en bas les deux habitants célestes ; il leur soutint que leurs personnes, leurs mondes, leurs soleils, leurs étoiles, tout était fait uniquement pour l'homme. À ce discours, nos deux voyageurs se laissèrent aller l'un sur l'autre en étouffant de ce rire inextinguible qui, selon Homère, est le partage des dieux ; leurs épaules et leurs ventres allaient et venaient, et dans ces convulsions le vaisseau, que le Sirien avait sur son ongle, tomba dans une poche de la culotte du Saturnien. Ces deux bonnes gens le cherchèrent longtemps ; enfin ils retrouvèrent l'équipage, et le rajustèrent fort proprement. Le Sirien reprit les petites mites ; il leur parla encore avec beaucoup de bonté, quoiqu'il fût un peu fâché dans le fond du cœur de voir que les infiniment petits eussent un orgueil presque infiniment grand. Il leur promit de leur faire un beau livre de philosophie, écrit fort menu pour leur usage, et que dans ce livre ils verraient le bout des choses. Effectivement, il leur donna ce volume avant son départ : on le porta à Paris, à l'Académie des sciences ; mais, quand le secrétaire l'eut ouvert, il ne vit rien qu'un livre tout blanc : « *Ah !* dit-il, *je m'en étais bien douté* ».

Voltaire, *Micromégas*, chapitre VII.

« Tous les vrais fidèles casseront leurs œufs par le bout le plus commode. »

Voltaire avait découvert pendant son séjour en Angleterre les *Voyages de Gulliver* de Jonathan Swift, parus en 1726. Il en avait aimé l'esprit satirique, l'imagination et la légèreté de style.

Le début du roman de Swift raconte comment Gulliver, ayant fait naufrage, est accueilli dans le pays de Lilliput, peuplé d'hommes minuscules et ingénieux. Dans l'extrait qui suit, le Premier Secrétaire d'État pour les affaires privées révèle à Gulliver que le royaume est menacé d'invasion par l'empire de Blefuscu. La rivalité entre les deux pays a une origine singulière...

1. Allusion à la guerre austro-russo-turque (1736-1739).
2. Revendique.
3. Un théologien, docteur de la Sorbonne, qui défend, contre les progrès de la science au XVIIIe siècle, les préjugés de l'anthropocentrisme (conception philosophique qui fait de l'homme le centre du monde).
4. La *Somme* de saint Thomas d'Aquin est un ouvrage du XIIIe siècle consacré aux questions théologiques.

Texte étranger

J'en reviens donc à ce que j'allais vous dire : ces deux formidables puissances se trouvent engagées depuis trente-six lunes dans une guerre à mort, et voici quelle en fut l'occasion. Chacun sait qu'à l'origine, pour manger un œuf à la coque, on le cassait par le gros bout. Or, il advint que l'aïeul de notre Empereur actuel, étant enfant, voulut manger un œuf en le cassant de la façon traditionnelle, et se fit une entaille au doigt. Sur quoi l'Empereur son père publia un édit ordonnant à tous ses sujets, sous peine des sanctions les plus graves, de casser leurs œufs par le petit bout. Cette loi fut si impopulaire, disent nos historiens, qu'elle provoqua six révoltes, dans lesquelles un de nos Empereurs perdit la vie, un autre sa Couronne. Ces soulèvements avaient chaque fois l'appui des souverains de Blefuscu et, lorsqu'ils étaient écrasés, les exilés trouvaient toujours un refuge dans ce Royaume. On estime à onze mille au total le nombre de ceux qui ont préféré mourir plutôt que de céder et de casser leurs œufs par le petit bout. On a publié sur cette question controversée plusieurs centaines de gros volumes ; mais les livres des Gros-Boutiens sont depuis longtemps interdits et les membres de la secte écartés par une loi de tous les emplois publics. Au cours de ces troubles, les Empereurs de Blefuscu nous ont, à maintes reprises, fait dès remontrances par leurs ambassadeurs, nous accusant d'avoir provoqué un schisme religieux et d'être en désaccord avec les enseignements que notre grand prophète Lustrog donne au chapitre cinquante-quatre du Blundecral (c'est le nom de leur Coran). Cela s'appelle, bien sûr, solliciter les textes. Voici la citation : « Tous les vrais fidèles casseront leurs œufs par le bout le plus commode. » Quel est le plus commode ? On doit, à mon humble avis, laisser à chacun le soin d'en décider selon sa conscience ou s'en remettre alors à l'autorité du premier magistrat. Or les Gros-Boutiens exilés ont trouvé tant de crédit à la Cour de l'Empereur de Blefuscu et chez nous tant d'aide et d'encouragements secrets que depuis trente-six lunes une guerre sanglante[1] met aux prises les deux Empires, avec des fortunes très diverses ; elle nous a coûté, jusqu'à présent, la perte de quarante vaisseaux de ligne, d'une quantité d'autres navires, ainsi que de trente mille de nos meilleurs matelots ou soldats, et l'on estime que les pertes de l'ennemi sont encore plus considérables.

Jonathan Swift, Voyages de Gulliver, *Ire partie, chapitre 4, 1726, traduction de Jacques Pons, Gallimard, 1976.*

Poème sur le désastre de Lisbonne

1756

Le 1er novembre 1755, un tremblement de terre détruisit la ville de Lisbonne, faisant vingt-cinq mille victimes. Voltaire est bouleversé par la nouvelle ; sa correspondance en témoigne. Avant la fin de l'année, le *Poème sur le désastre de Lisbonne* est composé. La douleur et la compassion ont parlé.

Mais le poème s'inscrit aussi dans une polémique que résume son sous-titre : *Examen de cet axiome : « Tout est bien »*. Quelles étaient les données du débat ? À partir des *Essais de Théodicée* du philosophe allemand Leibniz, une vive discussion s'était engagée autour de la question du Mal et de la bonté de Dieu. La *Théodicée* (doctrine de la justice de Dieu) établissait que tout est « au mieux », le monde ne pouvant être meilleur qu'il n'est. Supposer en effet que la création pourrait être meilleure qu'elle n'est, c'est prétendre corriger Dieu et donc nier sa perfection. Il faut en conséquence admettre qu'il y a une « raison pourquoi les choses sont ainsi et pas autrement » ; c'est le principe de la « raison suffisante ».

Le poète anglais Pope vulgarisa la doctrine avec la formule : *« Whatever is, is right »* (tout ce qui est, est bien) et, ainsi relayé, le système métaphysique aboutit à ce qu'on commença alors à appeler l'optimisme.

C'est dans ce contexte philosophique qu'éclata la nouvelle du désastre de Lisbonne. Voltaire, saisi par cette tragique ironie, s'indigne contre une doctrine qui semble justifier la souffrance. Il prend parti dans son *Poème* sur les questions qui suscitèrent les plus vives controverses à l'époque des Lumières : l'origine du Mal, la Providence, la liberté de l'homme.

Le débat n'en resta pas là. Jean-Jacques Rousseau réagit au *Poème* par sa *Lettre sur la Providence.* Voltaire raviva la polémique avec *Candide* en 1759.

Ô malheureux mortels ! ô terre déplorable !
Ô de tous les mortels assemblage effroyable !
D'inutiles douleurs éternel entretien !
Philosophes trompés qui criez : « Tout est bien » ;
Accourez, contemplez ces ruines affreuses,

1. La guerre contre Gros-Boutiens et Petits-Boutiens fait allusion aux luttes entre catholiques et protestants. Mais l'allusion peut s'étendre à d'autres querelles, rivalités ou conflits, dus à l'intolérance et attisés par le fanatisme.

Ces débris, ces lambeaux, ces cendres malheureuses,
Ces femmes, ces enfants l'un sur l'autre entassés,
Sous ces marbres rompus ces membres dispersés ;
Cent mille infortunés que la terre dévore,
Qui, sanglants, déchirés, et palpitants encore,
Enterrés sous leurs toits, terminent sans secours
Dans l'horreur des tourments leurs lamentables jours !
Aux cris demi-formés de leurs voix expirantes,
Au spectacle effrayant de leurs cendres fumantes,
Direz-vous : « C'est l'effet des éternelles lois
Qui d'un Dieu libre et bon nécessitent le choix » ?
Direz-vous, en voyant cet amas de victimes :
« Dieu s'est vengé, leur mort est le prix de leurs crimes » ?
Quel crime, quelle faute ont commis ces enfants
Sur le sein maternel écrasés et sanglants ?
Lisbonne, qui n'est plus, eut-elle plus de vices
Que Londres, que Paris, plongés dans les délices ? [...]
Que peut donc de l'esprit la plus vaste étendue ?
Rien ; le livre du sort se ferme à notre vue.
L'homme, étranger à soi, de l'homme est ignoré.
Que suis-je, où suis-je, où vais-je, et d'où suis-je tiré ?
Atomes tourmentés sur cet amas de boue,
Que la mort engloutit et dont le sort se joue,
Mais atomes pensants, atomes dont les yeux,
Guidés par la pensée, ont mesuré les cieux ;
Au sein de l'infini nous élançons notre être,
Sans pouvoir un moment nous voir et nous connaître.
Ce monde, ce théâtre et d'orgueil et d'erreur,
Est plein d'infortunés qui parlent de bonheur.
Tout se plaint, tout gémit en cherchant le bien-être :
Nul ne voudrait mourir, nul ne voudrait renaître.
Quelquefois, dans nos jours consacrés aux douleurs,
Par la main du plaisir nous essuyons nos pleurs ;
Mais le plaisir s'envole, et passe comme une ombre :
Nos chagrins, nos regrets, nos pertes, sont sans nombre.
Le passé n'est pour nous qu'un triste souvenir ;
Le présent est affreux, s'il n'est point d'avenir,
Si la nuit du tombeau détruit l'être qui pense.
Un jour tout sera bien, voilà notre espérance ;
Tout est bien aujourd'hui, voilà l'illusion.

Voltaire, *Poème sur le désastre de Lisbonne*,
ou *Examen de cet axiome : « Tout est bien »*.

Candide ou l'Optimisme

1759

Trois ans après le *Poème sur le désastre de Lisbonne*, le conte *Candide* est une nouvelle réplique, cette fois-ci cinglante, aux adeptes du « Tout est bien ».

Les cibles de Voltaire ? L'optimisme, un mot alors nouveau qui désigne la doctrine, inspirée de Leibniz, selon laquelle « tout est au mieux », Dieu qui est parfait n'ayant pu créer qu'un monde parfait ou, au moins, le meilleur possible. Dans le conte, le jeune Candide est élevé dans la douce illusion que tout est pour le mieux dans le meilleur des mondes possibles. C'est le leitmotiv que toutes les aventures qu'il traverse déclencheront systématiquement.

Voltaire refuse cet optimisme parce que c'est une doctrine qui ne résiste pas à l'épreuve des faits et qu'elle devient odieuse dès qu'on lui oppose les innombrables maux qui existent sur terre. En outre, elle détourne l'homme de l'action en le berçant d'illusions et finit par le rendre complice du Mal, la souffrance humaine devenant une abstraction, nécessaire à l'harmonie universelle.

Au-delà de l'optimisme, c'est d'ailleurs à tous les systèmes que s'en prend Voltaire dans *Candide*. Parce que toute théorie, si elle n'est pas éprouvée par les faits, peut devenir préjugé et se transformer en idée fixe. La « méta-physico-théologo-cosmolo-nigologie » que le docteur Pangloss enseigne à Candide n'est rien d'autre qu'une science de « nigauds ».

Ce procès des idéologies coupées du réel se double dans le conte d'une réjouissante critique des discours oiseux, du bavardage qui ne débouche sur aucune action constructive. Pangloss (en grec, le « tout en langue ») est le champion de ce verbiage ridicule et vain.

Conte philosophique mais surtout polémique, *Candide* est une œuvre de refus, une condamnation. Les armes de Voltaire ? On s'en doute, le conteur se gardera bien de raisonner à son tour ou d'édifier des théories. Son arme est la dérision. Il lui suffit de confronter systématiquement les tenants de l'optimisme avec les multiples formes du Mal pour ridiculiser plus sûrement leur doctrine. Les trente chapitres du conte accumulent sarcastiquement les démentis apportés par la réalité aux théories et aux certitudes. Les personnages sont des pantins ballottés au gré des catastrophes et des injustices ; leur rencontre avec les absurdités et les cruautés du monde permet à Voltaire de s'en prendre, par le moyen d'une satire féroce, à tout ce qu'il déteste : la bêtise, l'intolérance, le fanatisme. L'irrespect, la drôlerie, l'humour noir, la caricature sont mis en œuvre pour dégonfler les prétentions et dénoncer les folies des hommes.

Mais *Candide* n'est pas seulement destructeur d'illusions, de théories, de préjugés. D'un certain point de vue, il est aussi constructif. Voltaire plaide avec bon sens pour l'empirisme en ridiculisant les théories bâties hors de toute référence à l'expérience des faits. Il propose une sagesse, faite de modération et pouvant déboucher sur une action. Le rire sarcastique, la dérision, la description burlesque des scènes d'horreur, destinés à confondre les optimistes, ont aussi pour effet de susciter la pitié ou la révolte et sont un appel à la conscience du lecteur.

Thomas Gainsborough (1727-1788), *Conversation dans un parc*, 0,73 × 0,68 m, vers 1746 (Paris, musée du Louvre).

Comment Candide fut élevé dans un beau château et comment il fut chassé d'icelui

Le premier chapitre de *Candide* présente l'image grotesque du meilleur des mondes possibles. La référence nostalgique à ce « paradis » illusoire symbolisera tout au long du conte l'emprise du préjugé sur l'expérience, de l'innocence sur la connaissance, de l'illusion sur la réalité.

Il y avait en Westphalie[1], dans le château de M. le baron de Thunder-ten-tronckh, un jeune garçon à qui la nature avait donné les mœurs les plus douces. Sa physionomie annonçait son âme. Il avait le jugement assez droit, avec l'esprit le plus simple ; c'est, je crois, pour cette raison qu'on le nommait Candide. Les anciens domestiques de la maison soupçonnaient qu'il était fils de la sœur de monsieur le baron et d'un bon et honnête gentilhomme du voisinage, que cette demoiselle ne voulut jamais épouser parce qu'il n'avait pu prouver que soixante et onze quartiers[2] et que le reste de son arbre généalogique avait été perdu par l'injure du temps.

1. Le duché de Westphalie se trouvait au nord-ouest de l'Allemagne.

2. Voir note 3, p. 87.

Monsieur le baron était un des plus puissants seigneurs de la Westphalie, car son château avait une porte et des fenêtres. Sa grande salle même était ornée d'une tapisserie. Tous les chiens de ses basses-cours composaient une meute dans le besoin ; ses palefreniers étaient ses piqueurs ; le vicaire du village était son grand aumônier. Ils l'appelaient tous monseigneur, et ils riaient quand il faisait des contes.

Madame la baronne, qui pesait environ trois cent cinquante livres, s'attirait par là une très grande considération, et faisait les honneurs de la maison avec une dignité qui la rendait encore plus respectable. Sa fille Cunégonde, âgée de dix-sept ans, était haute en couleur, fraîche, grasse, appétissante. Le fils du baron paraissait en tout digne de son père. Le précepteur Pangloss était l'oracle de la maison, et le petit Candide écoutait ses leçons avec toute la bonne foi de son âge et de son caractère.

Pangloss enseignait la métaphysico-théologo-cosmolo-nigologie. Il prouvait admirablement qu'il n'y a point d'effet sans cause, et que, dans ce meilleur des mondes possibles, le château de monseigneur le baron était le plus beau des châteaux et madame la meilleure des baronnes possibles.

« Il est démontré, disait-il, que les choses ne peuvent être autrement : car, tout étant fait pour une fin, tout est nécessairement pour la meilleure fin. Remarquez bien que les nez ont été faits pour porter des lunettes, aussi avons-nous des lunettes. Les jambes sont visiblement instituées pour être chaussées, et nous avons des chausses. Les pierres ont été formées pour être taillées, et pour en faire des châteaux, aussi monseigneur a un très beau château ; le plus grand baron de la province doit être le mieux logé ; et, les cochons étant faits pour être mangés, nous mangeons du porc toute l'année : par conséquent, ceux qui ont avancé que tout est bien ont dit une sottise ; il fallait dire que tout est au mieux. »

Candide écoutait attentivement, et croyait innocemment ; car il trouvait Mlle Cunégonde extrêmement belle, quoiqu'il ne prît jamais la hardiesse de le lui dire. Il concluait qu'après le bonheur d'être né baron de Thunder-ten-tronckh, le second degré de bonheur était d'être Mlle Cunégonde ; le troisième, de la voir tous les jours ; et le quatrième, d'entendre maître Pangloss, le plus grand philosophe de la province, et par conséquent de toute la terre.

Voltaire, *Candide*, chapitre I.

Comment Candide se sauva d'entre les Bulgares, et ce qu'il devint

Pour avoir aimé Cunégonde, la fille du baron, Candide est « chassé du paradis terrestre » « à grands coups de pied dans le derrière ». Puis il est enrôlé de force dans l'armée des Bulgares. Le roi des Bulgares livre alors bataille au roi des Abares[1].

Rien n'était si beau, si leste, si brillant, si bien ordonné que les deux armées. Les trompettes, les fifres, les hautbois, les tambours, les canons, formaient une harmonie telle qu'il n'y en eut jamais en enfer. Les canons renversèrent d'abord à peu près six mille hommes de chaque côté ; ensuite la mousqueterie ôta du meilleur des mondes environ neuf à dix mille coquins qui en infectaient la surface. La baïonnette fut aussi la raison suffisante de la mort de quelques milliers d'hommes. Le tout pouvait bien se monter à une trentaine de mille âmes. Candide, qui tremblait comme un philosophe, se cacha du mieux qu'il put pendant cette boucherie héroïque.

Enfin, tandis que les deux rois faisaient chanter des *Te Deum*[2] chacun dans son camp, il prit le parti d'aller raisonner ailleurs des effets et des causes. Il passa par-dessus des tas de morts et de mourants, et gagna d'abord un village voisin ; il était en cendres : c'était un village abare que les Bulgares avaient brûlé, selon les lois du droit public. Ici des vieillards criblés de coups regardaient mourir leurs femmes égorgées, qui tenaient leurs enfants à leurs mamelles sanglantes ; là des filles éventrées après avoir assouvi les besoins naturels de quelques héros rendaient les derniers soupirs ; d'autres, à demi brûlées, criaient qu'on achevât de leur donner la mort. Des cervelles étaient répandues sur la terre à côté de bras et de jambes coupés.

Candide s'enfuit au plus vite dans un autre village : il appartenait à des Bulgares et des héros abares l'avaient traité de même. Candide, toujours marchant sur des membres palpitants ou à travers des ruines, arriva enfin hors du théâtre de la guerre, portant quelques petites provisions dans son bissac, et n'oubliant jamais Mlle Cunégonde.

Voltaire, *Candide*, chapitre III.

1. Peuple d'origine mongole qui fit plusieurs incursions en Europe orientale entre le VIe et le IXe siècle.

2. Cantique d'action de grâces et de louange à Dieu.

Tempête, naufrage, tremblement de terre, et ce qui advint du docteur Pangloss, de Candide et de l'anabaptiste Jacques[1]

Candide retrouve son maître Pangloss, rongé par la maladie. Secourus par le bon Jacques, les deux personnages s'embarquent pour Lisbonne. Survient une série de catastrophes qui apportent un nouveau démenti aux concepts optimistes d'ordre et d'harmonie.

Joseph Vernet (1714-1789), *La Tempête*, 3,06 × 2,03 m, 1777 (Avignon, musée Calvet).

À peine ont-ils mis le pied dans la ville[2] en pleurant la mort de leur bienfaiteur[3], qu'ils sentent la terre trembler sous leurs pas ; la mer s'élève en bouillonnant dans le port, et brise les vaisseaux qui sont à l'ancre. Des tourbillons de flammes et de cendres couvrent les rues et les places publiques ; les maisons s'écroulent, les toits sont renversés sur les fondements, et les fondements se dispersent ; trente mille habitants de tout âge et de tout sexe sont écrasés sous des ruines. Le matelot disait en sifflant et en jurant : « Il y aura quelque chose à gagner ici. – Quelle peut être la raison suffisante de ce phénomène ? disait Pangloss. – Voici le dernier jour du monde ! » s'écriait Candide. Le matelot court incontinent au milieu des débris, affronte la mort pour trouver de l'argent, en trouve, s'en empare, s'enivre, et, ayant cuvé son vin, achète les faveurs de la première fille de bonne volonté qu'il rencontre sur les ruines des maisons détruites et au milieu des mourants et des morts. Pangloss le tirait cependant par la manche. « Mon ami, lui disait-il, cela n'est pas bien, vous manquez à la raison universelle, vous prenez mal votre temps. – Tête et sang ! répondit l'autre, je suis matelot et né à Batavia ; j'ai marché quatre fois sur le crucifix dans quatre voyages au Japon ; tu as bien trouvé ton homme avec ta raison universelle ! »

1. Ce personnage est un modèle de générosité. Il appartient à la secte protestante des anabaptistes qui diffèrent le baptême jusqu'à l'âge de raison.

2. Lisbonne, détruite par un tremblement de terre en 1755.

3. Jacques, qui mourut noyé pour avoir voulu sauver un matelot lors de la tempête.

Quelques éclats de pierre avaient blessé Candide ; il était étendu dans la rue et couvert de débris. Il disait à Pangloss : « Hélas ! procure-moi un peu de vin et d'huile ; je me meurs. – Ce tremblement de terre n'est pas une chose nouvelle, répondit Pangloss ; la ville de Lima éprouva les mêmes secousses en Amérique l'année passée ; mêmes causes, mêmes effets : il y a certainement une traînée de soufre sous terre depuis Lima jusqu'à Lisbonne. – Rien n'est plus probable, dit Candide ; mais, pour Dieu, un peu d'huile et de vin. – Comment, probable ? répliqua le philosophe ; je soutiens que la chose est démontrée. » Candide perdit connaissance, et Pangloss lui apporta un peu d'eau d'une fontaine voisine.

Voltaire, *Candide*, chapitre V.

Comment on fit un bel auto-da-fé pour empêcher les tremblements de terre, et comment Candide fut fessé

Candide et Pangloss sont arrêtés par l'Inquisition. Ce tribunal ecclésiastique avait été créé au XIIIe siècle pour lutter contre les hérésies, c'est-à-dire les croyances ou les pratiques qui s'opposaient aux dogmes de l'Église catholique, ou s'en écartaient. Au XVIIIe siècle, en Espagne et au Portugal, il infligeait encore des supplices et parfois la condamnation à mort.

Après le tremblement de terre qui avait détruit les trois quarts de Lisbonne, les sages du pays n'avaient pas trouvé un moyen plus efficace pour prévenir une ruine totale que de donner au peuple un bel auto-da-fé[1] ; il était décidé par l'université de Coïmbre[2] que le spectacle de quelques personnes brûlées à petit feu, en grande cérémonie, est un secret infaillible pour empêcher la terre de trembler.

On avait en conséquence saisi un Biscayen convaincu d'avoir épousé sa commère[3], et deux Portugais qui en mangeant un poulet en avaient arraché le lard[4] : on vint lier après le dîner le docteur Pangloss et son disciple Candide, l'un pour avoir parlé[5], et l'autre pour avoir écouté avec un air d'approbation : tous deux furent menés séparément dans des appartements d'une extrême fraîcheur, dans lesquels on n'était jamais incommodé du soleil ; huit jours après ils furent tous deux revêtus d'un *san-benito*[6], et on orna leurs têtes de mitres de papier : la mitre et le san-benito de Candide étaient peints de flammes renversées et de diables qui n'avaient ni queues ni griffes ; mais les diables de Pangloss portaient griffes et queues, et les flammes étaient droites. Ils marchèrent en procession ainsi vêtus, et entendirent un sermon très pathétique, suivi d'une belle musique en faux-bourdon. Candide fut fessé en cadence, pendant qu'on chantait ; le Biscayen et les deux hommes qui n'avaient point voulu manger de lard furent brûlés, et Pangloss fut pendu, quoique ce ne soit pas la coutume. Le même jour la terre trembla de nouveau avec un fracas épouvantable.

Francisco de Goya (1746-1828), *Il n'y eut pas de remède*, extrait de la série d'eaux-fortes *Les Caprices* (Paris, BN).

1. Le terme *auto-da-fé* (littéralement « acte de foi ») désignait à la fois la proclamation d'un jugement prononcé par l'Inquisition et le châtiment qui lui faisait suite, le plus souvent la mort par le feu.
2. Ville du Portugal. L'université avait été fondée en 1307.
3. L'Église catholique interdisait le mariage entre le parrain et la marraine (commère) du même enfant baptisé.
4. La religion juive prescrit qu'on s'abstienne de manger du porc.
5. L'optimisme de Pangloss l'avait rendu suspect aux yeux de l'Inquisition parce qu'il semblait nier le dogme du péché originel.
6. Casaque jaune qui faisait partie des signes infâmants dont on affublait les condamnés.

Candide, épouvanté, interdit, éperdu, tout sanglant, tout palpitant, se disait à lui-même : « Si c'est ici le meilleur des mondes possibles, que sont donc les autres ? Passe encore si je n'étais que fessé, je l'ai été chez les Bulgares. Mais, ô mon cher Pangloss ! le plus grand des philosophes, faut-il vous avoir vu pendre sans que je sache pourquoi ! Ô mon cher anabaptiste, le meilleur des hommes, faut-il que vous ayez été noyé dans le port ! Ô Mlle Cunégonde ! la perle des filles, faut-il qu'on vous ait fendu le ventre ! »

Il s'en retournait, se soutenant à peine, prêché, fessé, absous et béni, lorsqu'une vieille l'aborda et lui dit : « Mon fils, prenez courage, suivez-moi. »

Voltaire, *Candide*, chapitre VI.

Ce qu'ils virent dans le pays d'Eldorado

Après l'épisode de l'auto-da-fé, Candide retrouve Cunégonde mais ils doivent fuir en Amérique du Sud. Tandis que la jeune fille est retenue par le gouverneur de Buenos Aires, Candide poursuit son périple en compagnie d'un nouveau venu, le valet Cacambo, et découvre alors le pays fabuleux d'Eldorado. Sans aucun doute, c'est bien là le « meilleur des mondes » ! Mais les deux chapitres consacrés à ce monde où « tout est bien » ne forment pas la conclusion du conte : ce paradis utopique, placé au centre du récit, n'est qu'une étape dans l'itinéraire de Candide.

Candide et Cacambo montent en carrosse ; les six moutons volaient, et en moins de quatre heures on arriva au palais du roi, situé à un bout de la capitale. Le portail était de deux cent vingt pieds de haut et de cent de large[1] ; il est impossible d'exprimer quelle en était la matière. On voit assez quelle supériorité prodigieuse elle avoir sur ces cailloux et sur ce sable que nous nommons or et pierrerie.

Jean Dombrun, *Candide à l'Eldorado*, détail, gravure d'après Monnet (Paris, BN).

Vingt belles filles de la garde reçurent Candide et Cacambo à la descente du carrosse, les conduisirent aux bains, les vêtirent de robes d'un tissu de duvet de colibri ; après quoi les grands officiers et les grandes officières de la couronne les menèrent à l'appartement de Sa Majesté, au milieu de deux files chacune de mille musiciens, selon l'usage ordinaire. Quand ils approchèrent de la salle du trône, Cacambo demanda à un grand officier comment il fallait s'y prendre pour saluer Sa Majesté ; si on se jetait à genoux ou ventre à terre ; si on mettait les mains sur la tête ou sur le derrière ; si on léchait la poussière de la salle ; en un mot, quelle était la cérémonie. « L'usage, dit le grand officier, est d'embrasser le roi et de le baiser des deux côtés. » Candide et Cacambo sautèrent au cou de Sa Majesté, qui les reçut avec toute la grâce imaginable et qui les pria poliment à souper.

En attendant, on leur fit voir la ville, les édifices publics élevés jusqu'aux nues, les marchés ornés de mille colonnes, les fontaines d'eau pure, les fontaines d'eau rose, celles de liqueurs de canne de sucre, qui coulaient continuellement dans de grandes places, pavées d'une espèce de pierreries qui

1. Environ 70 sur 30 mètres.

répandaient une odeur semblable à celle du gérofle[1] et de la cannelle. Candide demanda à voir la cour de justice, le parlement ; on lui dit qu'il n'y en avait point, et qu'on ne plaidait jamais. Il s'informa s'il y avait des prisons, et on lui dit que non. Ce qui le surprit davantage, et qui lui fit le plus de plaisir, ce fut le palais des sciences, dans lequel il vit une galerie de deux mille pas[2], toute pleine d'instruments de mathématique et de physique.

Voltaire, *Candide*, chapitre XVIII.

Ce qui leur arriva à Surinam [...]

Cette rencontre avec l'esclavage fut ajoutée par Voltaire pour compléter le tableau de l'intolérance et de l'aliénation. Depuis 1685, le « Code Noir » réglait, en terre française, les droits du maître et le statut de l'esclave, assimilé à un « bien meuble ». Mais déjà, plusieurs esprits éclairés comme Montesquieu (voir p. 70) ou les encyclopédistes, qui ne se satisfaisaient pas d'une simple juridiction, dénonçaient dans cette pratique un crime contre l'humanité.

En approchant de la ville[3], ils rencontrèrent un nègre étendu par terre, n'ayant plus que la moitié de son habit, c'est-à-dire d'un caleçon de toile bleue ; il manquait à ce pauvre homme la jambe gauche et la main droite. « Eh, mon Dieu ! lui dit Candide en hollandais, que fais-tu là, mon ami, dans l'état horrible où je te vois ? – J'attends mon maître, M. Vanderdendur, le fameux négociant, répondit le nègre. – Est-ce M. Vanderdendur, dit Candide, qui t'a traité ainsi ? – Oui, monsieur, dit le nègre, c'est l'usage. On nous donne un caleçon de toile pour tout vêtement deux fois l'année. Quand nous travaillons aux sucreries, et que la meule nous attrape le doigt, on nous coupe la main ; quand nous voulons nous enfuir, on nous coupe la jambe : je me suis trouvé dans les deux cas[4]. C'est à ce prix que vous mangez du sucre en Europe. Cependant, lorsque ma mère me vendit dix écus patagons[5] sur la côte de Guinée, elle me disait : "Mon cher enfant, bénis nos fétiches, adore-les toujours, ils te feront vivre heureux, tu as l'honneur d'être esclave de nos seigneurs les blancs, et tu fais par là la fortune de ton père et de ta mère." Hélas ! je ne sais pas si j'ai fait leur fortune, mais ils n'ont pas fait la mienne. Les chiens, les singes et les perroquets sont mille fois moins malheureux que nous. Les fétiches[6] hollandais qui m'ont converti me disent tous les dimanches que nous sommes tous enfants d'Adam, blancs et noirs. Je ne suis pas généalogiste ; mais si ces prêcheurs disent vrais, nous sommes tous cousins issus de germains. Or vous m'avouerez qu'on ne peut pas en user avec ses parents d'une manière plus horrible.

– Ô Pangloss ! s'écria Candide, tu n'avais pas deviné cette abomination ; c'en est fait, il faudra qu'à la fin je renonce à ton optimisme. – Qu'est-ce qu'optimisme ? disait Cacambo. – Hélas ! dit Candide, c'est la rage de soutenir que tout est bien quand on est mal. » Et il versait des larmes en regardant son nègre, et en pleurant il entra dans Surinam.

Voltaire, *Candide*, chapitre XIX.

Gravure extraite de l'*Expédition contre les nègres révoltés au Surinam*, du capitaine J. Gabriel Stedmann, publié à Londres en 1796 (Paris, BN). « C'est à ce prix que vous mangez du sucre en Europe. »

1. Forme ancienne de « girofle ».
2. Environ 1 500 mètres.
3. Surinam, ville de l'ancienne Guyane hollandaise, au nord du Brésil.
4. Le « Code Noir » précise qu'un esclave fugitif doit avoir les oreilles coupées ; s'il récidive, on lui coupe le jarret.
5. Monnaie de Flandre.
6. Le mot « fétiches » est employé deux fois dans le texte (l. 12 et l. 20). À la ligne 12, le terme désigne des objets ou des animaux auxquels on attribue des propriétés magiques. À la ligne 20, le même terme est utilisé, ironiquement, pour désigner des prêcheurs (l. 23).

Jean-Baptiste Oudry (1686-1755), *La Ferme*, 1,30 × 2,12 m, 1750 (Paris, musée du Louvre).

Conclusion

Accablés de malheurs, mutilés, vieillis et enlaidis, les personnages du conte se retrouvent tous près de Constantinople. La petite troupe dérisoire vit dans une modeste métairie ; l'on s'ennuie et l'on raisonne.

Il y avait dans le voisinage un derviche[1] très fameux, qui passait pour le meilleur philosophe de la Turquie ; ils allèrent le consulter ; Pangloss porta la parole, et lui dit : « Maître, nous venons vous prier de nous dire pourquoi un aussi étrange animal que l'homme a été formé.

– De quoi te mêles-tu ? dit le derviche, est-ce là ton affaire ? – Mais, mon Révérend Père, dit Candide, il y a horriblement de mal sur la terre. – Qu'importe, dit le derviche, qu'il y ait du mal ou du bien ? Quand Sa Hautesse envoie un vaisseau en Égypte, s'embarrasse-t-elle si les souris qui sont dans le vaisseau sont à leur aise ou non ? – Que faut-il donc faire ? dit Pangloss. – Te taire, dit le derviche. – Je me flattais, dit Pangloss, de raisonner un peu avec vous des effets et des causes, du meilleur des mondes possibles, de l'origine du mal, de la nature de l'âme et de l'harmonie préétablie. » Le derviche, à ces mots, leur ferma la porte au nez.

Pendant cette conversation, la nouvelle s'était répandue qu'on venait d'étrangler à Constantinople deux vizirs du banc[2] et le muphti[3], et qu'on avait empalé plusieurs de leurs amis. Cette catastrophe faisait partout un grand bruit pendant quelques heures. Pangloss, Candide et Martin[4], en retournant à la petite métairie, rencontrèrent un bon vieillard qui prenait le frais à sa porte sous un berceau d'orangers. Pangloss, qui était aussi curieux que raisonneur, lui demanda comment se nommait le muphti qu'on venait d'étrangler. « Je n'en sais rien, répondit le bonhomme, et je n'ai jamais su le nom d'aucun muphti ni d'aucun vizir. J'ignore absolument l'aventure dont vous me parlez ; je présume

1. Religieux musulman.
2. Ministres du Conseil.
3. Chef religieux en pays musulman.
4. Vieux savant que Candide s'était choisi comme compagnon ; aussi radical dans son pessimisme que Pangloss l'est dans son optimisme.

qu'en général ceux qui se mêlent des affaires publiques périssent quelquefois misérablement, et qu'ils le méritent ; mais je ne m'informe jamais de ce qu'on fait à Constantinople ; je me contente d'y envoyer vendre les fruits du jardin que je cultive. » Ayant dit ces mots, il fit entrer les étrangers dans sa maison : ses deux filles et ses deux fils leur présentèrent plusieurs sortes de sorbets qu'ils faisaient eux-mêmes, du kaïmac[1] piqué d'écorces de cédrat confit, des oranges, des citrons, des limons, des ananas, des pistaches, du café de Moka qui n'était point mêlé avec le mauvais café de Batavia et des îles. Après quoi les deux filles de ce bon musulman parfumèrent les barbes de Candide, de Pangloss et de Martin.

« Vous devez avoir, dit Candide au Turc, une vaste et magnifique terre ? – Je n'ai que vingt arpents, répondit le Turc ; je les cultive avec mes enfants ; le travail éloigne de nous trois grands maux : l'ennui, le vice, et le besoin. »

Candide, en retournant dans sa métairie, fit de profondes réflexions sur le discours du Turc. Il dit à Pangloss et à Martin : « Ce bon vieillard me paraît s'être fait un sort bien préférable à celui des six rois avec qui nous avons eu l'honneur de souper[2]. – Les grandeurs, dit Pangloss, sont fort dangereuses, selon le rapport de tous les philosophes[3] : car enfin Églon, roi des Moabites, fut assassiné par Aod ; Absalon fut pendu par les cheveux et percé de trois dards ; le roi Nadab, fils de Jéroboam, fut tué par Baaza ; le roi Éla, par Zambri ; Ochosias, par Jéhu ; Athalia, par Joïada ; les rois Joachim, Jéchonias, Sédécias, furent esclaves. Vous savez comment périrent Crésus, Astyage, Darius, Denys de Syracuse, Pyrrhus, Persée, Annibal, Jugurtha, Arioviste, César, Pompée, Néron, Othon, Vitellius, Domitien, Richard II d'Angleterre, Édouard II, Henri VI, Richard III, Marie Stuart, Charles Ier, les trois Henri de France, l'empereur Henri IV ? Vous savez... – Je sais aussi, dit Candide, qu'il faut cultiver notre jardin. – Vous avez raison, dit Pangloss : car, quand l'homme fut mis dans le jardin d'Éden[4], il y fut mis *ut operaretur eum*, pour qu'il travaillât ; ce qui prouve que l'homme n'est pas né pour le repos. – Travaillons sans raisonner, dit Martin ; c'est le seul moyen de rendre la vie supportable. »

Toute la petite société entra dans ce louable dessein ; chacun se mit à exercer ses talents. La petite terre rapporta beaucoup. Cunégonde était à la vérité bien laide ; mais elle devint une excellente pâtissière ; Paquette broda ; la vieille eut soin du linge. Il n'y eut pas jusqu'à frère Giroflée qui ne rendit service ; il fut un très bon menuisier, et même devint honnête homme ; et Pangloss disait quelquefois à Candide : « Tous les événements sont enchaînés dans le meilleur des mondes possibles ; car enfin, si vous n'aviez pas été chassé d'un beau château à grands coups de pied dans le derrière pour l'amour de Mlle Cunégonde, si vous n'aviez pas été mis à l'Inquisition, si vous n'aviez pas couru l'Amérique à pied, si vous n'aviez pas donné un bon coup d'épée au baron, si vous n'aviez pas perdu tous vos moutons du bon pays d'Eldorado, vous ne mangeriez pas ici des cédrats confits et des pistaches. – Cela est bien dit, répondit Candide, mais il faut cultiver notre jardin. »

Voltaire, *Candide*, chapitre XXX.

Relation de la maladie du jésuite Berthier

1759

Voltaire collabora aux travaux de l'*Encyclopédie* par plusieurs articles littéraires et il soutenait activement l'entreprise à laquelle son amitié pour d'Alembert et Diderot le liait profondément. Mais sa contribution la plus personnelle à cette œuvre fut d'avoir ridiculisé les adversaires du parti philosophique et principalement les jésuites qui, dans leur publication, le *Journal de Trévoux*, attaquaient constamment les encyclopédistes et finirent par obtenir que l'ouvrage perdît son « privilège », c'est-à-dire l'autorisation officielle de paraître.

Face à ces attaques, Voltaire riposte depuis Ferney par des pamphlets cinglants qu'il nomme lui-même ses « fusées volantes », courtes anecdotes pleines de fantaisie où il tourne en dérision ses adversaires par une satire mordante, mettant les rieurs de son côté grâce à la vivacité du récit ainsi qu'au jeu des allusions et des sous-entendus.

Dans la *Relation de la maladie, de la confession, de la mort et de l'apparition du jésuite Berthier*, Voltaire s'en prend au père Berthier, directeur du *Journal de Trévoux*. L'histoire raconte comment frère Berthier et frère Coutu, voyageant de Paris à Versailles, se sentent irrésistiblement gagnés par le froid et le sommeil.

1. Sorte de crème.
2. À Venise, pendant le carnaval, Candide avait rencontré ces six rois détrônés (chapitre XXVI).
3. Pangloss énumère les hommes illustres qui connurent un sort funeste, depuis les temps bibliques jusqu'à l'époque moderne.
4. Le paradis terrestre, donné à l'homme « pour qu'il le travaille » *(ut operaretur eum)*, selon le récit de la Genèse.

Les voilà saisis tous deux d'une affection soporifique et léthargique, et en cet état ils s'arrêtèrent devant la porte des coches de Versailles. Le cocher, en leur ouvrant la portière, voulut les tirer de ce profond sommeil ; il n'en put venir à bout : on appela au secours. Le compagnon, qui était plus robuste que frère Berthier, donna enfin quelques signes de vie ; mais Berthier était plus froid que jamais. Quelques médecins de la cour, qui revenaient de dîner, passèrent auprès de la chaise[1], on les pria de donner un coup d'œil au malade : l'un d'eux, lui ayant tâté le pouls, s'en alla en disant qu'il ne se mêlait plus de médecine depuis qu'il était à la cour. Un autre, l'ayant considéré plus attentivement, déclara que le mal venait de la vésicule du fiel, qui était toujours trop pleine ; un troisième assura que le tout provenait de la cervelle, qui était trop vide.

Anonyme, Pièce allégorique contre les jésuites, 6 août 1762, gravure (Paris, BN).

Pendant qu'ils raisonnaient, le patient empirait, les convulsions commençaient à donner des signes funestes, et déjà les trois doigts dont on tient la plume étaient tout retirés[2], lorsqu'un médecin principal, qui avait étudié sous Mead[3] et sous Boerhaave[4], et qui en savait plus que les autres, ouvrit la bouche de Berthier avec un biberon[5], et, ayant attentivement réfléchi sur l'odeur qui s'en exhalait, prononça qu'il était empoisonné.

À ce mot tout le monde se récria : « Oui, Messieurs, continua-t-il, il est empoisonné ; il n'y a qu'à tâter sa peau, pour voir que les exhalaisons d'un poison froid se sont insinuées par les pores ; et je maintiens que ce poison est pire qu'un mélange de ciguë, d'ellébore noire, d'opium, de solanum, et de jusquiame[6]. Cocher, n'auriez-vous point mis dans votre voiture quelque paquet pour nos apothicaires ? – Non, Monsieur, répondit le cocher ; voilà l'unique ballot que j'y ai placé par ordre du Révérend Père. » Alors il fouilla dans le coffre, et en tira deux douzaines d'exemplaires du *Journal de Trévoux*. « Eh bien, Messieurs, avais-je tort ? » dit ce grand médecin.

Tous les assistants admirèrent sa prodigieuse sagacité ; chacun reconnut l'origine du mal : on brûla sur-le-champ sous le nez du patient le paquet pernicieux, et les particules pesantes s'étant atténuées par l'action du feu, Berthier fut un peu soulagé ; mais comme le mal avait fait de grands progrès, et que la tête était attaquée, le danger subsistait toujours. Le médecin imagina de lui faire avaler une page de l'*Encyclopédie* dans du vin blanc, pour remettre en mouvement les humeurs de la bile épaissie : il en résulta une évacuation copieuse ; mais la tête était toujours horriblement pesante, les vertiges continuaient, le peu de paroles qu'il pouvait articuler n'avaient aucun sens ; il resta deux heures dans cet état, après quoi on fut obligé de le faire confesser.

Voltaire, *Relation de la maladie du jésuite Berthier.*

1. La voiture.
2. Contractés.
3. Médecin éclairé de la cour d'Angleterre, spécialiste des poisons.
4. Médecin et chimiste hollandais. Tronchin, médecin de Voltaire, fut son disciple.
5. Le terme « biberon » désigne un vase de porcelaine, de verre ou de métal pourvu d'un bec allongé, avec lequel on fait boire les malades qui ne peuvent boire avec un verre ordinaire.
6. Plantes ou extraits de plantes aux propriétés toxiques ou narcotiques.

Traité sur la tolérance à l'occasion de la mort de Jean Calas

1763

Témoin du combat de Voltaire en faveur de la justice, cet ouvrage est l'une des plus belles illustrations de l'engagement d'un écrivain dans l'actualité de son temps, le plus bel exemple, chez un « intellectuel », d'une synthèse effective entre les faits et les idées.

Le 10 mars 1762, le protestant Jean Calas, condamné à mort par le parlement de Toulouse, est soumis au supplice de la roue. On l'accuse d'avoir tué son fils qu'il soupçonnait de vouloir se convertir au catholicisme.

Voltaire, tout d'abord, s'intéresse à cette affaire pour dénoncer l'erreur judiciaire : Calas en effet a été arrêté, condamné et exécuté sans preuves. C'est contre cet arbitraire que l'écrivain engage la lutte, en reprenant un à un les éléments du dossier, en interrogeant la famille et les témoins, en sollicitant l'intervention de toutes les personnes influentes. Après trois années de combat, l'arrêt du Parlement est cassé et Jean Calas est réhabilité en 1765.

L'injustice se double, dans le cas de l'affaire Calas, d'une violente intolérance. En Calas, c'est le huguenot que l'on a condamné, plus que le meurtrier présumé. Le sectarisme des juges, le préjugé antiprotestant qui sous-tend leur accusation, sont aux yeux de Voltaire les véritables motifs de l'exécution.

Enfin, au-delà même des erreurs du procès, c'est le fanatisme au quotidien qu'il dénonce : une rumeur, amplifiée par une foule haineuse, a servi de preuve à la culpabilité de Calas.

Le *Traité sur la tolérance* eut une influence décisive sur la révision du procès et la réhabilitation de Calas. Cependant, en s'employant à gagner aux idées de tolérance tous ceux qui sont à même d'exercer une autorité, Voltaire donne à son combat un sens philosophique. L'affaire Calas devient l'affaire de l'humanité ; au-delà des juges, c'est devant le tribunal de la conscience et de la raison que la cause est portée.

En vingt-cinq chapitres d'une grande diversité de ton, Voltaire dénonce les dangers et les abus de l'intolérance, s'interroge sur les formes qu'elle prenait dans les sociétés antiques, nie qu'elle soit fondée sur le droit naturel et le droit divin, examine ses rapports avec la superstition, appelle enfin les hommes à la tolérance universelle.

Lettre écrite au jésuite Le Tellier[1] par un bénéficier[2] le 6 mai 1714

La persécution contre les protestants, qui resurgit si vivement au moment de l'affaire Calas, est la manifestation particulièrement odieuse du pouvoir de l'« Infâme ». Par ce mot, Voltaire désigne tout ce qui, selon lui, maintient l'homme dans l'ignorance et la peur et concourt à l'asservir, principalement les superstitions et le fanatisme, mais aussi les rites religieux et le clergé.

Dans cette lettre, Voltaire s'en prend aux jésuites, ses cibles favorites depuis qu'ils avaient contribué à faire interdire l'*Encyclopédie*.

Mon Révérend Père,

J'obéis aux ordres que Votre Révérence m'a donnés de lui présenter les moyens les plus propres de délivrer Jésus et sa Compagnie[3] de leurs ennemis. Je crois qu'il ne reste plus que cinq cent mille huguenots[4] dans le royaume, quelques-uns disent un million, d'autres quinze cent mille ; mais en quelque nombre qu'ils soient, voici mon avis, que je soumets très humblement au vôtre, comme je le dois.

1° Il est aisé d'attraper en un jour tous les prédicants[5] et de les pendre tous à la fois dans une même place, non seulement pour l'édification publique, mais pour la beauté du spectacle.

2° Je ferais assassiner dans leur lit tous les pères et mères, parce que si on les tuait dans les rues, cela pourrait causer quelque tumulte ; plusieurs même pourraient se sauver, ce qu'il faut éviter sur toute chose. Cette exécution est un corollaire nécessaire de nos principes : car, s'il faut tuer un hérétique, comme tant de grands théologiens le prouvent, il est évident qu'il faut les tuer tous.

3° Je marierais le lendemain toutes les filles à de bons catholiques, attendu qu'il ne faut pas dépeupler trop l'État après la dernière guerre ; mais à l'égard des garçons de quatorze et quinze ans, déjà imbus de mauvais principes, qu'on ne peut se flatter de détruire, mon opinion est qu'il faut les châtrer tous, afin que cette engeance ne soit jamais reproduite. Pour les autres petits garçons, ils seront

1. Confesseur de Louis XIV. Il est à l'origine des mesures prises contre les protestants.
2. Possesseur d'un bénéfice ecclésiastique, c'est-à-dire de biens et de revenus attachés à une fonction dans l'Église.
3. Transposition burlesque du nom de l'ordre des Jésuites : la Compagnie de Jésus.
4. Ce terme désigne les protestants.
5. Ministres du culte protestant.

élevés dans vos collèges, et on les fouettera jusqu'à ce qu'ils sachent par cœur les ouvrages de Sanchez et de Molina[1].

4° Je pense, sauf correction, qu'il en faut faire autant à tous les luthériens d'Alsace, attendu que, dans l'année 1704, j'aperçus vieilles de ce pays-là qui riaient le jour de la bataille d'Hochstedt[2].

Voltaire, *Traité sur la tolérance*, chapitre XVII.

Daniel Chodowiecki (1726-1801),
Voltaire, dessin (Paris, musée Carnavalet).

« Prière à Dieu »

Voltaire était anticlérical mais il n'était pas athée. Toute sa vie, il fut déiste, croyant en Dieu, Être suprême, mais refusant les dogmes et les rites qui, pensait-il, divisent les hommes et favorisent le fanatisme. Une religion débarrassée de ses particularités et répondant à la raison universelle serait le remède à l'intolérance : « Moins de dogmes, moins de disputes ; et moins de disputes, moins de malheurs : si cela n'est pas vrai, j'ai tort[3]. »

Ce n'est donc plus aux hommes que je m'adresse ; c'est à toi, Dieu de tous les êtres, de tous les mondes et de tous les temps : s'il est permis à de faibles créatures perdues dans l'immensité, et imperceptibles au reste de l'univers, d'oser te demander quelque chose, à toi qui as tout donné, à toi dont les décrets sont immuables comme éternels, daigne regarder en pitié les erreurs attachées à notre nature ; que ces erreurs ne fassent point nos calamités. Tu ne nous as point donné un cœur pour nous haïr, et des mains pour nous égorger ; fais que nous nous aidions mutuellement à supporter le fardeau d'une vie pénible et passagère ; que les petites différences entre les vêtements qui couvrent nos débiles corps, entre tous nos langages insuffisants, entre tous nos usages ridicules, entre toutes nos lois imparfaites, entre toutes nos opinions insensées, entre toutes nos conditions si disproportionnées à nos yeux, et si égales devant toi ; que toutes ces petites nuances qui distinguent les atomes appelés *hommes* ne soient pas des signaux de haine et de persécution ; que ceux qui allument des cierges en plein midi pour te célébrer supportent ceux qui se contentent de la lumière de ton soleil ; que ceux qui couvrent leur robe d'une toile blanche pour dire qu'il faut t'aimer ne détestent pas ceux qui disent la même chose sous un manteau de laine noire ; qu'il soit égal de t'adorer dans un jargon formé d'une ancienne langue, ou dans un jargon plus nouveau ; que ceux dont l'habit est teint en rouge ou en violet[4], qui dominent sur une petite parcelle d'un petit tas de la boue de ce monde, et qui possèdent quelques fragments arrondis d'un certain métal, jouissent sans orgueil de ce qu'ils appellent *grandeur* et *richesse*, et que les autres les voient sans envie : car tu sais qu'il n'y a dans ces vanités ni de quoi envier, ni de quoi s'enorgueillir.

Puissent tous les hommes se souvenir qu'ils sont frères ! Qu'ils aient en horreur la tyrannie exercée sur les âmes, comme ils ont en exécration le brigandage qui ravit par la force le fruit du travail et de l'industrie paisible ! Si les fléaux de la guerre sont inévitables, ne nous haïssons pas, ne nous déchirons pas les uns les autres dans le sein de la paix, et employons l'instant de notre existence à bénir également en mille langages divers, depuis Siam[5] jusqu'à la Californie, ta bonté qui nous a donné cet instant.

Voltaire, *Traité sur la tolérance*, chapitre XXIII.

1. Jésuites espagnols.
2. Défaite française.
3. Voltaire, *Traité sur la tolérance*, chapitre XXI.
4. Les cardinaux et les évêques.
5. Le royaume du Siam correspond à la Thaïlande actuelle.

Dictionnaire philosophique

1764

Répondant à l'ambition des Lumières de recenser la totalité des connaissances, le dictionnaire offre un support commode à la diffusion des idées et permet, en outre, de tromper la surveillance de la censure par la diversité et les pièges de ses « entrées ». Ce fut l'outil privilégié de la pensée au XVIIIe siècle.

L'origine du *Dictionnaire philosophique* remonte au séjour que Voltaire fit à Potsdam, en 1752. Dans l'esprit d'incroyance qui régnait alors dans l'entourage de Frédéric II, chaque convive devait contribuer par des articles à la réfutation de l'Ancien et du Nouveau Testament. Voltaire se retrouva bientôt seul à composer ce dictionnaire qui passait la religion au crible de la rationalité. Ouvrage critique à l'origine, le *Dictionnaire* devint instrument de combat par l'addition d'articles défendant les valeurs de progrès, de justice et de tolérance.

Voltaire affirmait clairement la vocation pédagogique de son abrégé des Lumières en intitulant l'ouvrage : *Dictionnaire philosophique portatif* ou, dans l'édition de 1769, *La Raison par alphabet*. Quant à la charge subversive des idées, elle se manifesta tragiquement : le 1er juillet 1766, lorsqu'on exécute à Abbeville le chevalier de La Barre pour un acte d'impiété, on brûle avec lui un exemplaire du *Dictionnaire philosophique*. Effrayé par un simulacre qui le touchait de si près, Voltaire eut bientôt la conviction que le jeune homme avait été condamné pour ses « mauvaises lectures ». Ce témoignage d'obscurantisme et de barbarie le consterna, mais renforça l'ardeur de son combat.

Guerre

Formes particulièrement odieuses des caprices du prince, les guerres de conquête sont dénoncées comme ruineuses par les philosophes du XVIIIe siècle. Le thème, déjà traité par Voltaire dans *Candide*, a par ailleurs une portée morale, mettant en cause les notions de droit des personnes, d'humanité et de bienveillance, et dénonçant les complicités de l'Église.

Un généalogiste prouve à un prince qu'il descend en droite ligne d'un comte dont les parents avaient fait un pacte de famille, il y a trois ou quatre cents ans, avec une maison dont la mémoire même ne subsiste plus. Cette maison avait des prétentions éloignées sur une province dont le dernier possesseur est mort d'apoplexie : le prince et son conseil concluent sans difficulté que cette province lui appartient de droit divin. Cette province, qui est à quelques centaines de lieues de lui, a beau protester qu'elle ne le connaît pas, qu'elle n'a nulle envie d'être gouvernée par lui ; que, pour donner des lois aux gens, il faut au moins avoir leur consentement : ces discours ne parviennent pas seulement aux oreilles du prince, dont le droit est incontestable. Il trouve incontinent un grand nombre d'hommes qui n'ont rien à faire ni à perdre ; il les habille d'un gros drap bleu à cent dix sous l'aune, borde leurs chapeaux avec du gros fil blanc, les fait tourner à droite et à gauche, et marche à la gloire.

Les autres princes qui entendent parler de cette équipée y prennent part, chacun selon son pouvoir, et couvrent une petite étendue de pays de plus de meurtriers mercenaires que Gengis Kan, Tamerlan, Bajazet[1] n'en traînèrent à leur suite.

Des peuples assez éloignés entendent dire qu'on va se battre, et qu'il y a cinq ou six sous par jour à gagner pour eux s'ils veulent être de la partie : ils se divisent aussitôt en deux bandes comme des moissonneurs, et vont vendre leurs services à quiconque veut les employer.

Ces multitudes s'acharnent les unes contre les autres, non seulement sans avoir aucun intérêt au procès, mais sans savoir même de quoi il s'agit.

Il se trouve à la fois cinq ou six puissances belligérantes, tantôt trois contre trois, tantôt deux contre quatre, tantôt une contre cinq, se détestant toutes également les unes les autres, s'unissant et s'attaquant tour à tour ; toutes d'accord en un seul point, celui de faire tout le mal possible.

Le merveilleux de cette entreprise infernale, c'est que chaque chef des meurtriers fait bénir ses drapeaux et invoque Dieu solennellement avant d'aller exterminer son prochain. Si un chef n'a eu que le bonheur de faire égorger deux ou trois mille hommes, il n'en remercie point Dieu ; mais lorsqu'il y en a eu environ dix mille d'exterminés par le feu et par le fer, et que, pour comble de grâce, quelque ville a été détruite de fond en comble, alors on chante à quatre parties une chanson assez longue, composée dans une langue inconnue à tous ceux qui ont combattu, et de plus toute farcie de barbarismes. La même chanson sert pour les mariages et pour les naissances, ainsi que pour les meurtres : ce qui n'est pas pardonnable, surtout dans la nation la plus renommée pour les chansons nouvelles.

La religion naturelle a mille fois empêché des citoyens de commettre des crimes. Une âme bien née n'en a pas la volonté ; une âme tendre s'en effraye : elle se représente un Dieu juste et vengeur.

1. Conquérants orientaux des XIIIe et XIVe siècles.

Antoine Watteau (1684-1721), *Recrues allant rejoindre leur régiment*, 0,48 × 0,60 m (Nantes, musée des Beaux-Arts).
« ... Il les habille d'un gros drap bleu à cent dix sous l'aune, borde leurs chapeaux avec du gros fil blanc, les fait tourner à droite et à gauche, et marche à la gloire. »

Mais la religion artificielle encourage à toutes les cruautés qu'on exerce de compagnie, conjurations, séditions, brigandages, embuscades, surprises de villes, pillages, meurtres. Chacun marche gaiement au crime sous la bannière de son saint.

Voltaire, *Dictionnaire philosophique*, article « Guerre ».

Torture

Dans sa lutte contre les abus de la justice, Voltaire avait dénoncé hautement les traitements infligés aux accusés. En 1769, après l'affaire du chevalier de La Barre[1], et vivement frappé par le *Traité des délits et des peines* (1764) du juriste italien Beccaria, il ajoute cet article au *Dictionnaire*.

Sans doute l'indignation et les sarcasmes du philosophe contribuèrent-ils à l'abolition de la torture en France, en 1780. Mais malheureusement, le combat n'a pas perdu pour autant son actualité.

Les Romains n'infligèrent la torture qu'aux esclaves, mais les esclaves n'étaient pas comptés pour des hommes. Il n'y a pas d'apparence non plus qu'un conseiller de la Tournelle[2] regarde comme un de ses semblables un homme qu'on lui amène hâve, pâle, défait, les yeux mornes, la barbe longue et sale, couvert de la vermine dont il a été rongé dans un cachot. Il se donne le plaisir de l'appliquer à la grande et à la petite torture, en présence d'un chirurgien qui lui tâte le pouls, jusqu'à ce qu'il soit en danger de mort, après quoi on recommence ; et, comme dit très bien la comédie des *Plaideurs*[3] : « Cela fait toujours passer une heure ou deux. »

1. Accusé, sans preuve, d'avoir mutilé un crucifix.
2. Magistrat de la Chambre criminelle du parlement de Paris.
3. Comédie de Racine. Acte II, scène 4.

Le grave magistrat qui a acheté pour quelque argent le droit de faire ces expériences sur son prochain, va conter à dîner à sa femme ce qui s'est passé le matin. La première fois madame en a été révoltée, à la seconde elle y a pris goût, parce qu'après tout les femmes sont curieuses ; et ensuite la première chose qu'elle lui dit lorsqu'il rentre en robe chez lui : « Mon petit cœur, n'avez-vous fait donner aujourd'hui la question[1] à personne ? »

Les Français, qui passent, je ne sais pourquoi, pour un peuple fort humain, s'étonnent que les Anglais, qui ont eu l'inhumanité de nous prendre tout le Canada[2], aient renoncé au plaisir de donner la question.

Lorsque le chevalier de La Barre, petit-fils d'un lieutenant général des armées, jeune homme de beaucoup d'esprit et d'une grande espérance, mais ayant toute l'étourderie d'une jeunesse effrénée, fut convaincu d'avoir chanté des chansons impies, et même d'avoir passé devant une procession de capucins sans avoir ôté son chapeau, les juges d'Abbeville, gens comparables aux sénateurs romains, ordonnèrent non seulement qu'on lui arrachât la langue, qu'on lui coupât la main, et qu'on brûlât son corps à petit feu ; mais ils l'appliquèrent encore à la torture pour savoir précisément combien de chansons il avait chantées, et combien de processions il avait vues passer, le chapeau sur la tête.

Ce n'est pas dans le XIIIe ou dans le XIVe siècle que cette aventure est arrivée, c'est dans le XVIIIe. Les nations étrangères jugent de la France par les spectacles, par les romans, par les jolis vers, par les filles d'Opéra, qui ont les mœurs fort douces, par nos danseurs d'Opéra, qui ont de la grâce, par Mlle Clairon[3], qui déclame des vers à ravir. Elles ne savent pas qu'il n'y a point au fond de nation plus cruelle que la française.

Voltaire, *Dictionnaire philosophique*, article « Torture ».

Beau, beauté

La notion de beauté occupe une place de choix dans la philosophie des Lumières. Elle est étroitement liée à l'idée de bonheur ainsi qu'à la réflexion sur les sens et la sensibilité, très importante chez Diderot également. L'idée du beau rejoint aussi l'interrogation sur l'existence de valeurs universelles, qui occupe tout le siècle. Voltaire, dans son *Dictionnaire*, se saisit du thème, le mettant au service de la tolérance.

Sydney Parkinson (1745 ?-1771), *Portrait d'un indigène de la Nouvelle-Zélande*, lavis, 1770 (Londres, The British Library).

Demandez à un crapaud ce que c'est que la beauté, le grand beau, le *to kalon*[4]. Il vous répondra que c'est sa femelle avec deux gros yeux ronds sortant de sa petite tête, une gueule large et plate, un ventre jaune, un dos brun. Interrogez un nègre de Guinée ; le beau est pour lui une peau noire, huileuse, des yeux enfoncés, un nez épaté.

Interrogez le diable ; il vous dira que le beau est une paire de cornes, quatre griffes, et une queue. Consultez enfin les philosophes, ils vous répondront par du galimatias ; il leur faut quelque chose de conforme à l'archétype du beau en essence[5], au *to kalon*.

J'assistais un jour à une tragédie auprès d'un philosophe. « Que cela est beau ! disait-il. – Que trouvez-vous là de beau ? lui dis-je. – C'est, dit-il, que l'auteur a atteint son but. » Le lendemain il prit une médecine qui lui fit du bien. « Elle a atteint son but, lui dis-je ; voilà une belle médecine ! » Il comprit qu'on ne peut dire qu'une médecine est belle, et que pour donner à quelque chose le nom de *beauté*, il faut qu'elle vous cause de l'admiration et

1. La torture, infligée aux accusés pour les faire avouer.
2. À la suite de plusieurs défaites, la France venait de céder le Canada à l'Angleterre par le traité de Paris (1763).
3. Célèbre tragédienne, interprète de Voltaire.
4. En grec, le beau.
5. La beauté idéale.

plaisir. Il convint que cette tragédie lui avait inspiré ces deux sentiments, et que c'était là le *to kalon*, le beau.

Nous fîmes un voyage en Angleterre : on y joua la même pièce, parfaitement traduite ; elle fit bâiller tous les spectateurs. « Oh ! oh, dit-il, le *to kalon* n'est pas le même pour les Anglais et pour les Français. » Il conclut, après bien des réflexions, que le beau est très relatif, comme ce qui est décent au Japon est indécent à Rome, et ce qui est de mode à Paris ne l'est pas à Pékin ; et il s'épargna la peine de composer un long traité sur le beau.

Voltaire, *Dictionnaire philosophique*, article « Beau, beauté ».

De l'horrible danger de la lecture

1765

La censure, les interdictions de publication, le contrôle de l'expression et de la diffusion des idées, les contraintes exercées sur les productions de l'esprit, le refus du progrès, sont les marques d'un État intolérant et rétrograde. À ces restes de « barbarie » qui entravent l'émancipation des hommes, Voltaire oppose, avec « De l'horrible danger de la lecture », l'arme favorite de ses combats d'idées : le pamphlet.

Giuseppe Maria Crespi (1665-1747), *La Bibliothèque*, détail, 1,59 × 0,74 m, vers 1715 (Bologne, Conservatoire de musique).

Nous Joussouf-Chéribi, par la grâce de Dieu mouphti[1] du Saint-Empire ottoman[2], lumière des lumières, élu entre les élus, à tous les fidèles qui ces présentes verront, sottise et bénédiction.

Comme ainsi soit que Saïd Effendi, ci-devant ambassadeur de la Sublime-Porte vers un petit État nommé Frankrom, situé entre l'Espagne et l'Italie, a rapporté parmi nous le pernicieux usage de l'imprimerie, ayant consulté sur cette nouveauté nos vénérables frères les cadis et imans[3] de la ville impériale de Stamboul[4], et surtout les fakirs connus par leur zèle contre l'esprit, il a semblé bon à Mahomet et à nous de condamner, proscrire, anathématiser[5] ladite infernale invention de l'imprimerie, pour les causes ci-dessous énoncées.

1. Cette facilité de communiquer ses pensées tend évidemment à dissiper l'ignorance, qui est la gardienne et la sauvegarde des États bien policés.

1. Religieux musulman qui traite aussi les affaires judiciaires et civiles.
2. L'empire turc. Plus loin, la Sublime-Porte est le nom donné au gouvernement du sultan.
3. Chefs religieux musulmans.
4. Constantinople (l'actuelle Istanbul).
5. Frapper d'anathème, c'est-à-dire condamner avec violence, maudire.

2. Il est à craindre que, parmi les livres apportés d'Occident, il ne s'en trouve quelques-uns sur l'agriculture et sur les moyens de perfectionner les arts mécaniques, lesquels ouvrages pourraient à la longue, ce qu'à Dieu ne plaise, réveiller le génie de nos cultivateurs et de nos manufacturiers, exciter leur industrie, augmenter leurs richesses, et leur inspirer un jour quelque élévation d'âme, quelque amour du bien public, sentiments absolument opposés à la saine doctrine.

3. Il arriverait à la fin que nous aurions des livres d'histoire dégagés du merveilleux qui entretient la nation dans une heureuse stupidité. On aurait dans ces livres l'imprudence de rendre justice aux bonnes et aux mauvaises actions, et de recommander l'équité et l'amour de la patrie, ce qui est visiblement contraire aux droits de notre place.

4. Il se pourrait, dans la suite des temps, que les misérables philosophes, sous le prétexte spécieux, mais punissable, d'éclairer les hommes et de les rendre meilleurs, viendraient nous enseigner des vertus dangereuses dont le peuple ne doit jamais avoir de connaissance.

5. Ils pourraient, en augmentant le respect qu'ils ont pour Dieu, et en imprimant scandaleusement qu'il remplit tout de sa présence, diminuer le nombre des pèlerins de la Mecque, au grand détriment du salut des âmes.

6. Il arriverait sans doute qu'à force de lire les auteurs occidentaux qui ont traité des maladies contagieuses, et de la manière de les prévenir, nous serions assez malheureux pour nous garantir de la peste, ce qui serait un attentat énorme contre les ordres de la Providence.

À ces causes et autres, pour l'édification des fidèles et pour le bien de leurs âmes, nous leur défendons de jamais lire aucun livre, sous peine de damnation éternelle. Et, de peur que la tentation diabolique ne leur prenne de s'instruire, nous défendons aux pères et aux mères d'enseigner à lire à leurs enfants. Et, pour prévenir toute contravention à notre ordonnance, nous leur défendons expressément de penser, sous les mêmes peines ; enjoignons à tous les vrais croyants de dénoncer à notre officialité[1] quiconque aurait prononcé quatre phrases liées ensemble, desquelles on pourrait inférer un sens clair et net. Ordonnons que dans toutes les conversations on ait à se servir de termes qui ne signifient rien, selon l'ancien usage de la Sublime-Porte.

Et pour empêcher qu'il n'entre quelque pensée en contrebande dans la sacrée ville impériale, commettons spécialement le premier médecin de Sa Hautesse[2], né dans un marais de l'Occident septentrional ; lequel médecin, ayant déjà tué quatre personnes augustes de la famille ottomane, est intéressé plus que personne à prévenir toute introduction de connaissances dans le pays ; lui donnons pouvoir, par ces présentes, de faire saisir toute idée qui se présenterait par écrit ou de bouche aux portes de la ville, et nous amener ladite idée pieds et poings liés, pour lui être infligé par nous tel châtiment qu'il nous plaira.

Donné dans notre palais de la stupidité, le 7 de la lune de Muharem, l'an 1143 de l'hégire[3].

Voltaire, « De l'horrible danger de la lecture », *in Nouveaux Mélanges.*

L'Ingénu
1767

L'Ingénu est l'une des dernières œuvres de Voltaire. Conte philosophique par la situation de départ (un étranger découvre un univers inconnu de lui, dont il fait apparaître les ridicules et les défauts), le récit s'apparente au roman « sensible », par les sentiments et le pathétique qui s'y expriment.

L'argument est simple : un jeune Huron débarque en France. Il se signale par la justesse de ses jugements, son naturel et sa vaillance. Mais il se heurte aux sottises et aux injustices du monde. On lui interdit d'épouser la femme qu'il aime ; au lieu de le récompenser pour ses exploits, on l'enferme à la Bastille. La mort de sa fiancée le laissera désespéré.

Faut-il voir dans le Huron de Voltaire un « primitif », un homme « à l'état de nature » dont Rousseau avait affirmé la supériorité face à une société qui ne servirait qu'à le corrompre ? En vérité, l'Ingénu n'a rien d'un sauvage, même « bon » ; Voltaire a voulu peindre en lui l'homme naturel, c'est-à-dire un être libre, sans préjugés, un être de raison. L'auteur du *Mondain*, le défenseur des arts, des sciences et du progrès, ne fait pas dans *L'Ingénu* le procès de la civilisation. Pour Voltaire, ce n'est pas la société en soi qui est mauvaise. Ce qui dégrade l'homme, ce sont les vices d'une société injuste : les querelles, l'oppression, l'arbitraire.

Parce qu'il oppose ces folies à la saine innocence du Huron, *L'Ingénu* trouve sa place dans le combat de Voltaire contre l'Infâme.

1. Tribunal religieux : juridiction de l'official, c'est-à-dire du juge ecclésiastique auquel un évêque déléguait le droit de rendre la justice à sa place.
2. Sa Hautesse désigne le sultan. L'allusion au « premier médecin » renvoie à Van Zwieten, Premier Médecin de l'impératrice d'Autriche, né en Hollande. Il s'opposait à l'inoculation. Cette pratique, à l'origine des vaccins modernes, était recommandée par les philosophes mais elle rencontrait de vives réticences dans les milieux religieux et médicaux.
3. Selon le calendrier musulman, qui commence en l'an 622 de l'ère chrétienne.

Antoine Watteau (1684-1721), *Pierrot* dit autrefois *Gilles*, détail, 1,84 × 1,49 m (Paris, musée du Louvre).

« L'Ingénu faisait des progrès rapides dans les sciences... »

L'Ingénu est enfermé à la Bastille pour avoir pris le parti des protestants et condamné la révocation de l'édit de Nantes[1]. Il a pour compagnon de captivité le bon vieillard Gordon avec qui il s'instruit et converse.

L'Ingénu faisait des progrès rapides dans les sciences, et surtout dans la science de l'homme. La cause du développement rapide de son esprit était due à son éducation sauvage presque autant qu'à la trempe de son âme. Car n'ayant rien appris dans son enfance, il n'avait point appris de préjugés. Son entendement, n'ayant point été courbé par l'erreur, était demeuré dans toute sa rectitude. Il voyait les choses comme elles sont, au lieu que les idées qu'on nous donne dans l'enfance nous les font voir toute notre vie comme elles ne sont point. « Vos persécuteurs sont abominables, disait-il à son ami Gordon. Je vous plains d'être opprimé, mais je vous plains d'être janséniste[2], toute secte me paraît le ralliement de l'erreur. Dites-moi s'il y a des sectes en géométrie. – Non, mon cher enfant, lui dit

1. Pour la révocation de l'édit de Nantes, se référer au texte de Saint-Simon, p. 74.
2. Adepte d'une doctrine religieuse, jugée hérétique, touchant la grâce et la prédestination. Les jansénistes étaient combattus par les jésuites, et persécutés à l'époque où se situe le conte (1689).

en soupirant le bon Gordon ; tous les hommes sont d'accord sur la vérité quand elle est démontrée, mais ils sont trop partagés sur les vérités obscures. – Dites sur les faussetés obscures. S'il y avait eu une seule vérité cachée dans vos amas d'arguments qu'on ressasse depuis tant de siècles, on l'aurait découverte sans doute ; et l'univers aurait été d'accord au moins sur ce point-là. Si cette vérité était nécessaire comme le soleil l'est à la terre, elle serait brillante comme lui. C'est une absurdité, c'est un outrage au genre humain, c'est un attentat contre l'Être infini et suprême de dire : "Il y a une vérité essentielle à l'homme, et Dieu l'a cachée." »

Tout ce que disait ce jeune ignorant, instruit par la nature, faisait une impression profonde sur l'esprit du vieux savant infortuné. « Serait-il bien vrai, s'écria-t-il, que je me fusse rendu malheureux pour des chimères ? Je suis bien plus sûr de mon malheur que de la grâce efficace. J'ai consumé mes jours à raisonner sur la liberté de Dieu et du genre humain, mais j'ai perdu la mienne ; ni saint Augustin ni saint Prosper[1] ne me tireront de l'abîme où je suis. »

L'Ingénu, livré à son caractère, dit enfin : « Voulez-vous que je vous parle avec une confiance hardie ? Ceux qui se font persécuter pour ces vaines disputes de l'école me semblent peu sages ; ceux qui persécutent me paraissent des monstres. »

Les deux captifs étaient fort d'accord sur l'injustice de leur captivité. « Je suis cent fois plus à plaindre que vous, disait l'Ingénu ; je suis né libre comme l'air ; j'avais deux vies, la liberté et l'objet de mon amour : on me les ôte. Nous voici tous deux dans les fers, sans en savoir la raison, et sans pouvoir la demander. J'ai vécu huron vingt ans ; on dit que ce sont des barbares parce qu'ils se vengent de leurs ennemis ; mais ils n'ont jamais opprimé leurs amis. À peine ai-je mis le pied en France que j'ai versé mon sang pour elle ; j'ai peut-être sauvé une province, et pour récompense je suis englouti dans ce tombeau des vivants, où je serais mort de rage sans vous. Il n'y a donc point de lois dans ce pays ! On condamne les hommes sans les entendre ! Il n'en est pas ainsi en Angleterre. Ah ! ce n'était pas contre les Anglais que je devais me battre. » Ainsi sa philosophie naissante ne pouvait dompter la nature outragée dans le premier de ses droits, et laissait un libre cours à sa juste colère.

Voltaire, *L'Ingénu*, chapitre XIV.

Séduction et vérité des contes de Voltaire

Texte critique

Jacques Van den Heuvel analyse la manière dont Voltaire s'inspire de la tradition romanesque – souvent marquée par les invraisemblances – et dont il l'adapte à son projet.

Tout en sacrifiant aux procédés traditionnels, Voltaire, et c'est là un de ses secrets, les confisque au profit du philosophe ; c'est ainsi que, subtilement détournée, l'incohérence conventionnelle devient l'absurdité essentielle de la vie, celle du destin qui mène les hommes ; par le même mouvement de conversion intérieure, le décor, pittoresque et fragile, d'un exotisme de pacotille, les personnages au mode d'être incertain, marionnettes qui s'abolissent quand elles ont porté leur minuscule témoignage, symbolisent en définitive la précarité de la condition humaine. Aussi plaisant soit-il, le mythe a toujours pour ultime objet la démystification.

« Ah ! s'il nous faut des fables, que ces fables soient du moins l'emblème de la vérité ! » déclare l'Ingénu au vieillard Gordon. Mais, dans les Contes, *la vérité s'engendre par un détour, et c'est en ce détour même que résident leur prix et leur enchantement. Comme Cervantès dans* Don Quichotte, *Voltaire y conserve tous les charmes de l'imagination qu'il dénonce. Et ce n'est pas le moindre de leurs intérêts qu'ils atteignent la vérité de l'essence à travers les séductions du déguisement, et joignent à l'éclat du jour quelques-unes des profondeurs de la nuit.*

Jacques Van den Heuvel, Voltaire dans ses contes, *Armand Colin, 1967.*

1. Né en 403, il diffusa les écrits de saint Augustin, dont se réclament aussi les jansénistes.

Synthèse

Voltaire offre l'exemple d'un écrivain présent sur tous les fronts, qui mit au service de ses interrogations et de ses engagements les formes littéraires les plus diverses.

Le masque et le déguisement

L'écrivain se cacha sous de nombreux pseudonymes, nécessités en partie par la crainte de la censure mais aussi choisis par goût de la mystification. C'est ainsi que les aventures de Candide auraient été trouvées dans la poche d'un certain docteur Ralph et traduites de l'allemand, que *L'Ingénu* serait une « histoire véritable tirée des manuscrits du père Quesnel ». Vers 1760, Voltaire se mit à signer plusieurs de ses lettres M. Ecrelinf (écrasons l'infâme)... Il se défendait hautement d'avoir écrit ces contes et ces pamphlets, cependant leur qualité suffisait à les lui attribuer sans erreur possible.

Tout au cours de sa vie, les prête-noms, la dissimulation, les ruses permirent à Voltaire de présenter simultanément différents visages ; d'être en même temps, dans sa jeunesse, l'espoir de la tragédie et l'inventeur de libelles diffamatoires contre le Régent, d'être le poète officiel de Frédéric II et l'auteur de la *Diatribe du docteur Akakia* ; ils lui permirent en somme d'être partout présent en étant partout caché.

La diversité des formes

C'est à travers les formes littéraires les plus variées que Voltaire s'est engagé dans les débats et les combats de son siècle.

Il se consacra aux sciences, à l'esthétique, à l'histoire, se passionna pour les théories économiques et sociales, devint spécialiste des questions judiciaires ; il fut poète, épistolier, pamphlétaire, auteur tragique, conteur. Mais de cette production si diversifiée se dégage une profonde unité de pensée. Voltaire est partout philosophe, quand il s'interroge sur la destinée et quand il milite pour l'inoculation de la petite vérole ; il est philosophe dans l'*Essai sur les mœurs*, mais il l'est aussi dans ses lettres, dans sa poésie et dans ses contes.

Les genres les plus divers répondent souvent aux mêmes interrogations, aux mêmes prises de position. Le *Poème sur le désastre de Lisbonne* et *Candide* sont l'un et l'autre une réponse aux optimistes mais servie grâce à des modalités d'écriture différentes. Sa défense des condamnés innocents passe aussi bien par sa correspondance que par l'article de dictionnaire, par le pamphlet ou par le traité.

Au besoin, Voltaire bouleverse les genres pour les plier à sa philosophie militante : le traité tourne au réquisitoire, le conte devient pamphlet, l'article, instrument de propagande.

« Tous les genres sont bons, sauf le genre ennuyeux »

Voltaire s'est assez moqué du pédantisme et de l'abstraction pour ne pas tomber dans ce travers. Il convainc, au contraire, par l'apparence légère qu'il donne aux sujets les plus ardus. C'est un excellent vulgarisateur qui initie ses contemporains au système de Newton, qui intéresse ses lecteurs à l'histoire en donnant de l'importance aux détails et à l'atmosphère d'une époque, comme dans *Le Siècle de Louis XIV*. Les questions sur la Providence sont rendues accessibles par l'attrait de sa poésie ; à travers l'allégorie des contes, il pose les plus graves interrogations : le bonheur dans *Zadig*, le mal dans *Candide*, la civilisation dans *L'Ingénu* ; par le dialogue philosophique, paradoxal, drôle et rapide, il en dit plus que ne le ferait un long traité[1].

1. L'article « Dieu » du *Dictionnaire philosophique* présente un dialogue plein de fantaisie entre un théologien, Logomacos et le bon vieillard Dondindac...

Voltaire adopte avec prédilection les genres courts : le conte, l'article de dictionnaire, le pamphlet. Les lettres, qui sollicitent des réactions immédiates et visent un destinataire, répondent parfaitement à son sens de l'à-propos, de l'improvisation, de l'efficacité. Voltaire en écrivit plus de quinze mille, parfois jusqu'à quarante par jour... Tous les genres qui tiennent de la réplique, de la riposte, qui exigent concision et rapidité d'exécution, s'accordent à la vivacité de son esprit, au mordant de son écriture.

Du conte au pamphlet, adoptant toutes les tactiques de défense ou de conquête, utilisant toutes les ressources du comique, Voltaire s'est toujours servi de l'écriture comme d'une arme qu'il entendait manier avec la plus grande efficacité.

Comte de Caylus (1692-1765), *Voltaire à la Bastille*, gravure à l'eau-forte, vers 1718 (Paris, BN).

Du divertissement au combat philosophique : le conte

Le plaisir de conter est inséparable, chez Voltaire, du désir d'éclairer les hommes et de diffuser des idées. C'est pourquoi l'univers fictif du conte est composé de faits bien réels comme la guerre ou l'Inquisition, qui y sont brillamment condamnés. Les contes sont aussi pour Voltaire le moyen de s'engager dans un débat philosophique que soulignent quelques-uns de leurs sous-titres : *Zadig ou la Destinée*, *Candide ou l'Optimisme*. Certains sont même une riposte, comme *Candide*, chargée de détruire une thèse adverse. Le conteur ne se distingue alors plus du pamphlétaire ; chaque page est une attaque portée au camp ennemi.

De la polémique à la défense des droits de l'homme : le pamphlet

Le pamphlet désarme et blesse l'adversaire tout en gagnant l'adhésion du lecteur, en emportant sa conviction par la drôlerie. Ces écrits satiriques, inspirés par l'actualité et toujours lancés au bon moment, remplissent une double fonction : ils permettent à Voltaire de régler un compte personnel avec sa victime mais lui servent aussi à combattre une erreur, une bêtise, et plus généralement, les préjugés, l'intolérance, l'injustice. Les pamphlets contre les erreurs judiciaires, les pamphlets contre l'« Infâme » visent tous ces deux objectifs : écraser l'ennemi et faire progresser une idée. L'attaque et la conquête sont les deux faces du combat de Voltaire.

Plaidoyers et réquisitoires

Voltaire combat « contre », et il combat « pour ». Toute son œuvre est une somme de plaidoyers et de réquisitoires. Plaidoyer, sa défense de la liberté dans les *Lettres anglaises*, son apologie du luxe dans *Le Mondain*, son appel à la tolérance dans la « Prière à Dieu ». Les réquisitoires sont aussi nombreux : dénigrement violent des théories métaphysiques dans *Candide*, attaques contre le sectarisme dans le *Traité sur la tolérance*, mise en accusation du fanatisme dans l'*Essai sur les mœurs*.

Mais la plus grande force de Voltaire est d'avoir mêlé étroitement ces deux combats. Sous sa plume, toute critique suppose la référence à un idéal meilleur : les attaques contre la censure sont, par exemple, un appel à la liberté. En même temps, chaque défense cache une accusation, pour qui sait lire entre les lignes : faire l'éloge du commerce, c'est faire du même coup le procès des sociétés aristocratiques rétrogrades.

L'écriture de Voltaire est donc subtile, riche en sous-entendus, et toujours doublement efficace puisqu'elle vise deux cibles : le défaut de l'adversaire et l'intelligence du lecteur.

L'ironie et la satire

Ces deux modes de raillerie sont les armes favorites avec lesquelles Voltaire porte ses coups.

L'ironie consiste à se moquer en laissant entendre le contraire de ce que l'on dit. Le lecteur averti est, bien sûr, complice de ce décalage. « Le spectacle de quelques personnes brûlées à petit feu, en grande cérémonie, est un secret infaillible pour empêcher la terre de trembler », lit-on dans *Candide*[1] ; « L'ignorance est la gardienne et la sauvegarde des États bien policés », dit le pamphlet « De l'horrible danger de la lecture », dont le titre est lui-même un modèle d'ironie.

La satire est une arme plus directement agressive. Elle souligne les ridicules, grossit les traits. Pour caricaturer les thèses de ses adversaires dans *Candide*, Voltaire réduit l'optimisme à cette formule grotesque et insupportable : « Les malheurs particuliers font le bien général ; de sorte que plus il y a de malheurs particuliers et plus tout est bien. » La satire traduit la véhémence et la colère de Voltaire : sous sa plume, les juges d'Abbeville qui ont condamné le chevalier de La Barre deviennent des « arlequins anthropophages ».

Ces deux procédés comiques expriment toujours par rapport à la réalité une prise de position, une critique, une révolte. Ils visent un objectif : dénoncer, faire prendre conscience, réformer. Ce sont des moyens privilégiés mis au service d'une intention : combattre. L'écriture de Voltaire est inséparable de ce projet. Le philosophe se définissait lui-même par ces mots : « J'écris pour agir[2]. »

1. Voltaire feint d'adopter le point de vue de l'adversaire pour le tourner en dérision.

2. Lettre à Jacob Vernes, 15 avril 1767.

Le conte philosophique

Parmi les genres littéraires adoptés par les philosophes dans une perspective à la fois didactique et contestataire, le conte occupe une place privilégiée. Il existait déjà sous des formes diverses (conte oriental, conte libertin) plutôt appréciées du public. Mais il ne passait pas pour un genre très sérieux aux yeux des écrivains.

Ce sont pourtant certaines de ses caractéristiques spécifiques (narration romanesque tendant vers le merveilleux, diversité des épisodes) qui vont faire de lui une arme philosophique. À l'agrément d'une histoire brève, qui accumule les péripéties et met en situation différentes formes de héros, s'ajoute alors une perspective philosophique justifiant et utilisant tous les choix romanesques. En devenant philosophique, par une sorte de détournement, le conte se transforme en une parodie de toutes les situations du roman, un genre d'une redoutable efficacité.

Les éléments traditionnels du conte

Le conte philosophique prend appui, même si c'est pour les détourner, sur les données du conte tel qu'il existe à l'époque. C'est un récit romanesque, qui met en scène, dans un contexte dont la réalité n'est pas toujours identifiable, des personnages dotés de qualités plus nombreuses que les humains « normaux ». Les héros de Voltaire – Candide, Zadig, Micromégas, le Huron – sont parés de traits de caractère enviables. Candide est « un jeune garçon à qui la nature avait donné les mœurs les plus douces[1] ». Il est le fils naturel d'une aristocrate (la sœur du baron) élevé dans un milieu présenté comme privilégié. Zadig, lui, est « né avec un beau naturel fortifié par l'éducation[2] ». Par la suite, les différents épisodes soulignent sa sagesse, sa perspicacité, ses facultés de réflexion. Ils vivent souvent dans des lieux décrits comme idylliques (le château de « Thunder-Ten-Tronckh[1] ») et tout se passe comme si quelque bonne fée s'était penchée sur leur berceau, comme chez Perrault.

Les péripéties qui constituent la trame romanesque s'apparentent également au conte : rencontre avec d'autres personnages très diversifiés, souvent de haut rang (les héros des contes se situent fréquemment dans l'entourage des grands, princes, rois, gouvernants) ; découverte de la plus grande richesse, ou de l'extrême misère, avec une constante forme d'exagération (« L'Eldorado » ou « Le nègre de Surinam » dans *Candide*). Ces héros ont ainsi une vision souvent très déformée du monde, qui s'apparente à celle, illusoire, de l'univers du merveilleux.

Louis-René Boquet (1717-1814), *Costumes pour deux Chinois, Chinoise et Chinois*, plume et aquarelle, (Paris, BN).

Ces péripéties permettent d'ailleurs d'utiliser certains « ingrédients », typiques des histoires merveilleuses : disparitions et réapparitions, résurrections miraculeuses, personnages arrivant au bon moment pour dénouer une situation ou prendre le relais du narrateur. *Candide* en offre de nombreux exemples.

Enfin, le conte est vraiment reconnaissable à quelques formulations qui reviennent comme un refrain. Au « Il y avait en Westphalie » qui ouvre *Candide* correspondent les « Au temps du roi Moabdar il y avait à Babylone », ou encore « Il y avait un jeune homme de beaucoup d'esprit »... Dès les premières lignes du conte, le lecteur a l'impression d'entrer dans le monde merveilleux des fables.

L'art du détournement

C'est pourtant un autre itinéraire que propose le conte philosophique. En définissant ses contes, et plus précisément *Zadig*, comme des « petits morceaux de philosophie allégorique[3] », Voltaire donne une première clef. Le terme « allégorie » suggère que la fable doit être lue entre les lignes, qu'une vérité s'y cache et qu'il faut la chercher. La définition souligne aussi que la pensée s'est volontairement et souvent ironiquement parée des attraits de la fable. En quoi consiste le travestissement ?

Le conte philosophique tel que l'invente Voltaire se caractérise par sa capacité à tourner en dérision et à parodier les situations et les modes narratifs traditionnels. Ainsi, à l'annonce d'une situation idyllique, dans *Candide*, fait suite une série d'épisodes malheureux qui viennent démentir les illusions du début. Souvent le détournement est beaucoup plus subtil. Dans le chapitre I de *Candide*, au moment même où Voltaire souligne la grandeur du baron, la considération dont jouit la baronne et la science de Pangloss, l'écriture ironique détruit la réalité de cette présentation. La puissance n'est perçue que dans une relation absurde, incohérente, qui ne résiste pas à la logique (« Monsieur le baron était un des plus puissants seigneurs de la Westphalie, car son château avait une porte et des fenêtres »). Quant au savoir de Pangloss, il repose également sur un raisonnement faux (« Les nez ont été faits pour porter des lunettes, aussi avons-nous des lunettes »).

De la même façon, la continuité romanesque du conte traditionnel est constamment brisée ou modifiée par la

1. Voltaire, *Candide*, chapitre I.
2. Voltaire, *Zadig*, chapitre I.
3. Voltaire, *Correspondance*, 1751.

nécessité, pour l'auteur, d'inventer des situations ayant une portée philosophique. Dans chacun de ses contes, Voltaire utilise de nombreux événements ou thèmes contemporains. Du merveilleux, le conte se trouve détourné vers l'histoire. Les héros doivent en effet être confrontés aux réalités de l'époque. Il est intéressant et utile que le Huron se trouve à Versailles, puis soit embastillé. Il est efficace que Candide soit confronté à l'Inquisition portugaise et au tremblement de terre de Lisbonne, que Micromégas reflète les préoccupations scientifiques du XVIIIe siècle. La fable se trouve alors entachée du réalisme des faits divers et de la réalité des préoccupations politiques, religieuses et sociales qui dominent le siècle.

Louis-René Boquet (1717-1814), *Costumes pour un pas de deux, femme sauvage et sauvage*, plume et aquarelle (Paris, BN).

La convergence du fabuleux et du réel historique, l'intégration du second au premier ne relèvent pas de l'exercice de style : elles s'expliquent et se justifient dans une perspective didactique. Le conte philosophique n'a pas pour seul objectif de distraire, il veut apprendre et faire réfléchir.

Fonction didactique et contestataire du conte philosophique

Une des finalités du conte philosophique est de délivrer un enseignement, un message. Cette volonté se révèle dans certains sous-titres *Zadig ou la Destinée, Candide ou l'Optimisme. Micromégas* est présenté comme une « histoire philosophique ». Par ailleurs, on remarque que Voltaire s'efface parfois derrière un narrateur ou un traducteur (un certain docteur Ralph pour *Candide*, un certain père Quesnel pour *L'Ingénu*). Ces informations (les sous-titres) et ces précautions (les pseudo-auteurs) sont très révélatrices. Non seulement les contes ont un objectif démonstratif, mais cet objectif peut se révéler dangereux pour son auteur. Chaque conte est construit à partir d'une thèse. Le déroulement narratif permet de l'approfondir, le choix des épisodes constitue une illustration. De quoi est-il question ?

Dans *Zadig*, l'interrogation porte sur le bonheur et sur la destinée, questions qui passionnaient le siècle et qui forment la problématique d'un vaste débat philosophique. *Candide* rejoint la réflexion sur le bonheur dans une perspective plus nettement critique. À travers Pangloss, ce sont toutes les théories optimistes que dénonce Voltaire. Les démentis successifs apportés aux affirmations du maître à penser de Candide s'accompagnent du constat de l'omniprésence du mal sous la forme de la violence et de l'injustice. Parallèlement *Candide* s'inscrit dans le combat que mène Voltaire pour le respect des droits, pour la tolérance, pour la compréhension entre les hommes. Ce conte est l'occasion d'une remise en cause des traditions, du conformisme, des institutions, et même de la manière de raisonner. C'est à ce titre qu'il s'intègre tout à fait à la réflexion politique, religieuse et sociale des Lumières. Tout est soumis au crible de l'esprit critique : la monarchie absolue, le comportement des princes, l'Inquisition, et même les régimes que Voltaire admire, comme celui de l'Angleterre. La critique n'épargne rien ni personne. Dans *Micromégas*, le problème de la relativité qui se révèle dès le titre (le nom signifie en effet « petit-grand ») se rattache par bien des côtés aux découvertes scientifiques (celles de Newton) et à l'intérêt des philosophes pour les sciences. Quand à *L'Ingénu*, il se situe au cœur du débat nature/culture. Il y a ainsi peu de domaines qui échappent à la réflexion du narrateur et donc à celle du lecteur.

La diversité du conte, l'absence de contrainte en matière de narration et de personnages, l'utilisation toujours possible de la fiction et du merveilleux se révèlent très efficaces. En toute liberté le narrateur/conteur peut inventer, modeler, adapter son histoire.

Le succès du conte philosophique et son impact viennent de ce que la fiction permet toujours de déjouer les pièges du formalisme, d'échapper au danger de la censure. L'imbrication constante du plan romanesque et du plan didactique permet toutes les audaces et favorise tous les « masques ». Avec le conte philosophique, le conteur peut être toujours en première ligne pour attaquer et se sentir toujours à l'abri de l'adversaire.

Des femmes écrivains
Madame du Châtelet, Madame du Deffand, Madame Roland

Gabriel Lemonnier (1743-1824), *Salon de Madame Geoffrin en 1755*, 0,62 × 0,96 m (Rouen, musée des Beaux-Arts).

« La femme au XVIIIe siècle est le principe qui gouverne, la raison qui dirige, la voix qui commande[1]. » Ces lignes, dues à la ferveur des frères Goncourt, célèbrent la femme du XVIIIe siècle, dans un rôle qui ne lui était pas aussi unanimement reconnu, bien loin de là. Mais il est vrai cependant que plusieurs exemples fameux et une orientation nouvelle dans la vie de l'esprit donnèrent à la femme une place privilégiée dans la pensée, les arts et la littérature du XVIIIe siècle.

Les femmes et la vie de société

Quelques femmes illustres animent la vie de société et même la dirigent. Dans la tradition du siècle précédent, elles tiennent salon, réunissent autour d'elles les grands esprits du temps et savent les retenir à la fois par les plaisirs de la

1. Edmond et Jules de Goncourt, *La Femme au XVIIIe siècle*, 1862.

conversation, par l'intérêt des rencontres qu'elles ménagent et par la qualité des échanges littéraires ou philosophiques qui ont lieu dans leurs assemblées.

Car les salons, au XVIIIe siècle, ne sont plus seulement les refuges de la mondanité et du bel esprit. Ils favorisent la circulation des idées ; ils permettent la diffusion des œuvres (on lit, par exemple, les pamphlets de Voltaire chez Madame du Deffand) ; et surtout, ce sont les foyers du cosmopolitisme de la pensée, ils réunissent « l'internationale des Lumières » : l'Anglais Hume fréquente chez Madame Geoffrin, Walpole chez Madame du Deffand ; Grimm puise là les sujets de sa *Correspondance littéraire* diffusée à travers toute l'Europe.

Parmi les femmes remarquables qui animent la vie littéraire de ce siècle, on distingue particulièrement :

- la marquise de Lambert, qui ouvre son salon dès 1710. Elle reçoit les artistes et les écrivains le mardi et les gens de qualité le mercredi. Mais – signe des temps – d'illustres habitués du mercredi intriguent pour rencontrer le mardi Fontenelle, Marivaux, Montesquieu, Watteau ou Nattier...
- Madame du Deffand qui tient, à partir de 1747, un salon littéraire où les gens du monde et les philosophes côtoient les économistes comme Turgot ou Necker ainsi que les savants ou les écrivains étrangers. Mais, de goût classique et d'esprit caustique, la marquise devient peu à peu hostile aux philosophes ;
- sa rivale Madame Geoffrin, riche bourgeoise, règne sur un « royaume » cosmopolite. Elle protège ouvertement l'*Encyclopédie*, qu'elle finance d'ailleurs en partie ;
- Julie de Lespinasse, lectrice[1] de Madame du Deffand, qui fait sécession et ouvre son propre salon à partir de 1764. D'illustres transfuges comme d'Alembert, Condillac, Diderot, Condorcet se réunissent alors autour de la « Muse de l'Encyclopédie » qui avait, dit-on, le génie de la conversation.

Mais ces femmes, dont le rôle est si important dans la vie de l'esprit, exercent-elles une réelle autorité intellectuelle ? Naturellement, on craint l'esprit mordant de Madame du Deffand et on se ménage ses bonnes grâces ; Stanislas, roi de Pologne, appelle Madame Geoffrin « Maman » ; et on tremble parfois devant le verdict de ces femmes de goût. Mais leur fait-on une place parmi les gens de lettres ? On disait de Madame de Lambert qu'il fallait passer par elle pour entrer à l'Académie française ; c'est ce que fit Montesquieu. Mais l'ambiguïté est là : on reconnaît, certes, le rôle déterminant des femmes dans l'élection à l'Académie[2] ; mais pense-t-on qu'elles pourraient prétendre à cette dignité pour elles-mêmes ? Seul d'Alembert réclamera une exception, mais en vain, pour Julie de Lespinasse.

UNE INFLUENCE DÉTOURNÉE MAIS GRANDISSANTE

Lorsqu'on évoque quelques-uns des plus célèbres couples littéraires du siècle – Voltaire et Madame du Châtelet, Grimm et Madame d'Épinay, Diderot et Sophie Volland – force est de constater que l'éclat de ces hommes exceptionnels laisse dans l'ombre les talents et les mérites de celles qui les ont bien souvent aidés et même poussés au premier plan. Les écrivains, pourtant, jugeaient ces femmes dignes de collaborer avec eux, voire de les remplacer, comme ce fut le cas de Madame d'Épinay pour la *Correspondance littéraire* de Grimm. Il faudra pourtant attendre l'exemple de Madame de Staël et de Benjamin Constant pour que l'intelligence et les talents soient reconnus à part égale.

Encore ces femmes étaient-elles toutes exceptionnelles. Mais qu'en est-il des autres, celles qui ont accès au savoir, qui sont douées d'esprit, de goût et de

1. Ce terme désigne une personne chargée de faire des lectures à haute voix, en public ou en privé.
2. Il s'agit de l'Académie française, fondée en 1635 par Richelieu. Cette institution fut, jusqu'il y a peu, réservée aux hommes. La première femme à y être élue fut Marguerite Yourcenar en 1980. La seconde fut l'helléniste Jacqueline de Romilly en 1988.

jugement, mais qu'une société d'hommes relègue souvent au second rôle ? Leur influence n'est pas négligeable, mais elle est détournée. Les femmes du XVIIIe siècle constituent, en effet, un public nombreux, curieux et réceptif puisque son accès récent à la culture ne l'enferme pas encore dans des préjugés. À bien des égards, l'émergence de ce public va infléchir la production littéraire du siècle.

Dans son ambition pédagogique le XVIIIe siècle, qui cherche à diffuser des connaissances et à répandre les idées nouvelles, prend volontiers pour juge un auditoire féminin réputé peu expert, et surtout d'une incorrigible légèreté ! Ainsi procède Fontenelle dans ses *Entretiens sur la pluralité des mondes.* La « vulgarisation » scientifique trouve là son impulsion.

Les femmes, parce qu'elles ne s'illustrent pas dans les grands genres (tragédies, épopées), développent dans les sociétés mondaines le goût et la pratique de genres réputés mineurs mais promis à d'incontestables réussites. N'est-ce pas pour « amuser » la duchesse du Maine à la cour de Sceaux que Voltaire écrivit ses premiers contes ?

À la fin du siècle, les femmes, grandes lectrices, contribuèrent surtout à l'immense succès du roman, genre auparavant méprisé et qui allait désormais dominer la production littéraire.

Il faut rappeler enfin que Rousseau avec l'*Émile*, et surtout *La Nouvelle Héloïse*, trouva auprès des femmes un public enthousiaste.

Une écriture féminine ?

Les femmes du XVIIIe siècle ont-elles accès à la création ? Se sont-elles imposées par des œuvres littéraires notables ? Le poids des traditions est lourd et les femmes semblent s'être d'elles-mêmes cantonnées dans certains genres où devait s'exprimer leur nature.

- Les ouvrages pédagogiques : Madame de Lambert écrit les *Avis d'une mère à son fils* (1726) ; Madame d'Épinay donne *Les Conversations d'Émilie* (1749) avant que Madame de Genlis publie *Adèle et Théodore* ou *Lettres sur l'éducation* (1782). Ces traités adoptent le mode réputé féminin de la conversation ou de la lettre.

- La tradition épistolaire : comme à l'époque de Madame de Sévigné, les lettres se communiquent, au-delà de leur destinataire, à la société des salons et même aux pays étrangers. Une partie de la correspondance de Madame du Deffand remplit ce rôle. Mais le talent épistolaire rayonne aussi dans la correspondance privée : les lettres d'amour de Julie de Lespinasse sont d'admirables pages.

- Les mémoires : conciliant le document et l'effusion, ils sont très prisés par les femmes, qui y observent la société de leur époque et en même temps se penchent sur leur vie. Madame d'Épinay et Madame Roland, à la fin du siècle, font évoluer le genre qui s'oriente alors vers l'autobiographie.

- Le roman enfin : l'un des livres les plus lus du siècle fut les *Lettres d'une Péruvienne* de Madame de Graffigny (1747). Les femmes s'imposent en littérature par le roman, principalement le roman sensible. Dans les œuvres de Madame de Tencin[1], l'étude psychologique se mêle à l'aventure : enlèvements, déguisements, coups de théâtre. Madame Riccoboni, dans ses romans par lettres[2], dénonce l'injustice faite aux femmes et fait pleurer son lecteur.

Cependant, l'évolution est lente : dans les années 1735-1745, Madame de Tencin, pourtant notoirement émancipée, n'avoue pas ses romans, qui sont publiés sous l'anonymat. Mais à partir de 1750, les femmes entrent en littérature à visage découvert.

1. En particulier les *Mémoires du comte de Comminges* (1735) et *Le Siège de Calais* (1739).

2. En particulier les *Lettres de milady Juliette Catesby* (1759) et les *Lettres de milord Rivers* (1776).

Madame du Châtelet
1706-1749

Marianne Loir (1712-1781), *Portrait de Gabrielle-Émilie Le Tonnelier de Breteuil, marquise du Châtelet,* 1,01 × 0,80 m, vers 1745 (Bordeaux, musée des Beaux-Arts).

Émilie du Châtelet était une femme de sciences. Elle publia en 1740 des *Institutions de physique*, où elle rendait accessibles au public les connaissances scientifiques de son temps ; on lui doit la traduction – unique jusqu'à ce jour – des *Philosophiae naturalis principia mathematica* de Newton.

Une femme passionnée

Pendant les quinze années de sa liaison avec Voltaire, elle entretint dans son château de Cirey, en Lorraine, une atmosphère de travail mais aussi de plaisir, bien faite pour stimuler ces deux intelligences exceptionnelles : conversations, représentations théâtrales, expériences scientifiques. En 1744, Voltaire et la marquise sont en compétition pour le concours de l'Académie des sciences sur la nature et la propagation du feu...

La science de Madame du Châtelet s'accompagnait d'une liberté de pensée assortie à celle de Voltaire. Philosophe en matière de religion, elle pratiquait une lecture scientifique de la Bible et publia un *Examen de la Genèse.* Dans son *Discours sur le bonheur,* elle prône l'épicurisme. Amoureuse de l'étude, amoureuse de l'amour, elle attendait de la vie des satisfactions intellectuelles et affectives et savait les goûter avec un robuste équilibre.

La mort de cette femme éminente a cependant quelque chose de pathétique et vient contredire le rationalisme qu'elle professait. En-1747, elle se prend d'un amour passionné pour le jeune poète Saint-Lambert. Enceinte à quarante-trois ans, elle meurt le lendemain de son accouchement.

Discours sur le bonheur (écrit vers 1746 et publié en 1779), essai → p. 124.

Discours sur le bonheur

publié en 1779

Madame du Châtelet rendit hommage, par sa vie, aux passions dont elle fait l'éloge dans son *Discours sur le bonheur* : elle eut la passion de l'étude, la passion du jeu ; elle connut la passion amoureuse. Mais la démesure de son caractère fut contrebalancée par un solide optimisme qui la rend étrangère à toute exaltation morbide. Point de désespoir préromantique chez Madame du Châtelet. Les passions qu'elle célèbre sont les passions satisfaites, seules conditions du repos de l'âme qui convient à son épicurisme profond.

Il faut commencer par se bien dire à soi-même et par se bien convaincre que nous n'avons rien à faire dans ce monde qu'à nous y procurer des sensations et des sentiments agréables. Les moralistes qui disent aux hommes : réprimez vos passions, et maîtrisez vos désirs, si vous voulez être heureux, ne connaissent pas le chemin du bonheur. On n'est heureux que par des goûts et des passions satisfaites ; je dis des goûts, parce qu'on n'est pas toujours assez heureux pour avoir des passions, et qu'au défaut des passions, il faut bien se contenter des goûts. Ce serait donc des passions qu'il faudrait demander à Dieu, si on osait lui demander quelque chose [...].

Mais, me dira-t-on, les passions ne font-elles pas plus de malheureux que d'heureux ? Je n'ai pas la balance nécessaire pour peser en général le bien et le mal qu'elles ont faits aux hommes ; mais il faut remarquer que les malheureux sont connus parce qu'ils ont besoin des autres, qu'ils aiment à raconter leurs malheurs, qu'ils y cherchent des remèdes et du soulagement. Les gens heureux ne cherchent rien, et ne vont point avertir les autres de leur bonheur ; les malheureux sont intéressants, les gens heureux sont inconnus. [...]

François Boucher (1703-1770), *La Toilette de Vénus*, détail, 0,98 × 1,30 m, 1746 (Stockholm, National Museum).
« Il est donc à désirer d'être susceptible de passion. »

On connaît donc bien plus l'amour par les malheurs qu'il cause, que par le bonheur souvent obscur qu'il répand sur la vie des hommes. Mais supposons pour un moment, que les passions fassent plus de malheureux que d'heureux, je dis qu'elles seraient encore à désirer, parce que c'est la condition sans laquelle on ne peut avoir de grands plaisirs ; or, ce n'est la peine de vivre que pour avoir des sensations et des sentiments agréables ; et plus les sentiments agréables sont vifs, plus on est heureux. Il est donc à désirer d'être susceptible de passions, et je le repète encore : n'en a pas qui veut.

Madame du Châtelet, *Discours sur le bonheur*.

Madame du Deffand
1697-1780

Louis Carmontelle (1717-1806), *Madame du Deffand*, 0,30 × 0,18 m (Épinal, Musée départemental).

« Je suis si ennuyée de ce qui se passe sur terre que j'aimerais mieux ce qui se passe dessous[1]. » À l'opposé de Madame du Châtelet qui goûte intensément les plaisirs de l'existence, Madame du Deffand éprouve la maladie de la mélancolie, se déteste et déteste la vie.

Un pessimisme célèbre

Du moins ce sentiment s'empara-t-il d'elle lorsqu'elle fut parvenue à un âge avancé, devenue aveugle et abandonnée par quelques-uns de ses amis. Mais dans sa jeunesse, la marquise avait mené la vie galante de la Régence. Elle était alliée par sa naissance aux plus grands noms, et à partir de 1730 elle commença à recevoir les gens du monde et les gens de lettres. C'est en 1747, sous l'influence de d'Alembert, qu'elle ouvrit son fameux salon de la rue Saint-Dominique. Son esprit, sa « méchanceté » et son pessimisme étaient célèbres.

1. Lettre à Voltaire, 2 mai 1764.

Après la rupture avec sa protégée Julie de Lespinasse qui lui avait ravi ses plus prestigieux habitués, Madame du Deffand se détourna des « nouveaux » philosophes et adopta une attitude de plus en plus conservatrice (« Jean-Jacques m'est antipathique, il remettrait tout dans le chaos[1] »).

Classique dans ses goûts, Madame du Deffand exprimera dans sa vieillesse une sensibilité et des sentiments déjà préromantiques. Sa correspondance témoigne d'un profond « mal de vivre », aggravé encore par les tourments d'un impossible amour.

Correspondance (publiée pour la première fois en 1865) → pp. 126-127.

Correspondance[2]

« Il faut être Voltaire ou végéter »

Madame du Deffand entretenait comme un privilège sa correspondance avec Voltaire. Au prix même de quelques flatteries ! Mais son admiration était sincère. Voltaire représente le goût ; la marquise apprécie la clarté, la justesse de sa pensée. Elle attend de lui qu'il l'aide à surmonter sa mélancolie et qu'il lui donne les conseils qui rendraient sa vie moins vide. Mais comme on le voit ici, son scepticisme et son pessimisme l'emportent sur la philosophie et les consolations de la pensée.

Paris, ce lundi 29 mai 1764

Non, monsieur, je ne préférerais pas la pensée à la lumière, les yeux de l'âme à ceux du corps ; je consentirais bien plutôt à un aveuglement total[3]. Toutes mes observations me font juger que moins on pense, moins on réfléchit, plus on est heureux. Je le sais même par expérience ; quand on a eu une grande maladie, qu'on a souffert de grandes douleurs, l'état où l'on se trouve dans la convalescence est un état très heureux. On ne désire rien, on n'a nulle activité, le repos seul est nécessaire. Je me suis trouvée dans cette situation, j'en sentais tout le prix, et j'aurais voulu y rester toute ma vie. Tous les raisonnements que vous me faites sont excellents, il n'y a pas un mot qui ne soit de la plus grande vérité. Il faut se résigner à suivre notre destination dans l'ordre général, et songer, comme vous dites, que le rôle que nous y jouons ne dure que quelques minutes ; si l'on n'avait qu'à se défendre de la superstition pour se mettre au-dessus de tout, on serait bien heureux, mais il faut vivre avec les hommes, on en veut être considéré, on désire de trouver en eux du bon sens, de la justice, de la bienveillance, de la franchise et l'on ne trouve que tous les défauts et les vices contraires. Vous ne pouvez jamais connaître le malheur, et comme je vous l'ai déjà dit, quand on a beaucoup d'esprit et de talent on doit trouver en soi de grandes ressources ; il faut être Voltaire ou végéter. Quel plaisir pourrais-je trouver à mettre mes pensées par écrit ? Elles ne servent qu'à me tourmenter, et cela satisferait peu ma vanité ; allez, Monsieur, croyez-moi, je suis abandonnée de Dieu et des médecins, mais cependant ne m'abandonnez pas. Vos lettres me font un plaisir infini ; vous avez une âme sensible, vous ne dites point des choses vagues, le moment où je reçois vos lettres, celui où j'y réponds me consolent, m'occupent et même m'encouragent.

Madame du Deffand, lettre à Voltaire, 29 mai 1764.

1. Lettre à Voltaire, 25 juin 1764.
2. La correspondance complète de Madame du Deffand n'a été publiée qu'en 1865.
3. Madame du Deffand était aveugle depuis 1754. Voltaire, dans la lettre à laquelle elle répond ici, lui vantait les bienfaits de la pensée en ces termes : « N'est-il pas vrai que s'il vous fallait choisir entre la lumière et la pensée, vous ne balanceriez pas, et que vous préféreriez les yeux de l'âme à ceux du corps ? »

« Je déteste la vie »

Madame du Deffand a près de soixante-dix ans quand elle s'éprend de l'écrivain anglais Horace Walpole. Les lettres qu'elle lui adressera jusqu'à sa mort, en 1780, sont un émouvant mélange de dignité et d'abandon, de confidence et de réserve, qui cache mal l'amour de la vieille femme aveugle pour cet homme, de vingt ans son cadet. Chaque lettre à Walpole est un appel passionné, même s'il est aussitôt tempéré par le respect de soi et le sentiment du ridicule.

Madame du Deffand attendait de cette amitié amoureuse la part de souffrance qu'engendrent les passions, seules capables, à l'en croire, de procurer le bonheur.

Ah ! mon Dieu ! que vous avez bien raison ! l'abominable, la détestable chose que l'amitié ! Par où vient-elle ? à quoi mène-t-elle ? sur quoi est-elle fondée ? quel bien en peut-on attendre ou espérer ? ce que vous m'avez dit est vrai, mais pourquoi sommes-nous sur terre, et surtout pourquoi vieillit-on ? Ô mon tuteur[1], pardonnez-le-moi, je déteste la vie.

J'admirais hier au soir la nombreuse compagnie qui était chez moi ; hommes et femmes me paraissaient des machines à ressort, qui allaient, venaient, parlaient, riaient, sans penser, sans réfléchir, sans sentir ; chacun jouait son rôle par habitude : Madame la duchesse d'Aiguillon crevait de rire, Madame de Forcalquier dédaignait tout, Madame de la Vallière jabotait[2] sur tout. Les hommes ne jouaient pas de meilleurs rôles, et moi j'étais abîmée dans les réflexions les plus noires ; je pensais que j'avais passé ma vie dans les illusions ; que je m'étais creusée moi-même tous les abîmes dans lesquels j'étais tombée ; que tous mes jugements avaient été faux et téméraires, et toujours trop précipités, et qu'enfin je n'avais parfaitement bien connu personne ; que je n'en avais pas été connue non plus, et que peut-être je ne me connaissais pas moi-même. On désire un appui, on se laisse charmer par l'espérance de l'avoir trouvé ; c'est un songe que les circonstances dissipent et qui font l'effet du réveil. Je vous assure, mon tuteur, que c'est avec remords que je vous peins l'état de mon âme ; je prévois non seulement l'ennui, mais à qui puis-je avoir recours ?

Madame du Deffand, lettre à Horace Walpole, 20 octobre 1766.

Charles Joseph Natoire (1700-1777), *Bal avec mascarade*, 0,33 × 0,44 m (Montpellier, musée Atger).
« ... Hommes et femmes me paraissaient des machines à ressort. »

1. C'est le nom que Madame du Deffand donne souvent à Walpole. Voir plus loin l'allusion : « On désire un appui... » (l. 13).

2. Cancanait.

Madame Roland
1754-1793

École française du XVIIIe s., *Madame Roland coiffée du bonnet girondin* (Versailles, Musée Lambinet).

Fille d'un maître graveur, Manon Phlipon est née à Paris en 1754. Par sa jeunesse, que nous connaissons grâce aux *Mémoires* qu'elle écrivit en prison, elle offre l'exemple assez exceptionnel d'une jeune fille de la petite bourgeoisie de l'artisanat parisien accédant à une solide culture grâce à l'éducation, à sa propre curiosité et à ses nombreuses lectures.

Un extraordinaire appétit de connaissance

À huit ans, elle devient « romaine » en lisant les *Vies des hommes illustres* de Plutarque ; puis, à vingt et un ans, la découverte de Rousseau la révèle à elle-même, au monde des sentiments, à la vertu, à l'amour de l'humanité, en venant, comme elle l'écrit, « fortifier son faible »... Ce sens moral est la constante d'un itinéraire spirituel et intellectuel qui la vit, de son propre aveu, successivement janséniste, cartésienne, stoïcienne, déiste et sceptique...

En 1780, son mariage avec Roland de La Platière, qui deviendra maire de Lyon puis ministre de l'Intérieur en 1791, lui permit d'exprimer d'abord ses talents de journaliste puis d'affirmer plus tard son intérêt pour la politique et son adhésion totale aux principes républicains et aux rêves démocratiques qu'elle avait formés dès sa jeunesse.

Madame Roland mourut sur l'échafaud le 8 novembre 1793, en même temps que les Girondins dont elle était l'inspiratrice. C'est elle qui aurait prononcé devant la guillotine cette phrase : « Ô Liberté, que de crimes on commet en ton nom ! »

Mémoires (écrits en 1793) → p. 129.

Mémoires

Madame Roland raconte dans ses *Mémoires* comment, après ses années d'éducation passées au couvent où elle connut une période de mysticisme sincère, elle perdit peu à peu la foi du fait de son vif intérêt pour les sciences et de sa lecture des philosophes. Très tôt, en elle, la raison entra en conflit avec la religion. Mais, comme Rousseau, Madame Roland ne put jamais renoncer au Dieu qui parle au cœur tel qu'il se manifeste à elle dans le sentiment de la nature.

La belle idée d'un Dieu créateur, dont la providence veille sur le monde, la spiritualité de l'âme, son immortalité, cet espoir consolateur de la vertu persécutée, ne seraient-elles que d'aimables et brillantes chimères ? Que de nuages environnent ces questions difficiles ! Que d'objections multipliées, lorsqu'on veut les traiter avec une rigueur mathématique ! Non, l'esprit humain n'est point appelé à les voir jamais dans le jour d'une parfaite évidence ; mais qu'importe à l'âme sensible de ne pouvoir les démontrer ? ne lui suffit-il pas de les sentir ?

Jean Honoré Fragonard (1732-1806),
Pâtre jouant de la flûte,
0,40 × 0,30 m
(Annecy, musée du Château).

Dans le silence du cabinet et la sécheresse de la discussion, je conviendrai avec l'athée ou le matérialiste de l'insolubilité de certaines questions ; mais au milieu de la campagne, et dans la contemplation de la nature, mon cœur ému s'élève au principe vivifiant qui les anime, à l'intelligence qui les ordonne, à la bonté qui m'y fait trouver tant de charmes. Lorsque des murs immenses me séparent de ce que j'aime[1], quand tous les maux de la société nous frappent ensemble comme pour nous punir d'avoir voulu son plus grand bien, je vois au-delà des bornes de la vie le prix de nos sacrifices et le bonheur de nous réunir.

Comment ? de quelle manière ? Je l'ignore : je sens seulement que cela doit être ainsi.

L'athée n'est point à mes yeux un faux esprit ; je puis vivre avec lui aussi bien et mieux qu'avec le dévot, car il raisonne davantage ; mais il lui manque un sens, et mon âme ne se fond point entièrement avec la sienne : il est froid au spectacle le plus ravissant, et il cherche un syllogisme lorsque je rends une action de grâces. Je ne suis pas parvenue tout à coup à cette assiette[2] ferme et paisible, dans laquelle, jouissant des vérités qui me sont démontrées, m'abandonnant avec confiance aux sentiments heureux, je me résigne à ignorer ce que je ne saurais sans m'inquiéter jamais des opinions d'autrui. Je trace, en peu de mots, le résultat de quelques années de méditation, d'étude, dans le courant desquelles j'ai quelquefois participé à l'exigence du déiste, la rigueur de l'athée, l'insouciance du sceptique. Mais, toujours de bonne foi, parce que je n'avais aucun intérêt à changer ma croyance pour relâcher mes mœurs dont la règle était établie pour moi au-delà de tous les préjugés possibles, j'ai eu l'agitation du doute, sans les tourments de la crainte.

Madame Roland, *Mémoires*, (« Mémoires particuliers », deuxième partie), 1793.

1. Madame Roland a été arrêtée et incarcérée le 1er juin 1793 à la prison de l'Abbaye. Elle sera transférée plus tard à la Conciergerie. C'est en prison qu'elle écrivit ses *Mémoires*. Mais peut-être faut-il lire « mers immenses », quelques-uns de ses amis étant en route pour l'Amérique...

2. Position, équilibre.

L'IDÉE DE BONHEUR AU XVIIIE SIÈCLE

Des « fêtes galantes » de Watteau aux scènes domestiques de Greuze, le bonheur est un thème majeur de l'art du XVIIIe siècle. Toutes les grandes œuvres littéraires du siècle y ont trait : *Manon Lescaut, Candide, La Nouvelle Héloïse*... Objet d'une quête personnelle, le bonheur est aussi l'enjeu de débats philosophiques. On ne compte plus les traités, les discours sur le sujet. Être heureux devient même une revendication politique.

Une idée nouvelle

Le XVIIIe siècle, se dégageant de l'aspect religieux, ne place plus l'homme dans la seule perspective de son salut mais dans l'accomplissement de son bonheur ici-bas. Un fort courant antipascalien, que Voltaire incarne par exemple dans les *Lettres philosophiques*, renonce à parier pour une félicité éternelle et opte résolument pour un bonheur plus immédiat, dans lequel l'homme trouverait à développer librement les richesses de sa nature.

À cet épanouissement concourent tous les acquis de l'esprit du siècle : la raison qui ouvre à l'intelligence du vrai et à la satisfaction de la conscience ; la sensibilité et l'émotion, sources de ravissement pour Rousseau et pour Diderot ; l'optimisme qui promet tranquillité et contentement à qui les aura mérités par le travail et la modération.

Ce bonheur de l'homme nouveau, délivré du sentiment tragique de l'existence, suscite parallèlement de nombreuses réflexions : les destinées de Zadig, de Jacques le Fataliste montrent que la question du bonheur est au centre de l'interrogation sur la liberté. Le débat sur la Providence qui oppose Voltaire et Rousseau résulte foncièrement de deux conceptions antagonistes du bonheur, que Rousseau résume en ces termes : « Vous jouissez, moi j'espère. » Dix ans plus tard, avec le *Poème sur le désastre de Lisbonne* et *Candide*, Voltaire, lui aussi, pose avec angoisse la question : « Peut-on être heureux ? » Mais à défaut de trouver une réponse à cette question, Voltaire et son siècle l'aborderont par des voies plus modestes, en s'interrogeant sur les moyens d'un bonheur possible : « Comment peut-on être heureux ? »

Bonheur individuel, bonheur collectif

Au XVIIIe siècle, la découverte des richesses du moi intime s'opère, alors que s'édifie parallèlement la notion d'homme social. À cette ambivalence correspondent deux courants dans la recherche du bonheur.

On exalte d'une part le bonheur individuel : repliement intérieur sur le pur sentiment de l'existence pour Rousseau ; revendication agressive de la marginalité chez

Antoine Watteau (1684-1721), *Pèlerinage à l'île de Cythère*, 1,29 × 1,94 m, 1717 (Paris, musée du Louvre).
Longtemps appelé *Embarquement pour Cythère*, ce tableau représente en fait les amants, qui, s'étant aimés, quittent avec mélancolie l'île de l'Amour et rembarquent vers la vie quotidienne.

Sade ; chasse au plaisir pour les libertins. Et comme le bonheur ne saurait être parfait et qu'on n'en sent jamais si bien le prix que lorsqu'il a disparu, cette exaltation du bonheur s'accompagne du sentiment de l'ennui et de la mélancolie qui prépare le romantisme.

Touchés par les exigences grandissantes du moi individuel, les philosophes se définissent aussi par le souci du bien public. Tous, à commencer par Rousseau, croient en une pédagogie de l'épanouissement humain. L'homme utile doit s'employer à construire le bonheur de l'humanité ; la vertu de « bienfaisance » tend à remplacer la notion chrétienne de « charité ». Sur le plan politique, on prépare les conditions du bonheur en plaidant pour la tolérance. On réclame du législateur ou du souverain qu'ils rendent les peuples plus heureux. Pour Montesquieu, le meilleur gouvernement est celui qui apporte au corps social le plus de bonheur. Diderot, s'adressant à Catherine II, plaide pour que la notion de bonheur soit « la base fondamentale du catéchisme civil ». En 1789, le maintien du bonheur de tous sera garanti dans la déclaration des Droits de l'homme et du citoyen.

Les mythes du bonheur

La réflexion sur le bonheur se rattache à deux mythes où s'expriment, au XVIIIe siècle, les questions essentielles sur l'homme.

Le mythe du progrès : l'homme est en marche vers le bonheur ; le développement des sciences et l'essor économique doivent hâter son épanouissement. L'apologie du luxe est le thème favori de ces tenants de l'avenir : on le trouve dans le poème de Voltaire *Le Mondain*, mais aussi dans l'article « Luxe » de l'*Encyclopédie* qui développe l'idée que l'aisance matérielle, en diminuant la dépendance, doit entraîner un mieux-être moral. Rousseau, dès son premier *Discours*, avait pourtant placé dans la prospérité l'origine de l'aliénation de l'homme ; malgré cette note discordante, l'espoir demeure que le bonheur croisse en proportion des progrès matériels. Les Lumières et l'*Encyclopédie* s'emploient à préparer cet avenir.

Le mythe de la nature : au rebours de la confiance illimitée en un bonheur à venir, on rêve d'un paradis perdu où la connaissance infuse du Bien garantissait à l'homme une innocence originelle. Le bonheur serait derrière nous, un état à retrouver, celui d'un âge d'or des premiers temps de l'humanité. On voit se développer, au XVIIIe siècle, le modèle d'une sagesse primitive, telle que l'incarne le Huron de *L'Ingénu* de Voltaire ou le Tahitien du *Supplément au voyage de Bougainville* de Diderot. Le rêve d'un temps reculé où l'homme jouissait d'un bonheur innocent peut s'associer au rêve de la terre lointaine ; c'est le bonheur « exotique » que dégage la pureté paradisiaque de *Paul et Virginie*. La question se pose alors : le « sauvage » ne serait-il pas plus heureux que l'homme civilisé ? Dans ce mythe du bonheur ancestral, le maître mot est celui de vertu.

Ces mythes sont-ils si contradictoires ? Le progrès illimité et l'état de nature sont deux utopies et leurs partisans ne l'ignorent pas. Mais ne peut-on pas concevoir qu'une société de progrès prépare les conditions d'un bonheur tel que l'homme nouveau y retrouverait son équilibre et sa nature originelle ? Le XVIIIe siècle est, en profondeur, à la recherche de cet idéal.

Antoine Watteau (1684-1721), *Pèlerinage à l'île de Cythère*, détail (Paris, musée du Louvre).

VERS UN NOUVEAU THÉÂTRE, VERS UN NOUVEAU ROMAN
LESAGE, MARIVAUX, PRÉVOST

Maria Felice Subleyras-Tibaldi (1707-1770), *Triomphe d'Arlequin*, 0,23 × 0,51 m, esquisse pour un éventail (Toulouse, musée des Augustins).

Le XVIIe siècle a consacré la gloire de Molière et fixé, avec Racine, les règles immuables de la tragédie. Sur le plan romanesque, le succès des romans précieux a ouvert la voie à un genre qui cherche, à la fin du siècle, son identité entre la fiction et l'authenticité historique.

Si le XVIIIe siècle est marqué par l'activité philosophique, il n'en est pas moins une période d'intense création théâtrale et romanesque. Il est à noter cependant que les deux genres évoluent et suivent les changements des mentalités. L'esprit des Modernes[1] d'une part, le développement d'un courant sensible d'autre part, font que le roman et le théâtre s'offrent l'un et l'autre comme une peinture sociale et une littérature du sentiment.

La mise en scène d'une société progressivement modifiée par des réalités économiques nouvelles et marquée par la naissance de l'esprit philosophique est révélatrice de nombreuses interrogations. Le théâtre et le roman sont, en cette première moitié du siècle, le reflet de l'esprit nouveau et le miroir de la société. Il est d'ailleurs intéressant de constater que ce sont souvent les mêmes auteurs qui triomphent dans les deux genres.

1. Pour la querelle des Anciens et des Modernes, voir p. 19.

LE THÉÂTRE

Des conditions matérielles toujours difficiles

L'année 1680 a vu la création de la Comédie-Française, qui regroupe trois troupes, celle de Molière, celle du Marais, celle de l'hôtel de Bourgogne. Mais la reconnaissance officielle de cette institution et le goût du public pour le théâtre n'empêchent pas les comédiens de connaître des conditions professionnelles difficiles. Les salles sont souvent exiguës, avec un parterre agité. La scène est elle-même encombrée par la présence de spectateurs privilégiés qui gênent les acteurs[1]. Le public est, dans l'ensemble, bruyant et peu discipliné. Comme le soulignent plaisamment les Persans de Montesquieu[2], le spectacle est parfois davantage dans les loges que sur la scène. Une troupe peut se voir privée à tout instant de sa salle (ce fut le cas pour les Comédiens-Français en 1687) ou même de l'autorisation de jouer. En 1697, les Comédiens-Italiens, pourtant fort appréciés, furent expulsés sur ordre de Louis XIV[3].

Le théâtre populaire de la Foire, très vivant et très prisé du grand public, est vivement jalousé par les théâtres officiels, en particulier par la Comédie-Française. Ses succès lui valent de nombreux déboires. Frappé par de multiples interdictions officielles, il s'adapte avec humour aux situations successives. À l'interdiction de jouer des pièces entières, il répond en jouant des scènes détachées. Lui impose-t-on de supprimer les dialogues ? Il utilise le monologue d'un acteur qui parle à la place de chacun des autres ! Et lorsqu'on interdit aux acteurs de parler, ils sortent de leur poche des banderoles avec leur texte écrit, ou bien se mettent à chanter... ce qui donnera naissance à l'opéra-comique.

Enfin, il faut rappeler que les comédiens se heurtent, dans l'exercice de leur art, à l'hostilité persistante de l'Église. Excommuniés, ils ne peuvent être enterrés religieusement que s'ils ont désavoué officiellement leur métier[4].

Des orientations nouvelles

Malgré ces difficultés, le théâtre, genre vivant par excellence, cherche les voies d'un renouvellement nécessaire : on ne peut constamment imiter Molière et Racine, dont on a conscience qu'ils ont atteint une perfection presque inégalable.

La tragédie. Dans sa forme classique, et malgré sa beauté formelle, ce genre séduit moins. L'émotion tragique semble mal adaptée à la sensibilité nouvelle, plus avide de pathétique. Chez Crébillon, l'utilisation de l'horrible (bien dosé et contenu dans les limites de la bienséance) suggère une orientation vers le drame. Dans *Atrée et Thyeste* (1707), l'un des personnages doit boire le contenu d'une coupe. Or, celle-ci contient le sang de son propre fils ! Même si le contenu est caché aux yeux des spectateurs, ils n'en frissonnent pas moins devant les mimiques horrifiées des acteurs. Le tragique d'essence religieuse ou mythologique a tendance à disparaître au profit d'une inspiration plus historique et plus proche dans le temps. Certaines tragédies ont pour sujet l'histoire de France (*Adélaïde du Guesclin* de Voltaire, 1734). Leurs personnages, innocents persécutés mais victorieux, héros humains, victimes des autres ou de leur propre vertu, se font les porte-paroles de sentiments patriotiques ou d'un véritable message idéologique.

La comédie. Dans le domaine de la comédie, l'étude des mœurs et des caractères se nourrit de l'observation des conditions et des comportements sociaux. Les pièces, parfois très courtes (comme celles de Dancourt), toujours en

1. La scène ne sera débarrassée de ces « fâcheux » qu'en 1759.
2. Montesquieu, *Lettres persanes* (Lettre 28).
3. Ils revinrent après sa mort, dès 1716, et contribuèrent largement au succès des pièces de Marivaux.
4. Dans *Candide*, Voltaire fait allusion au sort de Mademoiselle Lecouvreur, une actrice très célèbre, dont le corps fut jeté à la voirie.

prose, sont des comédies de mœurs qui empruntent leurs sujets à l'actualité économique, politique et sociale. De tonalité souvent plus cynique que réellement comique, parfois brillantes et d'un rythme très enlevé, elles dénoncent les pratiques financières des nouveaux milieux d'argent. On trouve ainsi toute une galerie de personnages mis en scène par Lesage, Dancourt, Regnard : financiers véreux, coquettes, profiteurs de tout genre, spéculateurs, joueurs invétérés. *Turcaret*[1], *Le Chevalier à la mode*[2] offrent autant de portraits dont l'ensemble dresse le tableau d'une société matérialiste et immorale.

L'argent bouleversant les données sociales, ces comédies donnent aussi la parole à de nouveaux venus, les valets insolents et arrivistes dont Frontin et Crispin[3] constituent de bons exemples. Annonçant le Figaro de Beaumarchais (voir p. 364), ils expriment la conscience lucide, et clairement revendiquée, d'une supériorité sociale : celle de l'action, de la débrouillardise, du savoir-faire face à un système de privilèges considérés comme usurpés et injustes.

La peinture des conditions, les interrogations sur les caractères et sur les comportements des classes privilégiées caractérisent également certaines des pièces de Marivaux *(L'Île des esclaves).* Mais c'est essentiellement vers l'analyse des subtilités de l'amour que s'oriente ce théâtre du cœur. Brillant, complexe, il est dominé par le thème du conflit entre l'amour-propre et la passion naissante *(Le Jeu de l'amour et du hasard, Les Fausses Confidences).* Il se caractérise aussi par une constante recherche sur le plan du langage. Le « marivaudage » est la quête d'une forme d'expression capable de « débusquer » et de mettre à jour les plus secrètes nuances de l'amour. Marivaux ouvre ainsi la voie à toute une littérature de la sensibilité. Les jeux de mots, de masques et de miroirs reflètent les préoccupations et les goûts d'une société mondaine qui accorde la primauté au sentiment et à la vie affective.

LE ROMAN

À la fin du XVIIe siècle et au début du XVIIIe, la production romanesque connaît un essor remarquable[4]. Les romans sont particulièrement appréciés par le public bourgeois, qui trouve en eux à la fois une représentation de son univers et des éléments de divertissement.

Une frontière fluctuante entre la fiction et la réalité

L'époque charnière entre les deux siècles (1690-1715) voit réapparaître, après la vogue des romans psychologiques, le goût de l'exotisme, de l'aventure et de l'imagination. Le succès des *Aventures de Télémaque*[5], l'engouement pour la traduction des *Mille et Une Nuits*[6], l'extraordinaire développement des romans galants à tendance historique montrent ce que le public attend du genre romanesque. Aventures relevant du merveilleux, enlèvements, disparitions et reconnaissances, rencontres diverses et insolites, la succession des épisodes se teinte d'une couleur historique mais appartient le plus souvent à la fiction pure. Parallèlement, les mémoires sont à la mode et constituent un genre un peu hybride : récits d'actions, ils relèguent le sentiment au second plan. Ils racontent la vie d'un héros qui affronte, tantôt sur le mode merveilleux, tantôt de manière douloureusement réaliste, les difficultés du monde. Les ouvrages de Courtilz de Sandrars[7], publiés de 1687 à 1711, ont ces caractéristiques et déterminent l'évolution nettement plus réaliste du roman dans la période suivante.

1. De Lesage, 1709.
2. De Dancourt, 1697.
3. Ces valets appartiennent tous deux aux pièces de Lesage, *Turcaret* (1709) et *Crispin, rival de son maître* (1707).
4. De 1700 à 1750, on dénombre environ 946 titres d'œuvres romanesques.
5. De Fénelon, 1699.
6. Contes traduits par Galland et publiés de 1704 à 1717.
7. C'est de ses *Mémoires de Monsieur de d'Artagnan* que s'inspira Alexandre Dumas pour écrire ses *Trois Mousquetaires*.

UNE NOUVELLE VOCATION DU ROMAN

À partir de 1715, le roman prend avec Lesage, Prévost et Marivaux une orientation nouvelle. Il se met au service du vrai, de l'authentique et se présente comme le récit d'une expérience, fait par ceux qui l'ont vécue. Par l'utilisation de la première personne, l'auteur s'efface derrière le narrateur (celui qui dit « je » dans le roman) et donne ainsi un point de vue qui diffère selon les événements qu'affronte ce dernier. Un subterfuge assez courant consiste d'ailleurs, pour l'auteur, à prétendre avoir trouvé un manuscrit qu'il présente au lecteur[1].

Jean-Baptiste Chardin (1699-1779), *Le Bénédicité*, 0,49 × 0,38 m (Paris, musée du Louvre).

1. C'est le cas de *La Vie de Marianne* de Marivaux, en particulier.

Comme le narrateur évolue lui-même selon les étapes de son apprentissage (il s'agit en effet souvent de romans dits « de formation »), les œuvres sont doublement représentatives. Elles montrent les différentes facettes d'une société et permettent de comprendre l'évolution d'un être en formation. C'est le cas de Gil Blas[1], de Marianne[2], du chevalier des Grieux[3]. Les épisodes qui situent le héros de Lesage *(Histoire de Gil Blas de Santillane)* dans une Espagne représentative de la société de la Régence ou replacent Marianne dans les milieux aristocratiques parisiens sont l'occasion d'analyses à tendance sociologique et psychologique.

Chaque romancier trouve ainsi la possibilité de préciser – par des choix que masquent la volonté de « faire vrai » et l'illusion romanesque – sa propre vision du monde et une conception personnelle de l'existence. Manon Lescaut illustre l'amère et pessimiste interrogation de Prévost sur le bonheur et sur les dangers de la passion. Gil Blas incarne, comme certains valets de comédie, l'avènement d'une nouvelle classe de domestiques habiles et prêts à tenter leur chance. Marianne et Jacob[4] sont également représentatifs d'une énergie individuelle qui cherche à s'imposer dans une société où de tels personnages, lucides, déterminés et conscients de leur valeur, n'ont pas encore leur place.

En ce sens, ces romans sont tout à fait révélateurs d'une réalité sociale en pleine mutation. Il revient aux romanciers de la première moitié du XVIIIe siècle d'avoir pressenti, et traduit, les métamorphoses sociales et morales sur lesquelles se mettait alors à s'exercer l'esprit philosophique. Le roman illustre en effet l'évolution d'une bourgeoisie active pour qui l'expérience de la vie et l'ascension sociale l'emportent sur les spéculations intellectuelles. Le contexte qui sert de toile de fond est tout à fait représentatif, comme pour le théâtre de la même époque, du développement des milieux d'affaires grâce à l'essor du commerce et de la banque.

Dans la seconde moitié du XVIIIe siècle, le roman prendra des formes différentes qui s'orienteront soit vers un idéalisme sentimental (*La Nouvelle Héloïse* de Rousseau, 1761), soit vers la dénonciation ambiguë du libertinage (*Les Liaisons dangereuses*, de Laclos, 1782), soit vers la réflexion philosophique (*Jacques le Fataliste*, de Diderot, 1778).

1. Personnage de l'*Histoire de Gil Blas de Santillane*, de Lesage (1715).
2. Dans *La vie de Marianne* de Marivaux.
3. Personnage de *Manon Lescaut* de l'abbé Prévost.
4. Personnage du roman de Marivaux, *Le Paysan parvenu*.

Lesage
1668-1747

Une jeunesse sans fortune

Né en 1668, dans le Morbihan, d'un père notaire, Alain-René Lesage se retrouve orphelin à quatorze ans. Lorsqu'il s'installe à Paris afin de poursuivre des études de droit, il voit sa maigre fortune personnelle dilapidée par son tuteur. En 1692, il épouse Marie-Elisabeth Huyard à laquelle il restera attaché jusqu'à la fin de sa vie et dont il a une fille et trois garçons. Deux d'entre eux désolent leur père en embrassant la carrière d'acteurs.

Les subsides de la littérature

Avocat désargenté, Lesage trouve un appui en l'abbé de Lyonne[1] qui lui verse une pension à partir de 1698 et lui prête des ouvrages de littérature espagnole. C'est ainsi que Lesage aborde l'écriture, sans succès d'abord, en proposant des traductions du grec. Puis il se lance dans les romans adaptés de l'espagnol qui feront sa gloire. Le premier, *Le Diable boiteux* (1707), emprunte directement deux de ses chapitres à Guevara[2]. La même année, il donne une comédie : *Crispin rival de son maître* ; elle déplaît à la cour parce qu'un valet y triomphe de son maître, mais elle suscite l'enthousiasme dans le peuple. En outre, Lesage dote le XVIIIe siècle d'une grande pièce, *Turcaret* (1709), qui fait la satire des milieux financiers.

C'est pour satisfaire un public avide d'aventures romanesques que Lesage se lance dans la rédaction de *Gil Blas de Santillane*, qui lui demande vingt ans de travail (1715-1735). Il y ajoute, pour vivre, d'autres romans se déroulant dans un cadre espagnol *(Don Guzman d'Alfarache)* ou oriental *(Les Mille et Un Jours).*

Les exigences alimentaires le poussent à écrire beaucoup, pour le Théâtre de la Foire (voir p. 133) en particulier : une centaine de pièces, rédigées avec ou sans collaborateurs. Elles seront sa principale ressource pendant vingt ans.

Lesage, sourd depuis 1707 et presque sénile dans les dernières années de sa vie, meurt en 1747 chez son troisième fils, chanoine.

Le Diable boiteux, roman (1707) → p. 138.
Crispin rival de son maître, théâtre (1707).
Turcaret, théâtre (1709) → pp. 139-141.
Les Mille et Un Jours, contes (1710).
Histoire de Gil Blas, roman (1715-1724-1735) → pp. 142-144.
Théâtre de la Foire (1721-1737).
Don Guzman d'Alfarache, roman (1732).
Les Aventures de Robert Chevalier, dit de Beauchêne, mémoires d'un flibustier (1732).
Le Bachelier de Salamanque, roman (1736-1738).

1. Qui lui assure sa protection de 1690 à 1721, date de sa mort.

2. Luis Vélez de Guevara (1579-1644) : poète, dramaturge et romancier espagnol.

Le Diable boiteux

1707

Ce roman, ou plutôt cette fresque de personnages de la Régence, fut le premier grand succès de Lesage. Il assure à son auteur une notoriété qui ne sera plus démentie.

Le diable dont il s'agit est Asmodée, « démon de la luxure », retenu prisonnier par un magicien dans une fiole. Un jeune homme, l'étudiant Don Cleofas Leandro Perez Zambullo, le délivre. En guise de remerciement, Asmodée promène son sauveur au-dessus des maisons de Madrid dont il ôte les toits ; il lui montre ainsi des scènes d'intérieur et lui révèle aussi le contenu des rêves des habitants, tous obsédés par l'argent ou par les femmes.

Le roman n'ajoute à cette intrigue qu'un incendie au cours duquel le diable, déguisé en Cleofas, sauve une jeune fille ; c'est elle que l'étudiant épousera à la fin de l'œuvre, réalisant ainsi son rêve d'ascension sociale.

Lesage a voulu montrer les « sottises humaines[1] », ces vices inévitables de la nature humaine naturellement encline au mal.

Le succès de ce roman tient à la multiplicité et à la vivacité des anecdotes narrées par le diable à l'occasion des scènes qu'il dévoile à Don Cleofas. L'enchaînement se fait par le biais des questions curieuses de Don Cleofas qui amènent Asmodée à des réponses développées sous la forme d'histoires. Chacune de ces histoires est comme l'ébauche d'un roman nouveau qui séduit le lecteur.

Christian Wilhelm Ernst Dietrich (1712-1774), *L'Homme sauvage*, lavis d'encre de Chine, 0,30 × 0,20 m (Paris, musée du Louvre, cabinet des Dessins).

« Je suis le démon de la luxure »

Poursuivi par les amants de la femme qu'il courtisait, Don Cleofas trouve refuge dans une mansarde, celle d'un magicien. Comme la pièce est vide, il s'étonne d'entendre soupirer : c'est un diable enfermé dans une fiole qui demande sa délivrance. Mais Don Cleofas veut d'abord savoir à qui il a affaire et se livre à un jeu de devinettes sur l'identité du diable. Il n'est ni Lucifer, ni Uriel, ni Belzébut[2].

« – Il faut donc, reprit don Cleofas, que vous soyez Léviathan, Belphégor ou Astarot[3]. – Oh ! pour ces trois-là, dit la voix, ce sont des diables du premier ordre. Ce sont des esprits de cour. Ils entrent dans les conseils des princes, animent les ministres, forment les ligues, excitent les soulèvements dans les États, et allument les flambeaux de la guerre. Ce ne sont pas là des maroufles[4], comme les premiers que vous avez nommés. – Eh ! dites-moi, je vous prie, répliqua l'écolier[5], quelles sont les fonctions de Flagel[6] ? – Il est l'âme de la chicane et l'esprit du barreau[7], repartit le démon. C'est lui qui a composé le protocole des huissiers et des notaires. Il inspire les plaideurs, possède les avocats et obsède les juges.

« Pour moi, j'ai d'autres occupations : je fais des mariages ridicules ; j'unis des barbons[8] avec des mineures, des maîtres avec leurs servantes, des filles mal dotées avec de tendres amants qui n'ont point de fortune. C'est moi qui ai introduit dans le monde le luxe, la débauche, les jeux de hasard et la chimie[9]. Je suis l'inventeur des carrousels[10], de la danse, de la musique, de la comédie et de toutes les modes nouvelles de France. En un mot, je m'appelle Asmodée, surnommé le Diable boiteux.

1. Dédicace de 1726.
2. Lucifer (dont le nom signifie « porteur de lumière ») est le nom attribué à Satan dès le Moyen Âge. Uriel est un ange qui s'est donné au diable. Belzébut est le chef des démons de l'enfer.
3. Léviathan est d'abord un monstre marin évoqué dans la Bible (Job) avant de désigner une puissance de l'enfer. Belphégor était un dieu oriental mentionné dans la Bible, qui représente l'idolâtrie. Astarot est la déformation du nom de la déesse Astarté, divinité de la lune qui, parce qu'elle était liée à la magie, a été ensuite assimilée à un diable.
4. Homme grossier et malhonnête.
5. Étudiant.
6. Diable dont l'origine est obscure.
7. Groupe d'avocats exerçant dans un même tribunal.
8. Vieillards.
9. Équivalent ici de l'alchimie.
10. Spectacles donnés par des cavaliers qui exécutent des figures complexes en quadrilles. A, dans ce texte, le sens de fête.

– Hé quoi ! s'écria don Cleofas, vous seriez ce fameux Asmodée dont il est fait une si glorieuse mention dans Agrippa[1] et dans la *Clavicule de Salomon*[2] ? Ah ! vraiment, vous ne m'avez pas dit tous vos amusements ; vous avez oublié le meilleur. Je sais que vous vous divertissez quelquefois à soulager les amants malheureux. À telles enseignes que, l'année passée, un bachelier[3] de mes amis obtint, par votre secours, dans la ville d'Alcala[4], les bonnes grâces de la femme d'un docteur de l'université. – Cela est vrai, dit l'esprit ; je vous gardais celui-là pour le dernier. Je suis le démon de la luxure, ou, pour parler plus honorablement, le dieu Cupidon ; car les poètes m'ont donné ce joli nom, et ces messieurs me peignent fort avantageusement. Ils disent que j'ai des ailes dorées, un bandeau sur les yeux, un arc à la main, un carquois plein de flèches sur les épaules, et avec cela une beauté ravissante. Vous allez voir tout à l'heure ce qui en est, si vous voulez me mettre en liberté. »

Lesage, *Le Diable boiteux*, chapitre 1.

Turcaret ou le Financier

1709

La pièce fut écrite en plein règne de Louis XIV et pendant la guerre de Succession d'Espagne[5]. C'est une année de grande misère pour le peuple accablé par un hiver rigoureux et par les impôts qui continuent de s'alourdir. On accuse de cette ruine ceux que l'on appelait les « financiers », autrement dit les collecteurs d'impôts. L'époque a vu fleurir les critiques de ces malversations financières, sous la forme de pamphlets, de chansons et de petites pièces de théâtre.

Turcaret est le représentant de ces « fermiers[6] » qui versaient à l'État une rente annuelle dont ils se remboursaient sur le peuple. Pourtant, Turcaret n'est pas un financier à proprement parler ; c'est un laquais enrichi par les prêts usuraires, fils d'un maréchal-ferrant et gendre d'un pâtissier. Il fréquente le salon d'une baronne qui le ruine ; mais elle-même se fait dépouiller par un Chevalier[7] sans scrupules qui fait la rencontre d'une provinciale. Or, il s'agit de Madame Turcaret, que son mari cache à la campagne pour pouvoir être libre de ses mouvements à Paris. Turcaret, à l'acte V, sera ruiné sur tous les plans : sentimental et financier. En effet, Madame Turcaret le rencontre chez la baronne et révèle son mensonge ; en outre, un huissier vient annoncer l'emprisonnement du financier pour ses fraudes. Tous les escrocs qui entouraient Turcaret sont à leur tour dupés par le valet du Chevalier, Frontin, qui donne ainsi le schéma de la pièce : « Nous plumons une coquette ; la coquette mange un homme d'affaires ; l'homme d'affaires en pille d'autres : cela fait un ricochet de fourberies le plus plaisant du monde. » La « coquette » est bien sûr la Baronne, et l'« homme d'affaires », Turcaret. C'est aussi au valet que revient le dernier mot de la pièce : « Voilà le règne de Monsieur Turcaret fini ; le mien va commencer. »

Aucun des personnages n'est sympathique ici et la seule qui ait été honnête, Marine, la soubrette de la Baronne, est renvoyée. Aussi, ne faut-il pas s'étonner que la pièce ait déclenché un tel scandale : les acteurs refusent de la jouer et elle est rapidement interdite. Il faut l'intervention du Dauphin (fils de Louis XIV) pour qu'elle soit rejouée. C'est alors qu'un groupe de banquiers offre de l'argent à Lesage pour qu'il accepte de retirer lui-même sa pièce, ce qu'il refuse.

Philibert Louis Debucourt (1755-1832), *Turcaret prenant une leçon de tournure* (Paris, musée Carnavalet).

D'autres pièces avaient fustigé ce type d'individus modelés par leur fonction (ici de financier), mais l'originalité de Lesage a été d'entourer son personnage de comparses aussi malhonnêtes que lui. Il a également refusé de privilégier le comique aux dépens de la satire. Si bien que le rire suscité par la pièce ne peut se dissocier de l'indignation que soulève le spectacle de cette société corrompue.

1. Heinrich Cornelius Agrippa von Nettesheim : médecin et alchimiste du début du XVIe siècle emprisonné pour magie.
2. Salomon fut roi d'Israël au Xe siècle avant J.-C., et passait pour très sage. Il est l'auteur du *Cantique des Cantiques* et on lui attribue des ouvrages de magie comme cette *Clavicule de Salomon*, clef des magiciens.
3. Étudiant.
4. Ville d'Espagne, en Nouvelle-Castille.
5. Cette guerre dure depuis 1701 ; en 1708, les Anglais prennent Lille, alors espagnole.
6. La Compagnie, créée par Colbert en 1681, compte quarante fermiers généraux chargés de prélever les impôts. Le bail de dix-huit fermes locales est cédé à des hommes comme Turcaret pour une durée de six ans, années pendant lesquelles ils s'enrichissent aux dépens du peuple.
7. Degré inférieur de la hiérarchie nobiliaire, en dessous du baron. Mais Lesage fait également entendre que c'est un chevalier d'industrie, c'est-à-dire un homme qui vit d'expédients et de malhonnêtetés.

« Ce garçon-là, madame, est bien niais »

La Baronne feint d'être éprise de Turcaret pour lui soutirer sa fortune sous la forme de cadeaux multiples. Elle est secondée dans sa tâche par un Chevalier qui prétend l'aimer. Tous deux décident donc de faire entrer l'ancien valet du Chevalier, Frontin[1], au service du financier pour mieux le dépouiller. Le valet, pour gagner la confiance de Turcaret, se fait plus sot qu'il n'est. Comme Turcaret est, lui, plus sot qu'il ne veut le paraître, il se fait berner.

LA BARONNE.
Monsieur, voilà le garçon que je veux vous donner.

M. TURCARET.
Il paraît un peu innocent[2].

LA BARONNE.
Que vous vous connaissez bien en physionomie !

M. TURCARET.
J'ai le coup d'œil infaillible... *(À Frontin.)* Approche, mon ami : dis-moi un peu, as-tu déjà quelques principes ?

FRONTIN.
Qu'appelez-vous des principes ?

M. TURCARET.
Des principes de commis ; c'est-à-dire si tu sais comment on peut empêcher les fraudes, ou les favoriser ?

FRONTIN.
Pas encore, monsieur ; mais je sens que j'apprendrai cela fort facilement.

M. TURCARET.
Tu sais, du moins, l'arithmétique ? Tu sais faire des comptes à parties simples[3] ?

FRONTIN.
Oh ! oui, monsieur ; je sais même faire des parties doubles[4]. J'écris aussi de deux écritures, tantôt de l'une et tantôt de l'autre.

M. TURCARET.
De la ronde, n'est-ce pas ?

FRONTIN.
De la ronde, de l'oblique.

M. TURCARET.
Comment de l'oblique ?

FRONTIN.
Hé ! oui, d'une écriture que vous connaissez,... là..., d'une certaine écriture qui n'est pas légitime.

M. TURCARET *(à la Baronne.)*
Il veut dire de la bâtarde[5].

FRONTIN.
Justement : c'est ce mot-là que je cherchais.

M. TURCARET *(à la Baronne.)*
Quelle ingénuité !... Ce garcon-là, madame, est bien niais.

LA BARONNE.
Il se déniaisera dans vos bureaux.

M. TURCARET.
Oh qu'oui, madame, oh qu'oui ! D'ailleurs un bel esprit n'est pas nécessaire pour faire son chemin. Hors moi et deux ou trois autres, il n'y a parmi nous que des génies[6] assez communs. Il suffit d'un certain usage, d'une routine que l'on ne manque guère d'attraper. Nous voyons tant de gens ! Nous nous étudions à prendre ce que le monde a de meilleur ; voilà toute notre science.

LA BARONNE.
Ce n'est pas la plus inutile de toutes.

M. TURCARET *(à Frontin.)*
Oh çà ! mon ami, tu es à moi, et tes gages courent dès ce moment.

Lesage, *Turcaret*, acte II, scène 4.

« Je ne suis pas plus sensible que vous aux plaintes des sots... »

Turcaret reçoit avec humeur, chez la Baronne, son agent de change, M. Rafle[7], qui lui expose deux affaires dans lesquelles le financier risque d'être pris à son propre piège. Celui-ci renvoie les problèmes avec désinvolture. Nous en arrivons au troisième point figurant sur la liste de M. Rafle.

La scène est l'occasion pour Lesage de présenter le financier dans l'exercice de sa malhonnêteté. Plusieurs fermiers généraux de l'époque ont servi de modèle au personnage sans pitié ni scrupules, en particulier Desmarets, enrichi par des spéculations spectaculaires, et devenu ministre des Finances.

1. Noter la valeur du nom : Frontin = effronté.
2. Niais.
3. La partie simple consiste à n'inscrire sur les registres de comptes que le compte du client ou du fournisseur.
4. La partie double met en regard, dans les registres, doit et avoir, pour le créditeur et pour le débiteur. Ici, « doubles » est à prendre au sens de « cachées » : ce sont les comptes truqués destinés à tromper le roi sur le montant de l'impôt perçu.
5. L'échange de répliques se fonde sur le jeu entre « oblique » et « bâtarde ». Il existait trois écritures, la ronde, l'anglaise et un mélange des deux nommée « bâtarde ». Cette dernière est prise par Frontin, ironiquement, en son sens moral d'« illégitime ». Elle permettrait donc de faire des faux en écriture.
6. Esprits.
7. Noter la valeur du nom, à rapprocher du verbe « rafler », emporter rapidement comme un voleur.

Anonyme, *Le Banquier*, gravure du XVIIIe s. (Paris, musée des Arts décoratifs, Bibliothèque).

M. RAFLE, *après avoir encore regardé dans le bordereau.*
Ce grand homme sec, qui vous donna, il y a deux mois, deux mille francs pour une direction[1] que vous lui avez fait avoir à Valognes.

M. TURCARET.
Eh bien ?

M. RAFLE.
Il lui est arrivé malheur.

M. TURCARET.
Quoi ?

M. RAFLE.
On a surpris sa bonne foi ; on lui a volé quinze mille francs. Dans le fond il est trop bon.

M. TURCARET.
Trop bon, trop bon ! Eh ! Pourquoi diable s'est-il donc mis dans les affaires ? Trop bon, trop bon !

M. RAFLE.
Il m'a écrit une lettre fort touchante, par laquelle il vous prie d'avoir pitié de lui.

M. TURCARET.
Papier perdu ! Lettre inutile !

M. RAFLE.
Et de faire en sorte qu'il ne soit point révoqué.

M. TURCARET.
Je ferai plutôt en sorte qu'il le soit ; l'emploi me reviendra, je le donnerai à un autre pour le même prix.

M. RAFLE.
C'est ce que j'ai pensé comme vous.

M. TURCARET.
J'agirais contre mes intérêts ! Je mériterais d'être cassé à la tête de la Compagnie[2].

M. RAFLE.
Je ne suis pas plus sensible que vous aux plaintes des sots... Je lui ai déjà fait réponse, et lui ai mandé tout net qu'il ne devait point compter sur vous.

M. TURCARET.
Non, parbleu !

M. RAFLE, *regardant dans son bordereau.*
Voulez-vous prendre, au denier quatorze[3], cinq mille francs qu'un honnête serrurier de ma connaissance a amassés par son travail et par ses épargnes ?

M. TURCARET.
Oui, oui, cela est bon : je lui ferai ce plaisir-là. Allez me le chercher ; je serai au logis dans un quart d'heure. Qu'il apporte l'espèce[4]. Allez, allez.

M. RAFLE, *s'en allant et revenant.*
J'oubliais la principale affaire : je ne l'ai pas mise sur mon agenda.

M. TURCARET.
Qu'est-ce que c'est que cette principale affaire ?

M. RAFLE.
Une nouvelle qui vous surprendra fort. Mme Turcaret est à Paris.

M. TURCARET.
Parlez bas, monsieur Rafle, parlez bas.

M. RAFLE.
Je la rencontrai hier dans un fiacre, avec une manière de jeune seigneur[5] dont le visage ne m'est pas tout à fait inconnu, et que je viens de trouver dans cette rue-ci en arrivant.

M. TURCARET.
Vous ne lui parlâtes point ?

M. RAFLE.
Non ; mais elle m'a fait prier ce matin de ne vous en rien dire, et de vous faire souvenir seulement qu'il lui est dû quinze mois de la pension de quatre mille livres[6] que vous lui donnez pour la tenir en province ; elle ne s'en retournera point qu'elle ne soit payée.

M. TURCARET.
Oh ventrebleu ! monsieur Rafle, qu'elle le soit ! Défaisons-nous promptement de cette créature-là. Vous lui porterez dès aujourd'hui les cinq cents pistoles[7] du serrurier ; mais qu'elle parte dès demain.

M. RAFLE.
Oh ! elle ne demandera pas mieux ! Je vais chercher le bourgeois[8] et le mener chez vous.

M. TURCARET.
Vous m'y trouverez.

Lesage, *Turcaret*, acte III, scène 7.

1. Emploi de directeur à la Ferme générale.
2. Compagnie des fermiers généraux.
3. Taux d'intérêt d'environ 7 %, ce qui représente une action honnête de Turcaret (le taux d'emprunt officiel était fixé à 5 %). Mais ce sera pour prêter ensuite ce même argent à un taux beaucoup plus élevé.
4. L'or.
5. Le jeune seigneur est un marquis, qui fréquente le salon de la Baronne et a eu des démêlés avec Turcaret.
6. Monnaie représentant à l'origine un poids d'une livre d'argent. A eu des valeurs diverses ; synonyme ici de « franc ».
7. Monnaie valant environ dix francs.
8. Le serrurier.

Histoire de Gil Blas

1715-1724-1735

Gil Blas de Santillane est un roman picaresque[1], c'est-à-dire qu'il retrace les tentatives d'un personnage de basse extraction pour s'élever dans l'échelle sociale. Héritier direct de ses modèles espagnols, Gil Blas oscillera pour tant entre l'honnêteté et la friponnerie, et lorsqu'il sombr dans le vice, c'est pour mieux revenir au bien. Ses emplois successifs chez un médecin, des ecclésiastiques, des actrices et des ministres donnent à l'auteur l'occasion de peindre, d'une plume féroce, ces différents milieux sociaux, tous plus corrompus les uns que les autres.

On peut parler de ce roman comme d'une œuvre à « tiroirs ». Le narrateur est Gil Blas lui-même, devenu vieux, et jetant un regard assagi sur sa vie, ce qui l'autorise à des réflexions de moraliste sur ses expériences qui l'ont enrichi, chacune à leur façon. Au milieu des aventures personnelles que nous rapporte le héros, s'insèrent les histoires des personnages rencontrés. Les longs intervalles dans la publication des trois parties du roman empêchent la cohérence parfaite des épisodes. Mais Lesage privilégie la fantaisie et la libre succession des événements, plutôt que la rigueur de la structure.

La première partie, qui comprend six livres, date de 1715, l'année de la mort de Louis XIV. Les trois livres suivants qui composent la seconde partie datent de 1724, époque de la Régence et du ministère du cardinal Dubois, dont on retrouve des traits dans le roman avec le ministère du duc de Lerme. Les livres X, XI et XII, constituant la troisième et dernière partie du roman, sont écrits par un écrivain vieillissant, en 1735. Lesage a, en effet, soixante-sept ans et prête à son héros, Gil Blas, ses propres désillusions et sa résignation.

Francesco Sasso (1720-1776), *Le Charlatan de village*, 1,05 × 1,26 m (Madrid, musée du Prado).

1. Le *picaro* est un personnage un peu brigand qui fait le récit autobiographique de sa vie semée d'aventures, dont ne le sauvent que le hasard ou son intelligence.

« Un vilain métier »

Parti de chez lui pour se rendre à l'université de Salamanque, Gil Blas est fait prisonnier par des brigands qui l'engagent dans leur troupe. Lors de son expédition d'initiation, Gil Blas doit détrousser un moine, pendant que ses compagnons, cachés, surveillent la scène.

Je joignis le père et lui demandai la bourse en lui présentant le bout d'un pistolet. Il s'arrêta tout court pour me considérer ; et, sans paraître effrayé : « Mon enfant, me dit-il, vous êtes bien jeune ; vous faites de bonne heure un vilain métier. – Mon Père, lui répondis-je, tout vilain qu'il est, je voudrais l'avoir commencé plus tôt[1]. – Ah ! mon fils, répliqua le bon religieux, qui n'avait garde de comprendre le vrai sens de mes paroles[2], que dites-vous ? quel aveuglement ! souffrez que je vous représente l'état malheureux... – Oh ! mon Père, interrompis-je avec précipitation, trêve de morale, s'il vous plaît. Je ne viens pas sur les grands chemins pour entendre des sermons. Il ne s'agit point ici de cela. Il faut que vous me donniez des espèces. Je veux de l'argent. – De l'argent ? me dit-il d'un air étonné. Vous jugez bien mal de la charité des Espagnols, si vous croyez que les personnes de mon caractère aient besoin d'argent pour voyager en Espagne. Détrompez-vous. On nous reçoit agréablement partout. On nous loge. On nous nourrit, et l'on ne nous demande pour cela que des prières. Enfin, nous ne portons point d'argent sur la route. Nous nous abandonnons à la Providence. – Hé ! non, non, lui repartis-je, vous ne vous y abandonnez pas. Vous avez toujours de bonnes pistoles[3] pour être plus sûrs de la Providence. Mais mon Père, ajoutai-je, finissons. Mes camarades, qui sont dans ce bois, s'impatientent. Jetez tout à l'heure[4] votre bourse à terre, ou bien je vous tue. »

À ces mots, que je prononçai d'un air menaçant, le religieux sembla craindre pour sa vie. « Attendez, me dit-il, je vais donc vous satisfaire, puisqu'il le faut absolument. Je vois bien qu'avec vous autres les figures de rhétorique sont inutiles. » En disant cela, il tira de dessous sa robe une grosse bourse de peau de chamois, qu'il laissa tomber à terre. Alors je lui dis qu'il pouvait continuer son chemin, ce qu'il ne me donna pas la peine de répéter. Il pressa les flancs de sa mule qui, démentant l'opinion que j'avais d'elle, car je ne la croyais pas meilleure que celle de mon oncle, prit tout à coup un assez bon train. Tandis qu'il s'éloignait, je mis pied à terre. Je ramassai la bourse qui me parut pesante. Je remontai sur ma bête, et regagnai promptement le bois, où les voleurs, qui avaient toujours eu les yeux sur moi, m'attendaient avec impatience pour me féliciter, comme si la victoire que je venais de remporter m'eût coûté beaucoup. À peine me donnèrent-ils le temps de descendre de cheval, tant ils s'empressaient de m'embrasser. « Courage, Gil Blas, me dit Rolando[5], tu viens de faire des merveilles. J'ai eu les yeux attachés sur toi pendant ton expédition. J'ai observé ta contenance. Je te prédis que tu deviendras un excellent voleur de grand chemin, ou je ne m'y connais pas. » Le lieutenant et les autres applaudirent à la prédiction, et m'assurèrent que je ne pouvais manquer de l'accomplir quelque jour. Je les remerciai de la haute idée qu'ils avaient de moi, et leur promis de faire tous mes efforts pour la soutenir.

Après qu'ils m'eurent d'autant plus loué que je méritais moins de l'être, il leur prit envie d'examiner le butin dont je revenais chargé. « Voyons, dirent-ils, voyons ce qu'il y a dans la bourse du religieux. – Elle doit être bien garnie, continua l'un d'eux, car ces bons pères ne voyagent pas en pèlerins[6]. » Le capitaine délia la bourse, l'ouvrit, et en tira deux ou trois poignées de petites médailles de cuivre, entremêlées d'*Agnus-Dei*[7] avec quelques scapulaires[8]. À la vue d'un larcin si nouveau, tous les voleurs éclatèrent en ris[9] immodérés. « Vive Dieu ! s'écria le lieutenant, nous avons bien de l'obligation à Gil Blas. Il vient, pour son coup d'essai, de faire un vol fort salutaire à la compagnie. » Cette plaisanterie en attira d'autres. Ces scélérats, et particulièrement celui qui avait apostasié[10], commencèrent à s'égayer sur la matière. Il leur échappa mille traits qu'il ne m'est pas permis de rapporter, et qui marquaient bien le dérèglement de leurs mœurs. Moi seul, je ne riais pas. Il est vrai que mes railleurs m'en ôtaient l'envie en se réjouissant ainsi à mes dépens. Chacun me lança son trait, et le capitaine me dit : « Ma foi, Gil Blas, je te conseille, en ami, de ne te plus jouer aux moines. Ce sont des gens trop fins et trop rusés pour toi. »

Lesage, *Histoire de Gil Blas*, livre I, chapitre 8.

1. Parce qu'il aurait ainsi pu tenter de s'enfuir plus tôt.
2. Le religieux croit, à tort, que Gil Blas s'enorgueillit de ce métier.
3. Monnaie valant dix francs en France. En Espagne, où est censé se dérouler le roman, c'est une monnaie d'or valant de neuf à vingt et un francs entre le XVIe et le XVIIe siècle.
4. Immédiatement.
5. Chef des brigands.
6. Les pèlerins, eux, vivaient de la charité publique.
7. Médailles de cire bénite portant l'effigie de l'Agneau divin, symbole du Christ.
8. Étoffes bénites.
9. Rires.
10. Ancien moine qui a renoncé à la foi.

« Voilà un sermon qui sent l'apoplexie »

L'épisode narré ici s'organise selon un schéma qui revient souvent dans le roman : Gil Blas est embauché par un puissant personnage parce qu'il est sympathique et débrouillard. Il se croit enfin au bout de ses peines, mais un accident vient troubler la situation et Gil Blas, chassé, doit à nouveau chercher une place.

Employé depuis peu comme secrétaire par l'archevêque de Grenade, Gil Blas a pour fonction de prévenir le prélat vieillissant lorsqu'il donnera le moindre signe de faiblesse intellectuelle ou de gâtisme : « Je te le répète, Gil Blas, dès que tu jugeras que ma tête s'affaiblira, donne m'en aussitôt avis. » Gil Blas semble avoir ainsi trouvé un terme à ses errances puisque son travail est facile et bien payé ; mais le calme ne peut durer.

[...] Dans le temps de ma plus grande faveur, nous eûmes une chaude alarme au palais épiscopal ; l'archevêque tomba en apoplexie. On le secourut si promptement et on lui donna de si bons remèdes, que quelques jours après il n'y paraissait plus. Mais son esprit en reçut une rude atteinte. Je le remarquai bien dès la première homélie[1] qu'il composa. Je ne trouvai pas toutefois la différence qu'il y avait de celle-là aux autres assez sensible pour conclure que l'orateur commençait à baisser. J'attendis encore une homélie pour mieux savoir à quoi m'en tenir. Oh ! pour celle-là, elle fut décisive. Tantôt le bon prélat se rebattait[2], tantôt il s'élevait trop haut ou descendait trop bas : c'était un discours diffus, une rhétorique de régent[3] usé, une capucinade[4].

Je ne fus pas le seul qui y prit garde. La plupart des auditeurs, comme s'ils eussent été aussi gagés[5] pour l'examiner, se disaient tout bas les uns aux autres : Voilà un sermon qui sent l'apoplexie. Allons Monsieur l'arbitre des homélies, me dis-je alors à moi-même, préparez-vous à faire votre office. Vous voyez que Monseigneur tombe. Vous devez l'en avertir, non seulement comme dépositaire de ses pensées, mais encore de peur que quelqu'un de ses amis ne fût assez franc pour vous prévenir[6]. En ce cas-là, vous savez ce qu'il en arriverait ; vous seriez biffé[7] de son testament, où il y aura sans doute pour vous un meilleur legs que la bibliothèque du licencié Sedillo[8].

Après ces réflexions, j'en faisais d'autres toutes contraires : l'avertissement dont il s'agissait me paraissait délicat à donner. Je jugeais qu'un auteur entêté de ses ouvrages pourrait le recevoir mal ; mais rejetant cette pensée, je me représentais qu'il était impossible qu'il le prît en mauvaise part, après l'avoir exigé de moi d'une manière si pressante. Ajoutons à cela que je comptais bien de lui parler avec adresse, et de lui faire avaler la pilule tout doucement. Enfin, trouvant que je risquais davantage à garder le silence qu'à le rompre, je me déterminai à parler.

Je n'étais plus embarrassé que d'une chose : je ne savais de quelle façon entamer la parole. Heureusement l'orateur lui-même me tira de cet embarras, en me demandant ce qu'on disait de lui dans le monde, et si l'on était satisfait de son dernier discours. Je répondis qu'on admirait toujours ses homélies, mais qu'il me semblait que la dernière n'avait pas si bien que les autres affecté l'auditoire. « Comment donc, mon ami, répliqua-t-il avec étonnement, aurait-elle trouvé quelque Aristarque[9] ? – Non, Monseigneur, lui repartis-je, non. Ce ne sont pas des ouvrages tels que les vôtres que l'on ose critiquer. Il n'y a personne qui n'en soit charmé. Néanmoins puisque vous m'avez recommandé d'être franc et sincère, je prendrai la liberté de vous dire que votre dernier discours ne me paraît pas tout à fait de la force des précédents. Ne pensez-vous pas cela comme moi ? »

Ces paroles firent pâlir mon maître, qui me dit avec un sourire forcé : « Monsieur Gil Blas, cette pièce n'est donc pas de votre goût ? – Je ne dis pas cela, Monseigneur, interrompis-je tout déconcerté. Je la trouve excellente, quoiqu'un peu au-dessous de vos autres ouvrages. – Je vous entends, répliqua-t-il, je vous parais baisser, n'est-ce pas ? Tranchez le mot. Vous croyez qu'il est temps que je songe à la retraite. – Je n'aurais pas été si hardi, lui dis-je, pour vous parler si librement, si votre Grandeur ne me l'eût ordonné. Je ne fais donc que lui obéir, et je la supplie très humblement de ne me point savoir mauvais gré de ma hardiesse. – À Dieu ne plaise, interrompit-il avec précipitation, à Dieu ne plaise que je vous la reproche. Il faudrait que je fusse bien injuste. Je ne trouve point du tout mauvais que vous me disiez votre sentiment. C'est votre sentiment seul que je trouve mauvais. J'ai été furieusement la dupe de votre intelligence bornée. »

Lesage, *Histoire de Gil Blas*, livre VII, chapitre 4.

1. Sermon sur l'Évangile.
2. Se répétait.
3. Précepteur.
4. Discours dévot comme celui des capucins, réputés faibles esprits.
5. Payés.
6. Devancer.
7. Rayé, supprimé.
8. Les quelques livres laissés à Gil Blas par son ancien maître.
9. Grammairien grec (IIe siècle avant J.-C.) d'une extrême sévérité.

Synthèse

Lesage a écrit toute sa vie, pressé par des besoins d'argent ; il est le précurseur des écrivains modernes qui vivent de leur production littéraire[1].

Comme romancier, Lesage dote la littérature française d'adaptations de romans picaresques espagnols[2]. Par la satire qu'il fait de la société de son temps, tant dans ses romans que dans son théâtre, il prépare, bien avant la Révolution, l'aboutissement des idées de la philosophie des Lumières. Enfin, il invente en quelque sorte le roman de mœurs réaliste, invention qui connaîtra ses heures de gloire au XIXe siècle.

L'inspiration espagnole

C'est essentiellement le roman d'apprentissage que Lesage retient des Espagnols. Suivre l'évolution d'un individu pas à pas permettait, dans le roman picaresque espagnol, de présenter une vision sans illusion du monde, l'amère constatation que l'homme ne pouvait sortir de sa condition initiale. Lesage ne conserve de cet héritage que le jeu, bien plus souriant, de la multiplication des anecdotes et des aventures survenant au narrateur. Dans *Gil Blas de Santillane*, il fait progresser socialement son personnage qui moralement, en revanche, ne change que peu.

C'est plutôt l'auteur qui subit une métamorphose : la verve de la jeunesse, à l'œuvre dans les six premiers livres, cède le pas à l'ironie vigoureuse de l'âge mûr dans la seconde partie ; la troisième se ressent de la vieillesse de l'auteur, dans son discours nostalgique et un peu moralisateur.

Anonyme, *Parade au théâtre de la foire Saint-Laurent*, détail, 1756 (Paris, musée Carnavalet).

1. Jusqu'alors en effet, les écrivains devaient leur subsistance à des rentes personnelles ou à des subsides que leur accordaient de puissants personnages (les mécènes).

2. Récit autobiographique de l'impossible ascension sociale d'un *picaro*, personnage de modeste naissance mais très rusé, qui montre la puissance du hasard sous les couleurs d'un amer fatalisme.

De la fantaisie à la satire sociale

Sans faire de Lesage le porte-parole de l'idéologie révolutionnaire, on peut néanmoins considérer que son œuvre s'inscrit dans un courant de pensée qui annonce les aspirations de la seconde moitié du XVIIIe siècle.

Ses romans, au-delà du pittoresque, brossent un tableau satirique, mais toujours gai, de la société française de l'époque. L'auteur y dénonce les travers des différents groupes sociaux, sous le couvert prudent du dépaysement espagnol. Toute la société de la Régence est ainsi croquée sous son jour le plus ridicule : acteurs imbus d'eux-mêmes, courtisans qui finissent disgraciés, médecins incapables qui assassinent leurs malades, prélats et ecclésiastiques hypocrites.

Son théâtre accorde, dans la tradition de Molière, une place prépondérante aux relations entre maître et valet, et ce sont les valets qui triomphent des maîtres. Tout en conservant à ses pièces un schéma traditionnel hérité de Molière, Lesage en renouvelle le ton par son irrespect des catégories sociales. Ainsi, aucun des personnages de *Turcaret* n'est sympathique, quelle que soit la classe à laquelle il appartient.

À côté de ses deux grandes comédies, Lesage a produit nombre de pièces du Théâtre de la Foire, seul ou en collaboration. Ces pièces, qui ne sont plus lues ni représentées aujourd'hui, étaient des satires directes des événements du moment, sous la forme d'actes brefs, comiques et peu subtils.

Le théâtre de Lesage, comme ses romans, se caractérise donc par sa vivacité, par sa légèreté morale et par ses nombreux traits satiriques sans pitié, mais sans amertume non plus.

Le parti pris d'un certain réalisme

Lesage a toujours su adapter la fiction espagnole à sa personnalité d'auteur. Son style abonde en notations rapides, en saillies et en dialogues vifs[1]. Par là, les portraits que proposent *Gil Blas* ou *Le Diable boiteux* se rapprochent des *Caractères* de La Bruyère.

Lesage peint dans ses romans, non de grands types humains mais des individus, inaugurant ainsi le roman réaliste. Peu sensible aux paysages, à la nature et aux villes (qui ne sont que nommées, jamais décrites), il préfère montrer les hommes en action dans leur environnement, entourés d'objets qui leur sont propres[2]. Les décors sont ainsi notés d'un trait, de même que mille bibelots qui permettent de camper des individus dans leur vie quotidienne. Lesage inaugure une lignée de romanciers qui se développera au XIXe siècle[3].

Lesage se situe donc à la frontière entre la comédie classique et le drame bourgeois, de même que son écriture romanesque oscille du roman fantaisiste au roman réaliste. Comme son héros, Gil Blas, qui est devenu le type littéraire de la réussite matérielle, Lesage concilie dans son œuvre exigences morales et pratiques. Il est l'un de nos premiers écrivains véritablement modernes.

1. Voir le dialogue entre Gil Blas et le moine, p. 143, ou avec l'archevêque, p. 144.
2. Voir les attributs du moine que dévalise Gil Blas, p. 143.
3. Balzac, puis Zola.

Marivaux
1688-1763

École française du XVIIIe s., *Portrait de Marivaux*, 1743 (Versailles, Musée national du Château).

Amoureux du théâtre et de la vérité, moraliste sans être misanthrope, spectateur lucide d'un monde changeant, Pierre Carlet de Chamblain de Marivaux s'est voulu inventeur d'idées et de langages nouveaux. C'est ce qu'il appelait « penser en homme ».

Premiers essais d'un « Moderne »

S'il est né à Paris le 4 février 1688, c'est en province que Pierre Carlet, fils d'une famille de la petite noblesse, passe son enfance et son adolescence. Élève des oratoriens à Riom où son père est directeur de la Monnaie[1], Marivaux ambitionne d'abord de suivre la voie paternelle et s'inscrit en 1710 à la faculté de droit de Paris.

Mais la rencontre avec Fontenelle (voir p. 28) l'engage dans une carrière littéraire qu'il inaugure en 1712 en publiant une comédie en vers : *Le Père prudent et équitable*. La fréquentation du salon de Madame de Lambert, où brille l'esprit des Modernes (voir p. 19) partisans d'une « préciosité nouvelle[2] », marque une étape décisive dans la formation intellectuelle de Marivaux. À l'écoute des conversations savantes et spirituelles de ce milieu raffiné, le jeune homme forge sa sensibilité et développe son sens de l'observation critique et de la nouveauté. Il s'engage dans la bataille contre les Classiques et s'essaye dans des genres peu reconnus : roman parodique (*La Voiture embourbée*, 1714), poème burlesque (*L'Homère travesti*, 1716), chronique journalistique (*Lettres sur les habitants de Paris*, 1717 à 1720).

Il commence à signer ses œuvres « Pierre Carlet de Chamblain de Marivaux », et on le considère alors comme un brillant moraliste, un nouveau La Bruyère. Son mariage en 1717 avec Colombe Bologne, qui lui apporte une dot substantielle, consolide sa position sociale.

1. On dirait aujourd'hui contrôleur des Finances.
2. Expression empruntée à l'ouvrage de Frédéric Deloffre, *Une préciosité nouvelle, Marivaux et le marivaudage*, Paris, A. Colin, 1967.

Mais la fortune a des revers dont Marivaux ne cessera de montrer les effets : en 1720, il est ruiné par la banqueroute du financier Law (voir p. 8), puis il perd sa femme en 1723. Il doit dès lors écrire pour vivre et élever sa fille Colombe-Prosper, née en 1719. C'est dans le théâtre qu'il va trouver sa raison d'être.

La passion du théâtre

En 1720, sous la Régence, il connaît son premier succès à la scène, avec une féerie en un acte, *Arlequin poli par l'amour*, jouée par les Comédiens-Italiens dont il apprécie le jeu plein de fantaisie et de pantomimes. Il devient vite l'auteur attitré de la troupe, dont les acteurs prêtent leurs noms aux personnages de ses pièces. Sa rencontre avec Silvia Baletti, qui sera son interprète favorite, donne lieu à une anecdote plaisante : Marivaux, s'introduisant incognito dans la loge de l'actrice, lui donne lecture avec esprit et enthousiasme du texte de *La Surprise de l'amour*, qu'elle se prépare à jouer. Silvia se serait alors écriée : « Ah ! Monsieur, vous êtes le diable ou l'auteur ! »

Auteur, Marivaux le sera pendant plus de vingt ans dans le registre d'une comédie qu'il renouvelle profondément. Les « comédies de l'amour » lui permettent d'explorer les surprises, les secrets et les masques du cœur humain, parfois pris au piège des intérêts matériels et des préjugés. Les plus célèbres de ses pièces sont les deux *Surprises de l'amour* (la première en 1722 et la seconde en 1727), *La Double Inconstance* (1723), *Le Jeu de l'amour et du hasard* (1730), *Les Serments indiscrets* (1731) et *Les Fausses Confidences* (1737).

Dans ses « comédies philosophiques », Marivaux développe, dans un cadre utopique, l'analyse sociale et psychologique qui est une constante de son œuvre. Dans *L'Île des esclaves* (1725), *L'Île de la Raison* (1727) et *La Colonie* (1729), il fait du théâtre le moyen d'imaginer de nouvelles relations humaines.

Marivaux moraliste et romancier

La réflexion de Marivaux s'épanouit aussi dans les journaux qu'il crée et publie entre 1721 *(Le Spectateur français)* et 1734 *(Le Cabinet du philosophe)*. Lui qui éprouve parfois durement les nécessités de la vie imagine ainsi de faire parler, dans *L'Indigent philosophe* – autre journal créé en 1727 –, un homme que sa pauvreté rend sage : il peut ainsi examiner avec humour, mais sans complaisance, les mille visages de l'existence sociale et les travers de ses contemporains, tous ces « porteurs de visage » chez qui l'artifice est une seconde nature. C'est là un travail de peintre puisqu'il faut réussir le portrait changeant de toutes les vanités. C'est aussi un travail d'interprète, qui suppose une distance critique vis-à-vis du monde dont Marivaux refuse d'être le censeur sans vouloir en être la dupe. Dans ses *Journaux*, il précise également ses conceptions esthétiques : se démarquant de la doctrine classique, il préfère la suggestion à l'expression, la spontanéité de l'écriture à une composition trop concertée, parce que la réalité qu'il observe est toujours plus complexe et fugitive que les cadres rigides dans lesquels on tente de l'enfermer.

Les aléas de l'existence, la difficulté d'appréhender en toute clarté l'univers qui nous entoure et celui de nos propres sentiments sont précisément au centre de l'œuvre romanesque de Marivaux. Dans *La Vie de Marianne*, dont la rédaction s'étend sur une quinzaine d'années (1726-1741), l'écrivain surprend ses lecteurs en mêlant à la trame d'un récit classique les méditations de la narratrice, une femme âgée qui revoit son passé avec le recul du temps et s'interroge sur l'amour, la sincérité et la reconnaissance sociale du mérite personnel. On retrouve ces thèmes dans un autre roman, *Le Paysan parvenu* (1735), qui relate les aventures de Jacob à qui sa montée à Paris et ses succès amoureux valent une rapide promotion sociale.

Si la réussite littéraire de Marivaux apparaît aujourd'hui éclatante, elle ne lui permit pourtant pas de mener une vie facile. Sa fille dut entrer au couvent en 1745 parce que son père ne pouvait la doter honorablement. À partir de 1742 où il est élu à l'Académie française, grâce à Madame de Tencin dont il fréquente le salon, Marivaux ne compose plus que quelques pièces jouées à la Comédie-Française et des réflexions sur la langue française dans laquelle il veut introduire un « désordre toujours sage » et un « enthousiasme toujours raisonné[1] ».

1. *Discours de réception à l'Académie française.*

Lorsqu'il meurt à Paris, le 12 février 1763, Marivaux laisse un testament d'une dizaine de lignes et des biens modestes. Il est alors tombé dans un oubli dont saura le venger la postérité de son œuvre.

LE THÉÂTRE DE MARIVAUX

Arlequin poli par l'amour (1720).
La Surprise de l'amour (1722).
La Double Inconstance (1723) → pp. 149-152.
Le Prince travesti (1724).
La Fausse Suivante (1724).
L'Ile des esclaves (1725).
La Seconde Surprise de l'amour (1727).
La Colonie (1729) → pp. 152-153.
Le Jeu de l'amour et du hasard (1730) → pp. 154-159.
Les Serments indiscrets (1731).
Le Triomphe de l'amour (1732).
Les Fausses Confidences (1737) → pp. 159-161.
L'Épreuve (1740).

Antoine Watteau (1684-1721), *Iris c'est de bonne heure...* appelé coutumièrement *La Danse*, 0,97 × 1,16 m (Berlin, Staatliche Museen, Gemäldegalerie, Stiftung Preussischer Kulturbesitz).

La Double Inconstance
1723

La Double Inconstance s'ouvre sur une situation digne de Racine : Arlequin et Silvia, qui s'aiment, sont enlevés et séparés par un prince qui veut épouser la jeune fille. Le conflit initial est donc sentimental et social. Arlequin et Silvia incarnent en effet les valeurs du monde paysan, celles de la simplicité et du naturel, opposées aux valeurs de la cour fondées sur le jeu des apparences et des préséances.

Le mouvement de la comédie conduit à dépasser cette contradiction : au premier acte, l'amour d'Arlequin et de Silvia apparaît impossible à ébranler mais à l'acte suivant, les plaisirs de la mondanité et surtout les atteintes de l'amour-propre emportent les personnages vers un autre sentiment qu'ils oseront s'avouer au dernier acte : Silvia épousera le Prince, Arlequin épousera Flaminia, une dame de la cour. Mais les « mondains » et les intrigants ont, paradoxalement, découvert de leur côté les charmes de la sincérité « rustique ». Dès lors, la morale de la comédie apparaît ambiguë : *La Double Inconstance* est-elle une fable cruelle sur les pouvoirs du mensonge ou le rêve d'un compromis entre vérité et existence sociale ?

« Vous êtes un grand nigaud, mon ami... »

Un prince, qui « doit se choisir une femme dans ses États », a fait enlever une jeune paysanne, Silvia, dont il s'est épris. Trivelin, un officier du palais, est chargé par le Prince de détacher Arlequin, l'« amoureux » de Silvia, de la jeune fille en lui promettant honneur et richesses. Le courtisan et le paysan s'affrontent.

TRIVELIN.
Vous savez que le Prince doit se choisir une femme dans ses États.

ARLEQUIN.
Je ne sais point cela ; cela m'est inutile.

TRIVELIN.
Je vous l'apprends.

ARLEQUIN, *brusquement.*
Je ne me soucie pas de nouvelles.

TRIVELIN.
Silvia plaît donc au Prince, et il voudrait lui plaire avant que de l'épouser. L'amour qu'elle a pour vous fait obstacle à celui qu'il tâche de lui donner pour lui.

ARLEQUIN.
Qu'il fasse donc l'amour ailleurs : car il n'aurait que la femme, moi j'aurais le cœur ; il nous manquerait quelque chose à l'un et à l'autre, et nous serions tous trois mal à notre aise.

TRIVELIN.
Vous avez raison ; mais ne voyez-vous pas que si vous épousiez Silvia, le Prince resterait malheureux ?

ARLEQUIN, *après avoir rêvé.*
À la vérité il serait d'abord un peu triste ; mais il aura fait le devoir d'un brave homme, et cela console. Au lieu que, s'il l'épouse, il fera pleurer ce pauvre enfant[1] ; je pleurerai aussi, moi ; il n'y aura que lui qui rira, et il n'y a point de plaisir à rire tout seul.

TRIVELIN.
Seigneur Arlequin, croyez-moi ; faites quelque chose pour votre maître ; il ne peut se résoudre à quitter Silvia. Je vous dirai même qu'on lui a prédit l'aventure qui la lui a fait connaître, et qu'elle doit être sa femme ; il faut que cela arrive ; cela est écrit là-haut.

ARLEQUIN.
Là-haut on n'écrit pas de telles impertinences ; pour marque de cela, si on avait prédit que je dois vous assommer, vous tuer par derrière, trouveriez-vous bon que j'accomplisse la prédiction ?

TRIVELIN.
Non, vraiment ! il ne faut jamais faire de mal à personne.

ARLEQUIN.
Eh bien ! c'est ma mort qu'on a prédite ; ainsi c'est prédire rien qui vaille, et dans tout cela, il n'y a que l'astrologue à pendre.

TRIVELIN.
Eh ! morbleu, on ne prétend pas vous faire du mal ; nous avons ici d'aimables filles ; épousez-en une, vous y trouverez votre avantage.

ARLEQUIN.
Oui-da ! que je me marie à une autre, afin de mettre Silvia en colère et qu'elle porte son amitié ailleurs ! Oh, oh ! mon mignon, combien vous a-t-on donné pour m'attraper ? Allez, mon fils, vous n'êtes qu'un butord[2] ; gardez vos filles, nous ne nous accommoderons pas ; vous êtes trop cher.

TRIVELIN.
Savez-vous bien que le mariage que je vous propose vous acquerra l'amitié du Prince ?

ARLEQUIN.
Bon ! mon ami ne serait pas seulement mon camarade.

TRIVELIN.
Mais les richesses que vous promet cette amitié...

ARLEQUIN.
On n'a que faire de toutes ces babioles-là, quand on se porte bien, qu'on a bon appétit et de quoi vivre.

TRIVELIN.
Vous ignorez le prix de ce que vous refusez.

ARLEQUIN, *d'un air négligent.*
C'est à cause de cela que je n'y perds rien.

1. Le mot « enfant » est souvent masculin au XVIIIe siècle, même s'il désigne une fille. Arlequin fait ici allusion à Silvia.

2. Personnage grossier, sans délicatesse.

Trivelin.
Maison à la ville, maison à la campagne.

Arlequin.
Ah ! que cela est beau ! il n'y a qu'une chose qui m'embarrasse ; qui est-ce qui habitera ma maison de ville, quand je serai à ma maison de campagne ?

Trivelin.
Parbleu ! vos valets.

Arlequin.
Mes valets ? Qu'ai-je besoin de faire fortune pour ces canailles-là ? Je ne pourrai donc pas les habiter toutes à la fois ?

Trivelin, *riant.*
Non, que je pense ; vous ne serez pas en deux endroits en même temps.

Arlequin.
Eh bien ! innocent que vous êtes, si je n'ai pas ce secret-là, il est inutile d'avoir deux maisons.

Trivelin.
Quand il vous plaira, vous irez de l'une à l'autre.

Arlequin.
À ce compte, je donnerai donc ma maîtresse pour avoir le plaisir de déménager souvent ?

Trivelin.
Mais rien ne vous touche ; vous êtes bien étrange ! Cependant tout le monde est charmé d'avoir de grands appartements, nombre de domestiques...

Arlequin.
Il ne me faut qu'une chambre ; je n'aime point à nourrir des fainéants, et je ne trouverai point de valet plus fidèle, plus affectionné à mon service que moi.

Trivelin.
Je conviens que vous ne serez point en danger de mettre ce domestique-là dehors ; mais ne seriez-vous pas sensible au plaisir d'avoir un bon équipage, un bon carrosse, sans parler de l'agrément d'être meublé superbement ?

Arlequin.
Vous êtes un grand nigaud, mon ami, de faire entrer Silvia en comparaison avec des meubles, un carrosse et des chevaux qui le traînent ! Dites-moi, fait-on autre chose dans sa maison que s'asseoir, prendre ses repas et se coucher ? Eh bien ! avec un bon lit, une bonne table, une douzaine de chaises de paille, ne suis-je pas bien meublé ? N'ai-je pas toutes mes commodités ? Oh ! mais je n'ai point de carrosse ! Eh bien, je ne verserai point. *(En montrant ses jambes.)* Ne voilà-t-il pas un équipage que ma mère m'a donné ? n'est-ce pas de bonnes jambes ? Eh ! morbleu, il n'y a pas de raison à vous d'avoir une autre voiture que la mienne. Alerte, alerte, paresseux ; laissez vos chevaux à tant d'honnêtes laboureurs, qui n'en ont point ; cela nous fera du pain ; vous marcherez, et vous n'aurez pas les gouttes[1].

Trivelin.
Têtubleu, vous êtes vif ! Si l'on vous en croyait, on ne pourrait fournir les hommes de souliers.

Arlequin, *brusquement.*
Ils porteraient des sabots. Mais je commence à m'ennuyer de tous vos contes ; vous m'avez promis de me montrer Silvia ; un honnête homme n'a que sa parole.

Marivaux, *La Double Inconstance*, acte I, scène 4 (extrait).

« Eh ! que sait-on ce qui peut arriver ? »

Silvia, inébranlable dans l'affirmation de ses sentiments pour Arlequin tout au long du premier acte, est soumise au cours du second acte aux « attaques » conjuguées des dames de la cour et du Prince, qui se fait passer pour un simple cavalier. Les premières réussissent à piquer au vif l'amour-propre de la jeune femme en lui reprochant son air campagnard. Le second parvient, en se déclarant son chevalier servant, à toucher le cœur de Silvia. Celle-ci commence à douter.

Silvia.
Vous venez ; vous allez encore me dire que vous m'aimez, pour me mettre davantage en peine.

Le Prince.
Je venais voir si la dame qui vous a fait insulte s'était bien acquittée de son devoir. Quant à moi, belle Silvia, quand mon amour vous fatiguera, quand je vous déplairai moi-même, vous n'avez qu'à m'ordonner de me taire et de me retirer ; je me tairai, j'irai où vous voudrez, et je souffrirai sans me plaindre, résolu de vous obéir en tout.

Silvia.
Ne voilà-t-il pas ? Ne l'ai-je pas bien dit ? Comment voulez-vous que je vous renvoie ? Vous vous tairez, s'il me plaît ; vous vous en irez, s'il me plaît ; vous n'oserez pas vous plaindre, vous m'obéirez en tout. C'est bien là le moyen de faire que je vous commande quelque chose !

Le Prince.
Mais que puis-je mieux que de vous rendre maîtresse de mon sort ?

1. Maladie inflammatoire qui affecte les articulations.

SILVIA.
Qu'est-ce que cela avance ? Vous rendrai-je malheureux ? en aurai-je le courage ? Si je vous dis : « Allez-vous-en », vous croirez que je vous hais ; si je vous dis de vous taire, vous croirez que je ne me soucie pas de vous ; et toutes ces croyances-là ne seront pas vraies ; elles vous affligeront ; en serai-je plus à mon aise après ?

LE PRINCE.
Que voulez-vous donc que je devienne, belle Silvia ?

SILVIA.
Oh ! ce que je veux ! j'attends qu'on me le dise ; j'en suis encore plus ignorante que vous : voilà Arlequin qui m'aime ; voilà le Prince qui demande mon cœur ; voilà vous qui méritez de l'avoir ; voilà ces femmes qui m'injurient et que je voudrais punir ; voilà que j'aurai un affront, si je n'épouse pas le Prince ; Arlequin m'inquiète ; vous me donnez du souci, vous m'aimez trop ; je voudrais ne vous avoir jamais connu, et je suis bien malheureuse d'avoir tout ce tracas-là dans la tête.

LE PRINCE.
Vos discours me pénètrent, Silvia. Vous êtes trop touchée de ma douleur ; ma tendresse, toute grande qu'elle est, ne vaut pas le chagrin que vous avez de ne pouvoir m'aimer.

SILVIA.
Je pourrais bien vous aimer ; cela ne serait pas difficile, si je voulais.

LE PRINCE.
Souffrez donc que je m'afflige, et ne m'empêchez pas de vous regretter toujours.

SILVIA, *comme impatiente.*
Je vous en avertis, je ne saurais supporter de vous voir si tendre ; il semble que vous le fassiez exprès. Y a-t-il de la raison à cela ? Pardi ! j'aurai moins de mal à vous aimer tout à fait qu'à être comme je le suis. Pour moi, je laisserai tout là, voilà ce que vous gagnerez.

LE PRINCE.
Je ne veux donc plus vous être à charge ; vous souhaitez que je vous quitte ; je ne dois pas résister aux volontés d'une personne si chère. Adieu, Silvia.

SILVIA, *vivement.*
Adieu, Silvia ! Je vous querellerais volontiers ; où allez-vous ? Restez là, c'est ma volonté ; je la sais mieux que vous, peut-être.

LE PRINCE.
J'ai cru vous obliger.

SILVIA.
Quel train que tout cela ! Que faire d'Arlequin ? Encore si c'était vous qui fût le Prince !

LE PRINCE.
Et quand je le serais ?

SILVIA.
Cela serait différent, parce que je dirais à Arlequin que vous prétendriez être le maître ; ce serait mon excuse ; mais il n'y a que pour vous que je voudrais prendre cette excuse-là.

LE PRINCE, *à part.*
Qu'elle est aimable ! il est temps de dire qui je suis.

SILVIA.
Qu'avez-vous ? est-ce que je vous fâche ? Ce n'est pas à cause de la principauté que je voudrais que vous fussiez prince, c'est seulement à cause de vous tout seul ; et si vous l'étiez, Arlequin ne saurait pas que je vous prendrais par amour ; voilà ma raison. Mais non, après tout, il vaut mieux que vous ne soyez pas le maître ; cela me tenterait trop. Et quand vous le seriez, tenez, je ne pourrais me résoudre à être une infidèle ; voilà qui est fini.

LE PRINCE, *à part, les premiers mots.*
Différons encore de l'instruire. Silvia, conservez-moi seulement les bontés que vous avez pour moi. Le Prince vous a fait préparer un spectacle ; permettez que je vous y accompagne et que je profite de toutes les occasions d'être avec vous. Après la fête, vous verrez le Prince ; et je suis chargé de vous dire que vous serez libre de vous retirer, si votre cœur ne vous dit rien pour lui.

SILVIA.
Oh ! il ne me dira pas un mot ; c'est tout comme si j'étais partie ; mais quand je serai chez nous, vous y viendrez ; eh ! que sait-on ce qui peut arriver ? peut-être que vous m'aurez. Allons-nous-en toujours, de peur qu'Arlequin ne vienne.

Marivaux, *La Double Inconstance*, acte II, scène 12.

La Colonie

1729

Comédie sociale et philosophique, *La Colonie* met en scène la révolte des femmes qui aspirent à sortir de l'« humilité ridicule » que les hommes leur ont imposée « depuis le commencement du monde ». Menée par Arthénice, une femme noble, et par Madame Sorbin, la femme d'un artisan, la « colonie » fait l'expérience difficile de sa liberté, se trouve bientôt divisée par des conflits de classe et finit par redonner aux hommes quelques pouvoirs. Reste la revendication résolument moderne d'une reconnaissance sociale de la femme.

« On nous traite de charmantes... »

À la tête d'une « colonie » féminine révoltée contre la domination des hommes, Arthénice dénonce l'avilissement des femmes dans des tâches subalternes et dégradantes.

Jean-Baptiste Chardin (1699-1779), *La Mère laborieuse*, 0,49 × 0,39 m, 1739 (Paris, musée du Louvre).
« C'est à la quenouille [...] c'est au misérable tracas d'un ménage, enfin c'est à faire des nœuds que ces messieurs nous condamnent. »

ARTHÉNICE.
Venons à l'esprit, et voyez combien le nôtre a paru redoutable à nos tyrans ; jugez-en par les précautions qu'ils ont prises pour l'étouffer, pour nous empêcher d'en faire usage ; c'est à filer[1], c'est à la quenouille[1], c'est à l'économie de leur maison, c'est au misérable tracas d'un ménage, enfin c'est à faire des nœuds que ces messieurs nous condamnent.

UNE FEMME.
Véritablement, cela crie vengeance.

ARTHÉNICE.
Ou bien, c'est à savoir prononcer sur des ajustements[2], c'est à les réjouir dans leurs soupers, c'est à leur inspirer d'agréables passions, c'est à régner dans la bagatelle[3], c'est à n'être nous-mêmes que la première de toutes les bagatelles[3] ; voilà toutes les fonctions qu'ils nous laissent ici-bas ; à nous qui les avons polis[4], qui leur avons donné des mœurs[4], qui avons corrigé la férocité de leur âme ; à nous, sans qui la terre ne serait qu'un séjour de sauvages, qui ne mériteraient pas le nom d'hommes.

UNE DES FEMMES.
Ah ! les ingrats ; allons, Mesdames, supprimons les soupers dès ce jour.

UNE AUTRE.
Et pour des passions, qu'ils en cherchent.

MADAME SORBIN.
En un mot comme en cent, qu'ils filent à leur tour.

ARTHÉNICE.
Il est vrai qu'on nous traite de charmantes, que nous sommes des astres, qu'on nous distribue des teints de lis et de roses, qu'on nous chante dans les vers, où le soleil insulté pâlit de honte à notre aspect, et comme vous voyez, cela est considérable ; et puis les transports, les extases, les désespoirs dont on nous régale, quand il nous plaît.

MADAME SORBIN.
Vraiment, c'est de la friandise qu'on donne à ces enfants.

UNE AUTRE FEMME.
Friandise, dont il y a plus de six mille ans que nous vivons.

ARTHÉNICE.
Et qu'en arrive-t-il ? que par simplicité nous nous entêtons du vil honneur de leur plaire, et que nous nous amusons bonnement à être coquettes, car nous le sommes, il en faut convenir.

UNE FEMME.
Est-ce notre faute ? Nous n'avons que cela à faire.

Marivaux, *La Colonie*, scène 9 (extrait).

1. Allusion aux travaux domestiques de la femme qui filait à l'aide d'une quenouille.
2. Arrangements de toilette.
3. Chose frivole, sans importance.
4. « Polir » quelqu'un, lui « donner des mœurs », c'est l'élever afin d'en faire un être civilisé.

Antoine Watteau (1684-1721), *Les Deux Cousines*, détail, 0,30 × 0,35 m (Collection particulière).

Le Jeu de l'amour et du hasard

1730

Silvia, une jeune fille que son père veut marier, est l'héroïne du *Jeu de l'amour et du hasard*. Elle décide se se travestir en soubrette pour mieux découvrir, sous ce déguisement protecteur, celui qu'on lui destine. Mais le « jeu » se complique car Dorante, le prétendant de Silvia, a eu la même idée que la jeune fille et se présente devant elle comme un domestique. Ce double travestissement conduit à un ballet subtil de rencontres parallèles, de quiproquos comiques, de surprises de l'amour et de dialogues pleins de retenue et d'émotion. Plus prompts à s'aimer ouvertement que les maîtres dont ils ont revêtu les habits, les serviteurs, Lisette et Arlequin, conduiront Silvia et Dorante à préférer l'aveu sincère de leurs sentiments à l'amour-propre de leur condition qui répugne à une mésalliance. Peu de pièces de Marivaux offrent une telle virtuosité dans la maîtrise de situations, où la vérité du cœur se cache derrière tous les masques dont les personnages tentent de se parer.

« Mais voilà une pensée bien hétéroclite[1] ! »

Dans la première scène du *Jeu de l'amour et du hasard*, Silvia, la fille de M. Orgon, s'inquiète du prétendant que son père a choisi pour elle alors que Lisette, sa femme de chambre, défend l'idée du mariage.

Lisette.
Quoi ! vous n'épouserez pas celui qu'il vous destine ?

Silvia.
Que sais-je ? peut-être ne me conviendra-t-il point, et cela m'inquiète.

Lisette.
On dit que votre futur est un des plus honnêtes hommes du monde, qu'il est bien fait, aimable, de bonne mine, qu'on ne peut pas avoir plus d'esprit, qu'on ne saurait être d'un meilleur caractère ; que voulez-vous de plus ? Peut-on se figurer de mariage plus doux ? d'union plus délicieuse ?

Silvia.
Délicieuse ! que tu es folle, avec tes expressions !

Lisette.
Ma foi, Madame, c'est qu'il est heureux qu'un amant de cette espèce-là veuille se marier dans les formes ; il n'y a presque point de fille, s'il lui faisait la cour, qui ne fût en danger de l'épouser sans cérémonie. Aimable, bien fait, voilà de quoi vivre pour l'amour ; sociable et spirituel, voilà pour l'entretien de la société pardi ! tout en sera bon, dans cet homme-là ; l'utile et l'agréable, tout s'y trouve.

Silvia.
Oui, dans le portrait que tu en fais, et on dit qu'il y ressemble, mais c'est un *on dit*, et je pourrais bien n'être pas de ce sentiment-là, moi : il est bel homme, dit-on, et c'est presque tant pis.

Lisette.
Tant pis ! tant pis ! mais voilà une pensée bien hétéroclite[1] !

Silvia.
C'est une pensée de très bon sens ; volontiers un bel homme est fat[2], je l'ai remarqué.

Lisette.
Oh ! il a tort d'être fat ; mais il a raison d'être beau.

Silvia.
On ajoute qu'il est bien fait ; passe !

Lisette.
Oui-da ; cela est pardonnable.

Silvia.
De beauté et de bonne mine, je l'en dispense ; ce sont là des agréments superflus.

Lisette.
Vertuchoux ! si je me marie jamais, ce superflu-là sera mon nécessaire.

Silvia.
Tu ne sais ce que tu dis. Dans le mariage, on a plus souvent affaire à l'homme raisonnable qu'à l'aimable homme ; en un mot, je ne lui demande qu'un bon caractère, et cela est plus difficile à trouver qu'on ne pense. On loue beaucoup le sien, mais qui est-ce qui a vécu avec lui ? Les hommes ne se contrefont-ils pas, surtout quand ils ont de l'esprit ? N'en ai-je pas vu, moi, qui paraissaient, avec leurs amis, les meilleures gens du monde ? C'est la douceur, la raison, l'enjouement même, il n'y a pas jusqu'à leur physionomie qui ne soit garante de toutes les bonnes qualités qu'on leur trouve. « Monsieur un tel a l'air d'un galant homme, d'un homme bien raisonnable, disait-on tous les jours d'Ergaste. – Aussi l'est-il, répondait-on. (Je l'ai répondu moi-même.) Sa physionomie ne vous ment pas d'un mot. » Oui, fiez-vous-y à cette physionomie si douce, si prévenante, qui disparaît un quart d'heure après pour faire place à un visage sombre, brutal, farouche, qui devient l'effroi de toute une maison ! Ergaste s'est marié ; sa femme, ses enfants, son domestique ne lui connaissent encore que ce visage-là, pendant qu'il promène partout ailleurs cette physionomie si aimable que nous lui voyons, et qui n'est qu'un masque qu'il prend au sortir de chez lui.

Lisette.
Quel fantasque[3] avec ses deux visages !

Silvia.
N'est-on pas content de Léandre quand on le voit ? Eh bien, chez lui, c'est un homme qui ne dit mot, qui ne rit ni qui ne gronde ; c'est une âme glacée, solitaire, inaccessible ; sa femme ne la connaît point, n'a point de commerce avec elle ; elle n'est mariée qu'avec une figure qui sort d'un cabinet[4], qui vient à table et qui fait expirer de langueur, de froid et d'ennui tout ce qui l'environne. N'est-ce pas là un mari bien amusant ?

Lisette.
Je gèle au récit que vous m'en faites ; mais Tersandre, par exemple ?

Silvia.
Oui, Tersandre ! Il venait l'autre jour de s'emporter contre sa femme ; j'arrive, on m'annonce, je vois un homme qui vient à moi les bras ouverts, d'un air serein, dégagé ; vous auriez dit qu'il sortait de la conversation la plus badine ; sa bouche et ses yeux

1. Une pensée bien étrange.
2. Prétentieux, trop conscient de ses mérites.
3. Ici, substantif masculin : il équivaut à « original, bizarre ».
4. Lieu clos où l'on étudie.

riaient encore. Le fourbe ! Voilà ce que c'est que les hommes. Qui est-ce qui croit que sa femme est à plaindre avec lui ? Je la trouvai toute abattue, le teint plombé, avec des yeux qui venaient de pleurer ; je la trouvai comme je serai peut-être ; voilà mon portrait à venir ; je vais du moins risquer d'en être une copie. Elle me fit pitié, Lisette ; si j'allais te faire pitié aussi ! cela est terrible ! qu'en dis-tu ? Songe à ce que c'est qu'un mari.

LISETTE.
Un mari ? c'est un mari ; vous ne deviez pas finir par ce mot-là ; il me raccommode avec tout le reste.

Marivaux, *Le Jeu de l'amour et du hasard*, acte I, scène 1 (extrait).

« Que me veux-tu ? je ne te hais point »

Dès leur première entrevue (acte I, scène 6), Silvia et Dorante ont vécu une « surprise de l'amour ». Mais tous les deux sont dupes des déguisements de valets sous lesquels ils se sont présentés l'un à l'autre. Silvia, travestie en Lisette, refuse l'idée d'aimer Dorante – « Bourguignon » qu'elle prend pour un serviteur. Elle décide, malgré ce que lui dit son cœur, de refuser de l'entendre davantage lui parler d'amour.

SCÈNE 9

DORANTE.
Lisette, quelque éloignement que tu aies pour moi, je suis forcé de te parler ; je crois que j'ai à me plaindre de toi.

SILVIA.
Bourguignon, ne nous tutoyons plus, je t'en prie.

DORANTE.
Comme tu voudras.

SILVIA.
Tu n'en fais pourtant rien.

DORANTE.
Ni toi non plus ; tu me dis : *Je t'en prie.*

SILVIA.
C'est que cela m'est échappé.

DORANTE.
Eh bien, crois-moi, parlons comme nous pourrons ; ce n'est pas la peine de nous gêner pour le peu de temps que nous avons à nous voir.

SILVIA.
Est-ce que ton maître s'en va ? Il n'y aurait pas grande perte.

DORANTE.
Ni à moi non plus, n'est-il pas vrai ? J'achève ta pensée.

SILVIA.
Je l'achèverais bien moi-même, si j'en avais envie ; mais je ne songe pas à toi.

DORANTE.
Et moi, je ne te perds point de vue.

SILVIA.
Tiens, Bourguignon, une bonne fois pour toutes, demeure, va-t'en, reviens, tout cela doit m'être indifférent, et me l'est en effet ; je ne te veux ni bien ni mal ; je ne te hais, ni ne t'aime, ni ne t'aimerai, à moins que l'esprit ne me tourne. Voilà mes dispositions : ma raison ne m'en permet point d'autres, et je devrais me dispenser de te le dire.

DORANTE.
Mon malheur est inconcevable : tu m'ôtes peut-être tout le repos de ma vie.

SILVIA.
Quelle fantaisie il s'est allé mettre dans l'esprit ! Il me fait de la peine. Reviens à toi : tu me parles, je te réponds ; c'est beaucoup, c'est trop même, tu peux m'en croire ; et, si tu étais instruit, en vérité, tu serais content de moi ; tu me trouverais d'une bonté sans exemple, d'une bonté que je blâmerais dans une autre : je ne me la reproche pourtant pas ; le fond de mon cœur me rassure, ce que je fais est louable ; c'est par générosité que je te parle ; mais il ne faut pas que cela dure ; ces générosités-là ne sont bonnes qu'en passant, et je ne suis pas faite pour me rassurer toujours sur l'innocence de mes intentions ; à la fin, cela ne ressemblerait plus à rien. Ainsi, finissons, Bourguignon ; finissons, je t'en prie : qu'est-ce que cela signifie ? c'est se moquer ; allons, qu'il n'en soit plus parlé.

DORANTE.
Ah ! ma chère Lisette, que je souffre !

SILVIA.
Venons à ce que tu voulais me dire : tu te plaignais de moi, quand tu es entré ; de quoi était-il question ?

DORANTE.
De rien, d'une bagatelle ; j'avais envie de te voir, et je crois que je n'ai pris qu'un prétexte.

SILVIA, *à part.*
Que dire à cela ? Quand je m'en fâcherais, il n'en serait ni plus ni moins.

DORANTE.
Ta maîtresse, en partant, a paru m'accuser de t'avoir parlé au désavantage de mon maître.

SILVIA.
Elle se l'imagine ; et, si elle t'en parle encore, tu peux le nier hardiment ; je me charge du reste.

DORANTE.
Eh ! ce n'est pas cela qui m'occupe.

SILVIA.
Si tu n'as que cela à me dire, nous n'avons plus que faire ensemble.

DORANTE.
Laisse-moi du moins le plaisir de te voir.

Silvia.
Le beau motif qu'il me fournit là ! J'amuserai la passion de Bourguignon ! Le souvenir de tout ceci me fera bien rire un jour.

Dorante.
Tu me railles, tu as raison ; je ne sais ce que je dis ni ce que je te demande. Adieu.

Silvia.
Adieu ; tu prends le bon parti... Mais, à propos de tes adieux, il me reste encore une chose à savoir : vous partez, m'as-tu dit ; cela est-il sérieux ?

Dorante.
Pour moi, il faut que je parte, ou que la tête me tourne.

Silvia.
Je ne t'arrêtais[1] pas pour cette réponse-là, par exemple.

Dorante.
Et je n'ai fait qu'une faute ; c'est de n'être pas parti dès que je t'ai vue.

Silvia, *à part.*
J'ai besoin à tout moment d'oublier que je l'écoute.

Dorante.
Si tu savais, Lisette, l'état où je me trouve...

Silvia.
Oh ! il n'est pas si curieux à savoir que le mien, je t'en assure.

Dorante.
Que peux-tu me reprocher ? Je ne me propose pas de te rendre sensible.

Silvia, *à part.*
Il ne faudrait pas s'y fier.

Dorante.
Et que pourrais-je espérer en tâchant de me faire aimer ? Hélas ! quand même j'aurais ton cœur...

Silvia.
Que le ciel m'en préserve ! quand tu l'aurais, tu ne le saurais pas ; et je ferais si bien que je ne le saurais pas moi-même. Tenez, quelle idée il lui vient là !

Dorante.
Il est donc bien vrai que tu ne me hais, ni ne m'aimes, ni ne m'aimeras ?

Silvia.
Sans difficulté.

Dorante.
Sans difficulté ! Qu'ai-je donc de si affreux ?

Silvia.
Rien ; ce n'est pas là ce qui te nuit.

Dorante.
Eh bien ! chère Lisette, dis-le-moi cent fois, que tu ne m'aimeras point.

Jean Honoré Fragonard (1732-1806), *Jeune Fille debout vue de profil*, sanguine, 0,37 × 0,24 m (Paris, musée des Arts décoratifs).

1. Je ne te retenais pas.

SILVIA.
Oh ! je te l'ai dit assez ; tâche de me croire.

DORANTE.
Il faut que je le croie ! Désespère une passion dangereuse, sauve-moi des effets que j'en crains ; tu ne me hais, ni ne m'aimes, ni ne m'aimeras ! accable mon cœur de cette certitude-là ! J'agis de bonne foi, donne-moi du secours contre moi-même ; il m'est nécessaire ; je te le demande à genoux.

Il se jette à genoux. Dans ce moment, M. Orgon et Mario[1] entrent, et ne disent mot.

SCÈNE 10

SILVIA.
Ah ! nous y voilà ! il ne manquait plus que cette façon-là à mon aventure. Que je suis malheureuse ! c'est ma facilité qui le place là. Lève-toi donc, Bourguignon, je t'en conjure ; il peut venir quelqu'un. Je dirai ce qu'il te plaira : que me veux-tu ? je ne te hais point. Lève-toi ; je t'aimerais, si je pouvais ; tu ne me déplais point ; cela doit te suffire.

Marivaux, *Le Jeu de l'amour et du hasard*,
acte II, scènes 9 et 10 (extrait).

« S'il part, je ne l'aime plus, je ne l'épouserai jamais... »

À la fin de l'acte II, Dorante jette le masque mais Silvia décide de garder le sien : pour s'assurer du cœur de celui qu'elle aime, elle veut l'amener à lui demander sa main en lui laissant croire qu'il épousera une servante. Elle va même jusqu'à susciter la jalousie de Dorante en présentant Mario, son frère, comme un de ses amoureux. Mais l'épreuve de vérité semble se retourner contre elle quand Dorante décide de partir et la laisse désemparée...

SILVIA, *à part.*
S'il part, je ne l'aime plus, je ne l'épouserai jamais... *(Elle le regarde aller.)* Il s'arrête pourtant ; il rêve ; il regarde si je tourne la tête : je ne saurais le rappeler, moi... Il serait pourtant singulier qu'il partît, après tout ce que j'ai fait !... Ah ! voilà qui est fini : il s'en va ; je n'ai pas tant de pouvoir sur lui que je le croyais. Mon frère est un maladroit ; il s'y est mal pris : les gens indifférents gâtent tout. Ne suis-je pas bien avancée ? Quel dénouement !... Dorante reparaît pourtant ; il me semble qu'il revient ; je me dédis[2] donc ; je l'aime encore... Feignons de sortir, afin qu'il m'arrête : il faut bien que notre réconciliation lui coûte quelque chose.

DORANTE, *l'arrêtant.*
Restez, je vous prie ; j'ai encore quelque chose à vous dire.

SILVIA.
À moi, Monsieur ?

DORANTE.
J'ai de la peine à partir sans vous avoir convaincue que je n'ai pas tort de le faire.

SILVIA.
Eh ! Monsieur, de quelle conséquence est-il de vous justifier auprès de moi ? Ce n'est pas la peine ; je ne suis qu'une suivante, et vous me le faites bien sentir.

DORANTE.
Moi, Lisette ! est-ce à vous de vous plaindre, vous qui me voyez prendre mon parti sans me rien dire ?

SILVIA.
Hum ! Si je voulais, je vous répondrais bien là-dessus.

DORANTE.
Répondez donc ; je ne demande pas mieux que de me tromper. Mais que dis-je ? Mario vous aime.

SILVIA.
Cela est vrai.

DORANTE.
Vous êtes sensible à son amour, je l'ai vu par l'extrême envie que vous aviez tantôt que je m'en allasse ; ainsi vous ne sauriez m'aimer.

SILVIA.
Je suis sensible à son amour ! qui est-ce qui vous l'a dit ? Je ne saurais vous aimer ! qu'en savez-vous ? Vous décidez bien vite.

DORANTE.
Eh bien, Lisette, par tout ce que vous avez de plus cher au monde, instruisez-moi de ce qui en est, je vous en conjure.

SILVIA.
Instruire un homme qui part !

DORANTE.
Je ne partirai point.

SILVIA.
Laissez-moi ; tenez, si vous m'aimez, ne m'interrogez point ; vous ne craignez que mon indifférence, et vous êtes trop heureux que je me taise. Que vous importent mes sentiments ?

DORANTE.
Ce qu'ils m'importent, Lisette ? peux-tu douter encore que je ne t'adore ?

SILVIA.
Non, et vous me le répétez si souvent que je vous crois, mais pourquoi m'en persuadez-vous ? que voulez-vous que je fasse de cette pensée-là, Monsieur ? Je vais vous parler à cœur ouvert. Vous m'aimez ; mais votre amour n'est pas une chose bien sérieuse pour vous. Que de ressources n'avez-vous pas pour vous en défaire ! La distance qu'il y a de vous à moi, mille objets[3] que vous allez trouver sur votre chemin, l'envie qu'on aura de

1. Le père et le frère de Silvia sont au courant du double travestissement et s'amusent des situations inédites qu'il provoque.

2. Je reviens sur ce que j'ai dit.
3. Mille visages de femmes que Dorante pourrait aimer.

vous rendre sensible, les amusements d'un homme de votre condition, tout va vous ôter cet amour dont vous m'entretenez impitoyablement. Vous en rirez peut-être au sortir d'ici, et vous aurez raison. Mais moi, Monsieur, si je m'en ressouviens, comme j'en ai peur, s'il m'a frappée, quel secours aurai-je contre l'impression qu'il m'aura faite ? Qui est-ce qui me dédommagera de votre perte ? Qui voulez-vous que mon cœur mette à votre place ? Savez-vous bien que, si je vous aimais, tout ce qu'il y a de plus grand dans le monde ne me toucherait plus ? Jugez donc de l'état où je resterais ; ayez la générosité de me cacher votre amour. Moi qui vous parle, je me ferais un scrupule de vous dire que je vous aime, dans les dispositions où vous êtes ; l'aveu de mes sentiments pourrait exposer votre raison, et vous voyez bien aussi que je vous les cache.

DORANTE.

Ah ! ma chère Lisette, que viens-je d'entendre ? tes paroles ont un feu qui me pénètre ; je t'adore, je te respecte. Il n'est ni rang, ni naissance, ni fortune qui ne disparaisse devant une âme comme la tienne ; j'aurais honte que mon orgueil tînt contre toi ; et mon cœur et ma main t'appartiennent.

Marivaux, *Le Jeu de l'amour et du hasard*, acte III, scène 8 (extrait).

Les Fausses Confidences
1737

François Boucher (1703-1770), *La Marchande de modes (ou Le Matin)*, 0,64 × 0,53 m, 1746 (Stockholm, Nationalmuseum).

Cette comédie, comme son titre le suggère, est une interrogation troublante sur le thème de la sincérité.

Dubois entreprend de rendre Araminte, une riche veuve dont il est le serviteur, sensible à l'amour de Dorante. Mais quelle est la part de l'amour vrai dans l'ambition de Dorante qui cherche à « faire fortune » ? Araminte, qui renonce pour lui à un mariage aristocratique, n'est-elle pas finalement la victime d'un complot ? En réalité, chaque personnage met l'autre à l'épreuve jusqu'au dévoilement final où Dorante jette le masque et où Araminte affirme courageusement son désir, malgré l'opposition de sa mère.

Si Dubois disparaît dans la coulisse à la fin de la pièce, il a fait la preuve du pouvoir que peut acquérir un valet quand il maîtrise les situations avec la sûreté d'un metteur en scène.

« Sa folie est de bon goût... »

Sensible à la beauté de Dorante qu'elle a engagé comme intendant[1], Araminte s'entretient de ce choix avec son valet Dubois qui en profite pour lui faire le récit de la passion du jeune homme et la prendre ainsi au piège.

DUBOIS.
Savez-vous à qui vous avez à faire ?

ARAMINTE.
Au neveu de Monsieur Remy, mon procureur[2].

DUBOIS.
Eh ! Par quel tour d'adresse est-il connu de Madame ? Comment a-t-il fait pour arriver jusqu'ici ?

ARAMINTE.
C'est Monsieur Remy qui me l'a envoyé pour intendant.

DUBOIS.
Lui, votre intendant ! Et c'est Monsieur Remy qui vous l'envoie ? Hélas ! le bon homme, il ne sait pas qui il vous donne ; c'est un démon que ce garçon-là.

ARAMINTE.
Mais que signifient tes exclamations ? Explique-toi ; est-ce que tu le connais ?

DUBOIS.
Si je le connais, Madame ! si je le connais ! Ah ! vraiment oui ; et il me connaît bien aussi. N'avez-vous pas vu comme il se détournait, de peur que je ne le visse ?

ARAMINTE.
Il est vrai, et tu me surprends à mon tour. Serait-il capable de quelque mauvaise action, que tu saches ? Est-ce que ce n'est pas un honnête homme ?

DUBOIS.
Lui ! il n'y a point de plus brave homme dans toute la terre, il a, peut-être, plus d'honneur à lui tout seul que cinquante honnêtes gens ensemble. Oh ! c'est une probité merveilleuse ; il n'a peut-être pas son pareil.

ARAMINTE.
Eh ! De quoi peut-il donc être question ? D'où vient que tu m'alarmes ? En vérité, j'en suis tout émue.

DUBOIS.
Son défaut, c'est là. *(Il se touche le front.)* C'est à la tête que le mal le tient.

ARAMINTE.
À la tête ?

DUBOIS.
Oui ; il est timbré, mais timbré comme cent.

ARAMINTE.
Dorante ! Il m'a paru de très bon sens. Quelle preuve as-tu de sa folie ?

DUBOIS.
Quelle preuve ? Il y a six mois qu'il est tombé fou ; il y a six mois qu'il extravague d'amour, qu'il en a la cervelle brûlée, qu'il en est comme un perdu : je dois bien le savoir, car j'étais à lui, je le servais ; et c'est ce qui m'a obligé de le quitter ; et c'est ce qui me force de m'en aller encore ; ôtez cela, c'est un homme incomparable.

ARAMINTE, *un peu boudant.*
Oh bien ! Il fera ce qu'il voudra, mais je ne le garderai pas. On a bien affaire d'un esprit renversé ; et, peut-être encore, je gage, pour quelque objet qui n'en vaut pas la peine, car les hommes ont des fantaisies !...

DUBOIS.
Ah ! vous m'excuserez ; pour ce qui est de l'objet, il n'y a rien à dire. Malepeste ! sa folie est de bon goût.

ARAMINTE.
N'importe, je veux le congédier. Est-ce que tu la connais, cette personne ?

DUBOIS.
J'ai l'honneur de la voir tous les jours ; c'est vous, Madame.

ARAMINTE.
Moi, dis-tu ?

DUBOIS.
Il vous adore ; il y a six mois qu'il n'en vit point, qu'il donnerait sa vie pour avoir le plaisir de vous contempler un instant. Vous avez dû voir qu'il a l'air enchanté quand il vous parle.

ARAMINTE.
Il y a bien en effet quelque petite chose qui m'a paru extraordinaire. Eh ! juste ciel ! le pauvre garçon, de quoi s'avise-t-il ?

DUBOIS.
Vous ne croiriez pas jusqu'où va sa démence ; elle le ruine, elle lui coupe la gorge. Il est bien fait, d'une figure passable, bien élevé et de bonne famille ; mais il n'est pas riche ; et vous saurez qu'il n'a tenu qu'à lui d'épouser des femmes qui l'étaient, et de fort aimables, ma foi, qui offraient de lui faire sa fortune, et qui auraient mérité qu'on la leur fît à elles-mêmes. Il y en a une qui n'en saurait revenir, et qui le poursuit encore tous les jours ; je le sais, car je l'ai rencontrée.

ARAMINTE, *avec négligence.*
Actuellement ?

DUBOIS.
Oui, Madame, actuellement ; une grande brune très piquante, et qu'il fuit. Il n'y a pas moyen, Monsieur refuse tout. « Je les tromperais, me disait-il ; je ne puis les aimer, mon cœur est parti. » Ce qu'il disait

1. C'est l'homme de confiance chargé de gérer des propriétés.

2. Officier de justice chargé d'instruire les procès.

quelquefois la larme à l'œil ; car il sent bien son tort.

Araminte.
Cela est fâcheux ; mais où m'a-t-il vue avant de venir chez moi, Dubois ?

Dubois.
Hélas ! Madame, ce fut un jour que vous sortîtes de l'Opéra, qu'il perdit la raison. C'était un vendredi, je m'en ressouviens ; oui, un vendredi ; il vous vit descendre l'escalier, à ce qu'il me raconta, et vous suivit jusqu'à votre carrosse ; il avait demandé votre nom, et je le trouvai qui était comme extasié ; il ne remuait plus.

Araminte.
Quelle aventure !

Dubois.
J'eus beau lui crier : « Monsieur ! » Point de nouvelles, il n'y avait personne au logis. À la fin, pourtant, il revint à lui avec un air égaré ; je le jetai dans une voiture, et nous retournâmes à la maison. J'espérais que cela se passerait, car je l'aimais ; c'est le meilleur maître ! Point du tout, il n'y avait plus de ressource. Ce bon sens, cet esprit jovial, cette humeur charmante, vous aviez tout expédié ; et dès le lendemain nous ne fîmes plus tous deux, lui, que rêver à vous, que vous aimer ; moi d'épier depuis le matin jusqu'au soir où vous alliez.

Araminte.
Tu m'étonnes à un point !...

Dubois.
Je me fis même ami d'un de vos gens qui n'y est plus, un garçon fort exact, qui m'instruisait, et à qui je payais bouteille. « C'est à la Comédie qu'on va », me disait-il ; et je courais faire mon rapport, sur lequel, dès quatre heures, mon homme était à la porte. C'est chez Madame celle-ci, c'est chez Madame celle-là ; et, sur cet avis, nous allions toute la soirée habiter la rue, ne vous déplaise, pour voir Madame entrer et sortir, lui dans un fiacre, et moi derrière, tous deux morfondus et gelés, car c'était dans l'hiver ; lui ne s'en souciant guère, moi jurant par-ci par-là pour me soulager.

Araminte.
Est-il possible ?

Dubois.
Oui, Madame. À la fin, ce train de vie m'ennuya ; ma santé s'altérait, la sienne aussi. Je lui fis accroire que vous étiez à la campagne ; il le crut, et j'eus quelque repos ; mais n'alla-t-il pas, deux jours après, vous rencontrer aux Tuileries, où il avait été s'attrister de votre absence ! Au retour, il était furieux, il voulut me battre, tout bon qu'il est ; moi, je ne le voulus point, et je le quittai. Mon bonheur ensuite m'a mis chez Madame, où, à force de se démener, je le trouve parvenu à votre intendance ; ce qu'il ne troquerait pas contre la place de l'empereur.

Araminte.
Y a-t-il rien de si particulier ? Je suis si lasse d'avoir des gens qui me trompent, que je me réjouissais de l'avoir, parce qu'il a de la probité ; ce n'est pas que je sois fâchée, car je suis bien au-dessus de cela.

Dubois.
Il y aura de la bonté à le renvoyer. Plus il voit Madame, plus il s'achève.

Araminte.
Vraiment, je le renverrais bien ; mais ce n'est pas là ce qui le guérira. Je ne sais que dire à Monsieur Remy qui me l'a recommandé ; et ceci m'embarrasse. Je ne vois pas trop comment m'en défaire honnêtement.

Dubois.
Oui ; mais vous ferez un incurable, Madame.

Araminte, *vivement.*
Oh ! tant pis pour lui. Je suis dans des circonstances où je ne saurais me passer d'un intendant ; et puis, il n'y a pas tant de risque que tu le crois. Au contraire, s'il y avait quelque chose qui pût ramener cet homme, c'est l'habitude de me voir plus qu'il n'a fait ; ce serait même un service à lui rendre.

Dubois.
Oui, c'est un remède bien innocent. Premièrement, il ne vous dira mot ; jamais vous n'entendrez parler de son amour.

Araminte.
En es-tu bien sûr ?

Dubois.
Oh ! il ne faut pas en avoir peur ; il mourrait plutôt. Il a un respect, une adoration, une humilité pour vous, qui n'est pas concevable. Est-ce que vous croyez qu'il songe à être aimé ? Nullement. Il dit que dans l'univers il n'y a personne qui le mérite ; il ne veut que vous voir, vous considérer, regarder vos yeux, vos grâces, votre belle taille ; et puis c'est tout ; il me l'a dit mille fois.

Araminte, *haussant les épaules.*
Voilà qui est bien digne de compassion ! Allons, je patienterai quelques jours, en attendant que j'en aie un autre ; au surplus, ne crains rien ; je suis contente de toi ; je récompenserai ton zèle et je ne veux pas que tu me quittes, entends-tu, Dubois ?

Dubois.
Madame, je vous suis dévoué pour la vie.

Araminte.
J'aurai soin de toi ; surtout, qu'il ne sache pas que je suis instruite ; garde un profond secret ; et que tout le monde, jusqu'à Marton, ignore ce que tu m'as dit ; ce sont de ces choses qui ne doivent jamais percer.

Dubois.
Je n'en ai jamais parlé qu'à Madame.

Araminte.
Le voici qui revient ; va-t'en.

Marivaux, *Les Fausses Confidences*,
acte I, scène 14 (extrait).

LES ROMANS DE MARIVAUX

La Vie de Marianne (1731-1741), roman
→ pp. 162-164.

Le Paysan parvenu (1735), roman
→ pp. 165-166.

Jean-Baptiste Chardin (1699-1779), *Dame prenant le thé*, 0,80 × 1,01 m, 1735 (Glasgow, Hunterian Museum and Art Gallery).

La Vie de Marianne

1726-1741

Œuvre inachevée, inlassablement poursuivie, *La Vie de Marianne* prend la forme de « mémoires » organisant le récit autour de l'héroïne-narratrice, qui donne son nom au roman. Dans cette pseudo-autobiographie, Marianne, une femme âgée, raconte et commente les expériences et les émotions vécues dans le passé par la jeune femme qu'elle a été. Le récit est essentiellement consacré à ses premiers apprentissages de la vie sociale et sentimentale, à son arrivée à Paris, aux épreuves qu'une orpheline doit affronter pour obtenir du monde la reconnaissance de ses mérites. La structure du roman fait alterner, selon la technique du contrepoint, l'histoire de Marianne et les réflexions de la narratrice ; celles-ci enrichissent la fiction par l'analyse et tentent de dévoiler la vérité profonde des êtres, leurs pensées secrètes, l'écheveau de sentiments qu'ils ont peine à démêler, les effets surprenants du hasard qui soudain les révèle à eux-mêmes.

Marianne est donc un personnage double : au regard de la jeune femme, troublée par le désordre des impressions vécues dans l'instant, s'oppose le regard lucide et ironique mais jamais pessimiste de la Marianne âgée, qui a fait retraite et pris ses distances vis-à-vis du « théâtre du monde ». Ce recul lui permet une vision critique de l'existence sociale dont elle montre les pièges : courant le danger d'être rejetée par la société aristocratique vers laquelle elle veut s'élever, la jeune Marianne est également menacée par les entreprises corruptrices des libertins. Elle y échappe par un sens inné de l'honneur, car pour Marivaux les « belles âmes » finissent toujours par triompher de la méchanceté.

Roman d'un moraliste, *La Vie de Marianne* est aussi un roman réaliste qui fait parcourir à son héroïne sur le chemin de la consécration les trois ordres de la société (le peuple, la noblesse et l'Église), en restituant à chacun les lieux et le langage qui le définissent. Un parti pris, qui donne sa vivacité à un récit qui résonne des voix de la rue et des salons.

« Je ne saurais vous définir ce que je sentais. »

Marianne se rend à l'église où sa beauté suscite l'étonnement des femmes et l'admiration des hommes : « Parmi les jeunes gens dont j'attirais les regards, il y en eut un que je distinguais moi-même, et sur qui mes yeux tombaient plus volontiers que sur les autres. » En sortant de l'église, Marianne éprouve un trouble inconnu...

J'étais si rêveuse, que je n'entendis pas le bruit d'un carrosse qui venait derrière moi, et qui allait me renverser, et dont le cocher s'enrouait à me crier : Gare[1] !

Son dernier cri me tira de ma rêverie ; mais le danger où je me vis m'étourdit si fort, que je tombai en voulant fuir, et me blessai le pied en tombant.

Les chevaux n'avaient plus qu'un pas à faire pour marcher sur moi : cela alarma tout le monde ; on se mit à crier ; mais celui qui cria le plus fort fut le maître de cet équipage, qui en sortit aussitôt, et qui vint à moi : j'étais encore à terre, d'où malgré mes efforts je n'avais pu me relever.

On me releva pourtant, ou plutôt on m'enleva, car on vit bien qu'il m'était impossible de me soutenir[2]. Mais jugez de mon étonnement, quand, parmi ceux qui s'empressaient à me secourir, je reconnus le jeune homme que j'avais laissé à l'église ! C'était lui à qui appartenait le carrosse, sa maison n'était qu'à deux pas plus loin ; et ce fut où il voulut qu'on me transportât.

Je ne vous dis point avec quel air d'inquiétude il s'y prit, ni combien il parut touché de mon accident. À travers le chagrin qu'il en marqua, je démêlai pourtant que le sort ne l'avait pas tant désobligé en m'arrêtant[3]. « Prenez bien garde à Mademoiselle, disait-il à ceux qui me tenaient ; portez-la doucement, ne vous pressez point » ; car dans ce moment ce ne fut point à moi qu'il parla. Il me sembla qu'il s'en abstenait à cause de mon état et des circonstances, et qu'il ne se permettait d'être tendre que dans ses soins.

De mon côté, je parlai aux autres, et ne lui dis rien non plus : je n'osais même le regarder, ce qui faisait que j'en mourais d'envie : aussi le regardai-je, toujours en n'osant, et je ne sais ce que mes yeux lui dirent ; mais les siens me firent une réponse si tendre qu'il fallait que les miens l'eussent méritée. Cela me fit rougir, et me remua le cœur à un point qu'à peine m'aperçus-je de ce que je devenais.

Je n'ai de ma vie été si agitée. Je ne saurais vous définir ce que je sentais.

C'était un mélange de trouble, de plaisir et de peur ; oui, de peur, car une jeune fille qui est là-dessus à son apprentissage ne sait point où tout cela la mène : ce sont des mouvements inconnus qui l'enveloppent, qui disposent d'elle, qu'elle ne possède point, qui la possèdent ; et la nouveauté de cet état l'alarme. Il est vrai qu'elle y trouve du plaisir ; mais c'est un plaisir fait comme un danger, sa pudeur même en est effrayée ; il y a quelque chose qui la menace, qui l'étourdit, et qui prend déjà sur elle[4].

On se demanderait volontiers dans ces instants-là : Que vais-je devenir ? Car, en vérité, l'amour ne nous trompe point : dès qu'il se montre, il nous dit ce qu'il est, et de quoi il sera question : l'âme, avec lui, sent la présence d'un maître qui la flatte, mais avec une autorité déclarée qui ne la consulte pas, et qui lui laisse hardiment les soupçons de son esclavage futur.

Voilà ce qui m'a semblé de l'état où j'étais, et je pense aussi que c'est l'histoire de toutes les jeunes personnes de mon âge en pareil cas.

Marivaux, *La Vie de Marianne*, deuxième partie.

« Elle marchande cela comme une botte d'herbes. »

Après son accident, Marianne est reconduite en fiacre chez Madame Dutour, la lingère qui l'héberge. À propos de l'extrait suivant, Marivaux écrivait : « Bien des lecteurs pourront ne pas aimer la querelle du cocher avec Madame Dutour. Il y a des gens qui croient au-dessous d'eux de jeter un regard sur ce que l'opinion a traité d'ignoble... » (*La Vie de Marianne*, Avertissement de la deuxième partie).

Faire entendre les voix du cocher et de Madame Dutour est une façon, pour Marivaux, de dénoncer le préjugé aristocratique qui veut les exclure de la littérature.

À peine fus-je assise, que je tirai de l'argent pour payer le cocher ; mais Mme Dutour, en femme d'expérience, crut devoir me conduire là-dessus[5] et me trouva trop jeune pour m'abandonner ce petit détail. « Laissez-moi faire, me dit-elle, je vais le payer ; où vous a-t-il prise ? – Auprès de la paroisse, lui dis-je. – Eh ! c'est tout près d'ici, répliqua-t-elle en comptant quelque monnaie. Tenez, voilà ce qu'il vous faut.

– Ce qu'il me faut ! cela ! dit le cocher, qui lui rendit sa monnaie avec un dédain brutal ; oh ! que nenni : cela ne se mesure pas à l'aune[6]. – Mais que veut-il dire avec son aune, cet homme ? répliqua

1. Attention !
2. Me tenir debout.
3. Que le sort lui avait été favorable en me plaçant sur sa route.
4. Qui la domine.
5. Me guider par un conseil.
6. Mesure de longueur valant 1,20 m. « Mesurer à l'aune » : juger les autres par rapport à soi-même.

gravement Mme Dutour : vous devez être content ; on sait peut-être bien ce que c'est qu'un carrosse, ce n'est pas d'aujourd'hui qu'on en paie.

– Eh ! quand ce serait demain, dit le cocher, qu'est-ce que cela avance ? Donnez-moi mon affaire, et ne crions pas tant ; voyez de quoi elle se mêle ! Est-ce vous que j'ai menée ? Est-ce qu'on vous demande quelque chose ? Quelle diable de femme avec ses douze sols ! Elle marchande cela comme une botte d'herbes. »

Mme Dutour était fière, parée, et qui plus est assez jolie ; ce qui lui donnait encore une autre espèce de gloire.

Les femmes d'un certain état s'imaginent en avoir plus de dignité, quand elles ont un joli visage ; elles regardent cet avantage-là comme un rang. La vanité s'aide de tout, et remplace ce qui lui manque avec ce qu'elle peut. Mme Dutour se sentit donc offensée de l'apostrophe ignoble du cocher (je vous raconte cela pour vous divertir) : la *botte d'herbes* sonna mal à ses oreilles. Comment ce jargon-là pouvait-il venir à la bouche de quelqu'un qui la voyait ? Y avait-il rien dans son air qui fit penser à pareille chose ? « En vérité, mon ami, il faut avouer que vous êtes bien impertinent, et il me convient bien d'écouter vos sottises ! dit-elle. Allons, retirez-vous. Voilà votre argent ; prenez ou laissez : qu'est-ce que cela signifie ? Si j'appelle un voisin, on vous apprendra à parler aux bourgeois plus honnêtement que vous ne faites.

– Eh bien ! qu'est-ce que me vient conter cette chiffonnière ? répliqua l'autre en vrai fiacre. Gare ! prenez garde à elle ; elle a son fichu des dimanches. Ne semble-t-il pas qu'il faille tant de cérémonies pour parler à Madame ? On parle bien à Perrette[1]. Eh ! palsambleu ! payez-moi. Quand vous seriez encore quatre fois plus bourgeoise que vous n'êtes, qu'est-ce que cela me fait ? Faut-il pas que mes chevaux vivent ? Avec quoi dîneriez-vous, vous qui parlez, si on ne vous payait pas votre toile ? Auriez-vous la face si large ? Fi ! que cela est vilain d'être crasseuse[2] ! »

Le mauvais exemple débauche. Mme Dutour, qui s'était maintenue jusque-là dans les bornes d'une assez digne fierté, ne put résister à cette dernière brutalité du cocher : elle laissa là le rôle de femme respectable qu'elle jouait, et qui ne lui rapportait rien, se mit à sa commodité[3], en revint à la manière de quereller qui était à son usage, c'est-à-dire aux discours d'une commère de comptoir subalterne : elle ne s'y épargna pas.

Quand l'amour-propre, chez les personnes comme elle, n'est qu'à demi fâché, il peut encore avoir soin de sa gloire, se posséder, ne faire que l'important et garder quelque décence ; mais dès qu'il est poussé à bout, il ne s'amuse plus à ces fadeurs-là, il n'est plus assez glorieux pour prendre garde à lui ; il n'y a plus que le plaisir d'être bien grossier et de se déshonorer tout à son aise qui le satisfasse.

De ce plaisir-là, Mme Dutour s'en donna sans discrétion. « Attends, attends, ivrogne ! avec ton fichu des dimanches : tu vas voir la Perrette qu'il te faut ; je vais te la montrer, moi », s'écria-t-elle en courant se saisir de son aune qui était à côté du comptoir.

Et quand elle fut armée : « Allons, sors d'ici ! s'écria-t-elle, ou je te mesure avec cela, ni plus ni moins qu'une pièce de toile, puisque toile il y a. – Jarnibleu ! ne me frappez pas, lui dit le cocher qui lui tenait le bras ; ne soyez pas si osée ! Je me donne au diable[4], ne badinons[5] point ! Voyez-vous ! je suis un gaillard qui n'aime pas les coups, ou la peste m'étouffe ! Je ne vous demande que mon dû, entendez-vous ? il n'y a pas de mal à ça. »

Le bruit qu'ils faisaient attirait du monde ; on s'arrêtait devant la boutique. « Me laisseras-tu ? lui disait Mme Dutour, qui disputait toujours, son aune contre le cocher. Levez-vous donc, Marianne ; appelez Monsieur Richard. Monsieur Richard ! », criait-elle tout de suite elle-même ; et c'était notre hôte qui logeait au second et qui n'y était pas. Elle s'en douta. « Messieurs, dit-elle en apostrophant la foule qui s'était arrêtée devant la porte, je vous prends tous à témoin ; vous voyez ce qui en est, il m'a battue (cela n'était pas vrai) ; je suis maltraitée. Une femme d'honneur comme moi ! Eh vite, eh vite ! allez chez le commissaire ; il me connaît bien, c'est moi qui le fournis ; on n'a qu'à lui dire que c'est chez Madame Dutour.

Marivaux, *La Vie de Marianne*, deuxième partie.

1. Prénom donné à la campagne (*cf.* La laitière de la fable de La Fontaine).
2. Sordidement avare.
3. Elle prit toute liberté.
4. Jurons.
5. Plaisanter.

Le Paysan parvenu
1735

Le roman de Jacob, le héros-narrateur du *Paysan parvenu*, est l'histoire d'une ascension sociale fulgurante mais peut-être fragile, ce dont l'inachèvement du récit ne permet pas de décider. Étude de mœurs, le roman peint un milieu de petite-bourgeoisie dans lequel Jacob fait ses premières armes en séduisant une demoiselle assez riche : « J'apercevais un avenir très riant et très prochain, ce qui devait réjouir l'âme d'un paysan de mon âge, qui, presque au sortir de la charrue pouvait sauter tout d'un coup au rang honorable de bon bourgeois de Paris » (deuxième partie). Voulant « tirer parti de tout », il se fait appeler Monsieur de La Vallée et réussit à s'introduire dans la noblesse, où il connaît les tentations du libertinage et de l'argent. Ce qui domine chez lui et dans chacune de ses actions, c'est un formidable optimisme, une gaieté inaliénable et le goût du plaisir.

Marivaux a conservé au personnage une partie de sa naïveté originelle, mais Jacob reconnaît lui-même qu'au sein de la société d'honnêtes gens où il s'est hissé par ambition, il n'est qu'« une figure de contrebande », c'est-à-dire un homme qui trompe son monde, parfois à la limite du cynisme et de la rouerie. Roman de l'ambiguïté, *Le Paysan parvenu* s'interrompt à l'instant où Jacob découvre, dans un théâtre, l'univers de la comédie des hommes...

Nicolas Lancret (1690-1743), *Le Déjeuner de jambon*, détail, 1,88 × 1,23 m (Chantilly, musée de Condé).

« Le titre que je donne à mes mémoires annonce ma naissance. »

Dans ce propos liminaire, le narrateur du *Paysan parvenu* justifie le titre du roman et annonce par ses réflexions les critiques des privilèges de la naissance que reprendront les encyclopédistes.

Le titre que je donne à mes mémoires annonce ma naissance. Je ne l'ai jamais dissimulée à qui me l'a demandée, et il semble qu'en tout temps Dieu ait récompensé ma franchise là-dessus ; car je n'ai pas remarqué qu'en aucune occasion on en ait eu moins d'égards et moins d'estime pour moi.

J'ai pourtant vu nombre de sots qui n'avaient et ne connaissaient point d'autre mérite dans le monde que celui d'être nés nobles, ou dans un rang distingué. Je les entendais mépriser beaucoup de gens qui valaient mieux qu'eux et cela seulement parce qu'ils n'étaient pas gentilshommes ; mais c'est que ces gens qu'ils méprisaient, respectables d'ailleurs par mille bonnes qualités, avaient la faiblesse de rougir eux-mêmes de leur naissance, de la cacher, et de tâcher de s'en donner une qui embrouillât la véritable, et qui les mît à couvert[1] du dédain du monde.

Or, cet artifice-là ne réussit presque jamais ; on a beau déguiser la vérité là-dessus, elle se venge tôt ou tard des mensonges dont on a voulu la couvrir, et l'on est toujours trahi par une infinité d'événements qu'on ne saurait ni parer ni prévoir ; jamais je ne vis, en pareille matière, de vanité qui fît une bonne fin.

C'est une erreur, au reste, que de penser qu'une obscure naissance vous avilisse, quand c'est vous-même qui l'avouez, et que c'est de vous qu'on la sait. La malignité des hommes vous laisse là ; vous la frustrez de ses droits ; elle ne voudrait que vous humilier, et vous faites sa charge[2], vous vous humiliez vous-même, elle ne sait plus que dire.

---

1. Leur épargne le dédain du monde.

2. Vous faites son travail (celui de la méchanceté des hommes).

Les hommes ont beau faire, ils ont des mœurs[1] malgré eux ; ils trouvent qu'il est beau d'affronter des mépris injustes ; cela les rend à la raison. Ils sentent dans ce courage une noblesse qui les fait taire ; c'est une fierté qui confond un orgueil impertinent.

Marivaux, *Le Paysan parvenu*, première partie.

« ... Que j'étais simple dans ce temps-là »

Texte écho

Dans la première feuille[2] du *Spectateur français*, Marivaux fait le récit d'une expérience décisive : celle des masques qui caractérisent l'existence sociale et qui justifient l'ambition de l'écrivain d'« examiner les hommes » avec lucidité.

À l'âge de dix-sept ans, je m'attachai à une jeune demoiselle, à qui je dois le genre de vie que j'embrassai[3]. Je n'étais pas mal fait alors, j'avais l'humeur douce et les manières tendres. La sagesse que je remarquais dans cette fille m'avait rendu sensible à sa beauté. Je lui trouvais d'ailleurs tant d'indifférence pour ses charmes, que j'aurais juré qu'elle les ignorait. Que j'étais simple dans ce temps-là ! Quel plaisir ! disais-je en moi-même, si je puis me faire aimer d'une fille qui ne souhaite pas d'avoir des amants, puisqu'elle est belle sans y prendre garde, et que, par conséquent, elle n'est pas coquette. Jamais je ne me séparais d'elle que ma tendre surprise n'augmentât de voir tant de grâces dans un objet qui ne s'en estimait pas davantage. Était-elle assise ou debout ? parlait-elle ou marchait-elle ? il me semblait toujours qu'elle n'y entendait point finesse[4], et qu'elle ne songeait à rien moins[5] qu'à être ce qu'elle était.

Un jour qu'à la campagne je venais de la quitter, un gant que j'avais oublié fit que je retournai sur mes pas pour l'aller chercher ; j'aperçus la belle de loin, qui se regardait dans un miroir, et je remarquai, à mon grand étonnement, qu'elle s'y représentait à elle-même dans tous les sens où durant notre entretien j'avais vu son visage ; et il se trouvait que ses airs de physionomie que j'avais cru si naïfs n'étaient, à les bien nommer, que des tours de gibecière[6] ; je jugeais de loin que sa vanité en adoptait quelques-uns, qu'elle en réformait[7] d'autres ; c'était de petites façons, qu'on aurait pu noter, et qu'une femme aurait pu apprendre comme un air de musique. Je tremblai du péril que j'aurais couru si j'avais eu le malheur d'essuyer encore de bonne foi ses friponneries, au point de perfection où son habileté les portait ; mais je l'avais crue naturelle et ne l'avais aimée que sur ce pied-là[8], de sorte que mon amour cessa tout d'un coup, comme si mon cœur ne s'était attendri que sous condition. Elle m'aperçut à son tour dans son miroir, et rougit. Pour moi, j'entrai en riant, et ramassant mon gant : Ah ! Mademoiselle, je vous demande pardon, lui dis-je, d'avoir mis jusqu'ici sur le compte de la nature des appas dont tout l'honneur n'est dû qu'à votre industrie[9]. Qu'est-ce que c'est ? que signifie ce discours ? me répondit-elle. Vous parlerai-je plus franchement ? lui dis-je, je viens de voir les machines de l'Opéra[10]. Il me divertira toujours, mais il me touchera moins. Je sortis là-dessus, et c'est de cette aventure que naquit en moi cette misanthropie qui ne m'a point quitté, et qui m'a fait passer ma vie à examiner les hommes, et à m'amuser de mes réflexions.

Marivaux, Le Spectateur français.

1. Ils ont le sens de ce qui est bien et juste.
2. Marivaux donne le nom de « feuille » à chaque numéro de son Journal *Le Spectateur français.*
3. Le genre de vie dans lequel j'entrai.
4. Qu'elle faisait cela naturellement.
5. À rien d'autre.
6. Tours de passe-passe des « escamoteurs », les prestidigitateurs du XVIIIe siècle.
7. Rejeter, abandonner.
8. Qu'à cette condition-là.
9. Habileté.
10. Les machines qui permettent dans la coulisse de changer de décor au cours d'un spectacle.

Synthèse

Marivaux ou la recherche du « monde vrai »

Marivaux rêve d'un « monde vrai[1] », c'est-à-dire d'un univers où les êtres communiquent sans erreur, ni tromperie. Son œuvre entière est une interrogation sur la possibilité d'atteindre cette transparence dans une vie sociale dont il éclaire les faux-semblants, les vanités et les ambitions. Dans ce monde où s'affrontent la vérité et le mensonge, le champ de bataille est le langage lui-même. Marivaux en utilise toutes les ruses, en souligne toutes les ambiguïtés dans la mécanique précise de ses pièces et dans les analyses subtiles de ses romans.

L'expérience du sentiment

Le sentiment est, selon Marivaux, seul capable de nous « donner des nouvelles un peu sûres de nous[2] ». Expérience capitale pour celui qui l'éprouve et pour l'observateur qui veut atteindre une connaissance véritable de l'homme. Ce moment où le sentiment naît et métamorphose l'individu, Marivaux l'a décrit inlassablement : ce sont les « surprises de l'amour » au cœur de la plupart de ses comédies, ces premiers émois que se plaît à rappeler la narratrice de *La Vie de Marianne* (voir p. 162). Instant de vérité, même si celle-ci n'est pas toujours perçue par la conscience. C'est que la connaissance de soi est souvent troublée par les effets de la vanité ou de la coquetterie. Cette vision de l'homme et de la femme, prisonniers de leur amour-propre, conduit Marivaux à mettre en scène des personnages qui se trompent eux-mêmes autant qu'ils trompent les autres. *Le Jeu de l'amour et du hasard* illustre, par la multiplication des déguisements, ce pouvoir des apparences. Démêler la vérité devient une entreprise difficile, périlleuse même : comment percer les secrets par lesquels chacun se protège ? Entre l'amoureux sincère et l'amoureux par ambition (situation du *Paysan parvenu* et des *Fausses Confidences*), comment faire la différence ?

Pour s'assurer de la sincérité des autres, seule une expérience imprévue permet d'apporter quelque lumière. Cette « épreuve » est l'une des situations dramatiques les plus fréquentes des comédies marivaudiennes. Mais peut-on encore parler de comédie quand un personnage, pour connaître la vérité de celui ou de celle qu'il aime, lui impose une humiliation ou une souffrance ? C'est ainsi que dans *Le Jeu de l'amour et du hasard*, Silvia contraint Dorante à renoncer à tout amour-propre et lui fait éprouver la jalousie pour savoir s'il sera un mari fidèle. Curieux jeu de la vérité qui passe par la tromperie et qui n'exclut pas la tentation de dominer l'autre (*La Double Inconstance* ou *Les Fausses Confidences*).

L'épreuve conduit pourtant à une transparence des êtres, au « dépouillement des âmes[3] ». Le désir de triompher d'autrui se transforme alors en triomphe du sentiment authentique, réalisé lors du dénouement des comédies, où se trouvent réconciliées la « vérité de l'amour et l'amour de la vérité[4] ».

La société en jeu

On ne peut jamais séparer, chez Marivaux, l'expérience du sentiment de l'expérience sociale : même lorsque l'univers de ses comédies paraît parfaitement imaginaire[5], l'écrivain propose une réflexion approfondie sur les usages de la société du XVIIIe siècle. Ainsi, *Le Jeu de l'amour et du hasard* n'est pas un pur divertissement masqué, mais une interrogation sur les contraintes du préjugé social qui interdit à un noble de s'unir à une personne qui ne serait pas de son rang. Pour se marier, doit-on répondre d'une qualité sociale ou d'autres vertus (celles du cœur ou du mérite personnel[6]) ? Quel pouvoir les parents ont-ils, en la circonstance, sur le devenir de leurs enfants *(Les Fausses Confidences)* ? Quels droits a, dans ce domaine, un prince sur ses sujets *(La Double Inconstance)* ? Est-ce que tout mariage ne conduit pas à une situation pénible pour la femme, menacée dans sa liberté et traitée en mineure *(Le Jeu de l'amour et du hasard, La Nouvelle Colonie)* ?

1. Marivaux, *Le Cabinet du philosophe.*
2. *La Vie de Marianne.*
3. Marivaux, *Le Cabinet du philosophe.*
4. Formule de Michel Deguy dans *La Machine matrimoniale ou Marivaux*, Paris, Gallimard, 1986.
5. Comme dans certaines « féeries » de Marivaux *(Arlequin poli par l'amour)* ou dans ses comédies utopiques *(La Colonie).*
6. Marivaux, *La Vie de Marianne, Le Jeu de l'amour et du hasard* ou *Les Fausses Confidences.*

Face à ces questions, Marivaux se pose moins en réformateur de la société qu'en moraliste. Le dénouement de ses comédies se conforme au code des valeurs aristocratiques de son public, en réconciliant les sentiments et l'ordre social : les valets n'épousent pas les maîtres, même s'ils en ont pris un moment le costume. Pourtant certains serviteurs, comme le Dubois des *Fausses Confidences*, font preuve d'une remarquable autonomie : débordant de leur rôle traditionnel, ils mènent délibérément le jeu, invitant leurs maîtres à s'aimer, les précédant parfois dans la conquête du bonheur *(Le Jeu de l'amour et du hasard). Le Paysan parvenu*, en présentant le parcours d'un roturier ambitieux, manifeste également que l'édifice des hiérarchies sociales préservé par Marivaux est en équilibre instable.

Le marivaudage ou le langage selon Marivaux

L'univers de Marivaux est celui du jeu. Mot qui doit être entendu dans un double sens : jeu théâtral qui se sert des apparences pour atteindre la vérité et jeu, espace entre les mots et les choses, que le langage tente de combler.

Pour dévoiler la réalité complexe des sentiments et des pensées, Marivaux a recherché non point « l'exacte clarté » mais une forme de suggestion qui laisse à deviner plus qu'elle ne dit[1]. Ce style particulier, le « marivaudage[2] », a frappé ses contemporains par sa singularité parce qu'il recherche les associations de mots inédits[3] et témoigne d'une extraordinaire finesse d'esprit, qu'on a parfois confondue avec un raffinement excessif de l'expression.

Les dialogues de ses comédies témoignent de cette maîtrise du langage : l'évolution des sentiments des personnages est sensible, de réplique en réplique, à travers les progrès d'une conversation parfois oblique, ambiguë, riche en sous-entendus et en apartés. Les acteurs principaux sont finalement ces mots qui servent à séduire, à cacher, à tromper ou à blesser, armes de la feinte et du secret, redoutables tant que l'aveu sincère des cœurs ne les a pas désamorcées. Sujets à toutes les méprises, ils autorisent tous les jeux : jeu verbal et jeu des masques, si présents dans le théâtre de Marivaux dont le comique tient souvent aux quiproquos et aux effets parodiques qu'un double langage entretient. Ainsi dans *La Double Inconstance*, Arlequin fait rire parce qu'il ne comprend pas le style de la cour (voir p. 150). Et ce conflit comique des langages s'introduit dans le roman, quand Marivaux fait raconter par Marianne le dialogue entre un cocher et une lingère (voir p. 163).

Souvent gaie, parfois pathétique, l'œuvre de Marivaux repose sur un réseau mouvant d'oppositions : celle de la vérité et des apparences, de la lucidité des spectateurs de la vie (la narratrice de *La Vie de Marianne*) et des illusions de ses acteurs, celle des maîtres et des valets, des hommes et des femmes, celle du langage lui-même qui fait naître plus d'émotions que de certitudes.

1. Marivaux, « Sur la clarté du discours », *Le Mercure*, 1719.
2. Le mot a été créé au XVIIIe siècle.
3. Marivaux est le créateur d'expressions telles que « tomber amoureux ».

LA PRESSE AU XVIIIE SIÈCLE

Si l'on en juge par les opinions des philosophes et des hommes de lettres de l'époque, la presse a, au XVIIIe siècle, une assez mauvaise réputation. Le journaliste est souvent considéré comme un écrivain raté. L'existence de la censure royale, la nécessité d'une soumission à l'autorisation préalable maintiennent les journaux officiels dans un conformisme prudent et limitent, à la fois, la liberté des journalistes et l'extension des thèmes traités.

Or, malgré les difficultés qui entourent la création d'un journal et les contraintes qui pèsent sur son édition et sur sa diffusion (contraintes que dénonce Figaro dans la célèbre tirade du *Mariage de Figaro*[1]), on observe pendant le règne de Louis XV toute une floraison de « feuilles ». Certaines sont éphémères et sans succès, d'autres connaissent une longévité enviée et jouissent d'un véritable pouvoir, admiré et redouté. C'est par exemple le cas de *L'Année littéraire*, de Fréron.

Bien qu'il ne s'agisse pas de ce que l'on appelle de nos jours une presse d'information et d'actualité, certains de ces nouveaux venus prennent position par rapport aux idées et aux querelles qui animent la vie littéraire du siècle. La physionomie générale de la presse française au XVIIIe siècle est bien différente de celle de la presse anglaise contemporaine, qui constitue déjà une sorte de « quatrième pouvoir ». Elle offre néanmoins un reflet intéressant de la vie culturelle et de l'évolution des mentalités.

Une idée dépréciée aux yeux des intellectuels

Il faut bien le reconnaître, les philosophes n'ont pas fait l'éloge de la presse de leur temps. Même si l'un d'entre eux, Marmontel, lui reconnaît un rôle prépondérant dans l'éducation et a largement contribué lui-même au développement du *Mercure de France*, ils sont nombreux à dénoncer le manque d'intérêt des journaux et à les accuser de favoriser la paresse. Montesquieu, le premier, fait dire à Usbek : « Il y a une espèce de livres que nous ne connaissons pas en Perse, et qui me paraissent ici fort à la mode : ce sont les journaux. La paresse se sent flattée en les lisant. On est ravi de pouvoir parcourir trente volumes en un quart d'heure[2]. » Pour Voltaire, « la presse, il faut l'avouer, est devenu un des fléaux de la société, et un brigandage intolérable[3] ». Diderot n'est pas beaucoup plus indulgent : « Tous ces papiers sont la pâture des ignorants[4]. » Quant à Rousseau, il refusa le poste que lui offrait Monsieur de Malesherbes au *Journal des savants*, affirmant qu'il serait incapable d'écrire « par métier », lui qui ne sut « jamais écrire que par passion[5] ».

Ces critiques ne signifient d'ailleurs pas que les philosophes ne s'intéressent pas à la presse. Jaucourt lui consacre trois articles dans l'*Encyclopédie*. Diderot y précise le rôle du journaliste : publier des extraits et des jugements des ouvrages de la littérature, des sciences et des arts à mesure qu'ils paraissent. La presse à laquelle ils s'intéressent est une presse littéraire et non la presse d'information.

Ils sont aussi les premiers à défendre, au nom de leur combat pour toutes les formes de liberté, et en particulier la liberté d'expression, celle de la presse. Cette liberté est, en effet, une condition nécessaire à l'évolution de la presse, évolution qui connaît un certain essor dès le début du siècle.

Quelques éléments favorables à l'essor de la presse

Vers 1720, la presse bénéficie de conditions qui favorisent son développement. L'imprimerie progresse avec les travaux de Didot, qui uniformise les caractères et ceux de l'anglais Stanhope, qui crée une machine à imprimer en fonte et en acier. Les tirages deviennent plus importants, et le prix de revient des journaux plus avantageux. La diffusion s'en trouve améliorée. Affaire des colporteurs[6] et des libraires, elle s'accroît malgré une réglementation toujours très stricte. Les cabinets de lecture – les ancêtres de nos bibliothèques publiques –, les cafés et les clubs jouent un rôle important en offrant à leurs lecteurs une grande variété de journaux, tant français qu'européens. Le développement de la vie sociale facilite l'échange d'informations, les débats. Comme l'écrit le marquis d'Argenson en 1779 : « Il y a cinquante ans, le public n'était nullement curieux des nouvelles d'État ; aujourd'hui chacun lit sa gazette, même dans la province. On raisonne à tort et à travers sur la politique, mais on s'en occupe[7]. » Cette remarque fait apparaître une évolution non seulement de la presse et de son contenu mais aussi du public, dont le goût s'est progressivement modifié, peut-être grâce à l'apparition de nouveaux journaux, parallèlement aux journaux officiels.

Les journaux officiels

On appelle ainsi les journaux qui sont autorisés officiellement à traiter des sujets politiques d'actualité. Ils sont au nombre de trois. Ils existaient déjà au siècle précédent. Ils ont tous les trois une vocation équivalente. Il s'agit de *La Gazette de France*, du *Journal des savants* et du *Mercure de France*.

La Gazette de France

Fondée par Renaudot en 1631, sous le nom de *La Gazette*, elle prend le nom de *Gazette de France* lorsque Choiseul l'annexe, en 1762, au ministère des Affaires étrangères. Bihebdomadaire (elle paraît le mardi et le vendredi), elle informe de ce qui se passe à la cour, en France et à l'étranger, mais de manière très sélective. Ainsi, en 1762,

1. Beaumarchais, *Le Mariage de Figaro*, acte V, scène 3, voir p. 403.
2. Montesquieu, *Lettres persanes* (Lettre 108).
3. Cité par Charles Ledré, *Histoire de la presse*, Fayard, 1958.
4. *Encyclopédie*.
5. Correspondance.
6. Les colporteurs sont des marchands ambulants qui proposent essentiellement des livres.
7. Bachaumont, *Mémoires secrets*, 1779.

peu après la condamnation et l'exécution de Jean Calas[1], le représentant de *La Gazette* à Toulouse considère qu'il ne s'est passé aucun événement susceptible d'intéresser le public !

La Gazette de France connut des remaniements divers au cours du siècle. Le poids de plus en plus lourd du contrôle gouvernemental et la concurrence d'autres journaux lui firent perdre progressivement de son influence.

Le Journal des savants

Fondé en 1665, il a comme vocation de rendre compte des ouvrages parus en France et à l'étranger, mais il ne se donne pas pour objectif principal la critique des ouvrages dont il parle. En effet, son principe est d'abord de « faire connaître leurs mérites ». Il joue un rôle important sur le plan scientifique, mais son contenu reste très éclectique car être savant, au XVIIIe siècle, c'est s'intéresser autant à l'art dramatique et à la physique qu'à l'histoire ancienne. Assez rapidement, ce journal voit se développer des concurrents : *Le Nouvelliste du Parnasse*, de l'abbé Desfontaines, *Les Mémoires de Trévoux*, animé par des jésuites, et surtout *L'Année littéraire* de Fréron. Pour cette raison, il perd un peu de son importance.

Le Mercure de France

Créé en 1672, *Le Mercure* devient, en 1734, *Le Mercure de France*. Il se fait un devoir d'être impartial. Son rôle est essentiellement littéraire, mais son contenu n'en reste pas moins très diversifié : arts (peinture, architecture), créations diverses (contes, bons mots...). En 1758, Marmontel prend la direction du journal et ouvre largement ses pages à des thèmes variés : questions scientifiques, politiques, nombreux échos de la vie mondaine et artistique. L'analyse des ouvrages parus reste cependant la base du journal. Il est intéressant d'observer qu'il est plutôt favorable à l'esprit nouveau, défend les philosophes mais sans aller jusqu'à prendre des positions hardies (notamment en matière d'athéisme et de matérialisme, qu'il récuse).

Les autres journaux

Si quelques tentatives sont faites, sans grand succès, par des hommes de lettres comme Marivaux ou Prévost[2] pour lancer et maintenir un journal, d'autres entreprises, plus durables, jouent un rôle important à l'époque.

Il faut citer tout d'abord *Les Mémoires de Trévoux*, créé et animé par un groupe de jésuites déjà auteurs du *Dictionnaire* du même nom (1701). L'objectif officiel du journal est de contrecarrer l'influence des feuilles hérétiques qui se développent en Hollande. Le journal publie des extraits d'ouvrages nouveaux. Il apparaît comme un guide de lecture, et ouvre ses pages à des débats concernant la pédagogie, l'orthographe, le rôle du journaliste. En 1745, la direction en revient au père Berthier, ennemi juré de l'*Encyclopédie* et de Voltaire. Ce dernier le ridiculise dans le célèbre pamphlet, *La Maladie du jésuite Berthier* (voir p. 104). D'octobre 1751 à mars 1752, le journal ne consacre pas moins de 229 pages à la critique virulente de l'*Encyclopédie.*

Dans la même ligne critique et antiphilosophique, *L'Année littéraire* de Fréron participe au combat contre l'*Encyclopédie.* Son auteur crée ce journal en 1754, après plusieurs essais dans la critique littéraire *(Lettres de Madame la Comtesse de..., Lettres sur quelques écrits de ce temps). L'Année littéraire*, qui paraît tous les dix jours, se maintient avec succès jusqu'en 1790, ce qui représente une publication de 292 volumes dans lesquels sont analysés 12 000 ouvrages contemporains. *L'Année littéraire* s'intéresse particulièrement à la littérature européenne, dont elle souligne et analyse les ouvrages de valeur. Mais le journal se fait rapidement connaître comme un organe résolument hostile aux philosophes et à l'*Encyclopédie*, jugée scandaleuse. La hargne et l'agressivité de Fréron lui valent de nombreux ennemis. Son journal, qui constitue une véritable puissance, perd son privilège en 1776, par décision du garde des Sceaux. Il reparaît peu de temps après, jusqu'en 1790, sous la direction de Stanislas Fréron, le propre fils de Fréron, qui devient un révolutionnaire convaincu alors que son père était partisan du régime monarchique.

Parmi les publications importantes de l'époque, il faut encore citer la *Correspondance littéraire* de Grimm (1753-1773), destinée aux princes de l'Europe. Cette publication rend compte des livres nouveaux, de l'actualité littéraire et offre de nombreuses autres rubriques : analyse du jeu des acteurs, portraits à l'occasion d'articles nécrologiques (celui du peintre Boucher, en particulier), comptes rendus des salons de peinture (ce qui devient la spécialité de Diderot, voir p. 227). La *Correspondance littéraire* eut le mérite de faire connaître l'*Encyclopédie* dans les cours européennes.

Même si l'on observe l'existence d'une presse clandestine et celle d'une presse étrangère d'opposition politique publiée surtout en Hollande (*La Gazette de Leyde* en est l'élément le plus actif), la presse française du XVIIIe siècle reste majoritairement littéraire. Elle participe aux combats d'idées, mais il est intéressant de constater que les philosophes ne l'on utilisée réellement ni comme instrument de diffusion idéologique ni comme arme dans la lutte philosophique.

1. Pour l'affaire Calas, voir Voltaire, p. 106.
2. Marivaux lança successivement *Le Spectateur français, Le Cabinet du philosophe, l'Indigent philosophe. Le Pour et le contre* de l'abbé Prévost se maintint de 1733 à 1740.

L'abbé Prévost
1697-1763

Portrait d'Antoine-François Prévost gravé par G.-F. Schmidt, 1745 (Paris, BN).

Une destinée aventureuse

L'existence d'Antoine-François Prévost, fils d'un magistrat d'Hesdin, en Artois, fut déchirée par des tentations contraires : celle de la vocation religieuse, dans toute sa rigueur, et celle de la passion amoureuse dont le Siècle des lumières approuve les exigences et analyse les tourments. Prévost romancier illustrera, sous des formes diverses, ce conflit du bonheur profane et de l'appel divin, dont sa vie tumultueuse fut traversée.

À seize ans, le jeune Prévost quitte le collège des jésuites pour s'engager dans l'armée. Il se brouille avec son père pour une maîtresse, revient chez les jésuites pour accomplir un noviciat, puis songe à nouveau à la carrière des armes ; il passe ensuite en Hollande à l'occasion d'une mauvaise affaire, entre à vingt-quatre ans chez les bénédictins : malgré ses dons oratoires, sa vocation reste incertaine.

Un romancier prolixe

Il quitte ensuite son abbaye, et se réfugie en Angleterre où l'accueillent des protestants libéraux (1729). Là, il consacre le temps que lui laisse son préceptorat à poursuivre la rédaction, commencée à Paris l'année précédente, d'un grand roman aux multiples épisodes : *Mémoires et aventures d'un homme de qualité*. L'inspiration autobiographique y est importante : l'âme généreuse, mais faible devant la passion, de « l'homme de qualité » ne se contraint-elle pas, comme celle de son auteur, aux rigueurs du cloître pour y ensevelir un chagrin d'amour ?

À la suite d'une intrigue sentimentale avec son élève, la fille de son protecteur sir John Eyles, Prévost est dans l'obligation de passer en Hollande, où il rédigera en quelques semaines (janvier 1731) le septième tome des *Mémoires et aventures d'un homme de qualité*, qui contient l'histoire de Manon Lescaut. Dès sa parution à Paris, le roman est saisi et condamné au feu pour immoralité.

À La Haye, Prévost se lie avec une aventurière, surnommée Lenki, qui lui fait découvrir la folie de la passion et l'amertume de la ruine. Après un séjour en prison, il rejoint l'Angleterre et se consacre à un périodique, *Le Pour et le contre*, qui mêle chronique littéraire, faits divers, réflexion morale : image même de cet esprit mobile et curieux de toutes les facettes de la vie qu'est l'abbé Prévost.

Son activité de plume est fébrile et féconde. Il publie les cinq tomes de l'*Histoire de Cleveland*, énorme roman qui, augmenté de trois tomes en 1739, constituera le plus grand succès de librairie du siècle avant *La Nouvelle Héloïse* de Rousseau (voir p. 276). *Cleveland* retrace la vie aventureuse et inquiète d'une « âme sensible » à la recherche d'une double vérité, politique et religieuse.

Voltairien, philosophe et protégé du pape

Depuis 1734, Prévost séjourne à Paris. Il fréquente les salons philosophiques, se rapproche des voltairiens et ménage les jésuites, menant une vie libre et aisée : un grand seigneur libertin, le prince de Conti, fait de lui son aumônier (1736).

Il publie *Le Doyen de Killerine* (1735) et l'étrange *Histoire d'une Grecque moderne* (1740) : on y voit une jeune Grecque, libérée du harem et transportée dans la société parisienne, inspirer l'amour et la jalousie d'un homme âgé.

En 1740, une nouvelle crise financière de Prévost entraîne son emprisonnement pour dettes : l'écrivain scandaleux demande grâce au pape, et reprend sa vie mondaine entrecoupée d'exils (d'où le malicieux nom de plume qu'il adopte alors définitivement : Prévost d'Exiles).

À partir de la cinquantaine, l'écrivain se stabilise : il connaît le bonheur calme auprès de Madame de Genty, à Chaillot, aux portes de Paris. Il est pourvu d'un bénéfice par le pape Benoît XIV, reçu par Madame de Pompadour, et lié d'amitié avec Jean-Jacques Rousseau. Les contradictions subsistent, cependant, jusqu'à sa mort qui survient en 1763.

Histoire du chevalier Des Grieux et de Manon Lescaut, tome 7 de **Mémoires et aventures d'un homme de qualité** (1731), roman → voir pp. 172-176.

Histoire de Cleveland (1729-1738), roman.
Le Doyen de Killerine (1735),
Histoire d'une Grecque moderne (1740).

Histoire du chevalier Des Grieux et de Manon Lescaut

1731

Le point de départ du roman est la rencontre de l'« homme de qualité » (le premier narrateur) avec un jeune homme de bonne naissance, un jour, en Normandie. Ce dernier, le chevalier Des Grieux, accompagne un convoi de prisonnières que l'on conduit au Havre pour les déporter en Amérique. Parmi elles figure la maîtresse du jeune homme, Manon Lescaut.

Deux ans plus tard, à Calais, le narrateur retrouve par hasard le jeune Des Grieux. Il revient de Louisiane, où Manon est morte dans des conditions dramatiques. Le jeune homme, encore sous le coup du chagrin, raconte alors toute son histoire. Un second narrateur apparaît et un second récit s'intègre au premier.

L'histoire des deux amants, qui constitue la quasi-totalité du roman, est caractérisée à la fois par la violence d'une passion fatale et par l'immoralité de comportements fondés sur l'escroquerie, le mensonge, le vol. L'intrigue a, en effet, pour toile de fond la société parisienne de la Régence (1715-1723) où l'argent, obtenu par des moyens souvent illégaux, est le mobile essentiel des hommes. Il ouvre la porte de tous les plaisirs. Manon vendant ses charmes, ou se contentant de les promettre, obéit ainsi à la logique immorale d'une société corrompue qui constitue un véritable modèle de dissipation.

Pourtant le romancier fait de ses héros, Manon et Des Grieux, des personnages sympathiques : tout est vu à travers le regard et les sentiments du jeune homme, qui est aveuglé par sa faiblesse devant la passion. Aussi le roman n'inspire-t-il pas l'horreur du mal, mais montre comment un être originellement honnête est conduit à la déchéance par la passion. Dévoré d'amour pour Manon, Des Grieux se laisse aller à l'immoralité et au crime pour elle et par elle, qui incarne la fatalité. Transportée dans le Nouveau Monde, univers au nom symbolique, elle naît à des sentiments nouveaux et purifiés : fidélité, dévouement à son amant. Le couple apparaît finalement plus victime de la corruption que coupable, et la mort pathétique de Manon peut être perçue comme une véritable injustice faite à la jeunesse et à ses possibilités d'amour pur.

François Boucher (1703-1770), *Dame attachant sa jarretière, et sa servante*, détail, 0,52 × 0,66 m, 1742 (Lugano, collection Thyssen-Bornemisza).

« ... Je m'avançai vers la maîtresse de mon cœur. »

Scène célèbre de rencontre vécue comme un « coup de foudre ». Le récit rétrospectif de Des Grieux tend à mettre en avant le rôle de la fatalité (peut-être pour qu'elle serve d'excuse à son impulsivité). La fatalité, si souvent invoquée dans la suite du roman, semble opérer ici d'une façon prémonitoire.

J'avais marqué[1] le temps de mon départ d'Amiens. Hélas ! que ne le marquais-je un jour plus tôt ! j'aurais porté chez mon père toute mon innocence. La veille même de celui que je devais quitter cette ville, étant à me promener avec mon ami, qui s'appelait Tiberge, nous vîmes arriver le coche d'Arras, et nous le suivîmes jusqu'à l'hôtellerie où ces voitures descendent. Nous n'avions pas d'autre motif que la curiosité. Il en sortit quelques femmes, qui se retirèrent aussitôt. Mais il en resta une, fort jeune, qui s'arrêta seule dans la cour, pendant qu'un homme d'un âge avancé, qui paraissait lui servir de conducteur, s'empressait pour faire tirer son équipage des paniers[2]. Elle me parut si charmante que moi, qui n'avais jamais pensé à la différence des sexes, ni regardé une fille avec un peu d'attention, moi, dis-je, dont tout le monde admirait la sagesse et la retenue, je me trouvai enflammé tout d'un coup jusqu'au transport. J'avais le défaut d'être excessivement timide et facile à déconcerter ; mais loin d'être arrêté alors par cette faiblesse, je m'avançai vers la maîtresse de mon cœur. Quoiqu'elle fût encore moins âgée que moi, elle reçut mes politesses sans paraître embarrassée. Je lui demandai ce qui l'amenait à Amiens et si elle y avait quelques personnes de connaissance. Elle me répondit ingénument qu'elle y était envoyée par ses parents pour être religieuse. L'amour me rendait déjà si éclairé, depuis un moment qu'il était dans mon cœur, que je regardai ce dessein comme un coup mortel pour mes désirs. Je lui parlai d'une manière qui lui fit comprendre mes sentiments, car elle était bien plus expérimentée que moi. C'était malgré elle qu'on l'envoyait au couvent, pour arrêter sans doute son penchant au plaisir, qui s'était déjà déclaré et qui a causé, dans la suite, tous ses malheurs et les miens. Je combattis la cruelle intention de ses parents par toutes les raisons que mon amour naissant et mon éloquence scolastique[3] purent me suggérer. Elle n'affecta ni rigueur ni dédain. Elle me dit, après un moment de silence, qu'elle ne prévoyait que trop qu'elle allait être malheureuse,

1. J'avais fixé.
2. Tirer ses bagages des coffres en osier.
3. Propre aux écoles de théologie.

mais que c'était apparemment la volonté du Ciel, puisqu'il ne lui laissait nul moyen de l'éviter. La douceur de ses regards, un air charmant de tristesse en prononçant ces paroles, ou plutôt, l'ascendant[1] de ma destinée qui m'entraînait à ma perte, ne me permirent pas de balancer[2] un moment sur ma réponse. Je l'assurai que, si elle voulait faire quelque fond sur mon honneur et sur la tendresse infinie qu'elle m'inspirait déjà, j'emploierais ma vie pour la délivrer de la tyrannie de ses parents, et pour la rendre heureuse. Je me suis étonné mille fois, en y réfléchissant, d'où me venait alors tant de hardiesse et de facilité à m'exprimer ; mais on ne ferait pas une divinité de l'amour, s'il n'opérait souvent des prodiges. J'ajoutai mille choses pressantes. Ma belle inconnue savait bien qu'on n'est point trompeur à mon âge ; elle me confessa que, si je voyais quelque jour[3] à la pouvoir mettre en liberté, elle croirait m'être redevable de quelque chose de plus cher que la vie. Je lui répétai que j'étais prêt à tout entreprendre, mais, n'ayant point assez d'expérience pour imaginer tout d'un coup les moyens de la servir, je m'en tenais à cette assurance générale, qui ne pouvait être d'un grand secours pour elle et pour moi.

Abbé Prévost, *Histoire du chevalier Des Grieux et de Manon Lescaut*, première partie.

« Ah ! perfide ! perfide ! »

Des Grieux est entré au séminaire de Saint-Sulpice pour y oublier, dans le calme et la piété, l'image de sa maîtresse. L'ayant appris, Manon ose une visite impromptue. Le conflit qui oppose amour et religion (voir p. 176) apparaît ici dans toute sa force.

Je demeurai interdit à sa vue, et ne pouvant conjecturer quel était le dessein de cette visite, j'attendais, les yeux baissés et avec tremblement[4], qu'elle s'expliquât. Son embarras fut, pendant quelque temps, égal au mien, mais, voyant que mon silence continuait, elle mit la main devant ses yeux, pour cacher quelques larmes. Elle me dit, d'un ton timide, qu'elle confessait que son infidélité méritait ma haine ; mais que, s'il était vrai que j'eusse jamais eu quelque tendresse pour elle, il y avait eu, aussi, bien de la dureté à laisser passer deux ans sans prendre soin de m'informer de son sort, et qu'il y en avait beaucoup encore à la voir dans l'état où elle était en ma présence, sans lui dire une parole. Le désordre de mon âme, en l'écoutant, ne saurait être exprimé.

Elle s'assit. Je demeurai debout, le corps à demi tourné, n'osant l'envisager directement[5]. Je commençai plusieurs fois une réponse, que je n'eus pas la force d'achever. Enfin, je fis un effort pour m'écrier douloureusement : « Perfide Manon ! Ah ! perfide ! perfide ! » Elle me répéta, en pleurant à chaudes larmes, qu'elle ne prétendait point justifier sa perfidie. « Que prétendez-vous donc ? » m'écriai-je encore. « Je prétends mourir, répondit-elle, si vous ne me rendez votre cœur, sans lequel il est impossible que je vive. – Demande donc ma vie, infidèle ! repris-je en versant moi-même des pleurs, que je m'efforçai en vain de retenir. Demande ma vie, qui est l'unique chose qui me reste à te sacrifier ; car mon cœur n'a jamais cessé d'être à toi. » À peine eus-je achevé ces derniers mots, qu'elle se leva avec transport pour venir m'embrasser. Elle m'accabla de mille caresses passionnées. Elle m'appela par tous les noms que l'amour invente pour exprimer ses plus vives tendresses. Je n'y répondais encore qu'avec langueur. Quel passage, en effet, de la situation tranquille où j'avais été, aux mouvements tumultueux que je sentais renaître ! J'en étais épouvanté. Je frémissais, comme il arrive lorsqu'on se trouve la nuit dans une campagne écartée : on se croit transporté dans un nouvel ordre de choses ; on y est saisi d'une horreur secrète[6], dont on ne se remet qu'après avoir considéré longtemps tous les environs.

Nous nous assîmes l'un près de l'autre. Je pris ses mains dans les miennes. « Ah ! Manon, lui dis-je en la regardant d'un œil triste, je ne m'étais pas attendu à la noire trahison dont vous avez payé mon amour. Il vous était bien facile de tromper un cœur dont vous étiez la souveraine absolue, et qui mettait toute sa félicité à vous plaire et à vous obéir. Dites-moi maintenant si vous en avez trouvé d'aussi tendres et d'aussi soumis. Non, non, la Nature n'en fait guère de la même trempe que le mien. Dites-moi, du moins, si vous l'avez quelquefois regretté. Quel fond dois-je faire sur ce retour de bonté qui vous ramène aujourd'hui pour le consoler ? Je ne vois que trop que vous êtes plus charmante que jamais ; mais au nom de toutes les peines que j'ai souffertes pour vous, belle Manon, dites-moi si vous serez plus fidèle. »

Elle me répondit des choses si touchantes sur son repentir, et elle s'engagea à la fidélité par tant de protestations et de serments, qu'elle m'attendrit à un degré inexprimable. « Chère Manon ! lui

1. Terme d'astrologie. Désigne un élément important de l'horoscope d'un individu.
2. Hésiter.
3. Possibilité.
4. Appréhension qui fait trembler.
5. La regarder en face.
6. Effroi secret.

dis-je, avec un mélange profane d'expressions amoureuses et théologiques, tu es trop adorable pour une créature. Je me sens le cœur emporté par une délectation[1] victorieuse. Tout ce qu'on dit de la liberté à Saint-Sulpice est une chimère[2]. Je vais perdre ma fortune et ma réputation pour toi, je le prévois bien ; je lis ma destinée dans tes beaux yeux ; mais de quelles pertes ne serai-je pas consolé par ton amour ! Les faveurs de la fortune ne me touchent point ; la gloire me paraît une fumée ; tous mes projets de vie ecclésiastique étaient de folles imaginations ; enfin tous les biens différents de ceux que j'espère avec toi sont des biens méprisables, puisqu'ils ne sauraient tenir un moment, dans mon cœur, contre un seul de tes regards. »

Abbé Prévost, *Histoire du chevalier Des Grieux et de Manon Lescaut*, première partie.

« Nous nous assîmes au milieu d'une vaste plaine... »

Blessé dans un duel, Des Grieux fuit avec Manon, à travers le désert de la Louisiane, les rigueurs de la justice. Récit à la fois pathétique et sobre, car les gestes y suppléent aux discours, et y gagnent en intensité.

Nous marchâmes aussi longtemps que le courage de Manon put la soutenir, c'est-à-dire environ deux lieues[3] car cette amante incomparable refusa constamment de s'arrêter plus tôt. Accablée enfin de lassitude, elle me confessa qu'il lui était impossible d'avancer davantage. Il était déjà nuit. Nous nous assîmes au milieu d'une vaste plaine, sans avoir pu trouver un arbre pour nous mettre à couvert[4]. Son premier soin fut de changer le linge de ma blessure, qu'elle avait pansée elle-même avant notre départ. Je m'opposai en vain à ses volontés. J'aurais achevé de l'accabler mortellement, si je lui eusse refusé la satisfaction de me croire à mon aise et sans danger, avant que de penser à sa propre conservation. Je me soumis durant quelques moments à ses désirs. Je reçus ses soins en silence et avec honte. Mais, lorsqu'elle eut satisfait sa tendresse, avec quelle ardeur la mienne ne prit-elle pas son tour ! Je me dépouillai de tous mes habits, pour lui faire trouver la terre moins dure en les étendant sous elle. Je la fis consentir, malgré elle, à me voir employer à son usage tout ce que je pus imaginer de moins incommode. J'échauffai ses mains par mes baisers ardents et par la chaleur de mes soupirs. Je passai la nuit entière à veiller près d'elle, et à prier le Ciel de lui accorder un sommeil doux et paisible. Ô Dieu ! que mes vœux étaient vifs et sincères ! et par quel rigoureux jugement aviez-vous résolu de ne les pas exaucer !

Pardonnez, si j'achève en peu de mots un récit qui me tue. Je vous raconte un malheur qui n'eut jamais d'exemple. Toute ma vie est destinée à le pleurer. Mais, quoique je le porte sans cesse dans ma mémoire, mon âme semble reculer d'horreur, chaque fois que j'entreprends de l'exprimer.

Nous avions passé tranquillement une partie de la nuit. Je croyais ma chère maîtresse endormie et je n'osais pousser le moindre souffle, dans la crainte de troubler son sommeil. Je m'aperçus dès le point du jour, en touchant ses mains, qu'elle les avait froides et tremblantes. Je les approchai de mon sein, pour les échauffer. Elle sentit ce mouvement, et, faisant un effort pour saisir les miennes, elle me dit, d'une voix faible, qu'elle se croyait à sa dernière heure. Je ne pris d'abord ce discours que pour un langage ordinaire dans l'infortune, et je n'y répondis que par les tendres consolations de l'amour. Mais, ses soupirs fréquents, son silence à mes interrogations, le serrement de ses mains, dans lesquelles elle continuait de tenir les miennes me firent connaître que la fin de ses malheurs approchait. N'exigez point de moi que je vous décrive mes sentiments, ni que je vous rapporte ses dernières expressions. Je la perdis ; je reçus d'elle des marques d'amour, au moment même qu'elle expirait. C'est tout ce que j'ai la force de vous apprendre de ce fatal et déplorable événement.

Mon âme ne suivit pas la sienne. Le Ciel ne me trouva point, sans doute, assez rigoureusement puni. Il a voulu que j'aie traîné, depuis, une vie languissante et misérable. Je renonce volontairement à la mener jamais plus heureuse.

Je demeurai plus de vingt-quatre heures la bouche attachée sur le visage et sur les mains de ma chère Manon. Mon dessein était d'y mourir ; mais je fis réflexion, au commencement du second jour, que son corps serait exposé, après mon trépas, à devenir la pâture des bêtes sauvages. Je formai la résolution de l'enterrer et d'attendre la mort sur sa fosse. J'étais déjà si proche de ma fin, par l'affaiblissement que le jeûne et la douleur m'avaient causé, que j'eus besoin de quantité d'efforts pour me tenir debout. Je fus obligé de recourir aux liqueurs que j'avais apportées. Elles me rendirent autant de force qu'il en fallait pour le triste office que j'allais exécuter. Il ne m'était pas difficile d'ouvrir la terre, dans le lieu où je me trouvais. C'était une campagne couverte de sable. Je rompis mon épée, pour m'en servir à creuser, mais j'en tirai moins de secours que de mes mains. J'ouvris une large fosse. J'y plaçai l'idole de mon cœur, après avoir pris soin de l'envelopper de tous mes habits, pour

1. Plaisir extrême. – 2. Une illusion. – 3. Environ huit kilomètres. – 4. À l'abri.

empêcher le sable de la toucher. Je ne la mis dans cet état qu'après l'avoir embrassée mille fois, avec toute l'ardeur du plus parfait amour. Je m'assis encore près d'elle. Je la considérai longtemps. Je ne pouvais me résoudre à fermer la fosse. Enfin, mes forces recommençant à s'affaiblir, et craignant d'en manquer tout à fait avant la fin de mon entreprise, j'ensevelis pour toujours dans le sein de la terre ce qu'elle avait porté de plus parfait et de plus aimable. Je me couchai ensuite sur la fosse, le visage tourné vers le sable, et fermant les yeux avec le dessein de ne les ouvrir jamais, j'invoquai le secours du Ciel et j'attendis la mort avec impatience. Ce qui vous paraîtra difficile à croire, c'est que, pendant tout l'exercice de ce lugubre ministère, il ne sortit point une larme de mes yeux ni un soupir de ma bouche. La consternation profonde où j'étais et le dessein déterminé de mourir avaient coupé le cours à toutes les expressions du désespoir et de la douleur. Aussi, ne demeurai-je pas longtemps dans la posture où j'étais sur la fosse, sans perdre le peu de connaissance et de sentiment qui me restait.

Abbé Prévost, *Histoire du chevalier Des Grieux et de Manon Lescaut*, deuxième partie.

Synthèse

La nature et la religion

Le conflit central des romans de Prévost oppose les exigences de la nature, particulièrement « les délices de l'amour », aux aspirations religieuses. Ce conflit trouve généralement une issue pessimiste, car le retour à Dieu n'apaise nullement, chez ses héros, la soif de l'amour humain.

D'autre part, la morale chrétienne et la vertu sont par essence répressives, comme on le voit dans *Manon Lescaut*. C'est pourquoi, par réaction, la revendication du plaisir tourne à l'excès de la débauche et à l'immoralité. Se révèle alors un système social corrompu, où l'ordre ancien et chrétien semble n'être qu'une façade de la tyrannie cynique de l'argent.

Amour et tragédie

Plus gravement, l'essence même de l'amour est conflictuelle : ce moteur de tout accomplissement humain est en même temps source de tous les déchirements, raison de vivre pour l'homme, et occasion de se perdre spirituellement. On peut donc parler de tragédie métaphysique de l'amour. En effet toute rencontre amoureuse (voir p. 173), d'un même mouvement, illumine, éblouit et aveugle. La volonté est réduite à l'impuissance et la liberté humaine prend un caractère illusoire. On retrouve ainsi, transposés dans le réalisme social, les données et les accents de la tragédie racinienne : les amoureux passionnés comme Des Grieux sont les victimes de « l'aveuglement d'un amour fatal ». D'autre part, le romancier légitime implicitement la conduite de son héros (tricheur, voleur, meurtrier dans le cas de Des Grieux) en peignant la corruption de la société qui l'entoure, et qui rend inévitable le recours à de tels moyens, mis au service de l'amour authentique. La honte et la culpabilité disparaissent. Cette moralité, très audacieuse, valut au roman d'être aussitôt condamné par la censure.

Le regard indirect

Plutôt qu'une personne individualisée par une physionomie ou par un caractère, l'héroïne de Prévost apparaît comme idéalisée par le désir du héros ; elle est une image, désignée par des termes aussi vagues qu'enflammés : « l'idole de mon cœur », « la plus douce et la plus aimable créature qui fut jamais ». L'imagination du lecteur garde la liberté de projeter sur Manon toutes sortes de prestiges... Sur le plan psychologique, Manon, personnage imprévisible et charmant, tire également sa séduction du regard et de la passion de Des Grieux.

L'écriture de Prévost use de modalités souvent complexes : le récit rétrospectif, par exemple, souligne le décalage, du point de vue de la maturité psychologique, entre le « Je » héros de l'action et le « Je » narrateur.

Le lecteur est, d'autre part, invité à nuancer son jugement moral au fil d'un texte qui analyse, et parfois oppose, les motivations et les comportements des personnages. Tout sentiment mérite une interrogation, l'amour surtout, ce mystère que l'intelligence s'emploie sans cesse à éclairer et le cœur à justifier.

L'écriture romanesque de Prévost se met simultanément au service de l'exploration psychologique et des justifications morales. C'est ce qui fait à la fois le charme et l'originalité de *Manon Lescaut*.

Jean-Honoré Fragonard (1732-1806), *La Fête à Saint-Cloud*, détail, 2,16 × 3,35 m, vers 1775 (Paris, Banque de France).

APOGÉE DES LUMIÈRES ET SENSIBILITÉS PRÉROMANTIQUES

(1750-1778)

La première moitié du XVIIIe siècle a donné naissance aux Lumières. La seconde, qui s'ouvre symboliquement par la publication de l'*Encyclopédie* (1751) va consacrer le triomphe des philosophes, plus que jamais conscients de leur mission de guides spirituels de l'humanité. À leur mort, en 1778, Voltaire et Rousseau sont célébrés dans toute l'Europe.

Le règne des idées ne doit pourtant pas dissimuler la diversité de pensée qui marque l'apogée des Lumières : alors que Diderot et ses amis, d'Holbach et Helvétius, évoluent vers un matérialisme athée, Rousseau proclame ses convictions religieuses et s'éloigne ainsi du « compagnonnage » encyclopédiste.

Consommée dès les années 1760, cette rupture du front philosophique marque l'impossibilité, pour les penseurs des Lumières, de donner une réponse unique à des questions essentielles : la nature est-elle l'œuvre de Dieu ou le résultat du mouvement propre de la matière sensible ? Quel doit être le fondement de l'autorité politique à partir du moment où est récusée la doctrine de la monarchie de droit divin ? Peut-on croire au progrès humain ou doit-on chercher plutôt dans le passé un idéal de vertu ? Comment concilier raisonnement et sentiments ou, pour reprendre l'expression de Diderot, « la tête et le cœur » ?

À cette dernière interrogation, la littérature des années 1750-1778 répond en ouvrant la voie d'une nouvelle sensibilité (que l'on a appelée préromantique) : au moment où la raison et l'esprit de système triomphent avec les philosophes, les écrivains donnent la parole aux âmes sensibles et font l'apologie de l'individu, surtout lorsqu'il est passionné.

Mais ces écrivains et ces philosophes sont souvent les mêmes hommes, et l'opposition qui paraît ainsi se dessiner entre un XVIIIe siècle rationnel et un « XVIIIe siècle du cœur » (G. Gusdorf) n'est peut-être qu'une vue de l'esprit. La marque la plus originale des Lumières est précisément dans cette rencontre difficile mais féconde entre un esprit d'analyse qui suit une méthode inspirée des sciences et une pensée qui reconnaît et exalte, dans la nature, la richesse de l'expérience sensible et, au sein de la société, la singularité des êtres.

LE TRIOMPHE DES PHILOSOPHES

La fin du règne de Louis XV offre un tableau contrasté : tandis que se confirme l'expansion d'une France dont la prospérité profite surtout aux grands propriétaires terriens, aux négociants et aux industriels, la crise de l'État absolutiste est déjà menaçante. À sa mort en 1774, l'impopularité du roi est grande : on lui reproche sa faiblesse, le pouvoir de ses favorites (Madame de Pompadour puis Madame du Barry), on s'indigne des échecs de sa politique étrangère quand les colonies de l'Inde et du Canada sont cédées à l'Angleterre (traité de Paris, 1763) et l'on attend de Louis XVI, son successeur, qu'il assainisse les finances du royaume.

C'est que l'esprit de réforme – et pas seulement dans le domaine de la fiscalité – est à l'ordre du jour. On recherche tout ce qui peut être utile à l'homme et améliorer sa vie : à la suite des écrits des « physiocrates[1] » (Quesnay, *Tableau économique*, 1758), la mode est à l'agronomie. On s'intéresse aussi aux progrès de l'hygiène, à la « variolisation[2] ». Le paratonnerre de Benjamin Franklin devient un symbole : à la peur du ciel succède une confiance grandissante dans la capacité de l'homme à maîtriser la nature et à la transformer.

Le philosophe est précisément celui qui prépare, qui suscite et qui éclaire ce changement, conquérant ainsi dans la société une place nouvelle. Il n'est plus l'orne-

1. Voir Introduction, p. 8.

2. La vaccination contre la variole, soutenue par Louis XV lui-même.

Jean-Jacques Bachelier (1724-1806), *L'Europe savante*, 3,29 × 1,78 m, 1762 (Paris, musée du Louvre).

ment d'un salon mais une force de contestation et de proposition qui intervient, en « militant » de l'esprit, dans les affaires politiques, religieuses ou judiciaires : Voltaire obtient la réhabilitation de Calas (voir p. 106). Rousseau imagine une constitution pour la Corse. L'écrivain-philosophe acquiert une dimension européenne : Diderot conseille Catherine de Russie, Voltaire correspond, depuis Ferney, avec tout le Vieux Continent.

Dans la nouvelle République des Lettres, chacun veut s'employer à la noble tâche d'instruire car « plus les hommes seront éclairés, plus ils seront libres » (Voltaire). La bataille de l'*Encyclopédie* est d'abord un combat libérateur du savoir contre l'ignorance. Entreprise monumentale pour rassembler les connaissances théoriques et pratiques du siècle l'œuvre collective dirigée par Diderot et d'Alembert peut être rapprochée des autres « sommes » par lesquelles les Lumières tentent d'éclairer les différents domaines du savoir : *L'Esprit des lois* de Montesquieu pour l'histoire et le droit, *L'Histoire naturelle* de Buffon pour la biologie et la zoologie, l'*Émile* de Jean-Jacques Rousseau pour l'éducation.

En ce demi-siècle épris de science, animé par une bourgeoisie conquérante et convaincue que le progrès technique peut changer la face du monde, l'*Encyclopédie* popularise le geste et le langage des métiers et, sous l'impulsion de Diderot, déplace peu à peu l'intérêt du public des sciences exactes vers les sciences de l'homme et de la nature. Cette évolution capitale est significative d'une conception nouvelle du philosophe : à l'image poussiéreuse du savant qui tentait, sans sortir de son cabinet de travail, de faire entrer le monde dans la configuration abstraite d'un système de pensée, s'oppose le philosophe selon les encyclopédistes, observateur, collectionneur (d'expériences), « homme de terrain ». « Pour parler pertinemment de boulangerie, il faut avoir mis la main à la pâte », écrit Diderot qui assiste à des expériences de chimie au Jardin du Roi (l'actuel Jardin des Plantes, à Paris), tandis que Rousseau se passionne pour la botanique et Voltaire pour les fossiles.

DÉBATS D'IDÉES ET CRÉATION LITTÉRAIRE

Autour de l'*Encyclopédie* et parfois contre ses partisans, le débat s'enfle, se multiplie, se déplace et se déchaîne à chaque idée nouvelle. La littérature devient polémique : les pamphlets répondent aux essais, les traités aux discours. Fréron ou Palissot, les « antiphilosophes » dénoncent l'*Encyclopédie* dans *L'Année littéraire* (baptisée par Voltaire « l'âne littéraire ») (voir p. 170). Les courants illuministes et occultistes opposent leur spiritualité mystique au rationalisme des Lumières (voir p. 324). Rousseau s'en prend aux thèses de Diderot dans sa *Lettre à d'Alembert sur les spectacles* (1758) et se brouille avec son ancien ami. Voltaire attaque *Le Système de la nature* de d'Holbach dans son *Histoire de Jenny* (1775).

La floraison des correspondances, des dialogues (Diderot, *Le Neveu de Rameau*), des romans par lettres (Rousseau, *La Nouvelle Héloïse*) témoignent de la forme particulière et de la richesse des échanges d'idées à cette époque. Partout, on discute « philosophiquement » : à l'Académie française, où les encyclopédistes l'emportent sur les dévots antiphilosophes (d'Alembert devient secrétaire perpétuel en 1772), à Paris dans le salon de Julie de Lespinasse (1734-1776) ou à la campagne chez le baron d'Holbach, dans le pauvre logis de Rousseau, à Paris et jusqu'à Versailles, où les partisans de la modernisation économique (Turgot, Necker) soutiennent les philosophes contre les ennemis du libéralisme.

Les contradictions s'exacerbent à propos des questions religieuses. Si les catholiques sincères demeurent nombreux, leur religion est attaquée sur plusieurs fronts : par les déistes, comme Voltaire, qui refusent que la croyance en Dieu devienne le prétexte de l'intolérance et du fanatisme ; par les athées, comme d'Holbach ou Diderot, qui voient dans la nature sensible et en devenir l'origine et la fin de toute création. Rousseau lui-même critique les religions révélées au nom du rationalisme, et il propose une religion naturelle en rupture avec l'idée du péché originel.

En exprimant le regret d'un âge où l'homme, naturellement bon, était préservé des atteintes corruptrices de la civilisation (voir p. 270), Rousseau ouvre un nouveau débat : celui de la place de l'individu dans une société qu'il juge dénaturée. En faisant l'apologie de la solitude, en condamnant le luxe, les spectacles et tout ce qui lui paraît le signe d'une civilisation décadente, Rousseau s'attire les sarcasmes de ses anciens amis, de Voltaire, de Diderot qui n'aiment guère recevoir des leçons de vertu et qui refusent d'admettre que la vie en société introduise fatalement le vice dans l'esprit humain.

Pourtant l'œuvre de Rousseau ne peut être séparée de la pensée des Lumières, qu'elle enrichit et oriente dans le sens d'une exaltation de la sensibilité. C'est d'ailleurs un roman d'amour passionné, *La Nouvelle Héloïse*, qui rend célèbre l'écrivain genevois : dans les amours de Julie et de Saint-Preux se reconnaît une époque qui veut concilier le sentiment et le raisonnable, le naturel et la sociabilité. Car l'homme est un être sensible qui trouve son identité dans le développement de ses passions[1].

Si on condamne le libre épanouissement du sentiment, c'est l'homme lui-même qui se trouve aliéné, mutilé (voir Diderot, *La Religieuse*, p. 215). Cette réhabilitation de la nature, que le XVIIe siècle avait étroitement contrôlée, surveillée, voire effacée, a des conséquences morales importantes puisqu'on admet que ce qui est naturel est spontanément vertueux.

Dans les domaines politique et juridique, la philosophie s'efforce également de fonder un ordre qui redonne à l'individu la libre disposition de ses droits naturels, au

1. Condillac, Helvétius, Rousseau et Diderot se rejoignent sur ce point.

sein d'une société moins injuste et plus solidaire que celle de l'Ancien Régime, qui se trouve ainsi ébranlée dans ses fondements mêmes. Avec le *Contrat social*, Rousseau introduit les idées politiques les plus neuves en proposant les principes démocratiques que la Révolution française fera entrer dans la loi.

La création littéraire elle-même est comme entraînée par la recherche de ce qui est à la fois le plus naturel, le plus passionné et le plus singulier. Rousseau veut, dans les *Confessions*, en dévoilant sa vie « montrer à [ses] semblables un homme dans toute la vérité de la nature » (voir p. 213). Dans ses œuvres romanesques et autobiographiques, il crée un paysage littéraire singulier qui emprunte ses beautés au décor majestueux et tourmenté des Alpes, tandis que Bernardin de Saint-Pierre rêve, dans l'exotisme des îles, d'une harmonieuse correspondance entre la nature et le sentiment (voir p. 314). Cette recherche d'un langage de la sentimentalité conduit Diderot à l'expérience et à la théorie du drame bourgeois, dont la famille est le lieu « naturel » (voir p. 231). La peinture de Greuze ou l'opéra de Glück participent également à cette vague de l'émotion, dans laquelle paraît baigner l'art de cette époque.

Période d'effervescence intellectuelle passionnée, les années 1750-1778 préludent à l'élan révolutionnaire. On y parle beaucoup, on y chante souvent (voir p. 375).

Si Diderot appelle les peuples à faire trembler leur maître[1], on ignore encore tout de l'histoire à venir.

Jean-Baptiste Hilaire (1753-1822 ?), *Les Serres du Jardin du Roi*, actuellement le Jardin des Plantes, gouache extraite des *Séries des jardins de Paris* (Paris, BN).

1. Diderot, *Histoire des deux Indes*.

L'ESPRIT ENCYCLOPÉDIQUE
L'ENCYCLOPÉDIE, DIDEROT

Jean-Baptiste Chardin (1699-1779), *Les Attributs des Arts*, 0,91 × 1,45 m (Paris, musée du Louvre).

La seconde moitié du XVIIIe siècle voit le triomphe des philosophes qui parviennent à diffuser largement, et même à imposer, les conquêtes de la pensée libre.

Certes, les réticences sont encore vives ; les persécutions pour délit d'opinion se renforcent après 1750. Mais c'est un profond courant d'idées que suscite l'activité des philosophes. Désormais, la pratique du doute, l'esprit d'examen, la critique à l'égard de la religion et de l'autorité sont devenus le mode de pensée des élites éclairées et il se répand auprès de la bourgeoisie et dans les provinces. On assiste même à une véritable fermentation des esprits : les « académies », comme celle de Dijon, agitent des sujets brûlants (voir p. 267). Les audaces de la pensée se dévoilent : dans les salons, celui de Julie de Lespinasse, celui du baron d'Holbach, ce ne sont plus les beaux esprits qu'on écoute mais les philosophes qui osent parler de matérialisme, d'athéisme, d'égalité.

Une telle transformation n'était possible que par l'exemple et l'élan qu'apportait la plus grande entreprise de liberté de pensée que connut le XVIIIe siècle : l'*Encyclopédie*. Cet ouvrage immense (28 volumes qui représentent près de 25 ans de travail) rassemblait et diffusait les idées nouvelles, remuait inlassablement les sujets les plus hardis ; il préparait une véritable révolution des esprits.

LE SAVOIR AU SERVICE DE L'HOMME

L'*Encyclopédie* répond à un vaste appétit de savoir, qu'elle suscite d'ailleurs elle-même et étend à son tour. Conçue comme un dictionnaire universel, elle a pour ambition de fournir « la généralité des connaissances ».

Le XVIe siècle avait donné l'exemple de génies humanistes capables d'embrasser la totalité du savoir. Mais comment espérer, au XVIIIe siècle, qu'un seul homme connaisse tout ce qui peut être connu alors que la nature, la matière, l'univers livrent tous les jours de nouveaux secrets ? L'*Encyclopédie* répond à cette exigence nouvelle : il faut « rassembler tous les talents », faire appel aux meilleures compétences ; l'entreprise est une œuvre collective ; elle inaugure le règne des « spécialités », dont les progrès de la science et de la technique allaient tirer si grand profit.

L'esprit nouveau qui anime le projet est constamment guidé par le souci du concret. Les encyclopédistes, et au premier rang d'entre eux, Diderot, s'émerveillent du savoir-faire des « manouvriers », de l'utilité des techniques. « Dans quel système de Physique ou de Métaphysique, remarque-t-on plus d'intelligence, de sagacité, de conséquence, que dans les machines à filer l'or, faire des bas, et dans les métiers de Passementiers, de Gaziers, de Drapiers ou d'Ouvriers en Soie ? Quelle démonstration de mathématiques est plus compliquée que le mécanisme de certaines horloges... ? » (Diderot, article « Encyclopédie »). La philosophie veut tout connaître du monde matériel ; elle se consacre avec passion aux réalités. Diderot vante les illustrations que contient l'*Encyclopédie*, pour la raison que « tout y est action et vivant ».

Cette importance donnée au concret et au sensible consacre la primauté de l'homme, capable d'explorer et de faire fructifier le monde dont il se veut désormais le maître. Cet homme nouveau, l'*Encyclopédie* l'exalte à travers l'apologie du travail et de l'« industrie » (l'activité, l'habileté) ; la philosophie sensualiste[1] le montre, prenant possession du monde par l'usage de ses sens, perfectionnant ses facultés par l'expérience, et combinant à partir de là ses idées et sa morale. C'est lui encore qui doit être mis au centre de la nature, car « si l'on bannit l'homme ou l'être pensant et contemplateur de dessus la surface de la terre, ce spectacle pathétique et sublime de la nature n'est plus qu'une scène triste et muette. L'univers se tait ; le silence et la nuit s'en emparent » (Diderot, article « Encyclopédie »). L'existence de l'homme est le seul mode d'appréhension du monde, et tout doit concourir à son bonheur : « L'homme est le terme unique d'où il faut partir, et auquel il faut tout ramener. »

LE TRIOMPHE DE L'ESPRIT POSITIF

Pour placer l'homme dans cette position dominante, il faut le délivrer de ses peurs, l'affranchir du poids des préjugés et de l'autorité. La religion apparaît comme l'obstacle le plus opposé à cette libération ; aussi est-elle systématiquement soumise

Jean-Baptiste Chardin (1699-1779), *Les Attributs de la musique*, 0,91 × 1,45 m (Paris, musée du Louvre).

1. Voir note 2, p. 248.

à l'examen critique. « Il faut tout examiner, tout remuer sans exception et sans ménagement. » L'entreprise de Diderot constitue une véritable école du doute. Les opinions, les cérémonies, les fanatismes et les superstitions sont constamment dénoncés, par les biais les plus divers. L'*Encyclopédie* secoue le joug que d'Alembert appelle, dans le « discours préliminaire », « le despotisme théologique » ; elle pose les fondements de l'incrédulité.

L'impiété qu'on lit chez Diderot, chez d'Holbach, n'est pas partagée par tous les encyclopédistes ; mais elle s'inscrit dans un vaste projet, celui-ci unanime : « Renverser les barrières que la raison n'aura point posées » (Diderot, article « Encyclopédie »). Par son refus de l'irrationnel, par son éloge de l'esprit expérimental, l'*Encyclopédie* célèbre la victoire de la raison. Cette faculté, considérée comme essentielle, se voit reconnaître le droit de régenter non seulement les sciences de la nature et celles de l'homme, mais aussi le domaine de la métaphysique et du divin.

Une telle hardiesse « ne pouvait être que la tentative d'un siècle philosophe » (Diderot, article « Encyclopédie »). Les encyclopédistes ont conscience que ce siècle est arrivé. D'Alembert se plaît à rappeler la chaîne des progrès accomplis par l'esprit humain depuis Bacon jusqu'à Locke, en passant par Descartes puis Newton. Tous célèbrent les conquêtes de l'esprit philosophique. Enthousiasme parfois naïf : on annonce pour demain le triomphe de la vérité. Sans doute, cette confiance fait-elle partie de l'esprit de propagande développé par l'*Encyclopédie* ; Diderot n'hésite pas à écrire : « La Philosophie s'avance à pas de géant, et la lumière l'accompagne et la suit » (article « Bramines »). Mais elle procède surtout d'un grand élan de générosité : c'est l'humanité tout entière qui doit être bénéficiaire de cette avancée philosophique. Si l'*Encyclopédie* a été tentée, si elle a été menée à bien en dépit de toutes les difficultés et des attaques de ses adversaires, c'est pour que les hommes, « devenant plus instruits, deviennent en même temps plus vertueux et plus heureux, et que nous ne mourions pas sans avoir bien mérité du genre humain » (Diderot, article « Encyclopédie »).

L'Encyclopédie[1]

Benoît-Louis Prévost (1747-1804 ?), *Frontispice de l'« Encyclopédie »*, dessiné par Charles-Nicolas Cochin fils, gravure (Paris, BN).

« Le siècle passé a mis celui où nous sommes en état de rassembler en un corps et de transmettre à la postérité le dépôt de toutes les sciences et de tous les arts, tous poussés aussi loin que l'industrie humaine a pu aller ; et c'est à quoi a travaillé une société de savants remplis d'esprit et de lumières. Cet ouvrage immense et immortel semble accuser la brièveté de la vie des hommes. Il a été commencé par M.M. Diderot et d'Alembert, traversé et persécuté par l'envie et l'ignorance, ce qui est le destin de toutes les grandes entreprises. »

On ne peut trouver meilleure présentation de l'*Encyclopédie* que celle de Voltaire dans *Le Siècle de Louis XIV* : il fait de cette œuvre, à juste titre, le symbole du savoir éclairant et militant.

Les origines du projet

Le projet initial n'avait pas l'ampleur que l'entreprise prit par la suite : il ne s'agissait que d'une traduction. En 1745, en effet, André François Le Breton, imprimeur libraire à Paris (nous dirions éditeur de nos jours) obtient un privilège* royal pour la publication d'un *Dictionnaire universel des arts et des sciences*. Le titre est celui du dictionnaire encyclopédique de l'Anglais Chambers, dont la première édition remonte à 1728 et la cinquième à 1742. Le Breton souhaitait en publier une version française, dont il confie la traduction à Diderot en 1747.

1. Certains textes écrits par Diderot figurent dans le chapitre qui lui est consacré p. 212.

* Pour le sens des mots marqués ainsi par un astérisque, voir le « petit lexique de l'*Encyclopédie* », p. 189.

À partir de ce moment, le projet se modifie. Diderot, aidé par d'Alembert pour la partie technique, envisage une œuvre résolument nouvelle, dont il précise les caractéristiques dans le *Prospectus de l'Encyclopédie* (1750). Il s'agit de dresser un bilan organisé des connaissances et de brosser « un tableau général des efforts de l'esprit humain dans tous les domaines et dans tous les siècles ». Le titre retenu, *Dictionnaire raisonné des sciences, des arts et des métiers*, souligne non seulement le gigantisme du projet, par le nombre de domaines abordés, mais aussi ses difficultés. Le terme « raisonné » doit en effet être pris dans un double sens. D'un côté, il suggère une classification d'ensemble, des critères, une organisation. De l'autre, la référence à la raison le rattache aux différentes orientations de la pensée philosophique. D'une traduction, on est passé à une création.

Celle-ci aboutit, près de vingt ans plus tard, à la publication de dix-sept volumes de textes et de dix volumes de planches, au prix d'innombrables difficultés et conflits. C'est que la volonté de Diderot de « tout examiner, tout remuer sans exception et sans ménagement[1] » heurte le pouvoir politique, le clergé et certaines mentalités.

Les difficultés rencontrées

Elles sont nombreuses et ont des origines différentes : problèmes avec les collaborateurs, opposition du pouvoir monarchique et religieux, hostilité de certains contemporains.

Les collaborateurs. Alors que le projet est lancé et en cours de réalisation, la première difficulté vient de Diderot lui-même. En 1749, il est emprisonné à Vincennes à la suite de la publication de la *Lettre sur les aveugles*. Privée de son coordinateur, l'entreprise risque la catastrophe. Ce sont les éditeurs qui interviennent pour faire libérer le philosophe.

Presque dix ans plus tard, en 1758, Diderot perd son collaborateur le plus efficace d'Alembert. Ulcéré par les réactions de Rousseau[2] à son article « Genève », celui-ci décide en effet de ne plus collaborer à l'*Encyclopédie*. Entre-temps Diderot, qui assure la très lourde charge de coordonner, de gérer, de corriger et qui écrit lui-même plus de mille articles, est très souvent découragé. La découverte la plus douloureuse pour lui est celle, en 1764, de la censure exercée à son insu sur un bon nombre d'articles par son éditeur Le Breton. C'est pour Diderot une véritable trahison.

Les réactions hostiles du pouvoir politique et du pouvoir religieux. En 1752, la publication de la thèse de théologie de l'abbé de Prades provoque un véritable conflit. La thèse est jugée hérétique et la condamnation qui atteint cet ouvrage s'étend à l'*Encyclopédie*, dont l'abbé est un collaborateur. Une coalition des ennemis de l'Encyclopédie (parlement de Paris, jésuites, clergé) obtient la condamnation des deux premiers volumes. La parution reprend cependant grâce à la protection de Monsieur de Malesherbes, le directeur de la Librairie*.

En 1757, l'attentat de Damiens contre Louis XV provoque une violente mise en cause des philosophes. Un arrêt du parlement de Paris condamne plusieurs ouvrages jugés subversifs, parmi lesquels *De l'esprit*, d'Helvétius et l'*Encyclopédie*. Le privilège, accordé par le roi en 1746, est supprimé en 1759. Il est interdit de vendre les volumes publiés. Ordre est donné aux éditeurs de rembourser les souscripteurs. Menacée de faillite, l'*Encyclopédie* est, une fois encore, sauvée par Malesherbes.

C'est également en 1759 que le pape Clément XIII condamne l'ouvrage dans son ensemble.

Les autres ennemis de l'*Encyclopédie*. Rarement un ouvrage aura suscité autant de controverses. L'esprit dans lequel est composée l'*Encyclopédie* et ses orientations provoquent en effet des réactions violentes, qui prennent rapidement la forme de conflits de personnes. Des attaques incessantes viennent du journaliste Fréron, directeur de *L'Année littéraire* (voir p. 170). Les jésuites, déjà très hostiles sur le plan religieux, craignent une concurrence pour leur *Dictionnaire de Trévoux*. Entre Voltaire et eux s'engage une guerre de pamphlets dans lesquels le père Berthier (voir p. 104) se trouve ridiculisé. Il faut également compter au nombre

1. Diderot, dans l'article « Encyclopédie ».
2. Rousseau répond à cet article par la « Lettre à d'Alembert sur les spectacles », qui critique violemment les positions du mathématicien en matière de théâtre.

* Pour le sens des mots marqués ainsi par un astérisque, voir le « petit lexique de l'*Encyclopédie* », p. 189.

des ennemis Palissot, auteur de plusieurs textes satiriques (*Petites Lettres sur les grands philosophes* et la comédie *Les Philosophes*, [1760]), Vaux de Giry et Moreau. Ces derniers attaquent les philosophes en les représentant sous les traits d'une étrange peuplade, les Cacouacs.

On pourrait s'étonner, dans ces conditions, qu'un projet aussi violemment attaqué ait pu non seulement voir le jour mais connaître un succès de vente rapide. L'explication est double. L'*Encyclopédie* avait des appuis. Par ailleurs, sa valeur et son intérêt furent reconnus par le public des souscripteurs*.

Le succès de l'*Encyclopédie*

Tout le monde, même dans l'entourage du roi, n'était pas hostile à l'ouvrage. Par deux fois, le projet fut sauvé par Monsieur de Malesherbes. En tant que directeur de la Librairie, celui-ci contrôlait les différentes publications de l'époque. À plusieurs reprises, il recommanda à Diderot la prudence. C'est également lui qui, en 1759, au moment de la deuxième condamnation qui obligeait au remboursement des volumes, accepta la proposition faite par les éditeurs : les volumes de planches, non encore publiés, serviraient à dédommager les souscripteurs. C'était là une façon de sauver l'*Encyclopédie* du désastre financier.

Parmi les « amis » de l'*Encyclopédie*, il faut également citer Madame de Pompadour, qui suivait le projet avec un regard favorable. Jusqu'à sa mort, en 1764, on peut dire qu'elle accorda aux encyclopédistes une véritable protection.

L'originalité, l'intérêt et la valeur de l'ouvrage n'échappaient pas à ceux qui le défendaient. Ils expliquent un succès rapide qui se manifesta dans les chiffres de vente. En 1754, trois ans après la publication du premier volume, le tirage est d'environ 4 300 exemplaires, ce qui représente le nombre des souscripteurs. La première édition a été rapidement épuisée. Des éditions faites en Suisse et en Italie, dans des formats variés (in-folio, in-quarto, in-octavo*) témoignent de la vitalité et de l'extension du projet, mené à bien grâce à la courageuse persévérance de ses auteurs et en particulier de Diderot.

Robert Benard d'après Bouchardon, gravure extraite des planches de l'édition originale de l'*Encyclopédie*, article « Dessin » (Paris, BN).

Quelques dates importantes et quelques chiffres

1751. Parution du premier volume précédé du « Discours préliminaire de d'Alembert ».

1752. Deuxième volume. Affaire de l'abbé de Prades (voir ci-dessus, p. 186).

1753-1756. Parution régulière d'un volume par an, il y en aura dix-sept pendant cette période.

1765. Parution des dix derniers volumes, début de la parution des volumes de planches.

1772. Fin de la parution des volumes de planches, au nombre de dix.

De **1751 à 1772,** l'*Encyclopédie* nécessita la présence et le travail de 1 000 ouvriers.

L'ouvrage comporte plus de 60 000 articles, dont 1 000 environ rédigés par Diderot.

La diffusion de l'*Encyclopédie* atteignit 24 000 exemplaires entre sa parution et 1789. Onze mille exemplaires environ touchèrent le public français.

Le prix de chaque volume (25 livres) était plus élevé que ce que gagnait un ouvrier en un mois de travail.

Le prix de la souscription (980 livres) correspondait à plus de deux ans de salaire d'un ouvrier qualifié. Ce prix interdisait donc aux classes populaires de participer à cette souscription. Ce sont essentiellement les milieux favorisés (parlementaires, professions libérales, bourgeoisie et aristocratie éclairée) qui contribuèrent à l'achat de l'*Encyclopédie.*

L'esprit de l'*Encyclopédie*

La nouveauté du projet encyclopédique, qui provoqua à la fois l'enthousiasme et l'indignation, tient à l'esprit qui l'anime. Les objectifs sont doubles, comme l'explique très clairement l'article « Encyclopédie » rédigé par Diderot. Il s'agit de faire le tour des connaissances. Il s'agit également de « tout examiner [...] sans exception et sans ménagement ». Le premier objectif implique un système de classification, et une réflexion sur l'organisation du savoir. Le second ouvre vers une entreprise de remise en cause qui correspond aux préoccupations et aux orientations de l'esprit philosophique.

Dans la première perspective s'inscrit la volonté d'accorder une place importante aux techniques et aux métiers. Cet objectif se réalise dans le choix d'articles très spécialisés et dans la publication des planches (dix volumes). D'Alembert définit cette démarche dans le « Discours préliminaire » : « On s'est donné la peine d'aller dans leurs ateliers, de les interroger, d'écrire sous leur dictée, de développer leur pensée, d'en tirer les termes propres à leur profession. » Cette réhabilitation des arts mécaniques participe de l'idéologie du progrès et du travail qui caractérise à la fois l'*Encyclopédie* et l'esprit philosophique.

La seconde orientation fait de l'*Encyclopédie* un instrument utile sur le plan de la réflexion critique. Tout est, en effet, passé au crible de la raison et de l'esprit d'examen. Dans le « Discours préliminaire », d'Alembert souligne à quel point l'univers traditionnel de la connaissance se trouve bouleversé. Ce n'est plus sous l'influence d'une autorité religieuse que l'homme apprend à connaître, c'est par ses sens, par sa raison, par son expérience. L'homme « encyclopédique » est un être « sentant, réfléchissant, pensant » (article « Homme »), mais considéré en dehors de toute relation avec le divin. On retrouve là l'influence du matérialisme de Diderot.

La foi dans le progrès, dans l'évolution du savoir conduit à rejeter ce qui relève du principe d'autorité, de la tradition conformiste, de la superstition. On suit par là la voie ouverte par Bayle et par Fontenelle (voir p. 20). Il faut enfin noter que le projet encyclopédique, au nom du respect de l'être humain, est une œuvre de tolérance qui stigmatise toutes les atteintes à la liberté de pensée, de croyance et d'expression.

La recherche d'une efficacité

Une des caractéristiques des textes philosophiques du Siècle des lumières est que leurs auteurs ont désiré adapter le mode d'expression à l'efficacité souhaitée. Il en est de même pour l'*Encyclopédie.* Parmi ces recherches, on peut distinguer celles qui ont un objectif strictement didactique et celles qui relèvent d'un processus d'engagement idéologique.

Sur le plan didactique, on peut noter trois options :

– le classement alphabétique, qui facilite le repérage et met la recherche à la portée de tous ;

– le recours fréquent à l'étymologie, qui permet d'expliciter le sens et de souligner les différentes connotations prises par un mot au cours de son évolution ;

– les planches et les schémas, qui donnent une image concrète et rendent l'ouvrage plus accessible.

Sur le plan critique, l'efficacité vient de ce que Diderot appelait les « ruses de raison ». En voici quelques-unes :

– le système alphabétique permet quelques subterfuges efficaces : grâce à lui on peut masquer par un titre anodin un contenu extrêmement critique. C'est le cas de l'article *« Agnus Scythicus »* (voir p. 191), classé dans la branche « Histoire naturelle » et qui est en réalité une attaque contre la superstition ;

– le système des renvois d'un article à l'autre a une efficacité du même genre : on passe d'un article anodin à un article virulent. C'est le cas pour l'article « Cordelier » qui renvoie à « Capuchon », et aboutit à une violente critique des ordres religieux ;

– l'ironie, arme favorite de Voltaire, fait passer sous une forme légère et irrévérencieuse des jugements critiques. Il en est de même pour la fausse naïveté, qui s'inscrit dans les stratégies habituelles de l'esprit contestataire ;

– enfin la structure de certains articles masque leur virulence. L'article « Âme », au début conforme aux traditions, se transforme en une véritable affirmation matérialiste.

Ces différents procédés permettent de comprendre l'inquiétude et l'hostilité des milieux politiques. Le Conseil du roi avait compris que « sous des dehors obscurs ou équivoques » l'*Encyclopédie* visait à « détruire l'autorité royale, à établir l'esprit d'indépendance ». Quant à Diderot, il écrivait en 1762 à Sophie Volland : « Cet ouvrage produira sûrement avec le temps une révolution dans les esprits et j'espère que les tyrans, les oppresseurs, les fanatiques et les intolérants n'y gagneront pas. Nous aurons servi l'humanité. » C'est ce que souligne l'historien Robert Darnton lorsqu'il écrit : « La diffusion de l'*Encyclopédie* dans un public de magistrats, de fonctionnaires, de notables locaux – le genre d'hommes qui ont dirigé la Révolution – montre à quel point le système des valeurs de l'Ancien Régime était ébranlé par une idéologie incompatible avec ses institutions [...]. En règle générale, la diffusion étendue des *Encyclopédies* marque une tendance à contester le bien-fondé des principes idéologiques de l'Ancien Régime[1]. »

Petit lexique de l'*Encyclopédie*

In-folio : ce terme d'édition désigne le format dans lequel la feuille d'impression est pliée en deux. Il s'agit là d'un grand format.

In-quarto : format d'édition dans lequel la feuille d'impression est pliée en quatre. C'est un format inférieur à l'in-folio.

In-octavo : format d'édition dans lequel la feuille d'impression est pliée en huit. Il s'agit là d'un format encore plus petit, qui s'apparente au livre de poche.

Librairie royale : ce terme désigne l'organisme chargé de l'examen de tout ce qui est susceptible d'être publié. Celui qui le dirige, par décision royale, porte le titre de « Directeur de la Librairie royale ». Malesherbes occupa ce poste à partir de 1750. De manière paradoxale, il profita de cette situation pour venir en aide aux encyclopédistes alors que son rôle aurait plutôt dû le conduire à les censurer.

Privilège royal : cette expression désigne l'autorisation exclusive, accordée par le pouvoir royal, d'imprimer un ouvrage après examen par une commission de censure.

Prospectus : ce mot vient du latin *prospicere* qui signifie « regarder devant ». Il désigne l'annonce imprimée exposant le plan et le thème d'un ouvrage à paraître. Ce terme s'utilise, en particulier, lorsqu'il s'agit d'une souscription.

Souscription : la vente par souscription consiste à obtenir des participants un engagement de paiement avant la parution d'un ouvrage. Le souscripteur s'engage à acheter l'ouvrage à paraître et verse à l'avance une partie de son prix.

1. Robert Darnton, *L'Aventure de l'*Encyclopédie, *un best-seller au Siècle des lumières*, Librairie Académique Perrin, 1982.

Les principaux collaborateurs de l'*Encyclopédie*

Condillac (1714-1780), philosophe sensualiste, auteur d'articles consacrés à la philosophie.

D'Alembert (1717-1783), mathématicien, codirecteur de l'*Encyclopédie* avec Diderot jusqu'en 1758. Auteur des articles de mathématique et de physique, des articles « Collège » et « Genève » et du « Discours préliminaire ».

Damilaville (1723-1768), haut fonctionnaire des Finances, ami de Diderot, auteur des articles « Population » et « Paix ».

Daubenton (1716-1800), collaborateur de Buffon, auteur d'articles concernant les sciences naturelles.

Duclos (1704-1772), moraliste, succéda à Voltaire comme historiographe du roi. Auteur d'articles de critique artistique.

Dumarsais (1676-1756), grammairien. A plus de 70 ans, il donna à l'*Encyclopédie* des articles de grammaire et surtout l'article « Philosophe ».

D'Holbach (1723-1789), matérialiste et athée. Auteur d'articles de chimie et de minéralogie. A écrit également l'article « Prêtre ».

Jaucourt (1704-1779), passionné par l'entreprise de l'*Encyclopédie*, il rédigea quelque 17 000 articles sur les 60 660 articles que comporte l'ouvrage.

Marmontel (1723-1799), homme de lettres, auteur d'articles de critique littéraire.

Quesnay (1694-1774), chirurgien de Louis XV, chef de l'école des Physiocrates, selon lesquels le sol est la seule source de richesse. Auteur des articles « Grains » et « Fermiers ».

Louis Tocqué (1696-1772), *Portrait de d'Alembert* (Versailles, musée Lambinet).

Rousseau (1712-1778), collabore à l'*Encyclopédie* en écrivant des articles sur la musique. Son article « Économie politique » annonce le *Contrat social.*

Saint-Lambert (1716-1803), poète, auteur de l'article « Luxe » dans lequel il s'oppose aux thèses de Rousseau sur la simplicité de la nature.

Turgot (1727-1781), futur ministre de Louis XVI, auteur d'articles d'économie.

Voltaire (1694-1778), fournit des articles sur l'histoire et sur la littérature.

« Discours préliminaire »

Le « Discours préliminaire » composé par d'Alembert présente, comme le fait également le « Prospectus » de l'*Encyclopédie*, la nature, le contenu et les objectifs de l'entreprise. Le passage qui suit s'attache à définir en quoi l'ouvrage est à la fois une somme de connaissances et l'énoncé de principes philosophiques.

> L'ouvrage que nous commençons (et que nous désirons de finir) a deux objets : comme *Encyclopédie*, il doit exposer autant qu'il est possible, l'ordre et l'enchaînement des connaissances humaines ; comme *Dictionnaire raisonné des sciences, des arts et des métiers*, il doit contenir sur chaque science et sur chaque art, soit libéral, soit mécanique, des principes généraux qui en sont la base, et les détails les plus essentiels qui en font le corps et la substance. Ces deux points de vue, d'*Encyclopédie* et de *Dictionnaire raisonné*, formeront donc le plan et la division de notre Discours préliminaire. Nous allons les envisager, les suivre l'un après l'autre, et rendre compte des moyens par lesquels on a tâché de satisfaire à ce double objet.

La justification du sous-titre de l'*Encyclopédie* – *Dictionnaire raisonné des sciences, des arts et des métiers* – conduit d'Alembert à analyser la notion d'art et à expliquer l'importance accordée aux « arts mécaniques ».

Au XVIIIe siècle, les « arts » désignent les productions de l'esprit humain, associées à une pratique et à des règles d'exécution. À l'inverse des « arts libéraux » comme la peinture, l'architecture ou la sculpture, les « arts mécaniques » (ce que nous appelons maintenant les métiers manuels) étaient dépréciés ou ignorés.

Les encyclopédistes se donnent pour mission de les réhabiliter, en leur faisant une large place et en soulignant leur complexité et leur utilité.

Les arts mécaniques, dépendant d'une opération manuelle, et asservis, qu'on me permette ce terme, à une espèce de routine, ont été abandonnés à ceux d'entre les hommes que les préjugés ont placés dans la classe la plus inférieure. L'indigence qui a forcé ces hommes à s'appliquer à un pareil travail, plus souvent que le goût et le génie ne les y ont entraînés, est devenue ensuite une raison pour les mépriser, tant elle nuit à tout ce qui l'accompagne. À l'égard des opérations libres de l'esprit elles ont été le partage de ceux qui se sont crus sur ce point les plus favorisés de la nature. Cependant l'avantage que les arts libéraux ont sur les arts mécaniques, par le travail que les premiers[1] exigent de l'esprit, et par la difficulté d'y exceller, est suffisamment compensé par l'utilité bien supérieure que les derniers[2] nous procurent pour la plupart. C'est cette utilité même qui a forcé de les réduire à des opérations purement machinales, pour en faciliter la pratique à un plus grand nombre d'hommes. Mais la société en respectant avec justice les grands génies qui l'éclairent, ne doit point avilir les mains qui la servent. La découverte de la boussole n'est pas moins avantageuse au genre humain, que ne le serait à la physique l'explication des propriétés de cette aiguille. Enfin, à considérer en lui-même le principe de la distinction dont nous parlons, combien de savants prétendus dont la science n'est proprement qu'un art mécanique ! et quelle différence réelle y a-t-il entre une tête remplie de faits sans ordre, sans usage et sans liaison, et l'instinct d'un artisan réduit à l'exécution machinale ?

Le mépris qu'on a pour les arts mécaniques semble avoir influé jusqu'à un certain point sur leurs inventeurs mêmes. Les noms de ces bienfaiteurs du genre humain sont presque tous inconnus, tandis que l'histoire de ses destructeurs, c'est-à-dire des conquérants, n'est ignorée de personne. Cependant c'est peut-être chez les artisans qu'il faut aller chercher les preuves les plus admirables de la sagacité de l'esprit, de sa patience et de ses ressources.

Jean d'Alembert, *Encyclopédie*, « Discours préliminaire ».

Article « *Agnus Scythicus* »

L'*Agnus Scythicus* est une plante dont on disait qu'elle broutait... Plusieurs savants, sans l'avoir jamais vue, avaient vanté ses propriétés prodigieuses. L'article que Diderot lui consacre est un exemple très représentatif de la méthode de détournement employée par les encyclopédistes. Le choix d'une plante devient ainsi le prétexte d'un développement critique dénonçant les jugements sans preuve, les préjugés, la croyance facile au merveilleux. Parallèlement, se mettent en place les étapes d'un raisonnement qui relève de l'esprit d'examen.

Cet article nous fournira des réflexions plus utiles contre la superstition et le préjugé, que le duvet de l'agneau de Scythie contre le crachement de sang. Kircher[3], et après Kircher, Jules César Scaliger[4], écrivent une fable merveilleuse ; et ils l'écrivent avec ce ton de gravité et de persuasion qui ne manque jamais d'en imposer. Ce sont des gens dont les lumières et la probité ne sont pas suspectes : tout dépose en leur faveur : ils sont crus ; et par qui ? par les premiers génies de leur temps ; et voilà tout d'un coup une nuée de témoignages plus puissants que le leur qui le fortifient, et qui forment pour ceux qui viendront un poids d'autorité auquel ils n'auront ni la force ni le courage de résister, et l'agneau de Scythie passera pour un être réel. Il faut distinguer les faits en deux classes ; en faits simples et ordinaires, et en faits extraordinaires et prodigieux. Les témoignages de quelques personnes instruites et véridiques suffisent pour les faits simples ; les autres demandent, pour l'homme qui pense, des autorités plus fortes. Il faut en général que les autorités soient en raison inverse de la vraisemblance des faits ; c'est-à-dire d'autant plus nombreuses et plus grandes, que la vraisemblance est moindre.

1. Les arts libéraux.
2. Les arts mécaniques.
3. Jésuite allemand (1602-1680).
4. Médecin d'origine italienne (1484-1558).

Il faut subdiviser les faits, tant simples qu'extraordinaires, en transitoires et permanents. Les transitoires, ce sont ceux qui n'ont existé que l'instant de leur durée, les permanents, ce sont ceux qui existent toujours et dont on peut s'assurer en tout temps. On voit que ces derniers sont moins difficiles à croire que les premiers, et que la facilité que chacun a de s'assurer de la vérité ou de la fausseté des témoignages, doit rendre les témoins circonspects, et disposer les autres hommes à les croire.

Il faut distribuer les faits transitoires en faits qui se sont passés dans un siècle éclairé, et en faits qui se sont passés dans les temps de ténèbres et d'ignorance ; et les faits permanents, en faits permanents dans un lieu accessible ou dans un lieu inaccessible.

Il faut considérer les témoignages en eux-mêmes, puis les comparer entre eux : les considérer en eux-mêmes, pour voir s'ils n'impliquent aucune contradiction, et s'ils sont de gens éclairés et instruits : les comparer entre eux pour découvrir s'ils ne sont point calqués les uns sur les autres, et si toute cette foule d'autorités de Kircher, de Scaliger, de Bacon[1], de Libavius, de Licetus, d'Eusèbe, etc. ne se réduirait pas par hasard à rien, ou à l'autorité d'un seul homme.

Planche 33 : *La Belladone* (Paris, BN).

Il faut considérer si les témoins sont oculaires ou non ; ce qu'ils ont risqué pour se faire croire ; quelle crainte ou quelles espérances ils avaient en annonçant aux autres des faits dont ils se disaient témoins oculaires : s'ils avaient exposé leur vie pour soutenir leur déposition, il faut convenir qu'elle acquerrait une grande force ; que serait-ce donc s'ils l'avaient sacrifiée et perdue ?

Il ne faut pas non plus confondre les faits qui se sont passés à la face de tout un peuple, avec ceux qui n'ont eu pour spectateurs qu'un petit nombre de personnes. Les faits clandestins, pour peu qu'ils soient merveilleux, ne méritent presque pas d'être crus : les faits publics, contre lesquels on n'a point réclamé dans le temps, ou contre lesquels il n'y a eu de réclamation que de la part de gens peu nombreux et mal intentionnés ou mal instruits, ne peuvent presque pas être contredits.

Voilà une partie des principes d'après lesquels on accordera ou l'on refusera sa croyance, si l'on ne veut pas donner dans des rêveries, et si l'on aime sincèrement la vérité.

Diderot, *Encyclopédie*, article « *Agnus Scythicus* ».

Livre de botanique, XVIIIe s., planche 16 : *L'Anis*,

1. Savant et philosophe, grand chancelier d'Angleterre (1561-1626). Les encyclopédistes le reconnaissaient pourtant comme le fondateur de la méthode expérimentale.

Article « Industrie »

Au XVIIIe siècle, le mot « industrie » signifie activité ingénieuse, travail. Mais il change peu à peu de sens et commence à désigner la production des manufactures où se développe le machinisme. L'accroissement du nombre des machines, dans l'industrie textile surtout, inquiétait les corporations, qui y voyaient un danger pour l'emploi. Les encyclopédistes, eux, encouragent le progrès, en montrant qu'il est générateur de profit, et donc bénéfique pour l'économie d'un pays.

Les occasions d'emploi pour les manufacturiers, ne connaissent de bornes que celles de la consommation ; la consommation n'en reçoit que du prix du travail[1]. Donc la nation qui possédera la main-d'œuvre au meilleur marché, et dont les négociants se contenteront du gain le plus modéré, fera le commerce le plus lucratif, toutes circonstances égales. Tel est le pouvoir de l'*industrie*, lorsqu'en même temps les voies du commerce intérieur et extérieur sont libres. Alors elle fait ouvrir à la consommation des marchés nouveaux, et forcer même l'entrée de ceux qui lui sont fermés. Qu'on ne vienne plus objecter contre l'utilité des inventions de l'*industrie*, que toute machine qui diminue la main-d'œuvre de moitié, ôte à l'instant à la moitié des ouvriers du métier, les moyens de subsister ; que les ouvriers sans emploi deviendront plutôt des mendiants à charge à l'État, que d'apprendre un autre métier ; que la consommation a des bornes ; de sorte qu'en la supposant même augmentée du double, par la ressource que nous vantons tant, elle diminuera dès que l'étranger se sera procuré des machines pareilles aux nôtres ; enfin, qu'il ne restera au pays inventeur aucun avantage de ses inventions d'*industrie*. Le caractère de pareilles objections est d'être dénué de bon sens et de lumières ; elles ressemblent à celles que les bateliers de la Tamise alléguaient contre la construction du pont de Westminster. N'ont-ils pas trouvé, ces bateliers, de quoi s'occuper, tandis que la construction du pont dont il s'agit répandait de nouvelles commodités, dans la ville de Londres ? Vaut-il pas mieux prévenir[2] l'*industrie* des autres peuples à se servir de machines, que d'attendre qu'ils nous forcent à en adopter l'usage, pour nous conserver la concurrence dans les mêmes marchés ? Le profit le plus sûr sera toujours pour la nation qui aura été la première industrieuse ; et toutes choses égales, la nation dont l'*industrie* sera la plus libre, sera la plus industrieuse. Nous ne voulons pas néanmoins désapprouver le soin qu'on aura dans un gouvernement de préparer avec quelque prudence l'usage des machines industrieuses, capables de faire subitement un trop grand tort dans les professions qui

Grosses forges, lavages de la mine, planche extraite de l'*Encyclopédie*, XVIIIe s. (Paris, BN).

1. Ces deux premières phrases établissent un lien de cause à effet entre la consommation qui détermine la quantité à produire et donc le travail à faire (« occasions d'emploi »), et le prix de revient qui est susceptible de freiner cette consommation.

2. Devancer.

emploient les hommes ; cependant cette prudence même n'est nécessaire que dans l'état de gêne[1], premier vice qu'il faut commencer par détruire. D'ailleurs, soit découragement d'invention, soit progrès dans les arts, l'*industrie* semble être parvenue au point que ses gradations sont aujourd'hui très douces, et ses secousses violentes fort peu à craindre.

Louis de Jaucourt, *Encyclopédie*, article « Industrie ».

Article « Inoculation »

La méthode de l'inoculation est à l'origine de nos vaccins modernes. Sa mise en pratique fut retardée par les réticences de ceux que la nouveauté et les risques éventuels effrayaient. Les philosophes, au contraire, voyaient dans l'inoculation le symbole du progrès et de la « bienfaisance » à l'égard de l'humanité. Ils en avaient fait une arme dans la lutte contre les craintes irraisonnées et les préjugés.

Inoculation, s. f.[2] *(Chirurgie, Médecine, Morale, Politique)*, ce nom synonyme d'*insertion*, a prévalu pour désigner l'opération par laquelle on communique artificiellement la petite vérole[3], dans la vue de prévenir le danger et les ravages de cette maladie contractée naturellement. [...]

Quand toute la France serait persuadée de l'importance et de l'utilité de cette pratique, elle ne peut s'introduire parmi nous sans la faveur du gouvernement ; et le gouvernement se déterminera-t-il jamais à la favoriser sans consulter les témoignages les plus décisifs en pareille matière ?

C'est donc aux facultés de théologie et de médecine ; c'est aux académies ; c'est aux chefs de la magistrature, aux savants, aux gens de lettres, qu'il appartient de bannir des scrupules fomentés par l'ignorance, et de faire sentir au peuple que son utilité propre, que la charité chrétienne, que le bien de l'État, que la conservation des hommes sont intéressés à l'établissement de l'*inoculation*. Quand il s'agit du bien public, il est du devoir de la partie pensante de la nation, d'éclairer ceux qui sont susceptibles de lumière, et d'entraîner par le poids de l'autorité cette foule sur qui l'évidence n'a point de prise.

Faut-il encore des expériences ? Ne sommes-nous pas assez instruits ? Qu'on ordonne aux hôpitaux de distinguer soigneusement dans leurs listes annuelles, le nombre de malades et de morts de chaque espèce de maladie, comme on le pratique en Angleterre ; usage dont on reconnaîtrait avec le temps de plus en plus l'utilité : que dans un de ces hôpitaux l'expérience de l'*inoculation* se fasse sur cent sujets qui s'y soumettront volontairement ; qu'on en traite cent autres de même âge, attaqués de la petite vérole naturelle ; que tout se passe avec le concours des différents maîtres en l'art de guérir, sous les yeux et sous la direction d'un administrateur dont les lumières égalent le zèle et les bonnes intentions. Que l'on compare ensuite la liste des morts de part et d'autre, et qu'on la donne au public : les moyens de s'éclaircir et de résoudre les doutes, s'il en reste, ne manqueront pas, quand, avec le pouvoir, on aura la volonté.

Jean Tronchin[4], *Encyclopédie*, article « Inoculation ».

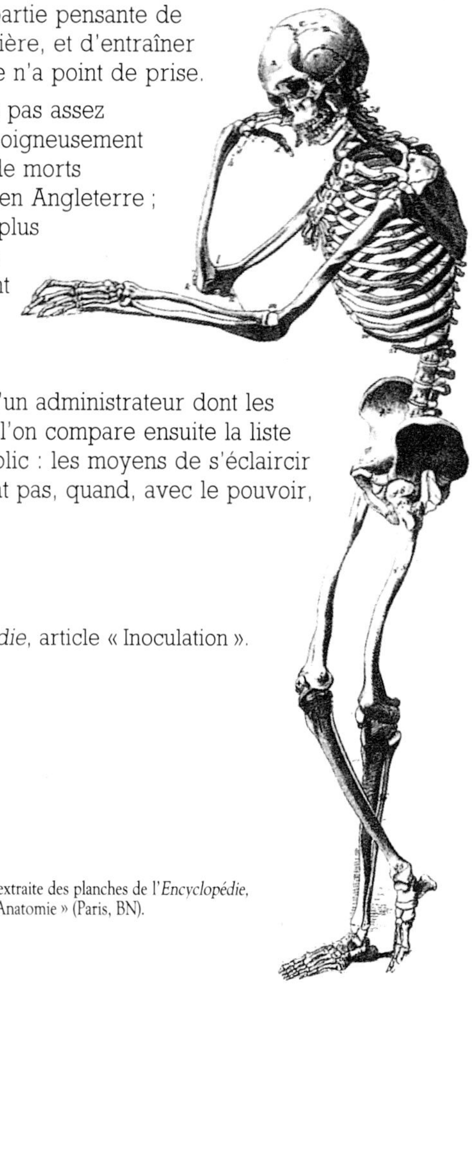

Gravure extraite des planches de l'*Encyclopédie*, article « Anatomie » (Paris, BN).

1. L'absence de liberté.
2. s. f. = substantif féminin.
3. La variole. Cette maladie faisait encore des ravages au XVIIIe siècle.
4. Tronchin était un médecin suisse célèbre (1709-1781). Il soignait Voltaire.

Article « Paix »

L'article « Paix » renvoie à l'article « Guerre » et lui fait écho dans une même dénonciation de la violence et des caprices des conquérants. Sous le prétexte de parler de la paix, Damilaville souligne à quel point la guerre apparaît comme une entreprise contre la nature et contre la raison. Elle est condamnée parce qu'elle s'oppose aux intérêts des citoyens et au bonheur de l'homme.

La guerre est un fruit de la dépravation des hommes ; c'est une maladie convulsive et violente du corps politique ; il n'est en santé, c'est-à-dire dans son état naturel, que lorsqu'il jouit de la *paix* ; c'est elle qui donne de la vigueur aux empires ; elle maintient l'ordre parmi les citoyens ; elle laisse aux lois la force qui leur est nécessaire ; elle favorise la population[1], l'agriculture et le commerce ; en un mot, elle procure au peuple le bonheur qui est le but de toute société. La guerre, au contraire, dépeuple les États ; elle y fait régner le désordre ; les lois sont forcées de se taire à la vue de la licence qu'elle introduit ; elle rend incertaines la liberté et la propriété des citoyens ; elle trouble et fait négliger le commerce ; les terres deviennent incultes et abandonnées. Jamais les triomphes les plus éclatants ne peuvent dédommager une nation de la perte d'une multitude de ses membres que la guerre sacrifie ; ses victoires même lui font des plaies profondes que la *paix* seule peut guérir.

Si la raison gouvernait les hommes, si elle avait sur les chefs des nations l'empire qui lui est dû, on ne les verrait point se livrer inconsidérément aux fureurs de la guerre ; ils ne marqueraient point cet acharnement qui caractérise les bêtes féroces. Attentifs à conserver une tranquillité de qui dépend leur bonheur, ils ne saisiraient point toutes les occasions de troubler celle des autres ; satisfaits des biens que la nature a distribués à tous ses enfants, ils ne regarderaient point avec envie ceux qu'elle a accordés à d'autres peuples ; les souverains sentiraient que des conquêtes payées du sang de leurs sujets ne valent jamais le prix qu'elles ont coûté. Mais, par une fatalité déplorable, les nations vivent entre elles dans une défiance réciproque perpétuellement occupées à repousser les entreprises injustes des autres ou à en former elles-mêmes, les prétextes les plus frivoles leur mettent les armes à la main. Et l'on croirait qu'elles ont une volonté permanente de se priver des avantages que la Providence ou l'industrie[2] leur ont procurés. Les passions aveugles des princes les portent à étendre les bornes de leurs États ; peu occupés du bien de leurs sujets, ils ne cherchent qu'à grossir le nombre des hommes qu'ils rendent malheureux. Ces passions, allumées ou entretenues par des ministres ambitieux ou par des guerriers dont la profession est incompatible avec le repos, ont eu, dans tous les âges, les effets les plus funestes pour l'humanité. L'histoire ne nous fournit que des exemples de *paix* violées, de guerres injustes et cruelles, de champs dévastés, de villes réduites en cendres. L'épuisement seul semble forcer les princes à la *paix* ; ils s'aperçoivent toujours trop tard que le sang du citoyen s'est mêlé à celui de l'ennemi ; ce carnage inutile n'a servi qu'à cimenter l'édifice chimérique de la gloire du conquérant et de ses guerriers turbulents ; le bonheur de ses peuples est la première victime qui est immolée à son caprice ou aux vues intéressées de ses courtisans.

Damilaville, *Encyclopédie*, article « Paix ».

Robert Benard d'après un modèle de Raphaël, gravure extraite des planches de l'édition originale de l'*Encyclopédie*, article « Dessin » (Paris, BN).

1. Le peuplement.
2. L'activité, le travail.

Article « Philosophe »

L'*Encyclopédie* offre aux philosophes l'occasion de définir ce qu'ils sont et d'analyser les caractéristiques de la démarche philosophique. L'article « Philosophe » est, à ce titre, fondamental. Le philosophe y est en effet présenté non comme un idéal mais comme un archétype, qui concentre toutes les qualités de l'honnête homme, du penseur et de l'homme de science. Chacun de ceux que l'on nomme les philosophes du Siècle des Lumières pourrait, d'une manière ou d'une autre, s'identifier à lui.

Les autres hommes sont déterminés à agir sans sentir, ni connaître les causes qui les font mouvoir, sans même songer qu'il y en ait. Le *philosophe* au contraire démêle les causes autant qu'il est en lui, et souvent même les prévient, et se livre à elles avec connaissance : c'est une horloge qui se monte, pour ainsi dire, quelquefois elle-même. Ainsi il évite les objets qui peuvent lui causer des sentiments qui ne conviennent ni au bien-être, ni à l'être raisonnable, et cherche ceux qui peuvent exciter en lui des affections convenables à l'état où il se trouve. La raison est à l'égard du *philosophe* ce que la grâce est à l'égard du chrétien. La grâce détermine le chrétien à agir ; la raison détermine le *philosophe*.

Les autres hommes sont emportés par leurs passions, sans que lès actions qu'ils font soient précédées de la réflexion : ce sont des hommes qui marchent dans les ténèbres ; au lieu que le *philosophe*, dans ses passions mêmes, n'agit qu'après la réflexion ; il marche la nuit, mais il est précédé d'un flambeau.

La vérité n'est pas pour le *philosophe* une maîtresse qui corrompe son imagination, et qu'il croie trouver partout ; il se contente de la pouvoir démêler où il peut l'apercevoir. Il ne la confond point avec la vraisemblance ; il prend pour vrai ce qui est vrai, pour faux ce qui est faux, pour douteux ce qui est douteux, et pour vraisemblance ce qui n'est que vraisemblance. Il fait plus, et c'est ici une grande perfection du *philosophe*, c'est que lorsqu'il n'a point de motif pour juger, il sait demeurer indéterminé [...].

L'esprit philosophique est donc un esprit d'observation et de justesse, qui rapporte tout à ses véritables principes ; mais ce n'est pas l'esprit seul que le *philosophe* cultive, il porte plus loin son attention et ses soins.

L'homme n'est point un monstre qui ne doive vivre que dans les abîmes de la mer ou dans le fond d'une forêt : les seules nécessités de la vie lui rendent le commerce des autres nécessaire ; et dans quelqu'état où il puisse se trouver, ses besoins et le bien-être l'engagent à vivre en société. Ainsi la raison exige de lui qu'il connaisse, qu'il étudie, et qu'il travaille à acquérir les qualité sociables.

Notre *philosophe* ne se croit pas en exil dans ce monde ; il ne croit point être en pays ennemi ; il veut jouir en sage économe[1] des biens que la nature lui offre ; il veut trouver du plaisir avec les autres ; et pour en trouver, il faut en faire : ainsi il cherche à convenir à ceux avec qui le hasard ou son choix le font vivre ; et il trouve en même temps ce qui lui convient : c'est un honnête homme qui veut plaire et se rendre utile.

La plupart des grands à qui les dissipations[2] ne laissent pas assez de temps pour méditer, sont féroces envers ceux qu'ils ne croient pas leurs égaux. Les *philosophes* ordinaires qui méditent trop, ou plutôt qui méditent mal, le sont envers tout le monde ; ils fuient les hommes, et les hommes les évitent. Mais notre *philosophe*, qui sait se partager entre la retraite et le commerce des hommes, est plein d'humanité. C'est le Chrémès de Térence[3] qui sent qu'il est un homme, et que la seule humanité intéresse à la mauvaise ou à la bonne fortune de son voisin. *Homo sum, humani a me nihil alienum puto*[4].

Il serait inutile de remarquer ici combien le *philosophe* est jaloux de tout ce qui s'appelle *honneur* et *probité*. La société civile est, pour ainsi dire, une divinité pour lui sur la terre ; il l'encense, il l'honore par la probité, par une attention exacte à ses devoirs, et par un désir sincère de n'en être pas un membre inutile ou embarrassant. Les sentiments de probité entrent autant dans la constitution mécanique du *philosophe*, que les lumières de l'esprit. Plus vous trouverez de raison dans un homme,

1. Organisateur, celui qui gère.
2. Une vie désordonnée.
3. Auteur de comédies latines (194-159 env. av. J.-C.).
4. « Je suis homme et rien de ce qui est humain ne m'est étranger. »

plus vous trouverez en lui de probité. Au contraire où règnent le fanatisme et la superstition, règnent les passions et l'emportement. Le tempérament du *philosophe*, c'est d'agir par esprit d'ordre ou par raison ; comme il aime extrêmement la société, il lui importe bien plus qu'au reste des hommes de disposer tous ses ressorts à ne produire que des effets conformes à l'idée d'honnête homme.

Dumarsais, *Encyclopédie*, article « Philosophe ».

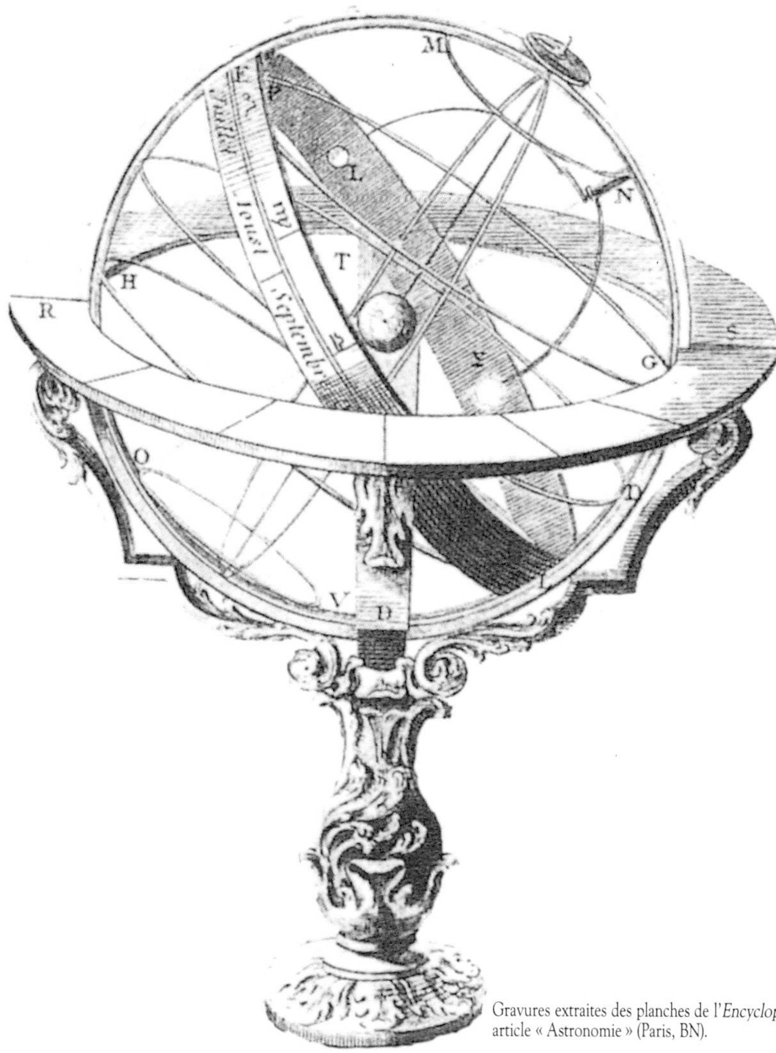

Gravures extraites des planches de l'*Encyclopédie*, article « Astronomie » (Paris, BN).

Article « Réfugiés »

Dans leur combat contre toutes les formes d'intolérance, les philosophes défendent les protestants persécutés. La révocation de l'édit de Nantes[1] par Louis XIV en 1685, violemment condamnée comme erreur politique et économique, devint une des cibles favorites des attaques encyclopédistes.

« Réfugiés » (*Hist. mod. polit.*[2]) C'est ainsi que l'on nomme les protestants français que la révocation de l'édit de Nantes a forcés de sortir de France, et de chercher un asile dans les pays étrangers, afin de se soustraire aux persécutions qu'un zèle[3] aveugle et inconsidéré leur faisait éprouver dans leur patrie. Depuis ce temps, la France s'est vue privée d'un grand nombre de citoyens qui ont porté à ses ennemis des arts, des talents et des ressources dont ils ont souvent usé contre elle. Il n'est point

1. En 1685, Louis XIV avait signé cette révocation qui supprimait les garanties accordées aux protestants par Henri IV. Près de 300 000 protestants avaient alors émigré en Suisse et en Allemagne.

2. Histoire moderne politique.

3. La ferveur religieuse.

de bon Français qui ne gémisse depuis longtemps de la plaie profonde causée au royaume par la perte de tant de sujets utiles. Cependant, à la honte de notre siècle, il s'est trouvé de nos jours des hommes assez aveugles ou assez impudents pour justifier aux yeux de la politique et de la raison la plus funeste démarche qu'ait jamais pu entreprendre le conseil d'un souverain. Louis XIV, en persécutant les protestants, a privé son royaume de près d'un million d'hommes industrieux[1] qu'il a sacrifiés aux vues intéressées et ambitieuses de quelques mauvais citoyens[2] qui sont les ennemis de toute liberté de penser, parce qu'ils ne peuvent régner qu'à l'ombre de l'ignorance. L'esprit persécuteur devrait être réprimé par tout gouvernement éclairé : si l'on punissait les perturbateurs qui veulent sans cesse troubler les consciences de leurs concitoyens lorsqu'ils diffèrent dans leurs opinions, on verrait toutes les sectes vivre dans une parfaite harmonie et fournir à l'envi des citoyens utiles à la patrie et fidèles à leur prince.

Quelle idée prendre de l'humanité et de la religion des partisans de l'intolérance ? Ceux qui croient que la violence peut ébranler la foi des autres donnent une opinion bien méprisable de leurs sentiments et de leur propre constance.

Anonyme, *Encyclopédie*, article « Réfugiés ».

Article « Zzuéné »

Cet article termine l'*Encyclopédie*. Mais le « dernier mot » de l'ouvrage ne saurait être strictement géographique ! C'est là un bel exemple des libertés prises avec l'ordre alphabétique. Zzuéné sert en effet de prétexte à prophétiser le triomphe de l'esprit philosophique.

« Zzuéné, ou Zzeuene » (*Géog. anc.*[3]) Ville située sur la rive orientale du Nil, dans la Haute Égypte.

C'est ici le dernier mot géographique de cet ouvrage, et en même temps sans doute celui qui fera la clôture de l'Encyclopédie.

« Pour étendre l'empire des Sciences et des Arts, dit Bacon[4], il serait à souhaiter qu'il y eût une correspondance entre d'habiles[5] gens de chaque classe[6] ; et leur assemblage jetterait un jour lumineux sur le globe des Sciences et des Arts. Ô l'admirable conspiration ! Un temps viendra, que des philosophes animés d'un si beau projet oseront prendre cet essor ! Alors il s'élèvera de la basse région des sophistes[7] et des jaloux un essaim nébuleux, qui, voyant ces aigles planer dans les airs, et ne pouvant ni suivre ni arrêter leur vol rapide, s'efforcera par de vains croassements de décrier leur entreprise et leur triomphe. »

Encyclopédie, article « Zzuéné ».

1. Actifs et habiles.
2. Madame de Maintenon, le père La Chaise, confesseur du roi, le chancelier Le Tellier, Louvois...
3. Géographie ancienne.
4. Savant et philosophe anglais (1561-1626).
5. Savants.
6. Spécialité.
7. Ce terme est employé péjorativement pour désigner des orateurs habiles à utiliser des raisonnements spécieux.

Qu'est-ce qu'un philosophe ?

« Chaque siècle a son esprit qui le caractérise[1] », écrit Diderot. On pourrait ajouter que cet esprit trouve son incarnation dans un idéal humain représentatif, lui aussi, d'une époque, d'une culture, d'une société. Ainsi, le XVIe siècle a trouvé son idéal dans l'humaniste. Le siècle classique a célébré l'honnête homme. Le siècle des Lumières s'incarne, lui, dans le philosophe.

Le mot à lui seul fait surgir l'image de ceux dont la pensée, les œuvres et les actes ont caractérisé l'idéologie des Lumières. Il prend à cette époque une signification nouvelle.

Au XVIIe siècle, en effet le terme désignait à la fois « celui qui aime la sagesse et qui raisonne juste des causes naturelles[2] », le professeur qui enseigne la logique, la morale, la physique et la métaphysique, ou celui qui, « guéri de la préoccupation des erreurs et des vanités du monde[2] », se caractérise par son « esprit élevé[2] ». Ajoutons que ce penseur était chrétien et qu'il ne remettait en cause ni les données de la pensée religieuse, ni la tradition, ni le principe d'autorité.

Au XVIIIe siècle, le terme « philosophe » désigne une nouvelle sorte de penseur, défini par Dumarsais dans l'article « Philosophe » de l'*Encyclopédie*. Ceux qui se regroupent sous le titre de « philosophes du XVIIIe siècle » illustrent un esprit nouveau. La confiance accordée à la raison, la passion du progrès, la sociabilité et la lutte contre toutes les formes d'oppression en sont les principales caractéristiques.

Le philosophe, un homme de raison

Le philosophe du XVIIIe siècle est un penseur qui fait de la raison le guide de toute réflexion et de toute démarche intellectuelle. « La raison détermine le philosophe », dit Dumarsais. Elle l'éclaire, l'aide à discerner le vrai du faux, garantit le cheminement du raisonnement. Elle est source de connaissance et facteur de modération. Du mot « raison », dérivent en effet « raisonné », « rationnel » et « raisonnable ». Ces trois adjectifs permettent de caractériser le philosophe dans tous ses comportements.

Ainsi, il est un homme qui réfléchit et qui n'accepte pour vrai que ce dont la vérité a été prouvée par l'observation scientifique des faits, ou par un raisonnement logique. Aux absurdes déductions d'un Pangloss[3], qui représente, aux yeux de Voltaire, une véritable caricature du philosophe, il oppose la méthode expérimentale. Celle-ci consiste, comme l'expliquait déjà Fontenelle, à s'assurer « du fait avant de s'inquiéter de la cause », pour éviter « le ridicule de trouver la cause de ce qui n'est point[4] ».

C'est aussi la raison, faculté de modération, qui le conduit à refuser tout dogmatisme, parce qu'il pense que « rien n'est plus dangereux que la certitude d'avoir raison[5] ». Elle lui permet, « lorsqu'il n'a point de motif pour juger[6] », de « demeurer indéterminé[6] ». Ni dogmatique, ni sceptique, le philosophe passe au crible du raisonnement logique et d'une intelligence lucide tous les faits du réel, à quelque domaine qu'ils appartiennent.

Le philosophe, un homme de progrès

Homme ouvert et dynamique, le philosophe du XVIIIe siècle va de l'avant en refusant le poids du conformisme et des habitudes. De même qu'il rejette le principe d'autorité au nom de la liberté de pensée, il récuse les traditions lorsqu'elles constituent un frein au progrès et entravent la marche éclairée de l'humanité. Il les associe souvent aux opinions, aux croyances et aux superstitions, les soumet à l'esprit d'examen et les dénonce lorsqu'elles conduisent à la sclérose de la pensée et de l'action.

Bayle et Fontenelle, qui s'apparentent aux Modernes, ouvrent la voie dès le début du siècle. Montesquieu et Voltaire continuent cette œuvre de contestation. L'utilisation d'un (faux) regard étranger[7] leur permet de stigmatiser les modes de pensée et de comportements que l'habitude a rendus normaux, banals.

Car la contestation est source de progrès : progrès de l'esprit, par la remise en question, progrès également des connaissances. L'*Encyclopédie*, œuvre « philosophique » par excellence, est là pour illustrer la passion du philosophe pour tout ce qui touche à la science, aux techniques et à leur vulgarisation. Il s'intéresse à la physique, à l'astronomie, aux mathématiques... parce qu'il voit dans les sciences et dans leurs applications non seulement une source de savoir, mais aussi un facteur d'évolution et une voie d'accès au bonheur. Cette passion ne reste d'ailleurs pas théorique. « Le vrai philosophe défriche les champs incultes, augmente le nombre des charrues et par conséquent des habitants[8]. » L'auteur de ces lignes, Voltaire, mit lui-même ces recommandations en pratique dans son domaine de Ferney, montrant ainsi que le philosophe est un homme d'action et qu'il « ne se croit pas en exil dans ce monde[9] ».

Le philosophe, un homme social et sociable

Rien de plus éloigné en effet du philosophe du XVIIIe siècle que le penseur isolé, étranger au monde qui l'entoure. Une des qualités du philosophe est sa sociabilité. Il est à la fois un homme social et sociable. Intégré à la société, le regard ouvert sur son époque et sur ses contemporains, il vit parmi eux, les écoute, les observe et les comprend, ce qui, souligne Dumarsais, est une attitude elle-même dictée par la raison : « La raison exige de lui qu'il connaisse, qu'il

1. Diderot, lettre à la princesse Dashkoff, 3 avril 1771.
2. La définition est tirée du dictionnaire de Furetière.
3. Voltaire, *Candide* (1757), voir p. 96.
4. Fontenelle, *Histoire des oracles* (1687), voir p. 30.
5. La formule, qui aurait pu être écrite par un philosophe du XVIIIe siècle, émane d'un homme de science du XXe siècle, François Jacob, dans son ouvrage, *Le Jeu des possibles*.
6. Dumarsais, *Encyclopédie*, article « Philosophe ».
7. Celui des Persans dans les *Lettres persanes* de Montesquieu, celui du Huron dans *L'Ingénu* de Voltaire.
8. Voltaire, lettre à Damilaville, 1er mars 1765.
9. Dumarsais, *Encyclopédie*, article « Philosophe ».

étudie, et qu'il travaille à acquérir des qualités sociables[1]. » Il fréquente assidûment les lieux d'échanges intellectuels : cafés, clubs, salons. C'est au café de la Régence que Diderot « rencontre » le Neveu de Rameau. Voltaire, Marmontel, Diderot, encore, hantent le célèbre café Procope. Ils savent en effet, comme l'écrit Diderot, que « [leurs] écrits n'opèrent que sur une certaine classe de citoyens, [leurs] discours sur toutes[2] ».

Homme de dialogue, le philosophe entretient une correspondance variée et abondante, non seulement avec ses amis proches, mais avec les princes et les chefs d'État. Diderot échange de nombreuses lettres avec la Grande Catherine de Russie ; Voltaire et Frédéric II de Prusse correspondent longtemps avant de se rencontrer.

L'inlassable curiosité du philosophe et son intérêt pour tout ce qui l'entoure font de lui un « citoyen du monde ». Il est naturel qu'il prenne pour devise la réplique d'un personnage de Térence[3] : *Homo sum, humani a me nihil alienum puto* (« Je suis homme et rien de ce qui est humain ne m'est étranger »). C'est au nom de cet intérêt qu'il veut faire aux hommes « tout le bien dont il est capable[4] », et qu'il mène un inlassable combat contre toutes les formes d'oppression.

Le philosophe, un homme de combat

Dans son entreprise de formation des esprits, de vulgarisation du savoir et de contestation politique et sociale, le philosophe du XVIIIe siècle s'oppose à tout ce qui fait entrave aux lumières de la raison. Il se bat pour l'exercice d'une liberté de pensée et de religion. Par ses écrits, par ses actions, il lutte à visage découvert et prend des risques.

Le combat par l'écriture n'est pas le moins dangereux. Il se heurte à la censure, aux interdictions, aux condamnations. Ainsi, en 1750, *L'Esprit des lois* de Montesquieu est censuré par la Sorbonne, l'*Encyclopédie* est condamnée en 1752, puis en 1759. Un exemplaire du *Dictionnaire philosophique* de Voltaire est brûlé sur le bûcher du chevalier de La Barre en 1766. Diderot est emprisonné en 1749 à la suite de la publication de la *Lettre sur les aveugles à l'usage de ceux qui voient*. Rousseau lui-même est condamné en 1762 pour l'*Émile*. Les exemples ne manquent pas... Malgré ces menaces et ces condamnations, le philosophe lutte inlassablement contre la superstition, contre le fanatisme, contre l'arbitraire, contre les formes d'injustice que sont la pratique de la torture et celle de l'esclavage.

Mais son combat peut prendre une autre forme, celle de l'action. Au nom de la liberté d'opinion, Voltaire part en campagne pour défendre Calas, Sirven, le chevalier de La Barre[5]. Il se déplace sur les lieux de l'affaire, recommence une enquête, multiplie les témoignages. Son action patiente et tenace aboutit à des réhabilitations.

En ce sens, le philosophe apparaît comme l'exemple même de l'écrivain engagé. Indissociable du Siècle des lumières, il n'en reste pas moins le modèle du penseur qui diffuse le savoir, n'hésite pas à contester et considère comme de son devoir de participer à tous les combats humanitaires.

Sir Joshua Reynolds (1723-1792), *Une conversation*, 0,52 × 0,81 m (Bristol, Museum and Art Gallery).

1. Dumarsais, *Encyclopédie*, article « Philosophe ».
2. Diderot, lettre à Necker, 12 juin 1775.
3. Auteur de comédies latines (IIe siècle av. J.-C.). La citation, en latin, est reprise par Dumarsais dans l'article « Philosophe » de l'*Encyclopédie*.
4. Voltaire, lettre à Damilaville, 1er mars 1765.
5. Pour ces trois affaires, voir pp. 106 et 109.

Diderot
1713-1784

Jean Honoré Fragonard (1732-1806),
Portrait de Denis Diderot,
0,81 × 0,65 m
(Paris, musée du Louvre).

Une jeunesse agitée

Diderot naît à Langres en 1713, dans un milieu de petite bourgeoisie qui le destine à la prêtrise. L'emprise religieuse de l'environnement est forte : Langres est un évêché puissant, et la famille Diderot compte plusieurs vocations. Le jeune Denis a un oncle chanoine, un frère prêtre et une sœur religieuse. Lui-même fait ses études chez les jésuites et il est tonsuré[1] à treize ans. Pourtant, il ne se sent guère d'affinités avec l'Église.

En 1728, il quitte Langres pour continuer ses études à Paris. Les circonstances de ce départ ne sont pas très claires (brouille avec ses maîtres jésuites ? avec sa famille ?), pas plus que ne le sont ses activités dans les années qui suivent, jusqu'en 1740. On sait seulement qu'il est passionné par l'érudition et par l'étude et qu'il obtient la maîtrise ès arts de l'université de Paris. On pense qu'il mène alors une véritable vie de bohème, faite d'expédients qui lui permettent de survivre puisque son père ne veut pas l'entretenir. Il est clerc de procureur, précepteur. Il donne des leçons, prête sa plume à des prédicateurs peu inspirés... Pendant ces années de vagabondage professionnel dans des milieux très variés, il se découvre aussi une véritable passion pour le théâtre : « On s'agitait, on se remuait, on se poussait, l'âme était mise hors d'elle-même [...]. C'était comme un nuage qui allait se dissiper au loin, et dont le murmure durait longtemps après qu'il était écarté », écrit-il plus tard, en 1758, à l'actrice Madame Riccoboni en parlant des représentations théâtrales. Diverse et indépendante, la vie de Diderot à cette époque est marquée par la liberté et par la précarité : il lui arrive souvent de n'avoir rien à manger !

La rencontre avec Anne Toinette Champion, dont il tombe amoureux (1741), le ramène à Langres où il va demander à son père l'autorisation de se marier (décembre 1742). Mais le résultat des retrouvailles familiales n'est pas ce qu'il espérait. Son père refuse catégoriquement le mariage projeté et, faisant valoir une autorité paternelle très forte sous l'Ancien Régime, fait enfermer son fils chez des moines. Diderot parvient à s'échapper, revient à Paris, où il se cache, et épouse secrètement Anne Toinette le 6 novembre 1743.

1. La tonsure (coupe de cheveux au sommet du crâne) marquait l'entrée d'un laïc dans l'état ecclésiastique.

Les débuts d'une œuvre philosophique

Son nouvel état d'homme marié contraint Diderot à gagner sa vie avec plus de régularité. Sa connaissance de l'anglais lui permet de vivre de traductions. C'est ainsi qu'il entreprend de traduire la *Cyclopaedia* de Chambers, travail qui donnera naissance à l'*Encyclopédie*. Il se lie avec Rousseau, rencontré en 1742. Un goût commun pour la musique et pour le jeu d'échecs est à l'origine d'une profonde amitié, qui se prolongera jusqu'en 1758. Il fréquente aussi le philosophe Condillac. C'est en 1745 que débute réellement son activité philosophique : il entreprend une œuvre nettement orientée vers les théories matérialistes.

Tout d'abord, il traduit, de manière assez libre, l'*Essai sur le mérite et la vertu* de l'Anglais Shaftesbury, puisant dans cette œuvre l'idée d'une lutte nécessaire contre le fanatisme et contre la superstition. Il trouve aussi dans cet essai un écho à ses propres réflexions sur la vertu. Il pense, comme le philosophe anglais, que celle-ci n'est pas fondamentalement liée à la religion, qu'elle peut être naturelle. Cette nouvelle morale s'adapte particulièrement bien à son enthousiasme, à ses élans et à l'importance qu'il accorde aux émotions.

C'est dans cette orientation d'esprit qu'il rédige, en 1746, les *Pensées philosophiques*, qui font alterner quatre points de vue différents, celui du chrétien, celui du déiste, celui de l'athée et celui du sceptique. Publiée en juin, l'œuvre est condamnée en juillet par le Parlement. Elle est, en effet, jugée scandaleuse et « contraire à la religion et aux bonnes mœurs ». Cette condamnation n'empêche pas Diderot de poursuivre une réflexion philosophique profondément marquée par le matérialisme. La *Lettre sur les aveugles à l'usage de ceux qui voient* (1749) vaut à son auteur un emprisonnement immédiat dans le donjon de Vincennes. Il n'en sort que grâce à l'intervention des libraires qui ont engagé des sommes importantes dans l'*Encyclopédie* et qui s'inquiètent de voir l'entreprise privée de son directeur.

Diderot s'est en effet attelé, depuis 1747, à une tâche exaltante et épuisante. La simple traduction de la *Cyclopaedia* de Chambers s'est transformée en une énorme entreprise de classification et de vulgarisation du savoir. Diderot va consacrer presque vingt ans de sa vie à cet impressionnant travail (voir p. 185 le chapitre consacré à l'*Encyclopédie*) : il dirige, coordonne, écrit, corrige, recrute des auteurs, fait face à toutes les difficultés (censure, interdiction, manque de capitaux, défections...).

Une période d'intense créativité

Les années qui vont de 1750 à 1772 représentent une période très productive sur tous les plans. Parallèlement au travail que nécessite l'*Encyclopédie*. Diderot poursuit une œuvre personnelle et mène une vie mondaine très active. Sa réflexion philosophique est marquée par la publication, en 1753, de l'ouvrage intitulé *De l'interprétation de la nature*, qui précise une vision toujours matérialiste du monde et des interrogations sur la liberté et sur le déterminisme. Diderot poursuit cette analyse dans la lettre qu'il adresse au dramaturge Landois *(Lettre à Landois)*, en 1756. Il la reprendra, nettement plus tard, en 1769, dans *Le Rêve de d'Alembert*. Cette œuvre met en scène plusieurs amis de Diderot : le mathématicien d'Alembert, collaborateur de l'*Encyclopédie*, le docteur Bordeu et Mademoiselle de Lespinasse, qui tient à Paris un salon littéraire. Leurs dialogues ont pour thème l'origine du monde. Aux théories des philosophes matérialistes de l'Antiquité, Diderot ajoute des connaissances scientifiques qu'il a acquises par ses études et ses lectures.

Les années 1755-1760 sont marquées par un retour au théâtre, pour lequel il a une véritable passion. Il se fait le théoricien du drame bourgeois. Deux pièces, *Le Fils naturel* (1757) et *Le Père de famille* (1758), mettent en application les théories énoncées ou reprises dans les *Entretiens sur Le Fils naturel* (1757) et dans l'essai *De la poésie dramatique*. Ses recherches philosophiques, l'observation qu'il fait des comportements le conduisent aussi vers le genre romanesque. *La Religieuse* (1760), *Le Neveu de Rameau* (1762), *Jacques le fataliste* (1765) témoignent d'interrogations multiples sur la liberté, la morale, la vertu, qui sont au cœur de ses préoccupations. Enfin il inaugure, pour la *Correspondance littéraire* de son ami Grimm, la série des *Salons* où s'expriment ses conceptions esthétiques.

Sa vie est alors ponctuée par les innombrables difficultés que lui vaut l'*Encyclopédie* : il doit faire face aux détracteurs, notamment à Palissot, qui ridiculise les encyclopédistes dans sa comédie *Les Philosophes* (1760). Les années 1758-1760 sont particulièrement douloureuses.

C'est à ce moment qu'il se brouille avec Rousseau et que d'Alembert abandonne sa collaboration à l'*Encyclopédie*. Mais Diderot est aidé par le soutien affectueux et constant de sa maîtresse Sophie Volland, rencontrée en 1755, et avec laquelle il entretient une abondante et passionnante correspondance.

Les dernières années

L'année 1772 voit la publication d'une œuvre importante, le *Supplément au Voyage de Bougainville*. Diderot y développe une morale sociale qui rejoint le mythe du bon sauvage et analyse l'idée de nature. C'est aussi à cette époque qu'il envisage de répondre à l'invitation de Catherine II de Russie. En 1762, Diderot avait vendu sa bibliothèque à la tsarine en qui il voyait un modèle de despote éclairé. En 1773, il accepte de répondre à une invitation de la souveraine. Un peu seul et désemparé par le mariage de sa fille Angélique, il entreprend un long périple vers Saint-Pétersbourg. Le voyage est pénible, Diderot est malade, les découvertes sont décevantes : si la tsarine est intéressée par les propositions du philosophe en matière de réformes politiques et sociales, il sait qu'elle n'est pas – et ne sera sans doute jamais – une souveraine éclairée.

De retour en France, Diderot reprend son œuvre. Il continue les comptes rendus des *Salons*, et les *Pensées détachées sur la peinture*, publiées en 1881, marquent le point d'aboutissement de son esthétique picturale. L'*Essai sur les règnes de Claude et de Néron* (1778-1782), probablement inspiré par l'expérience russe, souligne l'évolution du philosophe vers le stoïcisme. La *Réfutation d'Helvétius* (1774) est un ultime retour aux thèses matérialistes, enrichies de toute une expérience de la vie. Diderot remanie alors certaines de ses œuvres, les modifie, écrit moins. Sa vie est endeuillée par de nombreuses disparitions : celle de Voltaire en 1778, celle de Rousseau la même année, celle de Sophie Volland en 1784. Lui-même meurt le 31 juillet 1784, à soixante-dix ans. Quelques mois plus tard, sa bibliothèque et ses manuscrits sont acheminés vers Saint-Pétersbourg.

Vladimir Borovikovskii (1757-1829), *Catherine II en promenade dans le parc de Tsarskoïe Selo*, détail, 0,94 × 0,66 m, 1794 (Moscou, galerie Tretiakov).

L'ŒUVRE PHILOSOPHIQUE

Pensées philosophiques (1746), essai.
La Promenade du sceptique (1747), essai.
Lettre sur les aveugles à l'usage de ceux qui voient (1749), essai → voir pp. 204-205.
De l'interprétation de la nature (1753), essai.
Lettre à Landois (1756).
Le Rêve de d'Alembert (1769), dialogue philosophique → voir pp. 206-208.
Supplément au Voyage de Bougainville (1772), dialogue philosophique → voir pp. 209-211.
Réfutation d'Helvétius (1774), essai.
Entretien d'un philosophe avec la Maréchale de... (1776), dialogue philosophique.

Lettre sur les aveugles à l'usage de ceux qui voient

1749

Francisco de Goya (1746-1828), *L'Aveugle à la guitare*, détail, 1778 (Madrid, musée du Prado).

La *Lettre sur les aveugles*, publiée en 1749 et adressée à Madame de Puisieux, marque une étape décisive dans la pensée matérialiste et athée de Diderot. Il s'inspire, dans cette œuvre, de l'intérêt scientifique porté aux aveugles de naissance par certains chercheurs et certains penseurs de son époque. Dans le débat qu'animent Berkeley, Voltaire, Condillac, Buffon, La Mettrie, sur les rapports entre les sensations, la connaissance et la morale, le problème des aveugles recouvrant la vue est particulièrement intéressant. En 1690, Locke l'avait déjà envisagé dans l'*Essai sur l'entendement humain* :

> « Supposez un aveugle de naissance qui soit présentement homme fait, auquel on ait appris à distinguer par l'attouchement un cube et un globe de même métal et à peu près de la même grosseur en sorte que lorsqu'il touche l'un et l'autre il puisse dire quel est le cube et quel est le globe. Supposez que, le cube et le globe étant posés sur une table, cet aveugle vienne à jouir de la vue, on demande si, en les voyant sans les toucher, il pourrait les discerner et dire quel est le globe et quel est le cube. » *(IIe partie, § 8.)*

Reprenant leurs interrogations, Diderot examine plusieurs cas, celui du mathématicien Saunderson, celui d'une jeune fille opérée de la cataracte en 1749, celui d'un homme vivant à Puiseaux dans le Loiret. Il déduit de ses observations que les aveugles ont non seulement des perceptions, mais des conceptions morales et métaphysiques différentes des nôtres. Il pose ainsi les bases d'une relativité de la connaissance qui s'étend aux jugements moraux et même aux croyances religieuses. En effet, le spectacle des merveilles de la nature, argument souvent utilisé pour prouver l'existence de Dieu, est totalement dénué de sens pour les aveugles. « Si vous voulez que je croie en Dieu, il faut que vous me le fassiez toucher », déclare Saunderson.

Cette mise en cause de l'existence de Dieu, prêtée à Saunderson dans la lettre et revendiquée par Diderot, nourrit une conception matérialiste du monde. La nature n'est, selon lui, que le produit accidentel et passager de combinaisons multiples et l'homme n'est qu'un hasard de cette nature en évolution.

« Que la morale des aveugles est différente de la nôtre ! »

Dans le début de la lettre, Diderot raconte à Madame de Puisieux sa visite à l'aveugle de Puiseaux. Il fait part de ses observations et des conclusions qu'il en a tirées. Il s'attache alors à montrer l'influence des sens sur notre morale et sur nos conceptions métaphysiques.

Comme je n'ai jamais douté que l'état de nos organes et de nos sens n'ait beaucoup d'influence sur notre métaphysique et sur notre morale, et que nos idées les plus purement intellectuelles, si je puis parler ainsi, ne tiennent de fort près à la conformation de notre corps, je me mis à questionner notre aveugle sur les vices et sur les vertus. Je m'aperçus d'abord qu'il avait une aversion prodigieuse pour le vol ; elle naissait en lui de deux causes : de la facilité qu'on avait de le voler sans qu'il s'en aperçût ; et plus encore, peut-être, de celle qu'on avait de l'apercevoir quand il volait. Ce n'est pas qu'il ne sache très bien se mettre en garde contre le sens qu'il nous connaît de plus qu'à lui, et qu'il ignore la manière de bien cacher un vol. Il ne fait pas grand cas de la pudeur : sans les injures de l'air, dont les vêtements le garantissent, il n'en comprendrait guère l'usage ; et il avoue franchement qu'il ne devine pas pourquoi l'on couvre plutôt une partie du corps qu'une autre, et moins encore par quelle bizarrerie on donne entre ces parties la préférence à certaines que leur usage et les indispositions auxquelles elles sont sujettes demanderaient que l'on tînt libres. Quoique nous soyons dans un siècle où l'esprit philosophique nous a débarrassés d'un grand nombre de préjugés, je ne crois pas que nous en venions jamais jusqu'à méconnaître les prérogatives de la pudeur aussi parfaitement que mon aveugle. Diogène[1] n'aurait point été pour lui un philosophe.

Comme de toutes les démonstrations extérieures qui réveillent en nous la commisération et les idées de la douleur, les aveugles ne sont affectés que par la plainte, je le soupçonne, en général, d'inhumanité. Quelle différence y a-t-il pour un aveugle, entre un homme qui urine et un homme qui, sans se plaindre, verse son sang ? Nous-mêmes, ne cessons-nous pas de compatir lorsque la distance ou la petitesse des objets produit le même effet sur nous que la privation de la vue sur les aveugles ? Tant nos vertus dépendent de notre manière de sentir et du degré auquel les choses extérieures nous affectent ! Aussi je ne doute point que, sans la crainte du châtiment, bien des gens n'eussent moins de peine à tuer un homme à une distance où ils ne le verraient gros que comme une hirondelle, qu'à égorger un bœuf de leurs mains. Si nous avons de la compassion pour un cheval qui souffre, et si nous écrasons une fourmi sans aucun scrupule, n'est-ce pas le même principe qui nous détermine ? Ah, madame ! que la morale des aveugles est différente de la nôtre ! Que celle d'un sourd différerait encore de celle d'un aveugle, et qu'un être qui aurait un sens de plus que nous trouverait notre morale imparfaite, pour ne rien dire de pis !

Notre métaphysique ne s'accorde pas mieux avec la leur. Combien de principes pour eux qui ne sont que des absurdités pour nous, et réciproquement ! Je pourrais entrer là-dessus dans un détail qui vous amuserait sans doute, mais que de certaines gens, qui voient du crime à tout, ne manqueraient pas d'accuser d'irréligion ; comme s'il dépendait de moi de faire apercevoir aux aveugles les choses autrement qu'ils ne les aperçoivent. Je me contenterai d'observer une chose dont je crois qu'il faut que tout le monde convienne : c'est que ce grand raisonnement, qu'on tire des merveilles de la nature, est bien faible pour des aveugles. La facilité que nous avons de créer, pour ainsi dire, de nouveaux objets par le moyen d'une petite glace, est quelque chose de plus incompréhensible pour eux que des astres qu'ils ont été condamnés à ne voir jamais. Ce globe lumineux qui s'avance d'orient en occident les étonne moins qu'un petit feu qu'ils ont la commodité d'augmenter ou de diminuer : comme ils voient la matière d'une manière beaucoup plus abstraite que nous, ils sont moins éloignés de croire qu'elle pense.

Si un homme qui n'a vu que pendant un jour ou deux se trouvait confondu chez un peuple d'aveugles, il faudrait qu'il prît le parti de se taire, ou celui de passer pour un fou. Il leur annoncerait tous les jours quelque nouveau mystère, qui n'en serait un que pour eux, et que les esprits forts se sauraient bon gré de ne pas croire. Les défenseurs de la religion ne pourraient-ils pas tirer un grand parti d'une incrédulité si opiniâtre, si juste même, à certains égards, et cependant si peu fondée ? Si vous vous prêtez pour un instant à cette supposition, elle vous rappellera, sous des traits empruntés, l'histoire et les persécutions de ceux qui ont eu le malheur de rencontrer la vérité dans des siècles de ténèbres[2], et l'imprudence de la déceler à leurs aveugles contemporains, entre lesquels ils n'ont point eu d'ennemis plus cruels que ceux qui, par leur état et leur éducation, semblaient devoir être les moins éloignés de leurs sentiments[3].

Diderot, *Lettre sur les aveugles à l'usage de ceux qui voient.*

1. Philosophe grec de l'école cynique (413-327 env. av. J.-C.).
2. Allusion à Galilée.
3. Il s'agit du clergé.

Le Rêve de d'Alembert

1769

Lorsqu'il compose *Le Rêve de d'Alembert*, en 1769, Diderot a depuis de longues années l'intention de répondre aux questions qu'il s'est posées dès les *Pensées sur l'interprétation de la nature*, en 1753. L'un des problèmes qui le préoccupe le plus est celui de la sensibilité de la matière. Les soucis causés par l'*Encyclopédie* lui ayant pris une grande partie de son temps et de son énergie, c'est seulement en 1769 qu'il peut de nouveau envisager les questions fondamentales du matérialisme.

Le texte intitulé *Le Rêve de d'Alembert* est la partie centrale d'une trilogie portant sur les mêmes problèmes d'origine et d'évolution du monde. La première partie de la trilogie est l'*Entretien entre d'Alembert et Diderot*. Les deux amis discutent du passage de « l'être sensible à l'être pensant ». D'Alembert ne semble pas convaincu et s'en va, sceptique, tandis que Diderot lui prédit qu'il rêvera : « Mais vous rêverez sur votre oreiller à cet entretien... » De fait, d'Alembert fait un rêve si agité que Mademoiselle de Lespinasse, sa maîtresse, appelle le médecin Bordeu, collaborateur de l'*Encyclopédie* et lui raconte les propos tenus par le mathématicien. Celui-ci continue d'ailleurs son rêve en présence des deux interlocuteurs. Le rêve et son récit constituent la partie centrale de la trilogie. Enfin, la *Suite de l'entretien* donne les réflexions de Mademoiselle de Lespinasse et du médecin sur les conséquences morales et scientifiques du rêve. C'est la troisième partie de la trilogie.

Les grands thèmes du *Rêve*

Dans ce texte capital, point d'aboutissement de ses recherches philosophiques et de ses études médicales, Diderot cherche à expliquer la constitution de l'univers, l'origine de la nature et la génération des êtres par un processus chimique. Il s'éloigne ainsi à la fois des théories idéalistes qui conçoivent l'existence de l'esprit avant celle de la matière, et de la conception dualiste selon laquelle l'esprit et la matière, distincts, existent dès l'origine. La position matérialiste qu'il défend est héritée des épicuriens[1] et de Lucrèce[2], à qui il fait souvent référence.

Selon Diderot, en effet, seule la matière existe, à l'origine, et la distinction entre esprit et matière ne tient pas. La matière est capable, d'après lui, de se transformer grâce à deux propriétés qui lui sont inhérentes, le mouvement et la sensibilité. Il existe ainsi une matière de sensibilité dite « inerte » (les minéraux) et une autre de sensibilité dite « active » (les végétaux et les animaux). Établir une distinction entre les trois règnes lui paraît absurde. Il reste alors à expliquer le passage de la matière sensible à la matière « pensante » (l'homme). Diderot représente celui-ci comme un « agrégat » de molécules de matière, comme un « faisceau » de « fils » dont les extrémités agissent sur le centre et lui obéissent tour à tour, ce qui préfigure le système nerveux.

Le Rêve de d'Alembert se présente comme un exposé visionnaire de la transformation des espèces. Pris dans le mouvement général de l'évolution, l'homme n'apparaît à Diderot que comme un état transitoire et accidentel de la matière.

La portée de l'œuvre

Diderot perçoit ainsi intuitivement l'hypothèse évolutionniste reconnue aujourd'hui, selon laquelle il n'existe pas une fixité des espèces mais une transformation progressive aboutissant à la formation d'une espèce nouvelle. On peut dire à ce titre que *Le Rêve de d'Alembert*, par sa vision déterministe et évolutionniste apporte une conception de l'univers très en avance sur son temps.

« Le prodige c'est la vie, c'est la sensibilité... »

Dans le passage qui suit, Mademoiselle de Lespinasse rapporte au médecin Bordeu les paroles mêmes que d'Alembert a prononcées pendant son rêve. Avec une exaltation passionnée, visionnaire, le mathématicien embrasse l'immensité du temps pour évoquer avec lyrisme la transformation des espèces et l'évolution prodigieuse de la matière.

[...] Il admirait la sagacité des anciens philosophes. Il disait ou faisait dire à son philosophe, je ne sais lequel des deux : « Si lorsque Épicure assurait que la terre contenait les germes de tout, et que l'espèce animale était le produit de la fermentation[3], il avait proposé de montrer une image en petit de ce qui s'était fait en grand à l'origine des temps, que lui aurait-on répondu ?... Et vous l'avez sous vos yeux cette image, et elle ne vous apprend rien... Qui sait si la fermentation et ses produits sont épuisés ? Qui sait à quel instant de la succession de ces générations animales nous en sommes ? Qui sait si ce bipède déformé, qui n'a que quatre pieds de hauteur, qu'on appelle encore dans le voisinage

1. Groupe de philosophes de l'Antiquité qui appartenait à l'école fondée par Épicure.
2. Poète latin qui exprima dans un vaste poème scientifique et lyrique les théories d'Épicure et, en particulier, la théorie selon laquelle le monde est formé par regroupement de particules infimes, les atomes. Ces philosophes sont les premiers matérialistes et le poème de Lucrèce s'appelle *De la nature des choses (De natura rerum)* (voir extrait p. 208).
3. La « fermentation » désigne ici la transformation chimique de la matière. Diderot annonce la thèse transformiste défendue au XIXe siècle par Lamarck et Darwin.

Pietro Longhi (1702-1785), *L'Éléphant*, 0,50 × 0,62 m (Vicence, Palais Leoni Montanari).
« L'éléphant, cette masse énorme, organisée, le produit subit de la fermentation ! »

du pôle un homme, et qui ne tarderait pas à perdre ce nom en se déformant un peu davantage, n'est pas l'image d'une espèce qui passe[1] ? Qui sait s'il n'en est pas ainsi de toutes les espèces d'animaux ? Qui sait si tout ne tend pas à se réduire à un grand sédiment inerte et immobile ? Qui sait quelle sera la durée de cette inertie ? Qui sait quelle race nouvelle peut résulter derechef d'un amas aussi grand de points sensibles et vivants ? Pourquoi pas un seul animal ? Qu'était l'éléphant dans son origine ? Peut-être l'animal énorme tel qu'il nous paraît, peut-être un atome, car tous les deux sont également possibles ; ils ne supposent que le mouvement et les propriétés diverses de la matière[2]... L'éléphant, cette masse énorme, organisée, le produit subit de la fermentation ! Pourquoi non ? Le rapport de ce grand quadrupède à sa matrice première est moindre que celui du vermisseau à la molécule de farine qui le produit ; mais le vermisseau n'est qu'un vermisseau... C'est-à-dire que la petitesse qui vous dérobe son organisation lui ôte son merveilleux... Le prodige, c'est la vie, c'est la sensibilité ; et ce prodige n'en est plus un... Lorsque j'ai vu la matière inerte passer à l'état sensible, rien ne doit plus m'étonner... Quelle comparaison d'un petit nombre d'éléments mis en fermentation dans le creux de ma main, et de ce réservoir immense d'éléments divers épars dans les entrailles de la terre, à sa surface, au sein des mers, dans le vague des airs !... Cependant, puisque les mêmes causes subsistent, pourquoi les effets ont-ils cessé[3] ? Pourquoi ne voyons-nous plus le taureau percer la terre de sa corne, appuyer ses pieds contre le sol, et faire effort pour en dégager son corps pesant[4] ?... Laissez passer la race présente des animaux subsistants ; laissez agir le grand sédiment inerte quelques millions de siècles. Peut-être faut-il, pour renouveler les espèces, dix fois plus de temps qu'il n'est accordé à leur durée. Attendez, et ne vous hâtez pas de prononcer sur le travail de nature. Vous avez deux grands phénomènes, le passage de l'état d'inertie à l'état de sensibilité, et les générations spontanées ; qu'ils vous suffisent : tirez-en de justes conséquences, et dans un ordre de choses où il n'y a ni grand ni petit, ni durable, ni passager absolus, garantissez-vous du sophisme de l'éphémère[5]... »

Diderot, *Le Rêve de d'Alembert*.

1. L'homme est montré ici comme un moment de la matière. C'est une façon de dénoncer la thèse anthropocentriste, qui fait de l'homme le centre du monde.
2. Tous les points de suspension sont voulus par Diderot : la ponctuation du texte suggère l'exaltation de celui qui parle.
3. Il ne saurait être question de nier la thèse évolutionniste sous prétexte que l'homme ne perçoit pas les manifestations de ce phénomène.
4. Image très éloquente du transformisme : le taureau prend forme en émergeant de la terre.
5. L'homme ne peut appréhender l'ampleur du travail de la nature en raison du point de vue trop limité de sa courte existence.

« Tout est en un flux perpétuel... »

D'Alembert s'est réveillé puis rendormi, et il poursuit son rêve. C'est lui qui parle directement ici, toujours plongé dans le sommeil, toujours visionnaire... Il expose la situation éphémère de l'homme dans l'immense devenir de la matière. Comme les autres espèces, l'homme est voué à la naissance, à la croissance et à la dissolution.

[...] Tous les êtres circulent les uns dans les autres, par conséquent toutes les espèces... tout est en un flux perpétuel... Tout animal est plus ou moins homme ; tout minéral est plus ou moins plante ; toute plante est plus ou moins animal. Il n'y a rien de précis en nature... Le ruban du père Castel[1]... Oui, père Castel, c'est votre ruban et ce n'est que cela. Toute chose est plus ou moins une chose quelconque, plus ou moins terre, plus ou moins eau, plus ou moins air, plus ou moins feu ; plus ou moins d'un règne ou d'un autre... donc rien n'est de l'essence d'un être particulier[2]... Non, sans doute, puisqu'il n'y a aucune qualité dont aucun être ne soit participant... et que c'est le rapport plus ou moins grand de cette qualité qui nous la fait attribuer à un être exclusivement à un autre... Et vous parlez d'individus, pauvres philosophes ! Laissez là vos individus ; répondez-moi. Y a-t-il un atome en nature rigoureusement semblable à un autre atome ?... Non... Ne convenez-vous pas que tout tient en nature et qu'il est impossible qu'il y ait un vide dans la chaîne ? Que voulez-vous donc dire avec vos individus ? Il n'y en a point, non, il n'y en a point... Il n'y a qu'un seul grand individu, c'est le tout. Dans ce tout, comme dans une machine, dans un animal quelconque, il y a une partie que vous appellerez telle ou telle ; mais quand vous donnerez le nom d'individu à cette partie du tout, c'est par un concept aussi faux que si, dans un oiseau, vous donniez le nom d'individu à l'aile, à une plume de l'aile... Et vous parlez d'essences, pauvres philosophes ! Laissez là vos essences. Voyez la masse générale, ou si, pour l'embrasser, vous avez trop étroite, voyez votre première origine et votre fin dernière...

Diderot,
Le Rêve de d'Alembert.

Jean-Baptiste Chardin (1699-1779), *Le Singe antiquaire*, 0,28 × 0,23 m (Chartres, musée des Beaux-Arts).
« Tout animal est plus ou moins homme. »

« L'ensemble des choses se renouvelle sans cesse... »

Au Ier siècle av. J.-C., le poète et philosophe Lucrèce expose dans le *De natura rerum* les théories matérialistes d'Épicure : l'univers est formé du regroupement de particules de matière, les atomes, qui sont animées d'un constant mouvement. Cette conception de l'origine du monde permet de nier l'existence des dieux.

Certes, la matière ne forme pas un bloc étroitement pressé et cohérent, puisque chaque corps s'use, nous le voyons, et puisque tous semblent se fondre, pour ainsi dire, dans

1. Il est fait allusion ici au clavecin oculaire que le père Castel inventa pour les sourds. Sur un ruban venaient se peindre les sept couleurs primitives correspondant aux sept notes de la gamme. Cet exemple vient illustrer l'idée du changement imperceptible des formes vitales, car les couleurs sur le ruban passaient insensiblement d'une teinte à l'autre.

2. Ces idées relèvent du concept idéaliste voulant que la nature des choses – d'essence divine – précède leur existence. En tant que philosophe matérialiste, Diderot ne peut que rejeter cette idée : l'univers, purement matériel, se compose pour lui de molécules sensibles.

Texte étranger

le lointain de l'Âge, et dérober leur vieillesse à nos yeux. Néanmoins l'ensemble demeure manifestement intact : c'est qu'en effet les éléments qui se détachent de tout corps, en diminuant celui qu'ils quittent, accroissent d'autre part celui qu'ils vont rejoindre ; ils forcent ceux-là à vieillir, ceux-ci au contraire à s'épanouir, et ne s'arrêtent pas là. Ainsi l'ensemble des choses se renouvelle sans cesse, et les mortels vivent de mutuels emprunts. Certaines espèces s'accroissent, d'autres s'amoindrissent ; en un court espace les générations se remplacent, et semblables aux coureurs se passent de main en main le flambeau de la vie.

Si tu penses que les principes des choses peuvent s'arrêter, et en s'arrêtant continuer d'engendrer de nouveaux mouvements créateurs, tu t'égares et te fourvoies bien loin de la vérité. Car puisqu'ils errent à travers le vide, il faut que les principes des choses soient tous emportés soit par leur propre poids, soit encore par le choc d'un autre atome. En effet, lorsque dans leur mouvement les corps premiers se rencontrent et se heurtent, aussitôt ils rebondissent en sens opposés : et rien d'étonnant à cela, puisque ce sont des corps très durs, pesants, massifs, et que rien ne les arrête par derrière. Et pour mieux comprendre l'agitation incessante de tous les éléments de la matière, souviens-toi que dans l'univers entier il n'y a pas de fond, ni de lieu où puissent se fixer ces corps premiers ; car l'espace est sans limite ni mesure, et s'étend à l'infini dans toutes les directions, comme je l'ai montré longuement et prouvé par un raisonnement irréfutable.

Lucrèce, De natura rerum *(I, vers 67 à 94)*
Éd. Les Belles Lettres, traduction d'A. Ernout, Paris, 1966.

Supplément au Voyage de Bougainville

1772

En 1771, paraissait le *Voyage autour du monde*, écrit par le navigateur Bougainville qui venait, de novembre 1766 à mars 1769, de faire un long périple autour du monde. Bougainville avait ramené avec lui un Tahitien, Aotourou, qu'il « promena » dans Paris et qui provoqua un véritable engouement. Diderot trouva dans le récit du voyageur et dans les témoignages du Tahitien l'occasion d'une double réflexion sur le problème politique et social de la colonisation et sur la question, morale et sociale, de la liberté sexuelle. La remise en cause d'institutions telles que le mariage, la mise en évidence de la relativité des coutumes rejoignent les préoccupations sociales et philosophiques de Diderot. Œuvre polémique, le *Supplément au Voyage de Bougainville* pose les bases d'une société dans laquelle le respect de la nature se rapproche du mythe du bon sauvage. Il ne faut pas y voir, cependant, le modèle unique prôné par le philosophe.

« Pleurez, malheureux Tahitiens ! pleurez... »

Le *Supplément au Voyage de Bougainville* est composé de cinq parties. Dans la seconde, intitulée « Les adieux du vieillard », Diderot met en scène un personnage qui figure dans le récit de Bougainville. En apparence indifférent à la présence des Européens pendant leur séjour à Tahiti, il leur adresse une violente invective au moment de leur départ.

C'est un vieillard qui parle. Il était père d'une famille nombreuse. À l'arrivée des Européens, il laissa tomber des regards de dédain sur eux, sans marquer ni étonnement, ni frayeur, ni curiosité. Ils l'abordèrent ; il leur tourna le dos et se retira dans sa cabane. Son silence et son souci ne décelaient que trop sa pensée : il gémissait en lui-même sur les beaux jours de son pays éclipsés. Au départ de Bougainville, lorsque les habitants accouraient en foule sur le rivage, s'attachaient à ses vêtements, serraient ses camarades entre leurs bras, et pleuraient, ce vieillard s'avança d'un air sévère, et dit :

« Pleurez, malheureux Tahitiens ! pleurez ; mais que ce soit de l'arrivée, et non du départ de ces hommes ambitieux et méchants : un jour, vous les connaîtrez mieux. Un jour, ils reviendront, le morceau de bois[1] que vous voyez attaché à la ceinture de celui-ci, dans une main, et le fer qui pend au côté de celui-là, dans l'autre, vous enchaîner, vous égorger, ou vous assujettir à leurs extravagances et à leurs vices ; un jour vous servirez sous eux, aussi corrompus, aussi vils, aussi malheureux qu'eux. Mais je me console ; je touche à la fin de ma carrière ; et la calamité que je vous annonce, je ne la verrai point. Ô Tahitiens ! ô mes amis ! vous auriez un moyen d'échapper à un funeste avenir ; mais j'aimerais mieux mourir que de vous en donner le conseil. Qu'ils s'éloignent, et qu'ils vivent. »

1. Il s'agit du crucifix de l'aumônier.

William Hodges (1744-1797), *Retour à Tahiti*, 1,36 × 1,93 m (Greenwich, National Maritime Museum).

Puis s'adressant à Bougainville, il ajouta : « Et toi, chef des brigands qui t'obéissent, écarte promptement ton vaisseau de notre rive : nous sommes innocents, nous sommes heureux ; et tu ne peux que nuire à notre bonheur. Nous suivons le pur instinct de la nature : et tu as tenté d'effacer de nos âmes son caractère. Ici tout est à tous ; et tu nous a prêché je ne sais quelle distinction du *tien* et du *mien*. Nos filles et nos femmes nous sont communes ; tu as partagé ce privilège avec nous ; et tu es venu allumer en elles des fureurs inconnues. Elles sont devenues folles dans tes bras ; tu es devenu féroce entre les leurs. Elles ont commencé à se haïr ; vous vous êtes égorgés pour elles ; et elles nous sont revenues teintes de votre sang. Nous sommes libres ; et voilà que tu as enfoui dans notre terre le titre de notre futur esclavage. Tu n'es ni un dieu, ni un démon : qui es-tu donc, pour faire des esclaves ? Orou ! toi qui entends la langue de ces hommes-là, dis-nous à tous, comme tu me l'as dit à moi, ce qu'ils ont écrit sur cette lame de métal : *Ce pays est à nous*. Ce pays est à toi ! et pourquoi ? parce que tu y as mis le pied ? Si un Tahitien débarquait un jour sur vos côtes, et qu'il gravât sur une de vos pierres ou sur l'écorce d'un de vos arbres : *Ce pays appartient aux habitants de Tahiti*, qu'en penserais-tu ? Tu es le plus fort ! Et qu'est-ce que cela fait ? Lorsqu'on t'a enlevé une des méprisables bagatelles[1] dont ton bâtiment est rempli, tu t'es récrié, tu t'es vengé ; et dans le même instant tu as projeté au fond de ton cœur le vol de toute une contrée ! Tu n'es pas esclave : tu souffrirais la mort plutôt que de l'être, et tu veux nous asservir ! Tu crois donc que le Tahitien ne sait pas défendre sa liberté et mourir ? Celui dont tu veux t'emparer comme de la brute, le Tahitien est ton frère. Vous êtes deux enfants de la nature ; quel droit as-tu sur lui qu'il n'ait pas sur toi ? Tu es venu ; nous sommes-nous jetés sur ta personne ? avons-nous pillé ton vaisseau ? t'avons-nous saisi et exposé aux flèches de nos ennemis ? t'avons-nous associé dans nos champs au travail de nos animaux ? Nous avons respecté notre image en toi. Laisse-nous nos mœurs ; elles sont plus sages et plus honnêtes que les tiennes ; nous ne voulons point troquer ce que tu appelles notre ignorance contre tes inutiles lumières. Tout ce qui nous est nécessaire et bon, nous le possédons. Sommes-nous dignes de mépris, parce que nous n'avons pas su nous faire des besoins superflus ? Lorsque nous avons faim, nous avons de quoi manger ; lorsque nous avons froid, nous avons de quoi nous vêtir. Tu es entré dans nos cabanes, qu'y manque-t-il, à ton avis ? Poursuis jusqu'où tu voudras ce que tu appelles les commodités de la vie ; mais permets à des êtres sensés de s'arrêter, lorsqu'ils n'auraient à obtenir, de la continuité de leurs

1. Allusion à des vols. Bougainville écrivait dans son récit : « Il fallait sans cesse avoir l'œil à tout ce qu'on apportait à terre, à ses poches, même, car il n'y a point en Europe de plus adroits filous que les gens de ce pays. »

pénibles efforts, que des biens imaginaires. Si tu nous persuades de franchir l'étroite limite du besoin, quand finirons-nous de travailler ? Quand jouirons-nous ? Nous avons rendu la somme de nos fatigues annuelles et journalières la moindre qu'il était possible, parce que rien ne nous paraît préférable au repos. Va dans ta contrée t'agiter, te tourmenter tant que tu voudras ; laisse-nous reposer : ne nous entête ni de tes besoins factices, ni de tes vertus chimériques. [...]

Diderot, *Supplément au Voyage de Bougainville*, deuxième partie.

« *Chacun appelle barbarie ce qui n'est pas de son usage...* »

Texte écho

En octobre 1562, Montaigne a rencontré trois « cannibales » à Rouen et a pu se documenter sur leur comportement. Il livre ici une réflexion qui annonce le mythe du « bon sauvage ».

Or je trouve, pour revenir à mon propos, qu'il n'y a rien de barbare et de sauvage en cette nation, à ce qu'on m'en a rapporté ; sinon que chacun appelle barbarie ce qui n'est pas de son usage ; comme de vrai, il semble que nous n'avons autre mire de la vérité et de la raison que l'exemple et l'idée des opinions et usances du pays où nous sommes. Là est toujours la parfaite religion, la parfaite police, parfait et accompli usage de toutes choses. Ils sont sauvages, de même que nous appelons sauvages les fruits que nature, de soi et de son progrès ordinaire, a produits : là où, à la vérité, ce sont ceux que nous avons altérés par notre artifice et détournés de l'ordre commun, que nous devrions appeler plutôt sauvages. En ceux-là sont vives et vigoureuses les vraies et plus utiles et naturelles vertus et propriétés, lesquelles nous avons abâtardies en ceux-cy, et les avons seulement accommodées au plaisir de notre goût corrompu. [...]

Joshua Reynolds (1723-1792), *Omaï*, 2,36 × 1,44 m (Grande-Bretagne, collection de Castle Howard).

Texte écho

Trois d'entre eux, ignorant combien coûtera un jour à leur repos et à leur bonheur la connaissance des corruptions de deçà, et que de ce commerce naîtra leur ruine, comme je présuppose qu'elle soit déjà avancée, bien misérables de s'être laissés piper au désir de la nouvelleté, et avoir quitté la douceur de leur ciel pour venir voir le nôtre, furent à Rouen, du temps que le feu roi Charles neuvième y était. Le Roi parla à eux longtemps ; on leur fit voir notre façon, notre pompe, la forme d'une belle ville. Après cela, quelqu'un en demanda leur avis, et voulut savoir d'eux ce qu'ils y avaient trouvé de plus admirable ; ils répondirent trois choses, d'où j'ai perdu la troisième, et en suis bien marri ; mais j'en ai encore deux en mémoire. Ils dirent qu'ils trouvaient en premier lieu fort étrange que tant de grands hommes, portant barbe, forts et armés, qui étaient autour du Roi (il est vraisemblable qu'ils parlaient des Suisses de sa garde), se soumissent à obéir à un enfant et qu'on ne choisissait plutôt quelqu'un d'entre eux pour commander ; secondement (ils ont une façon de leur langage telle, qu'ils nomment les hommes moitié les uns des autres) qu'ils avaient aperçu qu'il y avait parmi nous des hommes pleins et gorgés de toutes sortes de commodités, et que leurs moitiés étaient mendiants à leurs portes, décharnés de faim et de pauvreté ; et trouvaient étrange comme ces moitiés ici nécessiteuses pouvaient souffrir une telle injustice, qu'ils ne prissent les autres à la gorge, ou missent le feu à leurs maisons.

Montaigne, *Essais*, I, XXXI, « Des cannibales ».

Diderot et l' Encyclopédie

Diderot devait initialement traduire, pour le libraire Le Breton, la *Cyclopaedia* de l'Anglais Chambers. Le projet se transforma et aboutit à l'entreprise de l'*Encyclopédie*, dont Diderot fut chargé en 1747. Il eut donc la lourde charge de choisir des collaborateurs, de corriger les articles, d'en rédiger un grand nombre lui-même et d'assurer la direction de l'ensemble. Le travail était si intense, et les difficultés rencontrées si nombreuses qu'il se trouva à plusieurs reprises au bord du découragement : en 1752, lors de la première interdiction ; dans les années 1757-1762, lors des attaques de Moreau (dans son pamphlet sur Les Cacouacs[1]), de Palissot (dans sa comédie *Les Philosophes*) et de Fréron (dans *L'Année littéraire*) ; en 1758, lors de la défection de d'Alembert ; en 1764 enfin, lorsqu'il découvrit que le libraire Le Breton avait, de lui-même, et sans le prévenir, censuré plusieurs articles de Saint-Lambert, de Turgot, d'Holbach et de Jaucourt.

Diderot écrivit lui-même de très nombreux articles, dont certains très importants (« Encyclopédie ») et d'autres particulièrement virulents (« Autorité politique », « Sarrazins », « Raison »). C'est également lui qui est à l'origine du système des renvois qu'il expose dans l'article « Encyclopédie » : « Toutes les fois, par exemple, qu'un préjugé national mériterait du respect, il faudrait, à son article particulier, l'exposer respectueusement avec tout son cortège de vraisemblance et de séduction, mais renverser l'édifice de fange, dissiper de vains amas de poussière, en renvoyant aux articles où des principes solides servent de base aux vérités opposées. » Ce jeu de renvois, encore appelé « ruses de raison » permet d'exprimer une violente contestation à l'endroit où on l'attendrait le moins.

Diderot insuffla à l'*Encyclopédie* un esprit résolument réformiste et constructif, ce qui passait, naturellement, par une remise en cause préalable des conformismes sociaux, politiques et religieux.

Article « Encyclopédie »

Diderot rédigea le très long article « Encyclopédie » dont on trouvera ci-dessous des extraits. Ce fut pour lui l'occasion de préciser les objectifs de l'entreprise, d'établir clairement les relations de l'ouvrage avec son époque et de définir l'esprit qui animait ses auteurs.

Encyclopédie, ce mot signifie *enchaînement de connaissances* ; il est composé de la préposition grecque εν, *en*, et des substantifs κυκλος, *cercle*, et παιδεια, *connaissance*.

En effet, le but d'une *Encyclopédie* est de rassembler les connaissances éparses sur la surface de la terre ; d'en exposer le système général aux hommes avec qui nous vivons, et de le transmettre aux hommes qui viendront après nous ; afin que les travaux des siècles passés n'aient pas été des travaux inutiles pour les siècles qui succéderont ; que nos neveux, devenant plus instruits, deviennent

1. Ce terme est le nom donné par dérision aux encyclopédistes, et plus généralement aux philosophes du XVIIIe siècle par leurs adversaires. Le mot, qui vient du pamphlet de Moreau *Mémoires pour servir à l'histoire des Cacouacs*, désigne une peuplade aux idées et aux mœurs étranges.

en même temps plus vertueux et plus heureux, et que nous ne mourions pas sans avoir bien mérité du genre humain. [...]

J'ai dit qu'il n'appartenait qu'à un siècle philosophe de tenter une *Encyclopédie* ; et je l'ai dit, parce que cet ouvrage demande partout plus de hardiesse dans l'esprit, qu'on n'en a communément dans les siècles pusillanimes du goût. Il faut tout examiner, tout remuer sans exception et sans ménagement.

Diderot, *Encyclopédie*, article « Encyclopédie ».

Article « Autorité politique »

L'article « Autorité politique » est tout à fait représentatif de l'esprit de l'ouvrage et du style de ses auteurs. Diderot conteste ici la notion d'autorité en prenant habilement pour références les croyances chrétiennes. Son exposé est construit comme une véritable démonstration.

Aucun homme n'a reçu de la nature le droit de commander aux autres. La liberté est un présent du Ciel, et chaque individu de la même espèce a le droit d'en jouir aussitôt qu'il jouit de la raison. Si la nature a établi quelque *autorité*, c'est la puissance paternelle : mais la puissance paternelle a ses bornes ; et dans l'état de nature, elle finirait aussitôt que les enfants seraient en état de se conduire. Toute autre *autorité* vient d'une autre origine que la nature. Qu'on examine bien et on la fera toujours remonter à l'une de ces deux sources : ou la force et la violence de celui qui s'en est emparé ; ou le consentement de ceux qui s'y sont soumis par un contrat fait ou supposé entre eux et celui à qui ils ont déféré l'*autorité*.

La puissance qui s'acquiert par la violence n'est qu'une usurpation et ne dure qu'autant que la force de celui qui commande l'emporte sur celle de ceux qui obéissent ; en sorte que, si ces derniers deviennent à leur tour les plus forts, et qu'ils secouent le joug, ils le font avec autant de droit et de

Joseph Siffrein Duplessis (1725-1802), *Portrait de Louis XVI en costume de sacre* (Paris, musée Carnavalet).
« Aucun homme n'a reçu de la nature le droit de commander aux autres. »

justice que l'autre qui le leur avait imposé. La même loi qui a fait l'*autorité* la défait alors : c'est la loi du plus fort.

Quelquefois l'*autorité* qui s'établit par la violence change de nature ; c'est lorsqu'elle continue et se maintient du consentement exprès de ceux qu'on a soumis : mais elle rentre par là dans la seconde espèce dont je vais parler et celui qui se l'était arrogée devenant alors prince cesse d'être tyran.

La puissance, qui vient du consentement des peuples, suppose nécessairement des conditions qui en rendent l'usage légitime, utile à la société, avantageux à la république, et qui la fixent et la restreignent entre des limites ; car l'homme ne doit ni ne peut se donner entièrement et sans réserve à un autre homme, parce qu'il a un maître supérieur au-dessus de tout, à qui seul il appartient tout entier. C'est Dieu, dont le pouvoir est, toujours immédiat sur la créature, maître aussi jaloux qu'absolu, qui ne perd jamais de ses droits et ne les communique point. Il permet pour le bien commun et pour le maintien de la société que les hommes établissent entre eux un ordre de subordination, qu'ils obéissent à l'un d'eux ; mais il veut que ce soit par raison et avec mesure, et non pas aveuglément et sans réserve, afin que la créature ne s'arroge pas les droits du Créateur. Toute autre soumission est le véritable crime de l'idolâtrie. Fléchir le genou devant un homme ou devant une image n'est qu'une cérémonie extérieure, dont le vrai Dieu qui demande le cœur et l'esprit ne se soucie guère et qu'il abandonne à l'institution des hommes pour en faire, comme il leur conviendra, des marques d'un culte civil et politique, ou d'un culte de religion. Ainsi ce ne sont point ces cérémonies en elles-mêmes, mais l'esprit de leur établissement, qui en rend la pratique innocente ou criminelle. Un Anglais n'a point de scrupule à servir le roi le genou en terre ; le cérémonial ne signifie que ce qu'on a voulu qu'il signifiât ; mais livrer son cœur, son esprit et sa conduite sans aucune réserve à la volonté et au caprice d'une pure créature, en faire l'unique et le dernier motif de ses actions, c'est assurément un crime de lèse-majesté divine au premier chef. [...]

Diderot, *Encyclopédie*, article « Autorité politique ».

Article « Sarrasins »

L'article « Sarrasins » parut si dangereux que le libraire Le Breton en censura plusieurs passages. Par son thème et par sa tonalité, cet article se situe tout à fait dans la ligne de certains pamphlets de Voltaire. Diderot s'efforce de mettre en relief l'incompatibilité qu'il perçoit entre la religion mal comprise et la philosophie. Il insiste sur la nécessité de la réflexion et de la connaissance pour éviter le fanatisme.

Le saint prophète[1] ne savait ni lire ni écrire : de là la haine des premiers musulmans contre toute espèce de connaissance ; le mépris s'en est perpétué chez leurs successeurs ; et la plus longue durée garantie aux mensonges religieux dont ils sont entêtés.

[[2] Car c'est une observation générale que la religion s'avilit à mesure que la philosophie s'accroît. On en conclura ce qu'on voudra ou contre l'utilité de la philosophie, ou contre la vérité de la religion ; mais je puis annoncer d'avance que plus il y aura de penseurs à Constantinople, moins on fera de pèlerinages à la Mecque.] [...]

Mohamet fut si convaincu de l'incompatibilité de la philosophie et de la religion, qu'il décerna[3] la peine de mort contre celui qui s'appliquerait aux arts libéraux : [c'est le même pressentiment qui a poussé dans tous les temps et chez tous les peuples, les prêtres à décrier la raison.] [...]

[Soyez bon, soyez juste, soyez victorieux, soyez honoré au-dedans de vos États, soyez redouté au-dehors, ayez une armée nombreuse à vos ordres, et vous établirez la tolérance générale ; vous renverserez ces asiles de la superstition, de l'ignorance et du vice ; vous réduirez à la condition de simples citoyens ces hommes de droit divin qui s'élèvent sans cesse contre votre autorité ; vous reprendrez ce qu'ils ont extorqué de l'imbécillité de vos prédécesseurs ; vous restituerez à vos peuples les richesses dont ces inutiles et dangereux fainéants regorgent ; vous doublerez vos revenus sans multiplier les impôts ; vous réduirez leur chef orgueilleux à son filet et à sa ligne de pêcheur ; vous empêcherez des sommes immenses d'aller se perdre dans un gouffre étranger, d'où elles ne sortent plus ; vous verrez la population et l'agriculture refleurir dans vos provinces ; vous aurez l'abondance et la paix, et vous régnerez et vous aurez exécuté toutes ces grandes choses sans exciter un murmure, sans avoir répandu une seule goutte de sang.

Mais il faut avant tout que vous soyez bien persuadé que l'amour de vos sujets est le seul appui véritable de votre puissance ; et que si dans la crainte que les murs de votre palais ne se renversent

1. Mahomet.
2. Les passages entre crochets furent censurés par le libraire Le Breton.
3. Il décréta.

Jean Honoré Fragonard (1732-1806), *Jéroboam sacrifiant aux idoles*, 1,11 × 1,43 m, 1752 (Paris, École des beaux-arts).

en-dehors, vous leur cherchez des étais, il y en a qui tôt ou tard les renverseront en-dedans. Le souverain sage et prudent isolera sa demeure de celle des dieux. Si ces deux édifices sont trop voisins, ils se presseront, et il arrivera avec le temps que le trône sera gêné par l'autel, et que portés un jour l'un contre l'autre avec violence, ils chancelleront tous les deux].

Diderot, *Encyclopédie*, article « Sarrasins ».

L'ŒUVRE ROMANESQUE

Les Bijoux indiscrets (1748), roman libertin.
La Religieuse (écrit en 1760 et publié en 1796 après deux révisions en 1780 et 1781), roman → pp. 215-218.
Le Neveu de Rameau (commencé en 1762, révisé en 1777 et publié en 1891), roman satirique → pp. 218-223.
Jacques le fataliste (commencé en 1765 et publié en 1778), roman → pp. 223-226.
Ceci n'est pas un conte, Madame de la Carlière (1772), récits romanesques.

La Religieuse

publié en 1796

Ce roman, écrit en 1760 et publié pour la première fois en 1796, procède à la fois du réel et de l'imagination. Il s'inspire du cas véridique de Suzanne Simonin, qui avait accusé sa mère de l'avoir fait enfermer de force à l'abbaye de Longchamp. À partir de ce fait divers, Diderot, Grimm et quelques amis avaient ourdi une habile mystification au détriment du marquis de Croismare, homme sensible qui s'était beaucoup intéressé à la situation de la jeune fille. Deux ans après l'affaire, faisant comme si la jeune fille s'était échappée du couvent, Diderot avait écrit au mar-

Nicolas Lancret (1690-1743), *Les Lunettes*, détail, 0,74 × 0,97 m (Tours, musée des Beaux-Arts)

quis, en se faisant passer pour Suzanne, des lettres très pitoyables dans lesquelles l'infortunée faisait appel à Monsieur de Croismare. Se prenant peu à peu au jeu, Diderot avait transformé ces lettres en un long récit autobiographique dont il s'émouvait lui-même.

À travers trois étapes qui sont celles des trois couvents où on l'a successivement enfermée, Suzanne, chrétienne sincère, découvre un monde clos où les sentiments religieux sont pervertis. L'absence de liberté et de contacts avec l'extérieur favorisent le développement de la servilité, de l'hypocrisie, de la jalousie et de la haine.

Cependant, il ne faut pas voir dans ce roman uniquement une charge anticléricale. Le récit de Diderot se double d'une analyse des modifications de la personnalité atteignant celles qui subissent ainsi, selon lui, une véritable aliénation. Les manifestations de sadisme, d'hystérie sont le résultat, d'après Diderot, des conditions d'une vie monacale présentée comme antinaturelle : elle brime les désirs, détruit la liberté, crée des hiérarchies contre nature. Pour Diderot, le fait de contraindre des individus à vivre hors de la société fait d'eux des monstres. Le roman est donc en même temps une apologie de la morale naturelle et de la liberté individuelle. Le réalisme de l'analyse est accentué par une écriture qui favorise le langage du corps : les gestes et les cris sont souvent, dans ce roman pathétique à la manière de Richardson[1], plus éloquents que les mots.

« Voilà l'époque de mon bonheur ou de mon malheur... »

Dans un passage situé au début du roman, l'héroïne, sœur Suzanne, décrit la manière insidieuse dont on se comporte avec les novices dans un couvent. À la feinte douceur de l'univers monacal s'oppose brutalement la violence hystérique d'une scène de folie.

Je ne vous ferai pas le détail de mon noviciat ; si l'on observait toute son austérité, on n'y résisterait pas ; mais c'est le temps le plus doux de la vie monastique. Une mère des novices est la sœur la plus indulgente qu'on a pu trouver. Son étude est de vous dérober toutes les épines de l'état ; c'est un cours de séduction la plus subtile et la mieux apprêtée. C'est elle qui épaissit les ténèbres qui vous environnent, qui vous berce, qui vous endort, qui vous en impose, qui vous fascine ; la nôtre s'attacha à moi particulièrement. Je ne pense pas qu'il y ait aucune âme, jeune et sans expérience, à l'épreuve de cet art funeste. Le monde a ses précipices ; mais je n'imagine pas qu'on y arrive par une pente

1. Romancier anglais (1689-1761), auteur de romans réalistes, sentimentaux et moralisateurs : *Pamela ou la Vertu récompensée* (1740) ; *Clarissa Harlowe* (1748). Dans son « Éloge de Richardson », Diderot se montre surtout sensible aux aspects réalistes et pathétiques de l'œuvre.

aussi facile. Si j'avais éternué deux fois de suite, j'étais dispensée de l'office, du travail, de la prière ; je me couchais de meilleure heure, je me levais plus tard ; la règle cessait pour moi. Imaginez, monsieur, qu'il y avait des jours où je soupirais après l'instant de me sacrifier. Il ne se passe pas une histoire fâcheuse dans le monde qu'on ne vous en parle ; on arrange les vraies, on en fait de fausses, et puis ce sont des louanges sans fin et des actions de grâces à Dieu qui nous met à couvert de ces humiliantes aventures. Cependant il approchait, ce temps que j'avais quelquefois hâté par mes désirs. Alors je devins rêveuse, je sentis mes répugnances se réveiller et s'accroître. Je les allais confier à la supérieure, ou à notre mère des novices. Ces femmes se vengent bien de l'ennui que vous leur portez : car il ne faut pas croire qu'elles s'amusent du rôle hypocrite qu'elles jouent, et des sottises qu'elles sont forcées de vous répéter ; cela devient à la fin si usé et si maussade pour elles ; mais elles s'y déterminent, et cela pour un millier d'écus qu'il en revient à leur maison. Voilà l'objet important pour lequel elles mentent toute leur vie, et préparent à de jeunes innocentes un désespoir de quarante, de cinquante années, et peut-être un malheur éternel ; car il est sûr, monsieur, que, sur cent religieuses qui meurent avant cinquante ans, il y en a cent tout juste de damnées, sans compter celles qui deviennent folles, stupides ou furieuses en attendant.

Il arriva un jour qu'il s'en échappa une de ces dernières de la cellule où on la tenait renfermée. Je la vis. Voilà l'époque de mon bonheur ou de mon malheur, selon, monsieur, la manière dont vous en userez avec moi. Je n'ai jamais rien vu de si hideux. Elle était échevelée et presque sans vêtement ; elle traînait des chaînes de fer ; ses yeux étaient égarés ; elle s'arrachait les cheveux ; elle se frappait la poitrine avec les poings, elle courait, elle hurlait ; elle se chargeait elle-même, et les autres, des plus terribles imprécations ; elle cherchait une fenêtre pour se précipiter. La frayeur me saisit, je tremblai de tous mes membres, je vis mon sort dans celui de cette infortunée, et sur-le-champ il fut décidé, dans mon cœur, que je mourrais mille fois plutôt que de m'y exposer. On pressentit l'effet que cet événement pourrait faire sur mon esprit ; on crut devoir le prévenir. On me dit de cette religieuse je ne sais combien de mensonges ridicules qui se contredisaient : qu'elle avait déjà l'esprit dérangé quand on l'avait reçue ; qu'elle avait eu un grand effroi dans un temps critique ; qu'elle était devenue sujette à des visions ; qu'elle se croyait en commerce avec les anges ; qu'elle avait fait des lectures pernicieuses qui lui avaient gâté l'esprit ; qu'elle avait entendu des novateurs d'une morale outrée, qui l'avaient si fort épouvantée des jugements de Dieu, que sa tête ébranlée en avait été renversée ; qu'elle ne voyait plus que des démons, l'enfer et des gouffres de feu ; qu'elles étaient bien malheureuses ; qu'il était inouï qu'il y eût jamais eu un pareil sujet dans la maison ; que sais-je encore quoi ? Cela ne prit point auprès de moi. À tout moment ma religieuse folle me revenait à l'esprit, et je me renouvelais le serment de ne faire aucun vœu.

Diderot, *La Religieuse*, 1760.

« Dieu qui a créé l'homme sociable, approuve-t-il qu'il se renferme ? »

Suzanne Simonin a décidé d'intenter un procès pour rompre ses vœux. Dans un brillant réquisitoire, son avocat, maître Manouri, fait une synthèse de tous les arguments que l'on peut opposer, selon Diderot, à la vie religieuse.

Les couvents sont-ils donc si essentiels à la constitution d'un État ? Jésus-Christ a-t-il institué des moines et des religieuses ? L'Église ne peut-elle absolument s'en passer ? Quel besoin a l'époux de tant de vierges folles[1] ? et l'espèce humaine de tant de victimes ? Ne sentira-t-on jamais la nécessité de rétrécir l'ouverture de ces gouffres, où les races futures vont se perdre ? Toutes les prières de routine qui se font là valent-elles une obole que la commisération donne au pauvre ? Dieu qui a créé l'homme sociable, approuve-t-il qu'il se renferme ? Dieu qui l'a créé si inconstant, si fragile, peut-il autoriser la témérité de ses vœux ? Ces vœux, qui heurtent la pente générale de la nature, peuvent-ils jamais être bien observés que par quelques créatures mal organisées, en qui les germes des passions sont flétris, et qu'on rangerait à bon droit parmi les monstres, si nos lumières nous permettaient de connaître aussi facilement et aussi bien la structure intérieure de l'homme que sa forme extérieure ? Toutes ces cérémonies lugubres qu'on observe à la prise d'habit[2] et à la profession[2], quand on consacre[2] un homme ou une femme à la vie monastique et au malheur, suspendent-elles les fonctions animales ? Au contraire ne se réveillent-elles pas dans le silence, la contrainte et l'oisiveté avec une violence inconnue aux gens du monde, qu'une foule de distractions emporte ? Où est-ce qu'on voit

1. Allusion à une parabole de l'Évangile qui oppose les vierges sages (représentant les élus de Dieu) et les vierges folles (représentant les réprouvés). Diderot utilise l'expression dans un sens nettement péjoratif pour désigner toutes les religieuses, dont certaines deviennent selon lui – au sens propre du terme – folles.

2. Ces termes font allusion à la cérémonie par laquelle, en prononçant des vœux, on « entre en religion ».

des têtes obsédées par des spectres impurs qui les suivent et qui les agitent ? Où est-ce qu'on voit cet ennui profond, cette pâleur, cette maigreur, tous ces symptômes de la nature qui languit et se consume ? Où les nuits sont-elles troublées par des gémissements, les jours trempés de larmes versées sans cause et précédées d'une mélancolie qu'on ne sait à quoi attribuer ? Où est-ce que la nature, révoltée d'une contrainte pour laquelle elle n'est point faite, brise les obstacles qu'on lui oppose, devient furieuse, jette l'économie animale dans un désordre auquel il n'y a plus de remède ? En quel endroit le chagrin et l'humeur ont-ils anéanti toutes les qualité sociales ? Où est-ce qu'il n'y a ni père, ni frère, ni sœur, ni parent, ni ami ? Où est-ce que l'homme, ne se considérant que comme un être d'un instant et qui passe, traite les liaisons les plus douces de ce monde, comme un voyageur les objets qu'il rencontre, sans attachement ? Où est le séjour de la haine, du dégoût et des vapeurs ? Où est le lieu de la servitude et du despotisme ? Où sont les haines qui ne s'éteignent point ? Où sont les passions couvées dans le silence ? Où est le séjour de la cruauté et de la curiosité ? On ne sait pas l'histoire de ces asiles, disait ensuite M. Manouri dans son plaidoyer, on ne la sait pas. Il ajoutait dans un autre endroit : « Faire vœu de pauvreté, c'est s'engager par serment à être paresseux et voleur ; faire vœu de chasteté, c'est promettre à Dieu l'infraction constante de la plus sage et de la plus importante de ses lois ; faire vœu d'obéissance, c'est renoncer à la prérogative inaliénable de l'homme, la liberté. Si l'on observe ces vœux, on est criminel ; si on ne les observe pas, on est parjure. La vie claustrale est d'un fanatique ou d'un hypocrite. »

Diderot, *La Religieuse*, 1760.

Le Neveu de Rameau

1762-1777, ed. posthume 1891

Diderot commence à rédiger *Le Neveu de Rameau* en 1762, mais il remanie son texte à plusieurs reprises, jusqu'en 1777. Le manuscrit ne sera découvert qu'en 1890, et l'œuvre publiée seulement en 1891. Il s'agit d'une satire au sens commun du terme : le roman de Diderot est une réplique à la pièce de Palissot, *Les Philosophes*, qui ridiculisait les encyclopédistes. C'est aussi une satire au sens latin du mot, c'est-à-dire une sorte de « pot-pourri », de mélange d'éléments divers. La conversation entre « Lui », Jean-François Rameau, neveu du musicien compositeur des *Indes galantes*[1], et « Moi », un philosophe qui peut être Diderot lui-même, porte en effet sur des sujets multiples ayant trait à l'esthétique et à la morale.

L'intérêt du *Neveu de Rameau* repose d'abord sur le côté brillant de l'improvisation. Cette conversation désinvolte abonde en traits d'esprit, pointes ironiques et paradoxes. Elle se présente aussi comme une réflexion approfondie sur des sujets qui passionnent Diderot. « Lui » et « Moi » discutent de la nature du génie, du rôle social et moral de l'homme de génie, de l'éducation, du comportement social de l'individu et des valeurs sur lesquelles il est possible de fonder son existence. L'attrait de l'œuvre est également lié à la personnalité étonnante du Neveu. Parasite cynique, représentant toute une espèce corrompue, artiste raté de surcroît, le Neveu n'est cependant pas sans talent ni qualité. Mi-virtuose, mi-visionnaire, il jette un regard lucide sur lui-même et sur la société qu'il met en scène dans ses pantomimes, partagé entre sa sensibilité naturelle et le cynisme auquel le contraint sa condition de bouffon et de parasite. Le personnage mis en scène par Diderot dévoile la corruption du milieu médiocre et immoral dans lequel il évolue. Dénonçant à travers son personnage les milieux hostiles aux philosophes, Diderot trouve dans cette œuvre l'occasion de peindre une société décadente, dans laquelle toutes les conditions sociales s'opposent et se déchirent.

Anonyme, *Galeries et jardins du Palais-Royal sous Louis XV*, gouache (Paris, BN).
« Qu'il fasse beau, qu'il fasse laid, c'est mon habitude d'aller sur les cinq heures du soir me promener au Palais-Royal. »

1. Il s'agit du compositeur Jean-Philippe Rameau (1683-1764).

« Rien ne dissemble plus de lui que lui-même »

Avant que s'engage le dialogue entre « Lui » et « Moi », l'auteur commence par évoquer le lieu de la rencontre, le café de la Régence, situé dans un lieu de promenade et de plaisir très apprécié au XVIIIe siècle, la place du Palais-Royal. Un portrait du Neveu succède immédiatement à la description du contexte. Le narrateur s'attache surtout à faire apparaître les multiples contradictions d'un personnage original.

Qu'il fasse beau, qu'il fasse laid, c'est mon habitude d'aller sur les cinq heures du soir me promener au Palais-Royal. C'est moi qu'on voit toujours seul, rêvant sur le banc d'Argenson. Je m'entretiens avec moi-même de politique, d'amour, de goût ou de philosophie. J'abandonne mon esprit à tout son libertinage[1]. Je le laisse maître de suivre la première idée sage ou folle qui se présente, comme on voit, dans l'allée de Foy, nos jeunes dissolus[2] marcher sur les pas d'une courtisane à l'air éventé[3], au visage riant, à l'œil vif, au nez retroussé, quitter celle-ci pour une autre, les attaquant toutes et ne s'attachant à aucune. Mes pensées, ce sont mes catins[4]. Si le temps est trop froid, ou trop pluvieux, je me réfugie au café de la Régence[5] ; là, je m'amuse à voir jouer aux échecs. Paris est l'endroit du monde, et le café de la Régence est l'endroit de Paris où l'on joue le mieux à ce jeu. C'est chez Rey que font assaut Legal le profond, Philidor le subtil, le solide Mayot[6], qu'on voit les coups les plus surprenants et qu'on entend les plus mauvais propos ; car si l'on peut être homme d'esprit et grand joueur d'échecs comme Legal, on peut être aussi un grand joueur d'échecs et un sot comme Foubert et Mayot.

Un après-dîner[7], j'étais là, regardant beaucoup, parlant peu, et écoutant le moins que je pouvais, lorsque je fus abordé par un des plus bizarres personnages de ce pays où Dieu n'en a pas laissé manquer. C'est un composé de hauteur et de bassesse, de bon sens et de déraison. Il faut que les notions de l'honnête et du déshonnête soient bien étrangement brouillées dans sa tête, car il montre ce que la nature lui a donné de bonnes qualités sans ostentation et ce qu'il en a reçu de mauvaises sans pudeur. Au reste, il est doué d'une organisation[8] forte, d'une chaleur d'imagination singulière, et d'une vigueur de poumons peu commune. Si vous le rencontrez jamais et que son originalité ne vous arrête pas, ou vous mettrez vos doigts dans vos oreilles, ou vous vous enfuirez. Dieux, quels terribles poumons ! Rien ne dissemble plus de lui que lui-même. Quelquefois, il est maigre et hâve comme un malade au dernier degré de la consomption ; on compterait ses dents à travers ses joues. On dirait qu'il a passé plusieurs jours sans manger, ou qu'il sort de la Trappe[9]. Le mois suivant, il est gras et replet, comme s'il n'avait pas quitté la table d'un financier, ou qu'il eût été renfermé dans un couvent de Bernardins[10]. Aujourd'hui, en linge sale, en culotte déchirée, couvert de lambeaux, presque sans souliers, il va la tête basse, il se dérobe, on serait tenté de l'appeler pour lui donner l'aumône. Demain, poudré, chaussé, frisé, bien vêtu, il marche la tête haute, il se montre, et vous le prendriez à peu près pour un honnête homme. Il vit au jour la journée. Triste ou gai, selon les circonstances. Son premier soin, le matin, quand il est levé, est de savoir où il dînera ; après dîner, il pense où il ira souper[11]. La nuit amène aussi son inquiétude. Ou il regagne, à pied, un petit grenier qu'il habite, à moins que l'hôtesse, ennuyée d'attendre son loyer, ne lui en ait redemandé la clef ; ou il se rabat dans une taverne du faubourg où il attend le jour entre un morceau de pain et un pot de bière. Quand il n'a pas six sols dans sa poche, ce qui lui arrive quelquefois, il a recours soit à un fiacre[12] de ses amis, soit au cocher d'un grand seigneur qui lui donne un lit sur de la paille, à côté de ses chevaux. Le matin, il a encore une partie de son matelas dans ses cheveux. Si la saison est douce, il arpente toute la nuit le Cours[13] ou les Champs-Élysées. Il reparaît avec le jour, à la ville, habillé de la veille pour le lendemain, et du lendemain quelquefois pour le reste de la semaine. Je n'estime pas ces originaux-là. D'autres en font leurs connaissances familières, même leurs amis. Ils m'arrêtent une fois l'an, quand je les rencontre, parce que leur caractère tranche avec celui des autres, et qu'ils rompent cette fastidieuse uniformité que notre éducation, nos conventions de société, nos bienséances d'usage ont introduite. S'il en paraît un dans une compagnie, c'est un grain de levain qui fermente et qui restitue à chacun une portion de son individualité naturelle. Il secoue, il agite, il fait approuver ou blâmer ; il fait sortir la vérité ; il fait connaître les gens de bien ; il démasque les coquins ; c'est alors que l'homme de bon sens écoute, et démêle son monde.

Diderot, *Le Neveu de Rameau*.

1. Liberté et fantaisie.
2. Débauchés, libertins.
3. Évaporé, frivole.
4. Prostituées.
5. Café tenu par Rey ; lieu de rendez-vous des joueurs d'échecs.
6. Joueurs d'échecs célèbres au XVIIIe siècle.
7. Après le déjeuner.
8. Tempérament.
9. Couvent réputé pour sa discipline très stricte.
10. Les bernardins ont, au contraire, la réputation d'être de bons vivants.
11. Au XVIIIe siècle, le dîner correspond au déjeuner, le souper au dîner.
12. Cocher de fiacre.
13. Le Cours-la-Reine : promenade qui part de la place de la Concorde.

« Vous croyez que le même bonheur est fait pour tous »

« Lui » et « Moi » confrontent ici leur conception du bonheur. Tandis que le Neveu défend une morale du plaisir, elle-même fondée sur le pouvoir que procure l'argent, le philosophe tient l'exercice de la vertu pour le bien suprême.

Lui.
Mais je crois que vous vous moquez de moi. Monsieur le philosophe, vous ne savez pas à qui vous vous jouez ; vous ne vous doutez pas que dans ce moment je représente la partie la plus importante de la ville et de la cour. Nos opulents dans tous les états ou se sont dit à eux-mêmes ou ne se sont pas dit les mêmes choses que je vous ai confiées ; mais le fait est que la vie que je mènerais à leur place est exactement la leur. Voilà où vous en êtes, vous autres. Vous croyez que le même bonheur est fait pour tous. Quelle étrange vision ! Le vôtre suppose un certain tour d'esprit romanesque que nous n'avons pas, une âme singulière, un goût particulier. Vous décorez cette bizarrerie du nom de vertu, vous l'appelez philosophie. Mais la vertu, la philosophie sont-elles faites pour tout le monde ? En a qui peut, en conserve qui peut. Imaginez l'univers sage et philosophe ; convenez qu'il serait diablement triste. Tenez, vive la philosophie, vive la sagesse de Salomon : boire de bon vin, se gorger de mets délicats, se rouler sur de jolies femmes, se reposer dans des lits bien mollets. Excepté cela, le reste n'est que vanité.

Moi.
Quoi ! défendre sa patrie ?

Lui.
Vanité ! Il n'y a plus de patrie : je ne vois d'un pôle à l'autre que des tyrans et des esclaves.

Moi.
Servir ses amis ?

Lui.
Vanité ! Est-ce qu'on a des amis ? Quand on en aurait, faudrait-il en faire des ingrats ? Regardez-y bien, et vous verrez que c'est presque toujours là ce qu'on recueille des services rendus. La reconnaissance est un fardeau, et tout fardeau est fait pour être secoué.

Moi.
Avoir un état dans la société et en remplir les devoirs ?

Lui.
Vanité ! Qu'importe qu'on ait un état ou non, pourvu qu'on soit riche, puisqu'on ne prend un état que pour le devenir. Remplir ses devoirs, à quoi cela mène-t-il ? à la jalousie, au trouble, à la persécution. Est-ce ainsi qu'on s'avance ? Faire sa cour, morbleu ! faire sa cour, voir les grands, étudier leurs goûts, se prêter à leurs fantaisies, servir leurs vices, approuver leurs injustices : voilà le secret.

Moi.
Veiller à l'éducation de ses enfants ?

Lui.
Vanité ! C'est l'affaire d'un précepteur.

Moi.
Mais si ce précepteur, pénétré de vos principes, néglige ses devoirs, qui est-ce qui en sera châtié ?

Lui.
Ma foi, ce ne sera pas moi, mais peut-être un jour le mari de ma fille ou la femme de mon fils.

Moi.
Mais si l'un et l'autre se précipitent dans la débauche et les vices ?

Lui.
Cela est de leur état.

Moi.
S'ils se déshonorent ?

Lui.
Quoi qu'on fasse, on ne peut se déshonorer quand on est riche.

Moi.
S'ils se ruinent ?

Lui.
Tant pis pour eux.

Jean-Baptiste Greuze (1725-1805), *Le Paralytique entouré de ses enfants*, lavis, 0,50 × 0,61 m, 1761 (Le Havre, musée des Beaux-Arts).

MOI.
Je vois que si vous vous dispensez de veiller à la conduite de votre femme, de vos enfants, de vos domestiques, vous pourriez aisément négliger vos affaires.

LUI.
Pardonnez-moi, il est quelquefois difficile de trouver de l'argent, et il est prudent de s'y prendre de loin.

MOI.
Vous donnerez peu de soin à votre femme ?

LUI.
Aucun, s'il vous plaît. Le meilleur procédé, je crois, qu'on puisse avoir avec sa chère moitié, c'est de faire ce qui lui convient. À votre avis, la société ne serait-elle pas fort amusante, si chacun y était à sa chose ?

MOI.
Pourquoi pas ? la soirée n'est jamais plus belle pour moi que quand je suis content de ma matinée.

LUI.
Et pour moi aussi.

MOI.
Ce qui rend les gens du monde si délicats sur leurs amusements, c'est leur profonde oisiveté.

LUI.
Ne croyez pas cela ; ils s'agitent beaucoup.

MOI.
Comme ils ne se lassent jamais, ils ne se délassent jamais.

LUI.
Ne croyez pas cela ; ils sont sans cesse excédés.

MOI.
Le plaisir est toujours une affaire pour eux, et jamais un besoin.

LUI.
Tant mieux ; le besoin est toujours une peine.

MOI.
Ils usent tout. Leur âme s'hébète ; l'ennui s'en empare. Celui qui leur ôterait la vie au milieu de leur abondance accablante, les servirait. C'est qu'ils ne connaissent du bonheur que la partie qui s'émousse le plus vite. Je ne méprise pas les plaisirs des sens ; j'ai un palais aussi, et il est flatté d'un mets délicat ou d'un vin délicieux ; j'ai un cœur et des yeux, et j'aime à voir une jolie femme, j'aime à sentir sous ma main la fermeté et la rondeur de sa gorge, à presser ses lèvres des miennes, à puiser la volupté dans ses regards, et à en expirer entre ses bras ; quelquefois, avec mes amis, une partie de débauche, même un peu tumultueuse, ne me déplaît pas. Mais, je ne vous le dissimulerai pas, il m'est infiniment plus doux encore d'avoir secouru le malheureux, d'avoir terminé une affaire épineuse, donné un conseil salutaire, fait une lecture agréable, une promenade avec un homme ou une femme chère à mon cœur, passé quelques heures instructives avec mes enfants, écrit une bonne page, rempli les devoirs de mon état, dit à celle que j'aime quelques choses tendres et douces qui amènent ses bras autour de mon col. Je connais telle action que je voudrais avoir faite pour tout ce que je possède. C'est un sublime ouvrage que *Mahomet*[1], j'aimerais mieux avoir réhabilité la mémoire des Calas[2]. Un homme[3] de ma connaissance s'était réfugié à Carthagène ; c'était un cadet de famille dans un pays où la coutume transfère tout le bien aux aînés. Là il apprend que son aîné, enfant gâté, après avoir dépouillé son père et sa mère trop faciles de tout ce qu'ils possédaient, les avait expulsés de leur château et que les bons vieillards languissaient indigents dans une petite ville de la province. Que fait alors ce cadet qui, traité durement par ses parents, était allé tenter la fortune au loin ? Il leur envoie des secours ; il se hâte d'arranger ses affaires, il revient opulent, il ramène son père et sa mère dans leur domicile, il marie ses sœurs. Ah ! mon cher Rameau, cet homme regardait cet intervalle comme le plus heureux de sa vie ; c'est les larmes aux yeux qu'il m'en parlait ; et moi, je sens, en vous faisant ce récit, mon cœur se troubler de joie et le plaisir me couper la parole.

LUI.
Vous êtes des êtres bien singuliers !

MOI.
Vous êtes des êtres bien à plaindre, si vous n'imaginez pas qu'on s'est élevé au-dessus du sort, et qu'il est impossible d'être malheureux à l'abri de deux belles actions telles que celle-ci.

1. Tragédie de Voltaire dénonçant le fanatisme.
2. Protestant accusé d'avoir assassiné son fils (en 1762) parce qu'il voulait se convertir au catholicisme. Il fut condamné et exécuté. Voltaire mena une campagne en sa faveur et parvint à obtenir sa réhabilitation en prouvant qu'il s'agissait d'une erreur judiciaire. (Sur Voltaire et l'affaire Calas, voir p. 106).
3. Il s'agit d'une histoire véridique, qui arriva à l'Écossais Hoop.

LUI.
Voilà une espèce de félicité avec laquelle j'aurai de la peine à me familiariser, car on la rencontre rarement. Mais, à votre compte, il faudrait donc être d'honnêtes gens ?

MOI.
Pour être heureux ? assurément.

LUI.
Cependant je vois une infinité d'honnêtes gens qui ne sont pas heureux et une infinité de gens qui sont heureux sans être honnêtes.

MOI.
Il vous semble.

Diderot, *Le Neveu de Rameau.*

« Je suis excellent pantomime comme vous en allez juger »

Reflets de la vitalité et du talent du Neveu, les pantomimes, mode d'expression utilisant des gestes ou des mimiques, viennent souvent ponctuer ses discours. Dans le passage suivant, qui fait alterner récit et dialogue, la pantomime des « gueux » revêt un caractère symbolique en reproduisant le manège humain, comédie où chacun prend des poses et se courbe devant celui dont il dépend.

LUI.
Non, non, vous dis-je ; je suis trop lourd pour m'élever si haut. J'abandonne aux grues le séjour des brouillards. Je vais terre à terre. Je regarde autour de moi, et je prends mes positions, ou je m'amuse des positions que je vois prendre aux autres. Je suis excellent pantomime comme vous en allez juger.

Puis il se met à sourire, à contrefaire l'homme admirateur, l'homme suppliant, l'homme complaisant ; il a le pied droit en avant, le gauche en arrière, le dos courbé, la tête relevée, le regard comme attaché sur d'autres yeux, la bouche entr'ouverte, les bras portés vers quelque objet ; il attend un ordre, il le reçoit, il part comme un trait, il revient, il est exécuté, il en rend compte. Il est attentif à tout ; il ramasse ce qui tombe, il place un oreiller ou un tabouret sous des pieds ; il tient une soucoupe ; il approche une chaise ; il ouvre une porte ; il ferme une fenêtre, il tire des rideaux ; il observe le maître et la maîtresse ; il est immobile, les bras pendants, les jambes parallèles ; il écoute, il cherche à lire sur des visages et il ajoute : Voilà ma pantomime, à peu près la même que celle des flatteurs, des courtisans, des valets et des gueux.

Les folies de cet homme, les contes de l'abbé Galiani[1], les extravagances de Rabelais, m'ont quelquefois fait rêver profondément. Ce sont trois magasins où je me suis pourvu de masques ridicules que je place sur le visage des plus graves personnages, et je vois Pantalon[2] dans un prélat, un satyre dans un président, un pourceau dans un cénobite[3], une autruche dans un ministre, une oie dans son premier commis.

MOI.
Mais à votre compte, dis-je à mon homme, il y a bien des gueux dans ce monde-ci, et je ne connais personne qui ne sache quelques pas de votre danse.

LUI.
Vous avez raison. Il n'y a dans tout un royaume qu'un homme qui marche, c'est le souverain ; tout le reste prend des positions[4].

MOI.
Le souverain ? Encore y a-t-il quelque chose à dire. Et croyez-vous qu'il ne se trouve pas de temps en

Les Expressions des passions de l'âme, Le Désespoir, extrait de la suite de gravures par Audran d'après Le Brun, 1727 (Paris, BN).

1. Italien, ami des philosophes.
2. Vieillard pédant, personnage de la commedia dell'arte.
3. Moine vivant en communauté.
4. Faire des révérences et des courbettes comme les danseurs.

Les Expressions des passions de l'âme, L'Effroi, extrait de la suite de gravures par Audran d'après Le Brun, 1727 (Paris, BN).
« Je suis excellent pantomime comme vous allez en juger. »

temps à côté de lui un petit pied, un petit chignon, un petit nez qui lui fasse faire un peu de la pantomime ? Quiconque a besoin d'un autre est indigent et prend une position. Le roi prend une position devant sa maîtresse et devant Dieu ; il fait son pas de pantomime. Le ministre fait le pas de courtisan, de flatteur, de valet ou de gueux devant son roi. La foule des ambitieux danse vos positions, en cent manières plus viles les unes que les autres, devant le ministre. L'abbé de condition, en rabat et en manteau long, au moins une fois la semaine, devant le dépositaire de la feuille des bénéfices. Ma foi, ce que vous appelez la pantomime des gueux est le grand branle[1] de la terre ; chacun a sa petite Hus[2] et son Bertin[3].

LUI.
Cela me console.

Mais tandis que je parlais, il contrefaisait à mourir de rire les positions des personnages que je nommais. Par exemple, pour le petit abbé, il tenait son chapeau sous le bras et son bréviaire de la main gauche ; de la droite il relevait la queue de son manteau, il s'avançait la tête un peu penchée sur l'épaule, les yeux baissés, imitant si parfaitement l'hypocrite, que je crus voir l'auteur des *Réfutations*[4] devant l'évêque d'Orléans. Aux flatteurs, aux ambitieux, il était ventre à terre. C'était Bouret au contrôle général.

MOI.
Cela est supérieurement exécuté lui dis-je ; mais il y a pourtant un être dispensé de la pantomime. C'est le philosophe qui n'a rien et qui ne demande rien.

LUI.
Et où est cet animal-là ? S'il n'a rien, il souffre ; s'il ne sollicite rien, il n'obtiendra rien et il souffrira toujours.

MOI.
Non ; Diogène[5] se moquait des besoins.

Diderot, *Le Neveu de Rameau.*

Jacques le fataliste

1778

Structure du roman

À l'image des deux œuvres romanesques précédentes, *La Religieuse* et *Le Neveu de Rameau, Jacques le fataliste* connaît une longue gestation (1765-1778). Du vivant de l'auteur, ce livre ne sera connu que d'un très petit nombre de lecteurs[6].

L'originalité de l'œuvre tient en premier lieu à sa structure : elle se présente comme un long dialogue entrecoupé de toutes sortes de récits et de digressions. On peut ainsi distinguer différentes unités romanesques : le dialogue entre le narrateur et son hypothétique lecteur, par lequel commence le roman, le voyage de Jacques et de son maître, le récit des amours de Jacques, lui-même interrompu par les péripéties du voyage et les conversations qu'elles suscitent. Notons encore la présence d'un récit autonome, l'histoire de Madame de la Pommeraye, racontée par l'aubergiste, et qui constitue un roman dans le roman.

Une réflexion sur l'écriture romanesque

Le principe de l'interruption, sur lequel repose tout le texte, met en valeur sa double portée littéraire : son caractère réaliste d'abord – Diderot respecte le caractère discontinu de la conversation réelle – et son aspect critique. En effet, les réflexions du narrateur remettent en cause les procédés du roman traditionnel (« Il est bien évident que je ne fais pas un roman, affirme le narrateur, puisque je néglige ce qu'un romancier ne manquerait pas

1. Mouvement, ronde.
2. Actrice célèbre, maîtresse de Bertin.
3. Riche financier qui obtint en 1742 la charge de trésorier des fonds particuliers du roi.
4. Il s'agit peut-être de l'abbé Geuchat, auteur de l'*Analyse et réfutations de divers écrits modernes contre la religion.*
5. Philosophe grec de l'école cynique, méprisant les honneurs, les richesses et les convenances sociales. Pour Diderot, il est le modèle du sage qui se contente d'une vie sobre et naturelle.
6. *Jacques le fataliste* est publié d'abord dans la *Correspondance littéraire*, journal manuscrit adressé aux princes européens.

d'employer »). L'auteur renonce à quelques habitudes romanesques : on ne trouve pas de portrait détaillé des personnages, et ceux-ci ne sont pas situés dans un espace géographique puisqu'on ne nous dit pas d'où ils viennent, où ils vont et pourquoi ils se déplacent. En revanche, Diderot s'interroge sans cesse sur la nature et sur la fonction du roman. Rejetant les romans traditionnels, dans lesquels il ne voit que fausseté, il remet en cause les notions de vraisemblance et de vérité romanesque : « Celui qui prendrait ce que j'écris pour la vérité serait peut-être moins dans l'erreur que celui qui le prendrait pour une fable. »

Portée sociale et philosophique du roman

L'intérêt du livre est aussi d'ordre social, moral et philosophique. Le titre complet – *Jacques le fataliste et son maître* – révèle un renversement de la relation maître-valet. Ici, le maître n'a de véritable existence que par rapport à son valet. Le comportement des personnages confirme cette première idée : l'attitude passive du maître contraste avec l'ingéniosité et la vivacité du valet.

Cette œuvre met aussi l'accent sur les problèmes moraux posés par le déterminisme. Peut-on en effet être responsable de ses actes si l'on n'est pas libre ? Si Jacques affirme constamment que le cours des choses est fixé d'avance, il semble cependant agir avec une certaine autonomie. Tout en croyant fermement que « tout est écrit là-haut », il ne cesse de réagir devant les événements. Une telle attitude met à jour le conflit existant entre le sentiment de la fatalité et le besoin de liberté inhérent à l'homme. *Jacques le fataliste* est une interrogation sur la liberté de l'homme autant que sur celle du romancier.

« Est-ce que l'on sait où l'on va ? »

Le début du roman est immédiatement révélateur de la manière de procéder de Diderot : la relation auteur/lecteur est marquée par un jeu de questions-réponses dans lequel le narrateur déçoit constamment la curiosité du lecteur. La profession de foi déterministe de Diderot y apparaît ainsi que la trame romanesque de l'œuvre : le récit des amours de Jacques. Une mise en situation théâtrale ouvre le roman, de manière tout à fait insolite.

Comment s'étaient-ils rencontrés ? Par hasard, comme tout le monde. Comment s'appelaient-ils ? Que vous importe ? D'où venaient-ils ? Du lieu le plus prochain. Où allaient-ils ? Est-ce que l'on sait où l'on va ? Que disaient-ils ? Le maître ne disait rien ; et Jacques disait que son capitaine disait que tout ce qui nous arrive de bien et de mal ici-bas était écrit là-haut.

LE MAÎTRE.
C'est un grand mot que cela.

JACQUES.
Mon capitaine ajoutait que chaque balle qui partait d'un fusil avait son billet[1].

LE MAÎTRE.
Et il avait raison...

Après une courte pause, Jacques s'écria : Que le diable emporte le cabaretier et son cabaret !

LE MAÎTRE.
Pourquoi donner au diable son prochain ? Cela n'est pas chrétien.

JACQUES.
C'est que, tandis que je m'enivre de son mauvais vin, j'oublie de mener nos chevaux à l'abreuvoir. Mon père s'en aperçoit ; il se fâche. Je hoche de la tête ; il prend un bâton et m'en frotte un peu durement les épaules. Un régiment passait pour aller au camp devant Fontenoy ; de dépit je m'enrôle. Nous arrivons ; la bataille se donne[2].

LE MAÎTRE.
Et tu reçois la balle à ton adresse.

JACQUES.
Vous l'avez deviné ; un coup de feu au genou ; et Dieu sait les bonnes et mauvaises aventures amenées par ce coup de feu. Elles se tiennent ni plus ni moins que les chaînons d'une gourmette[3]. Sans ce coup de feu, par exemple, je crois que je n'aurais été amoureux de ma vie, ni boiteux.

LE MAÎTRE.
Tu as donc été amoureux.

1. L'expression « chaque balle avait son billet », c'est-à-dire son destinataire, est empruntée au roman de l'Anglais Sterne, *Tristram Shandy*.
2. Le 11 mai 1745.
3. Petite chaîne qui permet de fixer le mors dans la bouche du cheval.

Jean-François de Troy (1679-1752), *Le Déjeuner d'huîtres*, détail, 1,80 × 1,26 m, 1734 (Chantilly, musée Condé).

Jacques.
Si je l'ai été !

Le Maître.
Et cela par un coup de feu ?

Jacques.
Par un coup de feu.

Le Maître.
Tu ne m'en as jamais dit un mot.

Jacques.
Je le crois bien.

Le Maître.
Et pourquoi cela ?

Jacques.
C'est que cela ne pouvait être dit ni plus tôt ni plus tard.

Le Maître.
Et le moment d'apprendre ces amours est-il venu ?

Jacques.
Qui le sait ?

Le Maître.
À tout hasard, commence toujours...

Jacques commença l'histoire de ses amours. C'était l'après dînée : il faisait un temps lourd ; son maître s'endormit. La nuit les surprit au milieu des champs ; les voilà fourvoyés. Voilà le maître dans une colère terrible et tombant à grands coups de fouet sur son valet, et le pauvre diable disant à chaque coup : « Celui-là était apparemment encore écrit là-haut... »

Vous voyez, lecteur, que je suis en beau chemin, et qu'il ne tiendrait qu'à moi de vous faire attendre un an, deux ans, trois ans, le récit des amours de Jacques, en le séparant de son maître et en leur faisant courir à chacun tous les hasards qu'il me plairait. Qu'est-ce qui m'empêcherait de marier le maître et de le faire cocu ? d'embarquer Jacques pour les îles ? d'y conduire son maître ? de les ramener tous les deux en France sur le même vaisseau ? Qu'il est facile de faire des contes ! Mais ils en seront quittes l'un et l'autre pour une mauvaise nuit, et vous pour ce délai.

Diderot, *Jacques le fataliste.*

« C'est ainsi que Jacques raisonnait d'après son capitaine »

Si la trame de *Jacques le fataliste* n'est pas sans rappeler celle des romans picaresques[1], les différents épisodes ne présentent pas un caractère uniquement anecdotique. Matière à réflexion, ils confèrent à l'œuvre son caractère de conte philosophique en permettant la confrontation des convictions déterministes de Jacques et des ses réactions face aux événements.

Dans le passage qui suit, le narrateur s'adresse directement à son lecteur, comme il le fait souvent, en supposant que le lecteur veut en savoir plus...

Quel est, à votre avis, le motif qui attire la populace aux exécutions publiques ? L'inhumanité ? Vous vous trompez : le peuple n'est point inhumain ; ce malheureux autour de l'échafaud duquel il s'attroupe, il l'arracherait des mains de la justice s'il le pouvait. Il va chercher en Grève[2] une scène qu'il puisse raconter à son retour dans le faubourg ; celle-là ou une autre, cela lui est indifférent, pourvu qu'il fasse un rôle, qu'il rassemble ses voisins, et qu'il s'en fasse écouter. Donnez au boulevard une fête amusante ; et vous verrez que la place des exécutions sera vide. Le peuple est avide de spectacles, et y court, parce qu'il est amusé quand il en jouit, et qu'il est encore amusé par le récit qu'il en fait quand il en est revenu. Le peuple est terrible dans sa fureur ; mais elle ne dure pas. Sa misère propre l'a rendu compatissant ; il détourne les yeux du spectacle d'horreur qu'il est allé chercher ; ils s'attendrit, il s'en retourne en pleurant... Tout ce que je vous débite là, lecteur, je le tiens de Jacques, je vous l'avoue, parce que je n'aime pas à me faire honneur de l'esprit d'autrui. Jacques ne connaissait ni le nom de vice, ni le nom de vertu ; il prétendait qu'on était heureusement ou malheureusement né. Quand il entendait prononcer les mots récompenses ou châtiments, il haussait les épaules. Selon lui la récompense était l'encouragement des bons ; le châtiment, l'effroi des méchants. Qu'est-ce autre chose, disait-il, s'il n'y a point de liberté, et que notre destinée soit écrite là-haut ? Il croyait qu'un homme s'acheminait aussi nécessairement à la gloire ou à l'ignominie, qu'une boule qui aurait la conscience d'elle-même suit la pente d'une montagne ; et que, si l'enchaînement des causes et des effets qui forment la vie d'un homme depuis le premier instant de sa naissance jusqu'à son dernier soupir nous était connu, nous resterions convaincus qu'il n'a fait que ce qu'il était nécessaire de faire. Je l'ai plusieurs fois contredit, mais sans avantage et sans fruit. En effet, que répliquer à celui qui vous dit : Quelle que soit la somme des éléments dont je suis composé, je suis un ; or, une cause n'a qu'un effet ; j'ai toujours été une cause une ; je n'ai donc jamais eu qu'un effet à produire ; ma durée n'est donc qu'une suite d'effets nécessaires. C'est ainsi que Jacques raisonnait d'après son capitaine. La distinction d'un monde physique et d'un monde moral lui semblait vide de sens. Son capitaine lui avait fourré dans la tête toutes ces opinions qu'il avait puisées, lui, dans son Spinoza[3] qu'il savait par cœur. D'après ce système, on pourrait imaginer que Jacques ne se réjouissait, ne s'affligeait de rien ; cela n'était pourtant pas vrai. Il se conduisait à peu près comme vous et moi. Il remerciait son bienfaiteur, pour qu'il lui fît encore du bien. Il se mettait en colère contre l'homme injuste ; et quand on lui objectait qu'il ressemblait alors au chien qui mord la pierre qui l'a frappé : « Nenni, disait-il, la pierre mordue par le chien ne se corrige pas ; l'homme injuste est modifié par le bâton. » Souvent il était inconséquent comme vous et moi, et sujet à oublier ses principes, excepté dans quelques circonstances où sa philosophie le dominait évidemment ; c'était alors qu'il disait : « Il fallait que cela fût, car cela était écrit là-haut. » Il tâchait à prévenir le mal ; il était prudent avec le plus grand mépris pour la prudence. Lorsque l'accident était arrivé, il en revenait à son refrain ; et il était consolé. Du reste, bon homme, franc, honnête, brave, attaché, fidèle, très têtu, encore plus bavard, et affligé comme vous et moi d'avoir commencé l'histoire de ses amours sans presque aucun espoir de la finir.

Diderot, *Jacques le fataliste.*

1. Romans espagnols, du XVIe au XVIIIe siècle, dont le héros est un *picaro*, c'est-à-dire une sorte d'aventurier.
2. La place de Grève (devenue place de l'Hôtel-de-Ville en 1806) était, à Paris, le théâtre des fêtes populaires, mais aussi, jusqu'en 1830, le lieu des exécutions capitales.
3. Spinoza (1631-1677) est un philosophe déterministe.

DIDEROT CRITIQUE D'ART

Article « Beau » dans l'**Encyclopédie,** 1750.
Premier **Salon**[1], 1759.
Second **Salon,** 1761.
Troisième **Salon,** 1763 → pp. 227-228.
Quatrième **Salon, Essais sur la peinture,** 1765.
Cinquième **Salon,** 1767 → pp. 229-230.
Pensées détachées sur la peinture, 1777, remanié en 1781.

De 1759 à 1781, à la demande de son ami Grimm, Diderot rend compte des Salons de peinture[2] qui ont lieu à Paris tous les deux ans. Il donne ainsi naissance à un genre nouveau : le journalisme d'art, qui s'oriente peu à peu vers la critique d'art.

Sans être un spécialiste, Diderot fonde ses jugements sur quelques critères qui lui paraissent importants et qu'il approfondit au fil des salons. Il apprécie d'abord l'authenticité des natures mortes de Chardin, ainsi que l'émotion et le sentiment dont son empreintes les scènes pathétiques de ses tableaux : il admire ainsi chez ce peintre ce qu'il cherche lui-même à mettre en scène dans le drame bourgeois (voir p. 234). Il apprécie également le souci de réalisme de certains peintres de la vie quotidienne, comme Greuze. Il s'attache enfin à la signification morale des œuvres et condamne, par exemple, l'immoralisme de Boucher auquel il oppose le moralisme édifiant des réconciliations familiales de Greuze. Il est frappant, à ce sujet, d'observer le contraste entre la liberté de pensée de Diderot sur le plan philosophique et les préjugés moraux qu'il fait peser sur l'œuvre esthétique.

Dans sa critique, Diderot accorde de plus en plus d'importance, à mesure que sa réflexion s'enrichit de l'étude de tableaux nouveaux, à la lumière et à la couleur. On peut cependant reprocher à ses études de ne pas comporter beaucoup de remarques concernant la technique. En revanche, ses commentaires présentent un intérêt littéraire indéniable. Le strict compte rendu des œuvres, qui commence souvent par une description empreinte d'affectivité, cède la place à la verve et à l'imagination du conteur. Tantôt Diderot recompose la toile et dit ce qu'il aurait fait lui-même, tantôt le tableau devient prétexte à un récit ou à une évocation toute personnelle. Se trouvant devant une toile qui manque de pathétique, Diderot demande à son lecteur : « Voulez-vous la description de ce tableau, ou aimez-vous mieux un conte[3] ? » Il s'enthousiasme, s'enflamme, s'émeut.

En dépit d'éloges que l'on peut parfois contester, sur le plan esthétique, et de sévérités trop peu justifiées, Diderot a posé les bases d'une critique picturale éminemment subjective qui marquera profondément celle du XIXe siècle.

« Il y a au Salon plusieurs petits tableaux de Chardin »

Parmi les *Salons* restés célèbres figure celui de 1763, dans lequel Diderot exprime toute son admiration pour le peintre des natures mortes, Chardin. Diderot apprécie particulièrement l'art avec lequel le peintre reproduit la nature. Il révèle ainsi un des critères de son esthétique : la reproduction parfaite du réel.

C'est celui-ci qui est un peintre, c'est celui-ci qui est un coloriste.

Il y a au Salon plusieurs petits tableaux de Chardin ; ils représentent presque tous des fruits avec les accessoires d'un repas. C'est la nature même. Les objets sont hors de la toile et d'une vérité à tromper les yeux.

Celui qu'on voit en montant l'escalier, mérite surtout l'attention. L'artiste a placé sur une table, un vase de vieille porcelaine de la Chine, deux biscuits, un bocal rempli d'olives, une corbeille de fruits, deux verres à moitié pleins de vin, une bigarade[4], avec un pâté.

Pour regarder les tableaux des autres, il semble que j'aie besoin de me faire des yeux ; pour voir ceux de Chardin, je n'ai qu'à garder les yeux que la nature m'a donnés, et m'en bien servir.

Si je destinais mon enfant à la peinture, voilà le tableau que j'achèterais. Copie-moi cela, lui dirais-je, copie-moi cela encore. Mais peut-être la nature n'est-elle pas plus difficile à copier.

C'est que ce vase de porcelaine est de la porcelaine ; c'est que ces olives sont réellement séparées de l'œil par l'eau dans laquelle elles nagent : c'est qu'il n'y a qu'à prendre ces biscuits et les manger ; cette bigarade, l'ouvrir et la presser ; ce verre de vin, et le boire ; ces fruits, et les peler : ce pâté, et y mettre le couteau.

1. Il y avait un Salon tous les deux ans. Au total, Diderot effectuera neuf comptes rendus.
2. Ces *Salons* figuraient dans un journal manuscrit adressé aux princes européens, *La Correspondance littéraire* dirigé par Grimm.
3. *Salon* de 1765.
4. Orange amère.

C'est celui-ci qui entend l'harmonie des couleurs et ses reflets. Ô Chardin, ce n'est pas du blanc, du rouge, du noir que tu broies sur ta palette : c'est la substance même des objets, c'est l'air et la lumière que tu prends à la pointe de ton pinceau, et que tu attaches sur la toile.

Après que mon enfant aurait copié et recopié ce morceau, je l'occuperais sur la Raie dépouillée du même maître. L'objet est dégoûtant ; mais c'est la chair même du poisson. C'est la peau. C'est son sang ; l'aspect même de la chose n'affecterait pas autrement. Monsieur Pierre, regardez bien ce morceau, quand vous irez à l'Académie, et apprenez, si vous pouvez, le secret de sauver par le talent le dégoût de certaines natures.

On n'entend rien à cette magie. Ce sont des couches épaisses de couleur, appliquées les unes sur les autres, et dont l'effet transpire de dessous en dessus. D'autres fois on dirait que c'est une vapeur qu'on a soufflée sur la toile ; ailleurs, une écume légère qu'on y a jetée. Rubens[1], Berghem[2], Greuze, Loutherbourg[3] vous expliqueraient ce faire bien mieux que moi ; tous en feront sentir l'effet à vos yeux. Approchez-vous, tout se brouille, s'aplatit et disparaît. Éloignez-vous, tout se crée et se reproduit.

On m'a dit que Greuze, montant au Salon, et apercevant le morceau de Chardin que je viens de décrire, le regarda et passa en poussant un profond soupir. Cet éloge est plus court, et vaut mieux que le mien.

Qui est-ce qui paiera les tableaux de Chardin, quand cet homme rare ne sera plus ? Il faut que vous sachiez encore que cet artiste a le sens droit, et parle à merveille de son art.

Ah, mon ami, crachez sur le rideau d'Apelle[4] et sur les raisins de Zeuxis[4]. On trompe sans peine un artiste impatient, et les animaux sont mauvais juges en peinture. N'avons-nous pas vu les oiseaux du Jardin du Roi aller se casser la tête contre la plus mauvaise des perspectives ? Mais c'est vous, c'est moi que Chardin trompera, quand il voudra.

Diderot, *Salon* de 1763.

Jean-Baptiste Chardin (1699-1779), *Le Bocal d'olives*, 0,71 × 0,98 m, 1760 (Paris, musée du Louvre).

1. Rubens, peintre hollandais (1597-1640).
2. Berghem, peintre hollandais (1620-1683).
3. Loutherbourg, peintre français (1740-1812).
4. Peintres grecs célèbres pour leurs peintures en trompe l'œil (seconde moitié du Ve siècle av. J.-C.).

Jean-Baptiste Chardin (1699-1779), *La Raie*, 1,45 × 1,46 m, vers 1728 (Paris, musée du Louvre).
« Les objets sont hors de la toile et d'une vérité à tromper les yeux. »

« Tout s'anéantit, tout périt, tout passe »

La critique d'art est toujours, pour Diderot, un moyen d'exprimer ses sentiments personnels. Commentant dans le *Salon* de 1767 un tableau d'Hubert Robert, la *Galerie du Louvre en ruine*, il reproche au peintre d'avoir méconnu la poétique des ruines, c'est-à-dire les impressions profondes qu'elles suscitent. Il se propose aussitôt de les lui révéler, laissant libre cours à sa sensibilité.

Les idées que les ruines réveillent en moi sont grandes. Tout s'anéantit, tout périt, tout passe. Il n'y a que le monde qui reste. Il n'y a que le temps qui dure. Qu'il est vieux ce monde ! Je marche entre deux éternités. De quelque part que je jette les yeux, les objets qui m'entourent m'annoncent une fin et me résignent à celle qui m'attend. Qu'est-ce que mon existence éphémère, en comparaison de celle de ce rocher qui s'affaisse, de ce vallon qui se creuse, de cette forêt qui chancelle, de ces masses suspendues au-dessus de ma tête et qui s'ébranlent ? Je vois le marbre des tombeaux tomber en poussière, et je ne veux pas mourir ! et j'envie[1] un faible tissu de fibres et de chair à une loi générale qui s'exécute sur le bronze ! Un torrent entraîne les nations les unes sur les autres au fond d'un abîme commun ; moi, moi seul, je prétends m'arrêter sur le bord et fendre le flot qui coule à mes côtés !

Si le lieu d'une ruine est périlleux, je frémis. Si je m'y promets le secret et la sécurité, je suis plus libre, plus seul, plus à moi, plus près de moi. C'est là que j'appelle mon ami. C'est là que je regrette mon amie. C'est là que nous jouirons de nous, sans trouble, sans témoins, sans importuns, sans jaloux. C'est là que je sonde mon cœur. C'est là que j'interroge le sien, que je m'alarme et me rassure. De ce lieu jusqu'aux habitants des villes, jusqu'aux demeures du tumulte, au séjour de l'intérêt, des passions, des vices, des crimes, des préjugés, des erreurs, il y a loin.

Si mon âme est prévenue d'un sentiment tendre, je m'y livrerai sans gêne. Si mon cœur est calme, je goûterai toute la douceur de son repos.

Dans cet asile désert, solitaire et vaste, je n'entends rien ; j'ai rompu avec tous les embarras de la vie. Personne ne me presse et ne m'écoute. Je puis me parler tout haut, m'affliger, verser des larmes sans contrainte.

Diderot, *Salon* de 1767.

1. Je dispute.

« Mes enfants, je vous préviens que ce n'est pas moi »

Il existe plusieurs portraits de Diderot. Celui que fit Michel Van Loo est l'un des plus célèbres. Dans le *Salon* de 1767, Diderot l'analyse, ce qui lui permet simultanément de mettre en relief le talent du peintre et de faire la critique amusée d'une représentation qui lui semble bien flatteuse...

Moi. J'aime Michel[1], mais j'aime encore mieux la vérité. Assez ressemblant ; très vivant ; c'est sa douceur, avec sa vivacité ; mais trop jeune, tête trop petite, joli comme une femme, lorgnant, souriant, mignard, faisant le petit bec, la bouche en cœur ; et puis un luxe de vêtement à ruiner le pauvre littérateur, si le receveur de la capitation[2] vient l'imposer sur sa robe de chambre. L'écritoire, les livres, les accessoires aussi bien qu'il est possible, quand on a voulu la couleur brillante et qu'on veut être harmonieux. Pétillant de près, vigoureux de loin, surtout les chairs. Du reste, de belles mains bien modelées, excepté la gauche qui n'est pas dessinée. On le voit de face ; il a la tête nue ; son toupet gris, avec sa mignardise, lui donne l'air d'une vieille coquette qui fait encore l'aimable ; la position d'un secrétaire d'État et non d'un philosophe. La fausseté du premier mouvement a influé sur tout le reste. C'est cette folle de Madame Van Loo qui venait jaser avec lui, tandis qu'on le peignait, qui lui a donné cet air-là et qui a tout gâté. [...] Il fallait le laisser seul et l'abandonner à sa rêverie. Alors sa bouche se serait entrouverte, ses regards distraits se seraient portés au loin, le travail de sa tête fortement occupée se serait peint sur son visage, et Michel eût fait une belle chose. Mon joli philosophe, vous me serez un témoignage précieux de l'amitié d'un artiste, excellent artiste, plus excellent homme. Mais que diront mes petits-enfants, lorsqu'ils viendront à comparer mes tristes ouvrages avec ce riant, mignon, efféminé, vieux coquet-là ! Mes enfants, je vous préviens que ce n'est pas moi. J'avais en une journée cent physionomies diverses, selon la chose dont j'étais affecté. J'étais serein, triste, rêveur, tendre, violent, passionné, enthousiaste ; mais je ne fus jamais tel que vous me voyez-là. J'avais un grand front, des yeux très vifs, d'assez grands traits, la tout à fait du caractère d'un ancien orateur, une bonhomie qui touchait de bien près à la bêtise, à la rusticité des anciens temps.

Diderot, *Salon* de 1767.

Louis-Michel Van Loo (1707-1771), *Portrait de Denis Diderot*, 0,81 × 0,65 m (Paris, musée du Louvre).

1. Il s'agit de Louis-Michel, dit Michel Van Loo (1707-1771), portraitiste français qui appartient à une célèbre famille de peintres.

2. Impôt personnel qui était payé par chaque individu sans exception.

L'ŒUVRE DRAMATURGIQUE

Le Fils naturel, suivi des **Entretiens avec Dorval sur le Fils naturel** (1757) → pp. 231-233.
Le Père de famille, suivi de l'essai **De la poésie dramatique** (1758) → pp. 236-237.
Le Paradoxe sur le comédien (rédigé en 1773, publié en 1830) → pp. 237-238.
Est-il bon, est-il méchant ? (1777).

Le Fils naturel et les Entretiens sur le Fils naturel

1757

Cette pièce illustre parfaitement l'idéal vertueux que Diderot s'efforce de mettre en scène dans le drame bourgeois (voir la fiche consacrée à ce genre p. 234) : elle prône la générosité et montre le plaisir éprouvé à pratiquer la vertu. Elle s'attache à analyser des conditions et non des caractères, elle est donc l'illustration du genre nouveau créé par Diderot.

Le personnage principal, Dorval, qui est aussi l'auteur présumé de la pièce, décide de s'éloigner de la jeune fille qu'il aime, Rosalie, parce que son ami, Clairville, est épris d'elle lui aussi. Mais la situation se résout d'elle-même à l'acte V : Dorval découvre qu'il est le fils naturel du père de Rosalie, et donc le demi-frère de la jeune fille. Ne pouvant épouser Rosalie, il se marie avec Constance, la sœur de Clairville, dont il est aimé. En dépit, ou peut-être à cause des bonnes intentions de l'auteur, la pièce n'eut guère de succès. Elle fut même déclarée injouable par les comédiens qui avaient été pressentis pour la jouer. Elle semble artificielle et déclamatoire. La psychologie est souvent sommaire, et l'esthétique trop soumise aux objectifs moralisateurs du dramaturge.

« Ciel ! que vois-je ! C'est Lysimond ! c'est mon père ! »

Cette scène termine la pièce. Elle est marquée par le pathétique d'une reconnaissance qui vient rétablir l'ordre affectif et familial bouleversé. On note l'importance des indications de mise en scène et l'expression d'une émotion partagée par tous les héros.

Scène V et dernière

ROSALIE, JUSTINE, DORVAL, CONSTANCE, le vieux LYSIMOND, tenu sous les bras par CLAIRVILLE et par ANDRÉ, CHARLES, SYLVESTRE, toute la maison

ROSALIE.
Mon père !

DORVAL.
Ciel ! que vois-je ! C'est Lysimond ! c'est mon père !

LYSIMOND.
Oui, mon fils. Oui, c'est moi. *(À Dorval et à Rosalie.)* Approchez mes enfants, que je vous embrasse... Ah, ma fille ! Ah, mon fils !... *(Il les regarde.)* Du moins, je les ai vus... *(Dorval et Rosalie sont étonnés. Lysimond s'en aperçoit.)* Mon fils, voilà ta sœur... Ma fille, voilà ton frère...

ROSALIE.
Mon frère !

DORVAL.
Ma sœur !

ROSALIE.
Dorval !

DORVAL.
Rosalie !

(Ces mots se disent avec toute la vitesse de la surprise, et se font entendre presque au même instant.)

LYSIMOND. *(Il est assis.)*
Oui, mes enfants ; vous saurez tout... Approchez que je vous embrasse encore... *(Il lève ses mains au ciel.)* Que le ciel qui me rend à vous, qui vous rend à moi, vous bénisse... qu'il nous bénisse tous... *(À Clairville.)* Clairville. *(À Constance.)* Madame, pardonnez à un père qui retrouve ses enfants. Je les croyais perdus pour moi... Je me suis dit cent fois : Je ne les reverrai jamais. Ils ne me reverront plus. Peut-être, hélas, ils s'ignoreront toujours !... Quand je partis, ma chère Rosalie, mon espérance la plus douce était de te montrer un fils digne de moi, un frère digne de toute ta tendresse ; qui te servît d'appui, quand je ne serai plus... et, mon enfant, ce sera bientôt... Mais, mes enfants, pourquoi ne vois-je point encore sur vos visages ces transports que je m'étais promis ?... Mon âge, mes infirmités, ma mort prochaine vous afflige... Ah, mes enfants, j'ai tant travaillé, tant souffert !... Dorval, Rosalie.

(En disant ces mots, le vieillard tient ses bras étendus vers ses enfants, qu'il regarde alternativement et qu'il invive à se reconnaître.)

(Dorval et Rosalie se regardent, tombent dans les bras l'un de l'autre et vont ensemble embrasser les genoux de leur père, en s'écriant :)

Jean-Baptiste Greuze (1726-1805), *Le Fils puni*, 1,30 × 1,63 m, 1778 (Paris, musée du Louvre).

DORVAL, ROSALIE.
Ah ! mon père !

LYSIMOND, *leur imposant ses mains et levant les yeux au ciel, dit :*
Ô ciel ! je te rends grâces ! mes enfants se sont vus ; ils s'aimeront, je l'espère, et je mourrai content... Clairville, Rosalie vous était chère... Rosalie, tu aimais Clairville. Tu l'aimes toujours. Approchez que je vous unisse.

(Clairville, sans oser approcher, se contente de tendre les bras à Rosalie, avec tout le mouvement du désir et de la passion. Il attend, Rosalie le regarde un instant et s'avance. Clairville se précipite et Lysimond les unit.)

ROSALIE, *en interrogation.*
Mon père ?...

LYSIMOND.
Mon enfant ?...

ROSALIE.
Constance... Dorval... ils sont dignes l'un de l'autre.

LYSIMOND. *(À Constance et à Dorval.)*
Je t'entends. Venez, mes chers enfants. Venez. Vous doublez mon bonheur.

(Constance et Dorval s'approchent gravement de Lysimond. Le bon vieillard prend la main de Constance, la baise et lui présente celle de son fils, que Constance reçoit.)

Diderot, *Le Fils naturel*, acte V, scène 5 (extrait).

« Il faut que la condition[1] devienne aujourd'hui l'objet principal... »

La pièce *Le Fils naturel* est suivie de réflexions théoriques qui, sous le nom d'*Entretiens*, constituent un complément au drame. Ils sont souvent considérés comme une justification de l'entreprise dramaturgique de Diderot.

Le troisième entretien définit les caractéristiques du nouveau genre théâtral, la tragédie domestique et bourgeoise. Le genre comique s'intéresse aux caractères, et le genre tragique aux individus exceptionnels. Le genre sérieux, lui, tient à représenter des hommes ordinaires dont la psychologie et le comportement sont dictés par leur état social et familial.

1. C'est-à-dire la condition sociale (le métier et la place dans la société). Voir également p. 235.

MOI.

Mais, quels seront les sujets de ce comique sérieux, que vous regardez comme une branche nouvelle du genre dramatique ? Il n'y a, dans la nature humaine, qu'une douzaine, tout au plus, de caractères vraiment comiques et marqués de grands traits.

DORVAL.

Je le pense.

MOI.

Les petites différences qui se remarquent dans les caractères des hommes ne peuvent être maniées aussi heureusement que les caractères tranchés.

DORVAL.

Je le pense. Mais savez-vous ce qui s'ensuit de là ?... Que ce ne sont plus, à proprement parler, les caractères qu'il faut mettre sur la scène, mais les conditions. Jusqu'à présent, dans la comédie, le caractère a été l'objet principal, et la condition n'a été que l'accessoire ; il faut que la condition devienne aujourd'hui l'objet principal, et que le caractère ne soit que l'accessoire. C'est du caractère qu'on tirait toute l'intrigue. On cherchait en général les circonstances qui le faisaient sortir, et l'on enchaînait ces circonstances. C'est la condition, ses devoirs, ses avantages, ses embarras, qui doivent servir de base à l'ouvrage. Il me semble que cette source est plus féconde, plus étendue et plus utile que celle des caractères. Pour peu que le caractère fût chargé, un spectateur pouvait se dire à lui-même, ce n'est pas moi. Mais il ne peut se cacher que l'état qu'on joue devant lui ne soit le sien ; il ne peut méconnaître ses devoirs. Il faut absolument qu'il s'applique à ce qu'il entend.

MOI.

Il me semble qu'on a déjà traité plusieurs de ces sujets.

DORVAL.

Cela n'est pas. Ne vous y trompez point.

MOI.

N'avons-nous pas des financiers dans nos pièces ?

DORVAL.

Sans doute, il y en a. Mais le financier n'est pas fait.

MOI.

On aurait de la peine à en citer une sans un père de famille.

DORVAL.

J'en conviens ; mais le père de famille n'est pas fait. En un mot, je vous demanderai si les devoirs des conditions, leurs avantages, leurs inconvénients, leurs dangers ont été mis sur la scène. Si c'est la base de l'intrigue et de la morale de nos pièces. Ensuite, si ces devoirs, ces avantages, ces inconvénients, ces dangers ne nous montrent pas, tous les jours, les hommes dans les situations très embarrassantes.

MOI.

Ainsi, vous voudriez qu'on jouât l'homme de lettres, le philosophe, le commerçant, le juge, l'avocat, le politique, le citoyen, le magistrat, le financier, le grand seigneur, l'intendant.

DORVAL.

Ajoutez à cela toutes les relations : le père de famille, l'époux, la sœur, les frères. Le père de famille ! Quel sujet, dans un siècle tel que le nôtre, où il ne paraît pas qu'on ait la moindre idée de ce que c'est qu'un père de famille !

Songez qu'il se forme tous les jours des conditions nouvelles. Songez que rien, peut-être, ne nous est moins connu que les conditions, et ne doit nous intéresser davantage. Nous avons chacun notre état dans la société mais nous avons affaire à des hommes de tous les états.

Les conditions ! Combien de détails importants ; d'actions publiques et domestiques ! de vérités inconnues ! de situations nouvelles à tirer de ce fonds ! Et les conditions n'ont-elles pas entre elles les mêmes contrastes que les caractères ? Et le poète ne pourra-t-il pas les opposer ?

Diderot, *Entretiens sur le Fils naturel*, Troisième Entretien.

L A COMÉDIE LARMOYANTE ET LE DRAME BOURGEOIS

Jean-Baptiste Greuze (1726-1805), *L'Accordée de village*, 0,92 × 1,17 m (Paris, musée du Louvre).

La comédie larmoyante et le drame bourgeois sont deux genres tout à fait spécifiques au XVIIIe siècle : ils disparaîtront avec lui. Ils s'inscrivent dans l'évolution du théâtre qui reflète l'importance accordée à la sensibilité (proche parfois de la sensiblerie) et aux considérations morales. Ils se préoccupent de mettre en scène avec émotion des modèles de vertu et non des exemples d'immoralité triomphante.

Illustrés par des pièces célèbres et soutenus par des réflexions théoriques, ces deux genres connaîtront pourtant un assez rapide déclin. Parce que leur côté trop nettement moralisateur dérogeait sans doute à l'une des fonctions essentielles du théâtre, qui est de divertir et de faire rêver, ils finirent par ennuyer.

La comédie larmoyante

La comédie larmoyante se situe entre les années 1730 et 1750. C'est un genre très marqué, comme le souligne son nom, par la sensibilité et par l'émotion. On l'a définie comme une « action sérieuse, grave, parfois pathétique[1] » qui incite à la vertu « en attendrissant sur ses infortunes et en nous faisant applaudir à son triomphe[1] ». Les situations présentées sont « propres à faire verser des larmes[2] ».

Ainsi, dans les pièces de Nivelle de La Chaussée, le spécialiste du genre (*Le Préjugé à la mode*, 1735 ; *Mélanide*, 1741 ; *L'École des mères*, 1744), les personnages sont confrontés à ce que Beaumarchais appelle des « malheurs domestiques[3] » dont la « peinture touchante » est de nature à émouvoir. L'organisation de ces malheurs, dans des pièces écrites en vers, qui refusent toute forme de comique, met en jeu de nombreux éléments empruntés au romanesque. On trouve en effet des reconnaissances tardives, des problèmes de fausses identités, des substitutions, des mariages secrets.

La représentation de personnages souvent malchanceux dans leurs affaires ou dans leurs situations (nobles exilés, bourgeois menacés de ruine) donne au public l'occasion de s'apitoyer sur des malheurs quotidiens. Du côté des personnages, on frémit, on s'exclame : « Ah, Monsieur, que je suis malheureuse[4] ! »

Il est question de « déshonneur » et de « désespoir ». On parle beaucoup de « cœur vertueux », de « cruauté du sort », de « grands malheurs » et de « douloureux secrets[4] ». Les dénouements suscitent aussi des larmes – mais de joie – parce qu'ils marquent le retour à un ordre affectif, social et moral provisoirement bouleversé.

1. G. Lanson, *La Comédie au XVIIIe siècle*, Hommes et Livres, Paris, 1895.
2. *Dictionnaire de l'Académie*, édition de 1798.
3. Beaumarchais, *Essai sur le genre dramatique sérieux*, 1767.
4. Toutes ces citations sont extraites de *Mélanide* (1741) de Nivelle de La Chaussée.

Le triomphe de la vertu caractérise ce théâtre baigné de larmes. Le bonheur repose sur le sens du devoir et le respect de la morale apporte de bien douces satisfactions.

« Ne faisons désormais qu'une même famille.
Ô ciel, tu me fais voir, en comblant tous mes vœux,
Que le devoir n'est fait que pour nous rendre heureux ». (*Mélanide*, de Nivelle de La Chaussée.)

Tels sont les derniers vers de *Mélanide*, au moment où se résout une douloureuse rivalité entre un père et son propre fils, chacun ignorant jusque-là l'identité de l'autre.

Ce théâtre des pleurs nous laisse sans doute bien indifférents de nos jours. Il a toutefois le mérite de nous renseigner sur la sensibilité de l'époque et d'ouvrir la voie au drame bourgeois, moins pathétique, sans doute, mais davantage orienté vers la peinture sociale et souvent plus vraisemblable.

Le drame bourgeois

Un genre clairement défini. Plusieurs textes théoriques précisent la nature du drame bourgeois, genre en prose à mi-chemin entre la comédie et la tragédie. Comédie sérieuse ou « tragédie domestique et bourgeoise[1] », il s'intéresse plus à la peinture des situations sociales qu'à celle des caractères. Il naît vers les années 1755 et disparaît avec la Révolution.

Dans les *Entretiens sur le Fils naturel* (1757), Diderot en donne le contenu : « Ce ne sont plus, à proprement parler, les caractères qu'il faut mettre sur la scène, mais les conditions [...]. C'est la condition, ses devoirs, ses avantages, ses embarras qui doivent servir de base à l'ouvrage. » Beaumarchais, pour sa part, dans l'*Essai sur le genre dramatique sérieux* (1767), souligne l'intérêt des tableaux dans lesquels sont représentés un honnête homme « frappé au cœur », la « vertu persécutée », mais « toujours belle, toujours glorieuse ». Ces situations inspirent « un beau sens moral », écrit-il. Sébastien Mercier reprend les mêmes idées : « Le drame n'est point une action forcée, rapide, extrême : c'est un beau moment de la vie humaine où, sans négliger les grands traits, on recueille précisément les détails[2]. »

Des caractères spécifiques. Ainsi conçu, le drame bourgeois met en scène des personnages représentatifs d'une condition. Mais il faut préciser qu'à l'intérieur d'un cadre social nettement choisi (la bourgeoisie), le terme « condition » définit un statut (« un état », écrit Diderot) qui peut être aussi bien familial que professionnel. Les titres sont à cet égard révélateurs : *Le Fils naturel*, *Le Père de famille*, de Diderot, *La Mère coupable*, de Beaumarchais soulignent le choix de ces statuts familiaux, *Le Philosophe sans le savoir*, de Sedaine, *Le Négociant de Lyon* (sous-titre des *Deux Amis*, de Beaumarchais) mettent en relief une situation professionnelle. Diderot justifie cette orientation en expliquant que la peinture des conditions permet au spectateur de se reconnaître et d'être personnellement touché. « Pour peu que le caractère fût chargé, écrit-il, un spectateur pouvait se dire à lui-même : "Ce n'est pas moi". Mais il ne peut se cacher que l'état qu'on joue devant lui ne soit le sien ; il ne peut méconnaître ses devoirs[3]. »

Car l'objectif du drame bourgeois est de représenter des situations conflictuelles que l'on trouve réellement dans la vie, et qui mettent les personnages aux prises avec des problèmes familiaux et professionnels dont triomphera leur vertu. Chaque cas est sous-tendu par l'idée (qui rejoint les prises de position de Rousseau) que l'homme est naturellement bon et que ses difficultés naissent de la vie en société. C'est pourquoi ce théâtre, qui se donne pour objet « la vertu et les devoirs de l'homme[4] », ne cherche pas à stigmatiser les comportements des méchants, mais à célébrer les actions de ceux qui sont vertueux ou qui s'efforcent de l'être.

Il est intéressant d'observer que la réflexion sur la vertu rejoint les considérations de certains philosophes sur le progrès qui dépend d'elle et la favorise tout à la fois. Par exemple, le traitement réservé dans ce théâtre aux financiers est significatif : vilipendés par Lesage[5], ils sont mis en scène dans le drame bourgeois comme les artisans d'une économie bénéfique qui permet au pays de se développer et de s'enrichir. En 1734 déjà, dans les *Lettres philosophiques*, Voltaire se faisait le défenseur des négociants et du commerce. Le drame bourgeois rejoint sur bien des points l'idéologie des Lumières.

L'importance du jeu théâtral. Pour être efficace, ce théâtre de la sensibilité, de la vertu et des vertus bourgeoises doit émouvoir par un jeu scénique capable de reproduire la réalité au plus près. Une grande importance est accordée aux décors, aux costumes, à tout ce qui recrée un contexte parfaitement imité du réel. Les mimiques, les pantomimes, les variations de la voix (cris, soupirs, modulations diverses) constituent, selon Diderot, des éléments essentiels : « ... Ce qui nous émeut toujours, ce sont des cris, des mots inarticulés, des voix rompues, quelques monosyllabes qui s'échappent par intervalle, je ne sais quel murmure dans la gorge, entre les dents[6] ». La mise en scène est particulièrement soignée. Elle doit recréer des images de réconciliations pathétiques, de retours émouvants, de supplications éplorées dignes des tableaux de Greuze[7]. Avec le drame bourgeois, le jeu des acteurs se diversifie et s'intensifie.

Les causes d'un déclin. Malgré des objectifs aussi clairement définis et une intégration étroite à la sensibilité, aux mentalités et à l'évolution sociale de l'époque, le drame bourgeois ne connut pas un très grand succès. *Le Père de famille*, de Diderot, provoqua beaucoup d'émotion, mais en 1770, *Le Fils naturel* fut un désastre et *Les Deux Amis*, de Beaumarchais, n'eut qu'un nombre restreint de représentations (dix en 1770 et deux en 1773).

On peut expliquer cet insuccès en partie par l'action de ceux qui menaient campagne contre les idées des Lumières et qui s'opposèrent à tout ce qui, dans ce théâtre, pouvait faire référence à l'esprit de l'*Encyclopédie*. Il faut également considérer le refus de certains acteurs d'adopter la diction expressive voulue par les théoriciens du drame. D'autres s'opposaient aux mimiques, qu'ils jugeaient inefficaces : « À trois pieds des lampes, un acteur n'a plus de visage », disait l'actrice Madame Riccoboni.

Mais ce qui nuisit surtout au drame bourgeois, c'est son sérieux. « Produit d'une classe sociale et écrit pour cette même classe, le drame bourgeois a sans doute péri par ce qui avait au début assuré son succès[8]. » Privé de sa fonction de divertissement, excessivement moralisateur, ce théâtre finit par ennuyer un public bourgeois qui se reconnaissait trop en lui.

1. L'expression est de Diderot.
2. *Du théâtre, ou Nouvel Essai sur l'art dramatique* (1773).
3. Diderot, *Entretiens sur le Fils naturel*, 1757.
4. Diderot, *Discours sur la poésie dramatique*, 1758.
5. Dans *Turcaret* (1709) en particulier.
6. *Entretiens sur le Fils naturel*, 1757.
7. Diderot admirait particulièrement ce peintre, voir pp. 244-245.
8. P. Larthomas, *Le Théâtre en France au* XVIII*e siècle*, PUF, 1980.

Discours sur la poésie dramatique

1758

Le *Discours sur la poésie dramatique* est un essai qui fait suite à la pièce *Le Père de famille*. Diderot y reprend certaines idées déjà exprimées dans les *Entretiens*. Mais l'essai apparaît aussi comme une réflexion sur la créativité, sur le génie, sur le goût, sur les conditions de création et de développement de l'inspiration.

« La poésie veut quelque chose d'énorme, de barbare et de sauvage »

Diderot analyse ici les conditions nécessaires à l'éclosion de l'épopée et du drame et nous révèle sa propre conception du génie. Dénonçant le conformisme poétique du XVIIIe siècle, il fait appel à des forces brutes, sauvages qui permettraient un renouveau poétique. Le caractère précurseur de ce texte est indéniable. L'éloge des passions fortes, seules capables de libérer le génie poétique, annonce le courant romantique.

Qu'est-ce qu'il faut au poète ? Est-ce une nature brute ou cultivée, paisible ou troublée ? Préférera-t-il la beauté d'un jour pur et serein à l'horreur d'une nuit obscure, où le sifflement ininterrompu des vents se mêle par intervalles au murmure sourd et continu d'un tonnerre éloigné, et où il voit l'éclair allumer le ciel sur sa tête ? Préférera-t-il le spectacle d'une mer tranquille à celui des flots agités ? le muet et froid aspect d'un palais, à la promenade parmi les ruines ? un édifice construit, un espace planté de la main des hommes, au touffu d'une antique forêt, au creux ignoré d'une roche déserte ? Des nappes d'eau, des bassins, des cascades, à la vue d'une cataracte qui se brise en tombant à travers des rochers, et dont le bruit se fait entendre au loin du berger qui a conduit son troupeau dans la montagne et qui l'écoute avec effroi ?

La poésie veut quelque chose d'énorme, de barbare et de sauvage.

C'est lorsque la fureur de la guerre civile ou du fanatisme arme les hommes de poignards, et que le sang coule à grands flots sur la terre, que le laurier d'Apollon[1] s'agite et verdit. Il en veut être arrosé. Il se flétrit dans les temps de la paix et du loisir. Le siècle d'or[2] eût produit une chanson peut-être ou une élégie[3]. La poésie épique et la poésie dramatique demandent d'autres mœurs.

Jean Honoré Fragonard (1732-1806)
L'Orage dit aussi *La Charrette embourbée*, 0,73 × 0,97 m
(Paris, musée du Louvre).

1. Symbole de la poésie.
2. Époque fabuleuse représentant une ère de bonheur et de richesse.
3. Poésie mélancolique.

Quand verra-t-on naître des poètes ? Ce sera après les temps de désastres et de grands malheurs, lorsque les peuples harassés commenceront à respirer. Alors les imaginations ébranlées par des spectacles terribles, peindront des choses inconnues à ceux qui n'en ont pas été témoins. N'avons-nous pas éprouvé, dans quelques circonstances, une sorte de terreur qui nous était étrangère ? Pourquoi n'a-t-elle rien produit ? N'avons-nous plus de génie ?

Le génie est de tous les temps ; mais les hommes qui le portent en eux demeurent engourdis, à moins que des événements extraordinaires n'échauffent la masse et ne les fassent paraître. Alors les sentiments s'accumulent dans la poitrine, la travaillent ; et ceux qui ont un organe, pressés de parler, le déploient et se soulagent.

Diderot, *De la poésie dramatique.*

Le Paradoxe sur le comédien

1773

L'essai intitulé *Le Paradoxe sur le comédien,* écrit en 1773, remanié en 1778 et publié seulement en 1830, reprend des idées déjà énoncées par Diderot dans *La Correspondance littéraire* de Grimm à propos du jeu de l'acteur anglais Garrick. Ce texte peut se lire à la fois comme un dialogue sur ce qui fait le bon jeu d'un acteur et comme une réflexion sur le phénomène de la création. Le paradoxe vient de ce que, selon Diderot, l'acteur doit jouer de sang-froid et ne pas laisser paraître sa spontanéité. Plus il contient ses propres émotions, plus il se domine et mieux il joue. Ainsi le grand acteur est celui qui mime les sentiments dans les éprouver.

Ce point de vue semble doublement paradoxal : tout d'abord, il s'oppose aux conceptions des acteurs eux-mêmes. Ensuite, il est en contradiction avec ce que Diderot a pu affirmer ailleurs, en particulier dans les *Entretiens sur le Fils naturel* : « Les poètes, les acteurs, les musiciens, les peintres, les chanteurs de premier ordre, les grands danseurs, les amants tendres, les vrais dévots, toute cette troupe enthousiaste et passionnée sent vivement et réfléchit peu. »

Comment interpréter alors les affirmations péremptoires du *Paradoxe* : « Les grands poètes, les grands acteurs, et peut-être en général tous les grands imitateurs de la nature, quels qu'ils soient, doués d'une belle imagination, d'un grand jugement, d'un tact fin, d'un goût très sûr, sont les êtres les moins sensibles », ou encore « C'est l'extrême sensibilité qui fait les acteurs médiocres, c'est la sensibilité médiocre qui fait la multitude des mauvais acteurs ; et c'est le manque absolu de sensibilité qui prépare les acteurs sublimes. »

De tels propos reflètent l'évolution de Diderot avec la maturité : pour lui, la sensibilité n'est plus la valeur suprême. Elle peut même traduire une certaine faiblesse.

Ainsi, selon lui, toute forme d'émotivité ou d'émotion réelle constitue une gêne pour l'acteur. Pour atteindre la maîtrise des caractères et des situations, il doit récuser au moment où il entre en scène les mouvements de sa sensibilité et rendre parfaitement les signes extérieurs du sentiment. La sensibilité n'est pas inexistante, mais elle est contrôlée et ne se manifeste pas.

« Il me faut dans cet homme un spectateur froid et tranquille... »

Au début du *Paradoxe*, le premier interlocuteur, porte-parole de Diderot, exprime sa pensée sur l'art du comédien. À travers cette opinion, Diderot oppose ainsi le jeu du comédien qui joue de « réflexion » au jeu de celui qui joue « d'âme ».

Mais le point important, sur lequel nous avons des opinions tout à fait opposées, votre auteur et moi, ce sont les qualités premières d'un grand comédien. Moi, je lui veux beaucoup de jugement ; il me faut dans cet homme un spectateur froid et tranquille ; j'en exige, par conséquent, de la pénétration et nulle sensibilité, l'art de tout imiter, ou, ce qui revient au même, une égale aptitude à toutes sortes de caractères et de rôles.

Le second.
Nulle sensibilité !

Le premier.
Nulle. Je n'ai pas encore bien enchaîné mes raisons, et vous me permettrez de vous les exposer comme elles me viendront, dans le désordre de l'ouvrage même de votre ami.

Johann-Joseph Zoffany, *David Garrick et Mrs. Cibber dans « Venise sauvée », d'Otway*, 0,92 × 1,25 m, vers 1760 (Londres, collection du Garrick Club).
« S'il est lui quand il joue, comment cessera-t-il d'être lui ? S'il veut cesser d'être lui, comment saisira-t-il le point juste auquel il faut qu'il se place et s'arrête ? »

Si le comédien était sensible, de bonne foi lui serait-il permis de jouer deux fois de suite un même rôle avec la même chaleur et le même succès ? Très chaud à la première représentation, il serait épuisé et froid comme un marbre à la troisième. Au lieu qu'imitateur attentif et disciple réfléchi de la nature, la première fois qu'il se présentera sur la scène sous le nom d'Auguste[1], de Cinna[1], d'Orosmane[2], d'Agamemnon, de Mahomet[2], copiste rigoureux de lui-même ou de ses études, et observateur continu de nos sensations, son jeu, loin de s'affaiblir, se fortifiera des réflexions nouvelles qu'il aura recueillies ; il s'exaltera ou se tempérera, et vous en serez de plus en plus satisfait. S'il est lui quand il joue, comment cessera-t-il d'être lui ? S'il veut cesser d'être lui, comment saisira-t-il le point juste auquel il faut qu'il se place et s'arrête ?

Ce qui me confirme dans mon opinion, c'est l'inégalité des acteurs qui jouent d'âme. Ne vous attendez de leur part à aucune unité ; leur jeu est alternativement fort et faible, chaud et froid, plat et sublime. Ils manqueront demain l'endroit où ils auront excellé aujourd'hui ; en revanche, ils excelleront dans celui qu'ils auront manqué la veille. Au lieu que le comédien qui jouera de réflexion, d'étude de la nature humaine, d'imitation constante d'après quelque modèle idéal, d'imagination, de mémoire, sera un, le même à toutes les représentations, toujours également parfait : tout a été mesuré, combiné, appris, ordonné dans sa tête ; il n'y a dans sa déclamation ni monotonie, ni dissonance. La chaleur a son progrès, ses élans, ses rémissions, son commencement, son milieu, son extrême. Ce sont les mêmes accents, les mêmes positions, les mêmes mouvements ; s'il y a quelque différence d'une représentation à l'autre, c'est ordinairement à l'avantage de la dernière. Il ne sera pas journalier : c'est une glace toujours disposée à montrer les objets et à les montrer avec la même précision, la même force et la même vérité. Ainsi que le poète, il va sans cesse puiser dans le fonds inépuisable de la nature, au lieu qu'il aurait bientôt vu le terme de sa propre richesse.

Diderot, *Le Paradoxe sur le comédien*.

1. Personnages de Corneille.
2. Personnages de tragédies de Voltaire.

« *Tu as truqué...* »

Texte écho

Le texte qui suit est extrait des cours de Louis Jouvet. En 1940, il faisait travailler à une jeune comédienne la scène 6 de l'acte IV de *Dom Juan.* On trouve dans cet extrait des recommandations qui s'opposent aux théories de Diderot. C'est Louis Jouvet qui parle, et qui analyse le jeu de la comédienne. Les textes consacrés à la répétition de cette scène ont été regroupés pour former une pièce *Elvire/Jouvet 40,* qui met en scène Jouvet et la comédienne.

« Tu dois y arriver, si tu n'y arrives pas tu me décevras beaucoup, parce que le seul reproche que je te fais... c'est celui que je te faisais pendant ta deuxième année, tu te le rappelles, je te l'ai expliqué un jour : tu as mal joué le jeu, tu as truqué, tu as maquignonné ; tu as voulu arriver à avoir une scène de concours éblouissante, tu avais admirablement préparé ta scène (tu as un sens, tu as une intelligence du théâtre !), mais en te voyant faire ça, je me disais : ce n'est pas vrai ; elle n'y met pas ce qu'il faut y mettre.

Tu as tendance à faire du chiqué, parce que la "technique qui ne vient pas du sentiment, c'est du chiqué".

Il faut rejeter ça. Tu la sens, cette scène d'Elvire, tu la sens très bien, ce que je te demande, c'est de te « sortir les tripes », comme on dit vulgairement, et d'y aller, de nous les montrer. Il y a des comédiens qui ne se "sortent pas les tripes" par timidité, par une espèce de gêne qui est complexe, par pudeur. Chez toi, ce n'est pas par pudeur ou par timidité. Tu es quelqu'un qui comprend toute de suite les choses du point de vue de leur exécution ; le fait que tu conçois très clairement dans ton intelligence, dans ton imagination dramatique (on voit bien ce que tu imagines), fait que tu es "préoccupée uniquement de l'exécution ; mais tu ne t'es pas suffisamment nourrie du sentiment et du personnage". »

Extrait de la pièce Elvire/Jouvet 40, *Éditions Beba, octobre 1986.*

La correspondance avec Sophie Volland

De 1755, date de la rencontre avec Sophie Volland, à 1769, Diderot écrivit avec constance à la femme qu'il aura le plus sincèrement aimée.

Lorsqu'ils se rencontrent, Diderot a quarante-deux ans, elle trente-neuf. La relation privilégiée qu'ils entretiennent pendant quatorze ans se traduit par un échange épistolaire intéressant à bien des égards.

La correspondance de Diderot revêt le double aspect d'un journal où l'auteur se peint dans sa vie quotidienne, et d'une chronique dans laquelle il décrit les milieux qu'il fréquente et retrace les nombreuses conversations tenues avec ses amis.

Ces lettres constituent donc un remarquable autoportrait fidèle aux thèmes chers à Diderot.

« Pour moi, je suis de mon pays... »

À l'occasion de la mort de son père, Diderot s'est rendu à Langres, sa ville natale. Évoquant le tempérament des habitants de son pays, il définit en même temps son propre caractère.

Les habitants de ce pays ont beaucoup d'esprit, trop de vivacité, une inconstance de girouettes. Cela vient, je crois, des vicissitudes de leur atmosphère qui passe en vingt-quatre heures du froid au chaud, du calme à l'orage, du serein au pluvieux ; il est impossible que ces effets ne se fassent sentir sur eux, et que leurs âmes soient quelque temps de suite dans une même assiette[1]. Elles s'accoutument

1. Dans un même état.

ainsi dès la plus tendre enfance à tourner à tout vent. La tête d'un Langrois est sur ses épaules comme un coq d'église au haut d'un clocher. Elle n'est jamais fixe dans un point ; et si elle revient à celui qu'elle a quitté, ce n'est pas pour s'y arrêter. Avec une rapidité surprenante dans les mouvements, dans les désirs, dans les projets, dans les fantaisies, dans les idées, ils ont le parler lent. Il n'y a peut-être que ma sœur dans toute la ville qui ait la prononciation brève. C'est une exception dont j'ignore la cause. Il est sûr qu'à l'entendre, on la prendrait pour une étrangère.

Pour moi, je suis de mon pays ; seulement le séjour de la capitale, et l'application assidue m'ont un peu corrigé. Je suis constant dans mes goûts. Ce qui m'a plu une fois me plaît toujours, parce que mon choix m'est toujours motivé. Que je haïsse ou que j'aime, je sais pourquoi. Il est vrai que je suis porté naturellement à négliger les défauts et à m'enthousiasmer des qualités. Je suis plus affecté des charmes de la vertu que de la difformité du vice. Je me détourne doucement des méchants, et je vole au-devant des bons. S'il y a dans un ouvrage, dans un caractère, dans un tableau, dans une statue, un bel endroit, c'est là que mes yeux s'arrêtent. Je ne vois que cela ; je ne me souviens que de cela. Le reste est presque oublié. Que deviens-je lorsque le tout est beau ? Vous le savez, vous ma Sophie, vous sa sœur[1], vous mon ami.

Diderot, lettre à Sophie Volland du 10 août 1759.

« Et je fermai l'oreille aux conseils austères des philosophes... »

Passionné et enthousiaste, Diderot refuse les « théories austères » des philosophes. Il faut prendre ce terme dans son sens le plus général et le plus traditionnel : il désigne des penseurs (comme ceux de l'Antiquité) dont les enseignements passent souvent pour sévères et rigoureux et qui dénoncent les passions, trompeuses et sources d'erreurs. Diderot, au contraire, les célèbre et trouve en elles le bonheur de vivre.

[...] J'ai vu toute la sagesse des nations, et j'ai pensé qu'elle ne valait pas la douce folie que m'inspirait mon amie. J'ai entendu leurs[2] discours sublimes, et j'ai pensé qu'une parole de la bouche de mon amie porterait dans mon âme une émotion qu'ils ne me donnaient pas. Ils me peignaient la vertu, et leurs images m'échauffaient ; mais j'aurais encore mieux aimé voir mon amie, la regarder en silence et verser une larme que sa main aurait essuyée ou que ses lèvres auraient recueillie. Ils cherchaient à me décrier la volupté et son ivresse, parce qu'elle est passagère et trompeuse ; et je brûlais de la trouver entre les bras de mon amie, parce qu'elle s'y renouvelle quand il lui plaît, et que son cœur est droit, et que ses caresses sont vraies.

Ils me disaient : Tu vieilliras, et je répondais en moi-même : Ses ans passeront avec les miens. – Vous mourrez tous deux ; et j'ajoutais : Si mon amie meurt avant moi, je la pleurerai, et je serai heureux, la pleurant. Elle fait mon bonheur aujourd'hui ; demain elle fera mon bonheur, et après demain, et après demain encore, et toujours, parce qu'elle ne changera point, parce que les dieux lui ont donné le bon esprit, la droiture, la sensibilité, la franchise, la vertu, la vérité, qui ne changent point. Et je fermai l'oreille aux conseils austères des philosophes ; et je fis bien, n'est-ce pas, ma Sophie ?

Diderot, lettre à Sophie Volland du 1er novembre 1759.

« On refait de moi un portrait admirable. »

Le portrait de Diderot a été fait à plusieurs reprises. Deux tableaux le représentant sont restés célèbres, celui de Van Loo (voir p. 230) et celui de Fragonard (voir p. 201). Mais c'est au portrait fait par Garand que se rapportent les deux lettres qui suivent. Diderot semble avoir particulièrement apprécié le travail de ce peintre.

On refait de moi un portrait admirable. Je suis représenté la tête nue ; en robe de chambre ; assis dans un fauteuil ; le bras droit soutenant le gauche, et celui-ci servant d'appui à la tête ; le col débraillé, et jetant mes regards au loin, comme quelqu'un qui médite. Je médite en effet sur cette toile. J'y vis, j'y respire, j'y suis animé, la pensée paraît à travers le front.

Diderot, lettre à Sophie Volland du 17 septembre 1760.

1. Diderot fait ici allusion aux personnes qu'il aime le plus : Sophie, la sœur de celle-ci et Grimm. Pour Diderot, l'amour et l'amitié jouent un rôle essentiel. « L'amour et l'amitié ne sont pas pour moi ce qu'ils sont pour les autres hommes », écrit-il dans une lettre datée du 14 juillet 1762.
2. Il s'agit de philosophes et de penseurs auxquels Diderot a fait allusion au début de sa lettre.

Si le portrait admirable est plus ressemblant que celui que vous avez ? – Il n'y a pas de comparaison. J'ai dans le vôtre un petit air fade, doucereux et malade ; dans celui qu'on a fait, je vis, je pense, je réfléchis. Ceux qui me connaissent se récrient ; ceux qui ne me connaissent pas, en font autant. C'est que c'est une belle chose, dont le mérite de la ressemblance, qui est parfaite, est pourtant le moindre. La tête est tout entière hors de la toile. Elle est nue ; vous seriez tentée d'aller passer vos bras par derrière pour l'embrasser et la baiser. Ces yeux pleins de feu regardent au loin. Oui ; il est en grand. On m'y voit jusqu'au milieu du corps ; une main posée contre le visage soutient la tête ; et le bras de cette main est soutenu par l'autre bras dont la main est placée sous le coude du premier.

Diderot, lettre à Sophie Volland du 27 septembre 1760.

« Je ne saurais plus me repaître de fumée »

Diderot est accablé de travail : il doit corriger les planches de l'*Encyclopédie* et faire le compte rendu du Salon de 1761 pour son ami Grimm. Las de toutes ces obligations, il confie à Sophie l'idée qu'il se fait du bonheur.

Je ne sortirai pas de Paris cet automne. Les ennuis succèdent aux ennuis. J'use mes yeux sur des planches hérissées de chiffres et de lettres, et, au milieu de ce pénible travail, la pensée amère que des injures, des persécutions, des tourments, des avanies en seront le fruit ; cela n'est-il pas agréable ? L'ami Grimm aura beau prêcher, il n'en sera ni plus ni moins ; je ne saurais plus me repaître de fumée. Un repas délicieux ; une lecture douce ; une promenade dans un lieu frais et solitaire ; une conversation où l'on ouvre son cœur, où l'on se livre à toute sa sensibilité ; une émotion forte qui amène les larmes sur le bord des paupières, qui fait palpiter le cœur, qui coupe la voix, qui ravit d'extase, soit qu'elle naisse ou du récit d'une action généreuse, ou d'un sentiment de tendresse ; de la santé, de la gaieté, de la liberté, de l'oisiveté, de l'aisance ; le voilà, le vrai bonheur. Je n'en connaîtrai jamais d'autre.

Diderot, lettre à Sophie Volland du 2 octobre 1761.

Synthèse

La lecture et l'analyse des œuvres de Diderot ont parfois quelque chose de déroutant. On le voit, en effet, affirmer avec force dans un texte ce qu'il démentira dans un autre, être souvent en porte à faux, en apparence, avec lui-même. C'est ainsi qu'il prône un athéisme et un matérialisme pour le moins audacieux en matière de philosophie, mais qu'il s'enferme dans un conformisme moralisateur en matière d'art. De la même manière, il accorde la primauté à la sensibilité et aux passions dans la vie, mais il refuse à l'acteur, dans son jeu théâtral, la possibilité de les exprimer. Évolution, goût du paradoxe, contradictions ? L'œuvre de Diderot, dense, dynamique, vivante, est à l'image de la personnalité de son auteur : riche et diversifiée.

La complexité d'une réflexion paradoxale

Déterminisme ou liberté

La première contradiction touche au domaine philosophique : comment concilier le système matérialiste et son déterminisme avec la liberté de l'homme et, par conséquent, avec sa responsabilité ? Dans un système entièrement déterministe, l'homme n'a plus ni liberté ni volonté ; il échappe ainsi au bien et au mal. Cette idée est clairement exprimée dans la *Lettre à Landois* (29 juin 1756) : « Regardez-y de près et vous verrez que le mot liberté est un mot vide de sens ; qu'il n'y a point et qu'il ne peut y avoir d'êtres libres ; que nous ne sommes que ce qui convient à l'ordre général, à l'éducation et à la chaîne des événements [...]. Mais s'il n'y a point de liberté, il n'y a point d'action qui mérite la louange ou le blâme ; il n'y a ni vice ni vertu, rien dont il faille récompenser ou châtier. » La même idée est reprise dans *Jacques le fataliste* (voir p. 226).

Pourtant, Diderot rejette un déterminisme mécanique. L'homme ne saurait être une machine mue par des forces qui lui sont extérieures. Dans la *Réfutation d'Helvétius*, il affirme : « Je suis homme et il me faut des causes propres à l'homme. » Plusieurs données viennent tempérer la philosophie déterministe de Diderot : la conviction que l'homme peut être transformé, et qu'il possède un profond sens moral. « L'homme, libre ou non, est un être qu'on modifie », écrit-il dans l'article « Modification » de l'*Encyclopédie.*

Éloge ou condamnation de la sensibilité ?

Il existe un autre paradoxe dans la conception ambiguë que Diderot se fait de la sensibilité et des passions. D'abord ardent défenseur de la sensibilité, il affirme que le génie repose sur l'instinct, que l'inspiration naît des passions, qui s'imposent comme l'élément moteur de la création. Par la suite, son point de vue change : en 1769, il fait de la sensibilité « la qualité dominante des êtres médiocres ». « Qu'est-ce donc qu'un être sensible ? Un être abandonné à la discrétion de son diaphragme. » Diderot restreint ici la sensibilité à son aspect physiologique. Synonyme de faiblesse et de passivité, elle ne peut que nuire à la créativité. Ainsi, c'est peut-être parce qu'il sait trop bien sentir et imiter que le Neveu de Rameau est incapable de créer. Dans la même ligne de pensée, *Le Paradoxe sur le comédien*, commencé en 1769 et poursuivi en 1773, tend à démontrer que l'insensibilité est la condition nécessaire à l'expression du génie.

Un thème privilégié, le corps

La clef de voûte d'une pensée matérialiste

Quel que soit le genre auquel il s'essaye (philosophie, théâtre, critique d'art, roman), Diderot semble avoir un objet d'étude privilégié, le corps. Celui-ci se trouve d'abord au centre de sa réflexion philosophique. Dans l'optique matérialiste, l'homme est lui-même matière, c'est-à-dire un être dont on ne peut dissocier l'esprit et le corps. Nos sentiments et nos idées procèdent de nos émotions et de nos sensations, qui dépendent elles-mêmes de l'état de nos organes. La connaissance de l'homme repose donc sur l'étude de son organisme, la physiologie, et sur l'étude des mécanismes de la vie, la biologie. Cette curiosité médicale pour le corps apparaît fréquemment dans l'œuvre de Diderot ; elle est le reflet des études de médecine et de chirurgie pour lesquelles il se passionna.

Le thème central de la problématique nature/culture

La conception matérialiste de l'être humain conduit à une approche différente des données de la psychologie et de la morale, et les personnages romanesques en portent la trace. L'interaction du corps, du psychisme et du milieu se révèle particulièrement dans *La Religieuse.* S'opposant aux tabous pesant sur le corps dans la religion, Diderot s'attache à montrer que la suspension des fonctions du corps est à l'origine de nombreuses névroses. Nier le corps revient, pour lui, à dénaturer l'homme. L'importance accordée au corps rejoint alors une problématique fondamentale du XVIIIe siècle, celle qui porte sur les notions de nature et de culture, de bonheur et de morale. Dans *Le Rêve de d'Alembert* s'épanouit l'image d'une sexualité sans tabou (« Tout ce qui est ne peut être contre nature ni hors nature »). Dans le *Supplément au Voyage de Bougainville*, Diderot développe la même idée du bonheur dans la liberté du corps.

La base essentielle de la morale

C'est encore sur le corps que Diderot fait reposer les fondements de sa morale. Les concepts du bien et du mal dépendent, selon lui, des impressions sensibles et des émotions : plaisir et vertu sont indissociables. Le spectacle de la vertu ou la pratique de celle-ci constituent pour lui le plaisir le plus intense, comme le montre cet extrait d'une lettre à Sophie Volland : « Le spectacle de l'équité me remplit d'une douceur, m'enflamme d'une chaleur et d'un enthousiasme où la vie s'il fallait la perdre ne me tiendrait à rien » (18 octobre 1760). Les propos tenus par « Moi » dans *Le Neveu de Rameau* confirment l'existence d'une correspondance entre le plaisir et la vertu : « ... Il m'est infiniment plus doux encore d'avoir secouru le malheureux, d'avoir terminé une affaire épineuse, donné un conseil salutaire [...], rempli les devoirs de mon état. »

Un mode d'expression privilégié

Spontané, authentique, le langage du corps exprime les manifestations profondes de la vie intime. Tremblement, frémissement, fièvre restituent mieux que les mots les émotions humaines. Ce langage présente un double intérêt esthétique : il est à la fois source de réalisme et de pathétique, que ce soit en peinture (les tableaux de Greuze), au théâtre (le pathétique des scènes du drame bourgeois), dans le roman (récits de scènes de violence dans *La Religieuse*, pantomimes éloquentes dans *Le Neveu de Rameau*). Le langage gestuel est efficace parce qu'il fait appel aux perceptions visuelles. Il est capable d'émouvoir, et par là, d'éduquer : « Exposons les tableaux de la vertu, il se trouvera des copistes », affirme Diderot dans l'*Essai sur les règnes de Claude et de Néron.*

Le plaisir de la conversation

Le caractère oral de nombreuses œuvres de Diderot reflète les tendances profondes de sa personnalité : sa passion pour la discussion, le besoin d'exprimer ses contradictions et son plaisir de conter. Barbey D'Aurevilly[1] résume parfaitement ce penchant en disant de Diderot qu'il « bavardait ses livres bien plus qu'il ne les écrivait ». D'un tempérament extraverti, Diderot recherche perpétuellement le dialogue avec les autres. Ses premiers écrits, des traductions, se présentent comme un effort pour comprendre et saisir la pensée de l'autre. L'*Encyclopédie* reflète un souci de faire partager ses idées et ses connaissances. Diderot éprouve en outre le besoin de commenter, de discuter ou d'illustrer le discours d'autrui. C'est ce qu'il fait dans le *Supplément au Voyage de Bougainville* et dans la *Réfutation d'Helvétius.* De nombreuses œuvres doivent leur existence à la présence d'un interlocuteur ou d'un lecteur réel ou fictif. Ainsi se trouvent privilégiées chez lui la correspondance et toutes les formes de dialogue écrit ou oral. Le plaisir de la conversation apparaît dans *Jacques le fataliste*, dans *Le Neveu de Rameau*, dans les *Entretiens sur le Fils naturel*, dans *Le Paradoxe sur le comédien.*

Le dialogue permet à Diderot d'exprimer ses contradictions les plus profondes. Il facilite aussi l'exposé de points de vue multiples comme dans les *Pensées sur l'interprétation de la nature.* La forme la plus originale de cette expression dialoguée se trouve dans *Le Rêve de d'Alembert* : le mathématicien parle pendant son sommeil et semble ainsi, presque malgré lui, admettre des théories matérialistes qu'il a précédemment contestées. Le dialogue apparaît ainsi comme la forme la plus riche et la plus diversifiée de l'expression d'une pensée multiforme. C'est à travers ce mode d'écriture et de parole que Diderot parvient sans doute le mieux à dépasser ses propres contradictions.

1. Dans *Goethe et Diderot.*

PEINTURE ET LITTÉRATURE

Parce qu'elles reflètent l'une et l'autre l'évolution des mentalités et des mœurs ainsi que celle des aspirations et des rêves, la peinture et la littérature se rejoignent tout au long du XVIIIe siècle.

Elles témoignent d'une réalité sociale et culturelle en mutation et des métamorphoses du goût. De l'univers des *Fêtes galantes*, si proche du théâtre italien, aux images moralisantes de la société bourgeoise laborieuse, ou aux évocations passionnées d'une nature aux prises avec les éléments, on observe un changement dans les thèmes d'inspiration. Or, ce changement n'est pas indépendant des préoccupations sociales ou affectives que l'on perçoit également à travers la littérature.

Les deux arts se rencontrent magnifiquement chez Diderot, qui met son talent et sa sensibilité d'écrivain au service de l'art pictural. Sa réflexion critique sur la peinture, à travers les *Salons* (voir p. 227), ouvre la voie à toutes les recherches esthétiques du XIXe siècle et, en particulier, à celles de Baudelaire.

Une convergence dans les thèmes d'inspiration

Images de la vie sociale. Au XVIIIe siècle, la peinture et la littérature ont en commun la représentation d'une réalité sociale et elles évoluent selon un constant parallélisme. Ainsi, Watteau (1684-1721) traduit à travers les couleurs sombres des *Fatigues de la guerre* la lassitude et le poids d'un état de violence que le siècle aura à supporter à de nombreuses reprises (voir p. 109). Cette œuvre préfigure certaines dénonciations littéraires de la guerre, comme celle de Voltaire dans *Candide*, ou celle de l'*Encyclopédie*.

La vie quotidienne trouve place dans les représentations picturales, comme dans les romans ou au théâtre. La société mondaine et raffinée que met en scène Marivaux se retrouve chez Watteau *(Les Plaisirs du bal)*, qui évoque l'époque brillante et frivole de la Régence. Boucher (1703-1770) se plaît à représenter, sous forme de portraits (celui de Madame de Pompadour, par exemple, voir p. 88) ou de scènes intimistes, dans des décors luxueux, les traits et le mode de vie d'une aristocratie oisive, aimant les arts et les fêtes. D'autres représentations, plus nettement licencieuses *(L'Odalisque blonde)* (voir p. 411) pourraient illustrer, comme certains tableaux de Fragonard (1732-1806) le libertinage des contes de Voltaire ou des romans de Laclos ou de Sade.

Au moment même où Diderot fait l'apologie de la vie familiale et prône, dans le drame bourgeois, une moralité reposant sur la valeur traditionnelle du travail, il trouve un écho dans les tableaux de Chardin (1699-1779) et de Greuze (1725-1805). Ces deux peintres offrent au public des scènes souvent pathétiques, qui émeuvent par la sincérité des attitudes, par l'expressivité des gestes et des physionomies. *Le Fils puni, L'Accordée de village* (voir pp. 232 et 234) de Greuze peignent des situations heureuses ou douloureuses mais toujours émouvantes, qui évoquent *Le Fils puni* (voir p. 232) ou certains passages des *Confessions* (voir p. 294) de Rousseau. *Le Bénédicité, La Mère laborieuse* de Chardin (voir pp. 135 et 153) illustrent la vie sérieuse, tranquille et laborieuse de cette classe bourgeoise dont les encyclopédistes vantent les mérites. Certains tableaux de ces deux peintres correspondent tout à fait à la description réaliste et élogieuse que Jaucourt fait des paysans et des ouvriers dans l'article « Peuple » de l'*Encyclopédie*. La peinture rejoint la littérature dans sa fonction de témoignage social.

Le monde magique du théâtre et de la mythologie. La peinture révèle aussi l'importance et l'extraordinaire vitalité du théâtre au XVIIIe siècle. Cet univers mystérieux et ambigu constitue le thème privilégié de peintres comme Gillot (1673-1721), Watteau et Lancret (1690-1743). Leur domaine de prédilection est le théâtre italien. Les personnages traditionnels – Pierrot, Arlequin et Colombine –, qui sont aussi ceux des pièces de Marivaux, évoluent dans des décors à mi-chemin entre le rêve et la réalité. Watteau excelle à rendre l'atmosphère légèrement embrumée de ces réunions champêtres un peu mélancoliques où dansent et se rencontrent, se plaisent et se quittent les acteurs des « fêtes galantes ». Ce titre vient d'un tableau du même Watteau, représentant le divertissement donné en final d'une pièce de Dancourt *(Trois Cousines)*. Il servit ensuite à désigner toutes les scènes du même genre qui représentent les divertissements éphémères et légers d'une société qui joue, comme au théâtre, aux jeux de la séduction et du libertinage, dans de grands parcs ombragés. Cette peinture traduit le charme brillant et déjà nostalgique de décors inspirés du carnaval et des mascarades (*Les Fêtes vénitiennes*, de Watteau). L'inspiration de l'époque s'oriente aussi vers des scènes marquées par la mythologie. Les paysages arcadiens[1] recréent une nature tantôt familière, tantôt sauvage, celle que célèbrent avec émotion Delille et Rousseau.

Orages et passions. Le monde factice et illusoire du théâtre et l'univers mythologique des bergers d'Arcadie côtoient, à travers la littérature et la peinture, celui des émotions violentes et des passions. À l'image du génie poétique défini par Diderot (voir p. 236) se développe une sensibilité qui se plaît dans une nature primitive et dans les émotions fortes. Une poétique des ruines souligne la grandeur sauvage des lieux que le temps a détruits, mais qui survivent à l'homme. *Le Pont du Gard* ou *La Galerie du Louvre en ruine*, d'Hubert Robert (1733-1808), suscitent l'admiration enthousiaste de Diderot. Joseph Vernet (1714-1789) multiplie les représentations de cascades, de tempêtes et de naufrages. *L'Orage* ou *La Charrette embourbée* de Fragonard (voir p. 236) traduit le déchaînement impressionnant des éléments dans un déploiement de couleurs contrastées. La peinture rejoint les évocations de Diderot ou celles de Rousseau (éloge du voyage en montagne dans le Livre IV des *Confessions*) et leur goût pour les paysages tourmentés, qui correspondent aux tumultes de

1. L'Arcadie est une région du Péloponèse célébrée, dès la poésie latine et grecque, comme le pays du bonheur. Cette fiction se retrouve dans la littérature et dans l'art, de la Renaissance au XVIIIe siècle.

Antoine Watteau (1684-1721), *Les Plaisirs du bal*, 0,52 × 0,65 m (Londres, The Governors of the Dulwich Picture Gallery).

l'âme. La peinture et la littérature sont ici l'expression d'une sensibilité dont les mouvements annoncent le romantisme et les flamboiements passionnés d'un Delacroix.

Naissance de la critique esthétique

La rencontre de la peinture et de la littérature s'incarne de manière magistrale en Diderot. Dans les *Salons*, qui correspondent à des expositions régulières (tous les deux ans, de 1759 à 1781), il présente, pour *La Correspondance littéraire* de son ami Grimm, les tableaux exposés à Paris. Leur description conduit à un jugement et à l'élaboration des principes d'une esthétique qu'il précise dans l'*Essai sur la peinture* (1765) et dans les *Pensées détachées sur la peinture* (1781). L'interrogation sur la notion de beau se trouve d'ailleurs au centre d'un débat qui conduit à admettre qu'il n'y a pas de beau absolu, mais plusieurs beaux relatifs : c'est le point de vue que propose Voltaire dans l'article « Beau » de son *Dictionnaire philosophique* (voir p. 110).

Pour Diderot, ce qui fait la valeur d'une œuvre picturale tient à trois critères essentiels : sa moralité, l'émotion qu'elle inspire et l'impression immédiate de vie qu'elle suggère. On retrouve là les idées développées par le créateur du drame bourgeois (voir p. 234). On comprend alors que Diderot mette dans l'expression de ses analyses critiques la vivacité et l'enthousiasme qui animent la plupart de ses œuvres. L'écriture passionnée se met au service d'une critique émotionnelle, et la critique elle-même devient œuvre d'art et expression d'une sensibilité. « Ô les belles, les sublimes ruines ! quelle fermeté, et en même temps quelle légèreté, sûreté, facilité de pinceau ! Quel effet ! quelle grandeur ! quelle noblesse ! » s'écrie-t-il (et écrit-il) devant un tableau d'Hubert Robert. Le même élan caractérise ses études des tableaux de Chardin : « Ô Chardin ! ce n'est pas du blanc, du rouge, du noir que tu broies sur ta palette : c'est la substance même des objets, c'est l'air et la lumière que tu prends à la pointe de ton pinceau et que tu attaches sur la toile. »

Éminemment subjective, cette critique est parfois plus révélatrice de Diderot lui-même que de l'œuvre qu'elle présente. Les admirations et les haines de l'écrivain sont parfois inattendues ; leurs justifications nous donnent de très belles pages d'analyse. Avec Diderot naît une critique passionnée et passionnelle, que reprendront les écrivains du siècle suivant sous la forme même des *Salons*, ceux de Baudelaire, de Gautier, de Zola...

MATÉRIALISME ET ATHÉISME
HELVÉTIUS, D'HOLBACH

Aert Schouman (1710-1792), *Le Naturaliste*, aquarelle, 0,24 × 0,20 m (Paris, musée du Louvre, cabinet des Dessins).

Dans le climat contestataire du XVIIIe siècle, la remise en cause de la religion, la réflexion sur les origines du monde et les progrès de la pensée rationaliste et scientifique créent un terrain favorable au développement de l'athéisme et du matérialisme. Déjà actifs au siècle précédent, ces deux mouvements se rencontrent essentiellement sur trois thèmes : celui de l'explication rationaliste du monde, fondée sur l'idée d'une existence première de la matière ; celui de la nature humaine déterminée par une connaissance uniquement sensible des choses et des êtres ; celui d'une morale individuelle et sociale totalement séparée de la religion. Cette dernière est, en effet, jugée non seulement inutile mais dangereuse. Ces orientations convergentes sont illustrées par la démarche, la pensée et les ouvrages de plusieurs philosophes parmi lesquels, outre La Mettrie et Diderot, on peut citer Helvétius et d'Holbach.

DES CIRCONSTANCES FAVORABLES

L'athéisme, qui consiste à nier l'existence d'un dieu créateur, rejoint (et cela depuis Épicure[1] et Lucrèce[2]) les théories selon lesquelles non seulement le monde, mais aussi la sensibilité, la pensée et le jugement des hommes sont nés de la matière. Selon les philosophes dits matérialistes, cette matière est capable de mouvement. Elle est aussi animée des combinaisons nécessaires pour engendrer la vie. Il n'est donc plus nécessaire de faire appel à une existence divine pour expliquer l'univers.

L'explication matérialiste, qui remplace de cette façon l'idée d'une création divine, trouve sans doute un climat favorable dans les multiples attaques que subissent la religion et l'Église. Au moment où Helvétius et d'Holbach, philosophes athées et matérialistes, composent leurs ouvrages les plus virulents, la religion a déjà été violemment mise en cause par Montesquieu, par Voltaire et par l'*Encyclopédie* (voir p. 185). Le terrain est ainsi préparé. Avec une grande violence dénonciatrice, Helvétius fait dans *De l'esprit*[3] une récapitulation des horreurs du fanatisme religieux. Dans *La Contagion sacrée*[4], d'Holbach récuse les miracles et oppose aux croyances (qu'il assimile à des superstitions) la logique et la raison.

En dénonçant catégoriquement les religions, ces philosophes dénoncent également leur poids et leur autorité sur le triple plan métaphysique, moral et social. Même le domaine politique est atteint. L'athéisme militant apparaît alors comme une attitude cohérente face à ce que La Mettrie, d'Holbach et Helvétius, entre autres, considèrent comme les formes les plus inacceptables du fanatisme, de la superstition et de l'intolérance.

Parallèlement, le matérialisme se nourrit aux sources mêmes du rationalisme et du progrès scientifique. La physique et la chimie naissantes (voir p. 33) distinguent les lois naturelles là où l'on voyait des manifestations non naturelles. L'univers et les êtres qui le peuplent sont perçus comme des machines dont les ressorts et les rouages peuvent être connus et analysés. C'est de cette manière que l'on envisage les découvertes de Newton, de Franklin[5] ou de l'abbé Nollet[6] sur les forces, la gravitation ou l'électricité. En imaginant que les hommes et les animaux ont évolué depuis leur origine, se transforment par sélection naturelle ou par adaptation au milieu, Maupertuis et Buffon apportent une vision critique de la *Bible*. Contrairement à ce qu'elle affirme, l'être humain n'aurait pas été créé sous une forme parfaite et définitive.

UN NOUVEAU SYSTÈME DE PENSÉE

À partir de ces données nouvelles (origine matérielle du monde, évolution, refus de Dieu), s'élabore tout un système de pensée qui conduit à une image différente de l'homme. Ainsi la vie et la pensée ne semblent plus être des mystères inexplicables. Puisque la matière n'est pas inerte, comme l'affirment ces philosophes, mais parcourue de « fluides », La Mettrie, Diderot et d'Holbach n'hésitent pas à définir la pensée comme une de ses propriétés essentielles. Constamment en mouvement, gérée par des lois qui ne connaissent aucun hasard, la matière constitue, selon les conceptions matérialistes, le principe unique de toute l'activité intellectuelle. Tout se fait en fonction de l'organisation de cette matière, dont l'existence précède donc celle de l'esprit. Chez chaque être, cette organisation est différente et plus ou moins complexe dans sa structure. Plus la structuration interne est perfectionnée, plus elle détermine, dans le système défendu par Helvétius et d'Holbach, d'aptitude à la sensibilité et à l'intelligence. En variant à l'infini l'architecture et la structure de la matière, la nature crée des êtres différents et inégaux.

1. Épicure, philosophe grec (341-270 av. J.-C.). Il fonda à Athènes l'école du « jardin » où il professait des théories matérialistes.
2. Lucrèce, poète latin (98-55 av. J.-C.), disciple d'Épicure, auteur du *De natura rerum*. Un extrait représentatif de la philosophie matérialiste, figure p. 208.
3. 1758, voir plus loin p. 250.
4. 1768.
5. Physicien américain (1706-1790).
6. Physicien français (1700-1770).

La matière est présentée comme étant à l'origine de toutes les opinions et de toutes les connaissances. Reprenant les théories de Locke[1] et des philosophes de l'école sensualiste (en particulier Condillac[2]), les matérialistes font de la perception sensible la source de toute découverte du monde et de tout savoir. C'est ce que s'attache à démontrer Helvétius dans le « Discours troisième » de *De l'esprit*.

Une nouvelle conception morale

Si l'on considère alors que la matière est première et l'esprit second, que l'homme est formé par un agrégat d'atomes en mouvement que déterminent ses actions, ses connaissances et ses jugements, sur quoi peut-on fonder les valeurs morales ?

Développant une tradition critique issue de l'humanisme du XVIe siècle et du rationalisme cartésien, les philosophes matérialistes affirment d'abord l'extrême relativité de ces valeurs. Ils y décèlent, comme le montre Helvétius dans *De l'esprit*, l'influence de facteurs physiques, liés aux circonstances et aux milieux. La vertu ne saurait représenter dans ce cas un idéal abstrait et désintéressé. Elle est considérée plutôt comme une nécessité s'imposant à chaque individu par son utilité et par son caractère raisonnable. La notion de bien ne vient, dans ces conditions, ni des enseignements de la religion, ni de la crainte d'un dieu, juge tout-puissant des actions des hommes. Les philosophes matérialistes et athées lui attribuent comme origine une réflexion logique, qui pousse chaque individu à se persuader de vivre en conformité avec la loi. C'est le raisonnement logique qui conduit à penser que chacun a besoin d'autrui et qu'il doit respecter les règles de la vie collective.

Bonheur et vie sociale

Que deviennent, dans cette optique, les notions de bonheur et de liberté ? Dans son refus de Dieu et de la religion, le matérialisme athée ne croit pas à une vie de l'âme après la mort. Aussi, faute de pouvoir laisser espérer à l'homme une félicité dans l'au-delà, conseille-t-il de chercher le bonheur sur terre. La quête du plaisir, suspecte aux yeux de la religion, se trouve réhabilitée. Certains, comme La Mettrie, la prônent même au-delà de toute décence. La pensée et la morale athée posent là un paradoxe. D'un côté, si l'homme n'a rien à attendre de Dieu, il faut lui accorder toute liberté pour qu'il fasse lui-même, sur terre, son propre bonheur. D'autre part cette recherche immédiate, non limitée par des impératifs moraux et dénuée d'idéal, peut menacer l'ordre social. Pourtant, peu de philosophes matérialistes et athées souhaitent un monde déréglé et sans morale sociale. Ils prônent des vertus civiques indépendantes de la religion, comme l'est la morale pour eux.

Si le rôle joué par l'intérêt et par l'amour-propre dans les relations sociales leur semble indubitable (comme le soulignait déjà La Rochefoucauld au siècle précédent), leur vision souvent pessimiste du monde n'exclut pas cependant la notion de progrès. Étroitement liée à la liberté, elle l'est aussi à l'éducation – laïque – qui doit libérer l'esprit de l'obscurantisme des traditions.

Les conceptions matérialistes et athées s'inscrivent ainsi dans le courant philosophique du XVIIIe siècle, mais elles le radicalisent en prenant la forme d'une protestation d'ensemble contre l'ordre établi et les religions révélées. Outre son explication rationaliste du monde, la philosophie athée se caractérise par une violente protestation contre ce qu'elle considère comme une inacceptable intrusion de la religion dans les domaines de la morale, de la politique et de la vie sociale.

1. Philosophe anglais (1632-1704), auteur de l'*Essai sur l'entendement humain* (1790).
2. Philosophe français (1714-1780), maître de l'école dite sensualiste, qui rattache toute forme de connaissance à la sensation. Il est l'auteur du *Traité des sensations* (1754).

Helvétius
1715-1771

Augustin de Saint-Aubin (1736-1807), *Helvétius*, gravure d'après un tableau de Michel Van Loo, 1773 (Paris, BN).

Admiré par Stendhal, ce philosophe vanté par ses amis et respecté par ses adversaires aura eu plus d'influence que ne le laissaient présager sa modestie naturelle et son relatif effacement comparé aux grandes figures de son temps.

En le baptisant le « sage de Voré », du nom de la terre où il aimait se retirer avec sa famille, Voltaire rend hommage aux qualités de celui qui fut, par sa vie, un véritable modèle d'honnête homme.

Un grand-bourgeois éclairé

Claude-Adrien Helvétius naît en 1715. Son père est le dernier d'une longue et riche lignée de médecins. Comme bien des enfants de la haute bourgeoisie, Helvétius a pour maîtres les jésuites du fameux collège Louis-le-Grand. Une fois ses études terminées, il obtient à vingt-trois ans seulement, grâce à de puissants appuis, la situation lucrative de fermier général. Percepteurs des impôts, les fermiers sont généralement haïs en raison des malversations par lesquelles on les accuse de s'enrichir aux dépens du peuple. Mais Helvétius s'acquitte de sa tâche avec une probité et une équité dignes d'éloges. Il trouve même dans cette expérience l'occasion d'analyser et de critiquer les abus de la monarchie et les incohérences de l'administration royale.

Il mène une vie très brillante, fréquente Buffon, Montesquieu et Voltaire. Il soutient financièrement la carrière hésitante de Marivaux. Ayant acquis une fortune suffisante pour pouvoir se consacrer entièrement à la philosophie, il renonce à sa charge en 1751, au tout début de la bataille encyclopédique.

Un philosophe aux prises avec la censure

Persuadé que les philosophes ont mission d'apprendre aux hommes comment devenir libres et éclairés, Helvétius attaque violemment les institutions de la société de l'Ancien Régime, et surtout les privilèges dont jouissent la noblesse et le clergé. Il reproche à Montesquieu d'en maintenir le principe dans *L'Esprit des lois*. Lui-même travaille à un grand ouvrage, *De l'esprit*. Publiée en 1758, au milieu de la bataille que mènent les encyclopédistes contre l'autorité royale et religieuse, cette œuvre tombe mal à propos. Elle est condamnée à être brûlée sur le même bûcher que l'*Encyclopédie*, en raison de ses idées matérialistes jugées révolutionnaires et dangereuses. Helvétius doit signer une rétractation officielle. Certains le lui reprochent comme une trahison, mais Voltaire et Rousseau prennent son parti, voyant en lui une victime exemplaire du despotisme.

Un patriarche « cultivant son jardin »

Cependant, Helvétius semble effrayé par la tempête qu'il soulève. Amer et déçu, il se retire à la campagne dans son domaine de Voré. Généreusement, il le gère d'après les principes de son idéal. Il en fait, suivant l'exemple de Voltaire à Ferney, une sorte de laboratoire économique et social. Il met ses terres en valeur selon les méthodes les plus modernes et offre aux habitants les conditions de vie et de travail les plus humaines qui soient. Son dernier livre, *De l'homme*, amplification des thèmes exposées dans *De l'esprit*, ne paraît qu'en 1773, deux ans après sa mort.

De l'esprit (1758), essai → pp. 250-253.
De l'homme, de ses facultés intellectuelles et de son éducation (1773, posthume), essai.

De l'esprit
1758

Les théologiens de la Sorbonne condamnèrent *De l'esprit* sous prétexte qu'il réunissait « toutes les sortes de poisons qui se trouvent répandus dans différents livres modernes ». Il est vrai que l'ouvrage comporte des théories et des attaques de nature à bouleverser les traditions et les croyances profondément enracinées. Il se compose de quatre discours.

Dans le « Discours premier », Helvétius pose que nos facultés et nos jugements relèvent d'une origine unique, la sensation.

Ces affirmations qui sont inspirées de la philosophie sensualiste[1] et des théories matérialistes, le conduisent à penser qu'il n'existe pas de vertu idéale et que les valeurs morales sont relatives. Il n'est donc pas réaliste, à ses yeux, de contraindre la nature humaine à respecter une vertu imposée par la religion. C'est là le thème du « Discours second ».

Le « Discours troisième » est consacré à démontrer que notre esprit est conditionné et modelé par le milieu dans lequel nous vivons, et par les perceptions que nous en avons.

Dans le « Discours quatrième », il est surtout question de l'éducation, qui revêt une importance capitale, car selon Helvétius, l'homme n'est ni bon ni mauvais dans son essence : il est ce qu'on le fait devenir.

Très marquée par les théories matérialistes, caractérisée par un violent athéisme, la pensée d'Helvétius, telle qu'elle se révèle dans *De l'esprit*, constituait un danger pour les institutions traditionnelles (la monarchie absolue de droit divin) et pour les croyances religieuses. C'est la raison pour laquelle cette œuvre, qui trouvait un écho favorable auprès des autres philosophes, a été impitoyablement traquée par la censure. Très en avance sur son temps, elle prônait un certain nombre d'idées qui se développeront plus tard : la séparation de l'Église et de l'État, une éducation rénovée et laïque, la mise en place de réformes économiques destinées à assurer le bonheur d'une nation.

« C'est donc uniquement par de bonnes lois qu'on peut former des hommes vertueux »

Prenant pour thème de réflexion les excès du fanatisme religieux, Helvétius s'interroge sur les moyens de conduire l'homme à se bien comporter vis-à-vis de ses semblables. En l'absence d'un appui religieux, c'est sur la notion d'intérêt individuel et collectif qu'il faut faire reposer les lois qui garantiront la morale et le respect d'autrui.

De quelle surprise [...] ne doit point être saisi, et le citoyen vertueux, et le chrétien pénétré de cet esprit de charité tant recommandé dans l'Évangile, lorsqu'il jette un coup d'œil sur l'univers passé ! Il y voit différentes religions évoquer toutes le fanatisme, et s'abreuver de sang humain. Ici ce sont des chrétiens libres, comme le prouve Warburton[2] d'exercer leur culte, s'ils n'eussent pas voulu

1. Philosophie d'après laquelle toutes les connaissances, les idées et les jugements viennent des sensations.

2. William Warburton : théologien anglican (1698-1779), évêque de Gloucester.

Alessandro Magnasco (1667-1749), *Scène d'Inquisition*, 0,44 × 0,82 m (Vienne, Kunsthistorisches Museum).
« Qu'on jette les yeux sur le nord, le midi, l'orient et l'occident du monde partout on voit [...] le vaste, le dégoûtant et l'horrible charnier de l'intolérance. »

détruire celui des idoles, qui, par leur intolérance, excitent la persécution des païens. Là, ce sont différentes sectes de chrétiens acharnées les unes contre les autres, qui déchirent l'empire de Constantinople : plus loin, s'élève en Arabie une religion nouvelle ; elle commande aux Sarrasins de parcourir la terre, le fer et la flamme à la main. Aux irruptions de ces barbares on voit succéder la guerre contre les infidèles : sous l'étendard des croisés, des nations entières désertent l'Europe pour inonder l'Asie, pour exercer sur leur route les plus affreux brigandages, et courir s'ensevelir dans les sables de l'Arabie et de l'Égypte. C'est ensuite le fanatisme qui met les armes à la main des princes chrétiens ; il ordonne aux catholiques le massacre des hérétiques ; il fait reparaître sur la terre ces tortures inventées par les Phalaris, les Busiris et les Néron[1] ; il dresse, il allume en Espagne les bûchers de l'Inquisition, tandis que les pieux Espagnols quittent leurs ports, traversent les mers, pour planter la croix et la désolation en Amérique. Qu'on jette les yeux sur le nord, le midi, l'orient et l'occident du monde, partout on voit le couteau sacré de la religion levé sur le sein des femmes, des enfants, des vieillards ; et la terre fumante du sang des victimes immolées aux faux dieux ou à l'Être suprême, n'offrir de toutes parts que le vaste, le dégoûtant et l'horrible charnier de l'intolérance. Or, quel homme vertueux, et quel chrétien, si son âme tendre est remplie de la divine onction qui s'exhale des maximes de l'Évangile, s'il est sensible aux plaintes des malheureux, et s'il a quelquefois essuyé leurs larmes, ne serait point, à ce spectacle, touché de compassion pour l'humanité, et n'essaierait point de fonder la probité, non sur des principes aussi respectables que ceux de la religion, mais sur des principes dont il soit moins facile d'abuser, tels que sont les motifs d'intérêt personnel ?

Sans être contraire aux principes de notre religion, ces motifs suffisent pour nécessiter[2] les hommes à la vertu. La religion des païens, en peuplant l'olympe de scélérats, était sans contredit moins propre que la nôtre à former des hommes justes. Qui peut cependant douter que les premiers Romains n'aient été plus vertueux que nous ! Qui peut nier que les maréchaussées n'aient désarmé plus de brigands que la religion ? Que l'Italien, plus dévot que le Français, n'ait, le chapelet en main,

1. Phalaris, Busiris et Néron : respectivement tyran d'Agrigente (570-554 av. J.-C.), roi légendaire d'Égypte et empereur romain (37-68 ap. J.-C.). Le premier faisait brûler ses ennemis dans un taureau en bronze. Le second offrait en sacrifice aux dieux tous les étrangers qui passaient par son royaume. Quant au dernier, sa folie meurtrière s'exerça à travers les supplices infligés aux chrétiens et l'amena, prétend-on, à incendier Rome pour le seul plaisir de chanter des vers en contemplant le grandiose spectacle de la cité en feu.
2. C'est-à-dire pour obliger les hommes à vivre vertueusement.

fait plus d'usage du stylet et du poison ? Et que dans le temps, où la dévotion est plus ardente et la police plus imparfaite, il ne se commette infiniment plus de crimes que dans les siècles où la dévotion s'attiédit et la police se perfectionne ?

C'est donc uniquement par de bonnes lois qu'on peut former des hommes vertueux. Tout l'art du législateur consiste donc à forcer les hommes, par le sentiment de l'amour d'eux-mêmes, d'être toujours justes les uns envers les autres. Or pour composer de pareilles lois, il faut connaître le cœur humain ; et préliminairement savoir que les hommes, sensibles pour eux seuls, indifférents pour les autres, ne sont nés ni bons, ni méchants, mais prêts à être l'un ou l'autre, selon qu'un intérêt commun les réunit ou les divise ; que le sentiment de préférence que chacun éprouve pour soi, sentiment auquel est attachée la conservation de l'espèce, est gravé par la nature d'une manière ineffaçable ; que la sensibilité physique a produit en nous l'amour du plaisir et la haine de la douleur ; que le plaisir et la douleur ont ensuite déposé et fait éclore dans tous les cœurs le germe de l'amour de soi, dont le développement a donné naissance aux passions, d'où sont sortis tous nos vices et toutes nos vertus.

Helvétius, *De l'esprit*, « Discours second », 24.

« L'éducation d'un jeune homme doit se prêter aux différents partis qu'il peut prendre »

Entièrement construit et nourri par l'expérience sensible, modelé par toutes les conditions matérielles de l'existence, l'esprit peut être transformé. L'éducation joue donc un rôle fondamental. Elle peut répondre non seulement à l'intérêt de l'individu mais aussi à celui de l'État. Helvétius développe ainsi l'idée selon laquelle il revient à l'État d'épanouir chez les individus les qualités qui seront utiles à l'administration et à la collectivité.

Je conviendrai, si on le veut, qu'au sortir de ses classes, un jeune homme est fort instruit des finesses de l'expression latine : mais, dans cette supposition même, je demanderai si l'on doit payer cette connaissance du prix de huit ou dix ans de travail ; et si, dans la première jeunesse, dans l'âge où la curiosité n'est combattue par aucune passion, où l'on est par conséquent plus capable d'application, ces huit ou dix années consommées dans l'étude des mots, ne seraient pas mieux employées à l'étude des choses, et surtout des choses analogues au poste qu'on doit vraisemblablement remplir. Non que j'adopte les maximes trop austères de ceux qui croient qu'un jeune homme doit se borner uniquement aux études convenables à son état. L'éducation d'un jeune homme doit se prêter aux différents partis qu'il peut prendre : le génie veut être libre. Il est même des connaissances que tout citoyen doit avoir : telle est la connaissance et des principes de la morale et des lois de son pays. Tout ce que je demanderais, c'est qu'on chargeât principalement la mémoire d'un jeune homme des idées et des objets relatifs au parti qu'il doit vraisemblablement embrasser. Quoi de plus absurde que de donner exactement la même éducation à trois hommes, dont l'un doit remplir les petits emplois de la finance, et les deux autres les premières places de l'armée, de la magistrature ou de l'administration ? Peut-on sans étonnement les voir s'occuper des mêmes études jusqu'à seize ou dix-sept ans, c'est-à-dire jusqu'au moment où ils entrent dans le monde, et que, distraits par les plaisirs, ils deviennent souvent incapables d'application ?

Quiconque examine les idées dont on charge la mémoire des jeunes gens, et compare leur éducation avec l'état qu'ils doivent remplir, la trouve aussi folle que l'eût été celle des Grecs, s'ils n'eussent donné qu'un maître de flûte à ceux qu'ils envoyaient aux jeux olympiques y disputer le prix de la lutte ou de la course.

Mais, dira-t-on, si l'on peut faire un bien meilleur emploi du temps consacré à l'éducation, que n'essaie-t-on de le faire ? À quelle cause attribuer l'indifférence où l'on reste à cet égard ? Pourquoi met-on, dès l'enfance, le crayon dans les mains du dessinateur ? Pourquoi place-t-on, à cet âge, les doigts du musicien sur le manche de son violon ? Pourquoi l'un et l'autre de ces artistes reçoivent-ils une éducation si convenable à l'art qu'ils doivent professer, et néglige-t-on si fort l'éducation des princes, des grands, et généralement de tous ceux que leur naissance appelle aux grandes places ? Ignore-t-on ce que les vertus, et surtout les lumières des grands, ont d'influence sur le bonheur ou le malheur des nations ? Pourquoi donc abandonner au hasard une partie si essentielle à l'administration ? Ce n'est pas, répondrai-je, qu'on ne trouve dans les collèges une infinité de gens éclairés qui connaissent également, et les vices de l'éducation, et les remèdes qu'on y peut apporter ; mais, que peuvent-ils faire sans l'aide du gouvernement ? Or, les gouvernements doivent peu s'occuper du soin de l'éducation publique. Il ne faut pas, à cet égard, comparer les grands empires aux petites républiques. Dans les grands empires, on sent rarement le besoin pressant d'un grand homme : les grands États se soutiennent par leur propre masse. Il n'en est pas ainsi d'une république telle, par exemple, que celle de Lacédémone[1]. Elle avait, avec une poignée de citoyens, à soutenir le poids énorme des armées de l'Asie. Sparte[1] ne devait sa conservation qu'aux grands hommes qui naissaient successivement pour la défendre. Aussi, toujours occupée du soin d'en former de nouveaux, c'était sur l'éducation publique que devait se porter la principale attention du gouvernement.

Helvétius, *De l'esprit*, « Discours quatrième », 17.

François Hubert Drouais (1727-1775), *Le Duc de Berry et le comte de Provence* (São Paulo, musée d'Art).

1. Lacédémone ou Sparte : ancienne cité grecque, grande rivale d'Athènes, réputée pour la rigueur de ses mœurs : société égalitaire, essentiellement guerrière, elle imposait à ses enfants une éducation particulièrement austère destinée à les endurcir et à en faire des soldats d'un courage et d'une endurance à toute épreuve. Aux yeux de philosophes comme Helvétius ou Rousseau, Sparte oppose la saine vertu de sa simplicité au luxe corrupteur de civilisations plus brillantes, comme celles d'Athènes ou de l'Orient.

D'Holbach
1723-1789

Louis Carmontelle (1717-1806), *Le Baron d'Holbach*, dessin, 0,29 × 0,18 m, 1766 (Chantilly, musée Condé).

En se prétendant victime d'un complot ourdi par la « coterie holbachique », Rousseau a sans doute contribué à fixer une image assez peu sympathique du baron d'Holbach. Il s'agit pourtant d'un homme généreux, qui a su dépenser ses forces, son intelligence et son argent au service du combat philosophique.

Un homme fortuné

Né en Allemagne en 1723, Paul Henri Dietrich Thiry doit sa fortune et son titre nobiliaire à un oncle dont il hérite et qui lui fait donner une excellente éducation. Il s'initie aux sciences et aux idées les plus modernes en Hollande, à l'université de Leyde. Ayant acquis la nationalité française, il vient s'établir en 1749 dans une superbe demeure qu'il possède à Paris. Il y donne l'exemple d'une réussite sociale éclatante. Riche, indépendant, bon père et bon époux, il mène une vie mondaine extrêmement fastueuse.

Un mécène et un combattant des Lumières

Le baron d'Holbach fréquente les philosophes et notamment Diderot, avec qui il noue une profonde amitié. Tout naturellement, il participe à l'entreprise de l'*Encyclopédie* : il y apporte son enthousiasme, ses immenses connaissances et le poids de sa fortune. Quand la censure suspend la parution de l'ouvrage, il n'hésite pas à poursuivre le travail de rédaction et d'édition dans la clandestinité.

Il anime régulièrement dans son hôtel particulier un salon qui est, de 1759 à 1778, un des hauts lieux de la pensée philosophique. Les hommes les plus illustres du moment s'y rencontrent : des écrivains, comme Diderot et Rousseau, des savants comme Buffon, des juristes comme Beccaria. Longtemps parmi les habitués, Rousseau se brouille avec d'Holbach et englobe alors, dans son ressentiment et dans son amertume, tout le groupe qu'il désigne par la « secte » ou la « coterie holbachique » et qu'il accuse de persécution à son égard.

L'œuvre d'un militant

Soutien financier de l'*Encyclopédie*, d'Holbach écrit lui-même un grand nombre d'articles. Les sciences physiques et l'histoire sont ses domaines favoris. Il compose aussi des essais et des pamphlets dans lesquels il critique avec virulence la religion et expose une philosophie matérialiste et athée : *Le Christianisme dévoilé* (1761), *La Contagion sacrée* (1768), et surtout *Le Système de la nature* (1770). La prudence lui impose de les faire publier à l'étranger. Il évite même, généralement, de les signer.

La mort de Diderot (1784) semble inspirer à d'Holbach un désir de retraite. C'est alors dans une grande discrétion qu'il achève une existence d'homme intègre, jusqu'au bout fidèle à ses idéaux. Il disparaît l'année même où la Révolution paraît vouloir les réaliser.

Le Christianisme dévoilé (1761), essai.
La Contagion sacrée (1768), essai → pp. 255-256.
Le Système de la nature, ou Des lois du monde physique et du monde moral (1770), essai → pp. 256-258.
Le Bon Sens (1772), essai.
La Morale universelle (1776), essai.

La Contagion sacrée

1768

Dans cet ouvrage d'Holbach fait preuve d'une attitude très critique et provocatrice à l'égard de la religion.

Il veut d'abord (chap. I) démontrer les origines purement terrestres et humaines de toutes les croyances. Il peut ainsi nier les miracles et le caractère surnaturel qu'elles revendiquent (chap. II, III, IV). Il souligne ensuite la complicité qu'elles ont toujours nouée, selon lui, avec la tyrannie (chap. V, VI, VII). D'Holbach dénonce enfin le fanatisme qu'elles inspirent et l'oppose aux exigences de la tolérance, indispensable à la paix civile (chap. VIII, IX). Il croit pouvoir en conclure que non seulement la religion ne peut être la base des valeurs morales, mais qu'elle pourrait même corrompre la vertu naturelle de l'homme, le condamnant au malheur (chap. X, XI, XII, XIII, XIV). Jugeant impossible de purifier les religions d'aspects qu'il juge superstitieux et obscurantistes, il propose de lutter contre leur influence par tous les moyens de la raison (chap. XV).

Le ton du livre prend souvent la vigueur d'un véritable pamphlet. L'auteur multiplie les attaques contre tout ce qu'il voit d'irrationnel dans la religion. Dans la tradition des œuvres de Bayle (voir p. 23) et du *Dictionnaire philosophique* de Voltaire (voir p. 108), il veut prouver à la fois le caractère antinaturel et antisocial de ses commandements, de ses dogmes et de ses pratiques. Il la réduit par là à un simple instrument de manipulation des esprits, arme rêvée de tous les despostismes. L'athéisme radical de d'Holbach se double ainsi d'un anticléricalisme féroce. Tout en prêchant la tolérance pour les idées de toute nature, il semble en exclure les opinions religieuses, incompatibles, à ses yeux, avec le principe même de tolérance.

« Il n'y eut que la *Religion* qui pût opérer ces miracles »

Ce passage donne une juste idée de la virulence manifestée par d'Holbach dans sa critique de la religion. Il se réfère souvent à l'Antiquité et à l'histoire pour illustrer sa démarche. Mais c'est toujours pour en tirer des lois d'ensemble, simples et constantes comme les lois de la nature.

La faiblesse, l'ignorance, les vices et la méchanceté des princes les mirent presque toujours dans l'impossibilité de se passer des secours du sacerdoce ; ils en eurent besoin pour tyranniser plus sûrement et contenir des sujets que leurs caprices et leurs folies faisaient gémir sans cesse. Privés de lumières et de talents, engourdis dans la mollesse, engourdis dans les grandeurs, trompés dans la flatterie, et plus souvent encore emportés par des passions auxquelles ils n'avaient point appris à

William Hogarth (1697-1764), *Crédulité, Superstition et Fanatisme*, gravure, 1762 (Paris, BN).

résister, les souverains ne connurent presque jamais leurs devoirs, les rapports nécessaires qui subsistaient entre eux et leurs sujets, les mobiles qu'il fallait employer pour les faire concourir aux vues de la politique, les intérêts qui les liaient à leurs peuples, les lois qui convenaient le mieux à leurs besoins. En un mot ils ignorèrent presque toujours en quoi consiste la vraie puissance d'un État et la vraie grandeur d'un souverain ; il fallut régner par le préjugé secondé de la force ; le caprice fut leur unique loi ; un pouvoir *sans bornes* fut l'objet de tous leurs vœux, et, devenus les ennemis les plus cruels de leurs peuples, il fallut chercher des moyens surnaturels pour les contenir, pour les empêcher de résister au mal qu'on leur faisait éprouver, enfin pour éteindre dans les cœurs *l'amour du bien-être* et de la *liberté*. Il n'y eut que la *Religion* qui pût opérer ces miracles ; c'est à elle seule qu'il appartient de triompher de la raison, d'étouffer la nature et de rendre les peuples complices des maux dont ils sont accablés. Par son secours les souverains devinrent pour la plupart des tyrans et crurent n'avoir point à craindre les inconvénients de la tyrannie.

D'Holbach, *La Contagion sacrée*, chapitre VI.

Le Système de la nature ou Des lois du monde physique et moral

1770

Cet ouvrage, qui constitue la synthèse de la pensée de d'Holbach, est sans doute le plus important qu'ait écrit ce philosophe. Il y affirme que « l'homme est un être purement physique » et rejette la distinction traditionnelle de l'âme et du corps. Toutes les fonctions intellectuelles ne sont que des effets produits, selon lui, par l'être matériel. Quant à l'univers, il n'a, aux yeux de d'Holbach, aucun mystère : « Ce vaste assemblage de tout ce qui existe ne nous offre partout que de la matière et du mouvement. »

On retrouve là les données fondamentales de la pensée matérialiste : certitude d'une explication possible de l'univers par la science, refus de la croyance en ce qui est de l'ordre de la spiritualité, nécessité de faire reposer la morale individuelle et sociale sur les lois naturelles.

Mieux que dans tout autre ouvrage, d'Holbach montre dans *Le Système de la nature* le rapport qui se noue entre sa philosophie et sa culture. L'intérêt qu'il porte aux sciences de la nature et à la chimie, en plein essor à son époque, donne à son matérialisme des bases rigoureuses et cohérentes. D'Holbach apparaît ainsi comme l'annonciateur de la seule grande « religion » du XIXe siècle, le positivisme, véritable culte rendu à la science et à ses conquêtes.

« Mens sana in corpore sano »

Si l'on admet, avec les philosophes matérialistes, que le corps est la cause agissante et première de tout ce que nous attribuons à l'âme, il apparaît que toute modification du corps influe sur l'esprit. Dans cet extrait, d'Holbach défend donc l'idée que le meilleur moyen de rehausser l'être moral est d'améliorer les conditions matérielles de l'existence. Il convient aussi, d'après lui, d'accorder au corps tout le soin qu'il réclame.

Si nous voulons nous faire des idées claires de notre âme, soumettons-la donc à l'expérience, renonçons à nos préjugés, écartons les conjectures théologiques, déchirons des voiles sacrés qui n'ont pour objet que d'aveugler nos yeux et de confondre notre raison. Que le physicien, que l'anatomiste, que le médecin réunissent leurs expériences et leurs observations pour nous montrer ce que nous devons penser d'une substance qu'on s'est plu à rendre méconnaissable ; que leurs découvertes apprennent au moraliste les vrais mobiles qui peuvent influer sur les actions des hommes ; aux législateurs les motifs qu'ils doivent mettre en usage pour les exciter à travailler au bien-être général de la société ; aux souverains les moyens de rendre véritablement et solidement

Pierre Subleyras (1699-1749), *Caron passant les ombres*, 1,35 × 0,83 m (Paris, musée du Louvre). *« Mens sana in corpore sano. »*

heureuses les nations soumises à leur pouvoir. Des âmes physiques et des besoins physiques demandent un bonheur physique et des objets réels et préférables aux chimères dont depuis tant de siècles on repaît nos esprits. Travaillons au *physique* de l'homme, rendons-le agréable pour lui, et bientôt nous verrons son *moral* devenir et meilleur et plus fortuné ; son âme rendue paisible et sereine, sa volonté déterminée à la vertu par les motifs naturels et palpables qu'on lui présentera. Les soins que le législateur donnera au physique formeront des citoyens sains, robustes et bien constitués qui, se trouvant heureux, se prêteront aux impulsions utiles que l'on voudra donner à leurs âmes. Ces âmes seront toujours vicieuses quand les corps seront souffrants et les nations malheureuses. *Mens sana in corpore sano.* Voilà ce qui peut constituer un bon citoyen.

Plus nous réfléchirons et plus nous demeurerons convaincus que l'âme, bien loin de devoir être distinguée du corps, n'est que ce corps lui-même envisagé relativement à quelques-unes de ses fonctions, ou à quelques façons d'être et d'agir dont il est susceptible tant qu'il jouit de la vie. Ainsi l'âme est l'homme considéré relativement à la faculté qu'il a de sentir, de penser et d'agir d'une façon résultante de sa nature propre, c'est-à-dire, de ses propriétés, de son organisation particulière et des modifications durables ou transitoires que sa machine éprouve de la part des êtres qui agissent sur elle.

Ceux qui ont distingué l'âme du corps, ne semblent avoir fait que distinguer son cerveau de lui-même. En effet le cerveau est le centre commun où viennent aboutir et se confondre tous les nerfs répandus dans toutes les parties du corps humain : c'est à l'aide de cet organe intérieur que se font toutes les opérations que l'on attribue à l'âme, ce sont des impressions, des changements, des mouvements communiqués aux nerfs qui modifient le cerveau ; en conséquence il réagit, et met en jeu les organes du corps, ou bien il agit sur lui-même et devient capable de produire au-dedans de sa propre enceinte une grande variété de mouvements, que l'on a désignés sous le nom de facultés intellectuelles.

D'Holbach, *Le Système de la nature*, chapitre I, 7.

Problèmes religieux et tolérance

Gian Battista Tiepolo (1696-1770), *Ecce Homo*, 0,58 × 0,40 m (Caen, musée des Beaux-Arts).

Les questions religieuses sont au centre du débat philosophique et politique du XVIIIe siècle. La France est une monarchie de droit divin dans laquelle le catholicisme est religion d'État. Ces deux données historiques permettent de comprendre la nature des enjeux et des conflits qui se font jour tout au long du siècle, et dont certains ne sont que la résurgence de problèmes plus anciens.

La remise en cause des institutions atteint naturellement la religion : les philosophes, loin d'être tous athées, lui reprochent en effet certaines formes d'intolérance indissociables d'ailleurs du pouvoir politique. Le problème janséniste, la querelle des jésuites et des encyclopédistes, la question protestante sont autant de points sur lesquels les philosophes s'opposent au pouvoir. Leur démarche, à la fois dénonciatrice et constructive, aboutira à des réformes qui viseront à un meilleur respect des droits de l'homme.

La question janséniste

Elle était déjà très vive au siècle précédent, qui a vu naître le mouvement. Disciples de Jansénius[1] (1588-1638), les jansénistes restent fidèles au dogme catholique qu'ils interprètent dans un sens extrêmement sévère et pessimiste. L'homme est, selon eux, incapable de mériter par ses actes le salut de son âme. Seuls quelques « élus » bénéficient, de manière prédestinée de la grâce divine. Considérés comme une dangereuse force dans l'État (véritables humanistes, ils enseignent et ont leurs propres écoles ; de plus, ils ont tendance à contester le pouvoir royal), ils sont condamnés à la fois par le pape (dans la bulle *Unigenitus* en 1712) et par le roi. Celui-ci fait détruire, en 1711, leur monastère le plus important, l'abbaye de Port-Royal des Champs, près de Paris. Malgré ces persécutions, l'influence des jansénistes reste forte jusqu'à la Révolution. Une partie du petit clergé est séduite par la ferveur de leur foi. Bien des prêtres trouvent dans le jansénisme l'occasion d'exprimer leurs protestations devant une hiérarchie ecclésiastique trop liée aux puissances terrestres. La haute bourgeoisie et les magistrats approuvent un rigorisme moral auquel ils adhèrent volontiers.

Sans partager tous les aspects de la pensée janséniste (ils lui reprochent en effet de ne pas être rationaliste), les philosophes modèrent leurs critiques à l'égard du mouvement : d'abord les jansénistes figurent parmi les victimes

1. Théologien hollandais, devenu évêque d'Ypres, qui exposa dans l'*Augustinus* la doctrine de saint Augustin. Cet ouvrage est à l'origine du conflit opposant les jansénistes à l'Église.

de l'intolérance ; ensuite leur combat contre les jésuites rejoint celui des encyclopédistes. Ainsi dans les *Lettres persanes*[1], Montesquieu dénonce la discrimination qui atteint les jansénistes. Dans *L'Ingénu*, Voltaire fait du bonhomme Gordon, janséniste embastillé, le compagnon sympathique et bienveillant de son héros.

Les jésuites et les philosophes

Fondée en 1540 par Ignace de Loyola, la Compagnie de Jésus est un ordre religieux structuré sur le modèle d'une véritable armée. Cet ordre militant a joué un rôle important dans la lutte contre le protestantisme renaissant. C'est, par ailleurs, un ordre qui continue à avoir une grande influence sur la formation des élites du royaume : les jésuites sont à la tête d'un grand nombre de collèges prestigieux.

Leurs publications, comme les *Mémoires de Trévoux*[2], puis le *Dictionnaire de Trévoux*, manifestent un certain esprit d'ouverture aux progrès scientifiques, et même au rationalisme.

Mais les jésuites se livrent aussi à une active propagande et attaquent régulièrement les jansénistes, et surtout les encyclopédistes, dont ils deviennent les adversaires acharnés. Leurs violentes critiques contre l'*Encyclopédie* jouent un rôle essentiel dans l'interdiction qui frappe l'entreprise, en 1752 puis en 1759. Voltaire engage une véritable bataille avec un de leurs responsables, le père Berthier, qu'il ridiculise à coup de pamphlets incendiaires[3].

Bien qu'ils soient influents et protégés à la fois par le pape et par le roi, les jésuites font naître une hostilité grandissante. L'action conjuguée des jansénistes, avec qui ils sont en conflit idéologique, et des philosophes, appuyée par celle des libertins et de certains nobles aboutit à une fermeture progressive de leurs écoles (1761). La Compagnie est chassée de France en 1764. Elle ne sera rétablie qu'en 1814.

Le problème protestant

Lorsqu'il révoque l'édit de Nantes en 1685[4], Louis XIV cède aux pressions du parti catholique, qui n'a jamais renoncé à rétablir l'unité religieuse du royaume. Il rallume ainsi les terribles conflits qui avaient assombri la France au XVIe siècle. De nouveau persécutés, les protestants sont contraints, lorsqu'ils ne veulent pas abjurer leur foi, à l'exil. Ceux qui restent doivent se battre contre les soldats du roi, tandis que ceux qui partent vont apporter une contribution irremplaçable à l'essor économique et politique des États du nord de l'Europe qui les accueillent. Les philosophes sont nombreux à dénoncer non seulement l'intolérance dont les protestants sont les victimes, mais encore l'absurdité qu'il y a à rejeter ceux dont la présence et le travail contribuaient largement à la vie économique du pays. Plusieurs « affaires » donnent l'occasion à Voltaire de mettre en pleine lumière la discrimination inacceptable qui frappe les familles protestantes qui ont choisi de rester en France. En prenant fait et cause pour Calas et pour Sirven, en consacrant plusieurs années de recherches et de combat à faire éclater la vérité et réhabiliter ces deux protestants injustement condamnés, Voltaire contribue à faire évoluer la condition de tous les protestants. En 1787, l'édit de Tolérance, proclamé par Louis XVI, rétablira les protestants dans tous leurs droits : état civil, liberté de culte, droit d'exercer la profession de leur choix et de se marier.

Le combat pour la tolérance : vers une religion idéale

Dans ces conditions, on comprend qu'une des préoccupations majeures des philosophes ait été de prendre position contre les différentes formes d'intolérance religieuse et de les dénoncer. Très virulente chez les adeptes de l'athéisme comme Helvétius et d'Holbach, plus insidieuse chez Diderot et dans l'*Encyclopédie*[5], cette dénonciation n'est pourtant pas le signe d'un refus catégorique de la religion. Il faut, en effet, remarquer que les philosophes sont plutôt partisans d'un déisme qui ne met pas en cause l'existence d'un dieu unique. Ce qu'ils combattent est essentiellement le fanatisme, dont ils attribuent l'origine à la diversité des croyances et des rites. Parallèlement à leur conception d'un « despotisme éclairé », leur idéal religieux pourrait être défini comme celui d'un « déisme éclairé », religion dans laquelle le croyant serait en relation directe et personnelle avec Dieu, sans passer par l'intermédiaire de dogmes, de rites et de prêtres. Cette religion se trouve partiellement définie dans la Lettre 46 de Montesquieu[6], dans la « Prière à Dieu »[7] de Voltaire ou dans le chapitre XVIII de *Candide*[8].

Malgré des diversités de points de vue, les philosophes se retrouvent dans la conviction commune que la tolérance est une composante essentielle de la vie sociale et politique. La lutte menée par Voltaire en faveur du chevalier de La Barre, torturé et condamné à mort pour avoir brisé un crucifix et n'avoir pas ôté son chapeau au passage d'une procession, illustre cette conviction. La justice et le bonheur passent par le respect des croyances de chacun et l'acceptation d'une non-croyance. La fin du siècle montre que les combats n'auront pas été inutiles : en 1780, l'Angleterre adopte le principe de la tolérance à l'égard des catholiques. L'Autriche fait de même à l'égard des non-catholiques, la France reconnaît l'émancipation des juifs en 1791. En 1793, le chevalier de La Barre sera réhabilité.

1. Lettres 24 et 29.
2. Voir p. 169, la fiche sur la presse au XVIIIe siècle.
3. Voir Voltaire, p. 104.
4. Sur la question de l'édit de Nantes, voir Saint-Simon p. 74 et l'*Encyclopédie*, article « Réfugiés » p. 197.
5. Voir en particulier, dans le chapitre *Encyclopédie*, l'utilisation des « ruses de raison ».
6. Dans les *Lettres persanes*.
7. Extraite du *Traité sur la tolérance* voir p. 107.
8. Il s'agit de la religion d'Eldorado.

SENSIBILITÉ ET TRANSPARENCE
JEAN-JACQUES ROUSSEAU, BERNARDIN DE SAINT-PIERRE

Jean-Baptiste Greuze (1725-1805), *La Cruche cassée*, 1,08 × 0,86 m, 1772 ou 1773 (Paris, musée du Louvre).

En marge du courant rationaliste qui se caractérise par la rigueur d'une pensée souvent abstraite, par l'appel constant au raisonnement et par la volonté d'expliquer scientifiquement l'univers, se développe, à travers Rousseau et Bernardin de Saint-Pierre, un courant sensible. Il privilégie l'émotion, l'imagination et le rêve. Les deux mouvements coexistent pendant de nombreuses années, coïncident parfois, divergent le plus souvent : leur approche de la vie du monde ne repose en effet ni sur les mêmes critères, ni sur les mêmes valeurs. Ce que l'on appelle le courant sensible est déjà perceptible dans la première moitié du siècle. Développé et illustré par Rousseau, il conduit à l'éclosion d'une sensibilité dont les caractéristiques annoncent le romantisme.

AUX ORIGINES DU COURANT SENSIBLE

Le développement de l'esprit critique dans la première moitié du siècle se fait parallèlement à tout un ensemble de créations littéraires (théâtre et roman) dans lesquelles la sensibilité, l'émotion et les passions jouent un rôle de premier plan.

Ainsi, le théâtre de Marivaux offre l'exemple de subtiles analyses du cœur, reflets des conflits secrets entre l'amour et l'amour-propre. Le projet de débusquer l'amour de « toutes les niches » où il peut se cacher conduit l'auteur du *Jeu de l'amour et du hasard* à mettre en scène des personnages dont les émois amoureux deviennent de véritables conflits internes. Dans le théâtre de Marivaux on s'observe, on s'analyse, et on tire de chaque signe de trouble des conclusions alarmistes ou rassurantes. La question du bonheur est au cœur de toutes les situations envisagées : comment être heureux sans commettre d'erreur dans son choix ? Comment s'engager sur la voie des aveux sans risquer de se trouver désarmé ?

Les romans de l'abbé Prévost, et en particulier *Manon Lescaut*, traitent également de la question du bonheur et des limites que la société impose à la réalisation d'une passion qui a quelque chose de fatal et d'irrépressible. La primauté accordée aux sentiments, aux élans du cœur, à la subjectivité est une donnée importante de la littérature romanesque. Elle reste sous-jacente pendant la période où domine essentiellement l'activité des encyclopédistes, pour réapparaître avec Rousseau, dans *La Nouvelle Héloïse*, et avec Bernardin de Saint-Pierre, dans *Paul et Virginie*.

UNE PERCEPTION SENSIBLE DU MONDE

Si la sensibilité se révèle un moteur essentiel de la création romanesque, elle joue un rôle plus important encore dans l'élaboration d'un système d'explication et d'approche de l'univers.

Être sensible, cela signifie être « impressionné » sur le plan émotionnel par le spectacle de la nature. C'est aussi utiliser l'imagination et ses fonctions créatrices pour élaborer un ensemble de conceptions et de théories qui refusent le dogmatisme et l'esprit doctrinaire. On observe ces manifestations de la sensibilité chez Bernardin de Saint-Pierre et chez Rousseau.

Ainsi, Bernardin de Saint-Pierre adopte, à propos du voyage, une position assez différente de celles des philosophes. Il le considère moins comme un apprentissage de la relativité que comme une initiation qui privilégie le charme du dépaysement, la découverte sensible et les sentiments d'admiration ou de nostalgie. Son *Voyage à l'île de France* s'écarte en cela du *Supplément au Voyage de Bougainville* (voir p. 209), dans lequel Diderot analyse le colonialisme et s'interroge sur la notion de liberté. Le texte de Bernardin de Saint-Pierre est plus orienté vers le récit d'une aventure, qui touche par certains côtés au merveilleux, que vers le compte rendu des aspects positifs de l'expérience vécue. De la même façon, les *Études de la nature* sont l'occasion d'une véritable célébration lyrique de la nature qui rejoint celle de Rousseau dans certains passages des *Confessions*, de *La Nouvelle Héloïse* et des *Rêveries*. Les mouvements imprévisibles des nuages et leurs reflets sur les eaux, le chatoiement des couleurs et la magie inspiratrice des paysages se révèlent comme l'illustration d'un ordre divin et la preuve qu'il existe une Providence qui pourvoit aux besoins et aux aspirations des hommes.

La découverte et la connaissance du monde passent par une approche qui doit beaucoup au sensualisme mais qui, refusant le matérialisme, pose l'existence d'une conscience comme condition même de la vie morale.

C'est également à partir de la connaissance sensible et du pouvoir de l'imagination que se construit un ensemble de théories qui tendent à concilier les deux notions de nature et de culture. Rousseau et Bernardin de Saint-Pierre ont en commun de refuser les abstractions intellectuelles au profit d'une construction à tendance utopique, qui est présentée *a priori* comme non réelle puisque nul ne peut en prouver l'existence antérieure ni en prévoir la réalisation future. L'état de nature correspond à une étape de l'humanité que seule l'imagination peut reconstituer.

Chez Bernardin de Saint-Pierre, cela conduit à quelques inventions fantaisistes sans fondement scientifique et bâties uniquement sur des convictions personnelles.

La volonté de mettre en œuvre les idées d'une vie communautaire idyllique dans un contexte quasi naturel les conduit l'un et l'autre à imaginer des microcosmes protégés : celui de Clarens dans *La Nouvelle Héloïse*, celui où vivent les deux enfants dans *Paul et Virginie*. Dans la création théorique d'un système de société, on peut penser que l'imagination sert de maître d'œuvre en vue d'une alliance de la fiction et de la philosophie.

La subjectivité joue enfin un rôle important dans les sentiments religieux. L'idée d'une Providence perceptible dans l'organisation de la nature conduit Bernardin de Saint-Pierre et Rousseau à admettre que la croyance en Dieu passe par l'effusion, par le lyrisme, par l'élan d'une conscience émue de l'ordre et de la grandeur du monde. C'est cet élan spiritualiste qui a creusé l'écart entre Rousseau et certains philosophes, pourtant déistes.

À LA RECHERCHE DE LA TRANSPARENCE

C'est aussi l'importance accordée à la sensibilité et à la spontanéité qui conduit Rousseau sur la voie de la « transparence ». L'imbrication constante de la subjectivité et de la pensée constructive obligent à un effort de vérité.

En effet, l'élaboration d'un système politique, social et religieux, d'un modèle de société ne repose pas, chez Rousseau, sur des bases logiques et vérifiables par la rigueur de l'esprit philosophique. La crédibilité de l'édifice dépend alors de l'authenticité de la démarche, de la pureté affirmée des intentions, de la volonté sans cesse exprimée de dire vrai et juste. Toute l'œuvre de Rousseau est dominée par le refus du mensonge, par l'obsession d'une conformité, par le démenti, incessamment repris, d'un décalage qui pourrait exister entre l'image qu'il donne dans sa propre vie et les principes qu'il souhaite mettre en œuvre.

On peut expliquer par là ses efforts répétés pour donner de lui une double image simultanée : dilemme douloureux et choix déchirant. Car la première image est celle du Rousseau solitaire, misanthrope que dénonce Voltaire. Et la seconde est celle, idéalisée et modifiée, d'un Rousseau qui cherche à se dégager de toute forme de responsabilité.

La sensibilité mise au service de la réflexion philosophique conduit, dans le contexte des Lumières, à une position difficilement tenable. On comprend, dans ces conditions, que l'explosion sensible de la fin du siècle, qui peut apparaître comme une réaction aux excès du rationalisme, ait conduit aux débordements du libertinage ou aux recherches de l'illuminisme (voir p. 324). Dans l'un et l'autre cas, il s'agit d'autres projets de société et de morale.

Rousseau
1712-1778

Allan Ramsay (1713-1784), *Portrait de Jean-Jacques Rousseau*, 1766
(Édimbourg, National Gallery of Scotland).

Plus peut-être que pour les autres écrivains du XVIIIe siècle, la vie et la pensée de Jean-Jacques Rousseau prennent la dimension d'une légende, d'un mythe.

Sage incompris et persécuté par un monde qu'il juge frivole, républicain fervent et seul véritable maître à penser des révolutionnaires de 1789, ami de la nature refusant la corruption de la civilisation moderne : ce sont là autant d'images que Rousseau lui-même contribua à édifier et à répandre. Il faut dire que son existence fut elle-même diverse et souvent bouleversée.

Une enfance et une adolescence perturbées (1712-1728)

Jean-Jacques Rousseau naît le 28 juin 1712 à Genève, république indépendante et calviniste. Sa mère meurt en lui donnant le jour. Son père, modeste horloger, n'a ni la rigueur ni l'autorité nécessaires pour assurer l'éducation de ses deux fils. Jean-Jacques et son frère aîné François grandissent en toute liberté. François, après avoir connu la maison de correction, disparaît sans laisser de traces ; Jean-Jacques, lui, est pris en charge par son oncle, devenu son tuteur, qui le confie, avec son propre fils, au pasteur Lambercier (1722).

L'enfant découvre alors les agréments de la campagne, et la sévérité d'une éducation rigoureuse. Le pasteur Lambercier et sa sœur entourent leurs jeunes pensionnaires d'affection, sans omettre de les punir sévèrement lorsqu'ils le jugent nécessaire. Ces premiers châtiments, ressentis souvent comme injustes (voir p. 296), marquent profondément le jeune Jean-Jacques. Au bout de deux ans, on songe à l'établir, c'est-à-dire à lui trouver un « état » (un métier). Il est alors placé chez un greffier genevois, qui se débarrasse vite de ce collaborateur peu zélé. Mis en apprentissage chez un graveur, Rousseau refuse une position humiliante qui le contraint à voler et à mentir. Il s'enfuit de Genève en 1728 et commence une vie de vagabondages.

Vagabondages (1728-1741)

Seul et sans ressources, l'adolescent erre quelques jours en Savoie avant de trouver asile chez Madame de Warens, à Annecy. Celle-ci l'envoie à Turin, à l'hospice des catéchumènes, pour qu'il se convertisse au catholicisme. Une fois baptisé, il devient valet chez Madame de Vercellis, puis chez le comte de Gouvon, d'où il se fait chasser pour le simple vol d'un ruban (voir p. 298). Il reprend alors sa vie vagabonde et, au terme de nouvelles errances, retourne chez Madame de Warens (1729). Grâce à sa protection, il poursuit son instruction, s'initie à la musique et travaille : il est employé au cadastre.

En 1732, Madame de Warens devient sa maîtresse. Rousseau croit trouver le bonheur malgré la présence de l'intendant de sa protectrice, Claude Anet, avec qui Madame de Warens entretient une liaison régulière. C'est l'époque idyllique des Charmettes (1736). Cependant, la maladie oblige Rousseau à s'éloigner : en route pour se faire soigner, il est de nouveau saisi par le démon des voyages et part à l'aventure. En 1738, lorsqu'il revient aux Charmettes, il s'aperçoit qu'il a été définitivement remplacé par Claude Anet. Déçu et amer, il reste un an seul puis s'établit comme précepteur des enfants de Monsieur de Mably, à Lyon (1740).

À la recherche de la gloire (1741-1750)

À presque trente ans, Rousseau est encore un inconnu. Il se consacre surtout à la musique et croit pouvoir se faire connaître en proposant à l'Académie des sciences, à Paris, le projet d'un système de notation musicale entièrement nouveau. C'est un échec. Dépité, il accepte un poste de secrétaire auprès de l'ambassadeur de France à Venise (1743-1744). Rapidement brouillé avec ce haut personnage, il rentre à Paris, où il s'installe modestement avec Thérèse Levasseur, servante d'auberge, qui lui donnera cinq enfants. Rousseau les confie tous aux Enfants-Trouvés, institution qui préfigure l'Assistance publique. Ses ennemis ne manqueront pas d'ironiser sur le fait que l'auteur d'un traité d'éducation ait pu abandonner ses enfants. Mais Rousseau se défendra en justifiant son geste par l'impossibilité où il se trouvait de les élever correctement.

C'est à cette époque qu'il se lie, à Paris, avec le milieu des philosophes et qu'il trouve des appuis, auprès de Madame d'Épinay notamment. Il rédige même pour l'*Encyclopédie* les articles consacrés à la musique. Un opéra, *Les Muses galantes* (1745), lui vaut quelque succès. Voltaire daigne lui écrire. Lié avec Diderot (en particulier par une passion commune pour les échecs), il le soutient lorsque celui-ci est emprisonné à la suite de la *Lettre sur les aveugles* (voir p. 205), pendant l'été 1749. C'est même sur le chemin qui le mène à la prison de Vincennes que Rousseau conçoit l'idée du *Discours sur les sciences et les arts*. Ce discours lui vaut d'être couronné par l'académie de Dijon, qui avait lancé le thème d'un concours : « Si le progrès des sciences et des arts a contribué à corrompre ou à épurer les mœurs ». Définitivement connu comme penseur et non comme musicien, malgré la composition d'un nouvel opéra, *Le Devin de village* (1742), Rousseau aborde alors, paradoxalement, la partie la plus difficile de sa vie et de sa carrière.

Succès et solitude (1750-1759)

Rousseau est enfin reconnu. Tout pourrait lui sourire. Pourtant son caractère ombrageux et les idées originales, mais provocatrices, qu'il aime défendre, ne lui rendent pas la vie facile. Ainsi, dans son premier discours, il développe la thèse selon laquelle en s'éloignant de la nature primitive, l'homme a terni ses vertus originelles. Pour lui, le progrès engendre plus de maux que de bienfaits. Ces théories provoquent une réaction sarcastique de Voltaire, qui juge la pensée rousseauiste rétrograde et obscurantiste. Sa désapprobation sera encore plus forte lors de la publication du second discours, portant sur l'origine de l'inégalité parmi les hommes (1755) (voir p. 270). La situation s'envenime lorsque Rousseau s'en prend violemment à d'Alembert, à la suite de l'article « Genève » de l'*Encyclopédie*. D'Alembert reproche aux autorités de Genève d'interdire le théâtre dans cette ville. Rousseau prend fait et cause pour les Genevois et compose une virulente réponse, qui est aussi une analyse critique du théâtre, la *Lettre à d'Alembert sur les spectacles*. La rupture est alors totale avec les philosophes, même avec Diderot, son ami.

Bernado Belloto Canaletto (1720-1780), *Venise, le palais des Doges, la Piazzetta vus du Canal Grande*, 0,75 × 1,14 m (Bamberg, Neue Residenz). Secrétaire de l'ambassadeur de France à Venise, Rousseau découvrit Venise en 1743... mais n'y resta qu'un an car il se fâcha très vite avec l'ambassadeur.

Seul contre tous (1759-1766)

À partir de 1759, Rousseau s'isole de plus en plus et fuit le monde : ses ouvrages sont contestés, certains même interdits. Malgré l'immense succès qu'il obtient, son roman, *La Nouvelle Héloïse*, est condamné par les autorités de Genève (1761). Le *Contrat social* et l'*Émile* sont frappés par les foudres du parlement de Paris (1762). Sa personne est menacée. Il doit fuir et croit pouvoir se réfugier auprès de ses compatriotes genevois : il les trouve occupés à brûler publiquement ses ouvrages. Catholiques et protestants se rejoignent pour rejeter son apologie de la religion naturelle comme impie et hérétique. Les philosophes, eux, jugent assez sévèrement une orientation mystique dans laquelle ils ont tendance à ne voir que la survivance de superstitions.

Rousseau doit alors chercher un nouvel asile mais où qu'il aille, en Suisse, à Berne ou à Neuchâtel, prédicateurs, magistrats et censeurs excitent contre lui la haine publique. Un violent pamphlet de Voltaire, « Le sentiment des citoyens », attaque autant sa personne que ses idées (1764). La maison de Rousseau à Môtiers est lapidée par une foule hystérique. Il doit même quitter l'île Saint-Pierre, sur le lac de Bienne, où il avait cru trouver un refuge paisible. Le philosophe Hume l'accueille alors en Angleterre, mais en moins de six mois Rousseau se brouille avec ce nouvel ami (1766).

L'obsession du complot (1766-1778)

Revenu à Paris, seul et malade, Rousseau est convaincu de l'existence d'un véritable complot contre lui. Les instigateurs de cette « œuvre de ténèbres » sont, selon lui, Grimm, Voltaire et d'Holbach. Pour se défendre des accusations qui souillent sa réputation, il poursuit une véritable œuvre de réhabilitation et de défense. Les *Confessions*, commencées en 1764, ont pour objectif avoué de donner de Rousseau une image vraie et de trouver des justifications affectives et sociales à des comportements que l'on a pu, de l'extérieur, mal juger. Mais le livre ne sera publié qu'en 1789. Retiré à la campagne, Rousseau écrit, herborise, vit en solitaire et souffre de persécution. Ses dernières œuvres témoignent de ses préoccupations et de ses soucis : ses *Dialogues ou Rousseau juge de Jean-Jacques* (1776) reprennent l'idée obsessionnelle d'une justification. *Les Rêveries du promeneur solitaire* vont dans le même sens. Sa mort, le 2 juillet 1778, laisse l'œuvre inachevée.

Créateur d'une pensée originale et parfois en marge de son siècle, âme sensible annonçant le romantisme, Rousseau est à l'origine de toute une lignée de disciples : Bernardin de Saint-Pierre, Sénancour, Chateaubriand. Mais les révolutionnaires feront plus encore pour sa mémoire. En octobre 1794, la Convention décide le transfert de ses cendres au Panthéon. Il y rejoint, par une étrange ironie, son ennemi Voltaire, mort deux mois avant lui.

L'ŒUVRE CRITIQUE

Discours sur les sciences et les arts (1750), dissertation philosophique et morale → pp. 267-269.
Discours sur l'origine de l'inégalité parmi les hommes (1755), essai de philosophie politique → pp. 270-272.
Lettre à Monsieur d'Alembert sur les spectacles (1758), pamphlet → pp. 274-275.

Discours sur les sciences et les arts
1750

En 1749, l'académie des sciences de Dijon ouvre un concours dont le sujet conduit à chercher « Si le progrès des sciences et des arts a contribué à corrompre ou à épurer les mœurs ». Rousseau en prend connaissance par la lecture du *Mercure de France* sur le chemin qui le conduit à Vincennes, où il va rendre visite à Diderot emprisonné. Cette lecture produit en lui un choc qu'il analysera par la suite, dans une lettre à Monsieur de Malesherbes (1762), comme une véritable révélation.

« *J'avais dans ma poche un* Mercure de France *que je me mis à feuilleter le long du chemin. Je tombe sur la question de l'académie de Dijon qui a donné lieu à mon premier écrit. Si jamais quelque chose a ressemblé à une inspiration subite, c'est le mouvement qui se fit en moi à cette lecture ; tout à coup je me sens l'esprit ébloui de mille lumières ; des foules d'idées vives s'y présentèrent à la fois avec une force et une confusion qui me jeta dans un trouble inexprimable ; je sens ma tête prise par un étourdissement semblable à l'ivresse. Une violente palpitation m'oppresse, soulève ma poitrine ; ne pouvant plus respirer en marchant, je me laisse tomber sous un des arbres de l'avenue, et j'y passe une demi-heure dans une telle agitation qu'en me relevant j'aperçus tout le devant de ma veste mouillé de mes larmes sans avoir senti que j'en répandais. Oh Monsieur si j'avais jamais pu écrire le quart de ce que j'ai vu et senti sous cet arbre, avec quelle clarté j'aurais fait voir toutes les contradictions du système social, avec quelle force j'aurais exposé tous les abus de nos institutions, avec quelle simplicité j'aurais démontré que l'homme est bon naturellement et que c'est par ces institutions seules que les hommes deviennent méchants. Tout ce que j'ai pu retenir de ces foules de grandes vérités qui dans un quart d'heure m'illuminèrent sous cet arbre, a été bien faiblement épars dans les trois principaux de mes écrits, savoir ce premier discours, celui sur l'inégalité, et le traité de l'éducation, lesquels trois ouvrages sont inséparables et forment ensemble un même tout.* »

Il voit là l'occasion de formuler des idées qui lui tiennent à cœur et qui, en cette période d'optimisme philosophique, ont quelque chose de provocateur et d'insolite. Elles lui valent néanmoins le premier prix, et un grand succès.

Il prend en effet le contre-pied des théories que Voltaire défendait déjà dans les *Lettres philosophiques* (1734) et dans *Le Mondain* (1736). Il s'oppose aussi aux idées qui commencent à s'exprimer dans les premiers volumes de l'*Encyclopédie*, et se lance dans une éloquente et brillante critique de la civilisation. Utilisant les ressources d'une culture antique nourrie de très nombreuses lectures, et celles d'une prose persuasive, il développe le paradoxe selon lequel les progrès des sciences et des arts sont à l'origine de la plupart des tares et des abus qui défigurent la société moderne. Au lieu de s'adonner à des tâches simples et utiles, toujours formatrices, l'homme avide de luxe et de plaisirs perd le sens du travail et voit disparaître les vertus traditionnelles qui font sa force. Le culte des sciences et des arts contribue également, en mettant l'intelligence au service de quelques privilégiés, à aggraver l'injustice sociale. On trouve là le fondement des théories sociales et morales que Rousseau reprendra inlassablement tout au long de son œuvre, aussi bien dans ses essais philosophiques que sous la forme romanesque ou encore autobiographique.

« Que faut-il donc qu'ils apprennent ? Voilà certes une belle question ? »

L'histoire antique constitue une source inépuisable d'enseignements. Formé aux « humanités » par ses lectures, Rousseau trouve chez les Grecs, les Romains et les Carthaginois des exemples qui lui permettent d'étayer son argumentation. Il peut ainsi montrer comment les vertus les plus efficaces ont, avec le luxe et les arts, perdu leur valeur et comment les peuples les plus courageux ont été conduits à leur perte. La réflexion historique contient déjà, en germe, toute une réflexion sur l'éducation.

Les Romains ont avoué que la vertu militaire s'était éteinte parmi eux à mesure qu'ils avaient commencé à se connaître en tableaux, en gravures, en vases d'orfèvrerie, et à cultiver les beaux-arts ; et comme si cette contrée fameuse était destinée à servir sans cesse d'exemple aux autres peuples, l'élévation des Médicis et le rétablissement des lettres ont fait tomber derechef, et peut-être pour toujours, cette réputation guerrière que l'Italie semblait avoir recouvrée il y a quelques siècles.

Les anciennes républiques de la Grèce, avec cette sagesse qui brillait dans la plupart de leurs institutions, avaient interdit à leurs citoyens tous ces métiers tranquilles et sédentaires qui, en affaissant et corrompant le corps, énervent sitôt la vigueur de l'âme. De quel œil, en effet, pense-t-on que puissent envisager la faim, la soif, les fatigues, les dangers et la mort, des hommes que le moindre besoin accable, et que la moindre peine rebute ? Avec quel courage les soldats supporteront-ils des travaux excessifs dont ils n'ont aucune habitude ? Avec quelle ardeur feront-ils des marches forcées sous des officiers qui n'ont pas même la force de voyager à cheval ? Qu'on ne m'objecte point la valeur renommée de tous ces modernes guerriers si savamment disciplinés. On me vante bien leur bravoure en un jour de bataille ; mais on ne me dit point comment ils supportent l'excès du travail, comment ils résistent à la rigueur des saisons et aux intempéries de l'air. Il ne faut qu'un peu de soleil ou de neige, il ne faut que la privation de quelques superfluités, pour fondre et détruire en peu de jours la meilleure de nos armées. Guerriers intrépides, souffrez une fois la vérité qu'il vous est si rare d'entendre. Vous êtes braves, je le sais ; vous eussiez triomphé avec Annibal à Cannes et à Trasymène[1] ; César avec vous eût passé le Rubicon[2] et asservi son pays : mais ce n'est point avec vous que le premier eût traversé les Alpes, et que l'autre eût vaincu vos aïeux.

Les combats ne font pas toujours le succès de la guerre, et il est pour les généraux un art supérieur à celui de gagner des batailles. Tel court au feu avec intrépidité, qui ne laisse pas d'être un très mauvais officier : dans le soldat même, un peu plus de force et de vigueur serait peut-être plus nécessaire que tant de bravoure, qui ne le garantit pas de la mort. Et qu'importe à l'État que ses troupes périssent par la fièvre et le froid, ou par le fer de l'ennemi ?

Jean-Baptiste Greuze (1725-1805), *Septime Sévère et Caracalla*, 1,24 × 1,60 m (Paris, musée du Louvre).
Septime Sévère et Caracalla, deux empereurs, symboles de la vertu militaire romaine.

1. Rousseau fait ici allusion à la seconde guerre punique (218-202 av. J.-C.), qui opposa les Carthaginois d'Hannibal aux Romains. Après avoir franchi les Alpes avec son armée, Hannibal infligea aux Romains plusieurs défaites dont celles de Cannes, du Tessin, de La Trébie et du lac Trasymène en 217 et 216 av. J.-C.

2. Victorieux des Gaulois, César rentrait en Italie avec son armée en 49 av. J.-C. Arrêté par le fleuve appelé Rubicon, il décida de le franchir, sans l'accord du Sénat, pour marcher sur Rome où il savait qu'il entrerait en rivalité avec Pompée. Il accompagna sa décision de ces mots restés célèbres *Alea jacta est* (« le sort en est jeté »). Ce fut là le début de la guerre civile que se livrèrent les deux généraux.

Si la culture des sciences est nuisible aux qualités guerrières, elle l'est encore plus aux qualités morales. C'est dès nos premières années qu'une éducation insensée orne notre esprit et corrompt notre jugement. Je vois de toutes parts des établissements immenses, où l'on élève à grands frais la jeunesse, pour lui apprendre toutes choses, excepté ses devoirs. Vos enfants ignoreront leur propre langue, mais ils en parleront d'autres qui ne sont en usage nulle part ; ils sauront composer des vers qu'à peine ils pourront comprendre ; sans savoir démêler l'erreur de la vérité, ils posséderont l'art de les rendre méconnoissables aux autres par des arguments spécieux : mais ces mots de magnanimité, d'équité, de tempérance, d'humanité, de courage, ils ne sauront ce que c'est ; ce doux nom de patrie ne frappera jamais leur oreille ; et s'ils entendent parler de Dieu, ce sera moins pour le craindre que pour en avoir peur. J'aimerais autant, disoit un sage, que mon écolier eût passé le temps dans un jeu de paume, au moins le corps en serait plus dispos. Je sais qu'il faut occuper les enfants, et que l'oisiveté est pour eux le danger le plus à craindre. Que faut-il donc qu'ils apprennent ? Voilà certes une belle question ? Qu'ils apprennent ce qu'ils doivent faire étant hommes, et non ce qu'ils doivent oublier.

Nos jardins sont ornés de statues et nos galeries de tableaux. Que penseriez-vous que représentent ces chefs-d'œuvre de l'art exposés à l'admiration publique ? Les défenseurs de la patrie ? ou ces hommes plus grands encore qui l'ont enrichie par leurs vertus ? Non. Ce sont des images de tous les égarements du cœur et de la raison, tirées soigneusement de l'ancienne mythologie, et présentées de bonne heure à la curiosité de nos enfants, sans doute afin qu'ils aient sous leurs yeux des modèles de mauvaises actions, avant même que de savoir lire.

D'où naissent tous ces abus, si ce n'est de l'inégalité funeste introduite entre les hommes par la distinction des talents et par l'avilissement des vertus ? Voilà l'effet le plus évident de toutes nos études, et la plus dangereuse de toutes leurs conséquences. On ne demande plus d'un homme s'il a de la probité, mais s'il a des talents ; ni d'un livre s'il est utile, mais s'il est bien écrit.

Rousseau, *Discours sur les sciences et les arts*, partie II.

Rousseau et l'ethnographie

Texte critique

Dans le chapitre XXXVIII de son essai *Tristes tropiques*, l'ethnographe Claude Lévi-Strauss exprime son admiration pour Rousseau et mesure ce que les chercheurs des temps modernes doivent aux analyses du philosophe et à sa méthode d'investigation.

Jamais Rousseau n'a commis l'erreur de Diderot qui consiste à idéaliser l'homme naturel. Il ne risque pas de mêler l'état de nature et l'état de société ; il sait que ce dernier est inhérent à l'homme, mais il entraîne des maux : la seule question est de savoir si ces maux sont eux-mêmes inhérents à l'état. Derrière les abus et les crimes, on recherchera donc la base inébranlable de la société humaine.

À cette quête, la comparaison ethnographique contribue de deux manières. Elle montre que cette base ne saurait être trouvée dans notre civilisation : de toutes les sociétés observées, c'est sans doute celle qui s'en éloigne le plus. D'autre part, en dégageant les caractères communs à la majorité des sociétés humaines, elle aide à constituer un type qu'aucune ne reproduit fidèlement, mais qui précise la direction où l'investigation doit s'orienter. Rousseau pensait que le genre de vie que nous appelons aujourd'hui néolithique en offre l'image expérimentale la plus proche. On peut être ou non d'accord avec lui. Je suis assez porté à croire qu'il avait raison. [...]

L'étude de ces sauvages apporte autre chose que la révélation d'un état de nature utopique, ou la découverte de la société parfaite au cœur des forêts ; elle nous aide à bâtir un modèle théorique de la société humaine, qui ne correspond à aucune réalité observable, mais à l'aide duquel nous parviendrons à démêler « ce qu'il y a d'originaire et d'artificiel dans la nature actuelle de l'homme et à bien connaître un état qui n'existe plus, qui peut-être n'a point existé, qui probablement n'existera jamais, et dont il est pourtant nécessaire d'avoir des notions justes pour bien juger de notre état

Texte critique

présent ». J'ai déjà cité cette formule pour dégager le sens de mon enquête chez les Nambikwara ; car la pensée de Rousseau, toujours en avance sur son temps, ne dissocie pas la sociologie théorique de l'enquête au laboratoire ou sur le terrain, dont il a compris le besoin. L'homme naturel n'est ni antérieur, ni extérieur à la société. Il nous appartient de retrouver sa forme, immanente à l'état social hors duquel la condition humaine est inconcevable ; donc, de tracer le programme des expériences qui « seraient nécessaires pour parvenir à connaître l'homme naturel » et de déterminer « les moyens de faire ces expériences au sein de la société ».

Mais ce modèle – c'est la solution de Rousseau – est éternel et universel. Les autres sociétés ne sont peut-être pas meilleures que la nôtre ; même si nous sommes enclins à le croire, nous n'avons à notre disposition aucune méthode pour le prouver. À les mieux connaître, nous gagnons pourtant un moyen de nous détacher de la nôtre, non point que celle-ci soit absolument ou seule mauvaise, mais parce que c'est la seule dont nous devions nous affranchir : nous le sommes par état des autres. Nous nous mettons ainsi en mesure d'aborder la deuxième étape qui consiste, sans rien retenir d'aucune société, à les utiliser toutes pour dégager ces principes de la vie sociale qu'il nous sera possible d'appliquer à la réforme de nos propres mœurs, et non de celles des sociétés étrangères : en raison d'un privilège inverse du précédent, c'est la société seule à laquelle nous appartenons que nous sommes en position de transformer sans risquer de la détruire ; car ces changements viennent aussi d'elle, que nous y introduisons.

Claude Lévi-Strauss, Tristes Tropiques, *chapitre* XXXVIII, *Plon, 1955.*

Jacques Grasset de Saint-Sauveur (1757-1810), *Les Divers Peuples d'Amérique*, gravure, fin XVIIIe s. (collection privée).

Discours sur l'origine de l'inégalité parmi les hommes

1755

Encouragé par son premier succès, Rousseau décide, trois ans après le premier discours, de répondre à la nouvelle question posée par l'académie de Dijon : « Quelle est l'origine de l'inégalité des conditions parmi les hommes ; et si elle est autorisée par la loi naturelle ».

Le sujet est d'actualité : à travers la lutte que mènent les philosophes pour des droits égaux et contre les injustices n'est-ce pas, fondamentalement, la question de l'égalité qui est en jeu ? Dans l'*Encyclopédie*, Jaucourt écrit l'article « Égalité naturelle » et Voltaire envisagera le même problème un peu plus tard dans son *Dictionnaire philosophique*. Rousseau, pour sa part, trouve là l'occasion d'approfondir et de mettre en œuvre, de manière organisée, un système philosophique ébauché dans le *Discours sur les sciences et les arts.*

Il s'attache, en effet, à montrer que l'origine de l'inégalité s'explique par la notion de propriété, elle-même corollaire d'une évolution de l'homme de son état primitif à un état civilisé.

Le discours est composé de deux parties. Dans la première, Rousseau évoque ce qu'il appelle « l'état de nature », qu'il ne faut pas envisager, comme le fit Voltaire avec une ironie méchante, sous la forme d'un état dans lequel les hommes seraient proches des animaux. Il s'agit plutôt d'une fiction, d'une utopie que Rousseau envisage comme ayant pu exister de manière idéale, mais sans que personne ne puisse la situer historiquement. Elle sert surtout de point de référence. La seconde partie est consacrée à l'étude de l'apparition de l'inégalité, par la création de la propriété. Cette inégalité étant présentée comme la conséquence de toute une évolution historique, et donc irréversible, on peut s'interroger sur le pessimisme d'un tel point de vue. S'il refuse la société telle qu'elle est, c'est-à-dire foncièrement inégalitaire, Rousseau n'est pas pour autant nostalgique d'un état de nature dont il dit lui-même qu'il « n'a peut-être jamais existé ». La solution réside alors, semble-t-il, dans une voie nouvelle qu'il mettra en œuvre dans *Le Contrat social.*

« L'entrée en matière » est tout à fait révélatrice du thème et de la structure du discours.

Je conçois, dans l'espèce humaine, deux sortes d'inégalités : l'une, que j'appelle naturelle ou physique, parce qu'elle est établie par la nature, et qui consiste dans la différence des âges, de la santé, des forces du corps et des qualités de l'esprit ou de l'âme ; l'autre, qu'on peut appeler inégalité morale ou politique, parce qu'elle dépend d'une sorte de convention, et qu'elle est établie ou du moins autorisée par le consentement des hommes. Celle-ci consiste dans les différents privilèges dont quelques-uns jouissent au préjudice des autres, comme d'être plus riches, plus honorés, plus puissants qu'eux, ou même de s'en faire obéir. [...]

De quoi s'agit-il donc précisément dans ce Discours ? De marquer dans le progrès des choses le moment où, le droit succédant à la violence, la nature fut soumise à la loi ; d'expliquer par quel enchaînement de prodiges le fort put se résoudre à servir le faible, et le peuple à acheter un repos en idée au prix d'une félicité réelle.

Mais ces idées parurent trop hardies au jury qui, cette fois, n'accorda pas à Rousseau le premier prix. Elles lui valurent, en revanche, une lettre extrêmement critique de Voltaire qui tourna en dérision tout ce qui touchait à l'état de nature. Il est vrai que Rousseau avait élaboré une pensée bien différente de celle de ses contemporains sur le même sujet.

Jacques Grasset de Saint-Sauveur (1757-1810), *Les Peuples d'Afrique*, gravure, XVIIIe s.
(I.N.R.P., collection historique).

« Et ce fut là le premier joug qu'ils s'imposèrent sans y songer... »

Dans la seconde partie du discours, Rousseau trace un tableau des grandes évolutions de la société et met ainsi en lumière le processus générateur de l'inégalité. C'est l'occasion pour lui de faire preuve d'une éloquence visionnaire qui s'attache plus à convaincre qu'à respecter l'histoire. Son habileté consiste à montrer comment tout progrès est, en lui-même, porteur de sa propre destruction.

Plus l'esprit s'éclairait, et plus l'industrie se perfectionna. Bientôt, cessant de s'endormir sous le premier arbre, ou de se retirer dans des cavernes, on trouva quelques sortes de haches de pierres dures et tranchantes qui servirent à couper du bois, creuser la terre, et faire des huttes de branchages qu'on s'avisa ensuite d'enduire d'argile et de boue. Ce fut là l'époque d'une première révolution qui forma l'établissement et la distinction des familles, et qui introduisit une sorte de propriété, d'où naquirent déjà bien des querelles et des combats. Cependant, comme les plus forts furent vraisemblablement les premiers à se faire des logements qu'ils se sentaient capables de défendre, il est à croire que les faibles trouvèrent plus court et plus sûr de les imiter que de tenter de les déloger : et quant à ceux qui avaient déjà des cabanes, aucun d'eux ne dut chercher à s'approprier celle de son voisin, moins parce qu'elle ne lui appartenait pas, que parce qu'elle lui était inutile, et qu'il ne pouvoit s'en emparer sans s'exposer à un combat très vif avec la famille qui l'occupait.

Les premiers développements du cœur furent l'effet d'une situation nouvelle qui réunissait dans une habitation commune les maris et les femmes, les pères et les enfants. L'habitude de vivre ensemble fit naître les plus doux sentiments qui soient connus des hommes, l'amour conjugal et l'amour paternel. Chaque famille devint une petite société d'autant mieux unie, que l'attachement réciproque et la liberté en étaient les seuls liens ; et ce fut alors que s'établit la première différence dans la manière de vivre des deux sexes, qui jusqu'ici n'en avaient eu qu'une. Les femmes devinrent plus sédentaires, et s'accoutumèrent à garder la cabane et les enfants, tandis que l'homme alloit chercher la subsistance commune. Les deux sexes commencèrent aussi, par une vie un peu plus molle, à perdre quelque chose de leur férocité et de leur vigueur. Mais si chacun séparément devint moins propre à combattre les bêtes sauvages, en revanche il fut plus aisé de s'assembler pour leur résister en commun.

Dans ce nouvel état, avec une vie simple et solitaire, des besoins très bornés, et les instruments qu'ils avaient inventés pour y pourvoir, les hommes, jouissant d'un fort grand loisir, l'employèrent à se procurer plusieurs sortes de commodités inconnues à leurs pères ; et ce fut là le premier joug qu'ils s'imposèrent sans y songer, et la première source de maux qu'ils préparèrent à leurs descendants ; car, outre qu'ils continuèrent ainsi à s'amollir le corps et l'esprit, ces commodités ayant par l'habitude perdu presque tout leur agrément, et étant en même temps dégénérées en de vrais besoins, la privation en devint beaucoup plus cruelle que la possession n'en était douce ; et l'on était malheureux de les perdre sans être heureux de les posséder.

On entrevoit un peu mieux ici comment l'usage de la parole s'établit ou se perfectionna insensiblement dans le sein de chaque famille, et l'on peut conjecturer encore comment diverses causes particulières purent étendre le langage et en accélérer le progrès en le rendant plus nécessaire. De grandes inondations ou des tremblements de terre environnèrent d'eaux ou de précipices des cantons habités ; des révolutions du globe détachèrent et coupèrent en îles des portions du continent. On conçoit qu'entre des hommes ainsi rapprochés et forcés de vivre ensemble, il dut se former un idiome commun plutôt qu'entre ceux qui erraient librement dans les forêts de la terre ferme. Ainsi il est très possible qu'après leurs premiers essais de navigation, des insulaires aient porté parmi nous l'usage de la parole ; et il est au moins très vraisemblable que la société et les langues ont pris naissance dans les îles, et s'y sont perfectionnées avant que d'être connues dans le continent.

Tout commence à changer de face. Les hommes errant jusqu'ici dans les bois, ayant pris une assiette[1] plus fixe, se rapprochent lentement, se réunissent en diverses troupes et forment enfin dans chaque contrée une nation particulière, unie de mœurs et de caractères, non par des règlements et des lois, mais par le même genre de vie et d'aliments et par l'influence commune du climat. Un voisinage permanent ne peut manquer enfin d'engendrer quelque liaison entre diverses familles. Des jeunes gens de différents sexes habitent des cabanes voisines ; le commerce passager que demande la nature en amène bientôt un autre non moins doux et plus permanent par la fréquentation mutuelle. On s'accoutume à considérer différents objets et à faire des comparaisons ; on acquiert insensiblement des idées de mérite et de beauté qui produisent des sentiments de préférence. À force de se voir, on ne peut plus se passer de se voir encore. Un sentiment tendre et doux s'insinue dans l'âme, et par la moindre opposition devient une fureur impétueuse ; la jalousie s'éveille avec l'amour ; la discorde triomphe, et la plus douce des passions reçoit des sacrifices de sang humain.

À mesure que les idées et les sentiments se succèdent, que l'esprit et le cœur s'exercent, le genre humain continue à s'apprivoiser, les liaisons s'étendent et les liens se resserrent. On s'accoutuma à s'assembler devant les cabanes ou autour d'un grand arbre : le chant et la danse, vrais enfants de l'amour et du loisir, devinrent l'amusement ou plutôt l'occupation des hommes et des femmes oisifs et attroupés. Chacun commença à regarder les autres et à vouloir être regardé soi-même, et l'estime publique eut un prix. Celui qui chantait ou dansait le mieux, le plus beau, le plus fort, le plus adroit, ou le plus éloquent, devint le plus considéré ; et ce fut là le premier pas vers l'inégalité, et vers le vice en même temps : de ces premières préférences naquirent d'un côté la vanité et le mépris, de l'autre la honte et l'envie, et la fermentation causée par ces nouveaux levains produisit enfin des composés funestes au bonheur et à l'innocence.

Rousseau, *Discours sur l'origine de l'inégalité parmi les hommes.*

« *Il prend envie de marcher à quatre pattes...* »

Les théories énoncées par Rousseau dans son second discours provoquèrent de vives réactions, en particulier de la part de Voltaire. Celui-ci lui écrivit une lettre dans laquelle il manifestait son indignation par une ironie féroce.

Aux Délices près de Genève
[30 août 1755]

J'ai reçu, Monsieur, votre nouveau livre contre le genre humain ; je vous en remercie ; vous plairez aux hommes à qui vous dites leurs vérités, et vous ne les corrigerez pas. Vous peignez avec des couleurs bien vraies les horreurs de la société humaine dont

1. Position, dispositions habituelles.

Anonyme, *Rousseau et Voltaire se disputant*, gravure satirique (Paris, BN).

Texte écho

l'ignorance et la faiblesse se promettent tant de douceurs. On n'a jamais tant employé d'esprit à vouloir nous rendre bêtes.

Il prend envie de marcher à quatre pattes quand on lit votre ouvrage. Cependant comme il y a plus de soixante ans que j'en ai perdu l'habitude, je sens malheureusement qu'il m'est impossible de la reprendre. Et je laisse cette allure naturelle à ceux qui en sont plus dignes que vous et moi. Je ne peux non plus m'embarquer pour aller trouver les sauvages du Canada, premièrement parce que les maladies auxquelles je suis condamné me rendent un médecin d'Europe nécessaire, secondement parce que la guerre est portée dans ce pays-là, et que les exemples de nos nations ont rendu les sauvages presque aussi méchants que nous. Je me borne à être un sauvage paisible dans la solitude que j'ai choisie auprès de votre patrie où vous devriez être. [...]

M. Chapuis m'apprend que votre santé est bien mauvaise. Il faudrait la venir rétablir dans l'air natal, jouir de la liberté, boire avec moi du lait de nos vaches, et brouter nos herbes. Je suis très philosophiquement, et avec la plus tendre estime,

Monsieur,

votre très humble et très obéissant serviteur.

VOLTAIRE

« ... C'est l'éloignement de la société qui le dégrade »

Voltaire reprit sa critique des idées de Rousseau dans le *Dictionnaire philosophique*. L'article « Homme » est consacré à une violente attaque de la pensée rousseauiste, sans que Rousseau soit nommé.

Quelques mauvais plaisants ont abusé de leur esprit jusqu'au point de hasarder le paradoxe étonnant que l'homme est originairement fait pour vivre seul comme un

Texte écho

loup-cervier, et que c'est la société qui a dépravé la nature. Autant vaudrait-il dire que, dans la mer, les harengs sont originairement faits pour nager isolés, et que c'est par un excès de corruption qu'ils passent en troupe de la mer Glaciale sur nos côtes ; qu'anciennement les grues volaient en l'air chacune à part, et que par une violation du droit naturel elles ont pris le parti de voyager en compagnie.

Chaque animal a son instinct ; et l'instinct de l'homme, fortifié par la raison, le porte à la société comme au manger et au boire. Loin que le besoin de la société ait dégradé l'homme, c'est l'éloignement de la société qui le dégrade. Quiconque vivrait absolument seul, perdrait bientôt la faculté de penser et de s'exprimer ; il serait à charge à lui-même ; il ne parviendrait qu'à se métamorphoser en bête. L'excès d'un orgueil impuissant, qui s'élève contre l'orgueil des autres, peut porter une âme mélancolique à fuir les hommes. C'est alors qu'elle s'est dépravée. Elle s'en punit elle-même. Son orgueil fait son supplice ; elle se ronge dans la solitude du dépit secret d'être méprisée et oubliée ; elle s'est mise dans le plus horrible esclavage pour être libre. [...]

Voltaire, Dictionnaire philosophique, *article « Homme », 1769.*

Lettre à d'Alembert sur les spectacles

1758

La *Lettre à d'Alembert sur les spectacles* est une réponse à l'article « Genève », écrit par le mathématicien dans l'*Encyclopédie.* Dans cet article, d'Alembert critique l'interdiction lancée par les autorités de la république calviniste contre les théâtres et les spectacles. Rousseau développe dans sa lettre sont point de vue sur le théâtre, ce qui lui permet d'élaborer une réflexion esthétique et morale en accord avec l'ensemble de sa philosophie.

La critique de Rousseau aborde successivement les différents genres théâtraux. Il reproche à la tragédie de faire intervenir des personnages qui n'ont rien à voir avec l'humanité moyenne. Il récuse également le pouvoir d'émotion de ce genre en soulignant que cette émotion, éphémère, reste bien superficielle. Pour ce qui est de la comédie, Rousseau, avec plus de sévérité encore, dénonce son immoralité. Elle tourne la vertu en ridicule, affirme-t-il, et, pour plaire au public, s'en prend aux victimes au lieu de diriger les jugements critiques des spectateurs vers les coupables. De plus l'exaltation des passions, que l'on trouve généralement au théâtre, achève, selon Rousseau, de faire de cet art un véritable danger moral.

En critiquant si vigoureusement le théâtre, Rousseau prend, une fois encore, une position différente de celle de ses contemporains. Voltaire, auteur dramatique et amateur de théâtre, prône les vertus de ce genre et Diderot, créateur du drame bourgeois, lui reconnaît des qualités morales et pédagogiques indubitables. Les divergences apparues à l'occasion de la publication des deux discours se confirment et s'approfondissent. C'est à ce moment que d'Alembert abandonne sa collaboration à l'*Encyclopédie* et que Diderot se brouille avec Rousseau.

« C'en est assez, ce me semble, pour rendre Molière inexcusable »

L'étude du *Misanthrope* permet à Rousseau de trouver les arguments propres à démontrer le caractère nocif de la comédie et l'immoralité qu'il prête à Molière. Dans Alceste, Rousseau voit un honnête homme, qui part en guerre contre l'hypocrisie mondaine de son époque, et non un ennemi du genre humain. Mais il y a de telles analogies entre le personnage de la comédie de Molière et Rousseau lui-même que l'on peut se demander s'il ne faut pas chercher là l'origine d'une défense aussi chaleureuse d'Alceste et d'une critique aussi virulente de son auteur.

Je trouve que cette comédie nous découvre mieux qu'aucune autre la véritable vue dans laquelle Molière a composé son théâtre, et nous peut mieux faire juger de ses vrais effets. Ayant à plaire au public, il a consulté le goût le plus général de ceux qui le composent : sur ce goût il s'est formé un modèle, et sur ce modèle un tableau des défauts contraires, dans lequel il a pris ses caractères comiques, et dont il a distribué les divers traits dans ses pièces. Il n'a donc point prétendu former un honnête homme, mais un homme du monde, par conséquent, il n'a point voulu corriger les vices, mais les ridicules ; et, comme j'ai déjà dit, il a trouvé dans le vice même un instrument très propre à y réussir. Ainsi, voulant exposer à la risée publique tous les défauts opposés aux qualités de l'homme aimable, de l'homme de société, après avoir joué tant d'autres ridicules, il lui restait à jouer celui que le monde pardonne le moins, le ridicule de la vertu : c'est ce qu'il a fait dans *Le Misanthrope.*

Giovanni Paolo Pannini (1691-1765), *Fête musicale donnée par le cardinal de La Rochefoucauld au théâtre Argentina de Rome le 15 juillet 1747 à l'occasion du mariage du Dauphin de France, Louis, fils de Louis XV avec Marie-Josèphe de Saxe*, détail, 2,04 × 2,47 m (Paris, musée du Louvre).

Vous ne sauriez me nier deux choses : l'une, qu'Alceste, dans cette pièce, est un homme droit, sincère, estimable, un véritable homme de bien ; l'autre, que l'auteur lui donne un personnage ridicule. C'en est assez, ce me semble, pour rendre Molière inexcusable. On pourrait dire qu'il a joué dans Alceste, non la vertu, mais un véritable défaut, qui est la haine des hommes. À cela je réponds qu'il n'est pas vrai qu'il ait donné cette haine à son personnage : il ne faut pas que ce nom de misanthrope en impose, comme si celui qui le porte était ennemi du genre humain. Une pareille haine ne serait pas un défaut, mais une dépravation de la nature et le plus grand de tous les vices. Le vrai misanthrope est un monstre. S'il pouvait exister, il ne ferait pas rire, il ferait horreur. Vous pouvez avoir vu à la Comédie-Italienne une pièce intitulée *La Vie est un songe*. Si vous vous rappelez le héros de cette pièce, voilà le vrai misanthrope[1].

Qu'est-ce donc que le misanthrope de Molière ? Un homme de bien qui déteste les mœurs de son siècle et la méchanceté de ses contemporains ; qui, précisément parce qu'il aime ses semblables, hait en eux les maux qu'ils se font réciproquement et les vices dont ces maux sont l'ouvrage. S'il était moins touché des erreurs de l'humanité, moins indigné des iniquités qu'il voit, serait-il plus humain lui-même ? Autant vaudrait soutenir qu'un tendre père aime mieux les enfants d'autrui que les siens, parce qu'il s'irrite des fautes de ceux-ci, et ne dit jamais rien aux autres. [...]

Rousseau, *Lettre à d'Alembert sur les spectacles.*

1. On ignore le nom de l'auteur italien de cette pièce, représentée en 1717 et imprimée un an plus tard.

PROJETS DE SOCIÉTÉ

La Nouvelle Héloïse (1762), roman par lettres → pp. 276-283.
Du contrat social (1762), essai politique → pp. 284-287.
Émile ou De l'éducation (1762), traité d'éducation → pp. 287-292.

Julie ou La Nouvelle Héloïse
1762

Rousseau nourrissait à l'égard des romans une véritable méfiance. S'en étant « imprégné » pendant son enfance, il les jugeait nocifs sur le plan moral et capables de forger, dans l'esprit des lecteurs, de dangereuses illusions.

C'est pourtant au genre romanesque qu'il fait appel lorsqu'il envisage de mettre en scène des personnages selon son cœur, dans un contexte social idéalisé, image d'une micro-société selon ses rêves. *La Nouvelle Héloïse* naît ainsi d'un ensemble de circonstances qui convergent vers une triple conviction de son auteur. Le roman offre à Rousseau la possibilité de pallier, par la création d'une fiction, « l'impossibilité d'atteindre aux êtres réels ». Il lui permet d'analyser la vertu dans son conflit avec les passions et les désirs. Il est enfin l'occasion de concrétiser un idéal de vie sociale, générateur d'équilibre et de bonheur.

En 1756, retiré à l'Ermitage auprès de Madame d'Épinay, dans le cadre apaisant d'une vie campagnarde, Rousseau s'interroge sur sa vie affective et en dresse un bilan négatif.

> *« Comment se pouvait-il qu'avec des sens si combustibles, avec un cœur tout pétri d'amour, je n'eusse pas du moins une fois brûlé de sa flamme pour un objet déterminé ? Dévoré du besoin d'aimer sans jamais l'avoir pu bien satisfaire, je me voyais atteindre aux portes de la vieillesse, et mourir sans avoir vécu*[1]*. »*

À cette interrogation angoissante, il apporte une première réponse qui reste de l'ordre de la fiction. S'imaginant à la fois l'ami et l'amant de deux jeunes femmes de caractère opposé, l'une « blonde » et l'autre « brune », l'une « vive » et l'autre « douce », il crée toute une correspondance dont il est l'auteur unique. Il leur écrit et imagine leurs réponses ainsi que les lettres qu'elles échangent à son sujet. C'est là l'ébauche de *La Nouvelle Héloïse*, qui prend ainsi la forme d'un roman épistolaire. Cette ébauche, rédigée, se complète et se précise après la rencontre de Rousseau avec Sophie d'Houdetot. La situation affective du narrateur s'enrichit d'une nouvelle expérience : il est amoureux de Sophie, qui, bien que sensible à cet amour, n'en demeure pas moins fidèle au poète Saint-Lambert. Rousseau transpose alors sa propre histoire dans la fiction et la transcende en l'accompagnant d'une réflexion sur la morale et sur la vertu.

L'éloge de la vertu

La lutte contre la passion, le refus de céder aux élans de la sensibilité et à la force du désir constituent un des thèmes essentiels du roman. Julie et Saint-Preux, qui s'aiment et que la raison sépare, luttent courageusement contre leurs sentiments, la première pour rester fidèle à Monsieur de Wolmar, son mari, le second pour ne pas troubler une paix familiale et un bonheur fragile. Cependant, les souffrances que provoque un tel déchirement conduisent Julie à la mort[2]. Cette fin édifiante permet à Rousseau de montrer qu'il existe encore des âmes pures, et que la vertu peut triompher de la violence des sentiments. Le prix à payer laisse cependant un goût d'amertume : le sacrifice de l'amour sur l'autel de la vertu risque de paraître à beaucoup, comme Rousseau le présageait lui-même dans la préface, difficilement acceptable.

Une société idéale

Le roman comporte également un autre message. En décrivant la petite société de Clarens, Rousseau présente un monde organisé selon ses rêves. Il s'agit là d'un petit univers rural, sorte d'îlot privilégié à l'abri des modes et du monde où vit une communauté en apparence heureuse. Cet univers n'est pas sans ouverture cependant, grâce au cosmopolitisme de ceux qui le fréquentent. Rousseau tente de concilier de cette façon un certain nombre de contradictions : Clarens est à la fois un monde ouvert et fermé, hiérarchisé et tendant vers l'égalité, théâtre de l'affrontement de la raison et des passions, de l'idéalisme et du matérialisme. L'assemblage de contradictions aussi profondes se fait, de manière inattendue, par le choix d'un genre qui permet une grande liberté, le genre épistolaire.

Un roman par lettres

La genèse du roman et sa place dans la vie de Rousseau expliquent le choix du roman par lettres. Il offre une grande variété de ton par l'existence supposée de plusieurs « auteurs ». Cette diversité et les effets de rupture dus à la succession des lettres évitent la monotonie d'un récit continu et long, qui ferait apparaître les personnages selon

1. *Confessions*, Livre IX.
2. Julie meurt de maladie après avoir sauvé un de ses enfants de la noyade. On peut toutefois penser que son absence de résistance vient du mal moral et affectif qui ne cesse de l'affaiblir par une lutte incessante contre son amour pour Saint-Preux.

Jean-Honoré Fragonard (1732-1806), *Le Vœu à l'amour*, 0,35 × 0,45 m (Orléans, musée des Beaux-Arts).
« Ô souvenir immortel de cet instant d'illusion, de délire, d'enchantement, jamais, jamais tu ne t'effaceras de mon âme. »

une même modalité de récit romanesque. L'utilisation des lettres favorise une composition symphonique avec effet d'écho et de contrepoint : situations, sentiments, réactions peuvent être envisagés à travers des « points de vue » différents. Le genre épistolaire permet aussi de faire alterner le récit, mené à plusieurs voix, et les discussions théoriques portant sur une société idéale qui concilierait les aspirations de chacun.

Dans la ligne ouverte par les *Lettres persanes* (voir p. 46) et reprise par Laclos dans *Les Liaisons dangereuses* (voir p. 410), Rousseau utilise avec efficacité dans *La Nouvelle Héloïse* la forme labyrinthique de la correspondance. Elle lui donne la possibilité, paradoxale, de s'effacer en tant que narrateur au moment où, sur le plan de la structure et de la mise en forme des théories morales et sociales, il joue un rôle essentiel.

« Ô souvenir immortel de cet instant d'illusion, de délire et d'enchantement... »

Consciente de l'attirance que Saint-Preux exerce sur elle, Julie résiste au trouble qu'elle sent naître en elle. Pourtant, malgré sa pudeur, à la faveur d'une promenade dans un bosquet, elle a accordé un baiser au jeune homme. Dans une lettre enflammée, celui-ci décrit la passion et le délire que ce baiser ont provoqués en lui. La forme épistolaire se prête particulièrement bien à cet aveu lyrique, qui se présente comme une véritable célébration des sentiments et des élans du cœur.

Qu'as-tu fait, ah ! qu'as-tu fait, ma Julie ? tu voulais me récompenser, et tu m'as perdu. Je suis ivre, ou plutôt insensé. Mes sens sont altérés, toutes mes facultés sont troublées par ce baiser mortel. Tu voulais soulager mes maux ! Cruelle ! tu les aigris. C'est du poison que j'ai cueilli sur tes lèvres ; il fermente, il embrase mon sang, il me tue, et ta pitié me fait mourir.

Ô souvenir immortel de cet instant d'illusion, de délire et d'enchantement, jamais, jamais tu ne t'effaceras de mon âme ; et tant que les charmes de Julie y seront gravés, tant que ce cœur agité me fournira des sentiments et des soupirs, tu feras le supplice et le bonheur de ma vie !

Hélas ! je jouissais d'une apparente tranquillité ; soumis à tes volontés suprêmes, je ne murmurais plus d'un sort auquel tu daignais présider. J'avais dompté les fougueuses saillies d'une imagination téméraire ; j'avais couvert mes regards d'un voile, et mis une entrave à mon cœur ; mes désirs n'osaient plus s'échapper qu'à demi ; j'étais aussi content que je pouvais l'être. Je reçois ton billet, je vole chez ta cousine ; nous nous rendons à Clarens, je t'aperçois, et mon sein palpite ; le doux son de ta voix y porte une agitation nouvelle ; je t'aborde comme transporté, et j'avais grand besoin de la

Moreau Le Jeune (1741-1814), *Le Premier Baiser de l'amour*, gravure, 1774 (Paris, BN).

diversion de ta cousine pour cacher mon trouble à ta mère. On parcourt le jardin, l'on dîne tranquillement, tu me rends en secret ta lettre que je n'ose lire devant ce redoutable témoin ; le soleil commence à baisser, nous fuyons tous trois dans le bois le reste de ses rayons, et ma paisible simplicité n'imaginait pas même un état plus doux que le mien.

En approchant du bosquet, j'aperçus, non sans une émotion secrète, vos signes d'intelligence, vos sourires mutuels, et le coloris de tes joues prendre un nouvel éclat. En y entrant, je vis avec surprise ta cousine s'approcher de moi, et, d'un air plaisamment suppliant, me demander un baiser. Sans rien comprendre à ce mystère, j'embrassai cette charmante amie ; et, tout aimable, toute piquante qu'elle est, je ne connus jamais mieux que les sensations ne sont rien que ce que le cœur les fait être. Mais que devins-je un moment après quand je sentis... la main me tremble... un doux frémissement... ta bouche de roses... la bouche de Julie... se poser, se presser sur la mienne, et mon corps serré dans tes bras ! Non, le feu du ciel n'est pas plus vif ni plus prompt que celui qui vient à l'instant m'embraser. Toutes les parties de moi-même se rassemblèrent sous ce toucher délicieux. Le feu s'exhalait avec nos soupirs de nos lèvres brûlantes, et mon cœur se mourait sous le poids de la volupté, quant tout à coup je te vis pâlir, fermer tes beaux yeux, t'appuyer sur ta cousine, et tomber en défaillance. Ainsi la frayeur éteignit le plaisir, et mon bonheur ne fut qu'un éclair.

À peine sais-je ce qui m'est arrivé depuis ce fatal moment. L'impression profonde que j'ai reçue ne peut plus s'effacer. Une faveur ?... c'est un tourment horrible... Non, garde tes baisers, je ne les saurais supporter... ils sont trop âcres, trop pénétrants ; ils percent, ils brûlent jusqu'à la moelle... ils me rendraient furieux[1]. Un seul, un seul m'a jeté dans un égarement dont je ne puis plus revenir. Je ne suis plus le même, et ne te vois plus la même. Je ne te vois plus comme autrefois réprimante et

1. Fou, dément.

sévère ; mais je te sens et te touche sans cesse unie à mon sein comme tu fus un instant. Ô Julie ! quelque sort que m'annonce un transport dont je ne suis plus maître, quelque traitement que ta rigueur me destine, je ne puis plus vivre dans l'état où je suis, et je sens qu'il faut enfin que j'expire à tes pieds... ou dans tes bras.

Rousseau, *La Nouvelle Héloïse*, Première Partie, Lettre XIV à Julie.

« Mon parti est pris, je ne veux désoler aucun de ceux que j'aime »

La mère de Julie, Madame d'Étange, meurt en découvrant l'amour de sa fille pour Saint-Preux. Julie en ressent une grande douleur. Tout en protestant de son amour, elle confie au jeune homme qu'elle est décidée à accepter le mariage que son père lui propose. Commence alors un combat douloureux entre ses résolutions et ses véritables sentiments.

C'en est trop, c'en est trop. Ami, tu as vaincu. Je ne suis point à l'épreuve de tant d'amour ; ma résistance est épuisée. J'ai fait usage de toutes mes forces ; ma conscience m'en rend le consolant témoignage. Que le ciel ne me demande point compte de plus qu'il ne m'a donné ! Ce triste cœur que tu achetas tant de fois, et qui coûta si cher au tien, t'appartient sans réserve ; il fut à toi du premier moment où mes yeux te virent, il te restera jusqu'à mon dernier soupir. Tu l'as trop bien mérité pour le perdre, et je suis lasse de servir aux dépens de la justice une chimérique vertu[1].

Oui, tendre et généreux amant, ta Julie sera toujours tienne, elle t'aimera toujours ; il le faut, je le veux, je le dois. Je te rends l'empire que l'amour t'a donné ; il ne te sera plus ôté. C'est en vain qu'une voix mensongère murmure au fond de mon âme, elle ne m'abusera plus. Que sont les vains devoirs qu'elle m'oppose contre ceux d'aimer à jamais ce que le ciel m'a fait aimer ? Le plus sacré de tous, n'est-il pas envers toi ? N'est-ce pas à toi seul que j'ai tout promis ? Le premier vœu de mon cœur ne fut-il pas de ne t'oublier jamais, et ton inviolable fidélité n'est-elle pas un nouveau lien pour la mienne ? Ah ! dans le transport d'amour qui me rend à toi, mon seul regret est d'avoir combattu des sentiments si chers et si légitimes. Nature, ô douce nature ! reprends tous tes droits ; j'abjure les barbares vertus qui t'anéantissent. Les penchants que tu m'as donnés seront-ils plus trompeurs qu'une raison qui m'égara tant de fois ?

Respecte ces tendres penchants, mon aimable ami ; tu leur dois trop pour les haïr ; mais souffres-en le cher et doux partage ; souffre que les droits du sang et de l'amitié ne soient pas éteints par ceux de l'amour. Ne pense point que pour te suivre j'abandonne jamais la maison paternelle. N'espère point que je me refuse aux liens que m'impose une autorité sacrée. La cruelle perte de l'un des auteurs de mes jours m'a trop appris à craindre d'affliger l'autre. Non, celle dont il attend désormais toute sa consolation ne contristera pas son âme accablée d'ennuis ; je n'aurai point donné la mort à tout ce qui me donna la vie. Non, non ; je connais mon crime et ne puis le haïr. Devoir, honneur, vertu, tout cela ne me dit plus rien ; mais pourtant je ne suis point un monstre ; je suis faible et non dénaturée. Mon parti est pris, je ne veux désoler aucun de ceux que j'aime. Qu'un père esclave de sa parole et jaloux d'un vain titre[2] dispose de ma main qu'il a promise ; que l'amour seul dispose de mon cœur ; que mes pleurs ne cessent de couler dans le sein d'une tendre amie. Que je sois vile et malheureuse ; mais que tout ce qui m'est cher soit heureux et content s'il est possible. Formez tous trois ma seule existence, et que votre bonheur me fasse oublier ma misère et mon désespoir.

Rousseau, *La Nouvelle Héloïse*, Partie 3, Lettre XV de Julie.

1. Julie veut dire que la vertu reste une abstraction vaine, une valeur illusoire et trop idéale pour résister aux épreuves de l'amour et de la passion.

2. Monsieur d'Étange a promis la main de Julie à Monsieur de Wolmar et reste très attaché à ses préjugés aristocratiques.

Hartmann, *L'Île de Saint-Pierre* (Chaalis, musée Chaalis).

« Ces temps, ces temps heureux ne sont plus ; ils ont disparu pour jamais »

Ayant toute confiance en Julie et en Saint-Preux, Monsieur de Wolmar ne met entre eux aucun obstacle. Mais cette constante familiarité des deux amants dans leur vie quotidienne devient plus douloureuse encore qu'une séparation. Une promenade sur le lac est pour eux l'occasion de prendre conscience de la survivance de leur passion.

La complicité de la nature, le silence et la magie poétique de l'eau concourent à faire de cette scène un épisode déjà teinté de lyrisme romantique.

Après le souper, nous fûmes nous asseoir sur la grève en attendant le moment du départ. Insensiblement la lune se leva, l'eau devint plus calme, et Julie me proposa de partir. Je lui donnai la main pour entrer dans le bateau ; et, en m'asseyant à côté d'elle, je ne songeai plus à quitter sa main. Nous gardions un profond silence. Le bruit égal et mesuré des rames m'excitait à rêver. Le chant assez gai des bécassines, me retraçant les plaisirs d'un autre âge, au lieu de m'égayer, m'attristait. Peu à peu je sentis augmenter la mélancolie dont j'étais accablé. Un ciel serein, les doux rayons de la lune, le frémissement argenté dont l'eau brillait autour de nous, le concours des plus agréables sensations, la présence même de cet objet chéri, rien ne put détourner de mon cœur mille réflexions douloureuses.

Je commençai par me rappeler une promenade semblable faite autrefois avec elle durant le charme de nos premières amours. Tous les sentiments délicieux qui remplissaient alors mon âme s'y retracèrent pour l'affliger ; tous les événements de notre jeunesse, nos études, nos entretiens, nos lettres, nos rendez-vous, nos plaisirs,

E tanta fede, e si dolci memorie,
E si lungo costume[1] !

ces foules de petits objets qui m'offraient l'image de mon bonheur passé, tout revenait, pour augmenter ma misère présente, prendre place en mon souvenir. C'en est fait, disais-je en moi-même ; ces temps, ces temps heureux ne sont plus ; ils ont disparu pour jamais. Hélas ! ils ne reviendront plus ; et nous vivons, et nous sommes ensemble, et nos cœurs sont toujours unis ! Il me semblait que j'aurais

1. « Et cette foi si pure, et ces doux souvenirs, et cette longue familiarité » : traduction par Rousseau d'un vers du poète italien Métastase (1698-1782).

porté plus patiemment sa mort ou son absence, et que j'avais moins souffert tout le temps que j'avais passé loin d'elle. Quand je gémissais dans l'éloignement, l'espoir de la revoir soulageait mon cœur ; je me flattais qu'un instant de sa présence effacerait toutes mes peines ; j'envisageais au moins dans les possibles un état moins cruel que le mien. Mais se trouver auprès d'elle, mais la voir, la toucher, lui parler, l'aimer, l'adorer, et presque en la possédant encore, la sentir perdue à jamais pour moi ; voilà ce qui me jetait dans des accès de fureur et de rage qui m'agitèrent par degrés jusqu'au désespoir. Bientôt je commençai de rouler dans mon esprit des projets funestes, et, dans un transport dont je frémis en y pensant, je fus violemment tenté de la précipiter avec moi dans les flots, et d'y finir dans ses bras ma vie et mes longs tourments. Cette horrible tentation devint à la fin si forte, que je fus obligé de quitter brusquement sa main pour passer à la pointe du bateau.

Là mes vives agitations commencèrent à prendre un autre cours ; un sentiment plus doux s'insinua peu à peu dans mon âme, l'attendrissement surmonta le désespoir, je me mis à verser des torrents de larmes, et cet état, comparé à celui dont je sortais, n'était pas sans quelques plaisirs. Je pleurai fortement, longtemps, et fus soulagé. Quand je me trouvai bien remis, je revins auprès de Julie ; je repris sa main. Elle tenait son mouchoir ; je le sentis fort mouillé. « Ah ! lui dis-je tout bas, je vois que nos cœurs n'ont jamais cessé de s'entendre ! – Il est vrai, dit-elle d'une voix altérée ; mais que ce soit la dernière fois qu'ils auront parlé sur ce ton. » Nous recommençâmes alors à causer tranquillement, et au bout d'une heure de navigation nous arrivâmes sans autre accident.

Rousseau, *La Nouvelle Héloïse*, Partie 4, Lettre XVII à milord Edouard.

« Mais la douce égalité qui règne ici rétablit l'ordre de la nature... »

Dans une lettre adressée à milord Edouard, Saint-Preux présente la petite société de Clarens. Les vendanges sont l'occasion d'un récit idyllique qui montre les charmes et la paix de la vie à la campagne. Le petit monde de Clarens apparaît comme un univers protégé, dans lequel pourrait régner une véritable égalité sociale. Mais les cadres traditionnels ne sont pas tous effacés.

Vous ne sauriez concevoir avec quel zèle, avec quelle gaieté tout cela se fait. On chante, on rit toute la journée, et le travail n'en va que mieux. Tout vit dans la plus grande familiarité ; tout le monde est égal, et personne ne s'oublie. Les dames sont sans airs[1], les paysannes sont décentes, les hommes

Jean-Baptiste Chardin (1699-1779), *Ustensiles de cuisine, chaudron, poêlon et œufs*, 0,17 × 0,21 m (Paris, musée du Louvre).

1. Simples, naturelles.

badins et non grossiers. C'est à qui trouvera les meilleures chansons, à qui fera les meilleurs contes, à qui dira les meilleurs traits. L'union même engendre les folâtres querelles ; et l'on ne s'agace mutuellement que pour montrer combien on est sûr les uns des autres. On ne revient point ensuite faire chez soi les messieurs ; on passe aux vignes toute la journée : Julie y a fait une loge[1] où l'on va se chauffer quand on a froid, et dans laquelle on se réfugie en cas de pluie. On dîne avec les paysans et à leur heure, aussi bien qu'on travaille avec eux. On mange avec appétit leur soupe un peu grossière, mais bonne, saine, et chargée d'excellents légumes. On ne ricane point orgueilleusement de leur air gauche et de leurs compliments rustauds[2], pour les mettre à leur aise, on s'y prête sans affectation. Ces complaisances ne leur échappent pas, ils y sont sensibles ; et voyant qu'on veut bien sortir pour eux de sa place[3], ils s'en tiennent d'autant plus volontiers dans la leur. À dîner, on amène les enfants et ils passent le reste de la journée à la vigne. Avec quelle joie ces bons villageois les voient arriver ! Ô bienheureux enfants ! disent-ils en les pressant dans leurs bras robustes, que le bon Dieu prolonge vos jours aux dépens des nôtres ! Ressemblez à vos père et mères, et soyez comme eux la bénédiction du pays ! Souvent en songeant que la plupart de ces hommes ont porté les armes, et savent manier l'épée et le mousquet[4] aussi bien que la serpette et la houe, en voyant Julie au milieu d'eux si charmante et si respectée recevoir, elle et ses enfants, leurs touchantes acclamations, je me rappelle l'illustre et vertueuse Agrippine montrant son fils aux troupes de Germanicus[5]. Julie ! femme incomparable ! vous exercez dans la simplicité de la vie privée le despotique empire de la sagesse et des bienfaits : vous êtes pour tout le pays un dépôt cher et sacré que chacun voudrait défendre et conserver au prix de son sang ; et vous vivez plus sûrement, plus honorablement au milieu d'un peuple entier qui vous aime, que les rois entourés de tous leurs soldats.

Le soir, on revient gaiement tous ensemble. On nourrit et loge les ouvriers tout le temps de la vendange ; et même le dimanche, après le prêche du soir, on se rassemble avec eux et l'on danse jusqu'au souper. Les autres jours on ne se sépare point non plus en rentrant au logis, hors le baron qui ne soupe jamais et se couche de fort bonne heure, et Julie qui monte avec ses enfants chez lui jusqu'à ce qu'il s'aille coucher. À cela près, depuis le moment qu'on prend le métier de vendangeur jusqu'à celui qu'on le quitte, on ne mêle plus la vie citadine à la vie rustique. Ces saturnales[6] sont bien plus agréables et plus sages que celles des Romains. Le renversement qu'ils affectaient était trop vain pour instruire le maître ni l'esclave ; mais la douce égalité qui règne ici rétablit l'ordre de la nature, forme une instruction pour les uns, une consolation pour les autres, et un lien d'amitié pour tous.*

Rousseau, *La Nouvelle Héloïse*, Partie 5, Lettre VII à milord Edouard.

* Si de là naît un commun état de fête, non moins doux à ceux qui descendent qu'à ceux qui montent, ne s'ensuit-il pas que tous les états sont presque indifférents par eux-mêmes, pourvu qu'on puisse et qu'on veuille en sortir quelquefois ? Les gueux sont malheureux parce qu'ils sont toujours gueux ; les rois sont malheureux parce qu'ils sont toujours rois. Les états moyens, dont on sort plus aisément, offrent des plaisirs au-dessus et au-dessous de soi ; ils étendent aussi les lumières de ceux qui les remplissent, en leur donnant plus de préjugés à connaître, et plus de degrés à comparer. Voilà, ce me semble, la principale raison pour quoi c'est généralement dans les conditions médiocres qu'on trouve les hommes les plus heureux et du meilleur sens. [Note de Rousseau.]

« N'ai-je pas assez vécu pour le bonheur et pour la vertu ? »

Après avoir sauvé un de ses enfants de la noyade, Julie est atteinte d'une affection qui vient à bout de ses forces en peu de temps. Saint-Preux reçoit d'elle cette lettre après sa mort. Sentant venir sa fin, qui est pour elle une délivrance, Julie fait le bilan de sa vie. Cette lettre est aussi l'occasion d'un dernier adieu, au cours duquel elle exprime ses dernières volontés.

Il faut renoncer à nos projets. Tout est changé, mon bon ami : souffrons ce changement sans murmure ; il vient d'une main plus sage que nous. Nous songions à nous réunir : cette réunion n'était pas bonne. C'est un bienfait du ciel de l'avoir prévenue ; sans doute il prévient des malheurs.

Je me suis longtemps fait illusion. Cette illusion me fut salutaire ; elle se détruit au moment que je n'en ai plus besoin. Vous m'avez crue guérie, et j'ai cru l'être. Rendons grâces à celui qui fit durer cette

1. Sorte de cabane, abri de feuillages et de branches.
2. Dont les manières rustiques manquent de délicatesse.
3. Oublier son rang social.
4. Sorte de fusil.
5. Révoltés, les soldats de Germanicus s'apaisèrent quand ils virent son fils, Caligula, dans les bras de l'impératrice Agrippine.
6. Fêtes célébrées par les Romains en l'honneur de Bacchus. Les esclaves y prenaient parfois la place des maîtres. Elles étaient l'occasion de débauches et de désordres.

erreur autant qu'elle était utile : qui sait si, me voyant si près de l'abîme, la tête ne m'eût point tourné ? Oui, j'eus beau vouloir étouffer le premier sentiment qui m'a fait vivre, il s'est concentré dans mon cœur. Il s'y réveille au moment qu'il n'est plus à craindre ; il me soutient quand mes forces m'abandonnent ; il me ranime quand je me meurs. Mon ami, je fais cet aveu sans honte ; ce sentiment resté malgré moi fut involontaire ; il n'a rien coûté à mon innocence ; tout ce qui dépend de ma volonté fut pour mon devoir : si le cœur qui n'en dépend pas fut pour vous, ce fut mon tourment et non pas mon crime. J'ai fait ce que j'ai dû faire ; la vertu me reste sans tache, et l'amour m'est resté sans remords.

Élisabeth-Louise Vigée-Le Brun (1755-1842), *Madame Vigée-Le Brun et sa fille*, 1,30 × 0,94 m, vers 1785 (Paris, musée du Louvre).

J'ose m'honorer du passé ; mais qui m'eût pu répondre de l'avenir ? Un jour de plus peut-être, et j'étais coupable ! Qu'était-ce de la vie entière passée avec vous ? Quels dangers j'ai courus sans le savoir ! À quels dangers plus grands j'allais être exposée ! Sans doute je sentais pour moi les craintes que je croyais sentir pour vous. Toutes les épreuves ont été faites ; mais elles pouvaient trop revenir. N'ai-je pas assez vécu pour le bonheur et pour la vertu ? Que me restait-il d'utile à tirer de la vie ? En me l'ôtant, le ciel ne m'ôte plus rien de regrettable, et met mon honneur à couvert. Mon ami, je pars au moment favorable, contente de vous et de moi ; je pars avec joie, et ce départ n'a rien de cruel. Après tant de sacrifices, je compte pour peu celui qui me reste à faire : ce n'est que mourir une fois de plus.

Je prévois vos douleurs, je les sens ; vous restez à plaindre, je le sais trop ; et le senti- de votre affliction est la plus grande peine que j'emporte avec moi. Mais voyez aussi que de consolations je vous laisse ! Que de soins à remplir envers celle qui vous fut chère vous font un devoir de vous conserver pour elle ! Il vous reste à la servir dans la meilleure partie d'elle-même. Vous ne perdez de Julie que ce que vous en avez perdu depuis longtemps. Tout ce qu'elle eut de meilleur vous reste. Venez vous réunir à sa famille. Que son cœur demeure au milieu de vous. Que tout ce qu'elle aima se rassemble pour lui donner un nouvel être. Vos soins, vos plaisirs, votre amitié, tout sera son ouvrage. Le nœud de votre union formé par elle la fera revivre ; elle ne mourra qu'avec le dernier de tous.

Songez qu'il vous reste une autre Julie, et n'oubliez pas ce que vous lui devez. Chacun de vous va perdre la moitié de sa vie, unissez-vous pour conserver l'autre ; c'est le seul moyen qui vous reste à tous deux de me survivre, en servant ma famille et mes enfants. Que ne puis-je inventer des nœuds plus étroits encore pour unir tout ce qui m'est cher ! Combien vous devez l'être l'un à l'autre ! Combien cette idée doit renforcer votre attachement mutuel ! Vos objections contre cet engagement vont être de nouvelles raisons pour le former. Comment pourrez-vous jamais vous parler de moi sans vous attendrir ensemble ! Non, Claire et Julie seront si bien confondues, qu'il ne sera plus possible à votre cœur de les séparer. Le sien vous rendra tout ce que vous aurez senti pour son amie ; elle en sera la confidente et l'objet : vous serez heureux par celle qui vous restera, sans cesser d'être fidèle à celle que vous aurez perdue, et après tant de regrets et de peines, avant que l'âge de vivre et d'aimer se passe, vous aurez brûlé d'un feu légitime et joui d'un bonheur innocent.

Rousseau, *La Nouvelle Héloïse*, Partie 6, Lettre XII de Julie (lettre incluse dans la précédente).

Du contrat social
1762

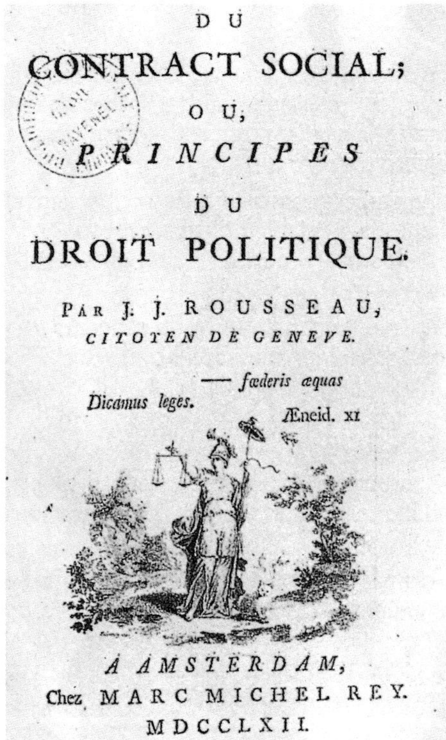

DU

CONTRACT SOCIAL;

OU,

PRINCIPES

DU

DROIT POLITIQUE.

PAR J. J. ROUSSEAU,

CITOYEN DE GENEVE.

— *fœderis æquas*
Dicamus leges.
Æneid. XI

A AMSTERDAM,
Chez MARC MICHEL REY.
MDCCLXII.

Anonyme, *Frontispice de l'édition originale du « Contrat social »*, à Amsterdam, 1762 (Paris, BN).

Essai politique et synthèse des idées de Jean-Jacques Rousseau sur la société, l'ouvrage intitulé *Du contrat social* est probablement le plus en avance sur son temps. Il reprend des théories déjà envisagées par Montesquieu, Hobbes ou Locke pour fonder le projet d'une société plus juste et plus humaine.

L'idée fondamentale du *Contrat social* est que la source de toute légitimité réside dans le peuple, et dans l'expression de la volonté générale. En conséquence, il faut que les hommes assemblés concluent entre eux un pacte, véritable contrat : chacun doit s'engager, au nom des intérêts particuliers, indissociables de l'intérêt général, à en respecter toutes les clauses. L'individu renonce donc à une liberté absolue et sans limite pour se soumettre aux règles instituées par la communauté. En échange, il peut compter sur la force commune pour défendre ses droits.

Une telle conception de l'organisation communautaire conduit à n'envisager un gouvernement que sous la forme d'une fidèle représentation de la seule puissance souveraine, le peuple. Ce principe ne souffre, aux yeux de Rousseau, aucune exception : aucune autorité n'a de pouvoir en elle-même. Il en conclut logiquement que « tout gouvernement légitime est républicain » (Livre II, chapitre 6). Ainsi se trouve défini un idéal essentiellement démocratique.

Grand admirateur de la Rome antique, Rousseau y puise le modèle des institutions qu'il imagine. Il affirme aussi la nécessité d'une religion civile, exaltant la tolérance, la vertu et l'amour du prochain.

Un tel ciment lui semble indispensable à l'harmonie de la vie sociale.

Les révolutionnaires comme Robespierre et Saint-Just verront dans le *Contrat social* un véritable guide politique et social. Ils s'en inspireront largement pour proclamer le culte de l'Être suprême, et faire de la vertu un idéal philosophique et politique. Mais les thèses de Rousseau seront également contestées : en donnant le pouvoir à l'expression majoritaire, ce système ne condamne-t-il pas les minorités à se soumettre à des lois qui peuvent aller contre leurs droits, sous peine de s'exclure de la communauté ?

Malgré ces objections, il est certain que cette œuvre joua un rôle majeur dans l'évolution des idées politiques. Elle inspira en particulier la déclaration des Droits de l'homme et du citoyen de 1789.

« Tel est le problème fondamental dont le *Contrat social* donne la solution »

Cet extrait du Livre I est un passage essentiel : Rousseau y explique, sous une forme argumentée, la naissance de l'idée de « contrat ». Le contexte d'évolution historique et l'importance de la notion de réciprocité sont mis en lumière de manière rigoureuse au cours d'une démonstration qui procède par étapes successives, chacune prenant appui sur la précédente.

Je suppose les hommes parvenus à ce point où les obstacles qui nuisent à leur conservation dans l'état de nature l'emportent, par leur résistance, sur les forces que chaque individu peut employer pour se maintenir dans cet état. Alors cet état primitif ne peut plus subsister ; et le genre humain périrait s'il ne changeait de manière d'être.

Or, comme les hommes ne peuvent engendrer de nouvelles forces, mais seulement unir et diriger celles qui existent, ils n'ont plus d'autre moyen, pour se conserver, que de former par agrégation une somme de forces qui puisse l'emporter sur la résistance, de les mettre en jeu par un seul mobile et de les faire agir de concert.

Cette somme de forces ne peut naître que du concours de plusieurs ; mais la force et la liberté de chaque homme étant les premiers instruments de sa conservation, comment les engagera-t-il sans se nuire et sans négliger les soins qu'il se doit ? Cette difficulté, ramenée à mon sujet, peut s'énoncer en ces termes :

« Trouver une forme d'association qui défende et protège de toute la force commune la personne et les biens de chaque associé, et par laquelle chacun, s'unissant à tous, n'obéisse pourtant qu'à lui-même, et reste aussi libre qu'auparavant. » Tel est le problème fondamental dont le *Contrat social* donne la solution.

Les clauses de ce contrat sont tellement déterminées par la nature de l'acte, que la moindre modification les rendrait vaines et de nul effet ; en sorte que, bien qu'elles n'aient peut-être jamais été formellement énoncées, elles sont partout les mêmes, partout tacitement admises et reconnues, jusqu'à ce que, le pacte social étant violé, chacun rentre alors dans ses premiers droits, et reprenne sa liberté naturelle, en perdant la liberté conventionnelle pour laquelle il y renonça.

Ces clauses, bien entendues, se réduisent toutes à une seule : savoir, l'aliénation totale de chaque associé avec tous ses droits à toute la communauté : car, premièrement, chacun se donnant tout entier, la condition est égale pour tous ; et la condition étant égale pour tous, nul n'a intérêt de la rendre onéreuse aux autres.

De plus, l'aliénation se faisant sans réserve, l'union est aussi parfaite qu'elle peut l'être, et nul associé n'a plus rien à réclamer : car, s'il restait quelques droits aux particuliers, comme il n'y aurait aucun supérieur commun qui pût prononcer contre eux et le public, chacun, étant en quelque point son propre juge, prétendrait bientôt l'être en tous ; l'état de nature subsisterait, et l'association deviendrait nécessairement tyrannique ou vaine.

Enfin, chacun se donnant à tous ne se donne à personne ; et comme il n'y a pas un associé sur lequel on n'acquière le même droit qu'on lui cède sur soi, on gagne l'équivalent de tout ce qu'on perd, et plus de force pour conserver ce qu'on a.

Si donc on écarte du pacte social ce qui n'est pas de son essence, on trouvera qu'il se réduit aux termes suivants : « Chacun de nous met en commun sa personne et toute sa puissance sous la suprême direction de la volonté générale ; et nous recevons encore chaque membre comme partie indivisible du tout ».

Rousseau, *Du contrat social*, Livre I, chapitre 6.

« ... L'*état de nature [...]* n'est pas cependant un état de licence... »

On trouve chez Rousseau certaines idées inspirées des thèmes du philosophe anglais John Locke (1632-1704). Ce dernier analyse ici la nature d'« état de nature », en montrant qu'elle n'exclut pas certains impératifs régissant la vie en communauté.

Pour bien comprendre ce qu'est le pouvoir politique et pour remonter à sa source, il faut considérer l'état dans lequel tous les hommes se trouvent naturellement : c'est un état de parfaite liberté, où ils règlent leurs actions et disposent de leurs biens et personnes comme ils l'entendent, dans les limites de la loi naturelle, sans demander d'autorisation, ni dépendre d'aucune autre volonté humaine.

C'est aussi un état d'égalité, dans lequel tout pouvoir et toute juridiction sont réciproques, personne n'en ayant plus qu'un autre. Rien n'est plus évident, en effet, que des créatures de même espèce et de même rang, qui participent sans distinction aux mêmes avantages naturels et jouissent des mêmes facultés, devraient aussi être égales entre elles, sans subordination ni sujétion ; à moins que le Seigneur et Maître de toutes n'ait établi l'une d'elles au-dessus des autres par une déclaration manifeste de sa volonté, et qu'il lui ait conféré, par un décret évident et clair, un droit incontestable à la domination et à la souveraineté. [...]

Toutefois, si l'état de nature est un état de liberté, ce n'est pas cependant un état de licence. Sans doute, l'homme dans cet état a la liberté absolue de disposer de sa personne ou de ses biens, il n'a pas néanmoins la liberté de se détruire lui-même, non plus qu'aucune créature en sa possession, sauf le cas d'un usage qui vaille mieux que la simple conservation. L'état de nature est régi par une loi naturelle qui oblige chacun ; et la raison, qui se confond avec cette loi, enseigne à tous les hommes, s'ils veulent bien la consulter, qu'étant tous égaux et indépendants, aucun ne doit nuire à un autre dans sa vie, sa santé, sa liberté, ou ses biens. Les hommes, en effet, sont tous l'œuvre d'un Ouvrier tout-puissant et infiniment sage, tous, les serviteurs d'un Maître souverain, envoyés dans le monde sur son ordre et pour servir ses intérêts. Ils sont, par suite, la propriété de celui dont ils sont l'œuvre, faits pour durer autant qu'il lui plaît, non autant qu'il plaît à chacun. Dès lors, puisque nous sommes doués des mêmes facultés, et que nous participons tous à la même nature, on ne peut supposer entre nous une subordination telle qu'elle nous autorise à nous entre-détruire, comme si nous étions faits pour être utilisés les uns par les autres, au même titre que nous utilisons les créatures de rang inférieur. Chacun est tenu de se conserver soi-même, et de ne pas quitter volontairement son poste ; pour la même raison, aussi, quand sa propre conservation n'est pas en jeu, il doit, autant qu'il le peut, protéger les autres hommes. Et il ne doit pas, à moins que ce ne soit pour faire justice d'un coupable, enlever ou altérer la vie, ou ce qui touche au maintien de la vie : la liberté, la santé, les membres ou les biens d'un autre.

Mais, lorsqu'il s'agit d'empêcher les hommes d'empiéter sur les droits d'autrui et de se nuire entre eux, lorsqu'il s'agit d'obtenir que la loi naturelle soit observée, elle qui veut la paix et la conservation de tout le genre humain, dans cet état, c'est aux soins de chaque homme qu'en est laissée l'exécution. Il s'ensuit que chacun a le droit de punir ceux qui transgressent cette loi, et ce d'une manière propre à empêcher qu'on la viole. Car la loi naturelle, comme toutes les autres lois qui concernent les hommes, serait vaine, s'il n'y avait personne, dans l'état de nature, qui ait le pouvoir de la faire exécuter, de protéger ainsi l'innocent et de réprimer les criminels. Et, si dans l'état de nature il y a un homme qui peut en punir un autre pour un méfait commis, tout homme a le même pouvoir. Car dans cet état de parfaite égalité, où la nature ne fonde aucune supériorité ou juridiction de l'un sur l'autre, ce qu'un homme peut faire, en exécution de cette loi, tout homme doit nécessairement avoir le droit de le faire.

Locke, Essai sur le pouvoir civil, *chapitre 2, paragraphes 4, 6, PUF, 1953, traduit de l'anglais par J.-L. Fyot.*

Texte étranger

« Il est plus aisé de conquérir que de régir »

Partisan du régime républicain, même si ce dernier exige des hommes vertus civiques et sens de la responsabilité commune, Rousseau critique violemment la monarchie dans laquelle il ne voit qu'autorité abusive et corruption. Le comble de l'arbitraire est, selon lui, la transmission héréditaire du pouvoir, qui a pour conséquence de mettre sur le trône « des enfants, des monstres, des imbéciles ».

Un défaut essentiel et inévitable, qui mettra toujours le gouvernement monarchique au-dessous du républicain, est que dans celui-ci la voix publique n'élève presque jamais aux premières places que des hommes éclairés et capables, qui les remplissent avec honneur ; au lieu que ceux qui parviennent dans les monarchies ne sont le plus souvent que de petits brouillons, de petits fripons, de petits intrigants, à qui les petits talents, qui font dans les cours parvenir aux grandes places, ne servent qu'à montrer au public leur ineptie aussitôt qu'ils y sont parvenus. Le peuple se trompe bien moins sur ce choix que le prince ; et un homme d'un vrai mérite est presque aussi rare dans le ministère qu'un sot à la tête d'un gouvernement républicain. Aussi, quand, par quelque heureux hasard, un de ces hommes nés pour gouverner prend le timon des affaires dans une monarchie presque abîmée par ces tas de jolis régisseurs, on est tout surpris des ressources qu'il trouve, et cela fait époque dans un pays.

Pour qu'un État monarchique pût être bien gouverné, il faudrait que sa grandeur ou son étendue fût mesurée aux facultés de celui qui gouverne. Il est plus aisé de conquérir que de régir. Avec un levier suffisant, d'un doigt l'on peut ébranler le monde ; mais pour le soutenir il faut les épaules d'Hercule. Pour peu qu'un État soit grand, le prince est presque toujours trop petit. Quand, au contraire, il arrive que l'État est trop petit pour son chef, ce qui est très rare, il est encore mal gouverné, parce que le chef, suivant toujours la grandeur de ses vues, oublie les intérêts des peuples, et ne les rend pas moins malheureux par l'abus des talents qu'il a de trop qu'un chef borné par le défaut de ceux qui lui manquent. Il faudrait, pour ainsi dire, qu'un royaume s'étendît ou se resserât à chaque règne, selon la portée du prince ; au lieu que, les talents d'un sénat ayant des mesures plus fixes, l'État peut avoir des bornes constantes, et l'administration n'aller pas moins bien.

Le plus sensible inconvénient du gouvernement d'un seul est le défaut de cette succession continuelle qui forme dans les deux autres une liaison non interrompue. Un roi mort, il en faut un autre ; les élections laissent des intervalles dangereux ; elles sont orageuses ; et à moins que les citoyens ne soient d'un désintéressement, d'une intégrité que ce gouvernement ne compte guère, la brigue et la corruption s'en mêlent. Il est difficile que celui à qui l'État s'est vendu ne le vende pas à son tour, et ne se dédommage pas sur les faibles de l'argent que les puissants lui ont extorqué. Tôt ou tard tout devient vénal sous une pareille administration, et la paix, dont on jouit alors sous les rois, est pire que le désordre des interrègnes.

Qu'a-t-on fait pour prévenir ces maux ? On a rendu les couronnes héréditaires dans certaines familles ; et l'on a établi un ordre de succession qui prévient toute dispute à la mort des rois ; c'est-à-dire que, substituant l'inconvénient des régences à celui des élections, on a préféré une apparente tranquillité à une administration sage, et qu'on a mieux aimé risquer d'avoir pour chefs des enfants, des monstres, des imbéciles, que d'avoir à disputer sur le choix des bons rois. On n'a pas considéré qu'en s'exposant ainsi aux risques de l'alternative, on met presque toutes les chances contre soi. C'était un mot très sensé que celui du jeune Denys à qui son père, en lui reprochant une action honteuse, disait : « T'en ai-je donné l'exemple ? – Ah ! répondit le fils, votre père n'était pas roi[1]. »

Rousseau, *Du contrat social*, Livre III, chapitre 6.

Émile ou De l'éducation

1762

Au moment où il composait le *Discours sur les sciences et les arts*, Rousseau s'intéressait déjà aux problèmes de l'éducation. Par la suite il précise, dans *La Nouvelle Héloïse* et dans le *Contrat social*, les fondements d'un projet de société. Il en vient alors à formuler les principes d'une éducation susceptible de préparer un être à devenir sociable tout en restant « naturel », ce qui constitue un véritable dilemme.

Élaborer un système éducatif conduit en effet Rousseau à devoir résoudre une des contradictions majeures du débat philosophique, social et politique des Lumières : comment concilier nature et culture ? Comment une éducation peut-elle rester naturelle, c'est-à-dire ne pas dénaturer un être ? Toute formation n'est-elle pas un détournement des qualités originelles ? « Il faut opter entre faire un homme ou faire un citoyen, écrit Rousseau au début de son traité, car on ne peut faire à la fois l'un et l'autre. »

On voit réapparaître ici l'idée, chère à Rousseau, d'une nature bonne pervertie par la vie collective et l'organisation sociale. Aussi, au lieu d'être éduqué en vue d'une vie sociale dans un contexte politique clairement défini, son Émile sera-t-il préparé à vivre le mieux possible, avec sociabilité, dans une collectivité régie par les principes du *Contrat social*.

Le traité se compose de cinq livres, qui correspondent aux étapes chronologiques de l'évolution de l'enfant.

Le Livre I est consacré au petit enfant, avant qu'il ne prenne conscience de lui-même, avant qu'il ne parle. Le Livre II aborde la période qui va de 2 à 7 ans environ, et traite du développement de la sensibilité et du raisonnement. On retrouve dans cette partie l'influence des thèses du sensualisme (voir p. 248). Dans le Livre III, il est question du développement de l'intelligence, dans la pé-

1. Il s'agit de Denys le Jeune, fils de Denys l'Ancien, tyran de Syracuse. Ne voulant pas imiter la cruauté de son père, il fut au contraire un mécène et chercha à obtenir la collaboration de Platon pour fonder une république idéale.

riode qui va de 7 à 12 ans. Le Livre IV est consacré aux difficiles questions de l'éveil de la sexualité, de la découverte de l'autre, de la religion et de la morale. C'est dans cette partie que Rousseau développe ses théories concernant la religion naturelle, dans le passage intitulé « Profession de foi du vicaire savoyard ». Le Livre V termine l'ouvrage sur les problèmes du mariage et de l'éducation politique. À travers le personnage de Sophie, Rousseau envisage également les problèmes de l'éducation des filles.

Malgré certains caractères utopiques, ou l'influence encore forte des traditions, ce traité d'éducation présente des aspects extrêmement novateurs. Tout d'abord, Rousseau accorde à l'enfant une place nouvelle en faisant de lui un être autonome, spécifique et non une « miniature » d'homme. Prendre en compte les caractères spécifiques de l'enfance est une véritable nouveauté, à une époque où l'enfant était considéré comme une sorte de petit animal à dresser. Ensuite, il tient compte des étapes d'une évolution qui englobe à la fois la sensibilité et le raisonnement et adapte ses méthodes à ces différentes phases. On note ainsi l'importance accordée à l'expérience pratique de préférence à la découverte livresque, le refus des doctrines au profit de la réflexion et de l'adaptation, l'omniprésence de la nature sous toutes ses formes comme élément éducatif fondamental.

Avec l'*Émile*, pourtant jugé sévérement à l'époque (les affirmations relatives à la religion naturelle, dans le Livre IV, entraînèrent la condamnation de l'ouvrage), c'est toute une éducation nouvelle qui se met en place, à travers une image nouvelle de l'enfant.

Jean-Baptiste Chardin (1699-1779), *L'Enfant au toton*, 0,67 × 0,76 m, huile sur toile (Paris, musée du Louvre).

« Que faut-il donc penser de cette éducation barbare... ? »

On trouve dans cet extrait du Livre II l'idée fondamentale selon laquelle, pour Rousseau, il est essentiel de laisser faire la nature. Ce principe, dicté par les convictions du philosophe, tient compte également d'une triste réalité de l'époque : le taux de mortalité des enfants est si élevé que peu d'entre eux peuvent espérer arriver à l'âge adulte. N'est-ce pas là une raison supplémentaire pour accorder à l'enfant respect et liberté ?

Notre manie enseignante et pédantesque est toujours d'apprendre aux enfants ce qu'ils apprendraient beaucoup mieux d'eux-mêmes, et d'oublier ce que nous aurions pu seuls leur enseigner. Y a-t-il rien de plus sot que la peine qu'on prend pour leur apprendre à marcher, comme si l'on en avait vu

Marguerite Gérard (1761-1837), avec la possible assistance de Jean Honoré Fragonard, *Le Premier Pas de l'enfance*, 0,44 × 0,55 m (Cambridge, Harvard University Art Museum, Fogg Art Museum).
« Émile n'aura ni bourrelets, ni paniers roulants, ni chariots, ni lisières... »

quelqu'un qui, par la négligence de sa nourrice, ne sût pas marcher étant grand ? Combien voit-on de gens au contraire marcher mal toute leur vie, parce qu'on leur a mal appris à marcher !

Émile n'aura ni bourrelets[1], ni paniers roulants, ni chariots, ni lisières[1], ou du moins, dès qu'il commencera de savoir mettre un pied devant l'autre, on ne le soutiendra que sur les lieux pavés, et l'on ne fera qu'y passer en hâte. Au lieu de le laisser croupir dans l'air usé d'une chambre, qu'on le mène journellement au milieu d'un pré. Là, qu'il coure, qu'il s'ébatte, qu'il tombe cent fois le jour, tant mieux : il en apprendra plus tôt à se relever. Le bien-être de la liberté rachète beaucoup de blessures. Mon élève aura souvent des contusions ; en revanche, il sera toujours gai. Si les vôtres en ont moins, ils sont toujours contrariés, toujours enchaînés, toujours tristes. Je doute que le profit soit de leur côté.

Un autre progrès rend aux enfants la plainte moins nécessaire : c'est celui de leurs forces. Pouvant plus par eux-mêmes, ils ont un besoin moins fréquent de recourir à autrui. Avec leur force se développe la connaissance qui les met en état de la diriger. C'est à ce second degré que commence proprement la vie de l'individu ; c'est alors qu'il prend la conscience de lui-même. La mémoire étend le sentiment de l'identité sur tous les moments de son existence ; il devient véritablement un, le même, et par conséquent déjà capable de bonheur ou de misère. Il importe donc de commencer à le considérer ici comme un être moral.

Quoiqu'on assigne à peu près le plus long terme de la vie humaine et les probabilités qu'on a d'approcher de ce terme à chaque âge, rien n'est plus incertain que la durée de la vie de chaque homme en particulier ; très peu parviennent à ce plus long terme, les plus grands risques de la vie sont dans son commencement ; moins on a vécu, moins on doit espérer de vivre. Des enfants qui naissent, la moitié, tout au plus, parvient à l'adolescence ; et il est probable que votre élève n'atteindra pas l'âge d'homme.

1. Dispositifs dont on munit les enfants en bas âge pour éviter qu'ils ne se blessent au moment de leurs premiers pas.

Que faut-il donc penser de cette éducation barbare qui sacrifie le présent à un avenir incertain, qui charge un enfant de chaînes de toute espèce[1], et commence par le rendre misérable, pour lui préparer au loin je ne sais quel prétendu bonheur dont il est à croire qu'il ne jouira jamais ? Quand je supposerais cette éducation raisonnable dans son objet, comment voir sans indignation de pauvres infortunés soumis à un joug insupportable[1] et condamnés à des travaux continuels[1] comme des galériens, sans être assuré que tant de soins leur seront jamais utiles ! L'âge de la gaieté se passe au milieu des pleurs, des châtiments, des menaces, de l'esclavage. On tourmente le malheureux pour son bien ; et l'on ne voit pas la mort qu'on appelle, et qui va le saisir au milieu de ce triste appareil. Qui sait combien d'enfants périssent victimes de l'extravagante sagesse d'un père ou d'un maître ? Heureux d'échapper à sa cruauté, le seul avantage qu'ils tirent des maux qu'il leur a fait souffrir est de mourir sans regretter la vie, dont ils n'ont connu que les tourments.

Hommes, soyez humains, c'est votre premier devoir ; soyez-le pour tous les états, pour tous les âges, pour tout ce qui n'est pas étranger à l'homme. Quelle sagesse y a-t-il pour vous hors de l'humanité ? Aimez l'enfance ; favorisez ses jeux, ses plaisirs, son aimable instinct. Qui de vous n'a pas regretté quelquefois cet âge où le rire est toujours sur les lèvres, et où l'âme est toujours en paix ? Pourquoi voulez-vous ôter à ces petits innocents la jouissance d'un temps si court qui leur échappe, et d'un bien si précieux dont ils ne sauraient abuser ? Pourquoi voulez-vous remplir d'amertume et de douleurs ces premiers ans si rapides, qui ne reviendront pas plus pour eux qu'ils ne peuvent revenir pour vous ? Pères, savez-vous le moment où la mort attend vos enfants ? Ne vous préparez pas des regrets en leur ôtant le peu d'instants que la nature leur donne : aussitôt qu'ils peuvent sentir le plaisir d'être, faites qu'ils en jouissent ; faites qu'à quelque heure que Dieu les appelle, ils ne meurent point sans avoir goûté la vie.

Rousseau, *Émile ou De l'éducation*, Livre II.

« Robinson Crusoé dans son île... »

Privilégiant l'expérience et l'observation, Rousseau ne souhaite pas utiliser les livres comme instrument didactique. Il fait pourtant une exception pour le roman de Daniel Defoe, *Robinson Crusoé* (1719), très apprécié pendant tout le XVIIIe siècle. La vie du naufragé sur son île apparaît en effet comme un excellent exemple de « vie naturelle ». L'imitation permettra à Émile de se trouver confronté à des situations propres à développer son sens de l'adaptation et ses qualités physiques.

Robinson Crusoé dans son île, seul, dépourvu de l'assistance de ses semblables et des instruments de tous les arts, pourvoyant cependant à sa subsistance, à sa conservation, et se procurant même une sorte de bien-être, voilà un objet intéressant pour tout âge, et qu'on a mille moyens de rendre agréable aux enfants. Voilà comment nous réalisons l'île déserte qui me servait d'abord de comparaison. Cet état n'est pas, j'en conviens, celui de l'homme social ; vraisemblablement il ne doit pas être celui d'Émile : mais c'est sur ce même état qu'il doit apprécier tous les autres. Le plus sûr moyen de s'élever au-dessus des préjugés et d'ordonner ses jugements sur les vrais rapports des choses, est de se mettre à la place d'un homme isolé, et de juger de tout comme cet homme en doit juger lui-même, eu égard à sa propre utilité.

Ce roman, débarrassé de tout son fatras, commençant au naufrage de Robinson près de son île, et finissant à l'arrivée du vaisseau qui vient l'en tirer, sera tout à la fois l'amusement et l'instruction d'Émile durant l'époque dont il est ici question. Je veux que la tête lui en tourne, qu'il s'occupe sans cesse de son château, de ses chèvres, de ses plantations ; qu'il apprenne en détail, non dans ses

Anonyme, Frontispice d'une des premières éditions anglaises de *Robinson Crusoé* (Paris, BN).

1. Rousseau désigne par là les mille contraintes dont on use vis-à-vis des enfants : discipline, politesse, études, etc.

livres, mais sur les choses, tout ce qu'il faut savoir en pareil cas ; qu'il pense être Robinson lui-même ; qu'il se voie habillé de peaux, portant un grand bonnet, un grand sabre, tout le grotesque équipage de la figure, au parasol près, dont il n'aura pas besoin. Je veux qu'il s'inquiète des mesures à prendre, si ceci ou cela venait à lui manquer, qu'il examine la conduite de son héros, qu'il cherche s'il n'a rien omis, s'il n'y avait rien de mieux à faire ; qu'il marque attentivement ses fautes, et qu'il en profite pour n'y pas tomber lui-même en pareil cas ; car ne doutez point qu'il ne projette d'aller faire un établissement semblable ; c'est le vrai château en Espagne de cet heureux âge, où l'on ne connaît d'autre bonheur que le nécessaire et la liberté.

Quelle ressource que cette folie pour un homme habile, qui n'a su la faire naître qu'afin de la mettre à profit ! L'enfant, pressé de se faire un magasin pour son île, sera plus ardent pour apprendre que le maître pour enseigner. Il voudra savoir tout ce qui est utile, et ne voudra savoir que cela ; vous n'aurez plus besoin de le guider, vous n'aurez qu'à le retenir. Au reste, dépêchons-nous de l'établir dans cette île, tandis qu'il y borne sa félicité ; car le jour approche où, s'il y veut vivre encore, il n'y voudra plus vivre seul, et où *Vendredi*, qui maintenant ne le touche guère, ne lui suffira pas longtemps.

La pratique des arts naturels, auxquels peut suffire un seul homme, mène à la recherche des arts d'industrie, et qui ont besoin du concours de plusieurs mains. Les premiers peuvent s'exercer par des solitaires, par des sauvages ; mais les autres ne peuvent naître que dans la société, et la rendent nécessaire. Tant qu'on ne connaît que le besoin physique, chaque homme se suffit à lui-même ; l'introduction du superflu rend indispensable le partage et la distribution du travail ; car, bien qu'un homme travaillant seul ne gagne que la subsistance d'un homme, cent hommes, travaillant de concert, gagneront de quoi en faire subsister deux cents. Sitôt donc qu'une partie des hommes se repose, il faut que le concours des bras de ceux qui travaillent supplée à l'oisiveté de ceux qui ne font rien.

Votre plus grand soin doit être d'écarter de l'esprit de votre élève toutes les notions des relations sociales qui ne sont pas à sa portée ; mais, quand l'enchaînement des connaissances vous force à lui montrer la mutuelle dépendance des hommes, au lieu de la lui montrer par le côté moral, tournez d'abord toute son attention vers l'industrie et les arts mécaniques, qui les rendent utiles les uns aux autres. En le promenant d'atelier en atelier, ne souffrez jamais qu'il voie aucun travail sans mettre lui-même la main à l'œuvre, ni qu'il en sorte sans savoir parfaitement la raison de tout ce qui s'y fait, ou du moins de tout ce qu'il a observé. Pour cela, travaillez vous-même, donnez-lui partout l'exemple ; pour le rendre maître, soyez partout apprenti, et comptez qu'une heure de travail lui apprendra plus de choses qu'il n'en retiendrait d'un jour d'explications.

Il y a une estime publique attachée aux différents arts en raison inverse de leur utilité réelle. Cette estime se mesure directement sur leur inutilité même, et cela doit être. Les arts les plus utiles sont ceux qui gagnent le moins, parce que le nombre des ouvriers se proportionne au besoin des hommes, et que le travail nécessaire à tout le monde reste forcément à un prix que le pauvre peut payer. Au contraire, ces importants qu'on n'appelle pas artisans, mais artistes, travaillant uniquement pour les oisifs et les riches, mettent un prix arbitraire à leurs babioles ; et, comme le mérite de ces vains travaux n'est que dans l'opinion, leur prix même fait partie de ce mérite, et on les estime à proportion de ce qu'ils coûtent. Le cas qu'en fait le riche ne vient pas de leur usage, mais de ce que le pauvre ne les peut payer. *Nolo habere bona nisi quibus populus inviderit*[1].

Que deviendront vos élèves, si vous leur laissez adopter ce sot préjugé, si vous le favorisez vous-même, s'ils vous voient, par exemple, entrer avec plus d'égards dans la boutique d'un orfèvre que dans celle d'un serrurier ? Quel jugement porteront-ils du vrai mérite des arts et de la véritable valeur des choses, quand ils verront partout le prix de fantaisie en contradiction avec le prix tiré de l'utilité réelle, et que plus la chose coûte, moins elle vaut ? Au premier moment que vous laisserez entrer ces idées dans leur tête, abandonnez le reste de leur éducation ; malgré vous ils seront élevés comme tout le monde ; vous avez perdu quatorze ans de soins.

Émile songeant à meubler son île aura d'autres manières de voir.

Rousseau, *Émile ou De l'éducation*, Livre III.

1. « Je ne veux avoir de biens que ceux que le peuple pourrait envier » (Pétrone, *Satyricon*, 100).

« Conscience ! conscience ! instinct divin, immortelle et céleste voix... »

Dans le passage célèbre de l'*Émile* intitulé la « Profession de foi du vicaire savoyard », Rousseau définit ce qu'il appelle la religion naturelle. Ne s'identifiant à aucune Église ni à aucune doctrine, elle se fonde sur la sensibilité et sur une relation personnelle du croyant avec la divinité. Celui qui parle ici est un vicaire savoyard que Rousseau affirme avoir réellement rencontré. Il ne cherche pas à endoctriner Émile mais à le faire réfléchir : si Dieu nous a donné des aptitudes innées pour découvrir la vérité, n'est-ce pas une preuve de sa bonté ?

Noël Le Mire, 1724-1800,
La Leçon d'astronomie, illustration pour l'*Émile,* gravure d'après Moreau Le Jeune (Paris, BN).

Exister pour nous, c'est sentir ; notre sensibilité est incontestablement antérieure à notre intelligence, et nous avons eu des sentiments avant des idées. Quelle que soit la cause de notre être, elle a pourvu à notre conservation en nous donnant des sentiments convenables à notre nature[1] ; et l'on ne saurait nier qu'au moins ceux-là ne soient innés. Ces sentiments, quant à l'individu, sont l'amour de soi, la crainte de la douleur, l'horreur de la mort, le désir du bien-être. Mais si, comme on n'en peut douter, l'homme est sociable par sa nature, ou du moins fait pour le devenir, il ne peut l'être que par d'autres sentiments innés, relatifs à son espèce[2] ; car, à ne considérer que le besoin physique[3], il doit certainement disperser les hommes au lieu de les rapprocher. Or c'est du système moral formé par ce double rapport à soi-même et à ses semblables que naît l'impulsion de la conscience. Connaître le bien, ce n'est pas l'aimer : l'homme n'en a pas la connaissance innée, mais sitôt que sa raison le lui fait connaître, sa conscience le porte à l'aimer : c'est ce sentiment qui est inné.

Je ne crois donc pas, mon ami, qu'il soit impossible d'expliquer par des conséquences de notre nature le principe immédiat de la conscience[4], indépendant de la raison même. Et quand cela serait impossible, encore ne serait-il pas nécessaire : car, puisque ceux qui nient ce principe admis et reconnu par tout le genre humain ne prouvent point qu'il n'existe pas, mais se contentent de l'affirmer ; quand nous affirmons qu'il existe, nous sommes tout aussi bien fondés qu'eux, et nous avons de plus le témoignage intérieur, et la voix de la conscience qui dépose[5] pour elle-même. Si les premières lueurs du jugement nous éblouissent et confondent d'abord les objets à nos regards,

1. Adaptés à ce que nous sommes et aux intérêts vitaux de notre espèce.
2. Sa nature le pousse à aimer ses semblables, comme elle le pousse à s'aimer soi-même.
3. L'instinct de conservation devrait inspirer à l'homme la méfiance vis-à-vis de ses congénères. Il serait donc amené à les fuir, s'il n'obéissait qu'à cette détermination.
4. Nos idées morales, qui forment le fonds de notre conscience, ont, selon Rousseau, une origine naturelle et innée. L'auteur s'oppose ici aux matérialistes comme Diderot (voir *Lettre sur les aveugles à l'usage de ceux qui voient*, p. 204), qui affirment que toutes nos opinions sont relatives aux conditions immédiates et variables de notre existence physique.
5. Comme on le fait dans un procès, face à un tribunal, en témoignant.

attendons que nos faibles yeux se rouvrent, se raffermissent : et bientôt nous reverrons ces mêmes objets aux lumières de la raison, tels que nous les montrait d'abord la nature : ou plutôt soyons plus simples et moins vains ; bornons-nous aux premiers sentiments que nous trouvons en nous-mêmes, puisque c'est toujours à eux que l'étude nous ramène quand elle ne nous a point égarés.

Conscience ! conscience ! instinct divin, immortelle et céleste voix ; guide assuré d'un être ignorant et borné, mais intelligent et libre ; juge infaillible du bien et du mal, qui rends l'homme semblable à Dieu, c'est toi qui fais l'excellence de sa nature et la moralité de ses actions ; sans toi je ne sens rien en moi qui m'élève au-dessus des bêtes, que le triste privilège de m'égarer d'erreurs en erreurs à l'aide d'un entendement sans règle et d'une raison sans principe[1].

Rousseau, *Émile ou De l'éducation*, Livre IV.

« ... La loi morale au fond de mon cœur »

Texte étranger

En 1788, Kant, dans la *Critique de la raison pratique*, reprend l'idée d'une conscience infaillible qui se fait instinctivement juge du bien et du mal.

Deux choses remplissent mon âme d'une admiration et d'un respect qui toujours se renouvellent et grandissent, plus la pensée s'y applique et les approfondit : le ciel étoilé au-dessus de ma tête et la loi morale au fond de mon cœur. L'un et l'autre, je n'ai pas à les situer en dehors de ma connaissance, me contentant de les pressentir, parce qu'ils seraient perdus dans les ténèbres et la spéculation. Je les vois devant moi et je les relie directement à la conscience de mon existence.

La première commence au lieu que j'occupe dans le monde sensible et prolonge les relations dans lesquelles je suis engagé, jusque dans l'infini de l'espace, avec des mondes au-delà des mondes et des systèmes au-delà des systèmes, et dans l'infini temporel de leurs révolutions périodiques, avec leur commencement et leur durée. La seconde commence à mon moi invisible, à ma personnalité et me situe dans un monde vraiment infini, accessible à la seule raison ; et je me sens lié à ce monde (et par là même avec tous les mondes visibles) par une relation qui n'est pas simplement accidentelle, comme tantôt, mais générale et nécessaire. Le spectacle d'une infinité de mondes anéantit mon importance comme celui d'un animal, tenu de restituer à sa planète, point imperceptible dans l'univers, la matière dont il a été tiré, après avoir bénéficié pendant quelque temps, on ne sait comment, de la force vitale. Le second élève mon importance comme celle d'un être intelligent, infini par sa personnalité, qui par la loi morale me révèle une vie affranchie de l'animalité et même du monde des sens, du moins dans la mesure où mon existence est déterminée par cette loi, et qui ne se limite pas aux nécessités et aux dimensions de cette vie, mais s'étend à l'infini.

Kant, Critique de la raison pratique, *« Conclusion », 1788.*

L'AUTOBIOGRAPHIE

Les Confessions (rédigées de 1765 à 1770, publiées en 1782 pour les six premiers livres, en 1789 pour les six autres) → pp. 293-303.

Rousseau juge de Jean-Jacques, dialogues (œuvre écrite de 1772 à 1776, publiée entre 1780 et 1782).

Les Rêveries du promeneur solitaire (écrites de 1776 à 1778, publiées en 1782) → pp. 305-308.

1. C'est-à-dire sans fondement, sans notion première sur laquelle s'appuyer.

Les Confessions

1765-1770
publication posthume en 1782 et 1789

En 1765, lorsque Rousseau entreprend d'écrire ses *Confessions*, dont il emprunte le titre à l'œuvre de saint Augustin, il ouvre la voie à un genre nouveau, l'autobiographie. Ses motivations sont d'ordre divers : besoin de se justifier, désir de faire connaître qui il est réellement, volonté de se situer par rapport aux autres mais en même temps de montrer que son portrait atteint une sorte de généralité. Cette complexité explique l'extrême richesse d'une œuvre originale, parfois paradoxale, dans laquelle la mémoire et le temps jouent un rôle essentiel.

Pour comprendre les raisons qui ont poussé Rousseau à parler de lui, il faut considérer sa situation d'écrivain et d'homme en 1765. Deux de ses ouvrages ont été condamnés en France et en Suisse, le *Contrat social* et l'*Émile*. Il en est très douloureusement affecté. Il croit voir se dresser contre lui une véritable coalition, sentiment aggravé par la publication, en 1764, d'un pamphlet « Le sentiment des citoyens », dans lequel Voltaire l'accuse d'avoir abandonné ses enfants. Ulcéré de se sentir ainsi condamné, Rousseau décide de rétablir la vérité sur lui-même en retraçant sa propre histoire. Ses objectifs sont définis dans le préambule de l'œuvre, où il affirme clairement sa volonté de dire la vérité, et de se montrer tel qu'il fut devant le double tribunal des hommes et de Dieu.

Une fois définies les motivations et les intentions, se pose alors le problème de la vérité : il est en effet certain que Rousseau ne la respecte pas toujours. Oublis, modifications, erreurs conscientes ou involontaires apparaissent fréquemment. Par ailleurs, on remarque que l'image qu'il présente de lui-même est souvent assombrie, dépréciée, comme s'il souhaitait faire coïncider cette apparence avec celle que les autres lui prêtent.

La démarche de Rousseau dans *Les Confessions* se révèle par là dans toute sa complexité. Il semble bien, en effet, qu'il s'efforce constamment d'expliquer ce qu'il est par ce qu'il a été, et de donner à ses lecteurs, pour qu'ils le comprennent et le jugent avec plus de bienveillance, certaines « clefs » : celle d'une éducation négligée et fantaisiste, celle des mauvais traitements qu'on lui a infligés, celle des situations humiliantes dans lesquelles il s'est trouvé. Il met ainsi en évidence la responsabilité des autres dans la modification progressive de sa nature et de sa personnalité.

Il faut enfin noter que *Les Confessions* sont écrites avec un décalage temporel important. Rousseau, adulte, remonte dans le passé de son enfance et de son adolescence parce qu'il est profondément marqué, comme il le dit lui-même, par certains épisodes cruciaux. L'écriture autobiographique porte la marque de ce regard apitoyé ou sévère, attendri ou révolté du Rousseau de plus de cinquante ans vers l'enfant qu'il a été. Les faiblesses de la mémoire, la volonté de présenter sous un jour idéalisé ce qui ne fut que banal, ou au contraire de minimiser un épisode important, tout montre à quel point la vérité personnelle compte plus que l'objectivité. À travers une œuvre qui fait alterner avec brio les récits et les analyses avec le jeu constant du double regard, on distingue plus la quête tantôt joyeuse tantôt douloureuse menée par un homme à la recherche de lui-même que le souci de restituer les événements tels qu'ils se déroulèrent.

Comme beaucoup d'œuvres autobiographiques qui leur feront suite, *Les Confessions* dépassent le but que leur auteur leur assignait : au-delà d'une justification, elles apparaissent comme une analyse psychologique subtile, complexe et approfondie, étonnamment moderne.

« ... Je viendrai, ce livre à la main, me présenter devant le souverain juge »

Dans un bref exposé qui précède le premier livre des *Confessions*, Rousseau écrit : « Voici le seul portrait d'homme peint exactement d'après nature et dans toute sa vérité, qui existe et qui probablement existera jamais. » Cette profession de foi est reprise au début du Livre I, où se trouvent définies les intentions qui ont présidé au choix d'un texte autobiographique, véritable « livre » à présenter aux hommes et à Dieu.

Intus, et in cute[1]

Je forme une entreprise qui n'eut jamais d'exemple et dont l'exécution n'aura point d'imitateur. Je veux montrer à mes semblables un homme dans toute la vérité de la nature ; et cet homme ce sera moi.

Moi seul. Je sens mon cœur et je connais les hommes. Je ne suis fait comme aucun de ceux que j'ai vus ; j'ose croire n'être fait comme aucun de ceux qui existent. Si je ne vaux pas mieux, au moins je suis autre. Si la nature a bien ou mal fait de briser le moule dans lequel elle m'a jeté, c'est ce dont on ne peut juger qu'après m'avoir lu.

Que la trompette du jugement dernier sonne quand elle voudra, je viendrai, ce livre à la main, me présenter devant le souverain juge. Je dirai hautement : « Voilà ce que j'ai fait, ce que j'ai pensé, ce que je fus. J'ai dit le bien et le mal avec la même franchise. Je n'ai rien tu de mauvais, rien ajouté de bon, et s'il m'est arrivé d'employer quelque ornement indifférent, ce n'a jamais été que pour

1. Épigraphe tirée de la *Satire* III du poète latin, Perse : « intérieurement et sous la peau ».

remplir un vide occasionné par mon défaut de mémoire ; j'ai pu supposer vrai ce que je savais avoir pu l'être, jamais ce que je savais être faux. Je me suis montré tel que je fus, méprisable et vil quand je l'ai été, bon, généreux, sublime, quand je l'ai été : j'ai dévoilé mon intérieur tel que tu l'as vu toi-même. Être éternel, rassemble autour de moi l'innombrable foule de mes semblables : qu'ils écoutent mes confessions, qu'ils gémissent de mes indignités, qu'ils rougissent de mes misères. Que chacun d'eux découvre à son tour son cœur aux pieds de ton trône avec la même sincérité ; et puis qu'un seul te dise, s'il l'ose : *je fus meilleur que cet homme-là.* »

Rousseau, *Les Confessions*, Livre I.

Jean-Baptiste Chardin (1699-1779), *La Gouvernante*, 0,46 × 0,37 m, 1738 (Ottawa, musée des Beaux-Arts du Canada).

Préambule du Manuscrit de Neufchâtel

Texte écho

Dans cet extrait du « Préambule du Manuscrit de Neufchâtel », qui ne figure pas, habituellement, dans les éditions des *Confessions*, Rousseau analyse la nouveauté et les difficultés de son entreprise.

Il faudrait pour ce que j'ai à dire inventer un langage aussi nouveau que mon projet : car quel ton, quel style prendre pour débrouiller ce chaos immense de sentiments si divers, si contradictoires, souvent si vils et quelquefois si sublimes dont je fus sans cesse agité ? Que de riens, que de misères ne faut-il point que j'expose, dans quels détails révoltants, indécents, puérils et souvent ridicules ne dois-je pas entrer pour suivre le fil de mes dispositions secrètes, pour montrer comment chaque impression qui a fait trace en mon âme y entra pour la première fois ? Tandis que je rougis seulement à penser aux choses qu'il faut que je dise, je sais que des hommes durs traiteront encore d'impudence l'humiliation des plus pénibles aveux ; mais il faut faire ces aveux ou me déguiser ; car si je tais quelque chose on ne me connaîtra sur rien, tant tout se tient, tant tout est un dans mon caractère, et tant ce bizarre et singulier assemblage a besoin de toutes les circonstances de ma vie pour être bien dévoilé.

Si je veux faire un ouvrage écrit avec soin comme les autres, je ne me peindrai pas, je me farderai. C'est ici de mon portrait qu'il s'agit et non pas d'un livre. Je vais travailler pour ainsi dire dans la chambre obscure ; il n'y faut point d'autre art que de suivre exactement les traits que je vois marqués. Je prends donc mon parti sur le style comme sur les choses. Je ne m'attacherai point à le rendre uniforme ; j'aurai toujours celui qui me viendra, j'en changerai selon mon humeur sans scrupule, je dirai chaque chose comme je la sens, comme je la vois, sans recherche, sans gêne, sans m'embarrasser de la bigarrure. En me livrant à la fois au souvenir de l'impression reçue et au sentiment présent je peindrai doublement l'état de mon âme, savoir au moment où l'événement m'est arrivé et au moment où je l'ai décrit ; mon style inégal et naturel, tantôt rapide et tantôt diffus, tantôt sage et tantôt fou, tantôt grave et tantôt gai fera lui-même partie de mon histoire. Enfin quoi qu'il en soit de la manière dont cet ouvrage peut être écrit, ce sera toujours par son objet un livre précieux pour les philosophes : c'est je le répète, une pièce de comparaison pour l'étude du cœur humain, et c'est la seule qui existe.

Rousseau, Les Confessions, *« Préambule du Manuscrit de Neufchâtel ».*

« Je déclare à la face du ciel que j'en étais innocent... »

La découverte de la première injustice est pour Rousseau un épisode déterminant. Alors qu'il vit chez le pasteur Lambercier, il est accusé d'un « forfait » dont il s'affirme innocent. Le souvenir cuisant de cette accusation injuste, racontée ici avec la violence de la révolte, n'est pas étranger, pense Rousseau, à l'évolution de sa personnalité.

Ce texte offre un aspect tout à fait caractéristique de l'écriture des *Confessions*, l'alternance du récit et de l'analyse.

J'étudiais un jour seul ma leçon dans la chambre contiguë à la cuisine. La servante avait mis sécher à la plaque les peignes de Mlle Lambercier. Quand elle revint les prendre, il s'en trouva un dont tout un côté de dents était brisé. À qui s'en prendre de ce dégât ? personne autre que moi n'était entré dans la chambre. On m'interroge ; je nie d'avoir touché le peigne. M. et Mlle Lambercier se réunissent, m'exhortent, me pressent, me menacent ; je persiste avec opiniâtreté ; mais la conviction était trop forte, elle l'emporta sur toutes mes protestations, quoique ce fût la première fois qu'on m'eût trouvé tant d'audace à mentir. La chose fut prise au sérieux ; elle méritait de l'être. La méchanceté, le mensonge, l'obstination parurent également dignes de punition : mais pour le coup ce ne fut pas par Mlle Lambercier qu'elle me fut infligée. On écrivit à mon oncle Bernard ; il vint. Mon pauvre cousin était chargé d'un autre délit non moins grave : nous fûmes enveloppés dans la même exécution. Elle fut terrible. Quand, cherchant le remède dans le mal même, on eût voulu pour jamais amortir mes sens dépravés, on n'aurait pu mieux s'y prendre. Aussi me laissèrent-ils en repos pour longtemps.

Nicolas-Bernard Lépicié (1735-1784), *L'Enfant puni*, 0,41 × 0,31 m (Lyon, musée des Beaux-Arts).

On ne put m'arracher l'aveu qu'on exigeait. Repris à plusieurs fois et mis dans l'état le plus affreux, je fus inébranlable. J'aurais souffert la mort et j'y étais résolu. Il fallut que la force même cédât au diabolique entêtement d'un enfant ; car on n'appela pas autrement ma constance. Enfin je sortis de cette cruelle épreuve en pièces, mais triomphant.

Il y a maintenant près de cinquante ans de cette aventure, et je n'ai pas peur d'être aujourd'hui puni derechef pour le même fait. Hé bien ! je déclare à la face du ciel que j'en étais innocent, que je n'avais ni cassé ni touché le peigne, que je n'avais pas approché de la plaque, et que je n'y avais pas même songé. Qu'on ne me demande pas comment ce dégât se fit ; je l'ignore, et ne puis le comprendre ; ce que je sais très certainement, c'est que j'en étais innocent.

Qu'on se figure un caractère timide et docile dans la vie ordinaire, mais ardent, fier, indomptable dans les passions ; un enfant toujours gouverné par la voix de la raison, toujours traité avec douceur, équité, complaisance ; qui n'avait pas même l'idée de l'injustice, et qui, pour la première fois, en éprouve une si terrible, de la part précisément des gens qu'il chérit et qu'il respecte le plus. Quel renversement d'idées ! quel désordre de sentiments ! quel bouleversement dans son cœur, dans sa cervelle, dans tout son petit être intelligent et moral ! Je dis, qu'on s'imagine tout cela, s'il est possible ; car pour moi, je ne me sens pas capable de démêler, de suivre la moindre trace de ce qui se passait alors en moi.

Je n'avais pas encore assez de raison pour sentir combien les apparences me condamnaient, et pour me mettre à la place des autres. Je me tenais à la mienne, et tout ce que je sentais, c'était la rigueur d'un châtiment effroyable pour un crime que je n'avais pas commis. La douleur du corps, quoique vive, m'était peu sensible, je ne sentais que l'indignation, la rage, le désespoir. Mon cousin, dans un cas à peu près semblable, et qu'on avait puni d'une faute involontaire comme d'un acte prémédité, se mettait en fureur à mon exemple, et se montait, pour ainsi dire, à mon unisson. Tous deux dans le même lit nous nous embrassions avec des transports convulsifs, nous étouffions ; et quand nos jeunes cœurs un peu soulagés pouvaient exhaler leur colère, nous nous levions sur notre séant, et nous nous mettions tous deux à crier cent fois de toute notre force : *Carnifex, Carnifex, Carnifex*[1].

Je sens en écrivant ceci que mon pouls s'élève encore ; ces moments me seront toujours présents quand je vivrais cent mille ans. Ce premier sentiment de la violence et de l'injustice est resté si profondément gravé dans mon âme, que toutes les idées qui s'y rapportent me rendent ma première émotion ; et ce sentiment, relatif à moi dans son origine, a pris une telle consistance en lui-même, et s'est tellement détaché de tout intérêt personnel, que mon cœur s'enflamme au spectacle ou au récit de toute action injuste, quel qu'en soit l'objet et en quelque lieu qu'elle se commette, comme si l'effet en retombait sur moi. Quand je lis les cruautés d'un tyran féroce, les subtiles noirceurs d'un fourbe de prêtre, je partirais volontiers pour aller poignarder ces misérables, dussé-je cent fois y périr. Je me suis souvent mis en nage, à poursuivre à la course ou à coups de pierre un coq, une vache, un chien, un animal que j'en voyais tourmenter un autre, uniquement parce qu'il se sentait le plus fort. Ce mouvement peut m'être naturel, et je crois qu'il l'est ; mais le souvenir profond de la première injustice que j'ai soufferte y fut trop fortement lié pour ne l'avoir pas beaucoup renforcé.

Rousseau, *Les Confessions*, Livre I.

« Ce souvenir cruel me trouble quelquefois... »

Rousseau a été envoyé à Turin par Madame de Warens pour y achever sa conversion au catholicisme. Une fois sorti de l'hospice des catéchumènes, il est employé comme laquais par Madame de Vercellis. Lorsqu'elle meurt, l'organisation de la maison est bouleversée. C'est à cette occasion que Rousseau avoue un nouveau forfait. Le souvenir de ce « crime » est assez douloureux pour l'avoir incité à écrire ses *Confessions*.

Il est bien difficile que la dissolution d'un ménage n'entraîne un peu de confusion dans la maison, et qu'il ne s'égare bien des choses. Cependant telle était la fidélité des domestiques, et la vigilance de M. et Mme Lorenzi[2], que rien ne se trouva de manque sur l'inventaire. La seule Mlle Pontal[3] perdit un petit ruban couleur de rose et argent déjà vieux. Beaucoup d'autres meilleures choses étaient à ma portée ; ce ruban seul me tenta, je le volai, et comme je ne le cachais guère on me le trouva bientôt. On voulut savoir où je l'avais pris. Je me trouble, je balbutie, et enfin je dis en rougissant que c'est Marion qui me l'a donné. Marion était une jeune Mauriennoise dont Mme de Vercellis avait fait sa cuisinière, quand, cessant de donner à manger, elle avait renvoyé la sienne, ayant plus besoin de bons bouillons que de ragoûts fins. Non seulement Marion était jolie, mais elle avait une fraîcheur de coloris qu'on ne trouve que dans les montagnes, et surtout un air de modestie et de douceur qui faisait qu'on ne pouvait la voir sans l'aimer. D'ailleurs bonne fille, sage, et d'une fidélité à toute épreuve. C'est ce qui surprit quand je la nommai. L'on n'avait guère moins de confiance en moi qu'en elle, et l'on jugea qu'il importait de vérifier lequel était le fripon des deux. On la fit venir ; l'assemblée était nombreuse, le comte de la Roque[4] y était. Elle arrive, on lui montre le ruban, je la charge effrontément ; elle reste interdite, se tait, me jette un regard qui aurait désarmé les démons et auquel mon barbare cœur résiste. Elle nie enfin avec assurance, mais sans emportement, m'apostrophe, m'exhorte à rentrer en moi-même, à ne pas déshonorer une fille innocente qui ne m'a jamais fait de mal ; et moi avec une impudence infernale je confirme ma déclaration, et lui soutiens en face qu'elle m'a donné le ruban. La pauvre fille se mit à pleurer, et ne me dit que ces mots : « Ah Rousseau ! je vous croyais un bon caractère. Vous me rendez bien malheureuse, mais je ne voudrais pas être à votre place. » Voilà tout. Elle continua de se défendre avec autant de simplicité que de fermeté, mais sans se permettre jamais contre moi la moindre invective. Cette modération comparée à mon ton décidé lui fit tort. Il ne semblait pas naturel de supposer d'un côté une audace aussi diabolique, et de l'autre une aussi angélique douceur. On ne parut pas se décider absolument, mais les préjugés étaient pour moi. Dans le tracas où l'on était on ne se donna pas le temps d'approfondir la chose, et le comte de la Roque en nous renvoyant tous deux se contenta de dire que la conscience du coupable vengerait assez l'innocent. Sa prédiction n'a pas été vaine ; elle ne cesse pas un seul jour de s'accomplir.

1. Mot latin signifiant « bourreau ».
2. C'est-à-dire l'intendant de Madame de Vercellis et sa femme.
3. Femme de chambre de Madame de Vercellis, nièce de Madame Lorenzi.
4. Neveu et héritier de Madame de Vercellis.

Étienne Jeaurat (1699-1789), *Le Marchand de rubans*, 1,32 × 0,80 m (Paris, musée Carnavalet).
« Un petit ruban rose et argent déjà vieux... »

J'ignore ce que devint cette victime de ma calomnie ; mais il n'y a pas d'apparence qu'elle ait après cela trouvé facilement à se bien placer. Elle emportait une imputation cruelle à son honneur de toutes manières. Le vol n'était qu'une bagatelle, mais enfin c'était un vol, et, qui pis est, employé à séduire un jeune garçon ; enfin le mensonge et l'obstination ne laissaient rien à espérer de celle en qui tant de vices étaient réunis. Je ne regarde pas même la misère et l'abandon comme le plus grand danger auquel je l'aie exposée. Qui sait, à son âge, où le découragement de l'innocence avilie a pu la porter. Eh ! si le remords d'avoir pu la rendre malheureuse est insupportable, qu'on juge de celui d'avoir pu la rendre pire que moi.

Ce souvenir cruel me trouble quelquefois et me bouleverse au point de voir dans mes insomnies cette pauvre fille venir me reprocher mon crime comme s'il n'était commis que d'hier. Tant que j'ai vécu tranquille il m'a moins tourmenté, mais au milieu d'une vie orageuse il m'ôte la plus douce consolation des innocents persécutés : il me fait bien sentir ce que je crois avoir dit dans quelque ouvrage, que le remords s'endort durant un destin prospère et s'aigrit dans l'adversité. Cependant je n'ai jamais pu prendre sur moi de décharger mon cœur de cet aveu dans le sein d'un ami. La plus étroite intimité ne me l'a jamais fait faire à personne, pas même à Mme de Warens. Tout ce que j'ai pu faire a été d'avouer que j'avais à me reprocher une action atroce, mais jamais je n'ai dit en quoi elle consistait. Ce poids est donc resté jusqu'à ce jour sans allégement sur ma conscience, et je puis dire que le désir de m'en délivrer en quelque sorte a beaucoup contribué à la résolution que j'ai prise d'écrire mes confessions.

Rousseau, *Les Confessions*, Livre II.

« On dirait que mon cœur et mon esprit n'appartiennent pas au même individu »

À son retour en Savoie, Rousseau a retrouvé Madame de Warens, qui s'occupe de lui trouver un emploi. Mais la tâche n'est pas facile : avec son apparence gauche et embarrassée, Rousseau n'est pas jugé à son avantage.

C'est pour lui l'occasion de tracer un autoportrait et d'analyser le décalage qu'il sent constamment entre son esprit et sa sensibilité, entre sa façon d'être et l'apparence qu'il offre aux autres.

Deux choses presque inalliables s'unissent en moi sans que j'en puisse concevoir la manière : un tempérament très ardent, des passions vives, impétueuses, et des idées lentes à naître, embarrassées, et qui ne se présentent jamais qu'après coup. On dirait que mon cœur et mon esprit n'appartiennent pas au même individu. Le sentiment plus prompt que l'éclair vient remplir mon âme, mais au lieu de m'éclairer il me brûle et m'éblouit. Je sens tout et je ne vois rien. Je suis emporté mais stupide ; il faut que je sois de sang-froid pour penser. Ce qu'il y a d'étonnant est que j'ai cependant le tact assez sûr, de la pénétration, de la finesse même pourvu qu'on m'attende : je fais d'excellents impromptus à loisir ; mais sur le temps je n'ai jamais rien fait ni dit qui vaille. Je ferais une fort jolie conversation par la poste, comme on dit que les Espagnols jouent aux échecs. Quand je lus le trait d'un duc de Savoie qui se retourna faisant route pour crier : *à votre gorge, marchand de Paris*[1], je dis : « me voilà. »

1. On prétend qu'un duc de Savoie, grossièrement injurié à Paris par un marchand, n'aurait trouvé quoi lui répondre qu'en arrivant à Lyon. C'est là qu'il se serait enfin retourné pour lancer cette furieuse réplique.

Attribué à Nicolas de Largillière (1656-1746), *Portrait de Madame de Warens*, 0,75 × 0,59 m (Genève, musée Jean-Jacques Rousseau). « Je voyais Maman et j'étais heureux. »

Cette lenteur de penser, jointe à cette vivacité de sentir, je ne l'ai pas seulement dans la conversation, je l'ai même seul et quand je travaille. Mes idées s'arrangent dans ma tête avec la plus incroyable difficulté. Elles y circulent sourdement ; elles y fermentent jusqu'à m'émouvoir, m'échauffer, me donner des palpitations, et au milieu de toute cette émotion je ne vois rien nettement ; je ne saurais écrire un seul mot, il faut que j'attende. Insensiblement ce grand mouvement s'apaise, ce chaos se débrouille ; chaque chose vient se mettre à sa place, mais lentement et après une longue et confuse agitation. N'avez-vous point vu quelquefois l'opéra en Italie ? Dans les changements de scène il règne sur ces grands théâtres un désordre désagréable, et qui dure assez longtemps : toutes les décorations sont entremêlées ; on voit de toutes parts un tiraillement qui fait peine ; on croit que tout va renverser. Cependant peu à peu tout s'arrange, rien ne manque, et l'on est tout surpris de voir succéder à ce long tumulte un spectacle ravissant. Cette manœuvre est à peu près celle qui se fait dans mon cerveau quand je veux écrire. Si j'avais su, premièrement attendre, et puis rendre dans leur beauté les choses qui s'y sont ainsi peintes, peu d'auteurs m'auraient surpassé.

De là vient l'extrême difficulté que je trouve à écrire. Mes manuscrits raturés, barbouillés, mêlés, indéchiffrables, attestent la peine qu'ils m'ont coûtée. Il n'y en a pas un qu'il ne m'ait fallu transcrire quatre ou cinq fois avant de le donner à la presse. Je n'ai jamais pu rien faire la plume à la main vis-à-vis d'une table et de mon papier. C'est à la promenade au milieu des rochers et des bois, c'est la nuit dans mon lit et durant mes insomnies que j'écris dans mon cerveau, l'on peut juger avec quelle lenteur, surtout pour un homme absolument dépourvu de mémoire verbale, et qui de la vie n'a pu retenir six vers par cœur. Il y a telle de mes périodes que j'ai tournée et retournée cinq ou six nuits dans ma tête avant qu'elle fût en état d'être mise sur le papier. De là vient encore que je réussis mieux aux ouvrages qui demandent du travail, qu'à ceux qui veulent être faits avec une certaine légèreté, comme les lettres : genre dont je n'ai jamais pu prendre le ton, et dont l'occupation me met au supplice. Je n'écris point de lettres sur les moindres sujets qui ne me coûtent des heures de fatigue, ou, si je veux écrire de suite ce qui me vient, je ne sais ni commencer ni finir, ma lettre est un long et confus verbiage ; à peine m'entend-on quand on la lit.

Non seulement les idées me coûtent à rendre, elles me coûtent même à recevoir. J'ai étudié les hommes et je me crois assez bon observateur. Cependant je ne sais rien voir de ce que je vois ; je ne vois bien que ce que je me rappelle, et je n'ai de l'esprit que dans mes souvenirs. De tout ce qu'on dit, de tout ce qu'on fait, de tout ce qui se passe en ma présence, je ne sens rien, je ne pénètre rien. Le signe extérieur est tout ce qui me frappe. Mais ensuite tout cela me revient : je me rappelle le lieu, le temps, le ton, le regard, le geste, la circonstance, rien ne m'échappe. Alors, sur ce qu'on a fait ou dit, je trouve ce qu'on a pensé, et il est rare que je me trompe.

Rousseau, *Les Confessions*, Livre III.

« Ici commence le court bonheur de ma vie »

La première partie des *Confessions* s'achève sur l'image idyllique d'un bonheur parfait aux Charmettes, avec Madame de Warens. Or, plusieurs éléments permettent de mettre en doute cette vision. L'imagination, une mémoire sélective et le désir de recréer un bonheur plus rêvé que vécu peuvent expliquer que Rousseau ait pu trahir, dans cet extrait, le serment de sincérité du préambule.

Ici commence le court bonheur de ma vie ; ici viennent les paisibles mais rapides moments qui m'ont donné le droit de dire que j'ai vécu. Moments précieux et si regrettés, ah ! recommencez pour moi votre aimable cours ; coulez plus lentement dans mon souvenir s'il est possible, que vous ne fîtes réellement dans votre fugitive succession. Comment ferai-je pour prolonger à mon gré ce récit si touchant et si simple ; pour redire toujours les mêmes choses, et n'ennuyer pas plus mes lecteurs en les répétant que je ne m'ennuyais moi-même en les recommençant sans cesse ? Encore si tout cela consistait en faits, en actions, en paroles, je pourrais le décrire et le rendre, en quelque façon : mais comment dire ce qui n'était ni dit, ni fait, ni pensé même, mais goûté, mais senti, sans que je puisse énoncer d'autre objet de mon bonheur que ce sentiment même. Je me levais avec le soleil et j'étais heureux ; je me promenais et j'étais heureux, je voyais Maman et j'étais heureux, je la quittais et j'étais heureux, je parcourais les bois, les coteaux, j'errais dans les vallons, je lisais, j'étais oisif, je travaillais au jardin, je cueillais les fruits, j'aidais au ménage, et le bonheur me suivait partout ; il n'était dans aucune chose assignable, il était tout en moi-même, il ne pouvait me quitter un seul instant.

Rien de tout ce qui m'est arrivé durant cette époque chérie, rien de ce que j'ai fait et pensé tout le temps qu'elle a duré n'est échappé de ma mémoire. Les temps qui précèdent et qui suivent me reviennent par intervalles. Je me les rappelle inégalement et confusément ; mais je me rappelle celui-là tout entier comme s'il durait encore. Mon imagination, qui dans ma jeunesse allait toujours en avant et maintenant rétrograde, compense par ces doux souvenirs l'espoir que j'ai pour jamais perdu. Je ne vois plus rien dans l'avenir qui me tente ; les seuls retours du passé peuvent me flatter, et ces retours si vifs et si vrais dans l'époque dont je parle me font souvent vivre heureux malgré mes malheurs.

Je donnerai de ces souvenirs un seul exemple qui pourra faire juger de leur force et de leur vérité. Le premier jour que nous allâmes coucher aux Charmettes, Maman était en chaise à porteurs, et je la suivais à pied. Le chemin monte, elle était assez pesante, et craignant de trop fatiguer ses porteurs, elle voulut descendre à peu près à moitié chemin pour faire le reste à pied. En marchant

Jean Honoré Fragonard (1732-1806), *L'Allée ombreuse*, lavis, 0,45 × 0,34 m (Paris, musée du Petit Palais).

elle vit quelque chose de bleu dans la haie et me dit : « Voilà de la pervenche encore en fleur. » Je n'avais jamais vu de la pervenche, je ne me baissai pas pour l'examiner, et j'ai la vue trop courte pour distinguer à terre les plantes de ma hauteur. Je jetai seulement en passant un coup d'œil sur celle-là, et près de trente ans se sont passés sans que j'aie revu de la pervenche, ou que j'y aie fait attention. En 1764, étant à Cressier avec mon ami M. Du Peyrou, nous montions une petite montagne au sommet de laquelle il a un joli salon[1] qu'il appelle avec raison Belle-Vue. Je commençais alors d'herboriser un peu. En montant et regardant parmi les buissons je pousse un cri de joie : *ah ! voilà de la pervenche !* et c'en était en effet. Du Peyrou s'aperçut du transport, mais il en ignorait la cause ; il l'apprendra, je l'espère lorsqu'un jour il lira ceci. Le lecteur peut juger par l'impression d'un si petit objet de celle que m'ont faite tous ceux qui se rapportent à la même époque.

Rousseau, *Les Confessions*, Livre VI.

« ... J'étais inquiet de tout »

Rousseau est désormais un écrivain à la mode, mais malgré ses succès, il se convainc peu à peu que ses amis le boudent et que se trame contre lui une véritable conspiration. Dès lors, il ne voit plus le salon du baron d'Holbach que comme le centre du complot orchestré, selon lui, par l'écrivain allemand Grimm, ami de Diderot et des encyclopédistes. Cette idée tourne chez Rousseau à une véritable obsession.

Moreau Le Jeune (1741-1814), *Souper à Louveciennes le 2 septembre 1771*, dessin (Paris, musée du Louvre). « Grimm, Diderot, d'Holbach au contraire au centre du tourbillon vivaient répandus dans le plus grand monde... ».

1. Salon (de treillage) : espèce de grand cabinet rond ou à pans, fait de treillage de fer et de bois, et recouvert de verdure, dans un jardin (*Dictionnaire de Trévoux*, 1721).

Avec un nom déjà célèbre et connu dans toute l'Europe j'avais conservé la simplicité de mes premiers goûts. Ma mortelle aversion pour tout ce qui s'appelait parti, faction, cabale, m'avait maintenu libre, indépendant, sans autre chaîne que les attachements de mon cœur. Seul, étranger, isolé, sans appui, sans famille, ne tenant qu'à mes principes et à mes devoirs, je suivais avec intrépidité les routes de la droiture, ne flattant, ne ménageant jamais personne aux dépens de la justice et de la vérité. De plus, retiré depuis deux ans dans la solitude, sans correspondance de nouvelles, sans relation des affaires du monde, sans être instruit ni curieux de rien, je vivais à quatre lieues de Paris, aussi séparé de cette capitale par mon incurie, que je l'aurais été par les mers dans l'île de Tinian[1].

Grimm, Diderot, d'Holbach[2] au contraire au centre du tourbillon vivaient répandus dans le plus grand monde, et s'en partageaient presque entre eux toutes les sphères. Grands, beaux esprits, gens de lettres, gens de robe, femmes, ils pouvaient de concert se faire écouter partout. On doit voir déjà l'avantage que cette position donne à trois hommes bien unis contre un quatrième dans celle où je me trouvais. Il est vrai que Diderot et d'Holbach n'étaient pas, du moins je ne puis le croire, gens à tramer des complots bien noirs ; l'un n'en avait pas la méchanceté ni l'autre l'habileté : mais c'était en cela même que la partie était mieux liée. Grimm seul formait son plan dans sa tête, et n'en montrait aux deux autres que ce qu'ils avaient besoin de voir pour concourir à l'exécution. L'ascendant qu'il avait pris sur eux rendait ce concours facile, et l'effet du tout répondait à la supériorité de son talent.

Ce fut avec ce talent supérieur que sentant l'avantage qu'il pouvait tirer de nos positions respectives, il forma le projet de renverser ma réputation de fond en comble, et de m'en faire une tout opposée sans se compromettre, en commençant par élever autour de moi un édifice de ténèbres qu'il me fût impossible de percer pour éclairer ses manœuvres et pour le démasquer.

Cette entreprise était difficile en ce qu'il en fallait pallier l'iniquité aux yeux de ceux qui devaient y concourir. Il fallait tromper les honnêtes gens ; il fallait écarter de moi tout le monde, ne pas me laisser un seul ami, ni petit ni grand. Que dis-je ? il ne fallait pas laisser percer un seul mot de vérité jusqu'à moi. Si un seul homme généreux me fût venu dire : « Vous faites le vertueux, cependant voilà comment on vous traite, et voilà sur quoi l'on vous juge ; qu'avez-vous à dire ? » La vérité triomphait, et Grimm était perdu. Il le savait ; mais il a sondé son propre cœur et n'a estimé les hommes que ce qu'ils valent. Je suis fâché pour l'honneur de l'humanité qu'il ait calculé si juste.

En marchant dans ces souterrains, ses pas pour être sûrs devaient être lents. Il y a douze ans qu'il suit son plan et le plus difficile reste encore à faire ; c'est d'abuser le public entier. Il y reste des yeux qui l'ont suivi de plus près qu'il ne pense. Il le craint, et n'ose encore exposer sa trame au grand jour. Mais il a trouvé le peu difficile moyen d'y faire entrer la puissance, et cette puissance dispose de moi[3]. Soutenu de cet appui, il avance avec moins de risque. Les satellites de la puissance se piquant peu de droiture pour l'ordinaire et beaucoup moins de franchise, il n'a plus guère à craindre l'indiscrétion de quelque homme de bien. Car il a besoin surtout que je sois environné de ténèbres impénétrables, et que son complot me soit toujours caché, sachant bien qu'avec quelque art qu'il en ait ourdi la trame elle ne soutiendrait jamais mes regards. Sa grande adresse est de paraître me ménager en me diffamant, et de donner encore à sa perfidie l'air de la générosité.

Je sentis les premiers effets de ce système par les sourdes accusations de la coterie holbachique, sans qu'il me fût possible de savoir ni de conjecturer même en quoi consistaient ces accusations. De Leyre[4] me disait dans ses lettres qu'on m'imputait des noirceurs. Diderot me disait plus mystérieusement la même chose, et quand j'entrais en explication avec l'un et l'autre tout se réduisait aux chefs d'accusations ci-devant notés. Je sentais un refroidissement graduel dans les lettres de Mme d'Houdetot[5]. Je ne pouvais attribuer ce refroidissement à Saint-Lambert[6], qui continuait à m'écrire avec la même amitié et qui me vint même voir après son retour. Je ne pouvais, non plus, m'en imputer la faute, puisque nous nous étions séparés très contents l'un de l'autre, et qu'il ne s'était rien passé de ma part depuis ce temps-là que mon départ de l'Ermitage, dont elle avait elle-même senti la nécessité. Ne sachant donc à quoi m'en prendre de ce refroidissement, dont elle ne convenait pas, mais sur lequel mon cœur ne prenait pas le change, j'étais inquiet de tout. Je savais qu'elle ménageait extrêmement sa belle-sœur et Grimm, à cause de leurs liaisons avec Saint-Lambert, je craignais leurs œuvres. Cette agitation rouvrit mes plaies et rendit ma correspondance orageuse au point de l'en dégoûter tout à fait. J'entrevoyais mille choses cruelles, sans rien voir distinctement. J'étais dans la position la plus insupportable pour un homme dont l'imagination s'allume aisément.

Rousseau, *Les Confessions*, Livre X.

1. Île de l'archipel des Mariannes, dans le Pacifique.
2. Voir pp. 201 et 251.
3. Allusion au ministre Choiseul.
4. Collaborateur de l'*Encyclopédie*, secrétaire de l'ambassade de France à Vienne et bibliothécaire du duc de Parme, Alexandre de Leyre est un personnage en vue dans les salons.
5. La comtesse d'Houdetot, belle-sœur de Madame d'Épinay, protectrice de Rousseau, inspira à l'écrivain des sentiments enflammés.
6. Autre écrivain proche des encyclopédistes.

« ... Le commencement d'une malédiction »

Texte critique

Jean Starobinski montre que, selon Rousseau, la vie sociale, fondée sur les apparences et les préjugés, fait « obstacle » à la recherche de rapports purs et « transparents » entre les êtres. Faute de pouvoir trouver en autrui la communion parfaite, indispensable pour établir un pacte compatible avec le bonheur et la liberté, Rousseau en rejette la faute sur le monde qui l'entoure. Replié dans l'écriture, il construit à l'intérieur de sa propre conscience une image d'innocence et de vérité dont il ne trouve d'exemple qu'en lui-même.

Celui qui devient écrivain pour dénoncer le mensonge de la société se met dans une situation paradoxale. En se faisant auteur, et surtout lorsqu'il inaugure sa carrière par un prix d'académie, il entre dans le circuit social de l'opinion, du succès, de la mode. Il est donc, d'entrée de jeu, suspect de duplicité et contaminé par le péché qu'il attaque. À mesure que sa solitude deviendra plus absolue, Rousseau se confirmera de plus en plus dans l'idée que son début littéraire fut le commencement d'une malédiction : « Dès cet instant je fus perdu[1]. » Le seul rachat possible consiste à faire acte public de séparation : un arrachement devient nécessaire, et un perpétuel dégagement tiendra lieu de justification. Je vous parle, mais je ne suis pas l'un des vôtres. J'appartiens à un autre monde, à une autre patrie. Vous ne savez plus ce qu'est une patrie, et moi, je suis citoyen de Genève. Non, je ne suis même pas citoyen de Genève, car les Genevois ne sont plus ce qu'ils étaient. Votre Voltaire est venu les corrompre. Je suis simplement : le citoyen... Devenu homme de lettres, l'accusateur ne sera jamais assez excusé de sa compromission avec le mal, qui se perpétue en lui tant que continue l'acte d'écrire. L'excuse elle-même, aussi longtemps qu'elle est publique, est encore un lien avec le monde de l'opinion, et n'efface pas la faute. À la limite, il faudrait faire silence, devenir nul pour les autres. Mais Rousseau ne pourra pas se taire, il ne pourra faire autrement que d'écrire sa volonté de devenir nul...

Le problème qui se pose à Rousseau consiste donc à supprimer un écart perpétuellement renaissant entre sa vie et ses principes. Il faut que toute sa conduite s'oppose à l'artifice du monde corrompu qu'il dénonce, et auquel pourtant il participe encore trop. Il doit faire en sorte que sa protestation ne passe pas pour le langage ordinaire de la littérature. Il annonce périlleusement, dans de trop belles paroles, une vérité qui condamne la vaine éloquence et proclame la vertu d'une sagesse silencieuse.

La proposition : la société est contraire à la nature, a pour conséquence immédiate : je *m'oppose à la société. C'est le* je *qui prend à sa charge la tâche de refuser une société qui est négation de la nature.* La négation de la négation *devient ainsi fondamentalement, une attitude vécue (au lieu d'intervenir comme un processus historique, ou du moins comme le projet d'une action historique). La société est collectivement négation de la nature ; Jean-Jacques sera solitairement et individuellement négation de la société. Nous voilà renvoyés des théories historiques de Rousseau à l'individu Jean-Jacques ; de l'analyse spéculative de l'évolution humaine aux problèmes intérieurs d'une existence. Passage illogique d'une catégorie à l'autre, d'une tentative de savoir objectif à l'expérience subjective ; et rien pourtant ne saurait être plus logiquement enchaîné, selon cette logique de la morale qui veut l'accord des actes et des paroles. Jean-Jacques inscrira son salut personnel sur le fond de la perdition collective qu'il dénonce.*

Jean Starobinski, Jean-Jacques Rousseau, la transparence et l'obstacle, *Gallimard, 1971.*

1. Jean-Jacques Rousseau, *Les Confessions*, Livre VIII.

Les Rêveries du promeneur solitaire

1776-1778
publication posthume en 1782

Joseph Wright dit Wright of Derby (1734-1797), *Vue du lac de Nemi au soleil couchant*, 1,05 × 1,28 m (Paris, musée du Louvre).

La quête autobiographique inaugurée dans les lettres à Monsieur de Malesherbes, poursuivie dans *Les Confessions* et dans les *Dialogues* aboutit, à partir de 1776, à la rédaction des *Rêveries*.

Cette succession de dix méditations[1], qui portent tantôt sur le présent tantôt sur un passé lumineux[2] que Rousseau s'efforce de revivifier, marque l'ultime étape d'un dialogue d'abord engagé avec les autres hommes et peu à peu transformé en monologue. C'est, comme le dit l'auteur lui-même, « l'appendice des *Confessions* », mais dans une tonalité différente puisqu'il n'a plus rien à confesser : « Mon cœur s'est purifié de la coupelle de l'adversité, et j'y trouve à peine, en le sondant avec soin quelque reste de penchant répréhensible. » Il ne s'agit donc plus, dans *Les Rêveries*, de justification ou de confession. La hantise du complot qu'il croit organisé contre lui est toujours là, comme une obsession. Mais Rousseau tente de s'en libérer en faisant de l'instant présent, vécu avec intensité par une conscience attentive, l'élément significatif de sa vie, celui qui donne un sens à l'existence et permet de survivre.

En ce sens *Les Rêveries* se révèlent comme une véritable œuvre salvatrice : Rousseau analyse les relations privilégiées qu'il parvient à instaurer avec la nature et transforme ainsi le sentiment de son isolement social en affirmation d'un choix délibéré. Le charme des promenades et des méditations champêtres, les réflexions philosophiques nées de la vue d'un paysage transfiguré par les reflets de l'eau, le plaisir de l'herborisation, tout confirme le processus de métamorphose qui fait d'une situation subie un état librement accepté. Et au-delà de ces instants vécus par un être sensible qui analyse ses émotions dans un phénomène de conscience réfléchie, Rousseau trouve

1. Rousseau les appelle des « Promenades ».

2. Le séjour à l'île de Saint-Pierre, la vie auprès de Madame de Warens.

dans l'expérience qui donne naissance aux *Rêveries* la confirmation de ses théories sur l'être naturel.

La dernière œuvre de Rousseau représente le point de convergence d'une existence et d'une œuvre qui se rejoignent dans un état de rêverie, où la vie réelle et son image rêvée finissent par se confondre à travers l'expérience d'une conscience solitaire.

Jacques-Albert Senave (1758-1829), *Scènes de rue à Paris en 1791*, détail (Paris, musée Carnavalet).

« Voilà très fidèlement l'histoire de mon accident »

En 1776, Rousseau mène à Paris une vie obscure et retirée. Il est aigri par la maladie et plus que jamais obsédé par l'idée d'un complot. Dans cet état d'hypersensibilité, le moindre incident prend à ses yeux une importance démesurée. L'épisode qu'il retrace ici est celui d'un accident qui lui a fourni l'occasion de s'analyser dans une sorte d'état second. L'analyse accompagne le récit et révèle d'étonnantes qualités de précision et de dramatisation.

J'étais sur les six heures à la descente de Ménilmontant presque vis-à-vis du Galant Jardinier, quand des personnes qui marchaient devant moi s'étant tout à coup brusquement écartées je vis fondre sur moi un gros chien danois qui, s'élançant à toutes jambes devant un carrosse, n'eut pas même le temps de retenir sa course ou de se détourner quand il m'aperçut. Je jugeai que le seul moyen que j'avais d'éviter d'être jeté par terre était de faire un grand saut si juste que le chien passât sous moi tandis que je serais en l'air. Cette idée plus prompte que l'éclair et que je n'eus le temps ni de raisonner ni d'exécuter fut la dernière avant mon accident. Je ne sentis ni le coup, ni la chute, ni rien de ce qui s'ensuivit jusqu'au moment où je revins à moi.

Il était presque nuit que je repris connaissance. Je me trouvai entre les bras de trois ou quatre jeunes gens qui me racontèrent ce qui venait de m'arriver. Le chien danois n'ayant pu retenir son élan s'était précipité sur mes deux jambes et me choquant de sa masse et de sa vitesse m'avait fait tomber la tête en avant : la mâchoire supérieure portant tout le poids de mon corps avait frappé sur un pavé très raboteux, et la chute avait été d'autant plus violente qu'étant à la descente, ma tête avait donné plus bas que mes pieds.

Le carrosse auquel appartenait le chien suivait immédiatement, et m'aurait passé sur le corps si le cocher n'eût à l'instant retenu ses chevaux. Voilà ce que j'appris par le récit de ceux qui m'avaient relevé et qui me soutenaient encore lorsque je revins à moi. L'état auquel je me trouvai dans cet instant est trop singulier pour n'en pas faire ici la description.

La nuit s'avançait. J'aperçus le ciel, quelques étoiles, et un peu de verdure. Cette première sensation fut un moment délicieux. Je ne me sentais encore que par là. Je naissais dans cet instant à la vie, et il me semblait que je remplissais de ma légère existence tous les objets que j'apercevais. Tout entier au moment présent je ne me souvenais de rien ; je n'avais nulle notion distincte de mon individu, pas la moindre idée de ce qui venait de m'arriver ; je ne savais ni qui j'étais ni où j'étais ; je ne sentais ni mal, ni crainte, ni inquiétude. Je voyais couler mon sang comme j'aurais vu couler un ruisseau, sans songer seulement que ce sang m'appartînt en aucune sorte. Je sentais dans tout mon être un calme ravissant auquel chaque fois que je me le rappelle je ne trouve rien de comparable dans toute l'activité des plaisirs connus.

On me demanda où je demeurais ; il me fut impossible de le dire. Je demandai où j'étais ; on me dit : *à la Haute Borne* ; c'était comme si l'on m'eût dit *au mont Atlas*. Il fallut demander successivement le pays, la ville et le quartier où je me trouvais. Encore cela ne put-il suffire pour me reconnaître ; il me fallut tout le trajet de là jusqu'au boulevard pour me rappeler ma demeure et mon nom. Un monsieur que je ne connaissais pas et qui eut la charité de m'accompagner quelque temps, apprenant que je demeurais si loin, me conseilla de prendre au Temple un fiacre pour me conduire chez moi. Je marchais très bien, très légèrement, sans sentir ni douleur ni blessure, quoique je crachasse toujours beaucoup de sang. Mais j'avais un frisson glacial qui faisait claquer d'une façon très incommode mes dents fracassées. Arrivé au Temple je pensai que puisque je marchais sans peine il valait mieux continuer ainsi ma route à pied que de m'exposer à périr de froid dans un fiacre. Je fis ainsi la demi-lieue qu'il y a du Temple à la rue Plâtrière, marchant sans peine, évitant les embarras, les voitures, choisissant et suivant mon chemin tout aussi bien que j'aurais pu faire en pleine santé. J'arrive, j'ouvre le secret qu'on a fait mettre à la porte de la rue, je monte l'escalier dans l'obscurité, et j'entre enfin chez moi sans autre accident que ma chute et ses suites dont je ne m'apercevais pas même encore alors.

Les cris de ma femme en me voyant me firent comprendre que j'étais plus maltraité que je ne pensais. Je passai la nuit sans connaître encore et sentir mon mal. Voici ce que je sentis et trouvai le lendemain. J'avais la lèvre supérieure fendue en dedans jusqu'au nez, en dehors la peau l'avait mieux garantie et empêchait la totale séparation, quatre dents enfoncées à la mâchoire supérieure, toute la partie du visage qui la couvre extrêmement enflée et meurtrie, le pouce droit foulé et très gros, le pouce gauche grièvement blessé, le bras gauche foulé, le genou gauche aussi très enflé et qu'une contusion forte et douloureuse empêchait totalement de plier. Mais avec tout ce fracas rien de brisé, pas même une dent, bonheur qui tient du prodige dans une chute comme celle-là.

Voilà très fidèlement l'histoire de mon accident. En peu de jours cette histoire se répandit dans Paris tellement changée et défigurée qu'il était impossible d'y rien reconnaître. J'aurais dû compter d'avance sur cette métamorphose ; mais il s'y joignit tant de circonstances bizarres, tant de propos obscurs et de réticences l'accompagnèrent, on m'en parlait d'un air si risiblement discret que tous ces mystères m'inquiétèrent. J'ai toujours haï les ténèbres, elles m'inspirent naturellement une horreur que celles dont on m'environne depuis tant d'années n'ont pas dû diminuer.

Rousseau, *Les Rêveries du promeneur solitaire*, Seconde Promenade.

« Tout est dans un flux continuel sur la terre »

Certains passages des *Rêveries* sont consacrés à des réminiscences. Dans l'extrait qui suit, Rousseau évoque avec mélancolie les moments heureux passés à l'île de Saint-Pierre sur le lac de Bienne, après la double condamnation de l'*Émile* et du *Contrat social*. Le spectacle d'une nature compréhensive et apaisante fait naître en lui une méditation sur la fuite du temps et sur le caractère fugitif du bonheur. La tonalité lyrique et élégiaque de cette évocation annonce la sensibilité romantique.

Quand le lac agité ne me permettait pas la navigation je passais mon après-midi à parcourir l'île en herborisant à droite et à gauche, m'asseyant tantôt dans les réduits les plus riants et les plus solitaires pour y rêver à mon aise, tantôt sur les terrasses et les tertres pour parcourir des yeux le superbe et ravissant coup d'œil du lac et de ses rivages couronnés d'un côté par des montagnes prochaines, et de l'autre élargis en riches et fertiles plaines dans lesquelles la vue s'étendait jusqu'aux montagnes bleuâtres plus éloignées qui la bornaient.

Quand le soir approchait je descendais des cimes de l'île et j'allais volontiers m'asseoir au bord du lac sur la grève dans quelque asile caché ; là le bruit des vagues et l'agitation de l'eau fixant mes sens et chassant de mon âme toute autre agitation la plongeaient dans une rêverie délicieuse où la nuit me surprenait souvent sans que je m'en fusse aperçu. Le flux et reflux de cette eau, son bruit continu mais renflé par intervalles frappant sans relâche mon oreille et mes yeux suppléaient aux mouvements internes que la rêverie éteignait en moi et suffisaient pour me faire sentir avec plaisir mon existence, sans prendre la peine de penser. De temps à autre naissait quelque faible et courte réflexion sur l'instabilité des choses de ce monde dont la surface des eaux m'offrait l'image : mais bientôt ces impressions légères s'effaçaient dans l'uniformité du mouvement continu qui me berçait, et qui sans aucun concours actif de mon âme ne laissait pas de m'attacher au point qu'appelé par l'heure et par le signal convenu je ne pouvais m'arracher de là sans effort.

Anonyme, *Rousseau rêvant au fil de l'eau*, gravure (Chaalis, musée Chaalis).

Après le souper quand la soirée était belle, nous allions encore tous ensemble faire quelque tour de promenade sur la terrasse pour y respirer l'air du lac et la fraîcheur. On se reposait dans le pavillon, on riait, on causait, on chantait quelque vieille chanson qui valait bien le tortillage[1] moderne, et enfin l'on s'allait coucher content de sa journée et n'en désirant qu'une semblable pour le lendemain.

Telle est, laissant à part les visites imprévues et importunes, la manière dont j'ai passé mon temps dans cette île durant le séjour que j'y ai fait. Qu'on me dise à présent ce qu'il y a là d'assez attrayant pour exciter dans mon cœur des regrets si vifs, si tendres et si durables qu'au bout de quinze ans, il m'est impossible de songer à cette habitation chérie sans m'y sentir à chaque fois transporter encore par les élans du désir.

J'ai remarqué dans les vicissitudes d'une longue vie que les époques des plus douces jouissances et des plaisirs les plus vifs ne sont pourtant pas celles dont le souvenir m'attire et me touche le plus. Ces courts moments de délire et de passion, quelque vifs qu'ils puissent être, ne sont cependant et par leur vivacité même, que des points bien clairsemés dans la ligne de la vie. Ils sont trop rares et trop rapides pour constituer un état, et le bonheur que mon cœur regrette n'est point composé d'instants fugitifs mais un état simple et permanent, qui n'a rien de vif en lui-même, mais dont la durée accroît le charme au point d'y trouver enfin la suprême félicité.

Tout est dans un flux continuel sur la terre : rien n'y garde une forme constante et arrêtée, et nos affections qui s'attachent aux choses extérieures passent et changent nécessairement comme elles. Toujours en avant ou en arrière de nous, elles rappellent le passé qui n'est plus ou préviennent l'avenir qui souvent ne doit point l'être : il n'y a rien là de solide à quoi le cœur se puisse attacher. Aussi n'a-t-on guère ici-bas que du plaisir qui passe ; pour le bonheur qui dure je doute qu'il y soit connu. À peine est-il dans nos plus vives jouissances un instant où le cœur puisse véritablement nous dire : *Je voudrais que cet instant durât toujours ;* et comment peut-on appeler bonheur un état fugitif qui nous laisse encore le cœur inquiet et vide, qui nous fait regretter quelque chose avant, ou désirer encore quelque chose après ?

Rousseau, *Les Rêveries du promeneur solitaire*, Cinquième Promenade.

1. Ce terme familier désigne une façon embarrassée de s'exprimer.

Synthèse

L'œuvre de Rousseau comporte des orientations bien différentes les unes des autres : essais philosophiques ou consacrés aux sciences politiques, traité d'éducation, roman, autobiographie. Mais il apparaît que cette diversité suit un fil conducteur et se construit autour d'une conception de la vie sociale et individuelle constamment reprise et approfondie. L'*Émile* et *La Nouvelle Héloïse* s'inscrivent dans la ligne du *Contrat social*, qui lui-même développe des idées déjà en germe dans les premiers discours. Quant aux *Confessions*, traçant le portrait d'un être, elles font apparaître le poids des influences sociales et tentent un retour nostalgique à l'enfance perçue comme un état vertueux et primitif de l'homme. Elles dépassent par là l'image d'une individualité.

Rousseau et l'esprit des Lumières

Parallèlement à cette démarche qui relève d'une interrogation personnelle sur l'évolution humaine, Rousseau se situe dans le contexte intellectuel et culturel qui est celui des Lumières. Sa constante revendication d'une liberté pour l'homme, ses recherches sur le type de gouvernement idéal, la notion même de « contrat » rejoignent bien des prises de position de ses contemporains. Il est en effet certain qu'il critique ouvertement, comme les autres philosophes, la monarchie de droit divin dont il met en cause le principe de succession héréditaire et le caractère arbitraire. Le projet de société qu'il élabore à travers *La Nouvelle Héloïse* peut, par bien des aspects, rejoindre l'idéal voltairien tel qu'il se définit concrètement dans les réalisations de Ferney et littérairement dans le jardin de *Candide*. On peut dire enfin que sur le plan religieux, Rousseau se situe dans une ligne déiste tolérante et compréhensive, qui ne passe pas nécessairement par la présence d'une hiérarchie ecclésiastique ou par le respect de rites spécifiques.

Pourtant, sur des points essentiels, qui sont le progrès, les options républicaines et l'intuition religieuse, la pensée et les convictions profondes de Rousseau divergent de celles qui caractérisent l'esprit et les orientations des Lumières.

Le progrès

La première grande divergence se révèle dans une approche différente de la notion de progrès. À l'optimisme des Lumières, qui fait du progrès un moteur d'amélioration matérielle, et morale, Rousseau oppose, dans ses deux discours, une vision très pessimiste de l'évolution humaine et de l'histoire. Prenant pour point de départ un utopique état de nature caractérisé par l'harmonie, l'absence d'inégalité et d'injustice, il s'efforce de montrer que l'évolution, telle que l'humanité l'a connue, a conduit la société à la corruption et à l'immoralité. Ce schéma illustre l'idée selon laquelle l'homme, originellement bon, se trouve peu à peu perverti par la vie sociale et perd son innocence naturelle.

Le domaine politique

Dans le *Contrat social*, Rousseau dépasse la critique de la monarchie. Alors que bien des philosophes de son temps voient dans la monarchie constitutionnelle un modèle de gouvernement, Rousseau dessine l'idéal d'un système républicain et égalitaire où la volonté générale fonde toute légitimité : « Il imagine un peuple de citoyens, où chaque être n'existe que par les rapports et les liens qui l'unissent à la cité. Être membre de la cité épuise toute son essence et, de là, découlent ses idées et ses sentiments, la totalité de ses engagements et tous les critères de son action » (Robert Mauzi[1]).

Nous avons vu plus haut (p. 285) les questions soulevées par cette conception qui est d'ailleurs perçue au XXe siècle tantôt comme fondatrice de la démocratie, tantôt comme ouvrant la voie à une forme d'utopie et de totalitarisme.

1. Michel Delon, Robert Mauzi, Sylvain Menant, *Littérature française*, t. 6, *De « L'Encyclopédie » aux « Méditations »*, pp. 335-336, Arthaud, 1984.

L'intuition religieuse

Récusant le matérialisme et l'athéisme de Diderot, dépassant le déisme raisonné de Voltaire, Rousseau affirme que la croyance religieuse naît d'une intuition, de la reconnaissance d'une omniprésence de Dieu à travers ses œuvres : « Toutes les subtilités de la métaphysique ne me feront pas douter un moment de l'immortalité de l'âme et d'une Providence bienfaisante. Je la sens, je la crois, je la veux, je l'espère, je la défendrai jusqu'à mon dernier soupir » (Lettre à Voltaire du 18 août 1756). Dans cette conception, Dieu est premier, non la religion et il n'est pas besoin d'intermédiaires entre Dieu et les hommes : la conscience, « immortelle et céleste voix », y suffit. Rousseau se proclame chrétien, mais il rejette tous les dogmes. La « Profession de foi du vicaire savoyard » rappelle par ailleurs à quel point la morale est liée à la sensibilité et la conscience du bien aux élans instinctifs de la vie intérieure guidée par une voix divine.

L'importance de la sensibilité

Les douloureux paradoxes de la pensée rousseauiste (bonheur de l'état de nature *mais* caractère inévitable du progrès ; aspiration à la justice *mais* société fondamentalement inégalitaire ; idéal de solidarité sociale *mais* caractère intéressé de l'homme) ne peuvent finalement se résoudre que par un appel à l'imagination et au rêve.

On trouve dans bien des textes de Rousseau la mise en œuvre d'une véritable imagination visionnaire. Elle lui permet d'embrasser le vaste espace au cours duquel s'est faite l'évolution humaine et de dessiner pour son lecteur une grande fresque. Les discours, *Le Contrat social* sont construits à partir d'une projection de l'imagination créatrice dans les dédales de la pensée politique ; et c'est ce qui leur donne de tels accents de ferveur et de conviction.

C'est aussi l'imagination qui vient au secours de la mémoire défaillante dans cette remontée vers le passé que sont *Les Confessions*. Elle seule peut aider le narrateur à reconstituer le fil de sa vie. Elle recrée une réalité et des situations dont les aspects décevants sont gommés au profit d'une réminiscence lumineuse, qui a pour vocation de réhabiliter une image et de reconstruire le bonheur perdu.

Avec Rousseau, la sensibilité prend le pas sur la raison et c'est grâce à elle, et à son imagination, qu'il s'oriente sur le chemin de la vérité. Sa devise, adoptée en 1759, *Vitam impendere vero* (« Consacrer sa vie à la vérité »), trouve tout son sens dans son œuvre autobiographique.

La quête de soi

L'aspect très original de l'œuvre de Rousseau est cette recherche qu'il mène à l'intérieur de lui-même et qui ouvre la voie à toutes les entreprises ultérieures d'écriture sur soi (Chateaubriand, Stendhal, Proust...).

Conscient de la complexité de sa personnalité, de ses contradictions, il cherche désespérément à faire éclater aux yeux de ses contemporains, considérés à la fois comme des juges et comme des persécuteurs, une vérité qui pourrait concilier l'apparence et la réalité de son « moi ». Mais il sait que cette vérité personnelle est aussi la vérité de chacun. Déchiré entre la conscience de sa singularité et son appartenance au genre humain, Rousseau mène dans *Les Confessions*, puis dans *Les Rêveries*, une recherche que son objectif réel voue à l'échec. Mêlant le récit – qui réactualise le passé – à l'analyse qui métamorphose et juge, il explore le labyrinthe d'une vie en formation avec, peut-être, le secret espoir de lui faire prendre un cours différent.

C'est pourquoi parallèlement au côté novateur et révolutionnaire de certaines théories, on retiendra avant tout, chez Rousseau, cette extraordinaire entreprise d'introspection qui pose les bases d'une exploration du moi le plus secret. En cela en effet, Rousseau se révèle le premier psychologue moderne de la littérature.

Musique et opéra

La musique, omniprésente au XVIIIe siècle

La musique est partout présente au XVIIIe siècle, que ce soit dans les campagnes avec les chansons et les danses ou à la cour avec les divertissements, la musique sacrée ou les fanfares militaires. L'opéra est alors un genre florissant. Avec le clavecin, la musique pénètre les intérieurs aristocratiques et bourgeois. On la retrouve dans les motifs décoratifs, les boîtes à musique, les automates...

Signe de cette passion, le siècle fut agité par de nombreuses querelles musicales :

– guerre entre « lullistes » – partisans de Lully – et « ramistes » – partisans de Jean-Philippe Rameau, musicien plus novateur ;

– querelle des Bouffons (1752-1753) qui oppose la musique italienne, connue alors par l'*opera buffa*, jugée plus naturelle, à la musique française considérée comme trop savante. Grimm, Rousseau et les encyclopédistes prennent ardemment parti pour l'opéra italien ;

– enfin la rivalité (1774-1779) entre Piccinni, compositeur italien, et Gluck, compositeur allemand qui introduit dans l'opéra français le goût de l'antique, de la simplicité et du « sublime ».

L'intérêt de ce siècle pour la musique se manifeste aussi, à l'évidence, dans la réflexion des philosophes : les nombreux articles que l'*Encyclopédie* consacre aux instruments, à l'harmonie, aux sons témoignent de la compétence de Diderot, de d'Alembert, de Rousseau, lui-même compositeur qui connut un grand succès avec *Le Devin de village* et écrivit un *Dictionnaire de musique*. On sait, par ailleurs, que de grands écrivains furent aussi librettistes : Lesage pour le Théâtre de la Foire, Voltaire avec *La Princesse de Navarre*, pour une musique de Rameau. En attendant que leurs œuvres ne deviennent elles-mêmes d'admirables opéras, comme ce sera le cas des pièces de Beaumarchais avec Mozart et Rossini.

Musique et Lumières

Sans qu'il soit possible d'enrôler la foisonnante musique du XVIIIe siècle sous une seule bannière, on peut dire que le mouvement des Lumières trouva dans cet art un terrain de choix pour ses réflexions et ses aspirations.

Le goût que les Lumières portaient à la pédagogie devait s'exercer principalement dans le domaine de l'apprentissage de la musique. Rousseau met au point une nouvelle méthode de notation musicale pour rendre le solfège plus accessible ; Diderot suit de très près les études de clavecin de sa fille Angélique et collabore à un ouvrage sur le sujet. Beaumarchais enseigne la harpe aux filles de Louis XV.

De façon plus générale, la musique prend place dans une vaste réflexion sur les sciences (l'acoustique, la physique des sons), sur les techniques (la fabrication d'instruments) dont témoignent les très nombreux articles que l'*Encyclopédie* y consacre. C'est autant comme membre de l'Académie des sciences que comme amateur que d'Alembert, par exemple, les rédige.

Enfin les Lumières, qui se sont passionnées pour la médecine expérimentale et la physiologie, ne pouvaient manquer de s'intéresser à un art qui met en jeu de façon si subtile les mécanismes de l'oreille et ceux de la voix. Condillac dans le *Traité des sensations*, la philosophie sensualiste et Diderot voient le corps comme un instrument, l'homme lui-même comme une corde douée de divers degrés de sensibilité.

La musique perçue comme langage (du corps, de la sensibilité, du cœur) commun aux hommes n'est-elle pas, dès lors, appelée à répondre au désir d'universalité des

Louis-René Boquet (1717-1814), *Scène d'opéra*, aquarelle, 0,27 × 0,44 m (Paris, BN).

Louis Carmontelle (1717-1806), *Mozart enfant, son père et sa sœur*, 0,34 × 0,22 m (Chantilly, musée Condé).

Lumières ? La « toute-puissance de la musique » ouvre le temple de la sagesse, de la fraternité, de la liberté et du bonheur. Par cette allégorie, Mozart portera à leur perfection les aspirations des Lumières dans son tout dernier opéra, *La Flûte enchantée* (1791).

Un art de la fusion

Si la musique fascine les amateurs du XVIIIe siècle, et principalement les philosophes, c'est qu'elle est un art complet. Aucun genre mieux que l'opéra ne peut rassembler tant de modes d'expression artistique ; la poésie du livret, la musique des instruments et du chant, la décoration, la danse, tout concourt au plaisir esthétique. Plaisir de l'esprit, plaisir de l'œil, plaisir de l'ouïe en font l'art idéal d'un siècle où l'on s'interroge sur la complémentarité des sens (le père Castel, par exemple, met au point un clavecin oculaire pour enseigner la musique aux sourds !).

L'opéra est aussi le genre dans lequel coexistent les esthétiques, apparemment contradictoires, de l'artifice (l'illusion, les conventions, le jeu) et du naturel (le chant, cri de la nature, comme le définissait Diderot). Or, tout le siècle est pris entre ces deux tensions et l'on peut dire que l'opéra est, en quelque sorte, la métaphore du XVIIIe siècle aimanté par ces deux pôles.

La musique est aussi fusion entre la science (les lois strictes de l'harmonie) et le plaisir. Le dosage de ces deux composantes est l'enjeu de la querelle entre Rameau (défenseur de la science musicale et de l'harmonie) et Rousseau (partisan de l'émotion musicale et de la mélodie). Car si la musique satisfait le rationalisme du XVIIIe siècle parce qu'elle est une science des « rapports », elle répond surtout aux exigences de la sensibilité. Des écrivains comme Diderot ou Rousseau montrent que cet art est, par excellence, le mode d'expression des sentiments et des passions. La musique provoque des émotions profondes (« mon âme est avide de cette sorte de douleur », écrivait Julie de Lespinasse) ; dans *Le Neveu de Rameau*, Diderot décrit l'effet d'enthousiasme et de folie qu'elle peut produire sur un être sensible. Quant à la création musicale, il est clair qu'elle résiste à une interprétation uniquement rationaliste. L'inspiration, une sensibilité hors du commun, l'intuition du compositeur entrent en jeu. La notion de « génie[1] », mot clé du vocabulaire critique de Diderot et qui dominera toute l'esthétique romantique est née.

1. « Le génie est un pur don de la nature », Diderot, *Encyclopédie*, article « Génie ».

Bernardin de Saint-Pierre
1737-1814

Paul Carpentier (1787-1877), *Portrait de Jacques-Henri Bernardin de Saint-Pierre*, d'après l'original d'Elisabeth Harvey, détail, 0,64 × 0,52 m, 1847 (Versailles, Musée du Château).

Une enfance vagabonde et rêveuse

Né en 1737 et très tôt orphelin de père, Bernardin de Saint-Pierre vit une enfance rêveuse et exaltée, entre sa mère qui le gâte et une servante dévouée. À des études médiocres chez les jésuites, il préfère des vagabondages dans la nature et il rêve de devenir missionnaire. Un voyage en Martinique, en 1749, sur le bateau d'un oncle lui donne le goût de l'aventure, qu'entretient sa lecture de *Robinson Crusoé*.

Des voyages à l'errance

À la mort de sa mère en 1755, il entre à l'École des ponts et chaussées mais elle est fermée par décret royal avant qu'il obtienne son diplôme. Commencent alors pour lui douze années d'aventures (1759-1771), au cours desquelles il tente sans succès d'acquérir une situation tant en France qu'à l'étranger.

C'est ainsi que, à la suite de querelles, il doit quitter le régiment du comte de Saint-Germain lors de la campagne de Hesse (1760)[1]. L'année suivante, il est chassé d'une expédition scientifique envoyée à Malte, parce qu'il s'y était engagé comme ingénieur géographe... sans en avoir le diplôme. Voulant fonder une colonie agricole égalitaire, il part pour la Russie, grâce à l'appui financier de quelques protecteurs. Contraint de renoncer au projet, il gagne alors la Finlande. Diplomate secret en Pologne, il décline ensuite l'offre que lui fait Frédéric de Prusse d'un authentique brevet de capitaine.

De retour en France, il obtient difficilement le grade de capitaine-ingénieur du roi à l'île de France[2]. Mais son caractère orgueilleux et agressif lui attire des reproches assez graves pour l'obliger à revenir à Paris, en 1771, après trois ans dans l'île.

De ce moment date son amitié avec Jean-Jacques Rousseau, de vingt-cinq ans son aîné. Lors de leurs longues promenades, il affine ses projets utopistes et sa réflexion politique.

1. Durant la guerre de Sept Ans (1756-1763), qui oppose les grandes puissances européennes à l'Angleterre, alliée de la Prusse.

2. Aujourd'hui l'île Maurice, située dans l'océan Indien, au nord-est de l'île de la Réunion.

Les consolations de la littérature

Ayant lassé ses protecteurs par ses lamentations, Bernardin doit vivre de sa plume et trouve dans le récit de ses voyages une consolation à l'amertume de sa vie (*Voyage à l'île de France*, 1773). C'est avec les *Études de la nature* (1784-1788) que commence sa véritable carrière d'homme de lettres. Ses explications fantaisistes de la nature, ainsi que la critique qui y est faite de la science, lui attirent les foudres des savants mais enthousiasment les profanes.

Les *Études* remportent un tel succès que leur auteur voit sa situation financière s'améliorer. C'est ainsi qu'il peut se consacrer à l'écriture romanesque avec *Paul et Virginie* (1788[1]). Cette œuvre, intégrée au quatrième tome des *Études*, obtient un succès tel que le roi accorde à son auteur, en 1792, la charge d'intendant du Jardin des Plantes avec cette mention : « J'ai cru nommer en vous le digne successeur de Buffon. » Bernardin de Saint-Pierre est, en outre, chargé des cours de morale à l'École normale.

Il épouse en 1792 la fille de son éditeur, Félicité Didot ; il a d'elle deux enfants, prénommés Paul et Virginie comme les héros de son triomphe littéraire. Un an à peine après la mort de Félicité, Bernardin de Saint-Pierre se remarie, en 1800, avec une toute jeune fille, Désirée de Pelleporc, auprès de laquelle il mourra en 1814. Il laisse inachevée une suite aux *Études de la nature*, les *Harmonies de la nature*, qui tente de pousser plus loin le système des harmonies universelles inauguré par les *Études*.

Voyage à l'île de France (1773), récit.
Études de la nature (1784-1788), essai → pp. 314-316.
Paul et Virginie (1788), roman → pp. 317-319.
La Chaumière indienne (1791), roman.
Harmonies de la nature (1796, publiées en 1815), essai.

Études de la nature

1784-1788

Bernardin de Saint-Pierre veut montrer, dans les *Études de la nature*, que l'univers est un mécanisme monté par la Providence pour le bonheur humain. Son ambition est d'exposer une cosmogonie[2] : tout, dans la nature, est harmonie, et les *Études*, comme les *Harmonies de la nature* plus tard, s'organisent en des séries de rapprochements parfois saugrenus. L'objectif est de prouver l'existence de Dieu. Les modèles sociaux proposés sont la reprise, caricaturale, des doctrines de Rousseau : vie sociale selon la nature, mythe du bon sauvage. Mais le lecteur moderne en retiendra surtout la précision des descriptions et des observations, la richesse des évocations sensibles.

Les nuages des tropiques

J'ai aperçu dans les nuages des tropiques, principalement sur la mer et dans les tempêtes, toutes les couleurs qu'on peut voir sur la terre. Il y en a alors de cuivrées, de couleur de fumée de pipe, de brunes, de rouges, de noires, de grises, de livides[3], de couleur marron, et de celle de gueule de four enflammé. Quant à celles qui y paraissent dans les jours sereins, il y en a de si vives et de si éclatantes, qu'on n'en verra jamais de semblables dans aucun palais, quand on y rassemblerait toutes les pierreries du Mogol[4]. Quelquefois les vents alizés[5], qui y soufflent constamment, cardent[6] les nuages comme si c'étaient des flocons de soie ; puis ils les chassent à l'occident en les croisant les uns sur les autres comme les mailles d'un panier à jour[7]. Ils jettent sur les côtés de ce réseau les nuages qu'ils

1. Année de la mort de Buffon.
2. Théorie, scientifique ou mythique, proposant une explication des origines de l'univers.
3. De couleur plombée.
4. Roi richissime du nord de l'Inde (dynastie régnant du XVIe au XVIIIe siècle).
5. Vents des tropiques, soufflant d'est en ouest.
6. Démêlent au peigne, comme s'il s'agissait de fibres textiles.
7. Percé d'ouvertures décoratives, en grille.

Charles Brooking (1723, 1759), *Frégates entrant à Harwich*, détail, 1759 (Londres, National Maritime Museum).

n'ont pas employés et qui ne sont pas en petit nombre ; ils les roulent en énormes masses blanches comme la neige, les contournent sur leurs bords en forme de croupes, et les entassent les uns sur les autres comme les Cordillères du Pérou, en leur donnant des formes de montagnes, de cavernes et de rochers ; ensuite vers le soir, ils calmissent[1] un peu, comme s'ils craignaient de déranger leur ouvrage. Quand le soleil vient à descendre derrière ce magnifique réseau, on voit passer par toutes ses losanges[2] une multitude de rayons lumineux qui y font un tel effet que les deux côtés de chaque losange qui en sont éclairés paraissent relevés d'un filet d'or, et les deux autres, qui devraient être dans l'ombre, sont teints d'un superbe nacarat[3]. Quatre ou cinq gerbes de lumière, qui s'élèvent du soleil couchant jusqu'au zénith, bordent de franges d'or les sommets indécis de cette barrière céleste et vont frapper des reflets de leurs feux les pyramides des montagnes aériennes collatérales[4] qui semblent être d'argent et de vermillon[5]. C'est dans ce moment qu'on aperçoit au milieu de leurs croupes redoublées une multitude de vallons qui s'étendent à l'infini, en se distinguant à leur ouverture par quelque nuance de couleur chair ou de rose. Ces vallons célestes présentent, dans leurs divers contours, des teintes inimitables de blanc, qui fuient à perte de vue dans le blanc, où des ombres se prolongent, sans se confondre, sur d'autres ombres. Vous voyez çà et là, sortis des flancs caverneux de ces montagnes, des fleuves de lumière qui se précipitent en lingots d'or et d'argent

1. Terme de marine : s'apaisent.
2. Mot féminin jusqu'au XVIIIe siècle.
3. Rouge orangé.
4. Qui se trouvent sur les côtés de la barrière de nuages.
5. Rouge vif.

sur des rochers de corail. Ici, ce sont de sombres rochers percés à jour, qui laissent percevoir, par leurs ouvertures, le bleu pur du firmament ; là, ce sont de longues grèves sablées d'or, qui s'étendent sur de riches fonds du ciel, ponceaux[1], écarlates et verts comme l'émeraude. La réverbération de ces couleurs occidentales se répand sur la mer dont elle glace les flots azurés de safran[2] et de pourpre. Les matelots, appuyés sur les passavants[3] du navire, admirent en silence ces paysages aériens. Quelquefois ce spectacle sublime se présente à eux à l'heure de la prière et semble les inviter à élever leurs cœurs comme leurs yeux vers les cieux.

Bernardin de Saint-Pierre, *Études de la nature*, Étude X : « De quelques lois générales de la nature, et premièrement des lois physiques ».

Du sentiment de la mélancolie

Ce chapitre procède à l'examen des relations qui unissent l'âme et les sensations physiques : volupté de la mélancolie et de la solitude, plaisir étrange ressenti devant les ruines et les tombeaux.

Je ne sais à quelle loi physique les philosophes peuvent rapporter les sensations de la mélancolie. Pour moi, je trouve que ce sont les affections de l'âme les plus voluptueuses. « La mélancolie est friande[4] », dit Michel Montaigne. Cela vient, ce me semble, de ce qu'elle satisfait à la fois les deux puissances dont nous sommes formés, le corps et l'âme, le sentiment de notre misère et celui de notre excellence[5].

Ainsi, par exemple, dans le mauvais temps, le sentiment de ma misère humaine se tranquillise, en ce que je vois qu'il pleut, et que je suis à l'abri ; qu'il vente, et que je suis dans mon lit bien chaudement. Je jouis alors d'un bonheur négatif. Il s'y joint ensuite quelques-uns de ces attributs de la Divinité, dont les perceptions font tant de plaisir à notre âme, comme de l'infinité en étendue, par le murmure lointain des vents. Ce sentiment peut s'accroître par la réflexion des lois de la nature, en me rappelant que cette pluie qui vient, je suppose de l'ouest, a été élevée du sein de l'Océan, et peut-être des côtes d'Amérique ; qu'elle vient balayer nos grandes villes, remplir les réservoirs de nos fontaines, rendre nos fleuves navigables ; et tandis que les nuées qui la versent, s'avancent vers l'orient pour porter la fécondité jusqu'aux végétaux de la Tartarie[6], les graines et les dépouilles qu'elle emporte dans nos fleuves, vont vers l'occident se jeter à la mer, et donner de la nourriture aux poissons de l'Océan atlantique. Ces voyages de mon intelligence donnent à mon âme une extension convenable à sa nature, et me paraissent d'autant plus doux que mon corps, qui, de son côté aime le repos, est plus tranquille et plus à l'abri.

Si je suis triste, et que je ne veuille pas étendre mon âme si loin, je goûte encore du plaisir à me laisser aller à la mélancolie que m'inspire le mauvais temps. Il me semble alors que la nature se conforme à ma situation, comme une tendre amie. Elle est, d'ailleurs, toujours si intéressante, sous quelque aspect qu'elle se montre, que quand il pleut, il me semble voir une belle femme qui pleure. Elle me paraît d'autant plus belle, qu'elle me semble plus affligée. Pour éprouver ces sentiments j'ose dire voluptueux, il ne faut pas avoir des projets de promenade, de visite, de chasse ou de voyage, qui nous mettent, alors, de fort mauvaise humeur, parce que nous sommes contrariés. Il faut encore moins croiser nos deux puissances, ou les heurter l'une contre l'autre, c'est-à-dire, porter le sentiment de l'infini sur notre misère, en pensant que cette pluie n'aura point de fin ; et celui de notre misère sur les phénomènes de la nature, en nous plaignant que toutes les saisons sont dérangées, qu'il n'y a plus d'ordre dans les éléments, et nous abandonner à tous les mauvais raisonnements où se livre un homme mouillé. Il faut, pour jouir du mauvais temps, que notre âme voyage, et que notre corps se repose.

Bernardin de Saint-Pierre, *Études de la nature*, Étude XII : « De quelques lois morales de la nature ».

1. Autre nom du coquelicot ; comme adjectif, désigne la couleur rouge vif foncé de cette fleur.
2. Jaune.
3. Bastingage du pont supérieur.
4. Gourmande, elle recherche particulièrement ce qui peut l'« alimenter », l'entretenir.
5. Supériorité.
6. Asie.

Paul et Virginie

1788

Anonyme, Illustration de *Paul et Virginie* de Bernardin de Saint-Pierre, détail, XVIIIe s. (Paris, BN).

Bernardin de Saint-Pierre expose le projet de ce court roman dans l'avant-propos : « J'ai désiré réunir à la beauté de la nature, entre les tropiques, la beauté morale d'une petite société. Je me suis proposé aussi d'y mettre en évidence plusieurs grandes vérités, entre autres celle-ci, que notre bonheur consiste à vivre suivant la nature et la vertu. »

L'œuvre constitue la quatrième partie des *Études de la nature*. L'idylle[1] écrite par Bernardin de Saint-Pierre n'est qu'un prétexte à l'illustration de ses théories.

C'est une « bergerie tropicale » racontée par un vieil homme, dont Bernardin aurait recueilli les confidences. Deux mères (dont l'une est veuve d'un aristocrate, l'autre une paysanne bretonne abandonnée) élèvent ensemble leurs enfants, Paul et Virginie, dans le cadre paradisiaque de l'île de France[2], loin de la société corrompue. Les jeunes gens grandissent ensemble et s'aiment d'amitié puis d'un amour chaste. Mais une lettre d'une riche tante de Virginie l'appelle à Paris, où la jeune fille, après bien des réticences, se rend. Elle s'y sent étrangère, pendant que Paul se désole dans l'île. Le retour de Virginie, à bord du *Saint-Géran* est fatal[3] : la jeune fille meurt dans le naufrage du vaisseau, Paul se consumera de chagrin.

Le succès fut immédiat et donna naissance à une mode : littéraire, théâtrale (adaptations), picturale. Les coquettes se coiffèrent à la Virginie[4] et de nombreux parents choisirent d'appeler leurs enfants Paul et Virginie.

« Virginie sentit redoubler tous les symptômes de son mal »

Lors d'un été particulièrement chaud, Virginie est troublée par les premiers émois de l'amour, sans bien comprendre la nature de sa souffrance.

Un de ces étés qui désolent de temps à autre les terres situées entre les tropiques vint étendre ici ses ravages. C'était vers la fin de décembre, lorsque le soleil du capricorne échauffe pendant trois

1. Œuvre littéraire généralement courte à sujets amoureux, dans un cadre champêtre.
2. Voir note 2 p. 313.
3. Le naufrage du *Saint-Géran* est historique : le navire sombra avec 217 personnes à son bord le 17 août 1744, dont une jeune fille qui peu après mourut.
4. Bernardin évoque dans *Paul et Virginie* les cheveux blonds de son héroïne, « tressés à double tresse ».

semaines l'île de France de ses feux verticaux. Le vent du sud-est qui y règne presque toute l'année n'y soufflait plus. De longs tourbillons de poussière s'élevaient sur les chemins, et restaient suspendus en l'air. La terre se fendait de toutes parts ; l'herbe était brûlée ; des exhalaisons chaudes sortaient du flanc des montagnes, et la plupart de leurs ruisseaux étaient desséchés. Aucun nuage ne venait du côté de la mer. Seulement pendant le jour des vapeurs rousses s'élevaient de dessus ses plaines, et paraissaient au coucher du soleil comme les flammes d'un incendie. La nuit même n'apportait aucun rafraîchissement à l'atmosphère embrasée. L'orbe[1] de la lune, tout rouge, se levait, dans un horizon embrumé, d'une grandeur démesurée. Les troupeaux abattus sur les flancs des collines, le cou tendu vers le ciel, aspirant l'air, faisaient retentir les vallons de tristes mugissements. Le Cafre[2] même qui les conduisait se couchait sur la terre pour y trouver de la fraîcheur ; mais partout le sol était brûlant, et l'air étouffant retentissait du bourdonnement des insectes qui cherchaient à se désaltérer dans le sang des hommes et des animaux.

Dans une de ces nuits ardentes, Virginie sentit redoubler tous les symptômes de son mal. Elle se levait, elle s'asseyait, elle se recouchait, et ne trouvait dans aucune attitude ni le sommeil ni le repos. Elle s'achemine, à la clarté de la lune, vers sa fontaine[3] ; elle en aperçoit la source qui, malgré la sécheresse, coulait encore en filets d'argent sur les flancs bruns du rocher. Elle se plonge dans son bassin. D'abord la fraîcheur ranime ses sens, et mille souvenirs agréables se présentent à son esprit. Elle se rappelle que dans son enfance sa mère et Marguerite s'amusaient à la baigner avec Paul dans ce même lieu ; que Paul, ensuite, réservant ce bain pour elle seule, en avait creusé le lit, couvert le fond de sable, et semé sur ses bords des herbes aromatiques. Elle entrevoit dans l'eau, sur ses bras nus et sur son sein, les reflets des deux palmiers plantés à la naissance de son frère et à la sienne, qui entrelaçaient au-dessus de sa tête leurs rameaux verts et leurs jeunes cocos. Elle pense à l'amitié de Paul, plus douce que les parfums, plus pure que l'eau des fontaines, plus forte que les palmiers unis ; et elle soupire. Elle songe à la nuit, à la solitude, et un feu dévorant la saisit. Aussitôt elle sort, effrayée de ces dangereux ombrages, et de ces eaux plus brûlantes que les soleils de la zone torride. Elle court auprès de sa mère chercher un appui contre elle-même. Plusieurs fois, voulant lui raconter ses peines, elle lui pressa les mains dans les siennes ; plusieurs fois elle fut près de prononcer le nom de Paul, mais son cœur oppressé laissa sa langue sans expression, et posant sa tête sur le sein maternel elle ne put que l'inonder de larmes.

Bernardin de Saint-Pierre, *Paul et Virginie*.

Anonyme, *Paul et Virginie*, toile imprimée, début XIXe s. (Paris, bibliothèque Forney).

1. Cercle.
2. Africain du sud-est de l'Afrique.
3. Fontaine appelée « Le repos de Virginie » et déjà décrite par l'auteur.

Claude Joseph Vernet (1714-1789), *La Mort de Virginie* (Léningrad, musée de l'Ermitage).

« Ô jour affreux ! hélas ! tout fut englouti »

La plénitude du bonheur dans ce paradis est néanmoins précaire et Bernardin de Saint-Pierre se refuse à l'édification d'une utopie béate : l'idylle se clôt sur une note tragique. Là encore, le propos est délibéré de la part de l'auteur qui entend illustrer une philosophie pessimiste de la vie : « Il est dangereux de n'offrir à la vertu sur la terre d'autre perspective que le bonheur[1]. » Le retour de Virginie vers l'île est le moment de sa mort et non de ses retrouvailles avec Paul.

La mer, soulevée par le vent, grossissait à chaque instant, et tout le canal compris entre cette île et l'île d'Ambre n'était qu'une vaste nappe d'écumes blanches, creusées de vagues noires et profondes. Ces écumes s'amassaient dans le fond des anses à plus de six pieds[2] de hauteur, et le vent, qui en balayait la surface, les portait par-dessus l'escarpement du rivage à plus d'une demi-lieue dans les terres. À leurs flocons blancs et innombrables, qui étaient chassés horizontalement jusqu'au pied des montagnes, on eût dit d'une[3] neige qui sortait de la mer. L'horizon offrait tous les signes d'une longue tempête ; la mer y paraissait confondue avec le ciel. Il s'en détachait sans cesse des nuages d'une forme horrible qui traversaient le zénith avec la vitesse des oiseaux, tandis que d'autres y paraissaient immobiles comme de grands rochers. On n'apercevait aucune partie azurée du firmament ; une lueur olivâtre et blafarde éclairait seule tous les objets de la terre, de la mer et des cieux.

Dans les balancements du vaisseau, ce qu'on craignait arriva. Les câbles de son avant rompirent ; et comme il n'était plus retenu que par une seule aussière[4] il fut jeté sur les rochers à une demi-encâblure[5] du rivage. Ce ne fut qu'un cri de douleur parmi nous. Paul allait s'élancer à la mer, lorsque je le saisis par le bras : « Mon fils, lui dis-je, voulez-vous périr ? – Que j'aille à son secours, s'écria-t-il, ou que je meure ! » Comme le désespoir lui ôtait la raison, pour prévenir sa perte, Domingue[6] et moi lui attachâmes à la ceinture une longue corde dont nous saisîmes l'une des extrémités. Paul alors s'avança vers le *Saint-Géran*, tantôt nageant, tantôt marchant sur les récifs. Quelquefois il avait l'espoir

1. Avis écrit par Bernardin de Saint-Pierre en 1789.
2. Hauteur équivalant à deux mètres environ.
3. « On eût dit de... » : construction devenue artificielle, mais que l'on trouve encore chez certains auteurs du début du XXe siècle (= on eût dit une neige).
4. Gros câble formé de trois câbles enroulés et servant d'amarre.
5. Unité de mesure valant presque deux cents mètres.
6. Serviteur noir de la famille.

de l'aborder car la mer, dans ses mouvements irréguliers, laissait le vaisseau presque à sec, de manière qu'on en eût pu faire le tour à pied ; mais bientôt après, revenant sur ses pas avec une nouvelle furie, elle le couvrait d'énormes voûtes d'eau qui soulevaient tout l'avant de sa carène[1], et rejetaient bien loin sur le rivage le malheureux Paul, les jambes en sang, la poitrine meurtrie, et à demi noyé. À peine ce jeune homme avait-il repris l'usage de ses sens qu'il se relevait et retournait avec une nouvelle ardeur vers le vaisseau, que la mer cependant entr'ouvrait par d'horribles secousses. Tout l'équipage, désespérant alors de son salut, se précipitait en foule à la mer, sur des vergues[2], des planches, des cages à poules, des tables et des tonneaux. On vit alors un objet[3] digne d'une éternelle pitié : une jeune demoiselle parut dans la galerie de la poupe du *Saint-Géran* tendant les bras vers celui qui faisait tant d'efforts pour la joindre. C'était Virginie. Elle avait reconnu son amant[4] à son intrépidité. La vue de cette aimable personne, exposée à un si terrible danger, nous remplit de douleur et de désespoir. Pour Virginie, d'un port[5] noble et assuré, elle nous faisait signe de la main, comme nous disant un éternel adieu. Tous les matelots s'étaient jetés à la mer. Il n'en restait plus qu'un sur le pont, qui était tout nu[6] et nerveux[7] comme Hercule. Il s'approcha de Virginie avec respect : nous le vîmes se jeter à ses genoux, et s'efforcer même de lui ôter ses habits ; mais elle, le repoussant avec dignité, détourna de lui sa vue. On entendit aussitôt ces cris redoublés des spectateurs : « Sauvez-la, sauvez-la ; ne la quittez pas ! » Mais dans ce moment, une montagne d'eau d'une effroyable grandeur s'engouffra entre l'île d'Ambre et la côte, et s'avança en rugissant vers le vaisseau, qu'elle menaçait de ses flancs noirs et de ses sommets écumants. À cette terrible vue le matelot s'élança seul dans la mer ; et Virginie, voyant la mort inévitable, posa une main sur ses habits, l'autre sur son cœur, et levant en haut des yeux sereins, parut un ange qui prend son vol vers les cieux.

Ô jour affreux ! hélas ! tout fut englouti.

Bernardin de Saint-Pierre, *Paul et Virginie.*

Synthèse

L'œuvre de Bernardin de Saint-Pierre offre des caractéristiques originales dans le panorama littéraire de cette fin de XVIIIe siècle. Elle concrétise les aspirations sensibles de ses contemporains et elle inaugure en même temps une veine exotique et pittoresque, qui sera fertile jusqu'au début du XXe siècle.

La littérature : un dérivatif à la vie

La littérature entre tard dans la vie de Bernardin de Saint-Pierre, après les voyages et l'observation concrète du monde ; elle est un palliatif à ses déboires professionnels et privilégie donc certains thèmes : en particulier, la réorganisation du monde selon des modèles utopiques, la croyance en une nature humaine parfaitement harmonieuse. L'insatisfaction que Bernardin de Saint-Pierre a toujours ressentie lui fait développer un ton mélancolique et sauvage dans des œuvres qui privilégient le rêve. Ainsi dans *La Chaumière indienne*, le narrateur trouve la vérité et les réponses à ses angoisses auprès d'un paria[8] hindou.

Entre les Lumières et le romantisme

En pleine époque des Lumières, Bernardin de Saint-Pierre s'oppose à la pensée rationaliste, refusant en particulier les apports de Newton aux sciences modernes. Il récuse la raison même comme la plus dangereuse de nos facultés. Cependant, parce que leur auteur manque de sens critique, les *Études de la nature*, comme d'autres de ses œuvres, sont encombrées de superstitions qui font aujourd'hui sourire : ainsi les melons, « divisés par côtes », sont « destinés à être

1. Partie de la coque située sous la ligne de flottaison.
2. Pièce de bois servant à fixer les voiles sur les mâts.
3. Spectacle (sens ancien).
4. Celui qui aime et est aimé.
5. Attitude.
6. Pour mieux nager.
7. Musclé.
8. Individu hors caste de la société indienne.

mangés en famille » ; les puces sont noires pour être distinguées sur la peau et les marées sont à attribuer à la fonte des glaciers !

Pourtant, les *Études* et les *Harmonies de la nature* répondent bien aux exigences de cette seconde moitié du XVIIIe siècle, éprise de sommes encyclopédiques qui semblent donner au lecteur la clef de l'univers. Bernardin de Saint-Pierre n'échappe pas à l'élaboration de systèmes puisqu'il propose une synthèse des lois de l'univers. Mais les informations précises et concrètes qu'il donne sont le plus souvent réfutées par la critique que l'auteur fait de la science même. Les observations objectives (sur les pays, les mœurs et les phénomènes naturels) cèdent le pas aux impressions de l'homme capable, selon lui, de voir que la beauté du monde relève de la volonté divine.

La philosophie de Bernardin de Saint-Pierre se place ainsi historiquement à la charnière entre les Lumières et le romantisme. En voulant dresser le tableau d'une harmonie universelle, où chaque élément occupe une place nécessaire à l'équilibre de l'ensemble, son œuvre reflète les aspirations de son époque au bonheur humain, et non plus seulement à la raison. Ce bonheur est un art de vivre en conformité avec l'univers, le rêve d'un accord entre la vie sociale et les lois de la nature. Ami de Rousseau, Bernardin de Saint-Pierre partage ses vues philosophiques : tous deux se défient de la société et font acte de soumission à la sensibilité. Cet abandon à l'intuition fait concevoir à Bernardin de Saint-Pierre un monde parfait, régi par la Providence : « Non seulement il ne tombe pas un cheveu de notre tête, ni un moineau d'un arbre, mais un caillou n'est pas roulé sur les rivages de la mer sans la permission de Dieu[1]. » Les effusions lyriques prennent le pas sur le discours de la pensée (voir le texte « Du sentiment de la mélancolie » p. 316).

À la philosophie rationaliste (illustrée par les Lumières), Bernardin oppose donc la sensibilité frémissante qui mènera au romantisme.

L'invention du pittoresque exotique

Par ses évocations exactes et vivantes des sensations, par le pittoresque des paysages qu'il décrit, Bernardin de Saint-Pierre inaugure un courant exotique qui séduira Chateaubriand dans *Atala*, qui marquera certains récits de voyageurs comme *Le Voyage en Espagne* de Gautier, et ne s'achèvera qu'avec Loti *(Mon frère Yves)*.

Le charme très personnel des descriptions de Bernardin de Saint-Pierre envoûte encore le lecteur, parce qu'il y découvre de véritables poèmes en prose qui établissent des correspondances entre l'univers concret et les émotions de celui qui le contemple.

Anonyme, Illustration de *Paul et Virginie* de Bernardin de Saint-Pierre, détail, XVIIIe s. (Paris, BN).

1. *Études de la nature*, Étude IV.

LE MYTHE DU BON SAUVAGE

Au XVIe siècle déjà, réfléchissant à la place de l'homme dans le monde et à la relativité des modes de pensée, Montaigne s'était interrogé sur la notion de « sauvage ». Son observation du naturel et de l'ingénuité de trois indigènes du Brésil débarquant à Rouen au milieu de la curiosité générale (voir p. 211) est à l'origine de l'intérêt manifesté, deux siècles plus tard, pour le « bon sauvage ».

Le goût pour les voyages, la diffusion de nombreux récits de périples lointains contribuent à répandre l'image très idéalisée du « sauvage » vivant dans un milieu naturel non détérioré par la civilisation. Le bon sauvage s'intègre ainsi à une série d'interrogations sociales, morales et politiques : il est au centre du débat qui oppose les notions de nature et de culture. Il nourrit la réflexion sur le colonialisme. Il est utilisé de manière efficace par certains philosophes dans une « stratégie » de dépaysement : faire découvrir le monde occidental par des yeux étrangers permet de mettre en relief, avec un décalage tantôt naïf, tantôt ironique, les anomalies que masque le conformisme intellectuel et moral. Mais dans la mesure où il est devenu un véritable mythe, on peut se demander s'il n'est pas plus utopique que réel.

Une multitude de « sauvages »

L'intérêt pour les « sauvages » se manifeste tout au long du siècle à travers des genres littéraires variés. Il se développe grâce aux récits de voyage, très nombreux et très appréciés tout au long du siècle. L'*Histoire générale des voyages*, de l'abbé Prévost (publiée à partir de 1746), le *Recueil d'observations curieuses* [sur les] *différents peuples de l'Asie, de l'Afrique et de l'Amérique*, de l'abbé Claude Lambert (1749), le *Voyage autour du monde* de Bougainville montrent les sauvages comme les exemples d'une nature non dégradée et d'un mode de vie dont on ne veut percevoir, de l'extérieur, que l'innocence et l'authenticité.

Cet intérêt est également la conséquence des images répandues par certains missionnaires. Les sauvages illustreraient, d'après eux, par leur vie communautaire exemplaire et par l'absence de hiérarchisation de leur organisation sociale, une application pure de la vie selon l'*Évangile*, tout à fait opposée à celle des Européens, pervertie et dévoyée. Cette image très idéalisée, accentuée par un goût prononcé pour l'exotisme, conduit à des créations multiples. Voltaire met en scène un indigène d'Amérique du Nord dans *L'Ingénu* (voir p. 112), et un esclave dans *Candide*, le nègre de Surinam. Dans le *Supplément au Voyage de Bougainville* (voir p. 209), Diderot donne la parole à un vieux Tahitien, prenant pour modèle un personnage réel, présenté à la curiosité des Parisiens par Bougainville lui-même. Rousseau imagine l'état primitif de l'humanité et propose la vision idyllique d'une communauté vivant sans connaître la propriété, source selon lui de l'inégalité et des malheurs de l'homme civilisé. Enfin dans *Les Incas*, Marmontel montre, à travers l'exemple d'un peuple luttant contre le colonialisme, la grandeur et le courage des sauvages. Ces différentes images, qui témoignent d'un goût commun pour les peuples dits primitifs, sont révélatrices des orientations de la pensée philosophique et des questions qui l'agitent.

Une leçon de relativisme

Comme l'avait fait Montaigne en prenant l'exemple des cannibales, Voltaire et Diderot utilisent le sauvage pour donner une leçon de relativisme. Ils mettent ainsi en relief la richesse des différences à l'intérieur d'une nature humaine commune. L'ingénuité, la simplicité en apparence naïve du Huron ou des Tahitiens sont la marque d'une manière d'être et de vivre qui n'est pas à juger en termes de supériorité ou d'infériorité. Au contraire, ces différences devraient être l'occasion d'une réflexion sur ce que l'on peut apprendre au contact des autres et conduire à la tolérance. C'est la raison pour laquelle, lorsqu'il fait parler le Tahitien, Diderot lui donne la possibilité d'inverser les rôles. Si les interlocuteurs européens se mettaient dans la situation des Tahitiens, peut-être comprendraient-ils mieux leurs réactions. La leçon est claire. Juger uniquement à partir de ses propres critères est générateur d'erreur, d'intransigeance et de sectarisme. On voit ainsi comment la réflexion sur les modes de vie a pour corollaire une dénonciation du colonialisme et de ses effets les plus pervers, en particulier l'esclavage.

Une réflexion sur la société

La mise en scène et l'utilisation du bon sauvage nourrissent toute une réflexion sur la société. Violemment dénonciatrice de l'absolutisme chez Voltaire, cette analyse prend des formes plus générales chez Diderot, chez Bernardin de Saint-Pierre et chez Rousseau.

Voltaire utilise en effet le regard étonné du Huron (comme l'avait déjà fait Montesquieu avec ses Persans) pour mettre en relief et dénoncer toutes les formes de conformisme politique, religieux et social acceptées par habitude dans une société qu'il présente comme intolérante, injuste et inégalitaire. Diderot oppose la vie communautaire et naturelle des Tahitiens aux différentes perversions que leur ont apportées, affirme-t-il, les Européens coupables d'imposer leur manière de voir, de penser, de sentir. Il trouve à travers le *Supplément au Voyage de Bougainville* un champ d'application à ses réflexions sur les contraintes imposées par la société en matière de morale. Partisan d'une véritable liberté sexuelle, il célèbre, dans le mode de vie des Tahitiens, l'absence des tabous qui entravent ailleurs l'épanouissement du corps et de la sensualité.

La vision de Rousseau est différente et, dans le débat nature/culture, il prend une position qui va dans un sens résolument opposé à celui des autres philosophes. En effet, pour Voltaire, Diderot et pour l'ensemble des encyclopédistes, l'interrogation sur l'état de nature n'empêche pas une croyance sincère dans le progrès. L'évolution des sciences et des techniques, le développement des échanges qu'elles favorisent sont de nature à faire progresser l'homme sur le plan matériel, mais aussi sur le plan moral. Le progrès est pour eux un facteur fondamental du bonheur, comme le montre Voltaire dans *Le Mondain*, ou encore dans les *Lettres philosophiques*. Pour Rousseau, au contraire, l'évolution de l'humanité, qu'il perçoit pourtant comme inévitable et irréversible, fait progressivement abandonner à l'homme sa nature primitive, qui est bonne. La démonstration développée dans le *Discours sur les sciences et les arts*, selon laquelle le « progrès des arts » est étroitement associé à la « dissolution des mœurs » (dans une relation de cause à effet), apporte un démenti formel à cette foi dans le progrès, qui est celle des autres philosophes. La position de Rousseau s'exprime en des termes imagés, mais catégoriques : « Peuples, sachez donc une fois que la nature a voulu vous préserver de la science, comme une mère arrache une arme dangereuse des mains de son enfant. »

Comment concilier alors l'image utopique du primitif naïf et bon, vivant dans une simplicité naturelle, d'un côté, et l'idéal du citoyen raisonnable de l'autre ? C'est en posant cette question que l'on perçoit à quel point le « bon sauvage » reste un mythe. S'il est illustré par des personnages romanesques comme le Huron ou présentés comme réels (le Tahitien de Diderot), il n'en reste pas moins une sorte de vue de l'esprit, une utopie sur laquelle s'appuie une réflexion abstraite et théorique. On peut en citer pour preuve certaines contradictions. Diderot, qui admirait la liberté des mœurs des Tahitiens au point d'en faire un exemple, était en ce qui concerne sa famille d'un conservatisme très catégorique. Quant à Rousseau, il devait bien admettre dans le *Discours sur l'origine de l'inégalité* que l'homme ne pouvait échapper à une évolution et aux progrès qui devaient, inéluctablement, le conduire vers l'inégalité mais aussi vers la civilisation.

Véritable mythe, le « bon sauvage » incarne ainsi certaines aspirations d'un siècle partagé entre les progrès de la civilisation et les charmes nostalgiques de l'état de nature, associés au paradis perdu.

Le Père Plumier (1646?-1704), *Jeune Nègre dans un canot* tiré de *Plantes de la Martinique et de la Guadeloupe*, dessin colorié, 1688 (Paris, BN).

LE COURANT ILLUMINISTE
SAINT-MARTIN, CAZOTTE

Francisco de Goya (1746-1828), *Vol de sorcières*, 0,43 × 0,30 m, 1798 (Madrid, collection Ortiz Patiño).

L'esprit des Lumières a si fortement imprégné le XVIIIe siècle, il est représenté par des hommes qui ont édifié des œuvres si importantes que l'on pourrait voir en lui le seul courant de pensée de l'époque. Cette façon de concevoir le Siècle des lumières conduirait alors à rejeter dans l'ombre tous ceux qui, au nom d'une idéologie différente, se sont opposés aux philosophes, ou se sont éloignés d'eux. Ce serait, entre autres, laisser de côté tout un mouvement plus diffus, sans doute, et plus difficile à cerner dans sa diversité, mais révélateur d'un état d'esprit et d'une sensibilité, l'illuminisme.

Rapprocher les deux termes, Lumières et illuminisme, est intéressant : ils ont une étymologie commune, mais l'un oriente vers la raison, l'autre vers la révélation divine. C'est d'ailleurs ce qui explique que les deux mouvements coexistants se soient assez souvent définis l'un par rapport à l'autre et l'un en opposition avec l'autre. Cette coexistence, que souligne René Jasinski lorsqu'il écrit : « Le Siècle des lumières est aussi celui des illuminés[1] », suscite de nombreuses interrogations. De quelle lumière parle-t-on lorsqu'on évoque l'illuminisme ? En quoi cette idéologie diffère-t-elle de celle des philosophes ? Quelles ont été les conséquences de chacun d'entre eux ?

Définition et historique

Le terme « illuminisme », qui n'est pas attesté au XVIIIe siècle, apparaît vers 1819. Il correspond à un courant qui se définit comme la « doctrine mystique de ceux qui croient, et recherchent l'illumination intérieure [par Dieu][2] ». Il renvoie à Swedenborg[3] et à Boehme[4], ce qui fait remonter l'illuminisme au XVIe siècle, mais de nombreuses croyances allant dans le même sens existent sans doute depuis plus longtemps. Ce qui est sûr, c'est que certains traits communs apparaissent dans les formes très variées d'un mouvement qui remonte au néo-platonisme[5]. Le point commun essentiel est « la croyance en une tradition primitive universelle que seuls les initiés peuvent connaître par la compréhension des forces surnaturelles et la communication avec l'au-delà. Cette tradition enseigne que la chute originelle, ce divorce entre l'homme et le Créateur, a engendré la matière et qu'une régénération se produira, par réintégration de l'homme dans l'Être premier[6]. »

Au XVIIIe siècle, ces tendances sont illustrées de manière différente par Martinès de Pasqually, qui fut le maître de Saint-Martin, par Lavater[7], Mesmer[8] et Swedenborg[3]. La définition de l'illuminisme théosophique, certains aspects spécifiques de la doctrine de Martinès (refus du matérialisme, croyance dans l'existence du surnaturel, image de l'homme déchu, exilé du paradis terrestre à la suite du péché d'Adam et Ève) et certaines pratiques proches de l'exorcisme montrent assez bien que l'on se situe dans un domaine qui n'est pas celui de l'esprit philosophique. L'illuminisme diffère de l'esprit des Lumières sur le plan théorique et sur celui des démarches adoptées. L'univers, l'homme, la raison, la vérité, l'engagement politique même apparaissent dans les deux courants sous des formes tout à fait opposées.

À l'opposé de l'esprit des Lumières

L'univers, l'homme et Dieu

Une première différence vient de la conception que se font les uns et les autres de l'homme et de sa situation dans l'univers. Ainsi, à l'idée fréquemment reprise par Diderot que l'homme n'est qu'une sorte d'accident nécessaire, de « produit de l'organisation » dans un univers déterministe fait de matière, s'oppose l'idée, chez Saint-Martin, que l'homme est un enfant de la parole divine. Avili et déchu par la faute originelle, il est cependant capable, grâce à l'intervention d'intercesseurs « élus », de se régénérer et de parvenir à une réconciliation avec son créateur. À

1. Cité par R. Amadou dans la préface de *L'Homme de désir*, éd. du Rocher, 1979.
2. *Dictionnaire de la langue du XIXe et du XXe siècle*, éd. Klincksieck, 1985.
3. Swedenborg (1688-1772) est un naturaliste suédois à la fois mystique et homme de science. Ses ouvrages fondamentaux sont *Arcana cœlestia*, 1749, et *De nova Hierosolyma*, 1758.
4. Voir la biographie de Saint-Martin, p. 328.
5. Voir p. 327, le petit lexique de l'illuminisme.
6. *Dictionnaire des littératures de langue française*, article « Illuminisme », Éd. Bordas, 1984.
7. Lavater (1741-1801), écrivain et théologien suisse d'expression allemande, auteur d'un ouvrage intitulé *La Physiognomonie*, qui influencera Balzac.
8. Mesmer (1734-1815) est un médecin allemand, théoricien du magnétisme animal.

l'athéisme s'oppose le mysticisme. Le refus de l'homme matériel, et l'apologie de l'homme spirituel sont une constante du lyrisme saint-martinien dans *L'Homme de désir*. Parallèlement, on trouve dans *Le Diable amoureux* l'expression d'une idéologie qui rejette le déterminisme tout autant que le fait Saint-Martin. Que Cazotte prête des idées déterministes à Biondetta[1], la séduisante incarnation du diable, montre clairement qu'elles sont pour lui diaboliques et dangereuses. Cazotte associe de cette manière le matérialisme à Satan et souligne le côté perverti d'une telle conception du monde. Plus largement, à l'humanisme des Lumières, qui croit à la valeur de l'homme, à ses capacités, à ses pouvoirs de création et de réflexion s'opposent les images lyriques de « l'homme de désir », égaré dans un univers dont il a perdu la signification et les clefs.

L'univers perçu par les illuministes relève d'une sacralisation, alors que les philosophes se sont pour la plupart d'entre eux attachés à démystifier le sacré.

Le refus du rationalisme

La référence à une lumière divine intérieure permet de comprendre que les deux courants s'opposent également sur la notion de raison. Elle est, en effet, considérée par les philosophes comme l'instrument privilégié de la réflexion, comme le critère de toute démarche d'analyse, de tout jugement, comme le guide dans la quête du vrai. Pour Saint-Martin, au contraire, elle est un « funeste instrument qui ne fait qu'éloigner l'homme de la vie ». La croyance des illuministes en une révélation ne passant pas par l'entendement et l'importance qu'ils accordent au surnaturel entraînent chez eux le refus d'une démarche rigoureuse et scientifique qui s'apparenterait au raisonnement philosophique. Ils lui préfèrent une approche mystique, et bien souvent irrationnelle, du monde. On trouve même chez Cazotte l'idée qu'une connaissance raisonnée du monde a quelque chose de diabolique et ne mène qu'à l'erreur. Une interprétation allégorique du *Diable amoureux*, à laquelle l'auteur lui-même[2] invite son lecteur, met en garde contre plusieurs tentations, en particulier celle de la connaissance et du raisonnement. C'est à force de raisonner qu'Alvare tombe dans tous les pièges que lui tend la charmante Biondetta.

En affirmant que « la science est un don dangereux dans un être imparfait », Cazotte prend ses distances par rapport à ceux qui voient dans la connaissance un instrument de progrès et se situe dans une ligne de pensée nettement antiphilosophique.

Alors que la philosophie des Lumières conduit à penser que toute vérité est relative, la croyance illuministe fait de la vérité, divine, révélée et acceptée comme telle, un absolu. Il y a une différence fondamentale entre les deux mouvements : triomphe de la raison d'un côté, victoire des croyances ésotériques de l'autre, quête rigoureuse et scientifique d'un côté, recours aux pratiques occultes de l'autre.

Des conceptions passéistes

Un dernier point sépare les deux courants, la position par rapport au progrès et l'engagement politique.

L'illuminisme est volontiers passéiste : le progrès, fait de nouveauté et d'inconnu, lui apparaît comme doublement dangereux. Il permet en effet à l'homme de manifester une volonté et un pouvoir prométhéens. En cherchant à dépasser ses propres limites, celui-ci ne se montre-t-il pas présomptueux ? Saint-Martin condamne les « prétentions » des philosophes à vouloir expliquer la nature. Expliquer la nature et la modifier par le progrès, n'est-ce pas modifier l'ordre immuable voulu par Dieu ? Cette idée apparaît clairement dans *Le Diable amoureux*. Biondetta, le diable, incarne le désordre, le bouleversement, l'agitation. Et

1. Elle dit notamment : « Il n'y a point de hasard dans le monde ; tout y a été et sera toujours une suite de combinaisons nécessaires que l'on ne peut entendre que par la science des nombres. »

2. Dans l'épilogue de la nouvelle.

c'est auprès de sa propre mère, Doña Mencia, figure allégorique de la Vierge, qu'Alvare trouve l'ordre, la paix, les traditions qui, seuls d'après Cazotte, peuvent garantir l'organisation sociale et les règles morales.

Il faut par ailleurs remarquer que Saint-Martin et Cazotte ont, par-delà leurs divergences[1], une interprétation tout aussi religieuse de la Révolution : pour Cazotte ces bouleversements sont inspirés directement par les forces du mal, par le diable (« Ce royaume est décidément gouverné par la bête[2] », écrit-il) ; et Saint-Martin, de son côté, voit dans les événements révolutionnaires l'œuvre de Dieu, « l'exécution d'un décret formel de la Providence[3] ». Par son caractère politico-mystique, l'illuminisme de Cazotte prend sans doute une forme plus engagée que celui de Saint-Martin. Ils ont en commun d'être des hommes du passé dont la quête mystique, orientée vers le surnaturel, peut apparaître comme la volonté de rappeler que tout n'est pas explicable par la science, par la lumière de la raison, par l'esprit humain.

On trouve chez eux, comme chez Mesmer, Lavater et Swedenborg, une réaction très clairement affirmée au matérialisme, à l'athéisme et à l'exigence de rigueur et de clarté de l'idéal philosophique.

Des conséquences différentes

Différant dans leur démarche et dans leur manière d'envisager l'univers, l'homme, la société et Dieu, le mouvement des Lumières et l'illuminisme se sont constamment opposés au cours du siècle et ont eu des conséquences différentes.

Le premier a profondément et durablement modifié la pensée politique. Il a conduit à la Révolution et, au terme d'une longue et difficile approche, a permis l'installation de la démocratie après 1870. Le second a contribué au développement d'une sensibilité nouvelle. À ce titre, il est un élément essentiel du romantisme. Pris en compte par les écrivains et les poètes du XIXe siècle, il est reconnu par eux comme le terrain d'un très riche et très original enracinement.

Petit lexique de l'illuminisme

Ésotérisme : ce terme s'applique aux philosophes qui ne communiquent certaines parties de leur doctrine qu'à un très petit nombre de disciples initiés. Certaines philosophies de l'Antiquité, notamment les philosophies pythagoriciennes, sont dites ésotériques par suite de leur caractère secret.

Exorcisme : ce terme est utilisé pour désigner soit des paroles prononcées dans le but de produire des effets surnaturels, soit des prières dites pour chasser les effets supposés d'une intervention démoniaque. Ce double sens est donné par Littré.

Initiation : admission de quelqu'un au culte d'une divinité, à la connaissance de ses mystères. Admission d'un nouveau membre, d'un nouvel adepte d'une religion, d'une secte, d'une société secrète.

Néo-platonisme : doctrine philosophique inspirée de la doctrine de Platon et des doctrines religieuses orientales, qui se développa à partir d'Alexandrie du IIIe au VIe siècle ap. J.-C. Un des points clefs de la doctrine platonicienne est que le monde réel n'est que l'image, le reflet d'un monde idéal, comme l'explique le mythe de la caverne (dans *La République*).

Occultisme : l'occultisme désigne la croyance aux sciences occultes et la pratique qu'on en fait. On appelle sciences occultes les doctrines faisant intervenir des forces qui ne sont reconnues ni par la science ni par la religion. La pratique de ces « sciences » demande une initiation.

Théosophie : nom générique regroupant des doctrines imprégnées de magie et de mysticisme qui visent à la connaissance de Dieu par l'approfondissement de la vie intérieure et à l'action sur l'univers par des moyens surnaturels.

Théosophe : adepte de la théosophie.

Théurgie : art d'entrer en communication avec les esprits pour atteindre Dieu, ou art et science d'entrer en communication avec Dieu directement.

1. Cazotte s'oppose de manière irréductible à la Révolution, tandis que Saint-Martin la considère comme positive, dans la mesure où elle constitue pour lui un châtiment provisoire destiné à purifier les hommes et à les ramener vers Dieu.
2. Cazotte, *Correspondance*.
3. Saint-Martin, *Lettre à un ami*.

Saint-Martin
1743-1803

Anonyme,
Portrait de Louis-Claude de Saint-Martin
(Paris, BN).

Une éducation classique

Louis-Claude de Saint-Martin, dit « le philosophe inconnu », naît à Amboise le 18 janvier 1743 dans une famille noble qui lui donne une éducation profondément religieuse. Après des études de droit à l'université de Paris, il devient avocat. Parallèlement, il se forge une culture classique, peu marquée par les philosophes de son temps, mais nourrie d'œuvres théâtrales et romanesques de toutes les époques.

L'initiation

Le métier d'avocat ne le séduisant guère, il ne l'exerce que pendant six mois et s'oriente vers l'armée, où il reste six ans (1765-1771). En 1765, il fait partie du régiment de Foix, en garnison à Bordeaux. C'est là qu'il rencontre, en fréquentant les cercles maçonniques[1], Martinès de Pasqually. Cette rencontre est déterminante : Saint-Martin est alors initié aux mystères maçonnico-théurgiques de la secte des Élus Cohens[2]. Il quitte l'armée pour se consacrer à des recherches spiritualistes et publie en 1775 son premier ouvrage, écrit à Lyon, *Des erreurs et de la vérité*, qui se veut une véritable réfutation du matérialisme alors défendu par Diderot. Il affirma d'ailleurs avoir fait ce livre « par désœuvrement et par colère contre les philosophes ». « Je fus, dit-il, indigné de lire [...] que les religions n'avaient pris naissance que dans la frayeur occasionnée par la nature. »

La découverte de Boehme

Après un séjour à Paris (1780), plusieurs voyages en Italie et à Londres, Saint-Martin s'établit à Strasbourg et apprend l'allemand, ce qui lui permet de traduire les œuvres du philosophe allemand Jakob Boehme (1575-1624). Celui-ci devient, avec Swedenborg (voir note 3 p. 325),

1. Voir la fiche concernant la franc-maçonnerie, p. 379.
2. Les Élus Cohens constituent un ordre fondé par Martinès de Pasqually. Cet ordre, qui n'accueille que des initiés, présente des analogies avec la franc-maçonnerie.

son véritable maître en matière de spiritualisme. Saint-Martin publie en 1790 *L'Homme de désir* (voir ci-dessous), puis en 1792 *Le Nouvel Homme*, ouvrages qui reprennent des théories qu'il a déjà énoncées dans le livre publié en 1782, *Tableau naturel des rapports qui existent entre Dieu, l'homme et l'univers.*

La traversée de la Révolution

Malgré son origine aristocratique, Saint-Martin traverse la tourmente révolutionnaire sans dommage. Il voit dans les événements l'action de la Providence et les interprète comme le châtiment infligé par Dieu à la monarchie décadente : du cataclysme renaîtra purifiée, pense-t-il, l'Église véritable. Cette conception de la Révolution influencera par la suite Lamennais, Joseph de Maistre et une partie de la pensée religieuse du XIXe siècle.

Il meurt en 1803, après avoir encore écrit *Le Ministère de l'homme-esprit.* D'autres œuvres, y compris des traductions de Boehme, seront publiées de manière posthume, certaines très tardivement (après 1959).

On reconnaît à Saint-Martin d'avoir joué un rôle important dans la diffusion des théories du martinisme[1], d'avoir illustré de manière durable un aspect du mouvement illuministe et d'avoir largement contribué à la formation de la sensibilité romantique.

Des erreurs et de la vérité (1775), essai.
Tableau naturel des rapports qui existent entre Dieu, l'homme et l'univers (1782), essai.
L'Homme de désir (1790), recueil d'hymnes → pp. 329-331.
Le Nouvel Homme (1792), essai.
Le Crocodile (1799), poème épico-magique.
Le Ministère de l'homme-esprit (1802), essai.

L'Homme de désir

1790

L'Homme de désir, publié en 1790 et nettement inspiré par la doctrine que professait Martinès de Pasqually, n'est pas l'énoncé théorique d'une doctrine mais un recueil d'hymnes de forme et de tonalité très lyriques. L'œuvre se présente comme trois cent un « chants », eux-mêmes composés de versets cadencés qui rappellent la *Bible*. Le style en est enflammé, et imprégné d'une sensibilité mystique qui s'exprime en allégories, en images et en symboles.

Les chants font alterner la célébration enthousiaste de Dieu, l'expression, à la première personne, d'une expérience mystique, et le constat douloureux que l'homme est prisonnier de la matière, avili, diminué. Saint-Martin reprend par là une croyance déjà exprimée en 1782 :

« *Si des éclairs brillants et passagers sillonnent quelquefois dans nos ténèbres, ils ne font que nous les rendre plus affreuses, ou nous avilir davantage, en nous laissant apercevoir ce que nous avons perdu*[2]. »

« L'homme de désir » désigne en effet celui qui aspire à la réintégration en Dieu, qui cherche sa réunification à un tout initial, mais qui ne saurait y parvenir qu'en se conformant en tout point à la pensée divine. À la base de toute la réflexion de Saint-Martin s'affirme ainsi la volonté de promouvoir l'homme spirituel et de refuser l'homme matériel : « Matière, matière, quel voile funeste tu as répandu sur la vérité », écrit-il au début de l'ouvrage. C'est en ce sens que sa pensée s'oppose nettement au courant rationaliste illustré par la philosophie des Lumières et à la tendance matérialiste représentée par Diderot : « Le règne des sens est préjudiciable au règne de l'esprit », affirme-t-il, ce qui pourrait constituer une réponse aux théories développées dans la *Lettre sur les aveugles* et dans *Le Rêve de d'Alembert.* Il récuse ce qu'il considère comme une mauvaise utilisation de la raison : « Raison humaine, funeste instrument dont nous abusons, sers donc à rapprocher l'homme de la vie après avoir tant servi à l'en éloigner. » Il critique également les sciences, la connaissance rationnelle et fait apparaître les philosophes comme des destructeurs. Dans *L'Homme de désir*, l'esprit des Lumières est violemment condamné pour sa confiance dans l'avenir et dans le progrès, pour son opposition à toutes les formes de superstitions et pour son attachement à la raison.

1. Le martinisme est, au sens strict, la doctrine créée par Martinès de Pasqually et exposée dans son seul ouvrage, le *Traité de réintégration des êtres* (1775).

2. *Tableau naturel des rapports qui existent entre Dieu, l'homme et l'univers, Chant 5.*

« Ô vérité sainte ! qu'es-tu devenue parmi les hommes ! »

Le chant qui est présenté ici illustre clairement la critique faite par Saint-Martin de la curiosité humaine et de ce qu'il considère comme ses « prétentions ». Opposant la science et les sciences, il stigmatise la volonté humaine de savoir, qui ne conduit, selon lui, qu'à une destruction de la vérité révélée.

Pierre Subleyras (1699-1749), *Diacre portant un chandelier*, 0,47 × 0,37 m (Orléans, musée des Beaux-Arts).

La science est rapide, comme le temps ; muable, comme Protée[1], mobile, comme l'esprit. Quelle peut donc être votre espérance, vous, hommes savants, qui prétendez en expliquer les monuments ?

Ce que vous découvrirez pour une époque, pourrait-il convenir pour l'époque suivante ?

Kircher[2] a voulu expliquer les hiéroglyphes égyptiens, et la table isiaque[3]. Que nous a-t-il appris ?

Si ces monuments sont le fruit de la sagesse, étudiez d'abord ce que c'est que la sagesse, pour pouvoir ensuite découvrir sa liaison avec eux. Mais cette notion vraie de la sagesse, ne la poursuivez point par les recherches ordinaires, elles ne l'ont point encore fait rencontrer.

Si ces monuments sont le fruit de l'ambition, de l'ignorance et de la mauvaise foi, ils ne méritent plus que vos dédains.

---

1. Personnage mythologique doté du don de divination. Il est connu pour sa faculté de changer de forme, prenant des apparences tantôt effrayantes tantôt insaisissables.
2. Orientaliste et savant allemand (1601-1680) qui tenta de déchiffrer les hiéroglyphes.
3. Célèbre table en cuivre trouvée à Rome en 1527 et qui représente les mystères d'Isis.

Malheureux hommes, vous semblez n'avoir pour but que de trouver aux choses une explication qui vous dispense de la véritable. Jusqu'à quand regimberez-vous contre l'aiguillon[1] ?

Vos sciences, vos bibliothèques sont, pour l'esprit de l'homme, ce que les pharmacies sont pour son corps. Les unes et les autres ne font que déposer contre ses lumières, sa force et sa santé.

Elles servent quelquefois à mitiger ses maux, plus souvent à les augmenter jusqu'à la mort ; rarement à les guérir, et jamais à le rendre invulnérable.

Que tout homme écrive, s'il le veut ; cela peut l'aider à former son esprit. Mais que personne ne lise ; cela ne sert presque jamais qu'à le déformer.

Surtout lorsque les écrivains, plus jaloux de nos suffrages que de notre avancement, craignent de donner du travail à notre pensée ; et, pour régner sur nous, ne songent qu'à la retenir dans l'enfance, et à ne pas lui laisser développer ses forces.

Ô vérité sainte ! qu'es-tu devenue parmi les hommes ! N'es-tu pas ce temple, dont le Sauveur disait qu'il ne resterait pas pierre sur pierre ?

Saint-Martin, *L'Homme de désir*, Chant 153.

Pierre Subleyras (1699-1749), *Diacre tenant un calice*,
huile sur papier, 0,46 × 0,36 m (Orléans, musée des Beaux-Arts).

1. L'aiguillon sert à faire avancer les bœufs d'un attelage. L'image suggère que l'homme se rebiffe et se révolte contre l'effort qui devrait le conduire à la vérité.

Cazotte
1719-1792

Anonyme, *Portrait de Jacques Cazotte*, XVIIIe s. (Paris, BN).

Bien que son œuvre ne se réduise pas à une seule nouvelle, Jacques Cazotte est surtout connu comme l'auteur du *Diable amoureux*, qui fait de lui l'un des premiers maîtres du fantastique.

Les premières œuvres, à l'encontre de l'esprit des Lumières

Né à Dijon en 1719 et condisciple, chez les jésuites, de Jean-François Rameau, célèbre « neveu » inspirateur de Diderot (voir p. 218), Cazotte vient tenter sa chance à Paris vers 1741. Il s'y fait connaître en publiant deux ouvrages, *La Patte du chat* (1741) et *Les Mille et Une Fadaises* (1742). Leur inspiration et leur forme les situent, en apparence, dans la ligne des contes de fées et des contes orientaux alors à la mode. En même temps, l'un des titres, qui se veut parodique, souligne une certaine distance par rapport à la production contemporaine. Cazotte manifeste en particulier un esprit satirique à l'égard des philosophes, ridiculisés sous le nom de « camayeuls ». Une *Voltairiade*, dirigée contre Voltaire, va dans le même sens critique.

L'échec de l'expérience coloniale

Administrateur rattaché à la marine, Cazotte séjourne à la Martinique de 1747 à 1759. Ce séjour lui apporte bien des désagréments : soucis de santé, d'argent, conflits professionnels. Lorsqu'il rentre en France, à quarante ans, il est malade, amer, bientôt ruiné par la malhonnêteté des jésuites, qui refusent de lui payer des lettres de change émises par un des leurs, le père Lavalette. Tout en gardant des contacts avec la capitale, il s'installe en Champagne, dans le domaine de Pierry, qu'il a hérité de son frère aîné. C'est là qu'il écrit *Ollivier*, poème romanesque composé de 12 chants, publié en 1763, et qui annonce son œuvre majeure, *Le Diable amoureux* (1772).

L'initiation

C'est probablement vers 1778 que Cazotte devient membre initié de l'ordre des martinistes. Le créateur de cet ordre, Martinès de Pasqually, prêche la croyance en une « réintégration » de l'homme grâce à la prière, mais aussi grâce à des pratiques rituelles qui relèvent de la magie. D'abord fervent adepte, Cazotte abandonne les martinistes au bout de trois ans, lorsqu'il les soupçonne d'avoir des activités politiques hostiles au régime en place.

Les dernières œuvres

Cazotte publie encore *Rachel ou la Belle Juive* en 1788, ainsi que la *Suite des Mille et Une Nuits.* Parmi ces contes, l'un, « Maugraby » est caractérisé par une inspiration proche de celle des romans noirs anglais et de Sade. Cette œuvre souligne une orientation nouvelle de son auteur vers une dénonciation systématique du mal et vers un véritable mysticisme. Voyant dans la Révolution une œuvre satanique destinée à détruire la foi, les traditions et la monarchie, Cazotte développe dans sa correspondance (voir p. 338) des théories contre-révolutionnaires. Cette correspondance est découverte et l'écrivain, après un bref procès, est condamné à mort et guillotiné en 1792.

Son évolution intellectuelle et son cheminement spirituel ont déterminé chez lui une profonde haine de l'esprit philosophique. Il considère que le mot « philosophe » constitue une véritable injure, comme en témoigne cet extrait de lettre daté du 6 décembre 1790 : « *N'appelez pas vos adversaires démagogues ; appelez-les philosophes, c'est la plus grande injure que l'on puisse dire à un homme et on en demandera quelque jour réparation et justice.* »

La Patte du chat (1741), conte.
Les Mille et Une Fadaises (1742), conte.
Ollivier (1763), poème en prose.
Le Diable amoureux (1772), nouvelle → pp. 333-337.
Rachel ou la Belle Juive (1788), nouvelle.
Suite des Mille et Une Nuits (1788-1789), contes.

Le Diable amoureux

1772

Le Diable amoureux est une nouvelle d'inspiration fantastique qui présente l'originalité de pouvoir être lue à différents niveaux d'interprétation.

Le récit est en apparence simple : initié par un ami aux pratiques magiques, un jeune aristocrate espagnol, Dom Alvare, invoque un soir le diable dans les ruines d'Herculanum. Dans une lumière surnaturelle, lui apparaît une épouvantable tête de chameau. L'apparition, par transformations successives au gré des vœux du jeune homme, se métamorphose en page curieusement féminin. Homme ? femme ? Biondetta est dotée d'une irrésistible séduction. Tentatrice habile, elle promet à Alvare de lui révéler les secrets de la connaissance... Profondément épris, celui-ci ne désire qu'une chose, épouser Biondetta, mais souhaite la présenter d'abord à sa mère, Doña Mencia. Au cours du voyage qui les mène en Espagne, Alvare succombe enfin et devient l'amant de Biondetta, qui avoue être le diable et disparaît, tandis que réapparaît l'horrible tête... Illusion, rêve, cauchemar... Dom Alvare ne sait plus s'il a vécu ou imaginé cette aventure.

On voit ainsi qu'à un premier niveau de lecture, la nouvelle s'offre comme un récit de séduction, une « piquante bagatelle[1] ». La Venise du XVIIIe siècle sert de cadre à une aventure galante qui se poursuit au cours d'un voyage vers l'Espagne. Mais Cazotte suggère à ses lecteurs – dans l'épilogue de l'histoire – qu'il a voulu faire de ce récit une allégorie mettant aux prises les « principes » et les « passions ». On peut alors y voir une mise en garde contre diverses tentations, à commencer par celle de la sexualité et celle de la connaissance. Paradoxalement Biondetta, qui refuse les traditions, considérées comme des préjugés, incarne l'esprit des Lumières. En l'associant au diable, Cazotte affirme clairement son refus de l'idéologie des philosophes.

Enfin, le texte ouvre la voie à l'écriture fantastique. À partir d'une donnée irrationnelle, le récit évolue dans le réel, mais un certain nombre d'éléments inexplicables sont là pour faire naître une incertitude à laquelle le héros-narrateur n'est pas toujours lui-même sensible. La découverte que peut en faire un lecteur attentif et perspicace ajoute au charme de la lecture...

1. L'expression est de Fréron dans *L'Année littéraire*.

« *Che vuoi*[1] *?* »

Au cours d'une conversation avec un ami initié aux pratiques magiques, le narrateur, Dom Alvare, s'est vanté de tirer les oreilles « au grand Diable d'enfer », s'il le rencontrait. Peu de temps après, il est mis en demeure, par le même ami, de prononcer une invocation à Belzébuth. Seul, dans un décor effrayant, il pense d'abord à fuir, puis se rassure.

Un peu rassuré par mes réflexions, je me rassois sur mes reins, je me piète[2] ; je prononce l'évocation d'une voix claire et soutenue, et, en grossissant le son, j'appelle, à trois reprises et à très courts intervalles, *Béelzébut*.

Un frisson courait dans toutes mes veines, et mes cheveux se hérissaient sur ma tête.

À peine avais-je fini, une fenêtre s'ouvre à deux battants, vis-à-vis de moi, au haut de la voûte : un torrent de lumière plus éblouissante que celle du jour fond par cette ouverture : une tête de chameau horrible[3] autant par sa grosseur que par sa forme, se présente à la fenêtre ; surtout elle avait des oreilles démesurées. L'odieux fantôme ouvre la gueule, et, d'un ton assorti au reste de l'apparition, me répond : *Che vuoi ?*

Toutes les voûtes, tous les caveaux des environs retentissent à l'envi du terrible : *Che vuoi ?*

Je ne saurais peindre ma situation ; je ne saurais dire qui soutint mon courage et m'empêcha de tomber en défaillance à l'aspect de ce tableau, au bruit plus effrayant encore qui retentissait à mes oreilles.

Je sentis la nécessité de rappeler mes forces ; une sueur froide allait les dissiper : je fis un effort sur moi. Il faut que notre âme soit bien vaste, et ait un prodigieux ressort ; une multitude de sentiments, d'idées, de réflexions touchent mon cœur, passent dans mon esprit, et font leur impression toutes à la fois.

La résolution[4] s'opère, je me rends maître de ma terreur. Je fixe hardiment le spectre.

« Que prétends-tu toi-même, téméraire, en te montrant sous cette forme hideuse ? »

Le fantôme balance un moment :

« Tu m'as demandé, dit-il d'un ton de voix plus bas...

– L'esclave, lui dis-je, cherche-t-il à effrayer son maître ? Si tu viens recevoir mes ordres, prends une forme convenable et un ton soumis.

– Maître, me dit le fantôme, sous quelle forme me présenterai-je pour vous être agréable ? »

La première idée qui me vint à la tête étant celle d'un chien. « Viens, lui dis-je, sous la figure d'un épagneul. »

À peine avais-je donné l'ordre, l'épouvantable chameau allonge le col de seize pieds de longueur, baisse la tête jusqu'au milieu du salon, et vomit un épagneul blanc à soies fines et brillantes, les oreilles traînantes jusqu'à terre.

La fenêtre s'est refermée, toute autre vision a disparu, et il ne reste sous la voûte, suffisamment éclairée, que le chien et moi.

Il tournait tout autour du cercle en remuant la queue, et faisant des courbettes.

« Maître, me dit-il, je voudrais bien vous lécher l'extrémité des pieds ; mais le cercle redoutable qui vous environne me repousse. »

Ma confiance était montée jusqu'à l'audace : je sors du cercle, je tends le pied, le chien le lèche ; je fais un mouvement pour lui tirer les oreilles, il se couche sur le dos, comme pour me demander grâce ; je vis que c'était une petite femelle.

« Lève-toi, lui dis-je ; je te pardonne : tu vois que j'ai compagnie ; ces messieurs attendent à quelque distance d'ici ; la promenade a dû les altérer, je veux leur donner une collation ; il faut des fruits, des conserves, des glaces, des vins de Grèce ; que cela soit bien entendu ; éclaire et décore la salle sans faste, mais proprement. Vers la fin de la collation tu viendras en virtuose du premier talent, et tu porteras une harpe : je t'avertirai quand tu devras paraître. Prends garde à bien jouer ton rôle, mets de l'expression dans ton chant, de la décence, de la retenue dans ton maintien...

1. « Que veux-tu ? » (en italien).
2. Se fixer, s'assurer sur ses pieds.
3. Le chameau est considéré comme un animal impur dans l'Ancien Testament.
4. Certaines éditions donnent, à la place de « résolution », qui souligne la volonté du jeune homme, le mot « révolution » qui insiste plutôt sur l'idée de transformation.

Charles-Édouard de Beaumont (1812-1888),
Illustration pour *Le Diable amoureux*, de Jean Cazotte, 1845 (Paris, BN).
« Une tête de chameau horrible autant par sa grosseur que par sa forme, se présente à la fenêtre. »

– J'obéirai, maître, mais sous quelle condition ?...

– Sous celle d'obéir, esclave. Obéis sans réplique, ou...

– Vous ne me connaissez pas, maître : vous me traiteriez avec moins de rigueur ; j'y mettrais peut-être l'unique condition de vous désarmer et de vous plaire. »

Le chien avait à peine fini, qu'en tournant sur le talon, je vois mes ordres s'exécuter plus promptement qu'une décoration ne s'élève à l'Opéra. Les murs de la voûte, ci-devant noirs, humides, couverts de mousse, prenaient une teinte douce, des formes agréables ; c'était un salon de marbre jaspé. L'architecture présentait un cintre soutenu par des colonnes. Huit girandoles de cristaux, contenant chacune trois bougies, y répandaient une lumière vive, également distribuée.

Un moment après, la table et le buffet s'arrangent, se chargent de tous les apprêts de notre régal ; les fruits et les confitures étaient de l'espèce la plus rare, la plus savoureuse et de la plus belle apparence. La porcelaine employée au service et sur le buffet était du Japon. La petite chienne faisait mille tours dans la salle, mille courbettes autour de moi, comme pour hâter le travail et me demander si j'étais satisfait.

« Fort bien, Biondetta, lui dis-je ; prenez un habit de livrée, et allez dire à ces messieurs qui sont près d'ici que je les attends, et qu'ils sont servis. »

À peine avais-je détourné un instant mes regards, je vois sortir un page à ma livrée, lestement vêtu, tenant un flambeau allumé : peu après, il revint conduisant sur ses pas mon camarade le Flamand et ses deux amis.

Cazotte, *Le Diable amoureux.*

« Je suis le diable, mon cher Alvare, je suis le diable... »

Sur le chemin qui les mène chez la mère d'Alvare, Doña Mencia, Biondetta déploie ses charmes les plus séduisants. Le jeune homme, envoûté, succombe et devient l'amant de celle qui n'est autre qu'une incarnation du diable. Elle retrace alors l'évolution de leurs relations.

« Ô mon Alvare ! s'écrie Biondetta, j'ai triomphé : je suis le plus heureux de tous les êtres. »

Je n'avais pas la force de parler : j'éprouvais un trouble extraordinaire : je dirai plus ; j'étais honteux, immobile. Elle se précipite à bas du lit : elle est à mes genous : elle me déchausse. « Quoi, chère Biondetta ! m'écriai-je, quoi, vous vous abaissez... ?

– Ah, répond-elle, ingrat, je te servais lorsque tu n'étais que mon despote : laisse-moi servir mon amant. »

Je suis, dans un moment, débarrassé de mes hardes : mes cheveux, ramassés avec ordre, sont arrangés dans un filet qu'elle a trouvé dans sa poche. Sa force, son activité, son adresse ont triomphé de tous les obstacles que je voulais opposer. Elle fait avec la même promptitude sa petite toilette de nuit, éteint le flambeau qui nous éclairait, et voilà les rideaux tirés.

Alors, avec une voix à la douceur de laquelle la plus délicieuse musique ne saurait se comparer : « Ai-je fait, dit-elle, le bonheur de mon Alvare comme il a fait le mien ? Mais non : je suis encore la seule heureuse : il le sera, je le veux ; je l'enivrerai de délices, je le remplirai de sciences, je l'élèverai au faîte des grandeurs. Voudras-tu, mon cœur, voudras-tu être la créature la plus privilégiée, te soumettre avec moi les hommes, les éléments, la nature entière ?

– Ô ma chère Biondetta ! lui dis-je, quoiqu'en faisant un peu d'efforts sur moi-même, tu me suffis : tu remplis tous les vœux de mon cœur...

– Non, non, répliqua-t-elle vivement, Biondetta ne doit pas te suffire : ce n'est pas là mon nom : tu me l'avais donné : il me flattait ; je le portais avec plaisir : mais il faut que tu saches qui je suis... Je suis le diable, mon cher Alvare, je suis le diable... »

En prononçant ce mot avec un accent d'une douceur enchanteresse, elle fermait, plus qu'exactement, le passage aux réponses que j'aurais voulu lui faire. Dès que je pus rompre le silence : « Cesse, lui dis-je, ma chère Biondetta, ou qui que tu sois, de prononcer ce nom fatal et de me rappeler une erreur abjurée depuis longtemps.

– Non, mon cher Alvare, non, ce n'était point une erreur ; j'ai dû te le faire croire, cher petit homme. Il fallait bien te tromper pour te rendre enfin raisonnable. Votre espèce échappe à la vérité : ce n'est qu'en vous aveuglant qu'on peut vous rendre heureux. Ah, tu le seras beaucoup si tu veux l'être ! je prétends te combler. Tu conviens déjà que je ne suis pas aussi dégoûtant que l'on me fait noir. »

Ce badinage achevait de me déconcerter. Je m'y refusais, et l'ivresse de mes sens aidait à ma distraction volontaire.

« Mais, réponds-moi donc, me disait-elle.

– Eh ! que voulez-vous que je réponde ?...

– Ingrat, place la main sur ce cœur qui t'adore ; que le tien

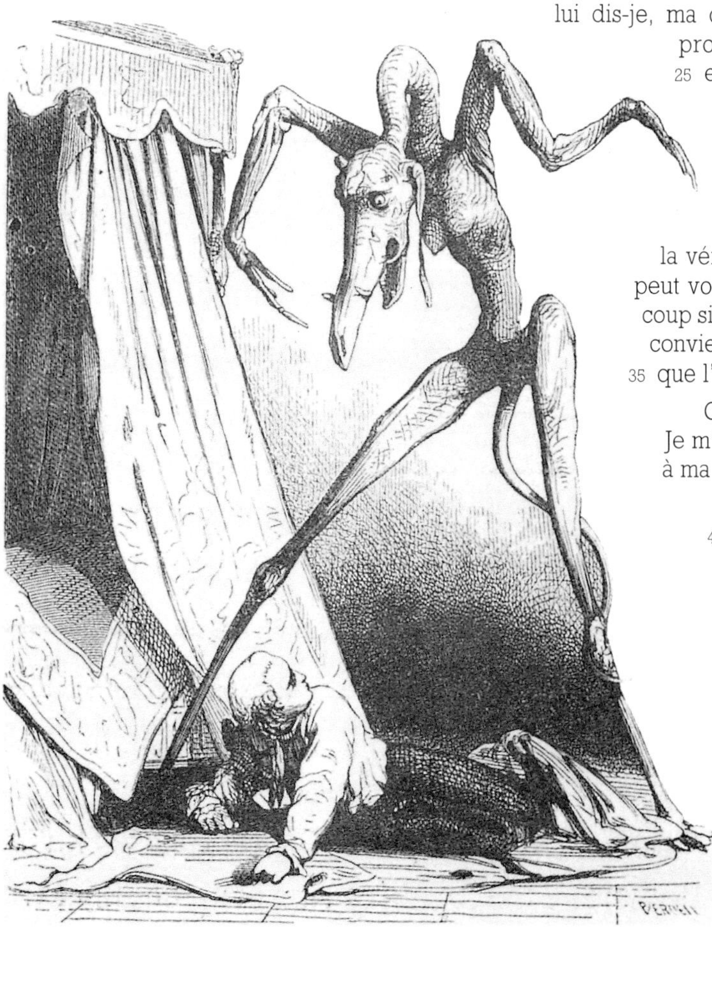

Charles-Édouard de Beaumont (1812-1888), Illustration pour *Le Diable amoureux*, de Jean Cazotte, 1845 (Paris, BN).

s'anime, s'il est possible, de la plus légère des émotions qui sont si sensibles dans le mien. Laisse couler dans tes veines un peu de cette flamme délicieuse par qui les miennes sont embrasées ; adoucis, si tu le peux, le ton de cette voix si propre à inspirer l'amour, et dont tu ne te sers que trop pour effrayer mon âme timide : dis-moi, enfin, s'il t'est possible, mais aussi tendrement que je l'éprouve pour toi : « Mon cher Béelzébut, je t'adore... »

À ce nom fatal, quoique si tendrement prononcé, une frayeur mortelle me saisit ; l'étonnement, la stupeur accablent mon âme : je la croirais anéantie si la voix sourde du remords ne criait pas au fond de mon cœur. Cependant, la révolte de mes sens subsiste d'autant plus impérieusement qu'elle ne peut être réprimée par la raison. Elle me livre sans défense à mon ennemi : il en abuse et me rend aisément sa conquête.

Il ne me donne pas le temps de revenir à moi, de réfléchir sur la faute dont il est beaucoup plus l'auteur que le complice. « Nos affaires sont arrangées, me dit-il, sans altérer sensiblement ce ton de voix auquel il m'avait habitué. Tu es venu me chercher : je t'ai suivi, servi, favorisé ; enfin, j'ai fait ce que tu as voulu. Je désirais ta possession, et il fallait, pour que j'y parvinsse, que tu me fisses un libre abandon de toi-même. Sans doute, je dois à quelques artifices la première complaisance ; quant à la seconde, je m'étais nommé : tu savais à qui tu te livrais, et ne saurais te prévaloir de ton ignorance. Désormais notre lien, Alvare, est indissoluble, mais pour cimenter notre société, il est important de nous mieux connaître. Comme je te sais déjà presque par cœur, pour rendre nos avantages réciproques, je dois me montrer à toi tel que je suis. »

On ne me donne pas le temps de réfléchir sur cette harangue singulière : un coup de sifflet très aigu part à côté de moi. À l'instant, l'obscurité qui m'environne se dissipe : la corniche qui surmonte le lambris de la chambre s'est toute chargée de gros limaçons : leurs cornes, qu'ils font mouvoir vivement en manière de bascule, sont devenues des jets de lumière phosphorique, dont l'éclat et l'effet redoublent par l'agitation et l'allongement.

Presque ébloui par cette illumination subite, je jette les yeux à côté de moi ; au lieu d'une figure ravissante, que vois-je ? Ô ciel ! c'est l'effroyable tête de chameau[1]. Elle articule d'une voix de tonnerre ce ténébreux *Che vuoi*[2] qui m'avait tant épouvanté dans la grotte, part d'un éclat de rire humain plus effrayant encore, tire une langue démesurée...

Je me précipite : je me cache sous le lit, les yeux fermés, la face contre terre. Je sentais battre mon cœur avec une force terrible : j'éprouvais un suffoquement comme si j'allais perdre la respiration. Je ne puis évaluer le temps que je comptais avoir passé dans cette inexprimable situation, quand je me sens tirer par le bras ; mon épouvante s'accroît : forcé néanmoins d'ouvrir les yeux, une lumière frappante les aveugle.

Ce n'était point celle des escargots, il n'y en avait plus sur les corniches ; mais le soleil me donnait d'aplomb sur le visage. On me tire encore par le bras : on redouble ; je reconnais Marcos[3].

« Eh ! seigneur cavalier, me dit-il, à quelle heure comptez-vous donc partir ? Si vous voulez arriver à Maravillas[4] aujourd'hui, vous n'avez pas de temps à perdre, il est près de midi. »

Cazotte, *Le Diable amoureux*.

Le Diable amoureux, *rêve ou histoire vécue...*

Texte critique

Ainsi Le Diable amoureux *offre essentiellement au lecteur deux aspects contradictoires : sous des dehors pleins de fantaisie, il se révèle à la fois comme une étude psychologique et comme une aventure irrationnelle. C'est l'histoire d'une tentation avec toutes les ruses et les hésitations qu'elle comporte ; dans la plus grande partie de l'ouvrage, le démon combat Alvare en se mettant à son niveau, en utilisant des armes naturelles ; cependant, à plusieurs reprises, les cartes sont truquées : le surnaturel intervient surtout aux points d'insertion et de disparition du diabolique dans la vie du jeune homme, mais aussi dans la dernière partie de l'histoire, au moment où les forces du mal doivent tenter leur dernier assaut avant l'arrivée à Maravillas. Cazotte réussit à susciter un climat singulier, dû au mélange d'allégorie, de réalisme, d'irréel et de fantaisie. C'est ce mélange qui fait l'intérêt du* Diable amoureux*. Le lecteur ne sait plus*

1. Voir p. 334.
2. Voir p. 334, note 1.
3. Marcos est le nom du fermier qui a donné l'hospitalité aux deux jeunes gens.
4. C'est la ville où ils se rendent.

s'il s'agit d'un rêve ou d'une histoire vécue : le cauchemar et les sentiments les plus naturels se mêlent, sans parler des intentions moralisantes et philosophiques de l'auteur. Cazotte n'a pas écrit un conte véritablement fantastique comme le feront plus tard Hoffmann et Poe, mais il a créé, à travers ce climat inquiétant, une sorte de fantastique à la française dans lequel la clarté et la logique sont présentes au cœur des circonstances les plus troubles.

Georges Décote, L'Itinéraire de Jacques Cazotte, *Éd. Droz, Genève, 1984.*

Ainsi se trouve-t-on amené au cœur du fantastique »

Texte critique

Dans son *Introduction à la littérature fantastique*, Tzvetan Todorov, prenant pour exemple *Le Diable amoureux*, analyse l'incertitude d'Alvare.

Ainsi Alvare hésite, se demande (et le lecteur avec lui) si ce qui lui arrive est vrai, si ce qui l'entoure est bien réalité (et alors les sylphides existent) ou bien s'il s'agit simplement d'une illusion, qui ici prend la forme du rêve. Alvare est amené plus tard à coucher avec cette même femme qui peut-être *est le diable ; et, effrayé par cette idée, il s'interroge à nouveau : « Ai-je dormi ? serais-je assez heureux pour que tout n'eût été qu'un songe ? » Sa mère pensera de même : « Vous avez rêvé cette ferme et tous ses habitants ». L'ambiguïté se maintient jusqu'à la fin de l'aventure : réalité ou rêve ? vérité ou illusion ?*

Ainsi se trouve-t-on amené au cœur du fantastique. Dans un monde qui est bien le nôtre, celui que nous connaissons, sans diables, sylphides, ni vampires, se produit un événement qui ne peut s'expliquer par les lois de ce même monde familier. Celui qui perçoit l'événement doit opter pour l'une des deux solutions possibles : ou bien il s'agit d'une illusion des sens, d'un produit de l'imagination et les lois du monde restent alors ce qu'elles sont ; ou bien l'événement a véritablement eu lieu, il est partie intégrante de la réalité, mais alors cette réalité est régie par des lois inconnues de nous. Ou bien le diable est une illusion, un être imaginaire ; ou bien il existe réellement, tout comme les autres êtres vivants : avec cette réserve qu'on le rencontre rarement.

Le fantastique occupe le temps de cette incertitude ; dès qu'on choisit l'une ou l'autre réponse, on quitte le fantastique pour entrer dans un genre voisin, l'étrange ou le merveilleux. Le fantastique, c'est l'hésitation éprouvée par un être qui ne connaît que les lois naturelles, face à un événement en apparence surnaturel.

Tzvetan Todorov, Introduction à la littérature fantastique, *chapitre 2, Éd. du Seuil, 1970.*

Correspondance

Jacques Cazotte entretint une abondante correspondance adressée à des destinataires très variés, tels sa femme, des amis, des cousins. Les lettres qu'il échangea avec son ami Pouteau constituent une véritable correspondance mystique. Elles permettent de suivre l'évolution de l'écrivain vers un mysticisme politico-religieux à tendance visionnaire. Ainsi, il voit Louis XVI sauvé par une intervention divine et associe la Révolution à une entreprise profondément satanique.

Dans une lettre datée du 22 juillet 1792, et adressée à son ami Pouteau, il renouvelle sa certitude de l'omniprésence de Satan, mais aussi de la possibilité, pour Louis XVI, de connaître un règne et un destin exceptionnels. Bien que Cazotte reconnaisse à l'être humain la capacité et la volonté d'agir, et donc un certain pouvoir et une certaine autonomie, ses idées, qui l'opposent au courant rationaliste, font de lui un ennemi affirmé des philosophes de son siècle.

Anonyme, *Le Peuple français reconnaît l'être suprême*, gravure à l'eau-forte, 1794 (Paris, Arsenal).

« ... Dieu ne fait rien sans nous, qui sommes les rois de la terre »

Il faut que l'homme agisse ici, puisque c'est le lieu de son action ; le bien et le mal ne peuvent y être faits que par lui. Puisque presque toutes les églises sont fermées, ou par l'interdiction ou par la profanation, que toutes nos maisons deviennent des oratoires. Le moment est bien décisif pour nous : ou Satan continuera de régner sur la terre comme il fait, jusqu'à ce qu'il se présente des hommes pour lui faire tête, comme David[1] à Goliath ; ou le règne de Jésus-Christ, si avantageux pour nous, et tant prédit par les prophètes, s'y établira. Voilà la crise dans laquelle nous sommes, mon ami, et dont je dois vous avoir parlé confusément. Nous pouvons, faute de foi, d'amour et de zèle, laisser échapper l'occasion, mais nous la tenons. Au reste, Dieu ne fait rien sans nous, qui sommes les rois de la terre ; c'est à nous à amener le moment prescrit par ses décrets. Ne souffrons pas que notre ennemi, qui ne peut rien sans nous, continue de tout faire, et par nous. La belle étoile que celle de Louis XVI ! S'il persévère, si nous n'avons pas le malheur de l'abandonner, il effacera la gloire de Salomon[2], flétrie par ses prévarications[3] ; il sera le modèle et le flambeau de l'Europe. Je verrai le commencement de cela et chanterai en m'en allant le *Nunc dimitis*[4]. Vous et mes enfants vous jouirez ici, tandis que je bénirai ailleurs. Pour vous fortifier, lisez les saintes écritures, seul contre-poison de toutes les rêveries philosophiques par lesquelles nous avons été égarés. Adieu, mon cher ami. Je consigne ma lettre aux gardiens incorruptibles des correspondances des chrétiens entre eux pour que le secret n'en soit pas violé[5] [Ainsi figuré +[6]].

Je vous embrasse de tout mon cœur.

Cazotte, lettre à Pouteau du 22 juillet 1792.

1. Allusion au combat entre le roi David et le géant philistin Goliath.
2. Roi des Hébreux (vers 970-931 av. J.-C.), célèbre pour avoir donné une grande prospérité à son royaume.
3. Actions malhonnêtes.
4. *Nunc dimitis servum tuum, Domine* (« Maintenant, tu renvoies ton serviteur, Seigneur ») : paroles du vieillard juif Siméon, après avoir vu le Messie : on peut mourir lorsqu'on a vu s'accomplir ses plus chères espérances (Évangile selon saint Luc).
5. Interrogé au cours de son procès sur le sens de cette formule mystique, Cazotte répondit que puisque les autorités révolutionnaires décachetaient les lettres, « il avait cru devoir confier la sienne à la surveillance des anges ».
6. La mention « Ainsi figuré », mise entre crochets est là pour indiquer que Cazotte a simplement signé sa lettre d'une croix, pour préserver son anonymat.

Le thème du diable dans la littérature du XVIIIe siècle

Au XVIe et au XVIIe siècle, le diable était un personnage si redouté qu'on n'osait pas le mettre en scène dans des œuvres littéraires. Il était un personnage « réel » dont on ne mettait en doute ni l'existence ni les pouvoirs. Au XVIIIe siècle, Siècle des lumières, le « prince des ténèbres » fait une entrée en force dans la littérature, sans doute à la faveur d'une modification de la sensibilité, des modes de pensée et des mœurs. Il est toujours la figure emblématique du mal mais sa présence dans de nombreux romans, dans les écrits théoriques des illuministes et même chez les philosophes souligne une familiarité nouvelle : il étonne, amuse, prend des formes multiples, ce qui correspond à une modification des fonctions et des significations qu'on lui attribue. Mais qu'il soit l'instrument d'une critique sociale, qu'il serve à expliquer l'existence du mal ou, sur un plan historique, les déchaînements de la Révolution, il parcourt le siècle avec une persévérance qui trouvera son apogée au siècle suivant, dans la littérature romantique.

Des apparences multiformes

Le personnage du diable offre, d'un bout à l'autre du siècle, une évidente séduction. Il devient la figure centrale d'un certain nombre de romans dont la floraison débute avec la publication, couronnée de succès, du *Diable boiteux* de Lesage (1707). À en juger par la prolifération des titres qui le font apparaître (*Dialogue entre le diable boiteux et le diable borgne*, *Le Diable et l'argent*, *Les Béquilles du diable boiteux*[1], *Le Diable bossu*[2], *Le Diable amoureux*), le personnage trouve un accueil favorable, sous des formes multiples et variées.

Cette capacité de métamorphose est d'ailleurs une de ses caractéristiques, comme le dit l'auteur (anonyme) de *L'Esprit malin* : « L'Esprit malin est un protée[3] qui change de forme selon la nécessité des intrigues où il est employé. » Du monstre à l'ange, en passant par la belle séductrice parée de tous les charmes, il prend toutes les apparences.

Ainsi, dans *Le Diable boiteux*, le voit-on présenté sous la forme « d'un petit monstre boiteux » avec « des jambes de bouc [...] le teint jaunet et noir, le nez fort écrasé ». Dans *Le Moine*[4], Lewis fait de Satan une description effrayante : « de longues griffes armaient ses mains et ses pieds [...]. À ses énormes épaules étaient attachées deux grandes ailes noires, et sur sa tête, au lieu de cheveux, étaient des serpents vivants qui s'agitaient autour de son front avec des sifflements affreux. » À l'opposé, le diable peut aussi se révéler sous des apparences angéliques, comme le montre un autre passage du même roman de Lewis : « [Ambrosio[5]] entendit dans l'air une douce mélodie, et vit paraître une figure de la plus extraordinaire beauté [...]. Son visage et toutes ses formes étaient d'une régularité parfaite. »

Sous une forme féminine, Mathilde[6] ou Biondetta[7], le diable met au service de la séduction un mélange efficace de faiblesse attendrissante (larmes, frayeurs) et de charmes émouvants (beauté esthétique, tendresse, sensualité). Dans les contes orientaux, où il apparaît comme une figure récurrente, il prend les formes les plus inattendues de séducteur ou de persécuteur. Dans *Maugraby*[8], Cazotte en fait un astrologue, un derviche, un médecin, un pêcheur. Il ne faut pas oublier que le diable est aussi où on ne l'attend pas : il est donc présent, sans forme particulière, dans toutes les émanations du mal et de la cruauté. Sa présence se révèle autant dans certains actes des héros de *L'Esprit malin*, que dans la perversité hypocrite d'une Madame de Merteuil[9]. Certains passages de Sade[10] semblent bien relever de la même inspiration.

Cette présence du diable sous des formes tantôt avouées, tantôt masquées, met en évidence une utilisation à des fins elles-mêmes diversifiées : divertissement, dénonciation, défense, mise en garde. Il semble bien que, dans un grand nombre de cas, ceux qui se sont intéressés au personnage aient voulu cerner les réactions de l'homme face aux aspects les plus troublants du problème du mal.

Fonctions et significations

Le succès des romans du début du siècle (1707 à 1730 environ), qui mettent en scène le diable, vient pourtant d'abord de ce qu'il peut être un personnage divertissant. Le monde démoniaque dépayse, nourrit l'imagination, crée des émotions fortes. La fantaisie mêlée de cynisme, la gaieté qui caractérisent *Le Diable boiteux*, l'extraordinaire pouvoir de métamorphose de l'esprit malin constituent les ingrédients efficaces d'histoires qui n'ont de prétentions ni morales ni métaphysiques. Assez proche du monde picaresque, le roman de Lesage séduit parce qu'il exploite un contexte qui plaît à ses contemporains, celui des « grimoires » et des « conjurations[11] ». Son diable devient un personnage familier, que le lecteur suit avec plaisir sur le chemin de nouvelles aventures. Le diable sert ici à créer le merveilleux mais en même temps, en faisant découvrir ce qui est caché, il devient l'instrument d'une critique de la société.

Il n'en est pas ainsi avec le diable de la nouvelle de Cazotte, chargé de tout un poids symbolique et allégorique. De même, avec certains contes orientaux comme « Mau-

1. Ces différents textes furent publiés à Amsterdam par l'éditeur Mortier.
2. De l'abbé Buslé de Montpleinchamp.
3. Divinité qui avait pour caractéristique de changer de forme.
4. Roman anglais publié en 1796 *(The Monk)*.
5. C'est le héros du roman de Lewis *Le Moine*.
6. Dans *Le Moine*.
7. Dans *Le Diable amoureux*.
8. Conte de Cazotte, voir p. 333.
9. Héroïne des *Liaisons dangereuses*, de Choderlos de Laclos, voir p. 410.
10. Voir p. 418.
11. Termes employés par Max Milner dans son ouvrage *Le Diable dans la littérature française*, Corti, 1960.

graby », avec certains romans noirs comme *Vathek*[1] ou *Le Moine*, on trouve dans le personnage de Satan l'incarnation du mal et dans ses nombreuses mises en scène, des réflexions sur les forces des ténèbres. Dans ces cas précis, mettre en scène le diable, sous une forme horrible ou séduisante, c'est, à différents niveaux, mettre en évidence l'existence d'un pouvoir occulte, surhumain. Celui-ci se manifeste soit au travers de penchants immoraux, pervers et sadiques (dans *Vathek*, par exemple), soit sous la forme de tentations qui sont celles de la curiosité, de la sensualité et de la connaissance (comme dans *Le Diable amoureux*).

L'utilisation du diable peut aussi conduire à montrer comment l'homme, à travers le héros de l'histoire, se trouve placé dans une situation de choix (ou de conflit) entre le bien et le mal, et à analyser la manière dont il peut ou non exercer sa liberté. Dans *Le Diable amoureux*, Alvare sait que Biondetta *est* le diable. Il lui revient alors d'exercer sa volonté pour ne pas succomber. Cette mise en situation représente, sous une forme allégorique, un des problèmes les plus discutés du siècle, sur le plan de la morale, parfois même sur celui de la métaphysique, le problème de la liberté et du déterminisme.

Francisco de Goya (1746-1828), *Le Sabbat* ou *Le Grand Bouc*, 0,43 × 0,30 m, 1798 (Madrid, musée Lázare Galdiano).

Preuve et explication de l'existence du mal et des puissances occultes, le diable n'est pas perçu de la même façon par ceux qui se réclament du courant philosophique et rationaliste et par les illuministes. Les premiers voient en lui l'image de tout ce qu'ils récusent : superstition, croyances irrationnelles, magie, sorcellerie, appel au surnaturel. Les seconds l'utilisent pour opposer à une conception du monde strictement rationnelle le constat de l'impuissance humaine à sonder les profondeurs du monde et de l'âme. Son existence rappelle, selon eux, que devant le problème du mal l'homme ne trouve ni dans la science, ni dans les lumières de la raison des armes suffisantes. C'est la raison pour laquelle le diable de Cazotte, en la personne de Biondetta, est une figure qui incarne le refus de l'esprit philosophique.

De manière tout à fait originale et intéressante, l'utilisation de Satan dans la littérature du XVIIIe siècle témoigne sans doute d'un affaiblissement de l'importance accordée à son pouvoir. On le craint moins puisqu'on se sert de lui de façon satirique. Mais en même temps, on peut se demander si cette omniprésence n'est pas le signe d'une réaction au rationalisme de la pensée philosophique. C'est à ce phénomène de réaction que fait allusion Sainte-Beuve lorsqu'il écrit, parlant du Siècle des lumières : « Singulier siècle, où l'incrédulité, l'athéisme, aux meilleurs jours un déisme agressif, le naturalisme toujours, se promenaient en plein soleil, et où le sentiment religieux et divin, ainsi refoulé dans l'ombre, allait se prendre à des sortilèges et à des fantômes[2]. »

1. Roman de l'Anglais Beckford, écrit en français et publié en 1787.

2. *Causeries du lundi*, tome X.

LA LITTÉRATURE POPULAIRE

LITTÉRATURE DU PEUPLE OU LITTÉRATURE POUR LE PEUPLE ?

La littérature populaire offre un passionnant sujet d'étude à l'historien des mentalités. L'histoire littéraire, elle, néglige ordinairement cette production, jugée marginale, dont elle a du mal à définir les normes.

Il est vrai que la notion de littérature populaire est en elle-même ambiguë. Dans une société comme la France de l'Ancien Régime, où la moitié de la population ne sait pas écrire, la culture populaire s'exprime essentiellement dans une tradition orale ou un folklore qui justement échappent à la littérature. Pourtant, au XVIIIe siècle, le peuple des villes et même celui des campagnes, commencent à lire et les circuits d'édition et de colportage[1] qui touchent ces classes populaires connaissent un important développement.

Mais que lit donc le peuple ? Essentiellement des livres religieux (Évangiles, livres de piété, catéchismes), mais aussi des romans de chevalerie, délaissés par les élites depuis le XVIe siècle, les contes de fées de Madame d'Aulnoy ou de Perrault, des almanachs. Pour une grande part, on le voit, ce « fonds » populaire est directement issu de la littérature savante.

Si la littérature populaire n'est pas écrite par le peuple, si elle ne s'adresse pas spécifiquement au peuple, qu'a-t-elle donc en propre, comment se distingue-t-elle ? On peut la définir d'une manière très concrète : la littérature populaire au XVIIIe siècle est la littérature que le peuple peut lire, celle qui lui est accessible parce qu'elle est bon marché.

Martin Engelbrecht (1684-1776), *Relieuse de livres*, gravure, vers 1735 (Paris, musée des Arts décoratifs, Bibliothèque).

DES LIVRES DEVENUS ACCESSIBLES

Depuis le XVIIe siècle, circulent en France de petits livres qui coûtent entre dix et vingt fois moins que les moins chers des livres ordinaires[2]. Ils forment un ensemble connu sous le nom de Bibliothèque bleue, en raison de la couleur de leur couverture, du même papier, dit-on, que celui qui emballait les pains de sucre.

L'invention en est due à un imprimeur de Troyes, Nicolas Oudot, qui en 1602 eut l'idée d'éditer à bon marché des livres à l'usage d'une clientèle encore peu familiarisée avec la lecture, mais fort nombreuse. Pendant près d'un siècle, une centaine d'imprimeurs en France éditèrent ces livrets bleus ; « succès » des siècles passés comme les romans de chevalerie, constamment réédités, traités d'astrologie et prédictions, vies de saints, ouvrages de médecine, facéties, almanachs, en composent le catalogue hétéroclite.

1. Le colporteur était un marchand ambulant qui vendait ses marchandises de porte en porte.

2. Roger Chartier, *Lectures et lecteurs dans la France d'Ancien Régime*, Seuil, 1987.

La Bibliothèque bleue emprunte largement à la littérature « officielle » (on trouve en livres bleus quelques œuvres de Corneille, de Molière, les fables d'Ésope). Mais son originalité réside dans son travail d'adaptation. La lecture silencieuse et solitaire est une pratique encore peu répandue au XVIIIe siècle. Par leur découpage en courtes séquences, par les nombreux résumés, par le rythme des récits, les livres bleus se prêtent à une lecture à haute voix, individuelle ou collective. On devine à la simplification des intrigues, au nombre de pages réduit, à la pauvreté de la syntaxe, que ces livres s'adressent à une clientèle encore peu experte. Ces écrits surtout sont dominés par la présence d'un préfacier-adaptateur qui, fidèle à la tradition orale, apostrophe son lecteur pour le convaincre du sérieux, ou du « merveilleux », ou de l'utilité du livre. Les livres bleus visent toujours à capter l'intérêt, à influencer les esprits.

Une littérature séditieuse ?

La littérature qui atteint au XVIIIe siècle les marchands, les artisans et même le milieu rural est-elle porteuse d'idées subversives, ou, à tout le moins, d'idées neuves ? L'esprit frondeur du peuple de Paris et des campagnes ne s'exprime certainement pas encore dans l'imprimé ; il est beaucoup plus sensible dans la chanson et se transmet de bouche à oreille. Toutefois, dans le ballot du colporteur, peuvent se côtoyer les livres édifiants et les livres clandestins. La vente par colportage favorise à coup sûr la diffusion des livres interdits. Mais elle est surveillée : en 1768, un colporteur est condamné à cinq ans de galères pour avoir vendu *Le Christianisme dévoilé* du baron d'Holbach et *L'Homme aux quarante écus* de Voltaire. Mieux vaut s'en tenir à la Bibliothèque bleue, qui ne présente pas de réel danger ! Bien sûr, celle-ci contribue grandement à populariser les figures de brigands peu recommandables comme Guilleri, Cartouche ou Mandrin ! mais dans l'ensemble elle reste sage, ayant été prudemment édulcorée par ses adaptateurs.

Elle ne sert pas de relais aux idées philosophiques et, au reste, les philosophes ne s'intéressent pas sérieusement à la littérature populaire. Leur attitude vis-à-vis de cette littérature est paradoxale. En partisans des Lumières, ils fulminent à bon droit contre ce pseudo-savoir que diffuse la Bibliothèque bleue : les romans, les contes de fées, la magie et autres prophéties des almanachs ou des traités de sorcellerie qui entretiennent le peuple dans son ignorance et ses superstitions. Cependant, ils ne peuvent ignorer que la pratique de la lecture est un facteur d'émancipation, et que l'imprimé est un support capital à la diffusion de la pensée.

Martin Engelbrecht (1684-1776), *Vendeur d'images*, gravure, vers 1735 (Paris, musée des Arts décoratifs, Bibliothèque).

Si son impact avait été mieux évalué par les philosophes, la littérature populaire aurait pu servir à répandre les idées nouvelles parmi le peuple. Mais tel ne fut pas le cas. Il faut attendre la Révolution pour que soient exploitées toutes les ressources de ces circuits d'édition. On imprime alors des catéchismes révolutionnaires, des recueils de chansons patriotiques, qui pénètrent ainsi les campagnes. Les « Bibliothèques » populaires se prêtent aisément à cette stratégie de propagande. Le général Bonaparte devra sa forte popularité à ces réseaux qui irriguent la France en profondeur.

La Bibliothèque bleue

Le « livre bleu » a le format de notre livre de poche et compte en moyenne de 8 à 48 pages. C'est un livre bon marché, et d'assez mauvaise qualité : il est broché, son papier est grossier, l'impression peu soignée, et il ne comporte que de rares illustrations. Et pourtant, bien souvent, il forme à lui seul la bibliothèque des foyers populaires au XVIIIe siècle, il sert de compagnon et parfois de précepteur à la famille.

Un millier de titres environ

Pendant ses deux siècles et demi d'existence, la Bibliothèque bleue a édité un millier de titres environ et réimprimé constamment son propre fonds, en l'adaptant aux besoins. Une orientation se dessine-t-elle dans cette production au XVIIIe siècle ? Pour l'essentiel, elle reste une littérature d'évasion, toutefois une tendance plus nette à l'utilité se fait jour : les romans de chevalerie, les contes, les vies de saints même enseignent une morale et des vertus sociales tournées désormais vers le réel et le quotidien. Progressivement, la Bibliothèque bleue diffuse un savoir de plus en plus pratique. Quelques titres en donneront l'idée : *Le Nouveau Secrétaire françois ou l'Art de bien écrire et dicter toutes sortes de lettres sur les sujets qui arrivent dans la société civile* (1736), *Instruction de l'arithmétique* (1738), *La Médecine et la Chirurgie des pauvres, qui contiennent des remèdes choisis, faciles à préparer et sans dépense pour la plupart des maladies internes et externes qui attaquent le corps humain* (1757)[1]. Dans ces livres, on cherche à acquérir des connaissances, on espère trouver des recettes pour vivre mieux, et ce souci d'une vie plus épanouie n'est pas très éloigné dans son esprit de l'entreprise qui menait l'*Encyclopédie* à la même époque.

La Bibliothèque bleue disparaîtra au XIXe siècle avec les progrès de l'instruction. Mais dans une certaine mesure, elle aura été elle-même l'instrument de ce développement qui allait la rendre bientôt anachronique.

La Science du bonhomme Richard

Quelques conseils de sagesse pratique étayés sur de solides proverbes peuvent apporter les moyens d'une vie meilleure ; car, comme le dit le bonhomme Richard : « Dieu aide ceux qui s'aident eux-mêmes »...

Si vous aimez la vie, ne prodiguez pas le temps ; car, comme dit encore le bonhomme Richard, c'est l'étoffe dont la vie est faite. Combien de temps ne donnons-nous pas du sommeil au-delà de ce que nous devrions naturellement lui donner ! Nous oublions que *le renard qui dort ne prend point de poules*, et que nous aurons assez de temps à dormir quand nous serons dans la tombe.

Si le temps est le plus précieux des biens, prodiguer le temps, doit être, comme dit le bonhomme Richard, la plus grande des prodigalités, puisque, comme il nous l'apprend ailleurs, *le temps perdu ne se retrouve jamais*, et que ce que nous appelons assez de temps, se trouve toujours fort peu de temps. – Courage donc, et agissons pendant que nous le pouvons. Moyennant l'activité, nous ferons beaucoup plus avec moins de peine. *La paresse rend tout difficile ; le travail rend tout aisé ; celui qui se lève tard, s'agite tout le jour, et commence à peine ses affaires qu'il est déjà nuit. La paresse va si lentement, que la pauvreté l'a bientôt attrapée. Poussez vos affaires, et que ce ne soit pas elles qui vous poussent.* Un homme qui se couche de bonne heure et se lève matin, dit le bonhomme Richard, devient bien portant, riche et sage.

Conseils pour faire fortune, ou *La Science du bonhomme Richard.*

1. Geneviève Bollème, *La Bibliothèque bleue*, Julliard, 1971.

La Médecine et la Chirurgie des pauvres

L'inégalité des conditions entraîne l'inégalité devant la souffrance et la maladie. Mais pour le préfacier du livre bleu, l'efficacité du savoir-faire paysan vient, idéalement, réparer cette injustice.

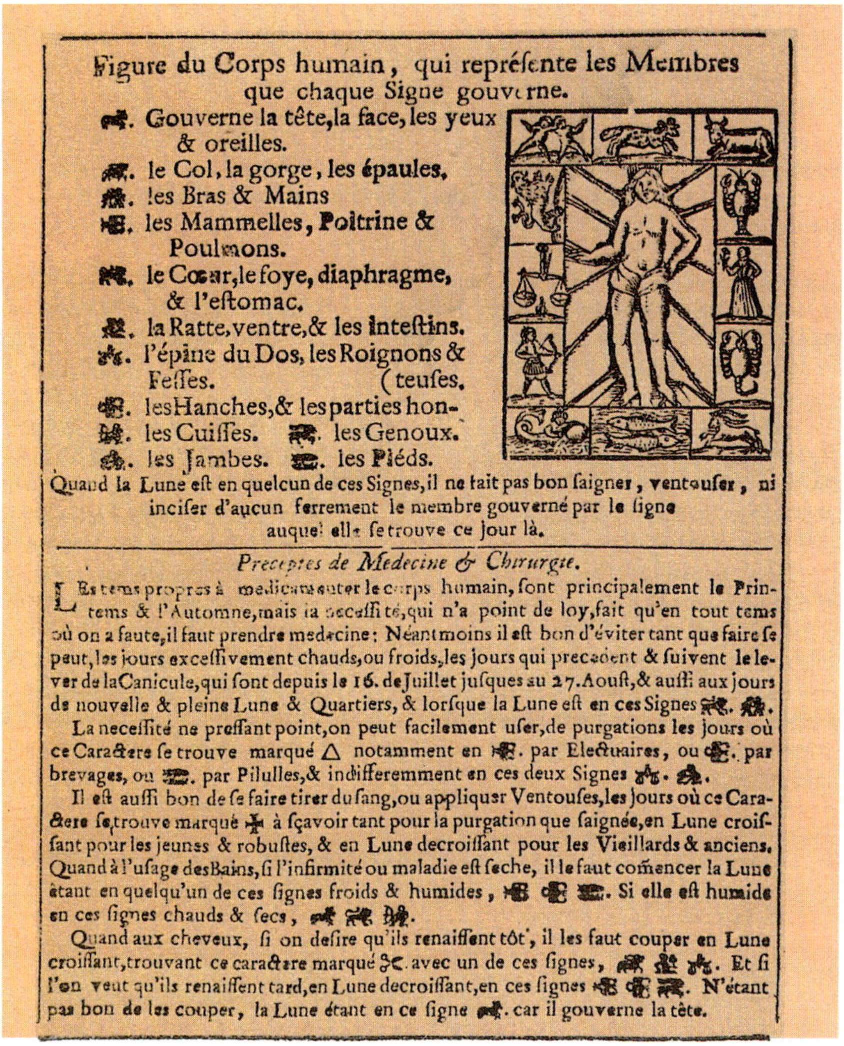

Figure du Corps humain, qui repréſente les Membres que chaque Signe gouverne.

Gouverne la tête, la face, les yeux & oreilles.
le Col, la gorge, les épaules,
les Bras & Mains
les Mammelles, Poitrine & Poulmons.
le Cœur, le foye, diaphragme, & l'eſtomac.
la Ratte, ventre, & les inteſtins.
l'épine du Dos, les Roignons & Feſſes.
les Hanches, & les parties honteuſes.
les Cuiſſes. les Genoux.
les Jambes. les Piéds.

Quand la Lune eſt en quelcun de ces Signes, il ne fait pas bon ſaigner, ventouſer, ni inciſer d'aucun ferrement le membre gouverné par le ſigne auquel elle ſe trouve ce jour là.

Preceptes de Medecine & Chirurgie.

Les tems propres à medicamenter le corps humain, ſont principalement le Printems & l'Automne, mais la neceſſité, qui n'a point de loy, fait qu'en tout tems où on a faute, il faut prendre medecine : Néanmoins il eſt bon d'éviter tant que faire ſe peut, les jours exceſſivement chauds, ou froids, les jours qui precedent & ſuivent le lever de la Canicule, qui ſont depuis le 16. de Juillet juſques au 27. Aouſt, & auſſi aux jours de nouvelle & pleine Lune & Quartiers, & lorſque la Lune eſt en ces Signes.

La neceſſité ne preſſant point, on peut facilement uſer, de purgations les jours où ce Caractere ſe trouve marqué △ notamment en . par Electuaires, ou . par brevages, ou . par Pilulles, & indifferemment en ces deux Signes.

Il eſt auſſi bon de ſe faire tirer du ſang, ou appliquer Ventouſes, les jours où ce Caractere ſe trouve marqué à ſçavoir tant pour la purgation que ſaignée, en Lune croiſſant pour les jeunes & robuſtes, & en Lune decroiſſant pour les Vieillards & anciens. Quand à l'uſage des Bains, ſi l'infirmité ou maladie eſt ſeche, il le faut comencer la Lune étant en quelqu'un de ces ſignes froids & humides. Si elle eſt humide en ces ſignes chauds & ſecs.

Quand aux cheveux, ſi on deſire qu'ils renaiſſent tôt, il les faut couper en Lune croiſſant, trouvant ce caractere marqué avec un de ces ſignes. Et ſi l'on veut qu'ils renaiſſent tard, en Lune decroiſſant, en ces ſignes. N'étant pas bon de les couper, la Lune étant en ce ſigne. car il gouverne la tête.

Anonyme, *Figure du corps humain*, dans *Le Messager boiteux*, almanach, 1758 (Paris, musée des Arts et Traditions populaires).

LA MÉDECINE DES PAUVRES

contenant des Remèdes choisis, faciles à préparer, et sans dépense. Pour la plupart des Maladies internes qui attaquent le Corps humain

AVERTISSEMENT

Le titre de ce Recueil fait connaître le dessein qu'on a eu le faisant imprimer, qui a été de fournir aux Pauvres, surtout à ceux de la Campagne, qui languissent ou meurent, étant privés des secours que ceux des Villes reçoivent des personnes charitables, des moyens sûrs et aisés de se soulager dans leurs infirmités ; ces Remèdes étant tirés, ou des aliments et des animaux domestiques, ou des Plantes qu'ils trouveront facilement dans les jardins et dans les champs. On s'attend bien, qu'étant composés d'ingrédients communs, et même dégoûtants, ils seront méprisés et rejettés par les Riches, et par les personnes qui affectant en tout des airs de grandeur même jusque dans l'usage des Remèdes, n'estiment que ceux dans lesquels il n'entre que des Drogues rares, venues des Indes et à grand frais ; et dont cependant très souvent l'effet le plus sensible est de vider leur bourse sans leur rendre la santé ; pendant que les gens du commun se guérissent promptement et parfaitement des mêmes maladies par des Remèdes simples et familiers, que leurs Médecins n'osent souvent leur proposer, ou par crainte de blesser leur vanité et leur délicatesse, ou de passer eux-mêmes pour des Médecins à remèdes de bonnes femmes ; car c'est ainsi qu'on les appelle pour les rendre méprisables, quoiqu'il arrive tous les jours que des malades après avoir usé très longtemps et inutilement des compositions les plus pompeuses de la Médecine, sont guéris promptement par un remède indiqué par un paysan ou par une femmelette...

La Médecine et la Chirurgie des pauvres, 1757.

« ... Un trop affreux carnage »

Les guerres ruinaient les campagnes et le peuple était la principale victime des enrôlements forcés que Voltaire dénonce aussi dans *Candide*. Le livre bleu se fait ici l'écho de l'impopularité de la guerre, mais au moyen d'une rhétorique conventionnelle qui ne vise pas, en profondeur, à bouleverser l'ordre établi.

Ce que j'ai à te dire, ô mon Cher Lecteur,
Ne contient que disgrâces, infortunes et malheur.
On n'entend en effet parler que de la guerre,
Mars altéré de Sang, est toujours sanguinaire ;
Les soupirs, la frayeur, l'épouvante et l'effroi,
Indiquent des Armées les destructives Lois.
On tremble, on frémit, de crainte tous sont saisis,
En voyant la faim, le feu et le fer réunis.
Des enrôlements forcés, fruits de l'esclavage,
Préparent les horreurs d'un trop affreux Carnage.
Mais quel sont des Guerriers les funestes Exploits ?
Traçons-les d'après, ce qui s'est vu maintes fois.
Ici un Blessé crie, on le voit expirer,
Malgré ses cris aigus nul ne vient le sauver.
Le Ciel parait en feu, le Canon foudroyant
Rend le plus assuré de frayeur tout tremblant.
Au son des timbales on tâche de rassurer
Qui s'exposant aux coups va se faire égorger.
Voyez tous ces corps morts, tout est rougi de sang,
Tout présente l'image d'un objet effrayant :
Là, d'une bombe les éclats à la ronde lancés
Font voir têtes, pieds et bras sur la terre jonchés.
Et pour surcroit d'horreurs, d'infortunes et de maux,
Les blessés sont foulés par les pieds des Chevaux.
Enfin les Villes en feu, les Bourgs consumés,
Annoncent des Pays par la Guerre ravagés.
À ses tendres parents l'Enfant est enlevé
À une Femme chérie son Epoux bien aimé.
Le Ciel en sa fureur a fait lever ces temps,
Qui de l'humanité ôtent les sentiments.
Et où l'injustice et des excès énormes
Présagent la ruine et les malheurs des hommes.

Et que dirons nous donc des effrois de la France,
Ô Ciel ! viens à son secours, prends-en la défense ;
Tu l'as prise en effet, le Roi ton Serviteur,
Est préservé du fer qui visait à son cœur[1]
Tout ceci, cher Lecteur, va t'être raconté,
Ces feuilles t'en instruiront avec fidélité.

Almanach historique nommé *Le Messager boiteux*, 1758.

1. Allusion à l'attentat de Damien contre Louis XV.

La chanson

Image populaire, *Le Vrai Portrait du juif-errant*, Orléans, 1784 (Paris, BN).

S'il existe une apparence d'égalité dans la société du XVIIIe siècle, elle se trouve dans un mode d'expression commun à tous : la chanson. À la cour, à la ville, dans les campagnes et les ateliers, on chante dans la France de l'Ancien Régime. Et parfois les mêmes chansons circulent, du château à la chaumière, de la rue au salon, indifférentes aux cloisonnements d'une société par ailleurs si fortement hiérarchisée. Dans ce foisonnement de couplets et de refrains, la chanson populaire remplit une fonction intéressante : donner la parole à une population qui en est institutionnellement privée.

Un support privilégié de la communication

Un des personnages les plus pittoresques des villes du XVIIIe siècle est le « marchand de chansons ». Il chante en montrant des images qui illustrent naïvement ses couplets et vend aux badauds le texte imprimé. Le colporteur lui servira de relais auprès des populations rurales. Cette circulation de la chanson imprimée, venue appuyer la tradition orale, donne une impulsion nouvelle à la diffusion de la culture populaire.

Dans le même temps, le répertoire de la chanson s'accroît. De 1733 à 1743, puis de 1762 à 1767, de joyeux compères réunis à l'enseigne du Caveau chez un traiteur du carrefour Buci tout proche de Saint-Germain-des-Prés, à Paris, composent des couplets : chansons à boire, pièces galantes, spirituelles et frivoles, mais aussi couplets satiriques et irrévérencieux. Ces productions de la *Société du Caveau* seront réunies en recueils.

Mais bien qu'elle s'écrive et s'imprime, la chanson reste avant tout au XVIIIe siècle un mode d'expression spontané, la manifestation la plus libre de l'inspiration populaire. On chante sur le Pont-Neuf à Paris ou sur le Théâtre de la Foire (voir p. 133), et le refrain est bientôt sur toutes les lèvres. Précieux véhicule des idées subversives ! Le lieutenant de police aura beau saisir un exemplaire imprimé, si la chanson est déjà fredonnée, aucune censure ne l'empêchera d'être aussitôt reprise, puis transmise au pays entier.

Un genre à transformations

Ce qui suffirait à prouver la vitalité de la chanson au XVIIIe siècle est sa capacité à se modifier ou à renaître là où on ne l'attendait pas. Les chansons suivent les marchands et les soldats, circulent avec les pèlerins ou les compagnons sur les routes de France, accompagnent les marins dans leurs escales. Elles se propagent très rapidement. On sait que le *Chant de guerre pour l'armée du Rhin*, composé à Strasbourg par Rouget de Lisle le 25 avril 1792, fut chanté à Marseille dès le 25 juin et gagna Paris avec le bataillon des volontaires marseillais pour devenir *La Marseillaise.*

Au gré de leurs voyages, mal comprises ou adaptées à un imaginaire nouveau, les couplets changent parfois de sens. *Aux marches du palais*, par exemple, est la transposition, dans un contexte « courtois », d'un texte qui situait originellement l'histoire « au marché du Palais » (de justice) à Paris.

La circulation des chansons leur assure une grande mobilité sociale : on raconte que c'est la nourrice du Dauphin, qui introduisit auprès de la famille royale la chanson populaire satirique *Malbrough*. La cour aussitôt s'en enticha.

En même temps, les chansons changent de genre et de destination : le même *Malbrough* est repris par Beaumarchais avec un autre texte pour la romance de Chérubin dans *Le Mariage de Figaro*. Quant aux paroles vengeresses du fameux *Ça ira !*, elles ont été plaquées sur un air de contredanse à la mode. Marie-Antoinette le jouait au clavecin ; elle aura à le subir, dans sa version populaire, sur le chemin de la guillotine.

Formes et thèmes : de la bergerie à la Bastille

La chanson populaire au XVIIIe siècle est aussi bien une chanson à danser qu'une complainte, une « bergerie », ou une chanson de marin ou de retour de guerre. Elle peut être joyeusement parodique : le chansonnier Vadé invente le genre « poissard » qui imite le parler familier des Halles ; elle peut être sentimentale comme la « romance », qui connaît un grand succès sous Louis XVI.

Auprès d'une population qui lit peu, la chanson sert aussi de gazette, et l'on voit au hasard des couplets défiler tous les événements, grands et petits, de l'histoire de la France. Un même support mélodique, appelé timbre, s'accommode de paroles improvisées au gré des circonstances. Vadé annonce ainsi le mariage du Dauphin, fils de Louis XV :

« Ah, ça, v'la qu'est donc baclé !
V'la l'dauphin dans son ménage »

Le ton est irrévérencieux tout en restant bon enfant.

Mais dans la tradition des mazarinades qui, au siècle précédent, avaient frondé le cardinal et la régente Anne d'Autriche, la chanson politique et satirique connaît au XVIIIe siècle un regain de vitalité. On « chansonne » pêle-mêle les favorites du roi, les mesures impopulaires, les ministres et les ennemis de la France, comme le fameux Malbrough qu'on enterre bien prestement ! Les cibles les plus couramment visées sont les impôts et surtout les dépenses de la cour et son immoralité. Dans la chanson se déchaînent les rancœurs mais aussi la verve du peuple, avec une violence et une audace qui étonnent aujourd'hui.

La Bouteille

Le poète et chansonnier Panard, membre de la Société du caveau (voir p. 348), rend ici un double hommage, aux formes de la bouteille, et à son contenu qui l'avait si souvent inspiré... Cette poésie figurative[1] rappelle la « dive bouteille » de Rabelais et annonce les calligrammes d'Apollinaire.

Que mon
Flacon
Me semble bon.
Sans lui
L'ennui
Me nuit,
Me suit ;
Je sens
Mes sens
Mourants,
Pesants.
Quand je le tiens
Dieu ! que je suis bien !
Que son aspect est agréable !
Que je fais cas de ses divins présents !
C'est de son sein fécond, c'est de ses heureux flancs
Que coule ce nectar si doux, si délectable,
Qui rend tous les esprits, tous les cœurs satisfaits.
Cher objet de mes vœux, tu fais toute ma gloire ;
Tant que mon cœur vivra, de tes charmants bienfaits
Il saura conserver la fidèle mémoire.
Ma muse à te louer se consacre à jamais.
Tantôt dans un caveau, tantôt sous une treille,
Ma lyre, de ma voix accompagnant le son,
Répétera cent fois cette aimable chanson :
Règne sans fin, ma charmante bouteille,
Règne sans cesse, ô mon joli flacon !

Les Poissonnades

Bien que cette chanson satirique ne soit pas d'origine populaire, elle rejoint dans ses accusations les griefs du peuple contre les dérèglements de la cour. Sous son titre allusif, elle vise clairement la marquise de Pompadour, née Antoinette Poisson, favorite de Louis XV. Ces « poissonnades » entraînèrent la disgrâce du comte de Maurepas, leur auteur présumé.

Les grands seigneurs s'avilissent,
Les financiers s'enrichissent,
Tous les Poissons s'agrandissent[2],
C'est le règne des vauriens ;
On épuise la finance
En bâtiments, en dépense ;
L'État tombe en décadence ;
Le roi ne met ordre à rien, rien, rien, rien.

Une petite bourgeoise,
Élevée à la grivoise,
Mesurant tout à sa toise[3],
Fait de la cour un taudis ;
Le Roi, malgré son scrupule,
Pour elle follement brûle ;
Cette flamme ridicule
Excite dans tout Paris, ris, ris, ris.

1. Citée dans « La poésie du XVIIIe siècle », Robert Sabatier, *Histoire de la poésie française*, Albin Michel, 1975.
2. Allusion à Madame de Pompadour et à son frère, dont l'enrichissement rapide était contesté.
3. La toise était une mesure de longueur équivalent à six pieds, soit près de deux mètres. Mesurer tout à sa toise signifie : juger d'après soi, d'après ses conceptions personnelles.

Cette catin subalterne
Insolemment le gouverne,
Et c'est elle qui décerne
Les honneurs à prix d'argent ;
Devant l'idole tout plie,
Le courtisan s'humilie ;
Il subit cette infamie,
Et n'est que plus indigent, gent, gent, gent.
[...]

Il faut sans relâche
Faire des chansons ;
Plus Poisson s'en fâche,
Plus nous chanterons ;
Tous les jours elle offre
Matière à couplets,
Et veut que l'on coffre
Ceux qui les ont faits[1].

Pierre-Étienne Lesueur, *Citoyens chantant « la Marseillaise »*, détail, gouache, XVIIIe s. (Paris, musée Carnavalet).

Le Bon Roi Dagobert

Le roi Louis XVI avait une réputation d'indécision et de faiblesse. On le « chansonne » ici sous les traits du roi Dagobert, roi mal connu, sans doute assimilé pour l'occasion aux « rois fainéants »... Saint Éloi, orfèvre et trésorier de Dagobert, représenterait le ministre des Finances Necker. La mélodie de cette chanson est empruntée (par dérision ?) à un air de chasse : la *Fanfare du cerf.*

Le bon roi Dagobert
A mis sa culotte à l'envers.
Le grand saint Éloi
Lui dit : « Ô, mon Roi
Votre Majesté
Est mal culottée.
– C'est vrai, lui dit le roi
Je vais la remettre à l'endroit. »

1. Extrait du *Chansonnier historique du XVIIIe siècle*, d'Émile Raunié, 1882.

Comme il la remettait
Un peu trop il se découvrait.
Le grand saint Éloi
Lui dit : « Ô mon Roi
Vous avez la peau
Plus noire qu'un corbeau.
– Bah ! lui dit le roi
La reine l'a plus noire que moi. »

Le bon roi Dagobert
Chassait dans la plaine d'Anvers.
Le grand saint Éloi
Lui dit : « Ô mon Roi
Votre Majesté
Est bien essoufflée.
– C'est vrai, lui dit le roi,
Un lapin courait après moi. »

Le bon roi Dagobert
Avait un grand sabre de fer.
Le grand saint Éloi
Lui dit : « Ô mon Roi
Votre Majesté
Pourrait se blesser.
– C'est vrai, lui dit le roi
Qu'on me donne un sabre de bois. »

Le bon roi Dagobert
Se battait à tort et à travers.
Le grand saint Éloi
Lui dit : « Ô mon Roi,
Votre Majesté
Se fera tuer.
– C'est vrai, lui dit le roi
Mets-toi bien vite devant moi. »

La Carmagnole

Il est facile de dater cette chanson révolutionnaire : ses paroles furent composées au lendemain de la prise des Tuileries (10 août 1792) qui entraîna la chute de la royauté et l'emprisonnement de la famille royale au Temple. Chanson à danser, elle doit son titre à la veste d'origine piémontaise, de la ville de Carmagnola, que portaient les Fédérés marseillais.

Madame Veto[1] avait promis *(bis)*
De faire égorger tout Paris. *(bis)*
Mais le coup a manqué
Grâce à nos canonniers.

Refrain
Dansons la Carmagnole,
Vive le son, vive le son,
Dansons la Carmagnole,
Vive le son du canon !

Monsieur Veto avait promis
D'être fidèle à son pays.
Mais il y a manqué
Ne faisons plus d' quartier.

Antoinette avait résolu
De nous fair' tomber sur le cu.
Mais son coup a manqué[2]
Elle a le nez cassé.

Son mari se croyant vainqueur
Connaissait peu notre valeur.
Va, Louis, gros paour[3]
Du Temple dans la tour.

Les Suisses[4] avaient tous promis
Qu'ils feraient feu sur nos amis.
Mais comme ils ont sauté
Comme ils ont tous dansé !

Quand Antoinette vit la tour
Elle voulut faire demi-tour
Elle avait mal au cœur
De se voir sans honneur.

Lorsque Louis vit fossoyer,
À ceux qu'il voyait travailler
Il disait que pour peu
Il était dans ce lieu.

Le patriote a pour amis
Tous les bonnes gens du pays.
Mais ils se soutiendront
Tous au son du canon.

L'aristocrate a pour amis
Tous les royalistes à Paris.
Ils vous les soutiendront
Comme de vrais poltrons.

1. Monsieur Veto, Madame Veto sont les surnoms donnés à Louis XVI et à Marie-Antoinette, le roi ayant abusé de son « droit de veto » pour suspendre les décisions de l'Assemblée.
2. Le manifeste de Brunswick (général en chef des armées prussiennes et autrichiennes), inspiré par les émigrés et Marie-Antoinette, menaçait le peuple de Paris d'une « vengeance exemplaire ».
3. Lourdaud, rustre.
4. Les gardes du roi aux Tuileries.

Les gendarmes avaient promis
Qu'ils soutiendraient tous leur pays.
Mais ils n'ont pas manqué
Au son du canonnier.

Amis, restons toujours unis
Ne craignons pas nos ennemis.
S'ils viennent nous attaquer,
Nous les ferons sauter.

Oui, je suis sans-culotte, moi
En dépit des amis du roi.
Vivent les Marseillois
Les Bretons et nos loi !

Oui, nous nous souviendrons toujours
Des sans-culottes des faubourgs.
À leur santé buvons
Vivent ces bons lurons !

Assiette révolutionnaire, *À ça ira* (Nevers).

Alexandre-Évariste Fragonard (1780-1850), *Boissy d'Anglas saluant la tête du député Féraud*, 0,71 × 1,04 m, détail (Paris, musée du Louvre).

L'ÈRE DES BOULEVERSEMENTS (1778-1802)

L'importance dramatique des événements qui marquent la fin du XVIIIe siècle fait parfois oublier la richesse de la création littéraire à cette époque. Certes, aucun écrivain ne peut se placer alors en marge de l'histoire bouleversée par une Révolution dont l'onde de choc s'étend bien au-delà des frontières de la France. Mais précisément, dans ce contexte à la fois exaltant et troublé, les raisons d'écrire ne manquent pas, ne serait-ce que pour participer à un mouvement qui apparaît à chacun capital et irréversible. Dans la période prérévolutionnaire comme dans celle qui suit 1789, la littérature, dans la diversité de ses formes, accompagne et met en lumière l'évolution des mentalités et des discours. Et même lorsqu'elle recherche dans le passé des points d'ancrage, des repères, elle est encore la trace inquiète d'un monde qui invente son avenir.

À L'HEURE DE LA RÉVOLUTION

De la mort de Voltaire (1778) à la naissance de Victor Hugo (1802), les pages de l'histoire paraissent tourner plus vite. La densité des événements, l'amplitude des bouleversements qui affectent en quelques années la société française sont en fait le résultat d'une évolution qui traverse le siècle. En ce sens, la Révolution française est plus un aboutissement qu'une surprenante convulsion historique. Dans les années qui la précèdent, les dernières de l'Ancien Régime, le vent de la liberté souffle d'Amérique où les colonies anglaises révoltées conquièrent leur indépendance (1783). Si Beaumarchais est de ce combat (voir p. 362), c'est que, dans sa vie et dans son œuvre, il cherche cet engagement total qui caractérisera bien des acteurs de la Révolution. Son *Mariage de Figaro* n'a-t-il pas cette insolence dévastatrice qui menace les Bastilles de l'injustice et de l'oppression ?

Mais pour renverser la Bastille, il faut plus qu'une comédie. Une accumulation de tensions sociales, de conflits politiques et de difficultés économiques conduit à l'explosion de 1789. À cette date, la persistance des droits seigneuriaux, l'exemption de l'impôt pour la noblesse et le clergé, la confiscation des charges de prestige et de la propriété terrienne par ces ordres privilégiés, l'autorité sans contrepoids d'une monarchie absolutiste sont ressenties par la bourgeoisie éclairée et par le peuple comme d'insupportables abus et comme autant de freins au progrès de la nation. Un vaste mouvement d'opinion s'exprime à travers journaux et pamphlets, sociétés de pensée et loges maçonniques (voir p. 379). La Fayette, Sieyès, Mirabeau (voir p. 427), Talleyrand, Condorcet se rassemblent dans la Société des Trente qui entre en guerre contre les privilèges et suscite un nouvel « esprit public » et patriotique inspiré des Lumières.

La convocation par Louis XVI des états généraux fait naître un immense espoir de changement, mais leur réunion fait apparaître la profonde division entre les intérêts des deux premiers ordres et ceux du tiers état. Lorsque celui-ci se proclame Assemblée nationale le 17 juin 1789, la Révolution est véritablement engagée. L'intervention du peuple de Paris pour préserver ses acquis

Anonyme, *Coiffure « à l'Indépendance américaine »*, gravure, 1778 (Paris, BN).

Anonyme, *Expérience de Montgolfier le 19 septembre 1783 à Versailles*, gravure (Paris, BN).

(prise de la Bastille, le 14 juillet 1789) a un retentissement universel : l'Europe entière vit à l'écoute de la France. La révolte de la paysannerie contre la féodalité (la Grande Peur de juillet 1789) conduit à l'abolition des privilèges (nuit du 4 août 1789).

Une phase de stabilisation voit l'instauration d'une monarchie constitutionnelle et une refonte libérale des structures économiques et juridiques du pays. Puis, la Révolution entre, à partir de la fuite du roi à Varennes (20 juin 1791), dans une ère nouvelle : la royauté abolie fait place à la République « une et indivisible » (septembre 1792) qui affronte, à l'extérieur (Valmy, 20 septembre 1792) et à l'intérieur (guerre de Vendée, 1793), la contre-révolution. La France va vivre alors une année de crise aiguë (1793-1794) au son du canon et de *La Marseillaise*[1], au rythme des insurrections populaires et de la répression contre les « ennemis de la Révolution » (exécution de Louis XVI, 21 janvier 1793). C'est l'époque de la Convention et du Comité de Salut public, de la « Patrie en danger » et des soldats de l'an II[2], de Danton et de Robespierre (voir p. 424), de la Terreur et de la vertu.

L'éloquence politique (voir p. 424) devient une nécessité et une arme à l'heure où s'aiguisent des conflits idéologiques dont l'issue est parfois la mort. Louis-Sébastien Mercier (voir p. 394) est alors député à la Convention. Sade (voir p. 418), qui participe aux débats des jacobins, est emprisonné en 1793 pour modérantisme. Beaumarchais, suspecté de trahison, doit émigrer comme Chateaubriand et Rivarol. André Chénier (voir p. 385) qui, dans ses poèmes, condamne la Terreur est exécuté en 1794, la même année que Condorcet et Lavoisier. Laclos (voir p. 409) a plus de chance : il sauve sa tête et participe au coup d'État de Bonaparte le 18 Brumaire 1799.

1. *La Marseillaise* est composée par Rouget de Lisle en 1792.

2. Début du calendrier révolutionnaire le 22 septembre 1792.

À cette date, la bourgeoisie conservatrice a réussi à étouffer les revendications égalitaires des soulèvements populaires. Le Consulat (1799-1804) succède au Directoire (1795-1799).

La Révolution est terminée et l'on peut mesurer les changements qu'elle a engendrés. Avec elle, plusieurs idées chères au Siècle des lumières sont entrées dans la loi sinon dans la réalité : l'affirmation des Droits de l'homme et du citoyen (Déclaration du 26 août 1789), de la liberté des cultes (8 décembre 1793), de la gratuité de l'enseignement (19 décembre 1793) et de la primauté de la langue française (obligatoire dans les actes publics, 27 janvier 1794).

DU LIBERTINAGE À LA VERTU ANTIQUE : UNE LITTÉRATURE DES PARADOXES

La génération des écrivains de la Révolution est l'héritière d'un siècle philosophe et sensible. Même si elle ne participe pas toujours directement aux grands combats de l'histoire, elle fait siens l'émancipation de l'esprit, la liberté de tout soumettre à la critique, l'affirmation de l'individu et le rêve d'une société régénérée par une organisation nouvelle. Elle illustre en somme la devise des Lumières, formulée en 1784 par le philosophe allemand Emmanuel Kant : « *Sapere aude !* Aie le courage de te servir de ton propre entendement[1] ! »

Avant même les événements de 1789, *Le Mariage de Figaro* de Beaumarchais (1784) revendique la « liberté de blâmer », la reconnaissance du mérite individuel et plus généralement le droit au bonheur.

Dans les premières années de la Révolution, alors que la censure disparaît[2], la littérature manifeste, comme la presse ou le discours politique, le désir d'informer et d'éduquer mais surtout un esprit de révolte. Contre l'ordre social, contre toutes les valeurs et parfois contre la Révolution elle-même que stigmatise un Rivarol ou un Joseph de Maistre. Sade, de la Bastille où il est enfermé, appelle pour sa part le peuple

Pierre-Étienne Lesueur, *La Plantation de l'arbre de la liberté*, gouache, XVIIIe s. (Paris, musée Carnavalet).

1. Emmanuel Kant, *La Philosophie de l'histoire*.

2. Article 11 de la déclaration des Droits de l'homme et du citoyen (la censure sera rétablie sous la Terreur).

à prendre les armes. Dans l'ombre de sa prison et dans ses romans, l'idéal de liberté des Lumières devient sombre libertinage, violente rupture dans l'ordre moral et, dans un renversement total, aliénation de toute liberté. La littérature de ce temps est celle du paradoxe et de la tension des contraires.

Elle révèle les failles et les contradictions de la pensée des Lumières. Dans *Les Liaisons dangereuses* de Laclos, les roués affrontent les vertueux dans un combat dont la signification morale et sociale apparaît ambiguë (voir p. 410). Qu'est-ce que le libertinage ? L'expression exacerbée du « droit naturel » au plaisir ou le dernier éclat d'une société aristocratique qui se joue une ultime fois la tragi-comédie de l'amour, avant de mourir ? Dans tous les cas, le libertinage projette sur la littérature de la fin du siècle une ombre de scandale qui lui a longtemps valu un injuste discrédit.

Aux antipodes de ce courant libertin, le retour, dans l'art et le discours politique, aux modèles grecs et romains, traduit une aspiration à la vertu des Latins, courage nécessaire à l'action et pureté morale qui la garantit. Les fêtes révolutionnaires, auxquelles participent des artistes comme le peintre David ou le poète Marie-Joseph Chénier (l'auteur du fameux *Chant du départ*, en 1794), renouent avec les fêtes de la cité antique et s'inspirent des idées de fraternité et de régénération sociale chères à Jean-Jacques Rousseau. L'éloquence de Danton (voir p. 430), de Saint-Just ou de Robespierre (voir p. 433) s'inspire de celle d'un Cicéron, tandis qu'André Chénier veut sur « des pensers nouveaux » faire « des vers antiques ».

Le renouvellement des formes

La référence au passé peut marquer un désir de stabilité dans une époque de mutation, mais la littérature de la fin du siècle ne cultive pas toujours la nostalgie. À plus d'un titre, elle innove. Beaumarchais, avec *Le Barbier de Séville* et surtout *Le Mariage de Figaro*, réinvente la grande comédie en lui donnant parfois des accents lyriques ou dramatiques qui inspireront Mozart. Laclos expérimente, avec ironie et virtuosité, l'écriture polyphonique[1] du roman épistolaire. Louis-Sébastien Mercier et Restif de la Bretonne (voir p. 391) associent dans leurs œuvres, selon un mélange singulier, le réalisme de l'analyse sociale et l'utopie : ils font monter le peuple sur la scène littéraire et proposent de réformer les institutions, les mœurs, les règles poétiques et dramatiques et jusqu'à l'orthographe. Quant à André Chénier (voir p. 385), il redonne quelque vigueur à une poésie que le siècle a plutôt négligée, en conférant à l'expression de ses sentiments une tonalité élégiaque. Par son destin tragique, sa révolte et sa mélancolie, l'auteur des *Iambes* marque l'assombrissement progressif des Lumières. Âme sensible, héritier du rousseauisme, il s'apparente aux héros de Goethe et de Schiller que Chateaubriand et Germaine de Staël[2] découvrent pendant leur exil et dont ils s'apprêtent à répandre la mode en France.

L'œuvre de Chénier publiée en 1819, un an avant les *Méditations poétiques* de Lamartine, est bien le trait d'union entre le XVIIIe siècle finissant et la génération du premier romantisme.

1. Voir p. 416. L'échange de lettres permet un récit à plusieurs voix.

2. Voir *Itinéraires littéraires, XIXe siècle*, Hatier, Paris, p. 15.

DU DRAME À LA COMÉDIE
BEAUMARCHAIS

Francisco de Goya (1746-1828), *Les Comédiens ambulants*, 0,43 × 0,32 m, 1793 (Madrid, musée du Prado).

Sans pitié pour le théâtre de la seconde moitié du XVIIIe siècle, la postérité n'en a retenu que deux pièces, les comédies de Beaumarchais : *Le Barbier de Séville* (1775) et *Le Mariage de Figaro* (1784).

On ne peut pourtant négliger le terreau où s'enracinent ces chefs-d'œuvre : l'abondante production théâtrale d'une époque qui aime s'émouvoir et l'importante réflexion théorique qui, dans les années 1760, ouvre à l'art dramatique des voies nouvelles.

La tragédie et l'opéra-comique

La vie du théâtre oscille alors entre deux pôles : celui de la tragédie, c'est-à-dire de la tradition classique, et celui de la Foire[1], qui popularise l'opéra-comique, un genre assez libre qui associe la parole et le chant sur une musique originale.

Tout au long du siècle, la faveur du public ne fait pas défaut au genre tragique servi par la très officielle Comédie-Française et illustré par le talent de Voltaire. Les tentatives de renouvellement restent, dans ce domaine, limitées : l'actualisation des thèmes (plus historiques et plus philosophiques), l'influence de Shakespeare (auquel on reproche toutefois sa brutalité et sa méconnaissance des règles !) ne peuvent transformer la tragédie, vestige d'une civilisation aristocratique dans sa langue et son esprit qui ne survivra pas au siècle.

S'adressant à un public plus varié sinon populaire (le prix des places reste élevé), l'opéra-comique a d'abord été un théâtre parodique du véritable opéra. Dès le début du XVIIIe siècle et surtout à partir de 1750, il conquiert ses lettres de noblesse, un répertoire et des auteurs. Rousseau y fait représenter son *Devin de village* (voir p. 265) (1752). Sedaine et Monsigny y triomphent en 1769 avec *Le Déserteur*, « drame en trois actes et en prose, mêlé de musique ». Beaumarchais lui-même suivra, dans ses comédies, cette mode du théâtre lyrique[2] : dans *Le Mariage de Figaro*, « tout finit par des chansons ».

De Diderot à Beaumarchais : l'expérience d'un autre théâtre

Mais si le génie du créateur de Figaro nous paraît aujourd'hui aussi éclatant, c'est qu'il a su nourrir son théâtre des expériences dramatiques les plus neuves de son époque, sans pour autant négliger « l'ancienne et franche gaieté » de la tradition comique.

Et c'est avant tout au « drame », inventé par Diderot en 1757[3], qu'il emprunte les caractères qui vont donner à ses comédies une étonnante modernité.

Diderot souhaitait dépasser à la fois la tragédie et la comédie classiques. Il voulait, en définissant les principes d'un genre nouveau en prose, rapprocher le théâtre de la nature, en faire l'image fidèle des conditions sociales de la vie contemporaine et offrir, par des tableaux pathétiques et une mise en scène réaliste, un spectacle sérieux et vivant. Ce théâtre était destiné à un public bourgeois, défenseur des valeurs de l'honnêteté et de la famille, le même public qui avait célébré dans les années 1740 la comédie larmoyante et qui s'attendrissait à la lecture des romans sentimentaux de l'Anglais Richardson.

On rit plus qu'on ne pleure dans le théâtre de Beaumarchais, mais il est certain que sa pièce la plus achevée, *Le Mariage de Figaro*, a retenu la leçon du drame. Mêlant le comique et le sérieux, le réalisme et la fantaisie, la société et l'individu, le verbe, la musique et le geste, elle est ce spectacle total qui efface les frontières et les règles que la tradition avait posées.

1. On regroupe sous ce terme un ensemble de troupes privées qui donnaient à Paris une centaine de représentations par an, (voir p. 133).
2. Voir les ariettes du vaudeville final du *Mariage de Figaro*.
3. Dans sa pièce *Le Fils naturel* et dans ses *Entretiens sur le Fils naturel* (1757), auxquels on peut comparer l'*Essai sur le genre dramatique sérieux* de Beaumarchais (1767). Voir ci-dessus p. 234.

Beaumarchais
1732-1799

Paul-Constant Soyer (1823-1903)
Portrait de Pierre-Augustin Caron de Beaumarchais,
d'après Jean-Baptiste Greuze, 0,63 × 0,48 m,
1895 (Versailles, Musée du Château).

La jeunesse d'un ambitieux

Fils d'un horloger, Pierre-Augustin Caron naît le 24 janvier 1732 à Paris, rue Saint-Denis. Sa famille forge son unité dans les petits concerts et les représentations théâtrales qu'elle joue le soir au-dessus de l'atelier, dans lequel travaille le jeune Caron dès l'âge de treize ans. À vingt et un ans, il invente un système d'échappement des montres[1] qui permet à celles-ci de donner l'heure avec exactitude. Lepaute, l'horloger du roi, lui ayant « volé » son invention, Pierre-Augustin contre-attaque, est reconnu comme le véritable inventeur et devient l'horloger attitré de Louis XV et de ses filles. Ayant épousé une veuve, Madeleine-Catherine, Pierre-Augustin prend le nom d'une terre que sa femme lui apporte en dot. Il se fera désormais appeler Caron de Beaumarchais.

Le jeune homme devenu grâce à son talent musical professeur de harpe des filles du roi, doit lutter contre la calomnie et les vexations des gens de cour. En 1760, il trouve un protecteur riche et puissant en la personne du banquier Pâris-Duverney qui associe le jeune homme à ses affaires, l'initiant à la finance et à la politique. Beaumarchais s'enrichit, mène joyeuse vie et écrit pour ses amis des parades, farces inspirées par le Théâtre de la Foire, divertissements volontiers vulgaires et grivois très appréciés à la cour comme dans les châteaux (*Jean Bête à la foire, Colin et Colette,* etc.).

En 1764, Pierre-Augustin se rend à Madrid pour régler des affaires de famille et gérer celles de Pâris-Duverney. Reçu par le roi d'Espagne et la bonne société madrilène, Beaumarchais observe les usages du pays et particulièrement l'arbitraire de sa justice : il s'en souviendra dans ses « comédies espagnoles ».

1. Système qui règle le mouvement des roues dans un mécanisme d'horlogerie.

Du drame à la comédie

Rentré en France et souhaitant faire œuvre dramatique dans un genre sérieux, Beaumarchais, suit la voie ouverte à un nouveau théâtre par Diderot dans *Le Fils naturel*, et écrit *Eugénie*, représenté à la Comédie-Française en 1767. Encouragé par le succès de ce drame, Beaumarchais précise ses conceptions dans son *Essai sur le genre dramatique sérieux*. Il fera jouer en 1770 un autre drame, *Les Deux Amis*, mais rencontrera cette fois un échec complet.

Vient le temps des difficultés : Beaumarchais connaît une certaine disgrâce à la cour, voit sa seconde femme mourir en 1770 et perd la même année son ami Pâris-Duverney, ce qui précipite le cours de sa destinée. Avant de mourir, le banquier lui a légué une somme très importante. Mais le légataire universel de Pâris-Duverney, le comte de La Blache accuse Beaumarchais d'avoir falsifié le testament et fait courir sur son compte les rumeurs les plus injurieuses. Débouté de sa plainte, La Blache fait appel. Or, pendant ce temps, Beaumarchais est envoyé en prison par une lettre de cachet pour s'être battu avec un pair de France, le duc de Chaulnes. La Blache en profite pour réclamer du Parlement une condamnation rapide de Beaumarchais. Le conseiller au Parlement chargé de l'affaire, Goëzman, refuse de recevoir l'écrivain mais la femme du magistrat accepte un « cadeau » de celui-ci. Elle donne ainsi à Beaumarchais, accusé par le juge Goëzman de tentative de corruption, une arme redoutable dont il se sert dans quatre célèbres *Mémoires* qui font le tour de l'Europe, suscitant le rire et l'indignation contre les Goëzman, le Parlement et tous les ennemis de l'écrivain. Beaumarchais est néanmoins blâmé, déchu de ses droits civils et, menacé d'un nouvel emprisonnement, il doit fuir en Angleterre. Plus tard, il réussit à regagner la France en offrant ses services à Louis XV, qui lui confie plusieurs missions délicates à l'étranger. « Espion du roi », Beaumarchais se charge de neutraliser ceux qui, par leurs actions ou par leurs écrits, peuvent nuire à la France. Il poursuivra, sous le règne de Louis XVI, ces entreprises de politique secrète.

Mais en 1775, il revient au théâtre avec la comédie du *Barbier de Séville* que la censure avait interdite l'année précédente. Représentée d'abord dans une version en cinq actes, la pièce connaît d'abord un échec mais triomphe deux jours plus tard : en effet, Beaumarchais s'est, selon ses termes, « mis en quatre » (actes) entre le vendredi et le dimanche ; la comédie, plus courte, est aussi plus brillante. Le personnage de Figaro est né.

Attribué à Jean Honoré Fragonard (1732-1806), *Un concert*, 0,35 × 0,40 m, Amiens, musée de Picardie.

Le goût du risque et de la nouveauté

L'aventure personnelle de Beaumarchais devient historique lorsqu'il engage la France dans la guerre d'indépendance américaine en armant, à ses frais, les colons insurgés.

Quand il est réhabilité par le Parlement et gagne enfin son procès contre La Blache, il est alors l'homme le plus célèbre de France. « Sa vie, écrit son ami Gudin, était variée comme son génie. » Il s'emploie ainsi à financer les premiers aéronautes, défend les protestants contre la discrimination religieuse, fonde la Société des auteurs dramatiques qui dès lors protège les droits des gens de lettres, il se fait éditeur des œuvres complètes de Voltaire et « ingénieur » pour créer la Compagnie des eaux, déployant dans chaque activité la même force enthousiaste. Cette énergie lui est indispensable pour obtenir l'autorisation de faire jouer sa grande comédie, *Le Mariage de Figaro*, dont Louis XVI avait d'emblée dit : « Il faudrait détruire la Bastille pour que la représentation de cette pièce ne fût pas une inconséquence dangereuse. » La première représentation a lieu pourtant, après six ans d'interdiction, le 27 avril 1784, et c'est un triomphe sans précédent qui s'étend à l'Europe entière (Mozart et Da Ponte s'en inspireront pour créer l'opéra *Les Noces de Figaro*, en 1786). Ressentie comme un défi par l'autorité royale, la pièce vaut à Beaumarchais un nouveau séjour en prison mais il en sort vainqueur, le roi acceptant même que *Le Barbier de Séville* soit joué à Versailles par les princes, avec Marie-Antoinette dans le rôle de Rosine !

Les derniers combats

Malgré ces succès, et en particulier celui de l'opéra *Tarare* qu'il crée en 1787 avec une musique de Salieri, Beaumarchais n'est jamais à l'abri de la jalousie. Accusé de tous les crimes par un certain Bergasse, avocat ambitieux et plein de rouerie, l'auteur du *Mariage de Figaro* doit encore recourir à ses talents de polémiste et de juriste dans de retentissants *Mémoires*. Il fait même de Bergasse, devenu « Bégéarss », un des protagonistes du drame qu'il compose dans les premières années de la Révolution française, *L'Autre Tartuffe ou la Mère coupable* (1792), dernier volet des aventures de Figaro.

Celles de son créateur ne sont pas terminées. Nommé commissaire de la République, Beaumarchais essaye d'acheter des fusils à la Hollande pour armer les soldats de l'an II. Tour à tour arrêté, libéré, envoyé à Londres, porté sur la liste des émigrés, il ne revient qu'en 1796 en France où il poursuit jusqu'à sa mort, le 18 mai 1799, son activité politique, correspondant même avec Napoléon Bonaparte dont il ne verra pourtant pas le 18 Brumaire.

Ainsi s'achève l'existence de celui qui avait pris comme devise celle de Voltaire : « Ma vie est un combat ». Vie d'aventures et de mouvement, souvent objet de polémiques, quête incertaine qui se donne en spectacle, « bizarre suite d'événements[1] » à laquelle répond l'œuvre écrite. Indissociablement.

Le Barbier de Séville (1775), comédie en quatre actes → pp. 363-368.
Le Mariage de Figaro (1784), comédie en cinq actes → pp. 369-374.
La Mère coupable (1792), drame en cinq actes → pp. 375-376.

1. Monologue de Figaro, *Le Mariage de Figaro*, acte V, scène 2.

Le Barbier de Séville
1775

Michel-Ange Houasse (1680-1730), *La Boutique du barbier*, 0,52 × 0,63 m (Madrid, Palacio Real).

Pour écrire *Le Barbier de Séville*, Beaumarchais s'est inspiré de l'une de ses premières œuvres, *Le Sacristain, « intermède imité de l'espagnol »*, qui mettait aux prises un vieillard, une jeune fille et un galant plein de ruse. Conservant ce trio conventionnel, il transforme la farce initiale en opéra-comique, puis en comédie. Celle-ci comporte quatre actes dans son état définitif et conserve quelques traits de chacune des étapes de sa genèse : elle réintroduit dans le genre de la grande comédie le rire franc de la farce populaire ; elle emprunte à l'art lyrique chansons et ariettes[1] dans le « goût espagnol » ; elle se nourrit d'allusions à l'actualité et à la vie de Beaumarchais (ses démêlés avec la justice) ; elle reprend enfin le schéma classique du barbon amoureux trompé par de jeunes amants, que Molière avait utilisé dans *L'École des femmes* et que Figaro résume ainsi dans la dernière réplique du *Barbier* : « Quand la jeunesse et l'amour sont d'accord pour tromper un vieillard, tout ce qu'il fait pour l'empêcher peut bien s'appeler à bon droit *La Précaution inutile.* » (acte IV, scène 8). Ce sous-titre, repris d'une nouvelle de Scarron, justifie la prolifération des intrigues qui vont rendre précisément toutes les précautions du vieux docteur Bartholo inutiles. Celui-ci ne pourra empêcher le jeune comte Almaviva de séduire et d'épouser Rosine, sa pupille, « à la barbe et dans la maison du tuteur ».

Beaumarchais, dans *Le Barbier de Séville*, enrichit profondément la comédie d'intrigue en en renouvelant les personnages traditionnels.

– Bartholo est « l'obstacle dur[2] » combattu par le comte et son ancien valet Figaro. S'il finit par être ridicule, il n'en est pas moins intelligent et rusé. Au-delà de la vieillesse, il incarne le refus du siècle, c'est-à-dire de toute innovation.

– Rosine, la jeune amoureuse, est elle aussi complexe : lucide malgré son inexpérience, sincère sans refuser le jeu, elle s'impose dans son refus de la tyrannie de Bartholo.

– Le comte Almaviva, jeune seigneur libertin, est sensible au naturel de Rosine et veut être aimé non pour son rang mais pour lui-même. Il entre avec complaisance dans toutes les intrigues imaginées par Figaro.

– Et c'est bien ce dernier qui fait briller le génie créateur de Beaumarchais en donnant à la comédie un mouvement permanent. Figaro ne s'apparente à aucun type, à aucun caractère de la tradition théâtrale. Plus complexe que le valet chez Molière, il déborde sans cesse de son rôle pour devenir le véritable « machiniste » de l'action, le roi de l'imbroglio. Dans sa lutte contre Bartholo et son allié Bazile, éclatent la virtuosité de son jeu et la puissance

1. Air léger auquel on adapte des paroles.

2. J. Scherer, *Dramaturgie de Beaumarchais*, Paris, Nizet, 1954.

comique de ses mots d'esprit. À l'origine d'une cascade de péripéties, de feintes, de déguisements, maître dans l'art de l'allusion et de la répartie cinglante, il donne au spectacle sa vivacité, sa fantaisie, son impertinence, son rythme. La comédie se distingue précisément par un tempo particulier fait d'accumulations, d'enchaînements rapides, d'accélérations suivies de chutes. Figaro, metteur en scène, introduit en permanence la comédie dans la comédie, souligne ainsi à travers le mélange des registres et la parodie les conventions du théâtre, et représente dans le même temps le caractère théâtral de la vie sociale, ses jeux, ses masques, ses apparences fugitives, son langage codé.

« Comment communiquer ? » s'interrogent les personnages du *Barbier de Séville* qui doivent sans cesse feindre et inventer de nouveaux moyens pour exprimer leur désir et venir à bout du pouvoir de Bartholo : le geste, la lettre, la chanson se substituent alors à la parole, moyens détournés pour affirmer l'exigence du bonheur face à la tyrannie. C'est ainsi que *Le Barbier de Séville* expérimente de nouvelles formes d'échange et s'inscrit dans une double dimension morale et politique qui annonce *Le Mariage de Figaro.*

« Je me presse de rire de tout... »

Figaro, ancien serviteur du comte Almaviva, rencontre ce dernier dans une rue de Séville, devant la maison du docteur Bartholo qui tient enfermée Rosine, la jeune fille dont le comte s'est épris. Dans cette scène d'exposition (acte I, scène 2), c'est en fait Figaro qui « s'expose », se raconte et se présente dès lors comme un personnage beaucoup plus complexe que le valet-confident de la tradition comique. Figaro, « homme d'action » et « homme de lettres », apparaît bien comme le nouveau héros de la comédie.

Lorenzo Tiepolo (1737-1776), *Types populaires*, pastel sur papier, 0,46 × 0,56 m (Madrid, collection particulière).

Figaro.
Je ne me trompe point ; c'est le Comte Almaviva.

Le Comte.
Je crois que c'est ce coquin de Figaro.

Figaro.
C'est lui-même, Monseigneur.

Le Comte.
Maraud ! si tu dis un mot...

Figaro.
Oui, je vous reconnais ; voilà les bontés familières dont vous m'avez toujours honoré.

Le Comte.
Je ne te reconnaissais pas, moi. Te voilà si gros et si gras...

Figaro.
Que voulez-vous, Monseigneur, c'est la misère.

Le Comte.
Pauvre petit ! Mais que fais-tu à Séville ? je t'avais autrefois recommandé dans les bureaux[1] pour un emploi.

Figaro.
Je l'ai obtenu, Monseigneur, et ma reconnaissance...

Le Comte.
Appelle-moi Lindor. Ne vois-tu pas, à mon déguisement, que je veux être inconnu ?

Figaro.
Je me retire.

Le Comte.
Au contraire. J'attends ici quelque chose ; et deux hommes qui jasent sont moins suspects qu'un seul qui se promène. Ayons l'air de jaser. Eh bien, cet emploi ?

Figaro.
Le ministre, ayant égard à la recommandation de Votre Excellence, me fit nommer sur-le-champ garçon apothicaire.

Le Comte.
Dans les hôpitaux de l'armée ?

Figaro.
Non ; dans les haras d'Andalousie.

Le Comte, *riant.*
Beau début !

Figaro.
Le poste n'était pas mauvais ; parce qu'ayant le district des pansement et des drogues, je vendais souvent aux hommes de bonnes médecines de cheval...

Le Comte.
Qui tuaient les sujets du roi !

Figaro.
Ah ! ah ! il n'y a point de remède universel ; mais qui n'ont pas laissé de guérir quelquefois des Galiciens[2], des Catalans[2], des Auvergnats.

Le Comte.
Pourquoi donc l'as-tu quitté ?

Figaro.
Quitté ? C'est bien lui-même ; on m'a desservi auprès des puissances.

L'envie aux doigts crochus, au teint pâle et livide[3]...

Le Comte.
Oh grâce ! grâce, ami ! Est-ce que tu fais aussi des vers ? Je t'ai vu là griffonnant sur ton genou, et chantant dès le matin.

Figaro.
Voilà précisément la cause de mon malheur, Excellence. Quand on a rapporté au ministre que je faisais, je puis dire assez joliment, des bouquets à Chloris[4], que j'envoyais des énigmes aux journaux, qu'il courait des madrigaux[5] de ma façon ; en un mot, quand il a su que j'étais imprimé tout vif, il a pris la chose au tragique, et m'a fait ôter mon emploi, sous prétexte que l'amour des lettres est incompatible avec l'esprit des affaires.

Le Comte.
Puissamment raisonné ! et tu ne lui fis pas représenter[6]...

Figaro.
Je me crus trop heureux d'en être oublié ; persuadé qu'un grand nous fait assez de bien quand il ne nous fait pas de mal.

Le Comte.
Tu ne dis pas tout. Je me souviens qu'à mon service tu étais un assez mauvais sujet.

Figaro.
Eh ! mon Dieu, Monseigneur, c'est qu'on veut que le pauvre soit sans défaut.

Le Comte.
Paresseux, dérangé...

Figaro.
Aux vertus qu'on exige dans un domestique, Votre Excellence connaît-elle beaucoup de maîtres qui fussent dignes d'être valets ?

Le Comte, *riant.*
Pas mal. Et tu t'es retiré en cette Ville ?

Figaro.
Non pas tout de suite.

Le Comte, *l'arrêtant.*
Un moment... J'ai cru que c'était elle... Dis toujours, je t'entends de reste.

Figaro.
De retour à Madrid, je voulus essayer de nouveau mes talents littéraires, et le théâtre me parut un champ d'honneur...

Le Comte.
Ah ! miséricorde !

1. Dans l'administration.
2. Habitants de la Galice et de la Catalogne, deux régions d'Espagne.
3. Parodie d'un vers de *La Henriade* (IX, 45), de Voltaire.
4. Poésies bucoliques et galantes.
5. Petites pièces en vers sur un sujet galant.
6. Faire représenter : faire observer respectueusement.

FIGARO. *(Pendant sa réplique, le Comte regarde avec attention du côté de la jalousie*[1]*.)*
En vérité, je ne sais comment je n'eus pas le plus grand succès, car j'avais rempli le parterre des plus excellents travailleurs ; des mains... comme des battoirs ; j'avais interdit les gants, les cannes, tout ce qui ne produit que des applaudissements sourds ; et d'honneur, avant la pièce, le café[2] m'avait paru dans les meilleures dispositions pour moi. Mais les efforts de la cabale[3]...

LE COMTE.
Ah ! la cabale ! Monsieur l'auteur tombé !

FIGARO.
Tout comme un autre : pourquoi pas ? Ils m'ont sifflé ; mais si jamais je puis les rassembler...

LE COMTE.
L'ennui te vengera bien d'eux ?

FIGARO.
Ah ! comme je leur en garde, morbleu !

LE COMTE.
Tu jures ! Sais-tu qu'on n'a que vingt-quatre heures au palais pour maudire ses juges[4] ?

FIGARO.
On a vingt-quatre ans au théâtre ; la vie est trop courte pour user un pareil ressentiment.

LE COMTE.
Ta joyeuse colère me réjouit. Mais tu ne me dis pas ce qui t'a fait quitter Madrid.

FIGARO.
C'est mon bon ange, Excellence, puisque je suis assez heureux pour retrouver mon ancien maître. Voyant à Madrid que la république des lettres était celle des loups, toujours armés les uns contre les autres, et que, livrés au mépris où ce risible acharnement les conduit, tous les insectes, les moustiques, les cousins, les critiques, les maringouins[5], les envieux, les feuillistes[6], les libraires, les censeurs, et tout ce qui s'attache à la peau des malheureux gens de lettres, achevait de déchiqueter et sucer le peu de substance qui leur restait ; fatigué d'écrire, ennuyé de moi, dégoûté des autres, abîmé de dettes et léger d'argent ; à la fin, convaincu que l'utile revenu du rasoir est préférable aux vains honneurs de la plume, j'ai quitté Madrid, et, mon bagage en sautoir, parcourant philosophiquement les deux Castilles, la Manche, l'Estramadure, la Sierra-Morena, l'Andalousie[7] ; accueilli dans une ville, emprisonné dans l'autre, et partout supérieur aux événements ; loué par ceux-ci, blâmé par ceux-là ; aidant au bon temps, supportant le mauvais ; me moquant des sots, bravant les méchants ; riant de ma misère et faisant la barbe à tout le monde ; vous me voyez enfin établi dans Séville et prêt à servir de nouveau Votre Excellence en tout ce qu'il lui plaira de m'ordonner.

LE COMTE.
Qui t'a donné une philosophie aussi gaie ?

FIGARO.
L'habitude du malheur. Je me presse de rire de tout, de peur d'être obligé d'en pleurer [...].

Beaumarchais, *Le Barbier de Séville*,
acte I, scène 2 (extrait).

« La calomnie, Monsieur ? »

Principal allié de Bartholo, Bazile est à la fois homme d'Église et maître de musique. C'est surtout le maître de la calomnie, son arme secrète et favorite. Beaumarchais, victime de tous les Baziles, s'est plu, dans la tirade du « maître-chanteur », à souligner le caractère incontrôlable du verbe en mouvement. Bazile peut apparaître ici comme le double négatif d'un autre maître en paroles : Figaro. L'« air de la calomnie » a été repris par Rossini dans l'opéra du *Barbier de Séville* (1816). Le texte de Beaumarchais s'inscrit précisément dans une référence à la musique et au chant.

BARTHOLO, DON BAZILE, FIGARO,
caché dans le cabinet, paraît de temps en temps, et les écoute.

BARTHOLO *continue.*
Ah ! Don Bazile, vous veniez donner à Rosine sa leçon de musique ?

BAZILE.
C'est ce qui presse le moins.

BARTHOLO.
J'ai passé chez vous sans vous trouver.

BAZILE.
J'étais sorti pour vos affaires. Apprenez une nouvelle assez fâcheuse.

BARTHOLO.
Pour vous ?

BAZILE.
Non, pour vous. Le Comte Almaviva est dans cette ville.

BARTHOLO.
Parlez bas. Celui qui faisait chercher Rosine dans tout Madrid ?

1. La jalousie est la fenêtre grillagée des maisons espagnoles.
2. Le lieu où se forment les cabales.
3. Complot visant à faire « tomber » une pièce de théâtre.
4. Allusion au procès Goëzman. Voir le portrait de Beaumarchais, p. 361.
5. Allusion à Marin, censeur et ennemi personnel de Beaumarchais.
6. Journalistes.
7. Régions d'Espagne.

Bazile.
Il loge à la grande place et sort tous les jours, déguisé.

Bartholo.
Il n'en faut point douter, cela me regarde. Et que faire ?

Bazile.
Si c'était un particulier, on viendrait à bout de l'écarter.

Bartholo.
Oui, en s'embusquant le soir, armé, cuirassé...

Bazile.
Bone Deus[1] ! Se compromettre ! Susciter une méchante affaire, à la bonne heure, et, pendant la fermentation, calomnier à dire d'experts[2] ; *concedo*[3].

Bartholo.
Singulier moyen de se défaire d'un homme !

Bazile.
La calomnie, Monsieur ? Vous ne savez guère ce que vous dédaignez ; j'ai vu les plus honnêtes gens près d'en être accablés. Croyez qu'il n'y a pas de plate méchanceté, pas d'horreurs, pas de conte absurde, qu'on ne fasse adopter aux oisifs d'une grande ville, en s'y prenant bien : et nous avons ici des gens d'une adresse !... D'abord un bruit léger, rasant le sol comme hirondelle avant l'orage, *pianissimo*[4] murmure et file, et sème en courant le trait empoisonné. Telle bouche le recueille, et *piano, piano*[4] vous le glisse en l'oreille adroitement. Le mal est fait, il germe, il rampe, il chemine, et *rinforzando*[4] de bouche en bouche il va le diable ; puis tout à coup, ne sais comment, vous voyez calomnie se dresser, siffler, s'enfler, grandir à vue d'œil ; elle s'élance, étend son vol, tourbillonne, enveloppe, arrache, entraîne, éclate et tonne, et devient, grâce au ciel, un cri général, un *crescendo*[4] public, un *chorus*[5] universel de haine et de proscription[6] – Qui diable y résisterait ?

Beaumarchais, *Le Barbier de Séville*, acte II, scène 8 (extrait).

« Allez vous coucher, mon cher Bazile »

Dans une réponse pleine d'esprit à ses détracteurs, Beaumarchais évoque « la scène de stupéfaction de Bazile au troisième acte qui a paru si neuve au théâtre et a tant réjoui les spectateurs ». Dans cette scène, en effet, Bazile étant présent, crée une situation embarrassante pour les héros : le comte Almaviva s'est introduit chez Bartholo sous le nom d'Alonzo en se faisant passer pour l'élève et le complice de Bazile prétendument malade. Figaro, de son côté, en voulant faire son office de barbier, tente de détourner l'attention du vieillard alors que la jeune fille et le comte essayent de se parler. Mais Bazile intervient...

Rosine, le Comte, Figaro, Bartholo, Don Bazile

Rosine, *effrayée, à part.*
Don Bazile !...

Le Comte, *à part.*
Juste Ciel !

Figaro, *à part.*
C'est le Diable !

Bartholo *va au-devant de lui.*
Ah ! Bazile, mon ami, soyez le bien rétabli. Votre accident n'a donc point eu de suites ? En vérité, le Seigneur Alonzo m'avait fort effrayé sur votre état ; demandez-lui, je partais pour vous aller voir ; et s'il ne m'avait point retenu...

Bazile, *étonné.*
Le Seigneur Alonzo ?

Figaro *frappe du pied.*
Eh quoi ! toujours des accrocs ? Deux heures pour une méchante barbe... Chienne de pratique !

Bazile, *regardant tout le monde.*
Me ferez-vous bien le plaisir de me dire, Messieurs ?...

Francisco de Goya (1746-1828), *Le Parasol*, carton de tapisserie, détail, 1,04 × 1,52 m, 1777 (Madrid, musée du Prado).

1. Bon Dieu.
2. Calomnier sans retenue.
3. Je l'accorde (encore un terme latin).
4. Ces termes de musique empruntés à l'italien marquent le tempo.
5. Un chœur.
6. L'action de bannir, d'exiler.

FIGARO.
Vous lui parlerez quand je serai parti.

BAZILE.
Mais encore faudrait-il...

LE COMTE.
Il faudrait vous taire, Bazile. Croyez-vous apprendre à Monsieur quelque chose qu'il ignore ? Je lui ai raconté que vous m'aviez chargé de venir donner une leçon de musique à votre place.

BAZILE, *plus étonné.*
La leçon de musique !... Alonzo !...

ROSINE, *à part, à Bazile.*
Eh ! taisez-vous.

BAZILE.
Elle aussi !

LE COMTE, *bas, à Bartholo.*
Dites-lui donc tout bas que nous en sommes convenus.

BARTHOLO, *à Bazile, à part.*
N'allez pas nous démentir, Bazile, en disant qu'il n'est pas votre élève ; vous gâteriez tout.

BAZILE.
Ah ! ah !

BARTHOLO, *haut.*
En vérité, Bazile, on n'a pas plus de talent que votre élève.

BAZILE, *stupéfait.*
Que mon élève !... *(Bas.)* Je venais pour vous dire que le Comte est déménagé.

BARTHOLO, *bas.*
Je le sais, taisez-vous.

BAZILE, *bas.*
Qui vous l'a dit ?

BARTHOLO, *bas.*
Lui, apparemment !

LE COMTE, *bas.*
Moi, sans doute : écoutez seulement.

ROSINE, *bas, à Bazile.*
Est-il si difficile de vous taire ?

FIGARO, *bas, à Bazile.*
Hum ! Grand escogriffe[1] ! Il est sourd !

BAZILE, *à part.*
Qui diable est-ce donc qu'on trompe ici ? Tout le monde est dans le secret !

BARTHOLO, *haut.*
Eh bien, Bazile, votre homme de loi ?...

FIGARO.
Vous avez toute la soirée pour parler de l'homme de loi.

BARTHOLO, *à Bazile.*
Un mot : dites-moi seulement si vous êtes content de l'homme de loi ?

BAZILE, *effaré.*
De l'homme de loi ?

LE COMTE, *souriant.*
Vous ne l'avez pas vu, l'homme de loi ?

BAZILE, *impatient.*
Eh ! non, je ne l'ai pas vu, l'homme de loi.

LE COMTE, *à Bartholo, à part.*
Voulez-vous donc qu'il s'explique ici devant elle ? Renvoyez-le.

BARTHOLO, *bas au Comte.*
Vous avez raison. *(À Bazile.)* Mais quel mal vous a donc pris si subitement ?

BAZILE, *en colère.*
Je ne vous entends pas.

LE COMTE *lui met, à part, une bourse dans la main.*
Oui, Monsieur vous demande ce que vous venez faire ici, dans l'état d'indisposition où vous êtes ?

FIGARO.
Il est pâle comme un mort !

BAZILE.
Ah ! je comprends...

LE COMTE.
Allez vous coucher, mon cher Bazile : vous n'êtes pas bien, et vous nous faites mourir de frayeur. Allez vous coucher.

FIGARO.
Il a la physionomie toute renversée. Allez vous coucher.

BARTHOLO.
D'honneur, il sent la fièvre d'une lieue. Allez vous coucher.

ROSINE.
Pourquoi donc êtes-vous sorti ? On dit que cela se gagne. Allez vous coucher.

BAZILE, *au dernier étonnement.*
Que j'aille me coucher !

TOUS LES ACTEURS ENSEMBLE.
Eh ! sans doute.

BAZILE, *les regardant tous.*
En effet, Messieurs, je crois que je ne ferai pas mal de me retirer ; je sens que je ne suis pas ici dans mon assiette ordinaire.

BARTHOLO.
À demain, toujours, si vous êtes mieux.

LE COMTE.
Bazile ! je serai chez vous de très bonne heure.

FIGARO.
Croyez-moi, tenez-vous bien chaudement dans votre lit.

ROSINE.
Bonsoir, Monsieur Bazile.

BAZILE, *à part.*
Diable emporte si j'y comprends rien ; et sans cette bourse...

TOUS.
Bonsoir, Bazile, bonsoir.

BAZILE, *en s'en allant.*
Eh bien ! bonsoir donc, bonsoir. *(Ils l'accompagnent tous en riant.)*

Beaumarchais, *Le Barbier de Séville*, acte III, scène 11.

1. Vient du mot « escroc ». Individu à l'allure dégingandée.

Le Mariage de Figaro ou la Folle Journée

1784

La richesse du *Mariage de Figaro* tient moins à sa longueur exceptionnelle (quatre-vingt-douze scènes) ou au nombre de ses personnages (seize au total) qu'à l'ambiguïté de ses caractères et de ses situations. L'action elle-même est problématique dans son unité : trois années se sont écoulées depuis le mariage de Rosine et du comte Almaviva (voir *Le Barbier de Séville*, p. 363), mais celui-ci, rendu à son libertinage, désire obtenir les faveurs de Suzanne, la femme de chambre de la comtesse qui doit épouser Figaro, valet du comte et concierge du château d'Aguas Frescas. Si l'action principale paraît bien celle que mène Figaro pour réaliser son bonheur, on ne peut négliger celle du page Chérubin, amoureux de la comtesse, ou celle de Marceline, « femme de charge » qui veut se faire épouser par Figaro avant d'apprendre qu'il est son fils (acte III) ! La pièce offre ainsi un réseau dense de relations parfois simplement esquissées, soumises à des évolutions rapides, des tensions très vives et des résolutions imprévues au cours de cette « folle journée ».

Le temps dramatique participe de cette complexité : démultiplié par l'accumulation des incidents, des péripéties, il échappe à la clôture de la durée théâtrale en s'ouvrant sur le passé (allusions au *Barbier de Séville*) et sur l'avenir. Rien n'est franchement résolu au dénouement : que valent les promesses de fidélité du comte à Rosine ? Que deviendra Chérubin ? La réconciliation entre maîtres et valets sera-t-elle durable ? Si « tout finit par des chansons », comme le dit le vaudeville final, n'est-ce pas pour dissimuler les conflits latents et les drames inévitables dont *La Mère coupable* offrira le sombre spectacle ?

L'élargissement du lieu théâtral concourt également à cet enrichissement de la comédie, au trouble qu'elle suscite : le décor change à chaque acte, ménage des cachettes, s'ouvre sur l'extérieur (les marronniers du parc au dernier acte) et déplace sans cesse la frontière entre espace privé et espace public (voir acte II, scène 22 : la foule des personnages investissant la chambre de la comtesse).

Il offre ainsi aux personnages mille possibilités de jeu et de mouvement que ceux-ci exploitent dans une sorte de ballet, où le geste supplée souvent le verbe. Dans ce spectacle total, c'est la vie dans la pluralité de ses dimensions et dans son irrépressible énergie que Beaumarchais a voulu représenter. On ne s'étonnera pas dès lors de voir, dans ce tourbillon, les personnages eux-mêmes parfois perdre le fil et jusqu'à Figaro, dépassé par les événements, soulignant la part de l'incertain et du hasard dans la destinée (acte V, scène 3). Ces interrogations existentielles ont, sans conteste, une portée sociale et politique. Ainsi, lorsque Figaro déclare : « Si le ciel l'eût voulu, je serais le fils d'un prince » (acte III, scène 12), c'est l'édifice des conditions sociales qui est mis en question. Au cours de son procès (acte III, scène3) et dans le monologue (acte V, scène 3), Figaro dénonce encore l'arbitraire de la justice, les privilèges de la naissance, l'orgueil des grands. Beaumarchais, dans la préface du *Mariage de Figaro* note au demeurant : « J'ai pensé, je pense encore, qu'on n'obtient ni grand pathétique, ni profonde moralité, ni bon et vrai comique au théâtre, sans des situations fortes et qui naissent toujours d'une disconvenance sociale dans le sujet qu'on veut traiter. » *Le Mariage de Figaro* dépasse l'opposition clas-

Francisco de Goya (1746-1828), *La Maja y los embozados*, 2,75 × 1,90 m, 1777 (Madrid, musée du Prado). Pour courtiser la jeune fille (la *maja*), les jeunes gens se masquent le visage avec leur manteau ; ils sont *embozados*.

sique maître/serviteur au profit d'une confrontation entre noble et roturier. Et c'est la personnalité complexe de Figaro qui rend cet affrontement avec le comte crédible. De surcroît, d'autres relations, celles entre les hommes et les femmes, les jeunes et les vieux, confèrent des dimensions supplémentaires au conflit principal et viennent parfois le perturber.

Ce qui provoque l'émotion et le rire dans *Le Mariage de Figaro*, c'est précisément le mouvement permanent et l'imprévu des situations. Chérubin peut apparaître comme l'emblème de ce désordre, comme il est celui du désir amoureux.

Spectacle de l'ambiguïté, la pièce semble puiser dans le langage toutes ses virtualités poétiques et comiques : par sa verve satirique, l'éclat de ses joutes verbales, l'hésitation entre sincérité et calcul, entretiens secrets et scènes « polyphoniques », elle offre l'image chatoyante d'un monde livré au changement qui, comme Figaro, se perd pour se retrouver différent, sans aucune certitude d'un point d'aboutissement stable.

« C'est ce Figaro qui les mène... »

Le comte Almaviva soupçonne son épouse d'avoir reçu chez elle son amant. La comtesse réussit à gagner du temps pendant que Chérubin, qui était caché dans son appartement, saute par une fenêtre du château, mais il est aperçu par Antonio, le jardinier toujours à demi-ivre. Ce dernier vient en avertir le comte. Mais Figaro est là pour détourner les soupçons.

LE COMTE *le secoue avec colère.*
On a, dis-tu, jeté un homme par cette fenêtre ?

ANTONIO.
Oui, mon Excellence ; tout à l'heure, en veste blanche, et qui s'est enfui, jarni[1], courant...

LE COMTE, *impatienté.*
Après ?

ANTONIO.
J'ai bien voulu courir après ; mais je me suis donné contre la grille une si fière gourde[2] à la main, que je ne peux plus remuer ni pied ni patte de ce doigt-là. *(Levant le doigt.)*

LE COMTE.
Au moins tu reconnaîtrais l'homme ?

ANTONIO.
Oh ! que oui-da !... si je l'avais vu pourtant !

SUZANNE, *bas à Figaro.*
Il ne l'a pas vu.

FIGARO.
Voilà bien du train[3] pour un pot de fleurs ! combien te faut-il, pleurard ! avec ta giroflée ? Il est inutile de chercher, Monseigneur, c'est moi qui ai sauté.

LE COMTE.
Comment ? c'est vous !

ANTONIO.
Combien te faut-il, pleurard ? Votre corps a donc bien grandi depuis ce temps-là ; car je vous ai trouvé beaucoup plus moindre, et plus fluet !

FIGARO.
Certainement ; quand on saute, on se pelotonne...

ANTONIO.
M'est avis que c'était plutôt... qui dirait, le gringalet de Page.

LE COMTE.
Chérubin, tu veux dire ?

FIGARO.
Oui, revenu tout exprès avec son cheval, de la porte de Séville, où peut-être il est déjà.

ANTONIO.
Oh ! non, je ne dis pas ça, je ne dis pas ça ; je n'ai pas vu sauter de cheval, car je le dirais de même.

LE COMTE.
Quelle patience !

FIGARO.
J'étais dans la chambre des femmes en veste blanche : il fait un chaud !... J'attendais là ma Suzannette, quand j'ai ouï tout à coup la voix de Monseigneur, et le grand bruit qui se faisait : je ne sais quelle crainte m'a saisi à l'occasion de ce billet ; et s'il faut avouer ma bêtise, j'ai sauté sans réflexion sur les couches[4], où je me suis même un peu foulé le pied droit. *(Il frotte son pied.)*

ANTONIO.
Puisque c'est vous, il est juste de vous rendre ce brimborion[5] de papier qui a coulé de votre veste en tombant.

LE COMTE *se jette dessus.*
Donne-le moi. *(Il ouvre le papier et le referme.)*

FIGARO, *à part.*
Je suis pris.

LE COMTE, *à Figaro.*
La frayeur ne vous aura pas fait oublier ce que contient ce papier, ni comment il se trouvait dans votre poche ?

FIGARO, *embarrassé, fouille dans ses poches et en tire des papiers.*
Non sûrement... Mais c'est que j'en ai tant. Il faut répondre à tout... *(Il regarde un des papiers.)* Ceci ? ah ! c'est une lettre de Marceline, en quatre pages ; elle est belle !... Ne serait-ce pas la requête de ce pauvre braconnier en prison ?... non, la

1. Juron qui, à l'origine, signifie « je renie [Dieu si je mens] ».
2. Un coup qui engourdit le membre touché.
3. Du mouvement.
4. Les plates-bandes du jardin.
5. Objet sans valeur.

voici... J'avais l'état des meubles du petit château dans l'autre poche. *(Le Comte rouvre le papier qu'il tient.)*

LA COMTESSE, *bas à Suzanne.*
Ah Dieux ! Suzon. C'est le brevet d'Officier[1].

SUZANNE, *bas à Figaro.*
Tout est perdu, c'est le brevet.

LE COMTE *replie le papier.*
Eh bien ! l'homme aux expédients, vous ne devinez pas ?

ANTONIO, *s'approchant de Figaro.*
Monseigneur dit, si vous ne devinez pas ?

FIGARO *le repousse.*
Fi donc ! vilain qui me parle dans le nez !

LE COMTE.
Vous ne vous rappelez pas ce que ce peut être ?

FIGARO.
A, a, a, ah ! *Povero !* ce sera le brevet de ce malheureux enfant, qu'il m'avait remis ; et que j'ai oublié de lui rendre. O, o, o, oh ! étourdi que je suis ! que fera-t-il sans son brevet ? Il faut courir...

LE COMTE.
Pourquoi vous l'aurait-il remis ?

FIGARO, *embarrassé.*
Il... désirait qu'on y fît quelque chose.

LE COMTE *regarde son papier.*
Il n'y manque rien.

LA COMTESSE, *bas à Suzanne.*
Le cachet.

SUZANNE, *bas à Figaro.*
Le cachet manque.

LE COMTE, *à Figaro.*
Vous ne répondez pas ?

FIGARO.
C'est... qu'en effet il y manque peu de chose. Il dit que c'est l'usage...

LE COMTE.
L'usage ! l'usage ! l'usage de quoi ?

FIGARO.
D'y apposer le sceau de vos armes. Peut-être aussi que cela ne valait pas la peine.

LE COMTE *rouvre le papier et le chiffonne de colère.*
Allons, il est écrit que je ne saurai rien. *(À part.)* C'est ce Figaro qui les mène, et je ne m'en vengerais pas ! *(Il veut sortir avec dépit.)*

FIGARO, *l'arrêtant.*
Vous sortez sans ordonner mon mariage ?

Beaumarchais, *Le Mariage de Figaro*, acte II, scène 21 (extrait).

Anonyme, *Couple amoureux en costume espagnol* (Dresde, Staatliche Kunstsammlungen).

« Je sais God-dam »

Dans la scène 5 de l'acte III, le comte veut « sonder adroitement » Figaro pour « démêler d'une manière détournée s'il est instruit ou non » de son amour pour Suzanne. Figaro, qui sait tout depuis le début (acte I, scène 1), feint de tout ignorer. Il en profite pour « jaser » et rivaliser sur tous les sujets avec son maître.

LE COMTE.
[...] J'avais... oui, j'avais quelque envie de t'emmener à Londres, courrier de dépêches[2]... mais toutes réflexions faites...

FIGARO.
Monseigneur a changé d'avis ?

LE COMTE.
Premièrement, tu ne sais pas l'anglais.

1. Il s'agit du brevet d'officier que le Comte avait donné à Chérubin au premier acte, et que ce dernier avait perdu.

2. Beaumarchais a fait ce métier de « messager » pour le compte de Louis XVI.

Figaro.
Je sais *God-dam*[1].

Le Comte.
Je n'entends pas.

Figaro.
Je dis que je sais *God-dam*.

Le Comte.
Hé bien ?

Figaro.
Diable ! c'est une belle langue que l'anglais ; il en faut peu pour aller loin. Avec *God-dam* en Angleterre, on ne manque de rien nulle part. – Voulez-vous tâter d'un bon poulet gras ? entrez dans une taverne, et faites seulement ce geste au garçon. *(Il tourne la broche.) God-dam !* on vous apporte un pied de bœuf salé sans pain. C'est admirable ! Aimez-vous à boire un coup d'excellent bourgogne ou de clairet ? rien que celui-ci. *(Il débouche une bouteille.) God-dam !* on vous sert un pot de bière, en bel étain, la mousse aux bords. Quelle satisfaction ! Rencontrez-vous une de ces jolies personnes qui vont trottant menu, les yeux baissés, coudes en arrière, et tortillant un peu des hanches ? mettez mignardement tous les doigts unis sur la bouche[2]. Ah ! *God-dam !* elle vous sangle un soufflet de crocheteur[3]. Preuve qu'elle entend[4]. Les Anglais, à la vérité, ajoutent par-ci, par-là quelques autres mots en conversant ; mais il est bien aisé de voir que *God-dam* est le fond de la langue ; et si Monseigneur n'a pas d'autre motif de me laisser en Espagne...

Le Comte, *à part.*
Il veut venir à Londres ; elle[5] n'a pas parlé.

Figaro, *à part.*
Il croit que je ne sais rien ; travaillons-le un peu, dans son genre.

Le Comte.
Quel motif avait la Comtesse, pour me jouer un pareil tour[6] ?

Figaro.
Ma foi, Monseigneur, vous le savez mieux que moi.

Le Comte.
Je la préviens sur tout, et la comble de présents.

Figaro.
Vous lui donnez, mais vous êtes infidèle. Sait-on gré du superflu, à qui nous prive du nécessaire ?

Le Comte.
... Autrefois tu me disais tout.

Figaro.
Et maintenant je ne vous cache rien.

Le Comte.
Combien la Comtesse t'a-t-elle donné pour cette belle association ?

Figaro.
Combien me donnâtes-vous pour la tirer des mains du Docteur ? Tenez, Monseigneur, n'humilions pas l'homme qui nous sert bien, crainte d'en faire un mauvais valet.

Le Comte.
Pourquoi faut-il qu'il y ait toujours du louche en ce que tu fais ?

Figaro.
C'est qu'on en voit partout quand on cherche des torts.

Le Comte.
Une réputation détestable !

Figaro.
Et si je vaux mieux qu'elle ? y a-t-il beaucoup de seigneurs qui puissent en dire autant ?

Le Comte.
Cent fois je t'ai vu marcher à la fortune, et jamais aller droit.

Figaro.
Comment voulez-vous ? la foule est là : chacun veut courir, on se presse, on pousse, on coudoie[7], on renverse, arrive qui peut ; le reste est écrasé. Aussi c'est fait ; pour moi, j'y renonce.

Le Comte.
À la fortune ? *(À part.)* Voici du neuf.

Figaro.
(À part.) À mon tour maintenant. *(Haut.)* Votre Excellence m'a gratifié de la conciergerie du château ; c'est un fort joli sort : à la vérité je ne serai pas le courrier étrenné des nouvelles intéressantes[8] ; mais en revanche, heureux avec ma femme au fond de l'Andalousie...

Le Comte.
Qui t'empêcherait de l'emmener à Londres ?

Figaro.
Il faudrait la quitter si souvent, que j'aurais bientôt du mariage par-dessus la tête.

Le Comte.
Avec du caractère et de l'esprit, tu pourrais un jour t'avancer[9] dans les bureaux.

Figaro.
De l'esprit pour s'avancer ? Monseigneur se rit du mien. Médiocre et rampant ; et l'on arrive à tout.

Le Comte.
... Il ne faudrait qu'étudier un peu sous moi la politique.

Figaro.
Je la sais.

Le Comte.
Comme l'anglais, le fond[10] de la langue !

1. Juron anglais (« Dieu me damne »).
2. Pour adresser un baiser.
3. Elle vous donne une gifle vigoureuse.
4. Qu'elle comprend.
5. Elle, c'est-à-dire Suzanne, à qui le Comte a expliqué son projet d'envoyer Figaro à Londres.
6. Allusion à l'acte I, au cours duquel Rosine a réussi à se jouer du Comte avec la complicité de Suzanne.
7. On joue des coudes.
8. Le « Courrier des dépêches ». Voir note 2, p. 371.
9. Avoir une promotion.
10. L'essentiel.

Figaro.
Oui, s'il y avait ici de quoi se vanter. Mais, feindre d'ignorer ce qu'on sait, de savoir tout ce qu'on ignore ; d'entendre ce qu'on ne comprend pas, de ne point ouïr ce qu'on entend ; surtout de pouvoir au-delà de ses forces ; avoir souvent pour grand secret de cacher qu'il n'y en a point ; s'enfermer pour tailler des plumes, et paraître profond, quand on n'est, comme on dit, que vide et creux ; jouer bien ou mal un personnage ; répandre des espions et pensionner des traîtres ; amollir des cachets[1] ; intercepter des lettres ; et tâcher d'ennoblir la pauvreté des moyens, par l'importance des objets[2] : voilà toute la politique, ou je meure !

Le Comte.
Eh ! c'est l'intrigue que tu définis !

Figaro.
La politique, l'intrigue, volontiers ; mais comme je les crois un peu germaines[3], en fasse qui voudra ! *J'aime mieux ma mie, ô gué !* comme dit la chanson du bon Roi.

Le Comte, *à part.*
Il veut rester. J'entends... Suzanne m'a trahi.

Figaro, *à part.*
Je l'enfile[4] et le paye en sa monnaie.

Beaumarchais, *Le Mariage de Figaro*,
acte III, scène 5 (extrait).

« Ô bizarre suite d'événements ! »

Figaro qui a retrouvé ses parents, Bartholo et Marceline, au cours du procès qui l'opposait à cette dernière (scène « de la reconnaissance », acte III, scène 16), est mis à l'épreuve quand il apprend que Suzanne a accepté le rendez-vous du comte (acte IV, scène 14). En réalité, la Comtesse et Suzanne ont imaginé un nouveau stratagème pour démasquer les ambitions libertines du comte : c'est la comtesse déguisée en Suzanne qui ira au rendez-vous. Mais Figaro n'est pas mis dans la confidence. Il décide, pour surprendre le comte de réunir les hommes du château au lieu du rendez-vous, la nuit, sous les marronniers. Tous se cachent. Figaro, seul, s'interroge sur sa destinée.

Figaro, *seul, se promenant dans l'obscurité, dit du ton le plus sombre :*
Ô Femme ! femme ! femme ! créature faible et décevante !... nul animal créé ne peut manquer à son instinct ; le tien est-il donc de tromper ?... Après m'avoir obstinément refusé quand je l'en pressais devant sa maîtresse ; à l'instant qu'elle me donne sa parole ; au milieu même de la cérémonie... Il riait en lisant, le perfide ! et moi comme un benêt !... Non, Monsieur le Comte, vous ne l'aurez pas... vous ne l'aurez pas. Parce que vous êtes un grand Seigneur, vous vous croyez un grand génie !... noblesse, fortune, un rang, des places ; tout cela rend si fier ! Qu'avez-vous fait pour tant de biens ? vous vous êtes donné la peine de naître, et rien de plus. Du reste, homme assez ordinaire ! tandis que moi, morbleu ! perdu dans la foule obscure, il m'a fallu déployer plus de science et de calculs pour subsister seulement, qu'on n'en a mis depuis cent ans à gouverner toutes les Espagnes ; et vous voulez jouter... On vient... c'est elle... ce n'est personne. – La nuit est noire en diable, et me voilà faisant le sot métier de mari, quoique je ne le sois qu'à moitié ! *(Il s'assied sur un banc.)* Est-il rien de plus bizarre que ma destinée ! fils de je ne sais

Francisco de Goya (1746-1828),
Le Pantin, 2,67 × 1,60 m (Madrid, musée du Prado).
« Ô femme ! femme ! femme ! »

1. Allusion aux lettres de cachet par lesquelles le pouvoir politique disposait de la liberté des personnes.
2. Critique d'un pouvoir sans morale et fondé sur les apparences.
3. Parentes.
4. Je le bats.

pas qui ; volé par des bandits, élevé dans leurs mœurs, je m'en dégoûte et veux courir une carrière honnête ; et partout je suis repoussé ! J'apprends la chimie, la pharmacie, la chirurgie, et tout le crédit d'un grand seigneur peut à peine me mettre à la main une lancette vétérinaire ! – Las d'assister des bêtes malades, et pour faire un métier contraire, je me jette à corps perdu dans le théâtre ; me fussé-je mis une pierre au cou ! Je broche une comédie dans les mœurs du sérail[1], auteur espagnol, je crois pouvoir y fronder Mahomet sans scrupule : à l'instant un envoyé... de je ne sais où se plaint que j'offense dans mes vers la Sublime Porte[2], la Perse, une partie de la presqu'île de l'Inde, toute l'Égypte, les royaumes de Barca[3], de Tripoli[4], de Tunis, d'Alger et de Maroc : et voilà ma comédie flambée, pour plaire aux princes mahométans, dont pas un, je crois, ne sait lire, et qui nous meurtrissent l'omoplate, en nous disant : *chiens de chrétiens !* – Ne pouvant avilir l'esprit, on se venge en le maltraitant. – Mes joues creusaient ; mon terme était échu[5], je voyais de loin arriver l'affreux recors[6], la plume fichée dans sa perruque ; en frémissant je m'évertue. Il s'élève une question sur la nature des richesses ; et comme il n'est pas nécessaire de tenir les choses pour en raisonner, n'ayant pas un sol, j'écris sur la valeur de l'argent et sur son produit net ; sitôt je vois, du fond d'un fiacre, baisser pour moi le pont d'un château fort[7], à l'entrée duquel je laissai l'espérance et la liberté. *(Il se lève.)* Que je voudrais bien tenir un de ces puissants de quatre jours, si légers sur le mal qu'ils ordonnent, quand une bonne disgrâce a cuvé son orgueil ! je lui dirais... que les sottises imprimées n'ont d'importance qu'aux lieux où l'on en gêne le cours ; que sans la liberté de blâmer, il n'est point d'éloge flatteur ; et qu'il n'y a que les petits hommes qui redoutent les petits écrits. *(Il se rassied.)* Las de nourrir un obscur pensionnaire, on me met un jour dans la rue ; et comme il faut dîner, quoiqu'on ne soit plus en prison, je taille encore ma plume, et demande à chacun de quoi il est question : on me dit que, pendant ma retraite économique, il s'est établi dans Madrid un système de liberté sur la vente des productions, qui s'étend même à celles de la presse ; et que, pourvu que je ne parle en mes écrits, ni de l'autorité, ni du culte, ni de la politique, ni de la morale, ni des gens en place, ni des corps en crédit, ni de l'opéra, ni des autres spectacles, ni de personne qui tienne à quelque chose, je puis tout imprimer librement, sous l'inspection de deux ou trois censeurs. Pour profiter de cette douce liberté, j'annonce un écrit périodique, et croyant n'aller sur les brisées d'aucun autre, je le nomme *Journal inutile*. Pou-ou ! je vois s'élever contre moi mille pauvres diables à la feuille[8] ; on me supprime ; et me voilà derechef sans emploi ! – Le désespoir m'allait saisir ; on pense à moi pour une place, mais par malheur j'y étais propre : il fallait un calculateur, ce fut un danseur qui l'obtint. Il ne me restait plus qu'à voler ; je me fais banquier de pharaon[9] : alors, bonnes gens ! je soupe en ville, et les personnes dites *comme il faut* m'ouvrent poliment leur maison, en retenant pour elles les trois quarts du profit. J'aurais bien pu me remonter ; je commençais même à comprendre que pour gagner du bien, le savoir-faire vaut mieux que le savoir. Mais comme chacun pillait autour de moi en exigeant que je fusse honnête, il fallut bien périr encore. Pour le coup, je quittais le monde, et vingt brasses d'eau m'en allaient séparer, lorsqu'un dieu bienfaisant m'appelle à mon premier état. Je reprends ma trousse et mon cuir anglais[10] ; puis laissant la fumée aux sots qui s'en nourrissent, et la honte au milieu du chemin, comme trop lourde à un piéton, je vais rasant de ville en ville, et je vis enfin sans souci. Un grand seigneur passe à Séville ; il me reconnaît, je le marie[11] ; et pour prix d'avoir eu par mes soins son épouse, il veut intercepter la mienne ! intrigue, orage à ce sujet. Prêt à tomber dans un abîme, au moment d'épouser ma mère, mes parents m'arrivent à la file[12]. *(Il se lève en s'échauffant.)* On se débat ; c'est vous, c'est lui, c'est moi, c'est toi ; non, ce n'est pas nous ; eh ! mais qui donc ? *(Il retombe assis.)* Ô bizarre suite d'événements ! Comment cela m'est-il arrivé ? Pourquoi ces choses et non pas d'autres ? Qui les a fixées sur ma tête ? Forcé de parcourir la route où je suis entré sans le savoir, comme j'en sortirai sans le vouloir, je l'ai jonchée d'autant de fleurs que ma gaieté me l'a permis ; encore je dis ma gaieté, sans savoir si elle est à moi plus que le reste, ni même quel est ce *Moi* dont je m'occupe : un assemblage informe de parties inconnues ; puis un chétif être imbécile ; un petit animal folâtre ; un jeune homme ardent au plaisir, ayant tous les goûts pour jouir, faisant tous les métiers pour vivre ; maître ici, valet là, selon qu'il plaît à la fortune ! ambitieux par vanité, laborieux par nécessité ; mais paresseux... avec délices ! orateur selon le danger ; poète par délassement ; musicien par occasion ; amoureux par folles bouffées ; j'ai tout vu, tout fait, tout usé. Puis l'illusion s'est détruite, et, trop désabusé... Désabusé !... Désabusé !... Suzon, Suzon, Suzon ! que tu me donnes de tourments !... J'entends marcher... on vient. Voici l'instant de la crise. *(Il se retire près de la première coulisse à sa droite.)*

Beaumarchais, *Le Mariage de Figaro*, acte V, scène 3 (extrait).

1. Allusion à la pièce de Voltaire, *Mahomet*, retirée de l'affiche après trois représentations sur les instances de l'Église.
2. La Turquie.
3. La Cyrénaïque, partie de l'Afrique du Nord.
4. L'actuelle Libye.
5. J'allais mourir.
6. L'huissier qui procède aux saisies.
7. Souvenir personnel de Beaumarchais qui fit plusieurs fois l'expérience de la prison.
8. Journalistes.
9. Le pharaon était un jeu d'argent à la mode à cette époque.
10. Les instruments du barbier.
11. Résumé du *Barbier de Séville*.
12. Voir acte III, scène 16.

La Mère coupable

1792

Avec *La Mère coupable*, drame en cinq actes, Beaumarchais a voulu prolonger « le roman de la famille Almaviva » en une troisième époque, « quand l'âge des passions s'éloigne ».

Le jeu des forces et des désirs qui sous-tendait les deux grandes comédies reçoit ainsi un éclairage nouveau sur le mode du pathétique : la « Mère coupable » est Rosine dont le fils Léon, fruit d'amours anciennes avec Chérubin, est épris de Florestine, la fille naturelle du Comte. Bégearss, un intrigant habile, « autre Tartuffe », s'est introduit dans la famille et, profitant des divisions qu'il suscite en rappelant les fautes passées, tente de s'accaparer la fortune du Comte en épousant Florestine et en éloignant la Comtesse. Figaro réussit à démasquer et à faire chasser le scélérat.

Si les intentions de Beaumarchais, dans ce drame de l'adultère qui aboutit au pardon des fautes, sont esssentiellement moralisatrices, quelques-unes des préoccupations majeures de son théâtre réapparaissent avec une certaine force : la recherche d'un langage de l'émotion, la volonté de lever le masque des hypocrites, de maîtriser des situations complexes grâce à la ruse et au sens du secret, enfin et surtout la quête de l'identité et la lutte pour sa reconnaissance.

« ... Cet enfant étranger, que vous osez nommer mon fils ! »

Bégearss a révélé au comte Almaviva que Léon n'est pas son fils en produisant une lettre, vieille de vingt ans, échangée entre la Comtesse et Chérubin. Le Comte décide d'éloigner le jeune homme. Une explication devient, dès lors, inévitable entre la Comtesse et son mari. Léon assiste en secret à l'entretien, caché dans le cabinet de sa mère. Celle-ci demande raison au Comte de sa sévérité à l'égard de son fils.

LA COMTESSE, *un peu plus fort.*
[...]Permettez-moi de vous le dire, un traitement aussi étrange est sans excuse aux yeux de la raison. Qu'a-t-il fait pour le mériter ?

LE COMTE *s'arrête ; d'un ton terrible.*
Ce qu'il a fait !

LA COMTESSE, *effrayée.*
Je voudrais bien, Monsieur, ne pas vous offenser !

LE COMTE, *plus fort.*
Ce qu'il a fait, Madame ! Et c'est vous qui le demandez ?

LA COMTESSE, *en désordre.*
Monsieur, Monsieur ! vous m'effrayez beaucoup !

LE COMTE, *avec fureur.*
Puisque vous avez provoqué l'explosion du ressentiment qu'un respect humain enchaînait, vous entendrez son arrêt et le vôtre.

LA COMTESSE, *plus troublée.*
Ah, Monsieur ! Ah, Monsieur !...

LE COMTE.
Vous demandez ce qu'il a fait ?

LA COMTESSE, *levant les bras.*
Non, Monsieur ! ne me dites rien.

LE COMTE, *hors de lui.*
Rappelez-vous, femme perfide, ce que vous avez fait vous-même ! et comment, recevant un adultère dans vos bras, vous avez mis dans ma maison cet enfant étranger, que vous osez nommer mon fils !

LA COMTESSE, *au désespoir, veut se lever.*
Laissez-moi m'enfuir, je vous prie.

LE COMTE, *la clouant sur son fauteuil.*
Non, vous ne fuirez pas ; vous n'échapperez point à la conviction qui vous presse. *(Lui montrant sa lettre.)* Connaissez-vous cette écriture ? Elle est tracée de votre main coupable ! et ces caractères sanglants qui lui servent de réponse...

LA COMTESSE, *anéantie.*
Je vais mourir ! je vais mourir.

LE COMTE, *avec force.*
Non, non ; vous entendrez les traits que j'en ai soulignés ! *(Il lit avec égarement.)* « Malheureux insensé ! notre sort est rempli ; votre crime, le mien, reçoit sa punition. Aujourd'hui, jour de *Saint-Léon*, patron de ce lieu et le vôtre, je viens de mettre au monde un fils, mon opprobre et mon désespoir... » *(Il parle.)* Et cet enfant est né le jour de *Saint-Léon*, plus de dix mois après mon départ pour la Vera-Cruz[1] ! *(Pendant qu'il lit très fort, on entend la Comtesse, égarée, dire des mots coupés qui partent du délire.)*

LA COMTESSE, *priant, les mains jointes.*
Grand Dieu ! tu ne permets donc pas que le crime le plus caché demeure toujours impuni !

LE COMTE.
... Et de la main du corrupteur. *(Il lit.)* « L'ami qui vous rendra ceci, quand je ne serai plus, est sûr. »

LA COMTESSE, *priant.*
Frappe, mon Dieu ! car je l'ai mérité !

LE COMTE *lit.*
« Si la mort d'un infortuné vous inspirait un reste de pitié, parmi les noms qu'on va donner à ce fils, héritier d'un autre... »

LA COMTESSE, *priant.*
Accepte l'horreur que j'éprouve, en expiation de ma faute !

1. Port du Mexique.

LE COMTE *lit.*
« Puis-je espérer que le nom de *Léon...* » *(Il parle.)* Et ce fils s'appelle *Léon !*

LA COMTESSE, *égarée, les yeux fermés.*
Mon Dieu ! mon crime fut bien grand, s'il égala ma punition ! Que ta volonté s'accomplisse !

LE COMTE, *plus fort.*
Et, couverte de cet opprobre, vous osez me demander compte de mon éloignement pour lui ?

LA COMTESSE, *priant toujours.*
Qui suis-je, pour m'y opposer, lorsque ton bras s'appesantit ?

LE COMTE.
Et, lorsque vous plaidez pour l'enfant de ce malheureux, vous avez au bras mon portrait[1] !

LA COMTESSE, *en le détachant, le regarde.*
Monsieur, Monsieur, je le rendrai ; je sais que je n'en suis pas digne. *(Dans le plus grand égarement.)* Ciel ! que m'arrive-t-il ? Ah ! je perds la raison ! Ma conscience troublée fait naître des fantômes ! – Réprobation anticipée !... Je vois ce qui n'existe pas... Ce n'est plus vous ; c'est lui qui me fait signe de le suivre, d'aller le rejoindre au tombeau !

LE COMTE, *effrayé.*
Comment ? Eh bien ! non, ce n'est pas...

LA COMTESSE, *en délire.*
Ombre terrible ! éloigne-toi !

LE COMTE *crie avec douleur.*
Ce n'est pas ce que vous croyez !

LA COMTESSE *jette le bracelet par terre.*
Attends... Oui, je t'obéirai...

LE COMTE, *plus troublé.*
Madame, écoutez-moi...

LA COMTESSE.
J'irai... Je t'obéis... Je meurs... *(Elle reste évanouie.)*

LE COMTE, *effrayé, ramasse le bracelet.*
J'ai passé la mesure... Elle se trouve mal... Ah ! Dieu ! Courons lui chercher du secours. *(Il sort, il s'enfuit. Les convulsions de la douleur font glisser la Comtesse à terre.)*

Scène XIV
LÉON accourant, LA COMTESSE évanouie.

LÉON, *avec force.*
Ô ma mère !... ma mère ! c'est moi qui te donne la mort ! *(Il l'enlève et la remet sur son fauteuil, évanouie.)* Que ne suis-je parti, sans rien exiger de personne ! j'aurais prévenu[2] ces horreurs !

Beaumarchais, *La Mère coupable*,
acte IV, scènes 13 et 14 (extraits).

Synthèse

Un théâtre en liberté

« J'entreprends de frayer un nouveau sentier » à l'art dramatique, proclame Beaumarchais dans la préface du *Mariage de Figaro*. Ce souci affiché d'un renouvellement des formes du théâtre illustre bien le goût de la liberté, si fort chez le créateur de Figaro qui récuse les règles[3], « cet éternel lieu commun des critiques, cet épouvantail des esprits ordinaires » *(Essai sur le genre dramatique sérieux)* pour en créer d'autres et pour inventer ainsi le langage d'un théâtre total.

En exploitant jusqu'à l'« ivresse verbale » (J. Scherer, *Dramaturgie de Beaumarchais*, Paris, Nizet, 1954) et la parodie les ressources traditionnelles du théâtre comique dans *Le Barbier de Séville* et *Le Mariage de Figaro*, en multipliant, par exemple, les énumérations, les détournements de proverbes ou les déformations de mots, Beaumarchais souligne les conventions du langage et en fait valoir toutes les possibilités.

Mais il va plus loin en interrogeant et en dépassant les frontières entre les différents genres du théâtre. Comment démêler dans ses pièces ce qui appartient à la comédie d'intrigue, à la comédie de mœurs, à la comédie sociale ou encore au drame de la sentimentalité ? D'ailleurs, après s'être essayé au drame *(Eugénie, Les Deux Amis)*, Beaumarchais n'y renonce pas complètement dans ses comédies où parfois le sérieux et l'attendrissement le disputent à la franche gaieté (*Le Mariage de Figaro*, acte II, scènes 7 à 19). À l'inverse, le drame de *La Mère*

1. Le portrait du Comte peint dans un bracelet a été remplacé par celui de Chérubin, à l'insu de la Comtesse, pour la confondre.
2. J'aurais évité.
3. Les règles classiques qui, depuis le XVIIe siècle, imposent des contraintes formelles précises aux dramaturges.

Manuel de La Cruz (1750-1792).
La Place de la Cebada.
0,83 × 0,94 m
(Madrid, Musée municipal).

coupable n'exclut pas le comique verbal dans les scènes où apparaît Figaro. Ce qui demeure d'une pièce à l'autre, c'est le projet de donner à chacun, maître ou valet, homme ou femme, père ou fils, son langage, c'est-à-dire celui de sa condition sociale mais aussi celui de la situation dramatique dans laquelle il s'exprime.

La création d'un mouvement perpétuel

Beaumarchais est, avant tout, un génial inventeur de situations. Celles-ci évoluent sans cesse, se ramifient et chaque personnage devient, avec plus ou moins de succès, un stratège de l'action et de la communication : ainsi, au cours de la « folle journée » du *Mariage de Figaro*, peut-on voir ce dernier successivement dialoguer ou monologuer, affronter le Comte dans des scènes publiques ou en tête à tête, jouer du quiproquo avant d'en être la victime, chercher à dissimuler ou encore à démasquer.

La parole elle-même, comme un « langage-action » (A. Villani), permet de se défendre ou d'attaquer, de cacher ou de révéler au sein de circonstances variées et mouvantes où l'initiative appartient à celui qui sait maîtriser les mots avec esprit et avec art.

Et quand le langage verbal ne suffit pas, il est redoublé par d'autres moyens d'expression. Car dans ce théâtre, tout est signe et tout fait signe : gestes, chansons, éléments du décor (la « jalousie » dans *Le Barbier de Séville*), costumes (les déguisements dans les deux comédies), objets (les lettres, les rubans et l'épingle qui circulent comme les emblèmes du désir), jusqu'aux silences (ceux de la Comtesse qui ouvrent l'espace du rêve dans *Le Mariage de Figaro*[1] et celui du drame dans *La Mère coupable*[2]).

1. Voir acte II, scènes 6 et 7 du *Mariage de Figaro* qui présentent la Comtesse « rêveuse ».

2. Voir l'extrait de *La Mère coupable*, où les silences de la Comtesse sont autant d'aveux muets (voir p. 375).

Richesse et complexité des caractères

Cette complexité, la remise en question perpétuelle des forces en présence, de leur identité (par le jeu des déguisements), de leur discours (par la prolifération du secret), de leurs sentiments (par l'imaginaire du désir) touchent les personnages eux-mêmes, dont les caractères apparaissent d'une exceptionnelle richesse.

Les personnages de Beaumarchais présentent une grande ambiguïté : par la force de leur volonté, de leur calcul ou de leur sensibilité, dans le jeu complexe de leurs relations, ils tentent d'échapper aux déterminations sociales en affirmant leur individualité. Le Comte dans *Le Barbier de Séville* n'hésite pas à se travestir en bachelier ; dans *Le Mariage de Figaro*, Chérubin refuse d'être officier, Figaro rappelle périodiquement qu'il est plus qu'un valet (voir le monologue), la Comtesse et Suzanne échangent leurs rôles sociaux en même temps que leurs costumes (acte V).

La grande nouveauté du théâtre de Beaumarchais tient à l'évolution des personnages que l'on retrouve d'une pièce à l'autre, différents par leurs attitudes et leur position dans l'économie des conflits. Ainsi, le Comte Almaviva, adversaire de la tyrannie de Bartholo dans *Le Barbier de Séville*, est lui-même contesté dans *Le Mariage de Figaro* pour ses abus de pouvoir. Figaro n'est plus alors son adjuvant malicieux mais son adversaire. Par son dynamisme conquérant, la gaieté insolente de ses réparties et la réflexion qu'il propose sur sa propre destinée et sur l'ordre social tout entier, Figaro s'élève à la hauteur de son maître et lui donne une leçon, à la fois politique et morale.

Société et destinée

Beaumarchais a voulu faire entrer dans ses pièces « la critique d'une foule d'abus qui désolent la société » (préface du *Mariage de Figaro*). Au nom du droit naturel au bonheur et à la liberté, il fustige les privilèges liés à la naissance (le monologue), les abus d'une justice « indulgente aux grands, dure aux petits » (*Le Mariage de Figaro*, acte III, scène 6), l'inégalité dont les femmes sont les victimes (*Le Mariage de Figaro*, acte III, scène 16), l'exercice du pouvoir aux mains des intrigants (*Le Mariage de Figaro*, acte III, scène 6 et *La Mère coupable*), des censeurs (*Le Mariage de Figaro*, acte V, scène 3), des calomniateurs (*Le Barbier de Séville*, acte II, scène 8) ou des tyrans.

Mais Beaumarchais n'offre pas seulement une satire des institutions et des pouvoirs en place. Il en conteste radicalement les valeurs lorsqu'elles signifient l'immobilisme, l'arbitraire et le mensonge : « Leur arracher le masque des mœurs dominantes » et les « montrer à découvert, telle est la noble tâche de l'homme qui se voue au théâtre » (préface du *Mariage de Figaro*).

Si ce théâtre est subversif, c'est dans l'irruption permanente du jeu, du mouvement, de l'insolence du langage d'un Figaro. Faire apparaître la réalité dans son caractère instable et ambigu, c'est offrir le spectacle d'un changement, c'est affirmer la possibilité de ce changement.

Le théâtre de Beaumarchais n'a de cesse de souligner, d'amplifier des déséquilibres que le dénouement des pièces ne peut complètement stabiliser. C'est que la vie est livrée au hasard, à la surenchère des pouvoirs et des désirs plus qu'aux certitudes. Chacun est à la recherche de sa vérité et quelque génie que l'on mette dans ses entreprises, nul n'est à l'abri des surprises que l'existence réserve : « Ô bizarre suite d'événements ! Comment cela m'est-il arrivé ? » s'interrogent Figaro et Beaumarchais dans le monologue. On ne sait plus alors ce qui l'emporte de l'inquiétude de l'homme face à sa destinée ou de l'optimisme de celui pour qui « l'esprit seul peut tout changer ».

LA FRANC-MAÇONNERIE

La thèse selon laquelle la Révolution française serait l'œuvre d'un complot maçonnique n'a plus cours aujourd'hui. Néanmoins, les historiens continuent de s'interroger sur le rôle joué par la franc-maçonnerie dans la diffusion de la pensée des Lumières au sein de la société du XVIIIe siècle et dans la chute de l'Ancien Régime. Réunis librement dans une assemblée qui veut préserver le secret de ses rites initiatiques, les francs-maçons participent à la création de relations sociales inédites, en marge des institutions officielles de l'État monarchique. Ils favorisent ainsi, au même titre que les cercles de pensée, cafés, cabinets de lecture, académies ou salons, la naissance d'un esprit nouveau.

Les origines du mouvement

Bâtisseurs d'églises, architectes jaloux de leurs secrets, les maçons du Moyen Âge formaient une corporation puissante et constituèrent dès le XIIIe siècle un « franc métier », c'est-à-dire une association libre, seulement assujettie à l'Église, commanditaire de tous les grands chantiers de l'époque. En Angleterre, la corporation des *free masons* (littéralement francs-maçons) devint un lieu d'accueil, où l'on pouvait être initié aux gestes et à la symbolique du métier. Au cours du XVIIe siècle, le caractère professionnel de l'association disparut peu à peu pour laisser place à des assemblées, caractérisées par des préoccupations philosophiques. En 1717, quatre de ces « loges » se réunirent pour former la Grande Loge de Londres et se dotèrent de « Constitutions ». Fondées sur une grande tolérance religieuse, celles-ci jetaient les bases de la franc-maçonnerie moderne, qui fut introduite en France dans les années 1720.

Tablier en cuir peint d'un franc-maçon, XVIIIe s. (Nantes, musée Dobrée).

Idéaux et symboles de la franc-maçonnerie

La véritable charte idéologique des francs-maçons est le *Discours* de l'Écossais Ramsay (1737) qui énonce les quatre vertus du « vrai maçon » : « L'humanité, la morale pure, le secret inviolable et le goût des beaux-arts ». Ces qualités doivent permettre aux membres de l'Ordre de « réunir les lumières de toutes les nations » pour atteindre la paix universelle.

Cette forme d'humanisme suppose à la fois la reconnaissance de la liberté des individus et la création de nouvelles solidarités qui, volontairement ou non, mettent en cause la société d'Ancien Régime et ses rigidités hiérarchiques. Se trouve ainsi valorisée une vie de relations et de discussions où se rencontrent, dans un commun idéal d'utilité sociale, les élites du savoir et du pouvoir.

Les adeptes de la franc-maçonnerie appartiennent en effet essentiellement à des couches privilégiées de la société civile, et ce n'est pas un des moindres paradoxes du mouvement que de proposer comme doctrine le tryptique « Liberté, égalité, fraternité », tout en faisant barrage à ceux qui ne sont pas issus du monde des notables.

Une autre contradiction réside dans le fait que les maçons veulent contribuer à la vie intellectuelle des Lumières, mais en substituant au rationalisme dominant une forme d'ésotérisme, une pensée mystique parfois proche de l'illuminisme. Pour accéder au monde de la connaissance, l'initié doit suivre les étapes d'un rite comprenant mots sacrés (souvent tirés de l'Ancien Testament) et symboles : triangle, équerre, compas, ciseaux, balance, etc. Outils essentiels du maçon qui entend participer à l'édification du Temple du Savoir et de la Justice[1], sous le double patronage du soleil et de la lune (allégorie de l'homme et de la femme réconciliés).

Essor maçonnique

L'influence de la maçonnerie se développe dès le milieu du siècle, avec d'autant plus de rapidité que l'offensive des autorités religieuses et politiques contre le mouvement se solde par un échec. Adversaire résolu des francs-maçons, le cardinal Fleury, ministre de Louis XV, ne peut enrayer la multiplication des loges, et leur condamnation par le pape Clément XII reste sans effet. C'est que la franc-maçonnerie, accueillant de grands seigneurs, bénéficie dans une certaine mesure de leur protection. À partir de 1760, les affiliations de nouvelles loges parisiennes et provinciales à l'Ordre (et particulièrement au Grand Orient de France) connaissent un essor considérable. Des écrivains, dont Voltaire et Laclos, sont initiés ainsi que de futurs acteurs de la Révolution comme Mirabeau. À la veille de 1789, la maçonnerie française compte au moins 600 loges et 30 000 affiliés. Le mouvement s'étend à l'Europe entière. En 1791, Mozart lui-même membre de la franc-maçonnerie, avec *La Flûte enchantée*, compose le premier « opéra maçonnique ».

La franc-maçonnerie répond finalement à la double postulation d'un XVIIIe siècle épris de vérité mais aussi de mystère, au carrefour de la tradition et de l'innovation. C'est ce qui explique en grande partie l'extraordinaire succès de ce mouvement de pensée né à la veille de la Révolution.

1. Par référence au temple de Salomon, un des hauts lieux de la mythologie judéo-chrétienne et de la symbolique franc-maçonnique.

CRISE ET RENOUVEAU DE LA POÉSIE
DELILLE, CHÉNIER

Joseph Vernet (1714-1789), *La Nuit, par un clair de lune*, 0,83 × 1,35 m, 1762 (Versailles, Musée national du Château).

L'importance accordée, au XVIIIe siècle, à une littérature d'idées, critique et dénonciatrice, fait apparaître la poésie comme un genre un peu secondaire à l'époque des Lumières.

Considérée par les uns comme un exercice intellectuel, par les autres comme une activité de salon, elle semble bien sur une courbe descendante dans la première partie du siècle, malgré l'existence de poètes comme Houdar de La Motte (1672-1731), Jean-Baptiste Rousseau (1671-1741) et Chaulieu (1639-1729). Il est vrai que la postérité n'a pas cru bon de les célébrer ! La poésie est en crise et il faut attendre la seconde moitié du siècle pour que ce genre retrouve, avec Delille et Chénier, un essor qui laisse libre cours à l'expression des émotions et du sentiment de la nature. On est en marche, alors, vers le romantisme.

Un genre en question

La situation de la poésie dans la première moitié du siècle est ambiguë. D'un côté, on voit des écrivains comme Voltaire faire appel à elle : il compose en 1728 son vaste poème épique à la gloire de Henri IV, la *Henriade* ; c'est en vers qu'il écrit *Le Mondain* (1736) et, un peu plus tard, le *Poème sur le désastre de Lisbonne* (1756). Ses vers se chargent tantôt d'intensité dramatique, tantôt de souffle épique, tantôt encore de verve satirique lorsque le poète philosophe ironise sur l'âge d'or. En 1735, dans une lettre, il regrette que la poésie soit délaissée au profit « de la géométrie et de la physique ».

De l'autre côté, la poésie souffre d'une image intellectuelle qui contribue à son déclin. Certains veulent, en effet, faire de la création poétique un exercice de la raison. Dans un traité intitulé *Sur la poésie en général*, Fontenelle s'oppose à l'idée que la poésie puisse être le résultat d'un élan créatif mettant en jeu l'imagination, l'affectivité et non la raison. Le poète Houdar de La Motte partage ce point de vue, considérant que la poésie ne doit pas « s'affranchir de la raison » et qu'il ne convient pas de se laisser aller, dans la création poétique, à autre chose qu'à un « enthousiasme réglé ». Soumise à de telles contraintes, la poésie risque de perdre l'élan créatif et la spontanéité qui font la véritable inspiration.

Enfin, le côté mondain de la poésie et l'exploitation assez stéréotypée qu'elle fait de la mythologie peuvent aussi expliquer une désaffection certaine. Élément de la vie sociale, la poésie abandonne le Parnasse, séjour des muses inspiratrices, pour « descendre » dans les salons où elle se plie aux règles conventionnelles de la rhétorique mondaine. Poésie de circonstance dans d'innombrables odes[1], elle se tourne, avec Jean-Baptiste Rousseau, vers une mythologie dont les images manquent à la fois de force et d'originalité. Les « aquilons fougueux » et les « doux zéphyrs » sont autant de clichés empruntés au siècle précédent. Diderot lui-même lui reproche une influence affaiblissante. « Plus un peuple est civilisé, poli, moins ses mœurs sont poétiques », écrit-il dans *De la poésie dramatique*, « tout s'affaiblit en s'adoucissant ». Ce qu'il souhaite voir naître et se développer est une poésie des temps bouleversés par les orages et les passions. Il annonce en cela, avec une intéressante prémonition, une poésie nouvelle qui ne fleurira qu'après la Révolution. Mais entre les formes figées d'une poésie trop classique et la violence romantique à venir, il existe une sensibilité poétique qui imprègne déjà certains textes en prose et une poésie versifiée qu'illustrent des poètes comme Delille et Chénier.

Un renouveau qui annonce le romantisme

Il prend sa source dans l'émergence romanesque d'une sensibilité qui privilégie l'imagination, le rêve et l'épanchement lyrique. Le sentiment de la nature, l'expression élégiaque de la fuite du temps, la nostalgie du passé et l'aspiration au bonheur d'une vie en harmonie avec l'environnement constituent des thèmes récurrents. On les retrouve chez Diderot, Rousseau ou Bernardin de Saint-Pierre.

Certaines évocations de paysages mouvementés (lacs, montagnes, torrents impétueux) ou au contraire paisibles (images champêtres d'une nature amie qui suscite la confidence) se présentent comme de véritables poèmes en prose. Ils associent le rythme des phrases et leur musicalité à ceux des éléments de la nature. La prédominance de l'émotion dans certaines œuvres à tendance autobiographique (la correspondance de Diderot, *Les Confessions, Les Rêveries* (voir p. 305) trouve

1. L'ode est un poème composé de strophes semblables (nombre et nature des vers) consacré, en général à la célébration d'un personnage ou d'un événement.

une expression particulièrement adaptée dans la poésie versifiée qui s'épanouit alors en un véritable renouveau. Connu tout d'abord par une traduction de Virgile qui souligne ses goûts pour la nature, Delille ne cache pas l'intérêt qu'il porte aux créations de l'imagination. C'est en effet le titre qu'il donne à l'un de ses recueils (voir ci-contre). Il y montre la place qu'il accorde à la rêverie et aux sentiments en demi-teinte qui caractériseront plus tard le « mal du siècle ». La mélancolie est ainsi présentée comme un accord profond entre le cœur solitaire et la nature, avec des accents qui annoncent Lamartine :

« Elle évite la foule, et redoute le bruit ;
Sauvage et se cachant à la foule indiscrète,
Le demi-jour suffit à sa douce retraite ;
De loin, avec plaisir elle écoute les vents,
Le murmure des mers, la chute des torrents[1]. »

Delille trouve aussi, dans le spectacle des métamorphoses que les saisons imposent à la nature, une inspiration à la fois simple et profondément sincère. Au-delà d'une description, les paysages deviennent de véritables miroirs de l'âme, où les couleurs et les mouvements prennent une signification affective. Entre les éléments de l'environnement extérieur et les sentiments s'effectue une véritable fusion.

Le spectacle de la mer déchaînée provoque chez le poète une véritable ivresse des sens, en accord profond avec la nature :

« Ce mouvement, ce bruit, cette mer turbulente
Roulant, montant, tombant en montagne écumante
Enivraient mon esprit, mon oreille et mes yeux[2]. »

Malgré, parfois, une certaine emphase et l'ampleur de vastes mouvements didactiques, la poésie de Delille offre une harmonie de rythme et de sonorités qui dénote une profonde sensibilité poétique.

Chénier, de son côté, n'abandonne pas totalement la tradition classique d'une poésie très marquée par la mythologie. Mais il donne à ses vers un élan épique, une dimension parfois cosmique, un souffle inspiré qui font du poète, avant la fonction que lui reconnaîtra Hugo, un guide moral et esthétique de l'humanité. La poésie de Chénier, qui mêle l'expression élégiaque des sentiments personnels à l'illustration des grands thèmes humanistes (reconnaissance et célébration du progrès, foi en l'homme et en la civilisation), est l'illustration d'une vocation nouvelle, qui trouvera son épanouissement chez Hugo et chez Vigny.

Tantôt analyste des sentiments les plus secrets, tantôt au contraire visionnaire exprimant ses espoirs dans l'avenir, il imagine le moment où l'homme, « libre de ses fers », pourra exercer sa liberté créatrice et imposer sa voix à l'univers. En prenant en charge l'expression poétique de certaines idées des Lumières, Chénier assure ainsi le lien entre le siècle de Voltaire et celui de Hugo.

1. Delille, *L'Imagination*.

2. Delille, *Les Jardins*.

Delille
1738-1813

Un auteur à succès, mais une gloire éphémère

Enfant naturel, Jacques Delille suit d'assez brillantes études puis entame une carrière de professeur. Une traduction des *Géorgiques*[1] de Virgile (1770) le fait connaître auprès des milieux cultivés et des philosophes. L'appui de Voltaire lui permet d'entrer au Collège de France, il est même élu à l'Académie française en 1779.

Quoique laïc, il a pris le titre d'abbé, grâce auquel il obtient les revenus attachés à l'abbaye Saint-Séverin. Il peut ainsi se consacrer entièrement à la poésie. En 1782, il publie *Les Jardins* et c'est à l'occasion d'un voyage à Constantinople que germe l'idée d'un futur recueil, *L'Imagination*, publié en 1806.

La Révolution le surprend et l'inquiète. Il adopte envers elle une prudente réserve. Bien que Robespierre lui propose de composer un hymne à l'Être Suprême, il préfère laisser cet honneur au poète officiel Marie-Joseph Chénier, frère d'André, et quitte la France pour la Suisse (1796). Comme beaucoup d'émigrés à cette époque, il séjourne en Allemagne et en Angleterre, où il découvre le romantisme.

À son retour en France, il connaît un immense succès avec *L'Imagination* et *Les Trois Règnes de la nature* (1808). La cécité qui l'atteint contribue au rapprochement qu'établissent ses admirateurs avec Homère[2].

À sa mort, en 1813, on lui organise des funérailles imposantes, mais il est ensuite rapidement oublié.

— Laurent Guyot (1756-1806), *Portrait de l'abbé Jacques Delille* d'après Fauvel, détail, gravure (Paris, BN).

Les Jardins ou l'Art d'embellir les paysages (1782), poème didactique en quatre chants.
L'Imagination (1806), poème en huit chants → pp. 383-384.
Les Trois Règnes de la nature (1808), poème en huit chants.

L'Imagination
1806

Commencée en 1785, à Constantinople, l'œuvre intitulée *L'Imagination* demande à son auteur presque dix années de travail pour être publiée, enfin, en 1806.

Elle se compose de huit chants, à l'imitation des textes de Virgile, et s'offre comme une sorte d'hymne aux facultés sensibles de l'homme. Réflexion sur la création artistique, *L'Imagination* regroupe déjà un grand nombre de thèmes que reprendra le romantisme : le voyage en Orient et l'évasion, le goût des ruines, de la solitude et de la méditation, les tendances à la rêverie, l'importance accordée à l'imaginaire.

1. *Les Géorgiques* sont une œuvre poétique dans laquelle Virgile (70-19 av. J.-C.) célèbre les travaux des champs et la vie des paysans.
2. Homère, poète épique grec à qui l'on attribue *L'Iliade* et *L'Odyssée*. La légende dit qu'il était aveugle ; on situe sa vie et son œuvre au IXe siècle av. J.-C.

« Bonheur des malheureux, tendre mélancolie... »

Dans le Chant III de *L'Imagination*, Delille fait un éloge de la mélancolie, qu'il présente comme une consolatrice. La musicalité des vers, les images, les évocations offrent ici le charme d'un état affectif qui allie la douceur de l'épanchement au plaisir d'un accord secret avec la nature.

Hubert Robert (1733-1808), *Vue d'un parc. Le jet d'eau*, 1,68 × 0,59 m, 1783 (Paris, musée du Louvre).

Ô penchant plus flatteur, plus doux que la folie !
Bonheur des malheureux, tendre mélancolie.
Trouverais-je pour toi d'assez douces couleurs.
Que ton sourire me plaît, et que j'aime tes pleurs !
Que sous tes traits touchants la douleur a de charmes !
Dès que le désespoir peut retrouver des larmes.
À la mélancolie il vient les confier,
Pour adoucir sa peine, et non pour l'oublier.
C'est elle qui, bien mieux que la joie importune,
Au sortir des tourments accueille l'infortune ;
Qui, d'un air triste et doux vient sourire au malheur,
Assoupit les chagrins, émousse la douleur.
De la peine au bonheur délicate nuance,
Ce n'est point le plaisir, ce n'est plus la souffrance ;
La joie est loin encore, le désespoir a fui ;
Mais, fille du malheur, elle a des traits de lui.
Quels sont les lieux, les temps, les images chéries,
Où se plaisent le mieux ses douces rêveries ?
Ah ! le cœur le devine ; en son secret réduit
Elle évite la foule, et redoute le bruit ;
Sauvage et se cachant à la foule indiscrète,
Le demi-jour suffit à sa douce retraite ;
De loin, avec plaisir, elle écoute les vents,
Le murmure des mers, la chute des torrents ;
La forêt, le désert, voilà les lieux qu'elle aime.
Son cœur plus recueilli jouit mieux de lui-même ;
La nature un peu triste est plus douce à son œil ;
Elle semble, en secret, compatir à son deuil.
Aussi l'Astre du soir la voit souvent rêveuse,
Regarder tendrement sa lumière amoureuse.
Ce n'est point du printemps la brillante gaîté.
Ce n'est point la richesse et l'éclat de l'été
Qui plaît à ses regards : non, c'est la pâle automne,
D'une main languissante effeuillant sa couronne.
Que la foule, à grands frais, cherche un grossier bonheur !
D'un mot, d'un nom, d'un rêve elle nourrit son cœur.
Souvent quand des cités les bruyantes orgies,
Au son des instruments, aux clartés des bougies,
Étincellent partout de l'or des vêtements.
Des éclairs de l'esprit, du feu des diamants,
Pensive, et sur sa main laissant tomber sa tête,
Un tendre souvenir est sa plus douce fête.

Delille, *L'Imagination*, Chant III.

Chénier
1762-1794

École française XVIIIe s., *Portrait d'André Chénier* (Paris, musée Carnavalet).

Un jeune homme sentimental

André Chénier naît en 1762, à Constantinople. Ses parents rentrent en France peu après, mais son père est nommé consul au Maroc. Il laisse donc sa famille en France avec Madame Chénier, une Grecque cultivée, qui ouvre un salon où elle reçoit des écrivains et des savants intéressés par la culture hellénique.

L'adolescent suit d'excellentes études au célèbre Collège de Navarre, où il se fait de nombreux amis parmi lesquels le poète Écouchard-Lebrun, qui lui conseille d'écrire des vers. Chénier refuse alors la carrière militaire vers laquelle veut l'orienter son père.

Menant l'existence d'un étudiant bohème, il voyage en Suisse et en Italie (1784), se lie avec des hommes généreux et éclairés comme le peintre David ou le mathématicien Condorcet et se passionne pour la naissance de la république des États-Unis. Une liaison sentimentale douloureuse avec Madame de Bonneuil lui inspire de nombreux poèmes dédiés à « Camille ». Il y chante le charme de l'amour partagé et la souffrance de la rupture.

La ruine brutale de sa famille l'ayant obligé à prendre un emploi, il devient secrétaire de l'ambassadeur de France à Londres, en 1787. C'est à cette période qu'il compose *L'Invention*, œuvre dans laquelle il tente de concilier, en poésie, la modernité et le classicisme.

Le poète martyr

La Révolution le ramène en France (1790), mais contrairement à son frère, républicain farouche, poète officiel et auteur du *Chant du départ*, Chénier reste plutôt partisan d'une monarchie constitutionnelle. Devenu journaliste, il attaque violemment les jacobins dans des articles comme « L'Avis au peuple français sur ses véritables ennemis ». Il dénonce l'alliance des « démagogues » et des « prolétaires » et n'hésite pas à s'en prendre à Robespierre, pourtant très redouté à l'époque. Menacé, il entre dans la clandestinité et croit pouvoir se retirer en paix à Versailles, en 1793. Il vit là une nouvelle liaison avec Madame Le Couteulx, la femme d'un banquier, qu'il immortalise par son prénom, Fanny. Arrêté au hasard d'une rafle, il est condamné à mort et monte sur l'échafaud le 25 juillet 1794. On lui reproche ses virulents pamphlets contre les jacobins. En prison, il avait composé, dans *Iambes*, une véritable dénonciation de ses bourreaux.

Il n'a presque rien publié de son vivant. Sa mort tragique le fait entrer dans la légende, et c'est alors que l'on découvre la plupart de ses œuvres.

Élégies (1781-1787), recueil poétique.
Les Bucoliques (1785-1787), recueil poétique → pp. 386-387.
L'Invention (1788), poème didactique destiné à servir de préface pour *Hermès* et *L'Amérique*.
Hermès (1788, inachevé), poème exaltant les pouvoirs visionnaires du poète.
L'Amérique (1788-1790), poème philosophique à la gloire du progrès et de la science.
Iambes (écrits en prison en 1794), satire violente des excès révolutionnaires → pp. 387-389.
(Les œuvres d'André Chénier ne seront publiées qu'en 1819.)

Les Bucoliques
1785-1787

Les Bucoliques, œuvre composée de 1785 à 1787, empruntent leur titre à Virgile[1], que Chénier admirait. À l'imitation du poète latin, il compose de nombreuses « idylles », petits poèmes consacrés à la célébration de l'amour dans un décor champêtre et agreste. Beaucoup de ces pièces restent à l'état d'ébauche. Seules vingt-sept sont vraiment achevées.

Chénier trouve dans la reprise des modèles antiques une inspiration qui dépasse la stricte imitation, et qui lui permet une véritable méditation poétique sur les grands thèmes du lyrisme : la vie et la mort, le temps et la célébration des valeurs humaines face au poids d'un destin aveugle.

Pierre de Valenciennes (1750-1819), *Paysage montagneux baigné par la mer. L'arc-en-ciel*, papier sur toile, 0,40 × 0,53 m (Paris, musée du Louvre).

1. Virgile (70-19 av. J.-C.) est l'auteur des *Bucoliques*, œuvre composée en 39 av. J.-C.

La Jeune Tarentine

L'épitaphe[1] et l'élégie funèbre sont des genres traditionnels, orientés vers la méditation sur la mort et vers la célébration d'une vie éphémère, qui tient sa valeur de sa fragilité même.

Le poème intitulé « La Jeune Tarentine » mêle l'inspiration antique aux sentiments sincères et douloureux inspirés par la mort d'une jeune fille. La mort de Myrto préfigure, par ses accents mélancoliques et par l'expression d'une tendresse émue, celle d'Atala[2], et rappelle celle de Virginie[3].

Pleurez, doux alcyons[4], ô vous, oiseaux sacrés,
Oiseaux chers à Thétis[5] doux alcyons, pleurez.
Elle a vécu, Myrto, la jeune Tarentine[6].
Un vaisseau la portait aux bords de Camarine[7].
Là l'hymen, les chansons, les flûtes, lentement,
Devaient la reconduire au seuil de son amant.
Une clef vigilante a pour cette journée
Dans le cèdre[8], enfermé sa robe d'hyménée[9]
Et l'or dont au festin ses bras seraient parés
Et pour ses blonds cheveux les parfums préparés.
Mais, seule sur la proue, invoquant les étoiles,
Le vent impétueux qui soufflait dans les voiles
L'enveloppe. Étonnée, et loin des matelots,
Elle crie, elle tombe, elle est au sein des flots.
Elle est au sein des flots, la jeune Tarentine.
Son beau corps a roulé sous la vague marine.
Thétis, les yeux en pleurs, dans le creux d'un rocher
Aux monstres dévorants eut soin de le cacher.
Par ses ordres bientôt les belles Néréides[10]
L'élèvent au-dessus des demeures humides,
Le portent au rivage, et dans ce monument
L'ont, au cap du Zéphir[11], déposé mollement.
Puis de loin à grands cris appelant leurs compagnes,
Et les Nymphes des bois, des sources, des montagnes,
Toutes frappant leur sein, et traînant un long deuil,
Répétèrent : « Hélas ! » autour de son cercueil.
Hélas ! chez ton amant tu n'es point ramenée.
Tu n'as point revêtu la robe d'hyménée.
L'or autour de tes bras n'a point serré de nœuds.
Les doux parfums n'ont point coulé sur tes cheveux.

Chénier, *Les Bucoliques*,
« La Jeune Tarentine ».

Iambes
1794

Les *Iambes* ont été composés alors que Chénier attendait son exécution dans la prison Saint-Lazare. Il emprunte le titre et la forme à un poète satirique grec, Archiloque de Paros (712-648 av. J.-C.), choix qui souligne une volonté fortement dénonciatrice.

L'iambe est une forme poétique consacrée à la satire, composée d'une succession de groupes de deux vers (des distiques), l'un étant plus court que l'autre. Pour respecter le modèle antique, Chénier fait alterner des alexandrins et des octosyllabes.

Son projet est de dénoncer la violence, l'arbitraire et l'horreur du tribunal révolutionnaire, de ses membres et de leurs agissements. L'expression est crue et réaliste, comme le montre cette évocation du révolutionnaire Collot d'Herbois : « Un fétide mélange [...] de vol, de calomnie, et de merde et de fange ».

Cette poésie violemment engagée aura une influence considérable sur celle du XIXe siècle, et en particulier sur les *Châtiments* de Victor Hugo.

« Au pied de l'échafaud j'essaye encor ma lyre »

Malgré le caractère horrible et injuste de son sort, le poète se découvre une dernière mission : la vengeance et le témoignage. Il confère ainsi à la poésie un rôle essentiel, qui l'inscrit dans la tradition de l'engagement poétique déjà illustré par Agrippa d'Aubigné[12] et par Ronsard[13].

Comme un dernier rayon, comme un dernier zéphyre[14]
    Animent la fin d'un beau jour,
Au pied de l'échafaud j'essaye encor ma lyre.
    Peut-être est-ce bientôt mon tour.
Peut-être avant que l'heure en cercle promenée

1. Ce mot désigne l'inscription qui figure sur un tombeau.
2. Héroïne de l'œuvre de Chateaubriand qui porte son nom.
3. Héroïne du roman de Bernardin de Saint-Pierre, *Paul et Virginie* (voir p. 317).
4. Oiseaux marins dont on prétendait qu'ils faisaient leur nid au creux des vagues. Souvent évoqués dans la poésie baroque.
5. Divinité marine, fille de Nérée et mère du héros grec Achille.
6. C'est-à-dire originaire de Tarente, au sud de l'Italie.
7. Port sicilien.
8. Comprendre : « dans un coffre de cèdre ».
9. Mot d'origine grecque signifiant « mariage ».
10. Sœurs de Thétis (voir note 5).
11. En Italie méridionale.
12. Agrippa d'Aubigné (1552-1630) composa *Les Tragiques*, tableau violemment dénonciateur des guerres de Religion.
13. Ronsard (1524-1585) fit de même dans le *Discours des misères de ce temps*.
14. Zéphyre ou, plus ordinairement, zéphyr : vent léger et doux.

Ait posé sur l'émail brillant,
Dans les soixante pas où sa route est bornée,
Son pied sonore et vigilant[1],
Le sommeil du tombeau pressera ma paupière.
Avant que de ses deux moitiés
Ce vers que je commence ait atteint la dernière,
Peut-être en ces murs effrayés
Le messager de mort, noir recruteur des ombres[2],
Escorté d'infâmes soldats,
Ébranlant de mon nom ces longs corridors sombres,
Où seul dans la foule à grands pas
J'erre, aiguisant ces dards persécuteurs[3] du crime,
Du juste trop faibles soutiens,
Sur mes lèvres soudain va suspendre la rime ;
Et chargeant mes bras de liens,
Me traîner amassant en foule à mon passage
Mes tristes compagnons reclus,
Qui me connaissaient tous avant l'affreux message,
Mais qui ne me connaissent plus.
Eh bien ! j'ai trop vécu. Quelle franchise auguste,
De mâle constance et d'honneur
Quels exemples sacrés, doux à l'âme du juste,
Pour lui quelle ombre de bonheur,
Quelle Thémis[4] terrible aux têtes criminelles,
Quels pleurs d'une noble pitié,
Des antiques bienfaits quels souvenirs fidèles,
Quels beaux échanges d'amitié,
Font digne de regrets l'habitacle[5] des hommes ?
La peur fugitive[6] est leur Dieu ;
La bassesse ; la feinte. Ah ! lâches que nous sommes
Tous, oui, tous. Adieu, terre, adieu.
Vienne, vienne la mort ! – Que la mort me délivre !
Ainsi donc mon cœur abattu
Cède aux poids de ses maux ? Non, non. Puissé-je vivre !
Ma vie importe à la vertu.
Car l'honnête homme enfin, victime de l'outrage,
Dans les cachots, près du cercueil,
Relève plus altiers son front et son langage,
Brillants d'un généreux orgueil.
S'il est écrit aux cieux que jamais une épée
N'étincellera dans mes mains,
Dans l'encre et l'amertume une autre arme trempée[7]
Peut encor servir les humains.
Justice, Vérité, si ma main, si ma bouche,
Si mes pensers les plus secrets
Ne froncèrent jamais votre sourcil farouche,
Et si les infâmes progrès,
Si la risée atroce, ou, plus atroce injure,
L'encens de hideux scélérats[8],
Ont pénétré vos cœurs d'une longue blessure,
Sauvez-moi. Conservez un bras
Qui lance votre foudre, un amant qui vous venge.
Mourir sans vider mon carquois[9] !

1. Le poète compare la marche du temps au pas d'un geôlier faisant sa ronde.
2. Par ces images funèbres, Chénier désigne le fonctionnaire chargé de faire l'appel des condamnés au moment de leur exécution.
3. Les vers deviennent des flèches dont le poète crible sans cesse les criminels.
4. Déesse de la justice.
5. Terme rare du vocabulaire religieux ou poétique, signifiant « demeure », « résidence », « séjour ».
6. L'adjectif « fugitive » signifie ici « qui inspire le désir de fuir ».
7. « Trempée » ne veut pas dire simplement « mouillée » ou « plongée ». Il faut le rapprocher du sens de « tremper » un métal ou une lame, afin de les rendre plus résistants.
8. Il s'agit des déclarations hypocrites de ceux qui prétendent servir la justice et la vérité, comme c'est le cas des bourreaux du poète.
9. C'est-à-dire « sans lancer tous mes traits », comme l'archer qui porte ses flèches dans son carquois (voir note 3).

Sans percer, sans fouler, sans pétrir dans leur fange
Ces bourreaux barbouilleurs de lois,
Ces vers cadavéreux de la France asservie,
Égorgée ! Ô mon cher trésor,
Ô ma plume ! fiel, bile, horreur, Dieux de ma vie !
Par vous seuls je respire encor :
Comme la poix brûlante agitée en ses veines[1]
Ressuscite un flambeau mourant,
Je souffre ; mais je vis. Par vous loin de mes peines,
D'espérance un vaste torrent
Me transporte. Sans vous, comme un poison livide,
L'invisible dent du chagrin,
Mes amis opprimés, du menteur homicide
Les succès, le sceptre d'airain[2] ;
Des bons proscrits par lui la mort ou la ruine,
L'opprobre de subir sa loi,
Tout eût tari ma vie ; ou contre ma poitrine
Dirigé mon poignard. Mais quoi !
Nul ne resterait donc pour attendrir l'histoire
Sur tant de justes massacrés ?
Pour consoler leurs fils, leurs veuves, leur mémoire,
Pour que des brigands abhorrés
Frémissent aux portraits noirs de leur ressemblance,
Pour descendre jusqu'aux enfers
Nouer le triple[3] fouet, le fouet de la vengeance,
Déjà levé sur ces pervers ?
Pour cracher sur leurs noms, pour chanter leur supplice ?
Allons, étouffe tes clameurs ;
Souffre, ô cœur gros de haine, affamé de justice.
Toi, Vertu, pleure si je meurs.

Chénier, *Iambes*.

Synthèse

La vie bouleversée de Chénier, ses origines familiales, sa sensibilité personnelle permettent de mieux comprendre une inspiration qui fait, avec originalité, la synthèse de certains courants de son époque. Sans contradiction, Chénier allie en effet une inspiration poétique imprégnée de tradition classique et une conscience de la modernité qui s'ébauche en cette fin de siècle.

Un lyrisme inspiré de l'Antiquité

Fervent admirateur de l'Antiquité, nourri d'humanités latines et grecques, Chénier reprend l'image traditionnelle de l'inspiration. D'origine quasi divine, celle-ci habite le poète auquel elle confère un véritable génie poétique, élan créateur qui prend la forme de l'enthousiasme. La poésie ne peut donc se réduire à des recherches formelles et raisonnées. Elle met en jeu la sensibilité, et se crée à partir de l'approche sensible que le poète a du monde environnant.

1. Le mot « veines » ne semble pas s'appliquer naturellement au « flambeau » dont il est question. Par cet emploi, Chénier paraît vouloir l'assimiler métaphoriquement à un être vivant.
2. « D'airain » signifie « de bronze ». Il s'agit d'une image désignant, à travers le symbole du sceptre, le pouvoir tyrannique et impitoyable dont le poète se déclare victime.
3. Selon la mythologie, les trois Furies (ou Érinyes) – Alecto, Mégère et Tisiphone –, munies de fouets, attendent aux Enfers les criminels afin de les châtier.

La poésie de Chénier est ainsi marquée par la célébration de la nature et de ses éléments, auprès desquels l'homme trouve la signification de son existence. *Les Bucoliques* sont aussi un hymne à l'exubérance d'une nature complice, consolatrice, féconde et riche.

Cependant, les interrogations plus philosophiques ne sont pas absentes de cette œuvre. Toujours dans la tradition antique, la mort inspire la méditation sur le caractère éphémère de la vie et sur la fragilité de la condition humaine. La mort d'une jeune fille est le point de départ d'une réflexion sur l'injustice du sort, les hasards de la destinée et le sens de la vie.

Un regard tourné vers l'avenir

Il ne faut pourtant pas voir, dans l'œuvre de Chénier, uniquement un retour nostalgique vers le passé traditionnel. Lecteur de l'œuvre des philosophes, Chénier est aussi, par certains aspects de sa poésie, un poète de la modernité, celui qui souhaite mettre en œuvre des « pensers nouveaux ». Il souligne ainsi la conscience qu'il a d'une ère nouvelle et sa foi dans un homme de progrès, tourné vers l'avenir. Son « Hymne à la justice » dénonce à la fois l'absence de liberté et l'espoir suscité par les transformations politiques aux États-Unis. Au confluent de deux siècles, la poésie de Chénier s'oriente tantôt vers la dénonciation très sévère (dans les *Iambes*) de l'arbitraire érigé en institution pendant la Révolution, tantôt vers l'expression d'une espérance de liberté et de justice.

UTOPIE ET RÉALISME
MERCIER, RESTIF DE LA BRETONNE

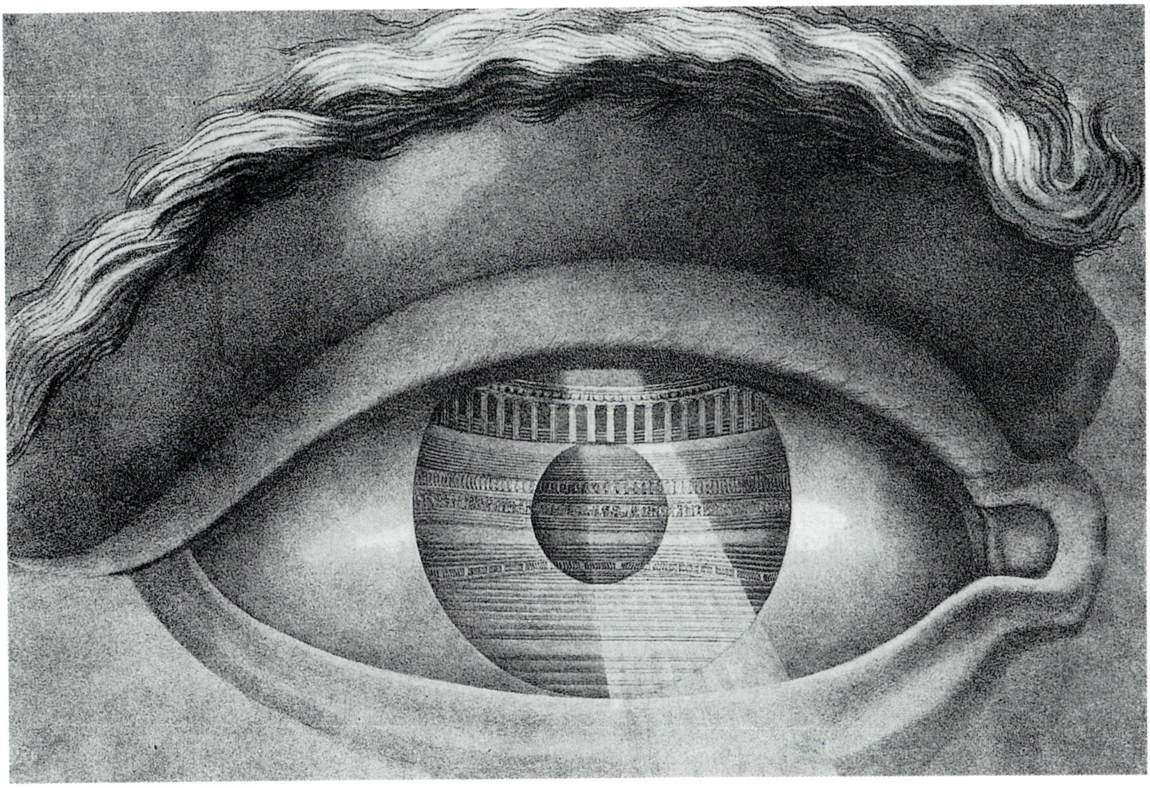

Claude-Nicolas Ledoux (1736-1800), *Vue du théâtre de Besançon à travers la coupe d'un œil* (Paris, BN).

Au XVIe siècle déjà, l'humanisme avait vu se développer une réflexion sur la société idéale parfois concrétisée par des projets d'organisations urbaines, sociales et politiques. L'abbaye de Thélème chez Rabelais, *L'Autre Monde*[1] de Cyrano de Bergerac, ou encore l'*Utopia*[2] de l'Anglais Thomas More appartiennent ainsi à ce que l'on appelle des utopies. Le mot, d'origine grecque, désigne une réalité qui n'existe en aucun lieu, et qui relève donc de l'imagination. Il désigne, par extension de sens, une œuvre littéraire qui s'attache, sur le papier, à définir un projet de gouvernement nouveau et parfait, correspondant à une image elle-même idéalisée de l'homme.

On comprend alors que l'utopie ait pu se développer au Siècle des lumières, dans un contexte marqué à la fois par la créativité et par la contestation : imaginer un monde parfait, n'est-ce pas, d'abord, souligner ce qu'a d'imparfait et de critiquable celui dans lequel on vit ? C'est par là que, sans paradoxe, on peut rapprocher l'utopie du réalisme qui s'efforce, lui, de mettre l'accent sur les anomalies de l'organisation sociale et politique.

1. Ouvrage publié de 1657 à 1662, après la mort de son auteur.

2. Ouvrage écrit en 1516.

UTOPIES ET LUMIÈRES

Les œuvres relevant de l'utopie sont nombreuses au XVIIIe siècle. Dans son *Code de la nature* (1755), Morelly propose une législation conforme au droit naturel, propre à assurer ordre, justice et égalité. Voltaire lui-même, dans *Candide*[1], présente l'Eldorado, qui concrétise à la fois l'âge d'or et le pays où « tout va bien », ce vieux rêve de l'humanité. L'Anglais Swift, dont *Les Voyages de Gulliver* (1726) connaissent un grand succès dans toute l'Europe, imagine la cité volante de Laputa, habitée par des hommes possédant d'extraordinaires connaissances scientifiques. On peut aussi penser que l'état de nature auquel fait allusion Rousseau dans ses deux discours relève, par son caractère non historique, du même type de création utopique.

Ces différents mondes ont un certain nombre de traits communs. Lorsqu'ils sont situés géographiquement, leur première caractéristique est leur aspect difficilement accessible : montagnes escarpées, chutes d'eau à traverser, rien ne favorise l'entrée dans l'Eldorado. Tout se passe comme s'il fallait mériter, par un parcours d'obstacles, l'accès à l'idéal. Sur le plan de l'organisation de la vie, ce qui domine est l'importance accordée à la nature, la reconnaissance des valeurs familiales et traditionnelles, la tolérance. Comparé au monde réel, celui de l'utopie est souvent le monde des valeurs renversées : Marivaux en donnait lui-même l'exemple avec *L'Ile des esclaves* ou *La Colonie* (voir p. 152). S'agit-il pour autant de chimères ? Les adeptes de l'utopie ne s'affirment pas comme des rêveurs, si l'on en juge par les œuvres de Restif de La Bretonne et de Louis-Sébastien Mercier.

DU RÊVE À LA RÉALITÉ

Il semble bien, en effet, que la littérature utopique repose sur un souci constant de faire valoir les capacités de la raison humaine. S'ils empruntent beaucoup à la tradition utopique, ces deux écrivains considèrent que l'idéal dont ils se font les propagandistes n'a rien d'insensé, d'absurde ou d'impossible à mettre en œuvre. Il n'y a pas nécessairement de différence profonde entre ce qu'ils imaginent et ce qui existe déjà, ou ce qui n'est pas loin d'exister, compte tenu des découvertes scientifiques et d'une certaine accélération du progrès.

Dans *La Découverte australe* (1781), Restif de La Bretonne retrace un voyage fabuleux : des hommes volants fondent en Patagonie une république, dans laquelle ils veulent corriger tous les abus constatés dans les pays qu'ils ont visités. Le fait d'imaginer des hommes volants n'est pas réellement extraordinaire : les premières montgolfières voleront deux ans plus tard seulement. En empruntant à Leibniz l'épigraphe de son roman *L'An 2440* (1770) : « Le temps présent est gros de l'avenir », Louis-Sébastien Mercier souligne l'existence d'un rapport très étroit entre l'utopie et la réalité. Le rapprochement des deux termes marque d'ailleurs à quel point la projection dans l'avenir des images d'un pays merveilleux est inséparable de l'observation précise et réaliste des détails de la vie quotidienne.

UN RÉALISME CRITIQUE

La description minutieuse du monde où ils vivent l'un et l'autre a une valeur de critique. Le fait de montrer toutes les tares de la vie sociale permet de mettre en évidence l'absolue nécessité du changement. Ils montrent à quel point il est indispensable de rapprocher la réalité vécue de l'utopie rêvée. Certaines des œuvres de Mercier et de Restif de La Bretonne se répondent comme s'il s'agissait d'un double tableau de l'envers et de l'endroit. *Le Tableau de Paris* de Mercier est à

1. *Candide*, chapitre XVIII, voir p. 96.

Pierre de Valenciennes (1750-1819), *Sous-bois, arbres aux branches tortueuses*, papier sur toile, 0,33 × 0,47 m (Paris, musée du Louvre).

rapprocher de *L'An 2440*, dont il constitue le pendant. Restif de la Bretonne donne, dans *Le Thesmographe ou Réforme des lois*, les remèdes à apporter aux maux dénoncés dans *La Paysanne pervertie*. La représentation du monde tel qu'il devrait être renvoie à l'image de ce qu'il est, et réciproquement. L'un ne s'explique pas sans l'autre, même si l'un cherche l'utopie dans le passé et l'autre plutôt dans le futur.

On remarque en effet que l'image d'une société patriarcale, idéalisée par Restif de La Bretonne, correspond aux souvenirs embellis de sa propre enfance. Comme chez Rousseau, l'utopie prend la forme de réminiscences modifiées à la fois par la mémoire, la sensibilité et le désir de voir les choses autrement, telles qu'on les rêve et non telles qu'elles furent réellement. Chez Mercier, au contraire, l'observation du présent et de ses injustices conduit à l'élaboration d'un monde différent, celui de *L'An 2440*, qui propose précisément ce qui manque au moment où s'élabore cette anticipation. L'utopie apparaît alors comme une simple création de ce qui n'existe pas dans l'immédiat mais qui pourrait rapidement exister dans une perspective non révolutionnaire, simplement plus humaine.

Avec une sorte de prescience d'une évolution possible, ces écrivains anticipent l'avenir en y projetant l'image que les Lumières ont des progrès de l'esprit humain. La forme romanesque se prête aussi bien au réalisme, qui décrit et présente un contexte historique critiquable, qu'aux créations de tendance utopique, qui ne sont que le reflet des préoccupations et des espoirs nés de l'esprit philosophique. En ce sens, on peut dire que Restif de La Bretonne et Mercier sont les héritiers directs des Lumières, sous une forme peut-être moins philosophique, mais très efficace par le double jeu de la dénonciation critique et de la création romanesque. La fiction n'est, en effet, ici que l'exact envers de la réalité.

Mercier
1740-1814

F.B. Lorieux, *Portrait de Louis-Sébastien Mercier*, gravure d'après Prudhomme (Paris, BN).

Un homme de progrès

Fils d'un artisan aisé, Louis-Sébastien Mercier devient professeur à Bordeaux, en 1763, après des études classiques qu'il juge trop traditionnelles. Fervent admirateur de Rousseau, dont il partage les idées, il le rencontre à Paris et fait de lui son modèle. Il se met alors à écrire des romans et des récits utopiques, débordant d'enseignements moraux et empreints d'une imagination visionnaire : *L'Homme sauvage* (1767), *Les Contes moraux* (1769), *L'An 2440* (1770). En 1781, il connaît un très grand succès avec son *Tableau de Paris*, ouvrage très dense mais d'une extraordinaire richesse d'observation. Il y développe une virulente satire sociale qui provoque l'interdiction du livre. Mercier est alors obligé de quitter la France pour la Suisse. C'est alors qu'il jette sur le papier, dans le plus grand désordre, des pensées diverses (*Mon bonnet de nuit*, 1784). De retour à Paris, il se lie avec Beaumarchais et surtout avec Restif de La Bretonne.

Les aléas de la politique

Lorsque éclate la Révolution, Mercier considère les événements avec espérance, développant l'idée qu'ils représentent le triomphe des Lumières et de la philosophie sur le despotisme. Il devient journaliste et publie un essai remarqué *De Jean-Jacques Rousseau considéré comme l'un des premiers auteurs de la Révolution* (1791). Député à la Convention, il s'associe aux modérés et se retrouve aux côtés des Girondins. La victoire des Montagnards (1793) le conduit en prison, et il échappe de justesse à l'échafaud. Pendant le Directoire, il siège au Conseil des Cinq-Cents (1794). On lui confie la charge de contrôleur de la Loterie, qu'il accepte alors qu'il en avait fortement critiqué le principe ! L'Empire mettra fin à la faveur dont il bénéficie : il exprime, en effet, des sentiments républicains trop affirmés.

Une curieuse évolution

Mercier est un personnage qui ne manque ni de relief ni de contradictions. Après avoir défendu l'esprit des Lumières, il s'attaqua violemment au rationalisme, dans les dernières années de sa vie, condamnant sans appel Descartes et Voltaire. Devant ses collègues de l'Institut (il y est entré en 1803), il tente de réfuter Copernic et Newton. Partisan des encyclopédistes dans sa jeunesse, il finit par considérer leur œuvre comme « l'écume empoisonnée des plus monstrueuses erreurs ». Abandonné de ses amis, qui en viennent à douter de l'authenticité de son œuvre, il vit pauvrement et meurt en 1814, dans une indifférence à peu près générale.

L'An 2440, rêve s'il en fut jamais (1770), roman → pp. 395-396.
La Brouette du vinaigrier (1775), drame en trois actes.
Le Tableau de Paris (1781-1788), essai → pp. 397-398.
Le Nouveau Tableau de Paris (1799), essai.
Mon bonnet de nuit (1784-1785), pensées diverses.

L'An 2440, rêve s'il en fut jamais

1770

L'écrivain s'endort un beau soir. À son réveil, il se trouve étrangement vieilli. Il en a bientôt la preuve : son sommeil a duré 672 ans ! Il a ainsi la possibilité de découvrir Paris en l'an 2440 et d'y admirer tous les progrès accomplis. Désormais gouverné par la sagesse et les principes de la philosophie, le monde est enfin conforme aux espoirs de Rousseau et des hommes du Siècle des lumières.

L'égalité et la justice règnent. Ce n'est plus la richesse qui distingue les individus, mais leur vrai mérite. La Bastille a été détruite. Le roi, proche de son peuple, appuie son autorité sur les lois et s'entoure de ministres dévoués au bien public. La vertu est désormais quasi innée chez tous les citoyens.

Ces prodigieux changements ne sont pourtant pas le résultat d'une révolution brutale. Selon Mercier, ils sont simplement les fruits d'une évolution naturelle. L'histoire chemine incontestablement vers le progrès. Pour accomplir ce qu'elle promet, elle n'a besoin que de temps. Le roman de Louis-Sébastien Mercier prend ainsi une signification ambiguë. On peut, certes, y voir l'expression d'une grande confiance en l'homme et en son avenir. Mais les sept siècles, que l'auteur semble croire nécessaires pour que triomphe son idéal (il écrit moins de vingt ans avant la Révolution !), montrent que ses espérances sont encore très lointaines.

Par là, *L'An 2440* trouve un intérêt plus immédiat : faute de rendre accessible l'utopie, il contribue dans le présent à dénoncer tout ce qui ne lui ressemble pas.

« Notre œil ne s'arrête point à la surface »

Venu du XVIIe siècle, le narrateur visite Paris en 2440. Après avoir été frappé par l'extrême facilité des communications, il remarque la grande simplicité vestimentaire des habitants de la capitale. Son guide, un savant rencontré par hasard, lui explique que les hommes ne se différencient pas par la richesse de leur apparence extérieure. Seuls, ceux qui sont dignes de l'estime publique se distinguent par le port d'un chapeau brodé.

« Les choses me paraissent un peu changées, dis-je à mon guide ; je vois que tout le monde est vêtu d'une manière simple et modeste, et depuis que nous marchons je n'ai pas encore rencontré sur mon chemin un seul habit doré : je n'ai distingué ni galons, ni manchettes à dentelle. De mon temps un luxe puéril et ruineux avait dérangé toutes les cervelles ; un corps sans âme était surchargé de dorure, et l'automate alors ressemblait à un homme.

– C'est justement ce qui nous a portés à mépriser cette ancienne livrée[1] de l'orgueil. Notre œil ne s'arrête point à la surface. Lorsqu'un homme s'est fait connaître pour avoir excellé dans son art, il n'a pas besoin d'un habit magnifique ni d'un riche ameublement pour faire passer son mérite ; il n'a besoin ni d'admirateurs qui le prônent, ni de protecteurs qui l'étayent : ses actions parlent, et chaque citoyen s'intéresse à demander pour lui la récompense qu'elles méritent. Ceux qui courent la même carrière que lui, sont les premiers à solliciter en sa faveur. Chacun dresse un placet[2], où sont peints dans tout leur jour les services qu'il a rendus à l'État. Le monarque ne manque point d'inviter à sa cour cet homme cher au peuple. Il converse avec lui pour s'instruire : car il ne pense pas que l'esprit de sagesse soit inné en lui. Il met à profit les leçons lumineuses de celui qui a pris quelque grand objet pour but principal de ses méditations. Il lui fait présent d'un chapeau où son nom est brodé et cette distinction vaut bien celle des rubans bleus, rouges et jaunes, qui chamarraient jadis des

1. Au sens propre, vêtement porté par un serviteur, un valet. « Livrée » prend ici une signification très péjorative : en s'affublant d'habits magnifiques et couverts d'ornements, l'homme montre qu'il est esclave de son orgueil.

2. Écrit adressé au roi ou à un haut personnage pour demander une faveur.

hommes absolument inconnus à la patrie[a]. Vous pensez bien qu'un nom infâme n'oserait se montrer devant un public dont le regard le démentirait. Quiconque porte un de ces chapeaux honorables, peut passer partout ; en tout temps il a un libre accès au pied du trône, et c'est une loi fondamentale. Ainsi, lorsqu'un prince ou un duc n'ont rien fait pour faire broder leur nom, ils jouissent de leurs richesses, mais ils n'ont aucune marque d'honneur ; on les voit passer du même œil que le citoyen obscur qui se mêle et se perd dans la foule. La politique et la raison autorisent à la fois cette distinction : elle n'est injurieuse que pour ceux qui se sentent incapables de jamais s'élever. L'homme n'est pas assez parfait pour faire le bien, pour le seul honneur d'avoir bien fait. Mais cette noblesse, comme vous le pensez bien, est personnelle, et non héréditaire ou vénale. À vingt et un ans, le fils d'un homme illustre se présente, et un tribunal décide s'il jouira des prérogatives de son père. Sur sa conduite passée, et quelquefois sur les espérances qu'il donne, on lui confirme l'honneur d'appartenir à un citoyen cher à la patrie. Mais si le fils d'un Achille[1] est un lâche Thersite[2], nous détournons les yeux, nous lui épargnons la honte de rougir à notre vue : il descend dans l'oubli à mesure que le nom de son père devient plus glorieux. De votre temps on savait punir le crime, et l'on n'accordait aucune récompense à la vertu ; c'était une législation bien imparfaite. Parmi nous, l'homme courageux qui a sauvé la vie à un citoyen dans quelque danger[b], qui a prévenu quelque malheur public, qui a fait quelque chose de grand et d'utile, porte le chapeau brodé, et son nom respectable, exposé aux yeux de tous, marche avant celui qui possède la plus belle fortune, fût-il Midas ou Plutus[c][3].

Louis Le Cœur, *Promenade au jardin du Palais-Royal*, 1787, détail (Paris, BN, collection Smith-Lesouef).
« De mon temps un luxe puéril et ruineux avait dérangé toutes les cervelles. »

– Cela est fort bien imaginé. De mon temps, on donnait des chapeaux, mais ils étaient rouges : on allait les chercher au-delà des monts[4] ; ils ne signifiaient rien ; on les ambitionnait singulièrement, et je ne sais trop à quel titre on les recevait. »

Mercier, *L'An 2440*, chapitre VI.

[Les notes **a, b, c,** sont de Mercier lui-même.] **a.** Chez les Anciens, la vanité des hommes consistait à tirer leur origine des dieux ; on faisait tous ses efforts pour être neveu de Neptune, petit-fils de Vénus, cousin germain de Mars ; d'autres, plus modestes, se contentaient de descendre d'un fleuve, d'une nymphe, d'une naïade. Nos fous modernes ont une extravagance plus triste : ils cherchent à descendre, non d'aïeux célèbres, mais bien anciennement obscurs. **b.** Il est étonnant que l'on n'accorde aucune récompense à l'homme qui sauve la vie à un citoyen. Une ordonnance de police donne dix écus au batelier qui retire un noyé de la rivière, mais le batelier qui sauve la vie à un homme en danger n'a rien. **c.** Quand l'extrême cupidité remue tous les cœurs, l'enthousiasme de la vertu disparaît, et le gouvernement ne peut plus récompenser que par des sommes immenses ceux qu'il récompensait par de légères marques d'honneur. Leçon à tous les monarques de créer une monnaie qui illustre ; mais elle n'aura cours que lorsque les âmes sentiront vivement ce noble aiguillon.

1. Le plus illustre et le plus brave des héros grecs, d'après *L'Iliade* d'Homère.
2. Autre personnage de *L'Iliade*, ridicule à cause de sa laideur et de sa lâcheté. Il sera tué par Achille pour avoir osé lui reprocher d'aimer la reine des Amazones, Penthésilée.
3. Midas était roi de Phrygie, la légende prétend qu'il avait le pouvoir de changer en or tout ce qu'il touchait. Plutus était le dieu de la richesse.
4. L'expression « au-delà des monts » fait référence à l'Italie. Il s'agit d'une allusion aux chapeaux rouges des cardinaux.

Le Tableau de Paris

1781-1788

Le Tableau de Paris est une œuvre importante composée, dans sa version finale, de douze tomes parus en trois publications successives, de 1781 à 1788. Cette œuvre, qui apporta une gloire durable à Mercier, repose pourtant sur un principe d'une grande humilité. Il s'agit d'établir un guide aussi complet que possible de la capitale. À ce titre, *Le Tableau de Paris* constitue un témoignage irremplaçable sur le Paris de la veille de la Révolution : descriptions minutieuses et pittoresques, peinture très réaliste des milieux populaires, jusque-là négligés par la littérature.

Curieux et infatigable fureteur, Mercier s'intéresse à tout, aux moyens de transports, aux enseignes, aux activités artisanales, aux différentes communautés, aux bruits si caractéristiques de la capitale. Il fait ainsi de Paris un tableau qui apparente la ville à un monde mystérieux et cosmopolite comme la Tour de Babel, plein d'ombres et de ténèbres inquiétantes.

Mais ce qui apparaît le plus clairement est l'immense misère de la capitale, sordide et souvent répugnante : rues encombrées d'immondices, logements insalubres, hôpitaux mouroirs, relâchement des mœurs. La critique est sévère et met en relief la nécessité urgente de réformes qui sont préconisées dans d'autres ouvrages.

« ... Il faut que l'homme s'étourdisse sur ses maux »

Dans cette évocation du faubourg Saint-Marcel, le quartier le plus pauvre de la capitale, le goût du détail sordide, la complaisance dans un climat noir et misérabiliste annoncent à plus d'un titre le réalisme de Balzac ou le naturalisme de Zola. On y perçoit aussi, au-delà de la critique sociale, la modération des opinions politiques de l'écrivain : tout en dénonçant les conditions d'existence indignes des petites gens, il révèle la crainte que lui inspire cette « populace », qu'il voudrait voir mieux surveillée.

C'est le quartier où habite la populace de Paris, la plus pauvre, la plus remuante et la plus indisciplinable. Il y a plus d'argent dans une seule maison du faubourg Saint-Honoré que dans tout le faubourg Saint-Marcel, ou Saint-Marceau, pris collectivement.

C'est dans ces habitations éloignées du mouvement central de la ville que se cachent les hommes ruinés, les misanthropes, les alchimistes, les maniaques, les rentiers bornés, et aussi quelques sages fastidieux, qui cherchent réellement la solitude et qui veulent vivre absolument ignorés et séparés des quartiers bruyants des spectacles. Jamais personne n'ira les chercher à cette extrémité de la ville : si l'on fait un voyage dans ce pays-là, c'est par curiosité ; rien ne vous y appelle ; il n'y a pas un seul monument à y voir ; c'est un peuple qui n'a aucun rapport avec les Parisiens, habitants polis des bords de la Seine.

Ce fut dans ce quartier que l'on dansa sur le cercueil du diacre Pâris, et qu'on mangea de la terre de son tombeau, jusqu'à ce qu'on eût fermé le cimetière :

De par le roi, défense à Dieu
De faire miracle en ce lieu[1].

Les séditions et les mutineries ont leur origine cachée dans ce foyer de la misère obscure.

Les maisons n'y ont point d'autre horloge que le cours du soleil ; ce sont des hommes reculés de trois siècles par rapport aux arts et aux mœurs régnantes. Tous les débats particuliers y deviennent publics ; et une femme mécontente de son mari plaide sa cause dans la rue, le cite au tribunal de la populace, attroupe tous les voisins, et récite la confession scandaleuse de *son homme*. Les discussions de toute nature finissent par de grands coups de poings : et le soir on est raccommodé, quand l'un des deux a eu le visage couvert d'égratignures.

Là, tel homme enfoncé dans un galetas se dérobe à la police et aux cent yeux de ses argus[2] à peu près comme un insecte imperceptible se dérobe aux forces réunies de l'optique.

Une famille entière occupe une seule chambre, où l'on voit les quatre murailles, où les grabats sont sans rideaux, où les ustensiles de cuisine roulent avec les vases de nuits. Les meubles en totalité ne valent pas vingt écus ; et tous les trois mois les habitants changent de trou, parce qu'on les chasse faute de paiement du loyer. Ils errent ainsi, et promènent leurs misérables meubles d'asile en asile.

1. En 1727, le diacre janséniste Pâris mourut. Dans le climat de querelles religieuses de l'époque, cet événement fut l'occasion de troubles graves : pendant longtemps, le cimetière Saint-Médard, où Pâris avait été enterré, fut le théâtre d'une agitation superstitieuse et hystérique. Certains fidèles du diacre furent pris de convulsions sur sa tombe. On prétendit y avoir observé plusieurs miracles, au point que les autorités finirent par en interdire l'accès.

2. Selon la mythologie, Argus était un géant aux cent yeux. La déesse Héra l'avait chargé de surveiller la jeune prêtresse Io, convoitée par Zeus, son époux, roi volage des dieux de l'Olympe. Les argus sont ici, plus simplement, les sbires de la police.

Jacques-Albert Senave (1758-1829), *Scènes de rue à Paris en 1791* (Paris, musée Carnavalet).

On ne voit point de souliers dans ces demeures ; on n'entend le long des escaliers que le bruit des sabots. Les enfants y sont nus et couchent pêle-mêle.

C'est ce faubourg qui, le dimanche, peuple Vaugirard et ses nombreux cabarets ; car il faut que l'homme s'étourdisse sur ses maux ; c'est lui surtout qui remplit le fameux *salon des gueux*. Là dansent sans souliers et tournoyant sans cesse des hommes et des femmes qui, au bout d'une heure, soulèvent tant de poussière qu'à la fin on ne les aperçoit plus.

Une rumeur épouvantable et confuse, une odeur infecte, tout vous éloigne de ce salon horriblement peuplé et où, dans les plaisirs faits pour elle, la populace boit un vin aussi désagréable que tout le reste.

Ce faubourg est entièrement désert les fêtes et les dimanches. Mais, quand Vaugirard est plein, son peuple reflue au Petit-Gentilly, aux Porcherons et à la Courtille[1] : on voit le lendemain, devant les boutiques des marchands de vin, les tonneaux vides et par douzaines. Ce peuple boit pour huit jours.

Il est, dans ce faubourg, plus méchant, plus inflammable, plus querelleur et plus disposé à la mutinerie que dans les autres quartiers. La police craint de pousser à bout cette populace ; on la ménage, parce qu'elle est capable de se porter aux plus grands excès.

Mercier, *Le Tableau de Paris*.

Synthèse

Louis-Sébastien Mercier nous laisse une masse très importante d'écrits extrêmement diversifiés, signe d'une inlassable curiosité. Presque tous les genres y sont représentés : essai, conte, roman, critique et même poésie. De cette œuvre, on retient surtout ce qui fait de lui, paradoxalement, à la fois un observateur réaliste et un romancier de fiction. Très célèbre de son temps, il mériterait sans doute d'être mieux connu du nôtre.

1. Dans ces banlieues, le vin était moins cher, puisqu'il n'avait pas été soumis aux taxes qu'il fallait payer pour introduire des denrées en ville. Installé aux portes de Paris, l'octroi avait fonction de péage. En allant hors des murs de la cité, le petit peuple pouvait donc s'amuser à moindres frais.

Un observateur réaliste de son temps

L'un des caractères les plus originaux de l'œuvre de Mercier réside dans le réalisme minutieux qui s'y fait jour. *Le Tableau de Paris* offre, à ce sujet, une fresque extraordinaire de la vie quotidienne en France, à l'aube de la Révolution. Observateur curieux, l'écrivain y montre le peuple dans les aspects les plus humbles, et les moins connus, de l'existence ordinaire. Il n'oublie rien des détails pittoresques de ce monde coloré et grouillant : toutes les classes sociales, tous les métiers, tout ce qui régit l'urbanisme, la voirie, l'approvisionnement. Il s'intéresse même au sort des vidangeurs et décrit, pour mieux montrer la rudesse de leur travail, les latrines publiques ! Ses ennemis auront beau jeu de dénoncer la grossièreté de Mercier, auteur, selon Rivarol, d'un « ouvrage pensé dans la rue et écrit sur la borne ».

Pourtant, ce souci de réalisme et d'exactitude a sa raison d'être dans le projet de Mercier. Désireux de tout réglementer, de tout réformer, de tout changer, il semble vouloir ainsi donner l'assurance de son intime connaissance de tous les problèmes. Il rend ses rêves d'un autre monde d'autant plus crédibles qu'ils s'enracinent dans une conscience aiguë des réalités. C'est aussi l'occasion de développer une ample satire des mœurs : montrer les choses telles qu'elles sont revient, pour Mercier, à prouver qu'elles sont mauvaises et qu'il faut les transformer.

Un rêveur prophétique

Mûrissant dans son imagination l'idée de mille réformes possibles, Mercier ne cesse de concevoir des projets politiques ou sociaux, tous plus ou moins utopiques mais toujours définis avec une extrême précision. Faute de vivre dans un présent qui lui convienne, il va jusqu'à donner forme à l'avenir. Dans *L'An 2440* (1770), il souhaite le renversement de la monarchie absolue, prévoit la destruction de la Bastille et exprime un idéal républicain et égalitaire.

Le destin de Louis-Sébastien Mercier ne paraît donc pas très juste : homme d'une extraordinaire renommée en son temps, il est à peu près totalement inconnu aujourd'hui. Son importance semble pourtant incontestable. Lecteur et disciple des philosophes, il cherche dans son œuvre les moyens de réaliser leurs rêves et, l'un des premiers, il montre clairement leur influence sur les événements révolutionnaires.

Restif de La Bretonne
1734-1806

Louis Binet (1744-1800), *Portrait de Nicolas Restif de La Bretonne*, gravure (Paris, BN).

Typographe et écrivain

Nicolas-Edme Restif de La Bretonne voit le jour à la campagne, dans une famille de paysans cossus. Il devient ouvrier typographe à Auxerre (1751-1755), ou il mène une vie agitée et quelque peu libertine. Il finit par venir s'établir à Paris. À force d'imprimer des livres, l'envie le prend d'en écrire lui-même. S'étant mis à son compte, il réalise son projet et devient son propre éditeur. Son statut semble donc particulièrement original en son temps. Autodidacte, vivant dans un milieu très populaire et lié à l'humble monde des ouvriers et artisans, Restif se distingue totalement des élites intellectuelles traditionnelles.

Une vie de bohème

Il remporte certains succès : ainsi, *Le Paysan perverti* est remarqué à sa parution (1775). Mais outre sa relative marginalité, Restif révèle un caractère ombrageux et instable. On le rencontre en compagnie de filles de joie. Il s'endette. Ses fréquentations, les scandales qu'il provoque, les difficultés financières empoisonnent sa vie et lui valent une bien mauvaise réputation. Il se brouille avec sa femme. On lui reproche de contredire le moralisme sentencieux de ses ouvrages par ses comportements, jugés sévèrement. Il déménage sans cesse, va d'aventure en aventure.

Il entretient quelques relations avec Beaumarchais, hante timidement les cafés littéraires. Il devient surtout un observateur privilégié des milieux populaires, battant sans cesse le pavé, errant dans le Paris nocturne. *Les Nuits de Paris* (1788-1794) en sont le témoignage.

Une triste fin

La vieillesse semble aggraver les désordres du personnage. On le voit de plus en plus frayer avec un monde crapuleux et équivoque. Déjà connu comme pornographe et débauché, Restif manifeste une érotomanie de plus en plus débridée.

La Révolution achève de le ruiner, en raison de la dépréciation des assignats. Il ne peut subsister que grâce aux aides publiques. Infirme et malade, il dépense ses dernières forces à faire publier un gigantesque ouvrage, à la fois autobiographique, romanesque et philosophique, véritable somme de sa pensée : *Monsieur Nicolas* (1794-1797). Seul, abandonné de ses amis, il meurt dans une extrême pauvreté.

Le Paysan perverti (1775), roman.

La Vie de mon père (1779), roman autobiographique.

La Découverte australe par un homme volant ou le Dédale français (1781), roman utopique → pp. 401-402.

La Paysanne pervertie ou les Dangers de la ville (1785), roman dans lequel Restif intègre **Le Paysan perverti** → pp. 403-404.

Le Thesmographe ou Réforme des lois (1787), essai.

Les Nuits de Paris (1788-1794), témoignage sur les événements révolutionnaires et peinture du Paris nocturne.

Monsieur Nicolas ou le Cœur humain révélé (1794-1797), autobiographie romancée et méditation philosophique.

L'Anti-Justine (1798), roman.

La Découverte australe par un homme volant ou le Dédale français

1781

Ce roman utopique donne une image particulièrement étonnante de la fantaisie créatrice de Restif de La Bretonne. On y voit s'y mêler tout à la fois un goût certain pour l'innovation scientifique, un intérêt très vif pour l'exotisme et les voyages imaginaires, un désir insatiable de réformes politiques et morales, et même une attirance évidente pour le romanesque.

Le héros, Victorin, s'ennuie dans sa condition de clerc de notaire. Heureusement, son ingéniosité lui permet de construire un appareil qui le rend capable de voler. Il enlève d'abord la fille d'un seigneur et en fait sa femme. Puis, avec quelques compagnons auxquels il a appris à voler comme lui, Victorin part pour les terres australes. Ayant trouvé des alliés chez les Patagons, peuple de bons géants qui habite ces régions, il y fonde une république. Au cours de ses voyages, la communauté des hommes volants a découvert l'existence de nations étranges et burlesques, qui rappellent à bien des égards celles rencontrées par Panurge et Pantagruel, héros du *Quart livre* de Rabelais[1], dans leurs aventures. On peut aussi penser aux mondes utopiques décrits avec beaucoup de verve par Cyrano de Bergerac[2].

Le récit semble tout entier fondé sur des éléments symboliques : l'envol de Victorin vers les mers du Sud, le fait qu'il trouve en même temps, grâce au fabuleux pouvoir dont il s'est emparé, l'amour et la liberté, autant de raisons pour voir dans son histoire un véritable parcours initiatique. Le fantastique offre les moyens de s'évader d'un monde mesquin et étouffant. Mais Restif sait établir avec cet univers incroyable des rapports presque familiers. En peignant avec un soin maniaque chaque détail qu'il invente, comme il le ferait, en d'autres lieux, de la plus évidente banalité, il confère à ses délires un air de vérité troublant.

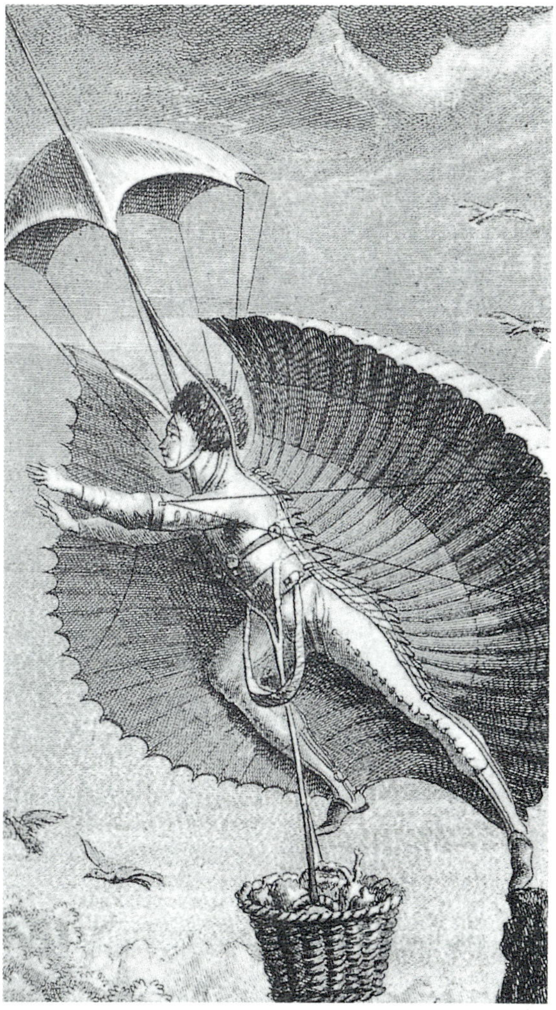

Anonyme, Frontispice de l'édition de 1781 de *La Découverte australe par un homme volant. Victorin prenant son vol*, gravure en taille-douce (Paris, BN).

1. Voir *Itinéraires littéraires, Moyen Âge, XVIe siècle*, le chapitre consacré à Rabelais.
2. Voir *Itinéraires littéraires, XVIIe siècle*, le chapitre consacré à Cyrano de Bergerac.

L'homme volant

Le héros se livre aux essais de sa machine volante. Le narrateur nous la décrit dans le détail. On sait que de telles machines ont souvent été imaginées depuis l'Antiquité. Certains esprits aventureux comme Léonard de Vinci auraient, prétend-on, essayé de réaliser le rêve de Victorin.

On observera, cependant, que la précision des explications fournies ici tend à faire apparaître l'exploit comme le résultat logique, normal et simple de procédures rationnelles. Rien de magique dans les ailes de Victorin : elles représentent un pouvoir que l'homme doit raisonnablement espérer conquérir sur la nature.

Arrivé sur une colline isolée, Victorin s'ajusta ses ailes : une large et forte courroie, qu'il avait fait préparer au bourrelier, lui ceignait les reins ; deux autres plus petites, attachées à des brodequins, lui garnissaient latéralement chaque jambe et chaque cuisse, puis venaient passer dans une bande de cuir, fixée à la ceinture des reins ; deux bandes fort larges se continuaient le long des côtes, et joignaient un chaperon, qui garnissait les épaules par quatre bandes, entre lesquelles passaient les bras. Deux porte-baleines mobiles, dont la base était appuyée sur les brodequins, pour que les pieds puissent les mettre en jeu, se continuaient sur les côtés, assujettis par de petits anneaux de buis huilés.

Le ressort qui donnait le mouvement aux ailes était mis en jeu par deux courroies qui passaient sous la plante de chaque pied ; de sorte que pour voler, il fallait faire le mouvement ordinaire de la marche, mouvement qui par conséquent pouvait s'accélérer et se ralentir à volonté. Les deux pieds donnaient chacun un mouvement complet aux deux ailes ; ils les dilataient et les faisaient battre simultanément ; mais par l'effet d'un petit rouage, le pied droit opérait l'allongement du parasol fermé, et le pied gauche le ramenait en le rouvrant : ce mécanisme était exécuté par les deux baleines collatérales, mues par une roue à deux crans qui passait sous les pieds, et qui en tournant du même côté, tirait la baleine gauche, et en continuant, accrochait un bouton de la baleine droite, pour la pousser... Les rouages de cette machine volante n'étaient que de buis ; mais ils fatiguaient peu, à l'exception des deux dents, et de leurs appuis, qui étaient d'acier poli, adouci par une matière onctueuse : la seule partie sujette à périr par le frottement, était la sangle qui faisait mouvoir le ressort des ailes : elle était de soie, mais de la plus grande force, et l'Homme volant en avait toujours plusieurs dans sa poche : il la visitait à chaque fois qu'il mettait au vol, et il n'attendait jamais qu'elle fût trop usée pour en changer.

Restif de La Bretonne,
La Découverte australe par un homme volant, tome 1.

Anonyme, illustration pour *La Découverte australe par un homme volant. Les hommes-singes*, détail, gravure en taille-douce (Paris, BN).

La Paysanne pervertie ou les Dangers de la ville

1785

Comme bien souvent dans son œuvre, Restif de La Bretonne calque les personnages et les événements de son roman sur sa propre vie. Sa sœur et lui, jadis amenés à quitter leur campagne natale pour s'établir à Auxerre puis à Paris, sont les modèles originaux d'Edmond et d'Ursule, les « paysans pervertis ». Si les aventures de ses héros sont plus tragiques que celles connues par Restif, elles ont, dans son esprit, la même signification morale.

Déjà introduit dans la vie mondaine et dissipée de Paris, Edmond appelle sa sœur, Ursule, auprès de lui. Il croit en effet pouvoir lui offrir une existence aisée et brillante, grâce à ses relations et aux intrigues auxquelles il est mêlé. Elle vient donc le rejoindre. Au fil des lettres qu'échangent les jeunes gens avec leurs parents et leur entourage, et dont le recueil est censé composer le roman, apparaît peu à peu toute l'étendue de la déchéance dans laquelle ils vont sombrer l'un et l'autre. De galanterie en débauche, Edmond et Ursule se laissent corrompre par les libertins qu'ils fréquentent. Devenu souteneur d'Ursule, Edmond commet des crimes qui l'envoient au bagne. Il est mordu par un serpent et doit subir l'amputation d'un bras. Informe et déclassé, il revient à Paris et retrouve Ursule, désormais épouse d'un marquis. Il ignore qu'elle s'est repentie de ses fautes passées, et pour la punir, il la poignarde.

Paru dix ans plus tôt, *Le Paysan perverti* avait connu un vif succès. En lui ajoutant une suite, Restif entend sans doute en prolonger les fruits. Mais il donne à son œuvre une coloration beaucoup plus noire et tragique. La complaisance dans l'horreur, l'étalage des vices, la surenchère de cruauté du dénouement rendent très ambiguës les intentions de Restif. Envoyé au bagne pour des crimes inexcusables, Edmond croit se racheter en commettant un parricide, en assassinant sa propre sœur qu'il imagine toujours menant la même vie indigne que lorsqu'il l'a quittée. Étrange révision morale ! Tout en dénonçant les perversions du monde, Restif ne semble pas parvenir à proposer des valeurs plus convaincantes que celles qu'il rejette.

« Prenez garde, Ursule !... »

Ursule arrive d'Auxerre par le coche d'eau. Elle débarque à Paris, au port Saint-Paul. Dès l'abord, la ville révèle à Ursule, pourtant encore bien naïve, ses dangers et ses corruptions. Il ne faut guère attendre, on le constate, pour que se trouve justifié le titre du roman.

À Madame Parangon[1]

Nous sommes arrivés très heureusement. Paris, vu de la Seine, fait un spectacle imposant et majestueux : mais le dedans a ses désagréments, comme vous allez voir, et comme sans doute vous le savez. Nous sommes arrivées de grand jour au port *Saint-Paul* : je suis descendue la première, plus hardiment que je n'aurais cru. La bonne dame Canon[1] a eu peur, en me voyant aller si résolument, et elle s'est écriée : « Prenez garde, Ursule !... » Ce qui m'a fait frissonner, je ne sais pourquoi. Mes genoux ont tremblé, quand mes pieds ont touché la terre, comme si celle de Paris me devait porter malheur. Mais c'était de joie : car ce pays me plaît beaucoup, et je suis très satisfaite de la capitale ; il ne me manque que la présence d'une amie adorée, pour y être heureuse. Mais il faut que je vous dise un mot des désagréments dont j'ai parlé. D'abord la chère dame Canon en est quelquefois de bien mauvaise humeur ! Elle nous fait souffrir de toutes les sottises qu'on nous dit, ou des compliments qu'on nous fait dans les rues. L'un de ces jours, un homme nous suivait le soir, et nous disait je ne sais combien de choses où je n'ai rien compris : nous doublions le pas ma charmante petite sœur et moi (je l'appelle ainsi depuis votre chère lettre, mais comme par amitié, sans lui en dire le vrai sujet) pour ne pas entendre les sots propos : Mme Canon nous a rappelées, et nous a grondées de ce que nous allions trop loin devant elle ; nous avons marché doucement, et le vilain homme a été à son aise : Mme Canon, qui bouillait, et qui n'osait rien dire, parce qu'elle avait peur, nous a encore grondées de ce que nous allions doucement. Nous avons été vite ; l'homme s'est mis entre elle et nous : elle nous a encore rappelées, suffoquée de colère, et elle l'a menacé de le faire arrêter : il lui a ri au nez : effectivement elle avait un air si comique, que Fanchette[2] a éclaté : je me pinçais, moi, pour m'empêcher de rire, et surtout je regardais le vilain homme, qui s'est avisé de venir à moi : il m'a mise en colère, au point que je lui préparais un bon soufflet, lorsque la garde a paru. Il s'est aussitôt glissé entre deux carrosses, et nous ne l'avons plus vu. Après cela, nous en avons eu un autre plus poli, qui nous a fait de jolis compliments, surtout à Mlle Fanchette, qui me disait assez haut : « Est-ce qu'il nous connaît, ma bonne amie ? – C'est qu'il disait que nous n'avions pas besoin de parure, et que nous étions adorables en déshabillé ; que nous avions de l'esprit, et je ne sais combien d'autres choses. Il a beaucoup ri de ce que me disait Fanchette, à chacun de ses compliments ; car Mme Canon, qui donnait le bras à la cuisinière était à quelques pas de nous, et cet homme-ci ne faisait pas semblant

1. Avant de venir à Paris, Ursule a été confiée à Madame Parangon, aimable épouse d'un imprimeur d'Auxerre. La « bonne dame Canon » est la tante de cette honnête personne. Elle joue le rôle de la gouvernante d'Ursule et l'accompagne dans son voyage à Paris.

2. Jeune sœur de Madame Parangon (voir note précédente), devenue amie d'Ursule. Elle connaîtra une déchéance comparable.

Nicolas-Bernard Lépicié (1735-1784), *Le Lever de Fanchon*, 0,74 × 0,93 m, 1773 (Saint-Omer, musée-hôtel Sandelin).

de nous parler[1]. Ce qu'il nous disait était fort singulier, lorsque nous sommes heureusement arrivées à notre porte. Il nous a regardées entrer, et je l'ai encore aperçu du balcon, qui restait en extase de l'autre côté de la rue. Cela est drôle ici ! Comme on ne se connaît pas, chacun y dit ce qu'il pense, et on n'est pas retenu comme chez nous et à Au...[2] par une sorte de respect humain, dans la crainte que ces petits écarts ne soient sus. Il me semble, sans être philosophe, que c'est pourquoi le vice va plus tête levée ici qu'ailleurs ; il n'a que le moment présent de la honte à craindre ; la chose passée, la rue quittée, on est un être tout neuf, et absolument intact où l'on arrive. Cela est commode pour les malhonnêtes gens, et pour tant de filles perdues qu'il y a ici (dit-on). Vous voyez que je commence à raisonner ; c'est l'air de ce pays-ci qui en est cause ; et puis, quelquefois de sur notre chaise aux *Tuileries*, ou au *Palais-Royal*, nous entendons des femmes *philosophes*, comme elles disent, et cela donne envie de les imiter. Mais je badine, et je ne sais comment cela m'est venu. Je vous attends avec impatience, et je suis avec un respectueux attachement.

Votre, etc.

Restif de La Bretonne, *La Paysanne pervertie*, seconde partie, Lettre XII.

Synthèse

Une imagination enfiévrée

Les thèmes dominants de l'œuvre de Restif de La Bretonne montrent un esprit agité de hantises profondes. L'inceste, la polygamie, le fétichisme ou le masochisme y prennent la dimension de véritables obsessions. Autant d'éléments révélateurs d'un certain fonds de perversité, aimant s'abriter derrière des prétextes moraux. Ainsi, prétendant opposer aux

1. Comprendre : « faisait semblant de ne pas nous parler ».
2. Cette abréviation rappelle un usage courant dans le roman par lettres et surtout dans les faux mémoires : comme l'auteur prétend souvent traiter de faits réels, il affecte de masquer le nom des personnages et des lieux. Il faut sans doute voir là une allusion à Auxerre.

œuvres de l'« infâme » marquis de Sade une vision positive et édifiante de l'amour, Restif écrit un livre encore plus scandaleusement pornographique : *L'Anti-Justine* (1798).

C'est souvent dans sa propre vie qu'il puise le matériau de ses romans. L'autobiographie y prend une place importante, avec notamment *La Vie de mon père* (1779) ou *Monsieur Nicolas* (1794). Les personnages de ses fictions sont parfois directement empruntés à sa famille ou à ses relations. Mais tout semble transfiguré par une imagination prodigieuse. Au lieu de transcrire les faits, Restif n'écrit que pour les réinventer à sa manière. À travers ses autobiographies romancées, il rêve de se composer une existence exemplaire et de s'attribuer une généalogie idéalisée : ne prétend-il pas descendre de l'empereur romain Pertinax ?

Outre sa vie, c'est le monde dans son ensemble que Restif désire changer. Il imagine des réformes, des règlements nouveaux dans tous les domaines. Dans *Le Pornographe* (1769), il se soucie même de moraliser et de légaliser la prostitution sous le contrôle de l'État.

La ville perverse, la campagne idéalisée

Pour Restif, la campagne permet de renouer avec le mythe d'un monde pur et innocent, d'une société primitive dont la famille fournirait le modèle. Ses origines le poussent à adhérer à un tel idéal et à en rechercher l'image dans sa propre existence. Ce thème obsédant semble faire de lui un héritier direct de Rousseau ; comme l'auteur de *La Nouvelle Héloïse*, Restif voit dans les villes un univers dominé par le mal, lieu d'égarement et de perversion. Ses romans sont peuplés de paysans candides venus se perdre dans les cités corrompues. C'est ainsi qu'il compose *Le Paysan perverti* (1775) ; y ajoute *La Paysanne pervertie* (1784), puis réunit les deux ouvrages sous ce dernier titre, auquel il joint cet avertissement : « Dangers de la ville » (1785).

On le constate, ce schéma recoupe sa propre histoire : en quittant sa terre et en remplaçant les rudes mais sains travaux des champs par un métier au service du luxe et des spéculations intellectuelles, le jeune Nicolas Restif, ouvrier typographe, devient un déclassé. Écrire ses propres livres pour montrer les périls d'une telle existence apparaît alors comme une véritable tentative de rachat.

Un écrivain étrange et controversé

Restif apparaît ainsi comme un écrivain original. Par l'ampleur de son œuvre tout d'abord, au point qu'il est presque impossible d'en établir une nomenclature exacte. On remarque ensuite la diversité et la bizarrerie de son imagination, embrassant tous les sujets possibles et enfantant les rêves les plus délirants. Les héros volants de *La Découverte australe* recontrent, au cours de leurs voyages, des hommes-chevaux ou des hommes-grenouilles ! Ses idées politiques le placent à l'avant-garde de son époque : il se déclare, pendant la Révolution, partisan résolu de la Montagne, c'est-à-dire des jacobins les plus radicaux. Il justifie même les massacres de Septembre et explique la violence révolutionnaire comme une conséquence inévitable des abus de l'Ancien Régime.

Cependant, on trouve tant d'incohérences et de contradictions dans le cours aussi désordonné qu'impétueux de cette pensée qu'elle finit par rebuter. Restif devient, selon ses contempteurs, le « Jean-Jacques du ruisseau ». Le style de l'écrivain, négligé, mêlant les archaïsmes, les tournures dialectales et les familiarités, leur donne souvent raison. Nerval et Baudelaire s'associent pourtant dans un vibrant éloge de ses œuvres et des extraordinaires qualités d'imagination qui s'y manifestent.

L'humanisme sincère de Restif et la puissance poétique de ses rêves, malgré toutes leurs imperfections formelles, paraissent encore mériter l'attention du lecteur moderne.

LITTÉRATURE ET LIBERTINAGE
CHODERLOS DE LACLOS, SADE

Jean Honoré Fragonard (1732-1806), *Le Verrou*, 0,73 × 0,93 m, avant 1784 (Paris, musée du Louvre).

Le libertinage, tel qu'il était illustré au XVIIe siècle par le personnage de Dom Juan, est une attitude qui consiste à s'opposer aux croyances religieuses et à la morale établie. Le libertin, esprit fort et rationaliste, refuse de se soumettre à toute forme de contrainte ou de norme imposée par une morale sociale ou par des impératifs religieux.

Au XVIIIe siècle, le libertinage existe à des degrés et sous des genres divers. Mode de vie mondaine sous la Régence, il prend, en littérature, des formes exacerbées. Le roman lui offre en effet un champ d'exploitation très vaste, qui permet de mettre en scène les manifestations les plus recherchées de la perversité et de la cruauté.

Il est intéressant de constater que la peinture du libertinage, d'une part, la complaisance dans l'évocation des horreurs dont l'homme est capable, d'autre part, constituent des motifs récurrents d'un bout à l'autre du siècle. Ces motifs apparaissent dans des œuvres très variées, comme si les hommes des Lumières étaient également fascinés par le monde obscur du mal et de l'immoralité.

Encouragé par la libération des mœurs qui suivit la mort de Louis XIV, le libertinage social se développe et trouve son expression littéraire dans l'œuvre de Choderlos de Laclos, tandis que la cruauté, les perversions et l'horreur caractérisent plus particulièrement l'œuvre de Sade.

Les charmes du libertinage

Les thèmes du libertinage apparaissent dans la littérature romanesque parallèlement au relâchement des mœurs qui marque et suit la période de la Régence. Fleurissent alors des écrits dont le ton est volontiers grivois, souvent même scabreux. La débauche s'y trouve suggérée à demi-mot, sous une forme qui reflète la libéralisation des comportements et du langage. Le roman de Crébillon fils, *Le Sopha* (1742), en est un exemple type : il s'agit du récit, fait par un sofa (doté du pouvoir de la parole), des différentes scènes galantes dont il est non seulement le témoin, mais le cadre. La plupart des écrivains de l'époque se laissent tenter par cette mode, Montesquieu dans les *Lettres persanes* (1721) et dans *Le Temple de Gnide*, un conte galant, Diderot dans *Les Bijoux indiscrets*. On peut citer encore *Les Amours du chevalier de Faublas*[1] (1790) qui retrace les aventures d'un héros sensuel et voluptueux, ou *L'Histoire de ma vie*, de Casanova, émule de Dom Juan, séducteur impénitent et adepte inconditionnel du plaisir.

Ces différentes formes du libertinage s'offrent comme un hymne à la vie sensuelle, à la séduction, à l'ivresse du plaisir. Cette tendance est également illustrée par la peinture de l'époque. Certains tableaux de Fragonard ou de Boucher s'associent à cette célébration du corps et des sens. Libertins ou licencieux, ils ne font que reprendre les scènes romanesques dont s'offusquent les partisans d'une morale austère. Les moralistes trouvent également là matière à inquiétude : il est vrai que du libertinage à la perversité, la distance n'est pas grande et derrière le plaisir de séduire se profile, comme chez Dom Juan, celui de corrompre et de détruire. Omniprésent au XVIIIe siècle, le problème du mal se révèle dans toute son ambiguïté à travers des œuvres très différentes.

La représentation du mal et ses ambiguïtés

De manière indéniable, le problème du mal est au cœur des réflexions philosophiques du siècle. *Candide* en est une illustration. Les différentes manifestations du mal permettent à Voltaire d'apporter autant de démentis catégoriques aux théories de la philosophie optimiste selon laquelle tout est pour le mieux dans un monde cohérent organisé par un Dieu bon et juste. On peut cependant s'interroger sur la complaisance qui accompagne de tels tableaux. Ce qui arrive à Cunégonde et à la vieille[2] pourrait aussi bien figurer dans un roman de Sade. N'y aurait-il pas là, sous couvert d'une méditation sur le mal, le plaisir secret d'une mise en scène perverse et « sadique » ?

Ce goût particulier pour l'horreur se retrouve dans d'autres textes, pourtant peu suspects – *a priori* – de complaisance pour la perversité. Montesquieu raconte, dans les *Lettres persanes*, les horreurs qui se trament dans le sérail d'Usbek ; Diderot rapporte avec force détails les turpitudes auxquelles se trouve soumise sœur Suzanne dans *La Religieuse* (voir p. 215). Quant à Rousseau, il fait état de toutes les perversités de son enfance et de son adolescence : goût marqué pour la flagellation, exhibitionnisme, désordres sexuels des maîtres chargés de son éducation. On retrouve chez Crébillon fils, dans *Les Égarements du cœur et de l'esprit*

1. De Louvet de Convray (1760-1797).

2. Personnages de *Candide*, voir p. 96.

(1736), et chez Restif de La Bretonne, dans *La Paysanne pervertie* (1784) (voir p. 403), des tableaux semblables, décrivant ce qu'il y a de plus corrompu et de plus corrupteur chez certains êtres humains.

Cet intérêt pour le mal, littéraire ou philosophique, prend une forme nettement plus systématique chez Choderlos de Laclos et chez Sade. Cette déviation se produit lorsque le mal est érigé en principe d'action et de justification de tous les comportements. On atteint alors une sorte de mystique de la corruption et de la cruauté.

Une mystique du mal

Les intentions de Sade sont clairement annoncées dans un extrait de *La Philosophie dans le boudoir* (1795) : « Voluptueux de tous les âges et de tous les sexes, c'est à vous seuls que j'offre cet ouvrage : nourrissez-vous de ses principes, ils favorisent vos passions, et ces passions dont de froids et plats moralistes vous effraient ne sont que les moyens que la nature emploie pour faire parvenir l'homme aux vues qu'elle a sur lui. » Justifiées par une morale naturelle, la débauche et l'immoralité sont présentées comme une véritable discipline du comportement. Le dérèglement le plus total, qui est un perpétuel défi aux lois et aux valeurs admises, est considéré comme l'affirmation d'une liberté, d'une volonté de puissance, d'une véritable domination.

L'aptitude à faire le mal, que manifestent les héros de Choderlos de Laclos ou de Sade, traduit non seulement une indépendance d'esprit mais aussi la recherche d'un véritable plaisir de la souffrance infligée à autrui. La forme la plus haute de ce plaisir est atteinte lorsque ceux qui l'éprouvent sont aussi ceux dont la fonction est garante d'une autorité morale, magistrats et prêtres. Le choix des lieux et celui des victimes est particulièrement important. Celles-ci doivent être innocentes et pures, pour que les traitements qui leur sont infligés prennent tout leur poids de sacrilège et de provocation. Que les scènes d'horreur et de sadisme se déroulent dans des couvents ou dans des églises ajoute au caractère profondément impie des actes commis. Non seulement rien n'est respecté, mais on assiste à une véritable inversion des valeurs : le crime, la violence, l'inceste sont présentés comme des actes valorisés. Le langage lui-même est un instrument de ce détournement. Les plaisirs charnels les plus raffinés ou les plus horribles sont évoqués comme les éléments d'un véritable culte, célébré sur des « autels » et dans des lieux sacrés. Mais il s'agit de célébrations démoniaques.

Il semble difficile d'expliquer pareille mystique de l'horreur. Certains comportements cependant paraissent relever d'une sorte d'angoisse métaphysique devant un monde indifférent vis-à-vis de l'homme, théâtre d'une constante cruauté. Sade fait dire à l'un de ses héros, dans *La Nouvelle Justine* (1793), en parlant de la nature : « Ne dirait-on pas que son art meurtrier n'ait voulu former que des victimes [...] que le mal ne soit son unique élément, et que ce ne soit que pour couvrir la terre de sang, de larmes et de deuil qu'elle soit douée de la faculté créatrice ? » Cet effroi devant la nature inspire au libertin une révolte absolue, qui le pousse aux pires comportements, véritable œuvre de mort. Dans le même temps, c'est parce qu'il ne nie pas complètement l'existence de Dieu que le libertin trouve dans l'exercice de la cruauté et du vice un plaisir si grand. Pour pouvoir braver la morale, il faut au moins penser qu'elle existe.

Très fortement marquée par les « romans noirs[1] » anglais, cette littérature du mal influencera profondément le siècle suivant : le théâtre romantique et le mélodrame mettront en scène des personnages mauvais et corrompus face à l'innocence persécutée. La glorification du mal et de Satan retrouvera une forme littéraire avec Baudelaire, Barbey d'Aurévilly et Lautréamont, entre autres, avant d'être reprise au XXe siècle, en particulier par les surréalistes.

1. On les appelle en anglais *gothic novels*, *Le Château d'Otrante*, de Walpole, *Le Moine*, de Lewis ou *Vathek* (1787), de Beckford en sont quelques exemples.

Choderlos de Laclos
1741-1803

Louis Léopold Boilly (1761-1845), *Portrait de Pierre Choderlos de Laclos*, pastel (Versailles, Musée du Château).

Un officier déçu

Fils d'un haut fonctionnaire du roi, que sa charge a anobli, Choderlos de Laclos ne parvient pas, comme il le souhaiterait, à faire une carrière brillante dans l'armée : son nom n'est pas assez illustre pour lui permettre d'accéder à un haut rang. Il entre dans l'artillerie, espérant faire ses preuves par ses connaissances scientifiques, mais ses espoirs sont déçus. Au lieu de participer à des campagnes glorieuses, il mène une triste vie de garnison à Toul, Grenoble ou Valence. Son adhésion à la franc-maçonnerie traduit sans doute une profonde insatisfaction.

Il se met alors à écrire et publie un roman par lettres, *Les Liaisons dangereuses* (1782), œuvre qui provoque un véritable scandale. Aigri et brouillé avec le commandement militaire, il renonce à toute ambition et demande un congé illimité (1788), peu de temps après son mariage (1786).

Un soldat de l'An II

La Révolution le fait sortir de sa réserve. Patriote ardent, il voit la réalisation de ses idéaux et devient l'un des membres les plus actifs du Club des jacobins. Il reprend l'uniforme et se retrouve général au lendemain de la bataille de Valmy (1792). Comme toute sa génération, il s'identifie à celui dont l'ascension éblouit et étonne, Bonaparte. Il participe au coup d'État du 18 Brumaire, aspirant à un ordre rassurant. Le Consulat est pour lui une époque dorée, que vient interrompre une mort peu glorieuse en Italie, au siège de Tarente. C'est en effet la dysenterie qui met fin aux jours de celui qui rêvait de triomphe militaire.

Les Liaisons dangereuses (1782), roman par lettres → pp. 410-414.

Les Liaisons dangereuses

1782

Publié en 1782, le roman épistolaire *Les Liaisons dangereuses* connaît immédiatement un succès lié au scandale que provoque son contenu. Il s'agit de la correspondance d'un groupe de personnages appartenant au milieu aristocratique. Les deux plus importants, les meneurs de jeu, sont le vicomte de Valmont et la marquise de Merteuil, libertins, anciens amants, aux prises avec toute une stratégie de séduction et de corruption dont ils seront, finalement, les victimes.

Valmont, séparé de la marquise mais en « liaison » épistolaire avec elle, entreprend de séduire une femme aussi belle que dévote, la Présidente de Tourvel. La marquise, elle, envisage de se servir de Valmont pour se venger : elle lui demande de gagner les faveurs de la jeune Cécile de Volanges, juste sortie du couvent, fiancée à celui qu'elle considère comme son « ennemi ». Rien pourtant ne se passe exactement comme prévu. Cécile est une proie facile, qui se laisse séduire et corrompre. Quant à la Présidente, après de nombreuses dérobades, elle cède à Valmont, qui s'éprend sincèrement d'elle, abandonnant ainsi son rôle de libertin. La marquise intervient alors et exige de Valmont qu'il rompe avec la Présidente s'il veut retrouver ses faveurs.

Trahie, Madame de Tourvel meurt de chagrin. La marquise, elle, refuse de tenir sa promesse. Devenus adversaires, les deux libertins rendent publique leur correspondance. Valmont est alors tué en duel par le chevalier Danceny, amoureux de Cécile, tandis que la marquise, défigurée par la petite vérole, doit fuir devant le déshonneur qui l'atteint.

Il s'agit, comme on le voit, d'une intrigue libertine, moins originale par son thème et son déroulement que par l'efficacité de la forme choisie et par les intentions de Choderlos de Laclos. Le genre épistolaire, en effet, joue un rôle particulièrement important : dans un contexte de vie sociale où tout n'est qu'apparence et dissimulation, la lettre est la seule forme possible de la sincérité, et donc la seule possibilité de dire la vérité sans craindre de braver les interdits sociaux. Madame de Merteuil, qui se fait passer officiellement pour une veuve vertueuse et bigote auprès des gens qu'elle fréquente, révèle son vrai visage dans sa correspondance avec Valmont, sans se douter qu'une fois les règles du jeu modifiées[1], cette réalité la perdra. Il en est de même pour Valmont. Ainsi, le choix d'une correspondance est un des éléments clefs du libertinage en action, puis de la révélation indubitable de ce même libertinage : en ce sens, on pourrait dire que les deux héros sont punis par ce qui a assuré leur réussite.

Faut-il voir là le triomphe de la morale ? Les intentions de Choderlos de Laclos semblent bien être de dénoncer l'immoralité du libertinage et le renversement des valeurs sur lequel il prend appui : la fin tragique des deux héros se présente comme un véritable châtiment, mort physique pour Valmont, mort « sociale » et affective pour la marquise. Il est cependant difficile de ne pas s'interroger sur l'admiration horrifiée que suscitent parfois l'habileté, la séduction et le cynisme des protagonistes. Aujourd'hui encore, *Les Liaisons dangereuses* continuent de provoquer des prises de positions contradictoires.

« Une fois piquée au jeu, on ne sait plus où l'on s'arrête... »

Madame de Merteuil connaît les vues de Valmont sur la Présidente de Tourvel. Mais elle préférerait le voir s'intéresser à Cécile de Volanges. À peine sortie du couvent, celle-ci doit épouser le comte de Gercourt, dont la marquise cherche à se venger.

Dans cette lettre, on peut admirer l'habileté avec laquelle l'ancienne maîtresse de Valmont sait flatter sa vanité et jouer avec l'emprise qu'elle a gardée sur lui. Elle devient ainsi la véritable initiatrice du jeu pervers dans lequel ils s'engagent l'un et l'autre.

De la marquise de Merteuil au vicomte de Valmont

Paris, ce 19 août 17**.

Ah ! fripon, vous me cajolez, de peur que je ne me moque de vous ! Allons, je vous fais grâce ; vous m'écrivez tant de folies, qu'il faut bien que je vous pardonne la sagesse où vous tient votre Présidente. Je ne crois pas que mon Chevalier eût autant d'indulgence que moi ; il serait homme à ne pas approuver notre renouvellement de bail, et à ne rien trouver de plaisant dans votre folle idée. J'en ai pourtant bien ri, et j'étais vraiment fâchée d'être obligée d'en rire toute seule. Si vous eussiez été là, je ne sais où m'aurait menée cette gaieté : mais j'ai eu le temps de la réflexion, et je me suis armée de sévérité. Ce n'est pas que je refuse pour toujours ; mais, je diffère, et j'ai raison. J'y mettrais peut-être de la vanité, et, une fois piquée au jeu, on ne sait plus où l'on s'arrête. Je serais femme à vous enchaîner de nouveau, à vous faire oublier votre Présidente ; et si j'allais, moi indigne, vous dégoûter de la vertu, voyez quel scandale ! Pour éviter ce danger, voici mes conditions.

1. Lorsque la correspondance sera rendue publique.

François Boucher (1703-1770), *L'Odalisque blonde*, 0,59 × 0,73 m, 1752 (Munich, Alte Pinakothek).

Aussitôt que vous aurez eu votre belle dévote, que vous pourrez m'en fournir une preuve, venez, et je suis à vous. Mais vous n'ignorez pas que dans les affaires importantes, on ne reçoit de preuves que par écrit. Par cet arrangement, d'une part, je deviendrai une récompense au lieu d'être une consolation ; et cette idée me plaît davantage ; et de l'autre, votre succès en sera plus piquant, en devenant lui-même un moyen d'infidélité. Venez donc, venez au plus tôt m'apporter le gage de votre triomphe : semblable à nos preux chevaliers qui venaient déposer aux pieds de leur dame les fruits brillants de leur victoire. Sérieusement, je suis curieuse de voir ce que peut écrire une prude après un tel moment et quel voile elle met sur ses actions, après n'en avoir plus laissé sur sa personne. C'est à vous de voir si je me mets à un prix trop haut ; mais je vous préviens qu'il n'y a rien à rabattre. Jusque là, mon cher vicomte, vous trouverez bon que je reste fidèle à mon chevalier, et que je m'amuse à le rendre heureux, malgré le petit chagrin que cela vous cause.

Cependant si j'avais moins de mœurs, je crois qu'il aurait dans ce moment un rival dangereux ; c'est la petite Volanges[1]. Je raffole de cet enfant[2] : c'est une vraie passion. Ou je me trompe, ou elle deviendra une de nos femmes les plus à la mode. Je vois son petit cœur se développer, et c'est un spectacle ravissant. Elle aime déjà son Danceny avec fureur ; mais elle n'en sait encore rien. Lui-même, quoique très amoureux, a encore la timidité de son âge, et n'ose pas trop le lui apprendre. Tous deux sont en adoration vis-à-vis de moi. La petite surtout a grande envie de me dire son secret ; particulièrement depuis quelques jours je l'en vois vraiment oppressée, et je lui aurais rendu un grand service de l'aider un peu ; mais je n'oublie pas que c'est un enfant, et je ne veux pas me compromettre. Danceny m'a parlé un peu plus clairement ; mais, pour lui, mon parti est pris, je ne veux pas l'entendre. Quant à la petite, je suis souvent tentée d'en faire mon élève ; c'est un service que j'ai envie de rendre à Gercourt[1]. Il me laisse du temps, puisque le voilà en Corse jusqu'au mois d'octobre. J'ai dans l'idée que j'emploierai ce temps-là, et que nous lui donnerons une femme toute formée, au lieu de son innocente pensionnaire. Quelle est donc en effet l'insolente sécurité de cet homme qui ose dormir tranquille, tandis qu'une femme, qui a à se plaindre de lui, ne s'est pas encore vengée ? Tenez, si la petite était ici dans ce moment, je ne sais ce que je ne lui dirais pas.

Adieu, vicomte ; bonsoir et bon succès : mais, pour Dieu, avancez donc. Songez que si vous n'avez pas cette femme, les autres rougiront de vous avoir eu.

Choderlos de Laclos, *Les Liaisons dangereuses*, Lettre 20.

1. Une note accompagnant la Lettre 2 du roman explique : « Il faut savoir que le comte de Gercourt avait quitté la marquise de Merteuil pour la Présidente de ***, qui lui avait sacrifié le vicomte de Valmont, et que c'est à cette époque que la marquise et le vicomte s'attachèrent l'un à l'autre. »
2. Au XVIIIe siècle le mot enfant est au masculin, même lorsqu'il s'agit d'une personne du sexe féminin.

« Je ne vous verrai pas encore aujourd'hui, ma belle amie... »

Dans son entreprise de séduction, Valmont est en train de perdre la face. La Présidente de Tourvel repousse tous ses assauts... Il répond aux railleries de la marquise en lui racontant avec cynisme ses récentes débauches et les circonstances dans lesquelles il vient d'écrire à Madame de Tourvel.

Du vicomte de Valmont à la marquise de Merteuil

P..., ce 10 août 17**.

Je ne vous verrai pas encore aujourd'hui, ma belle amie, et voici mes raisons, que je vous prie de recevoir avec indulgence.

Au lieu de revenir hier directement, je me suis arrêté chez la comtesse de ***, dont le château se trouvait presque sur ma route, et à qui j'ai demandé à dîner. Je ne suis arrivé à Paris que vers les sept heures, et je suis descendu à l'Opéra, où j'espérais que vous pourriez être.

L'opéra fini, j'ai été revoir mes amies du foyer ; j'y ai retrouvé mon ancienne Émilie, entourée d'une cour nombreuse, tant en femmes qu'en hommes, à qui elle donnait à souper le soir même à P... Je ne fus pas plutôt entré dans ce cercle, que je fus prié du souper, par acclamation. Je le fus aussi par une petite figure grosse et courte, qui me baragouina une invitation en français de Hollande, et que je reconnus pour le véritable héros de la fête. J'acceptai.

J'appris, dans ma route, que la maison où nous allions était le prix convenu des bontés d'Émilie pour cette figure grotesque, et que ce souper était un véritable repas de noce. Le petit homme ne se possédait pas de joie, dans l'attente du bonheur dont il allait jouir ; il m'en parut si satisfait, qu'il me donna envie de le troubler ; ce que je fis en effet.

La seule difficulté que j'éprouvai fut de décider Émilie, que la richesse du bourgmestre[1] rendait un peu scrupuleuse. Elle se prêta pourtant, après quelques façons, au projet que je donnai, de remplir de vin ce petit tonneau à bière, et de le mettre ainsi hors de combat pour toute la nuit.

L'idée sublime que nous nous étions formée d'un buveur Hollandais, nous fit employer tous les moyens connus. Nous réussîmes si bien, qu'au dessert il n'avait déjà plus la force de tenir son verre : mais la secourable Émilie et moi l'entonnions[2] à qui mieux mieux. Enfin, il tomba sous la table, dans une ivresse telle, qu'elle doit au moins durer huit jours. Nous nous décidâmes alors à le renvoyer à Paris ; et comme il n'avait pas gardé sa voiture, je le fis charger dans la mienne, et je restai à sa place. Je reçus ensuite les compliments de l'assemblée, qui se retira bientôt après, et me laissa maître du champ de bataille. Cette gaieté, et peut-être ma longue retraite, m'ont fait trouver Émilie si désirable, que je lui ai promis de rester avec elle jusqu'à la résurrection du Hollandais.

Cette complaisance de ma part est le prix de celle qu'elle vient d'avoir, de me servir de pupitre pour écrire à ma belle dévote, à qui j'ai trouvé plaisant d'envoyer une lettre écrite du lit et presque dans les bras d'une fille, interrompue même pour une infidélité complète, et dans laquelle je lui rendis un compte exact de ma situation et de ma conduite. Émilie, qui a lu l'épître, en a ri comme une folle, et j'espère que vous en rirez aussi.

Comme il faut que ma lettre soit timbrée de Paris, je vous l'envoie : je la laisse ouverte. Vous voudrez bien la lire, la cacheter, et la faire mettre à la poste. Surtout n'allez pas vous servir de votre cachet, ni même d'aucun emblème amoureux ; une tête seulement. Adieu, ma belle amie.

Je rouvre ma lettre ; j'ai décidé Émilie à aller aux Italiens... Je profiterai de ce temps pour aller vous voir. Je serai chez vous à six heures au plus tard ; et si cela vous convient, nous irons ensemble sur les sept heures chez Mme de Volanges. Il sera décent que je ne diffère pas l'invitation que j'ai à lui faire de la part de Mme de Rosemonde[3], de plus, je serai bien aise de voir la petite Volanges.

Adieu, la très belle dame. Je veux avoir tant de plaisir à vous embrasser que le chevalier puisse en être jaloux.

Choderlos de Laclos, *Les Liaisons dangereuses*, Lettre 47.

1. Équivalent d'un maire en Suisse, en Allemagne, en Belgique ou en Hollande. Le mot est sans doute employé ici dans une intention ironique.
2. Dans cet emploi, le verbe « entonner » signifie « verser comme pour remplir un tonneau », gaver une personne ou un animal de nourriture ou de boisson.
3. Amie respectable de la Présidente de Tourvel, tante de Valmont.

« C'est une victoire complète... »

Valmont, meurtri par les refus de la Présidente, a suivi les conseils de la marquise et séduit Cécile. Non content de ce succès, il s'est appliqué à la corrompre et à la jeter dans le libertinage. Il revient alors à la charge auprès de la vertueuse Présidente et finit par triompher. C'est un véritable communiqué de victoire qu'il adresse à la marquise.

Du vicomte de Valmont à la marquise de Merteuil

Paris, 29 octobre 17**.

La voilà donc vaincue, cette femme superbe qui avait osé croire qu'elle pourrait me résister ! Oui, mon amie, elle est à moi, entièrement à moi ; et depuis hier, elle n'a plus rien à m'accorder.

Je suis encore trop plein de mon bonheur, pour pouvoir l'apprécier : mais je m'étonne du charme inconnu que j'ai ressenti. Serait-il donc vrai que la vertu augmentât le prix d'une femme, jusques dans le moment même où elle cesse d'en avoir ? Mais non, reléguons cette idée puérile avec les contes de bonnes femmes. Ne rencontre-t-on pas presque partout une résistance plus ou moins bien feinte au premier triomphe ? et ai-je trouvé nulle part le charme dont je parle ? ce n'est pourtant pas non plus celui de l'amour ; car enfin, si j'ai eu quelquefois, auprès de cette femme étonnante, des moments de faiblesse qui ressemblaient à cette passion pusillanime, j'ai toujours su les vaincre et revenir à mes principes. Quand même la scène d'hier m'aurait, comme je le crois, emporté un peu plus loin que je ne comptais ; quand j'aurais partagé un moment, le trouble et l'ivresse que j'inspirais, cette illusion passagère serait dissipée à présent : et cependant le même charme subsiste. J'aurais même, je l'avoue, un plaisir assez doux à m'y livrer, s'il ne me causait quelque inquiétude. Serai-je donc, à mon âge, maîtrisé comme un écolier, par un sentiment involontaire et inconnu ? Non : il faut, avant tout, le combattre et l'approfondir.

Peut-être, au reste, en ai-je déjà entrevu la cause ! Je me plais au moins dans cette idée, et je voudrais qu'elle fût vraie.

Dans la foule de femmes auprès desquelles j'ai rempli jusqu'à ce jour le rôle et les fonctions d'amant, je n'en avais encore rencontré aucune qui n'eût, au moins, autant d'envie de se rendre, que j'en avais de l'y déterminer : je m'étais même accoutumé à appeller prudes celles qui ne faisaient que la moitié du chemin, par opposition à tant d'autres, dont la défense provocante ne couvre jamais qu'imparfaitement les premières avances qu'elles ont faites.

Ici, au contraire, j'ai trouvé une première prévention défavorable, et fondée depuis sur les conseils et les rapports d'une femme haineuse, mais clairvoyante ; une timidité naturelle et extrême qui fortifiait une pudeur éclairée ; un attachement à la vertu, que la religion dirigeait, et qui comptait déjà deux années de triomphe ; enfin des démarches éclatantes, inspirées par ces différents motifs, et qui toutes n'avaient pour but que de se soustraire à mes poursuites.

Ce n'est donc pas, comme dans mes autres aventures, une simple capitulation plus ou moins avantageuse, et dont il est plus facile de profiter que de s'enorgueillir ; c'est une victoire complète, achetée par une campagne pénible, et décidée par de savantes manœuvres. Il n'est donc pas surprenant que ce succès, dû à moi seul, m'en devienne plus précieux ; et le surcroît de plaisir que j'ai éprouvé dans mon triomphe, et que je ressens encore, n'est que la douce impression du sentiment de la gloire. Je chéris cette façon de voir, qui me sauve l'humiliation de penser que je puisse dépendre en quelque manière de l'esclave même que je me serais asservie ; que je n'aie pas en moi seul la plénitude de mon bonheur ; et que la faculté de m'en faire jouir dans toute son énergie, soit réservée à telle ou telle femme, exclusivement à toute autre.

Ces réflexions sensées règleront ma conduite dans cette importante occasion ; et vous pouvez être sûre que je ne me laisserai pas tellement enchaîner, que je ne puisse toujours briser ces nouveaux liens, en me jouant et à ma volonté [...].

Choderlos de Laclos, *Les Liaisons dangereuses*, Lettre 125.

« Qui pourrait ne pas frémir... »

Après le refus de la marquise de tenir sa promesse, la haine a séparé les deux anciens amants. La publication de leur correspondance les a fait apparaître aux yeux de tous tels qu'ils sont réellement, cyniques et corrompus. Valmont est mort dans son duel avec Danceny. Il reste à connaître le sort de la marquise : c'est une lettre de Madame de Volanges, mère de Cécile, qui révèle ce dénouement.

Madame de Volanges à Madame de Rosemonde

Paris, 14 janvier 17**.

Le sort de Mme de Merteuil paraît enfin rempli, ma chère et digne amie ; et il est tel que ses plus grands ennemis sont partagés entre l'indignation qu'elle mérite, et la pitié qu'elle inspire. J'avais bien raison de dire que ce serait peut-être un bonheur pour elle de mourir de sa petite vérole. Elle en est revenue, il est vrai, mais affreusement défigurée ; et elle y a particulièrement perdu un œil. Vous jugez bien que je ne l'ai pas revue ; mais on m'a dit qu'elle était vraiment hideuse.

Le marquis de ***, qui ne perd pas l'occasion de dire une méchanceté, disait hier, en parlant d'elle, que la maladie l'avait retournée, et qu'à présent son âme était sur sa figure. Malheureusement tout le monde trouva que l'expression était juste.

Un autre événement vient d'ajouter encore à ses disgrâces et à ses torts. Son procès[1] a été jugé avant-hier, et elle l'a perdu tout d'une voix. Dépens, dommages et intérêts, restitution des fruits[2] tout a été adjugé aux mineurs : en sorte que le peu de sa fortune qui n'était pas compromis dans ce procès est absorbé, et au-delà, par les frais.

Aussitôt qu'elle a appris cette nouvelle, quoique malade encore, elle a pris ses arrangements, et est partie dans la nuit, seule et en poste. Ses gens disent aujourd'hui qu'aucun d'eux n'a voulu la suivre. On croit qu'elle a pris la route de la Hollande.

Ce départ fait plus crier encore que tout le reste ; en ce qu'elle a emporté ses diamants, objet très considérable, et qui devait rentrer dans la succession de son mari ; son argenterie, ses bijoux ; enfin, tout ce qu'elle a pu, et qu'elle laisse après elle pour près de 50 000 livres de dettes. C'est une véritable banqueroute.

La famille doit s'assembler demain pour voir à prendre des arrangements avec les créanciers. Quoique parente bien éloignée, j'ai offert d'y concourir ; mais je ne me trouverai pas à cette assemblée, devant assister à une cérémonie plus triste encore. Ma fille prend demain l'habit de postulante. J'espère que vous n'oubliez pas, ma chère amie, que dans ce grand sacrifice que je fais, je n'ai d'autre motif, pour m'y croire obligée, que le silence que vous avez gardé vis-à-vis de moi.

M. Danceny a quitté Paris, il y a près de quinze jours. On dit qu'il va passer à Malte, et qu'il a le projet de s'y fixer. Il serait peut-être encore temps de le retenir ?... Mon amie !... ma fille est donc bien coupable ?... Vous pardonnerez sans doute à une mère de ne céder que difficilement à cette affreuse certitude.

Quelle fatalité s'est donc répandue autour de moi depuis quelque temps, et m'a frappée dans les objets les plus chers ! Ma fille et mon amie !

Qui pourrait ne pas frémir en songeant aux malheurs que peut causer une seule liaison dangereuse ! et quelles peines ne s'éviterait-on point en y réfléchissant davantage ! Quelle femme ne fuirait pas au premier propos d'un séducteur ? Quelle mère pourrait, sans trembler, voir une autre personne qu'elle parler à sa fille ? Mais ces réflexions tardives n'arrivent jamais qu'après l'événement ; et l'une des plus importantes vérités, comme aussi peut-être des plus généralement reconnues, reste étouffée, et sans usage dans le tourbillon de nos mœurs inconséquentes.

Adieu, ma chère et digne amie ; j'éprouve en ce moment que notre raison, déjà si insuffisante pour prévenir nos malheurs, l'est encore davantage pour nous en consoler*.

Choderlos de Laclos, *Les Liaisons dangereuses*, Lettre 175.

* *Des raisons particulières et des considérations que nous nous ferons toujours un devoir de respecter, nous forcent de nous arrêter ici.*

Nous ne pouvons, dans ce moment, ni donner au lecteur la suite des aventures de Mlle de Volanges, ni lui faire connaître les sinistres événements qui ont comblé les malheurs ou achevé la punition de Mme de Merteuil.

Peut-être quelque jour nous sera-t-il permis de compléter cet ouvrage ; mais nous ne pouvons prendre aucun engagement à ce sujet et quand nous le pourrions, nous croirions encore devoir auparavant consulter le goût du public, qui n'a pas les mêmes raisons que nous de s'intéresser à cette lecture.

(Note de l'éditeur[3].)

1. Il s'agit d'un procès dans lequel Madame de Merteuil cherche à spolier les héritières légitimes de son défunt mari, et qu'elle était sûre de gagner : « Je serais donc bien maladroite si je ne savais pas gagner un procès, où je n'ai pour adversaires que des mineures encore en bas âge, et leur vieux tuteur ! » (Lettre 113).
2. C'est-à-dire les profits réalisés grâce à la jouissance des biens usurpés par Madame de Merteuil.
3. L'auteur prétend, au début du livre, qu'il s'est contenté de réunir et de publier ces lettres comme il les a trouvées, se bornant à les classer, les rares fois où cela s'imposait, dans un ordre logique.

Synthèse

Seul roman écrit par Choderlos de Laclos, *Les Liaisons dangereuses* représentent le chef-d'œuvre de la littérature libertine, mais le terme est sans doute à prendre à double sens.

En effet, d'un côté, on peut dire que Choderlos de Laclos a mis en scène, dans des situations de caractère libertin, les archétypes du libertinage, un homme et une femme complices d'une entreprise de corruption savamment organisée. De l'autre, le mot chef-d'œuvre peut s'expliquer par la perfection technique d'une mise en forme épistolaire complexe, qui sert le projet au point d'en être indissociable.

De parfaits libertins

Choderlos de Laclos fait évoluer deux héros qui s'offrent comme de véritables modèles du libertinage, c'est-à-dire des êtres qui érigent l'hypocrisie en mode de vie et d'action. Nobles, riches, éduqués, ils manifestent dans leur discours un constant souci de recherche et d'élégance, qui masque la plus profonde dépravation. Ils sont également intelligents, mais cette intelligence remplace le cœur et les sentiments. Elle se met au service d'agissements raisonnés, calculés. C'est au nom de cette intelligence, qui leur donne la conscience de leur supériorité intellectuelle, qu'ils bafouent la morale et la religion.

Le plaisir qu'ils prennent à corrompre les êtres, à détruire ce qu'il peut y avoir de spontané en eux, est à la mesure même de leur libertinage et de leur cynisme. Comme Dom Juan, ils font de chaque conquête une véritable stratégie qui demande organisation et réflexion et qui prouve la capacité de faire le mal. Séduire Cécile de Volanges est facile, mais le véritable plaisir qu'en tire Valmont est de la corrompre en lui faisant prendre goût au libertinage. Quant à son entreprise auprès de la Présidente, elle offre le charme de la difficulté et se présente alors, dans un système de valeurs inversé, uniquement comme une manière de prouver son talent de séducteur. Les sentiments n'entrent pas en jeu, encore moins l'idée de courtiser une femme parce qu'on l'admire.

Une technique romanesque originale

Le roman par lettres n'est pas rare au XVIIIe siècle[1], mais les utilisations qui en sont faites n'ont pas toutes les mêmes objectifs ni les mêmes effets. Dans *Les Liaisons dangereuses*, cette technique sert habilement le projet des deux libertins.

Échanger des lettres permet, en étant à l'abri de témoins éventuels, de se montrer spontané et sincère. La sincérité étant ici celle des entreprises libertines, le lecteur perçoit avec une acuité particulière les intentions, les raisonnements, les justifications, tout l'écheveau complexe des motivations de chacun des personnages. Il est aussi, par le constant jeu d'une correspondance croisée, au courant de ce qui se prépare, de la manière dont chaque épisode se déroule et de la façon dont il est perçu par les uns et par les autres.

Le temps linéaire du récit mené à une seule voix (celle du narrateur habituel) disparaît au profit d'un éclatement, qui donne une intensité et une épaisseur particulières à l'intrigue ou aux intrigues mêlées. C'est non seulement l'intrigue qui se trouve ainsi étoffée et intensifiée, mais aussi l'image que le lecteur perçoit des personnages. La multiplicité des interlocuteurs est de nature à faire se révéler la multiplicité des facettes d'un être, et, dans cette situation particulière, les différents aspects de l'hypocrisie.

Le choix des lettres, qui, sur un plan psychologique, est un puissant révélateur, permet ici de débusquer le libertinage et de faire tomber les masques. C'est à ce titre que *Les Liaisons dangereuses* peuvent apparaître comme une véritable dénonciation des pratiques libertines.

François Boucher (1703-1770), *De trois choses en ferez-vous une ?*, ovale, 1,05 × 0,85 m (Institut de France, musée Ephrussi de Rothschild).

1. Voir la fiche consacrée à ce sujet, p. 416.

LE ROMAN ÉPISTOLAIRE

Parallèlement au roman de type traditionnel, illustré par Lesage, et au roman en abyme[1], dont Diderot donne un exemple avec *Jacques le fataliste*, se développe, au XVIIIe siècle, un genre qui connaît un grand succès, le roman par lettres. Montesquieu, Crébillon, Rousseau, Restif de La Bretonne, Laclos, en France, Richardson en Angleterre, Goethe en Allemagne sont autant d'écrivains qui adoptent et perfectionnent une structure romanesque à la fois très complexe et très riche, ouverte et multiforme.

Le goût de la correspondance, l'intérêt qu'offre la diversité des points de vue, les interrogations sur le pouvoir du narrateur, la passion pour l'analyse psychologique convergent pour expliquer une floraison d'ouvrages qui ne répondent à aucun stéréotype, tout en présentant un certain nombre de caractéristiques communes.

Étudier ces différents romans conduit à s'intéresser aux conditions culturelles qui les ont vu naître, et à tout ce qui fait, par rapport aux récits « monophoniques[2] », leur originalité sur des plans aussi diversifiés que la création romanesque ou l'efficacité idéologique.

Des conditions culturelles favorables

L'extraordinaire engouement pour les romans épistolaires (nombre d'entre eux apparaissent dès le début du siècle et le public lettré en est très amateur) peut s'expliquer par l'importance accordée à la correspondance. On écrit beaucoup au XVIIIe siècle, et la lettre dépasse le simple instrument de communication. Certaines correspondances restent célèbres : celle de Voltaire et de Frédéric II de Prusse, celle de Diderot avec la Grande Catherine de Russie, ou avec Sophie Volland, celle de Rousseau avec Monsieur de Malesherbes. D'autres, écrites pourtant par de simples particuliers, ont une valeur littéraire parfois équivalente : il existe un vrai plaisir d'écrire et l'idée qu'une lettre puisse être lue publiquement (dans un salon, par exemple) incite à en soigner le style. On écrit pour raconter, pour analyser ses sentiments et ses émotions, pour les faire partager, pour instruire. Dans bien des cas, la lettre joue le rôle qui reviendra, au siècle suivant, au journal intime ou à l'autobiographie. Elle est un mode d'écriture indissociable de la vie culturelle et mondaine du XVIIIe siècle.

Il est facilement compréhensible, dans ces conditions, qu'elle soit utilisée sous la forme romanesque : l'échange de correspondance entre deux épistoliers peut se développer si l'on en fait intervenir plusieurs autres. Cela conduit rapidement à un enchevêtrement de correspondances croisées, dont la complexité n'est pas seulement révélatrice de la virtuosité de celui qui en est le créateur.

Une situation intéressante pour l'auteur

Le roman par lettres repose sur une première fiction, qui est la situation de l'auteur. La position ambiguë dans laquelle il se place, puisqu'il n'est pas censé être celui qui écrit, est en général révélée dans les préfaces. Les subterfuges utilisés pour montrer qu'il n'est qu'un simple intermédiaire sont d'ailleurs faussement crédibles. Dans les *Lettres persanes* (voir p. 46), l'auteur, anonyme, affirme n'être qu'un traducteur (« Je ne fais donc que l'office de traducteur »), qui s'est seulement permis quelques allègements stylistiques pour mettre des lettres orientales au goût occidental. Choderlos de Laclos (voir p. 409) affirme jouer à peu près le même rôle en se présentant comme un « rédacteur », chargé de mettre « en ordre » une correspondance qui n'est pas de lui. Il avoue alors n'avoir conservé que les lettres qui lui paraissaient indispensables « soit à l'intelligence des événements, soit au développement des caractères ». Une telle information est importante : elle attise la curiosité du lecteur en mettant en jeu son imagination. Elle permet aussi de créer toute une zone d'ombre et de mystère qui laisse ouverte la correspondance. Rousseau, quant à lui, se donne le titre d'éditeur[3], mais laisse incertaine la réponse à la question de son rôle dans la rédaction de la totalité des lettres.

Comme on le voit, l'auteur est d'emblée dans une situation qui lui confère un pouvoir remarquable : en apparence absent, et de son aveu même, il n'en est pas moins celui qui « tire les ficelles » d'une organisation extrêmement complexe exigeant de lui une véritable virtuosité. Il doit, en effet, mettre en scène un échange cohérent de lettres qui jouent avec le temps, l'espace et la psychologie des personnages.

Une structure complexe

La complexité du roman épistolaire tient à un certain nombre d'éléments qui lui sont spécifiques. Tout d'abord, il faut que l'existence d'une correspondance trouve sa justification dans la séparation des épistoliers. Le cas le plus simple est celui des *Lettres persanes* : des amis en voyage écrivent à ceux qui sont restés dans leur pays. La correspondance prend alors la forme d'une sorte de récit de voyage, et la lettre a pour mission « officielle » de raconter ce qui est vu. C'est aussi ce qui se passe dans le roman de Madame de Graffigny, *Lettres d'une Péruvienne* (1747) et, avec moins de distance, dans *La Paysanne pervertie* de Restif de La Bretonne : la découverte n'est que celle de Paris, mais l'itinéraire qu'Ursule raconte à Edmond est bien celui qui la conduit dans le labyrinthe dépaysant de la perversion et des vices. *La Nouvelle Héloïse* est constituée par un échange de lettres entre des personnages qui ne sont pas toujours séparés spatialement, mais qui utilisent ce subterfuge pour s'écrire ce qu'ils n'osent pas toujours se dire. Pour les héros des *Liaisons dangereuses*, la lettre est en premier lieu un moyen de se tenir mutuellement au courant de leurs agissements. Mais le lecteur se rend vite compte que les lettres n'ont pas, dans la plupart des cas, pour seule fonction d'informer.

Une deuxième caractéristique du roman épistolaire vient en effet du choix de cette composition particulière : des lettres impliquent un destinataire, un émetteur et un

1. Technique faisant apparaître à l'intérieur d'une structure romanesque une situation analogue à celle qui constitue la trame même des romans.
2. On peut caractériser par ce mot les romans à « une seule voix », celle du narrateur. Dans les romans par lettre, au contraire, on observe une composition à plusieurs voix, « polyphonique ».
3. Dans la préface de *La Nouvelle Héloïse*, voir p. 276.

contenu. Elles nécessitent aussi des délais pour arriver, des réactions, des réponses, et à travers tous ces éléments se mettent en place un véritable réseau d'informations et de points de vue, ainsi que des effets de décalage. C'est ainsi que se crée la trame du roman, car il ne s'agit jamais d'une simple juxtaposition de missives. Les « éditeurs » sont formels à ce sujet : ils parlent tous de classement, d'ordre, d'organisation. De cet enchevêtrement découle une grande originalité.

On peut noter la diversité des points de vue : plusieurs personnages peuvent écrire pour parler du même événement (c'est le cas dans les Lettres 21 et 22 des *Liaisons dangereuses*). C'est là un phénomène d'écho ou de miroir qui donne au lecteur une vision multiple et souligne à quel point la vérité est difficile à cerner. Par ailleurs le décalage du temps, qui fait évoluer les situations à l'insu de certains personnages, est à la fois révélateur de cette évolution et générateur de malentendus qui peuvent être tragiques : ainsi, toujours dans *Les Liaisons dangereuses*, la lettre dans laquelle Madame de Rosemonde félicite la Présidente de ne pas se laisser séduire parvient à celle-ci après sa séduction par Valmont !

Il faut encore remarquer que le procédé de la lettre met en jeu une double réalité, celle de l'écriture et celle de l'interprétation. Comment seront comprises les formules fantaisistes d'Usbek ou de Rica par leurs amis persans ? Que pense la Présidente de Tourvel[1] lorsque Valmont lui parle d'une « nuit orageuse » pendant laquelle il n'a « pas fermé l'œil » ? Que son insomnie est due à la passion qu'elle lui inspire ? La réalité est tout autre, et seul le lecteur peut le savoir : lui seul, en effet (avec le « rédacteur »), a le privilège de connaître la totalité des lettres, alors que chacun des personnages ne connaît que celles qu'il écrit et celles qu'il reçoit.

Jean Honoré Fragonard (1732-1806), *Le Billet doux* (New York, Metropolitan Museum of Art).

Vérité multiple, temps « éclaté », intrigue morcelée et fragmentaire (pour les personnages), habileté suprême de l'artifice qui fait croire au naturel de la vie et à la spontanéité de ce qui est écrit, telles sont les caractéristiques du roman épistolaire. Et c'est de ces caractères que naît son extraordinaire « efficacité ». Il correspond en effet à des objectifs précis, et qui diffèrent selon leurs auteurs.

Un choix justifié par des objectifs

Si l'on analyse les romans épistolaires qui s'apparentent au récit de voyage (*Lettres persanes, Le Paysan perverti, La Paysanne pervertie*), on perçoit très rapidement que l'objectif n'est pas uniquement de révéler les étapes successives d'une découverte touristique. Dans la mesure où la lettre ne permet pas de mettre en doute, *a priori*, la sincérité et la spontanéité de celui qui l'écrit, elle s'offre comme un texte crédible, à prendre au premier niveau de lecture. Il n'y a donc aucune raison de mettre en doute l'authenticité des différentes visions données. L'efficacité critique vient ainsi d'une perception réelle des choses, que la lettre permet de fragmenter en épisodes divers.

Parmi les *Lettres persanes*, un grand nombre a trait à la vie parisienne, vue de manière naïve et spontanée par un regard oriental. Montesquieu promène ainsi son lecteur des rues de Paris dans les cafés, des cafés au théâtre, à l'Académie... Le tableau, pris sur le vif, retrace la réalité sociale et politique de la fin du règne de Louis XIV, dérangeante parce que déformée. Inversement, par le jeu des lettres, les nouvelles reçues de Perse permettent de mettre en place une réflexion qui donne à Usbek une véritable épaisseur psychologique. Tout ce qu'il fait et pense y gagne en crédibilité... et la critique, en efficacité.

Dans le cas de *La Nouvelle Héloïse*, la diversité et la richesse du roman par lettres, avec ses différents épistoliers, permettent d'englober non seulement une réalité affective diversifiée (la passion, l'amitié, l'amour conjugal) mais aussi, comme le souhaitait Rousseau, de cerner tout un environnement humain, social et politique, en un mot, idéologique. « J'ai vu les mœurs de mon temps, et j'ai publié ces lettres », écrit l'auteur dans la préface. Parce qu'elle délivre une vérité immédiate et subjective, la lettre est pour Rousseau l'instrument même d'une quête de transparence. Le roman par lettres, lui, parvient par sa complexité organisée à concilier la recherche de la vérité et l'existence d'une apparence qui, tour à tour, la masque ou la révèle.

Enfin, il faut considérer que le roman épistolaire dans *Les Liaisons dangereuses* se met pleinement au service du libertinage et de sa dénonciation. La lettre devient là l'instrument même de la perversion et de la corruption : en apparence toujours sincère, elle révèle l'existence de l'hypocrisie, non seulement par le jeu du double langage, mais par l'aveu d'intentions qui n'apparaissent nulle part ailleurs. Elle est une arme à double tranchant : révélée à ceux à qui elle n'est pas destinée, elle devient la preuve même de la duplicité de son auteur. Elle permet donc de le démasquer.

La fonction des romans par lettres ne se situe pas sur un plan strictement romanesque : les intentions analytiques ou critiques sont évidentes. Il n'est sans doute pas étonnant que ce soit un siècle de littérature contestataire et « questionnante » qui ait vu ce genre se développer et atteindre une sorte de perfection.

1. *Les Liaisons dangereuses*, Lettre 78.

Sade
1740-1814

Anonyme, *Aline et Valcourt ou le Roman philosophique*, 1795, gravure en taille-douce (Paris, BN).

Un aristocrate débauché

Aristocrate provençal, le marquis de Sade connaît très tôt l'exemple de mœurs tout à fait dissolues. Son oncle et tuteur, malgré sa qualité d'abbé, est jeté en prison (1762) en raison de l'existence scandaleuse qu'il mène. Le jeune Sade, après avoir fait des études chez les jésuites, au collège Louis-le-Grand, entre dans l'armée. Il en sort rapidement (1763) et se laisse marier à une riche héritière, Renée de Montreuil, qui appartient à une famille de magistrats.

La même année, il fait un premier séjour en prison pour faits de débauche. À partir de ce moment, sa vie est ponctuée d'emprisonnements de plus en plus longs, coupés par des intervalles de liberté qu'il met à profit pour accomplir de nouvelles incartades. En 1772, il est condamné à mort par contumace, accusé d'avoir voulu empoisonner des prostituées. Ayant fui en Italie, il y est incarcéré, s'évade et rentre à Paris. Mais sa belle-mère a obtenu une lettre de cachet contre lui et il se retrouve prisonnier à Vincennes, puis à la Bastille (1777). Il n'est libéré qu'en 1790, après avoir été transféré à Charenton : quelques jours avant le 14 juillet 1789, il avait tenté d'ameuter le peuple en hurlant depuis sa cellule qu'on égorgeait les prisonniers !

Un écrivain maudit

La Révolution lui rend la liberté mais le voue aussi à la misère. Sa femme, après lui avoir témoigné beaucoup de fidélité et d'affection, comme en atteste leur correspondance, a obtenu le divorce. Il se lance alors dans l'activité politique et devient le président de la section des Piques, où se rassemblent les sans-culottes extrémistes. Arrêté comme suspect sous la Terreur, il reste en prison jusqu'en 1794. C'est là qu'il poursuit une œuvre commencée plus de dix ans auparavant et dont la publication débutera en 1791. Ces différents ouvrages, qui sont autant d'apologies de la violence et de la cruauté infligée par plaisir, inquiètent la censure. Il se trouve de nouveau interné en 1801 et en l'absence de tout jugement, il reste enfermé à l'hospice des aliénés de Charenton, où il continue à écrire.

Condamné à son époque, redécouvert par les surréalistes, admiré par les uns, plaint par ceux qui voient en lui une victime de l'arbitraire, il garde le triste privilège d'avoir attaché son nom à l'horreur de la violence gratuite et au plaisir de faire souffrir.

Justine ou les Malheurs de la vertu (1791), roman.
Aline et Valcour (1795), roman.
La Philosophie dans le boudoir (1795), roman → p. 419.
La Nouvelle Justine (1795), roman.
Histoire de Juliette (1797), roman.
Les Crimes de l'amour (1800), recueil de nouvelles précédé de **Idée sur les romans,** essai critique littéraire.
Les Cent Vingt Journées de Sodome (perdu à peine rédigé, le manuscrit ne sera retrouvé et publié qu'en 1904), roman.

La Philosophie dans le boudoir

1795

Le titre même de ce roman oriente d'emblée vers une entreprise de détournement. Le rapprochement des deux termes « philosophie » et « boudoir » crée en effet une association inattendue. Ce n'est pas dans un lieu réservé aux plaisirs que l'on a coutume de philosopher.

Ce choix se trouve cependant tout à fait justifié par le contenu de l'œuvre : il s'agit, sous une forme elle-même empruntée à l'enseignement philosophique traditionnel – le dialogue[1] –, de formuler des thèses athées et libertines, puis de les mettre en pratique dans les lieux mêmes où elles ont été exposées.

Le roman met en scène quatre personnages, trois « initiateurs » et une « élève », qui est aussi leur victime. Les trois éducateurs sont naturellement trois libertins, Madame de Saint-Ange, son frère, le chevalier de Mirvel et Dolmancé, un homme pervers et corrompu. Leur « élève » est une jeune fille naïve, Eugénie de Mistival. Ensemble, ils font alterner l'exposé de théories athées, vastes dissertations philosophiques et les leçons de débauche, qui prennent la forme de scènes pornographiques.

L'ensemble est violemment provocateur, aussi bien sur le plan moral, puisque tous les principes se trouvent bafoués, que sur les plans politique et religieux. C'est une apologie de la violence, un rejet catégorique des faibles, une justification *a priori* du crime comme mode de gouvernement et de comportement.

« ... De cette douleur va naître un très grand plaisir »

Dans le Troisième Dialogue, Dolmancé fait en une longue dissertation l'analyse élogieuse de la cruauté. Le passage donné ici est plus spécifiquement consacré à son caractère prétendument naturel. En montrant qu'elle n'est pas antinaturelle, Dolmancé justifie son utilisation non seulement comme preuve de la supériorité de celui qui l'exerce, mais aussi comme source de plaisir.

À quel titre ménagerions-nous donc un individu qui ne nous touche en rien ? À quel titre lui éviterions-nous une douleur qui ne nous coûtera jamais une larme, quand il est certain que de cette douleur va naître un très grand plaisir pour nous ? Avons-nous jamais éprouvé une seule impulsion de la nature qui nous conseille de préférer les autres à nous, et chacun n'est-il pas pour soi dans le monde ? Vous nous parlez d'une voix chimérique de cette nature, qui nous dit de ne pas faire aux autres ce que nous ne voudrions pas qu'il nous fût fait ; mais cet absurde conseil ne nous est jamais venu que des hommes, et d'hommes faibles. L'homme puissant ne s'avisera jamais de parler un tel langage. Ce furent les premiers chrétiens qui, journellement persécutés pour leur imbécile système, criaient à qui voulait l'entendre : « Ne nous brûlez pas, ne nous écorchez pas ! *La nature dit qu'il ne faut pas faire aux autres ce que nous ne voudrions pas qu'il nous fût fait.* » Imbéciles ! Comment la nature, qui nous conseille toujours de nous délecter, qui n'imprime jamais en nous d'autres mouvements, d'autres aspirations, pourrait-elle, le moment d'après, par une inconséquence sans exemple, nous assurer qu'il ne faut pourtant pas nous aviser de nous délecter si cela peut faire de la peine aux autres ? Ah ! croyons-le, croyons-le, Eugénie, la nature, notre mère à tous, ne nous parle jamais que de nous : rien n'est égoïste comme sa voix, et ce que nous y reconnaissons de plus clair est l'immuable et saint conseil qu'elle nous donne de nous délecter, n'importe aux dépens de qui. Mais les autres,

1. Cette forme est celle qui fut adoptée par Platon pour retranscrire les dialogues menés par Socrate avec ses disciples.

vous dit-on à cela, peuvent se venger... À la bonne heure, le plus fort seul aura raison. Eh bien, voilà l'état primitif de guerre et de destruction perpétuelles pour lequel sa main nous créa, et dans lequel seul il lui est avantageux que nous soyons.

Voilà, ma chère Eugénie, comme raisonnent ces gens-là[1], et moi j'y ajoute, d'après mon expérience et mes études, que la cruauté, bien loin d'être un vice, est le premier sentiment qu'imprime en nous la nature. L'enfant brise son hochet, mord le téton de sa nourrire, étrangle son oiseau, bien avant que d'avoir l'âge de raison. La cruauté est empreinte dans les animaux, chez lesquels, ainsi que je crois vous l'avoir dit, les lois de la nature se lisent bien plus énergiquement que chez nous ; elle est chez les sauvages bien plus rapprochée de la nature que chez l'homme civilisé : il serait donc absurde d'établir qu'elle est une suite de la dépravation. Ce système est faux, je le répète. La cruauté est dans la nature ; nous naissons tous avec une dose de cruauté que la seule éducation modifie ; mais l'éducation n'est pas dans la nature, elle nuit autant aux effets sacrés de la nature que la culture nuit aux arbres. Comparez dans vos vergers l'arbre abandonné aux soins de la nature, avec celui que votre art soigne en le contraignant, et vous verrez lequel est le plus beau, vous éprouverez lequel vous donnera de meilleurs fruits. La cruauté n'est autre chose que l'énergie de l'homme que la civilisation n'a point encore corrompue : elle est donc une vertu et non pas un vice.

Sade, *La Philosophie dans le boudoir*, Troisième Dialogue.

« Nous distinguons en général deux sortes de cruauté »

Toujours dans la même dissertation sur la cruauté, Dolmancé analyse ses manifestations chez les femmes. Il trouve là une autre forme de justification en montrant que, paradoxalement, elle est d'après lui, une preuve de grande sensibilité...

Il ne faut pas plus s'enorgueillir de la vertu que se repentir du vice, pas plus accuser la nature de nous avoir fait naître bon que de nous avoir créé scélérat ; elle a agi d'après ses vues, ses plans et ses besoins : soumettons-nous. Je n'examinerai donc ici que la cruauté des femmes, toujours bien plus active chez elles que chez les hommes, par la puissante raison de l'excessive sensibilité de leurs organes.

Nous distinguons en général deux sortes de cruauté : celle qui naît de la stupidité, qui, jamais raisonnée, jamais analysée, assimile l'individu né tel à la bête féroce : celle-là ne donne aucun plaisir, parce que celui qui y est enclin n'est susceptible d'aucune recherche ; les brutalités d'un tel être sont rarement dangereuses : il est toujours facile de s'en mettre à l'abri ; l'autre espèce de cruauté, fruit de l'extrême sensibilité des organes, n'est connue que des êtres extrêmement délicats, et les excès où elle les porte ne sont que des raffinements de leur délicatesse ; c'est cette délicatesse, trop promptement émoussée à cause de son excessive finesse, qui, pour se réveiller, met en usage toutes les ressources de la cruauté. Qu'il est peu de gens qui conçoivent ces différences !... Comme il en est peu qui les sentent ! Elles existent pourtant, elles sont indubitables. Or, c'est ce second genre de cruauté dont les femmes sont le plus souvent affectées. Étudiez-les bien : vous verrez si ce n'est pas l'excès de leur sensibilité qui les a conduites là ; vous verrez si ce n'est pas l'extrême activité de leur imagination, la force de leur esprit qui les rend scélérates et féroces ; aussi celles-là sont-elles toutes charmantes ; aussi n'en est-il pas une seule de cette espèce qui ne fasse tourner des têtes quand elle l'entreprend ; malheureusement, la rigidité ou plutôt l'absurdité de nos mœurs laisse peu d'aliment à leur cruauté ; elles sont obligées de se cacher, de dissimuler, de couvrir leur inclination par des actes de bienfaisance ostensibles qu'elles détestent au fond de leur cœur ; ce ne peut plus être que sous le voile le plus obscur, avec les précautions les plus grandes, aidées de quelques amies sûres, qu'elles peuvent se livrer à leurs inclinations ; et, comme il en est beaucoup de ce genre, il en est par conséquent beaucoup de malheureuses. Voulez-vous les connaître ? annoncez-leur un spectacle cruel, celui d'un duel, d'un incendie, d'une bataille, d'un combat de gladiateurs : vous verrez comme elles accourront ; mais ces occasions ne sont pas assez nombreuses pour alimenter leur fureur : elles se contiennent et elles souffrent.

Sade, *La Philosophie dans le boudoir*, Troisième Dialogue.

1. Ceux qui éprouvent du plaisir à faire souffrir.

Anonyme, illustration pour *Le Moine* de Matthew Gregory Lewis, gravure, Paris, 1797 (Paris, BN).

« Elle fut saisie d'un accès de délire... »

Texte étranger

L'écrivain anglais Matthew G. Lewis (1775-1818) fut le continuateur du « roman noir » de sa compatriote Anne Radcliffe. *Le Moine* (1795), son livre le plus connu, est un roman d'épouvante qui eut des sources d'inspiration multiples parmi lesquelles il faut compter *Le Diable amoureux*, de Cazotte (voir p. 333).

Le moine Ambrosio est séduit par une créature diabolique, Mathilde, qui s'est déguisée en homme pour réussir à l'approcher. Plus tard, Ambrosio tombe follement amoureux d'Antonia, l'une de ses pénitentes, et Mathilde lui propose d'arriver à ses fins grâce à des procédés magiques. Le moine accepte de la suivre.

Il sentit ses membres trembler en lui obéissant. Elle le guida à travers divers étroits passages ; et de chaque côté, comme ils avançaient, la clarté de la lampe ne montrait que les objets les plus révoltants : des crânes, des ossements, des tombes et des statues dont les yeux semblaient à leur approche flamboyer d'horreur et de surprise. Enfin ils parvinrent à un vaste souterrain dont l'œil cherchait vainement à discerner la hauteur :

Texte étranger

une profonde obscurité planait sur l'espace ; des vapeurs humides glacèrent le cœur du moine, et il écoutait tristement le vent qui hurlait sous les voûtes solitaires. Ici Mathilde s'arrêta ; elle se tourna vers Ambrosio dont les joues et les lèvres étaient pâles de frayeur. D'un regard de mépris et de colère, elle lui reprocha sa pusillanimité ; mais elle ne parla pas. Elle posa la lampe à terre près du panier ; elle fit signe à Ambrosio de garder le silence, et commença les rites mystérieux. Elle traça un cercle autour de lui, et un autre autour d'elle ; puis prenant une petite fiole dans le panier, elle en répandit quelques gouttes sur la terre devant elle ; elle se courba sur la place, marmotta quelques phrases inintelligibles ; et immédiatement il s'éleva du sol une flamme pâle et sulfureuse, qui s'accrut par degré, et finit par étendre ses flots sur toute la surface, à l'exception des cercles où se tenaient Mathilde et le moine ; ensuite la flamme gagna les énormes colonnes de pierre brute, glissa le long de la voûte et changea le souterrain en une immense salle toute couverte d'un feu bleuâtre et tremblant : il ne donnait aucune chaleur ; au contraire, le froid extrême du lieu semblait augmenter à chaque instant. Mathilde continua ses incantations. [...]

Le moine la regardait avec anxiété. Tout à coup, elle poussa un cri long et perçant ; elle fut saisie d'un accès de délire ; elle s'arracha les cheveux, se frappa le sein, fit les gestes les plus frénétiques, et, tirant le poignard de sa ceinture, elle se le plongea dans le bras gauche : le sang jaillit en abondance ; et elle se tint sur le bord de ce cercle, prenant soin qu'il tombât en dehors. Les flammes se retiraient de l'endroit où le sang coulait. Une masse de nuages sombres s'éleva lentement de la terre ensanglantée, et monta graduellement jusqu'à ce qu'elle atteignît la voûte de la caverne ; en même temps, un coup de tonnerre se fit entendre, l'écho résonna effroyablement dans les passages souterrains, et la terre trembla sous les pieds de l'enchanteresse.

Ce fut alors qu'Ambrosio se repentit de sa témérité. L'étrangeté solennelle du charme l'avait préparé à quelque chose de bizarre et d'horrible : il attendit avec effroi l'apparition de l'esprit dont la venue était annoncée par la foudre et le tremblement de terre ; il regarda d'un œil égaré autour de lui, persuadé que la vue de cette vision redoutable allait le rendre fou ; un frisson glaçait son corps, et il tomba sur un genou, hors d'état de se soutenir.

– Il vient ! s'écria Mathilde avec un accent joyeux.

Ambrosio tressaillit, et attendit le démon avec terreur.

Matthew G. Lewis, Le Moine, *1795, chapitre VII,*
Éd. Marabout, 1974, traduction de Léon de Wailly.

Synthèse

Au-delà de la monotone répétition des scènes de pornographie « sadiques », l'œuvre de Sade offre un certain nombre de thèmes récurrents qui touchent à la morale, à la politique et à la philosophie, même si c'est le plus souvent par antiphrase.

Leur point commun est sans doute l'expression constante d'une démystification tout à fait provocatrice des valeurs traditionnelles et des idées de l'époque, ce qui n'exclut pas, de manière inattendue, quelques contradictions. Cette démystification passe, comme chez Choderlos de Laclos, par une véritable inversion des valeurs : celles de l'aristocratie, celles de la morale, celles de l'éducation. L'aspiration au bien, à la tolérance et à l'altruisme, idéal humaniste des Lumières, se transforme chez lui en recherche systématique de la jouissance par le mal devenu principe de gouvernement et d'action.

La perversion des valeurs aristocratiques

La vie de Sade lui-même donne un aperçu de ce que veut être cette perversion. Aristocrate, il considère qu'un rang social élevé justifie l'utilisation de la force et l'exploitation des faibles devenus victimes. Il fait de l'aristocratie cultivée une caste supérieure capable de dominer par son intelligence les préjugés et les superstitions. C'est ainsi que, dans les romans de Sade, les pires libertins appartiennent aux ordres privilégiés de la société d'Ancien Régime, noblesse et haut clergé. Le ministre Saint-Fond, amant et protecteur de Juliette, en est un exemple parfait. Il n'y a d'ailleurs aux yeux de Sade aucune anomalie dans la coexistence sociale de forts et de faibles, puisqu'il s'agit là d'une donnée de la nature.

La perversion de la morale et de l'éducation

La nature est en effet prise comme référence, mais dans un sens tout à fait perverti si l'on pense à toute la réflexion philosophique des Lumières. Si Rousseau voyait en elle l'image d'un monde innocent et pur, pour Sade elle constitue le modèle suprême de la cruauté et justifie donc toute exploitation cruelle de ceux qui ne peuvent se défendre par ceux qui sont, de manière naturelle, les plus forts. « La destruction, le mal et l'oppression sont les premiers penchants que la nature a gravés dans nos cœurs », écrit-il dans l'*Histoire de Juliette.*

L'idée revient avec force dans *La Philosophie dans le boudoir*, et aboutit à l'affirmation selon laquelle, loin d'être un vice, la cruauté est une véritable vertu naturelle. Il convient donc de suivre la nature, ce qui conduit à la perversion du système éducatif : au lieu de former un esprit et une âme, l'essentiel est d'initier le corps aux perversions sexuelles, comme le font les trois libertins qui « éduquent » Eugénie de Mistival, et de convaincre que l'exercice de la cruauté et de la violence sont non seulement un droit, mais une extrême jouissance. Sensibilité et vertu se trouvent ainsi totalement dissociées : Sade se donne pour objectif de détruire les idéaux de son temps.

Un art contesté

Si certains admirateurs de Sade soulignent le caractère visionnaire de son écriture, exception faite de tout ce qui relève de la grossièreté et de la pornographie, il faut remarquer que le caractère hâtif ou lacunaire de la plupart de ses ouvrages ne permet pas d'y trouver d'aussi éminentes qualités. Le lecteur est souvent rebuté par les contradictions et les invraisemblances. L'intrigue se limite parfois à de fastidieuses énumérations de crimes ou de victimes comme dans *Les Cent Vingt Journées de Sodome.* Dans bien des cas, la structure romanesque est sacrifiée au profit de l'expression de thèses : le roman se présente alors comme un cadre conventionnel propre à mettre en scène une pensée.

Le caractère « révolutionnaire » de l'œuvre de Sade ne vient donc pas de l'invention d'une forme nouvelle, mais de l'exploitation exacerbée de certaines contradictions inhérentes au Siècle des lumières.

ÉCRITURE, PAROLE ET RÉVOLUTION
MIRABEAU, DANTON, ROBESPIERRE

D'après Louis David, *Le Serment du Jeu de paume, 20 juin 1789*, 0,82 × 0,54 m (Paris, musée Carnavalet).

LA PAROLE LIBÉRÉE

La Révolution française, en instituant la liberté comme le premier des droits, apporte, avant même les libertés civiques, une profonde libération de la parole.

Déjà les cahiers de doléances avaient fait entendre une voix nouvelle, celle des revendications populaires, plus ou moins spontanées, plus ou moins authentiques, mais qui toutes voyaient dans l'expression des difficultés de la vie un pas décisif vers leur solution.

La période révolutionnaire vient libérer un foisonnement de discussions, de débats. La parole descend dans la rue ; les jardins du Palais-Royal deviennent un lieu de harangues, un forum où des orateurs improvisés attisent les revendications parisiennes. En 1791, l'Assemblée constituante proclame la liberté des théâtres. La scène se transforme en tribune où sont célébrées les vertus républicaines comme dans les tragédies « romaines » de Marie-Joseph Chénier ; où l'on fait le procès de l'Ancien Régime dans de médiocres comédies, alors très goûtées par un public nouveau. Mais surtout, l'époque permet l'épanouissement d'une floraison d'académies, de clubs, de sociétés : la Société des Amis des Noirs, la Société des Amis des Droits de l'homme et du citoyen devenue le Club des cordeliers, la Société des Amis de la Constitution, qui deviendra le Club des jacobins. Les débats politiques deviennent l'affaire de tous ; la parole devient parole publique.

Cette parole libérée est aussi une parole renouvelée. On sait que les révolutionnaires avaient débaptisé les noms de lieux, supprimé les titres et les particules, remplacé « Monsieur » par « citoyen ». Égalitarisme de surface, et qui durera peu ; sans doute. Mais cette réforme montre à quel point on comptait sur le verbe pour instaurer un monde nouveau.

Le pouvoir de la plume

Déjà, bien des opuscules, placets et libelles avaient accompagné les prémices de la Révolution, à commencer par la fameuse brochure de Sieyès « Qu'est-ce que le tiers état ? » Mais dès 1789, lorsque la liberté de la presse est instituée, les journaux se multiplient. Rédigés le plus souvent par un seul homme, ils expriment des opinions subjectives, partisanes, écrites sous la pression de l'événement. Ce sont des feuilles plus que des journaux, mais leur efficacité vient de ce qu'elles se répandent dans le public parfois dans l'heure qui suit leur rédaction, grâce aux « crieurs » et aux vendeurs des rues.

Les journalistes, comme l'écrit Camille Desmoulins, exercent un véritable « ministère public ». Marat dans *L'Ami du peuple*, qui paraît de septembre 1789 à septembre 1792, dénonce inlassablement les complots contre-révolutionnaires, appelle à la vigilance, incite à la révolte et réclame des têtes. Avec lui s'exprime dans toute sa violence le journalisme polémique. *Le Père Duchesne,* d'Hébert, va plus loin encore. Usant d'un style grossier, celui des sans-culottes auxquels il s'adresse, il insulte, dénonce, calomnie et attise les mécontentements populaires. Tout autre est *Le Vieux Cordelier* de Camille Desmoulins. Dans ses sept numéros (il paraît en décembre 1793 et son rédacteur sera guillotiné en 1794), ce journal est un cri d'alarme contre les excès de la Terreur et un appel à la paix civile et à la clémence. La presse contre-révolutionnaire défend, elle, la religion et la royauté ; ses journaux sont *Les Actes des apôtres* ou *L'Ami du roi.* Mais après le 10 août 1792, les journaux royalistes sont réduits au silence. Écrire, c'est alors jouer sa tête, ou se préparer à l'exil.

Si diverse qu'elle soit, cette presse de la Révolution a en commun l'influence qu'elle exerce. Elle répand la passion politique auprès d'une population de plus en plus large. Désormais, avec l'entrée en scène du journalisme politique, il faudra compter avec une nouvelle force, peut-être un nouveau pouvoir : celui de l'opinion.

Le règne des tribuns

Dans une France qui accède au régime parlementaire, où l'Assemblée devient le lieu central du pouvoir politique, les maîtres de la parole publique sont les députés. Bon nombre d'entre eux sont d'anciens avocats (Danton, Robespierre, Desmoulins, Vergniaud), rompus à l'argumentation, convaincus des pouvoirs et de l'autorité de la parole.

Toute la vie politique de la Révolution est liée aux discours des orateurs. D'abord parce que ces hommes consacrent leur énergie et leur temps à cette activité de parole : outre leur rôle à l'Assemblée, ils interviennent dans les clubs (Robespierre, en quatre ans, prononça cinq cents discours au Club des jacobins). Mais aussi parce que leur éloquence a un effet direct sur l'événement : elle appelle au vote des décrets, mobilise l'ardeur patriotique, infléchit la politique du gouvernement, porte au pouvoir et fait tomber des têtes. L'art oratoire en cette période révolutionnaire n'est donc pas un simple ornement. La parole est action ; la parole est une arme.

Mais l'éloquence est aussi un incomparable outil de séduction : Mirabeau tient l'Assemblée sous la puissance de sa parole ; Robespierre fait pleurer son auditoire. Bouleversé par un discours de l'« Incorruptible », Camille Desmoulins, suivi par l'assistance transportée, s'écrie un jour : « Nous voulons tous mourir avec toi ! »

Quels sont donc les caractères de cette éloquence révolutionnaire ? On note d'abord qu'elle varie selon les périodes. En 1789, Mirabeau s'adresse aux députés ; à partir de 1790, Robespierre touche aussi le peuple, présent désormais dans les tribunes et véritable baromètre de l'opinion publique. L'éloquence varie également selon les orateurs : à la fougue de Danton s'opposent le lyrisme de Vergniaud et le laconisme de Saint-Just. Il existe cependant des constantes. Les grands tribuns, formés pour la plupart à l'art oratoire dans les collèges religieux, transmettent au discours politique la double tradition de la rhétorique classique latine et de l'éloquence sacrée et le portent à un haut degré de perfection.

Bien sûr, l'éloquence révolutionnaire est marquée par l'emphase et le recours à des figures de style usées ; les périphrases gardent leurs droits : il faut attendre Saint-Just pour que soit prononcé à la Convention le mot de « guillotine », remplaçant brutalement l'euphémique « Glaive de la loi ».

École française XVIIIe s., *La Raison rendant honneur aux emblèmes de la liberté et de l'égalité* (Lyon, Musée historique).

Mais en même temps, cette parole inspirée, généreuse, persuasive, fait entendre des accents radicalement nouveaux. Les discours des tribuns, le rythme haletant de leurs interventions improvisées, la cadence et les inflexions qu'ils impriment à la phrase, leurs élans lyriques, le rôle prophétique donné au langage, opèrent un renouvellement profond dans la prose française. Avec les orateurs révolutionnaires, circule déjà le grand souffle romantique. Écartés de la tribune par l'exil, les royalistes de l'émigration comme le jeune Chateaubriand, les monarchistes étrangers comme Joseph de Maistre, propagent aussi dans leur analyse de la Révolution les thèmes qui préparent le siècle à venir.

Mirabeau
1749-1791

Un orateur fascinant

Honoré-Gabriel Riqueti, comte de Mirabeau, dont la jeunesse révoltée, débauchée, avait créé un conflit permanent avec sa famille et son ordre, fut élu triomphalement député du tiers état d'Aix puis de Marseille, et joua un rôle de tout premier plan à l'Assemblée constituante.

Deux principes l'animaient : combattre les privilèges et mettre fin à l'absolutisme, mais en même temps relever l'autorité royale sous le contrôle de l'Assemblée. Une telle position pouvait passer pour ambiguë ; en effet, Mirabeau désirait profondément servir la monarchie, tout en défendant ardemment la Révolution. Ses ennemis des deux bords l'accusaient volontiers d'opportunisme. L'orateur devait donc d'autant plus convaincre que la partie était plus difficile à jouer. Cette attitude de défi explique que malgré ses idées plutôt modérées, en somme celles d'un conciliateur, Mirabeau ait eu recours à une éloquence puissante, parfois violente, agressive, ironique, persuasive, visant à emporter la conviction par la force des arguments et, souvent, par toutes les ressources de la dramatisation. On le craignait, on se méfiait de lui, mais il subjuguait.

Comme beaucoup de députés de l'époque, Mirabeau faisait rédiger ses interventions par un « atelier », mais son génie était dans le tour personnel qu'il leur donnait. Ses meilleurs discours sont ceux qu'il dut improviser, comme celui du 24 septembre 1789 sur la banqueroute (voir p. 428). L'orateur était, en outre, servi par un timbre de voix puissant et une laideur imposante qui faisait impression sur ses auditeurs.

Sur l'urgence d'exiger du roi le renvoi des troupes (8 juillet 1789)

Les états généraux s'étaient ouverts le 5 mai 1789. Le 20 juin, les députés du tiers s'étaient constitués en « Assemblée nationale ». Mais le 23, Louis XVI ordonne aux députés de se séparer. Mirabeau réagit vivement par ces paroles fameuses : « Nous ne quitterons nos places que par la puissance de la baïonnette. »

Le roi cède ; mais dès le début de juillet, il rappelle dix régiments étrangers et les troupes investissent Paris et Versailles. Mirabeau dénonce ce recours à la force.

Ainsi ce n'était pas assez que le sanctuaire de la liberté eût été souillé par des troupes ! ce n'était pas assez qu'on eût donné le spectacle inouï d'une Assemblée nationale astreinte à des consignes militaires et soumise à une force armée ! ce n'était pas assez qu'on joignît à cet attentat toutes les inconvenances, tous les manques d'égards, et, pour trancher le mot, la grossièreté de la police orientale ! il a fallu déployer tout l'appareil du despotisme, et montrer plus de soldats menaçants à la nation, le jour où le roi lui-même l'a convoquée pour lui demander des conseils et des secours, qu'une invasion de l'ennemi n'en rencontrerait peut-être ; et mille fois plus du moins qu'on n'en a pu réunir pour secourir des amis martyrs de leur fidélité envers nous, pour remplir nos engagements les plus sacrés, pour conserver notre considération politique, et cette alliance des Hollandais, si précieuse, mais si chèrement conquise, et surtout si honteusement perdue[1].

Messieurs, quand il ne s'agirait ici que de nous, quand la dignité de l'Assemblée nationale serait seule blessée, il ne serait pas moins convenable, juste, nécessaire, important pour le roi lui-même, que nous fussions traités avec décence, puisqu'enfin nous sommes les députés de cette même nation qui seule fait sa gloire, qui seule constitue la splendeur du trône, de cette nation qui rendra la personne du roi honorable à proportion de ce qu'il l'honorera plus lui-même. Puisque c'est à des hommes libres qu'il veut commander, il est temps de faire disparaître ces formes odieuses, ces procédés insultants, qui persuadent trop facilement à ceux dont le prince est entouré que la majesté royale consiste dans les rapports avilissants du maître à l'esclave ; qu'un roi légitime et chéri doit partout et en toute occasion ne se montrer que sous l'aspect des tyrans irrités, ou de ces usurpateurs tristement condamnés à méconnaître le sentiment si doux, si honorable de la confiance.

Mirabeau, Discours du 8 juillet 1789 devant l'Assemblée constituante.

Sur les finances et la banqueroute (26 septembre 1789)

Les finances du royaume sont dans un état désastreux. Le Trésor est vide ; il faut trouver des ressources. Le 24 septembre, Necker, ministre des Finances, propose devant l'Assemblée une contribution exceptionnelle du quart de tous les revenus de plus de quatre cents livres. Les députés sont réticents. Certains voient dans cette crise une belle occasion d'embarrasser le gouvernement et, par haine des financiers, ils ne seraient pas fâchés de voir décrétée la banqueroute. On délibère, on hésite. Mirabeau intervient.

Deux siècles de déprédations[2] et de brigandages ont creusé le gouffre où le royaume est près de s'engloutir. Il faut le combler, ce gouffre effroyable. Eh bien ! voici la liste des propriétaires français. Choisissez parmi les plus riches, afin de sacrifier moins de citoyens. Mais choisissez ; car ne faut-il pas qu'un petit nombre périssent pour sauver la masse du peuple ? Allons, ces deux mille notables possèdent de quoi combler le déficit. Ramenez l'ordre dans vos finances, la paix et la prospérité dans le royaume. Frappez, immolez sans pitié ces tristes victimes, précipitez-les dans l'abîme, il va se refermer... Vous reculez d'horreur... Hommes inconséquents, hommes pusillanimes[3] ! Eh ! ne voyez-vous donc pas qu'en décrétant la banqueroute, ou, ce qui est plus odieux encore, en la rendant inévitable sans la décréter, vous vous souillez d'un acte mille fois plus criminel, et, chose inconcevable ! gratuitement criminel ; car enfin, cet horrible sacrifice ferait du moins disparaître le déficit. Mais croyez-vous, parce que vous n'aurez pas payé, que vous ne devrez plus rien ? Croyez-vous que les milliers, les millions d'hommes qui perdront en un instant, par l'explosion terrible ou par ses contrecoups, tout ce qui faisait la consolation de leur vie, et peut-être leur unique moyen de la sustenter[4], vous laisseront paisiblement jouir de votre crime ? Contemplateurs stoïques[5] des maux incalculables que cette catastrophe vomira sur la France ; impassibles égoïstes, qui pensez que ces convulsions du désespoir et de la misère passeront comme tant d'autres, et d'autant plus rapidement qu'elles seront plus violentes, êtes-vous bien sûrs que tant d'hommes sans pain vous laisseront tranquillement savourer les mets dont vous n'aurez voulu diminuer ni le nombre ni la délicatesse ?... Non, vous périrez ; et dans la conflagration[6] universelle que vous ne frémissez pas d'allumer, la perte de votre bohneur ne sauvera pas une seule de vos détestables jouissances.

Voilà où nous marchons... J'entends parler de patriotisme, d'élans du patriotisme, d'invocations au patriotisme. Ah ! ne prostituez pas ces mots de patrie et de patriotisme. Il est donc bien magnanime l'effort de donner une portion de son revenu pour sauver tout ce qu'on possède ! Eh ! messieurs, ce n'est là que de la simple arithmétique ; et celui qui hésitera ne peut désarmer l'indignation que par le mépris que doit inspirer sa stupidité. Oui, messieurs, c'est la prudence la plus ordinaire, la sagesse la plus triviale, c'est votre intérêt le plus grossier que j'invoque. Je ne vous dis plus comme autrefois : Donnerez-vous les premiers aux nations le spectacle d'un peuple assemblé pour manquer à la foi publique ? Je ne vous dis plus : Eh ! quels titres avez-vous à la liberté ? Quels moyens vous resteront

1. En 1787, Louis XVI avait laissé les Prussiens envahir la Hollande.
2. Pillages, détournements de fonds.
3. Faibles, hésitants.
4. Soutenir, entretenir.
5. Indifférents.
6. Incendie, brasier.

Michel-Barthélémy (1712-1784),
Fête donnée par le prince de Conti au prince héréditaire de Brunswick-Lunebourg, à l'Isle-Adam,
1766, 0,96 × 1,28 m
(Versailles, Musée national du Château).

pour la maintenir, si dès votre premier pas vous surpassez les turpitudes des gouvernements les plus corrompus ; si le besoin de votre concours et de votre surveillance n'est pas le garant de votre Constitution ?... Je vous dis : Vous serez tous entraînés dans la ruine universelle ; et les premiers intéressés au sacrifice que le gouvernement vous demande, c'est vous-mêmes.

Votez donc ce subside extraordinaire, et puisse-t-il être suffisant ! Votez-le, parce que si vous avez des doutes sur les moyens (doutes vagues et non éclaircis), vous n'en avez pas sur sa nécessité et sur notre impuissance à le remplacer, immédiatement du moins. Votez-le, parce que les circonstances publiques ne souffrent aucun retard, et nous serions comptables de tout délai. Gardez-vous de demander du temps ; le malheur n'en accorde jamais... Eh ! messieurs, à propos d'une ridicule motion du Palais-Royal[1], d'une risible insurrection qui n'eut jamais d'importance que dans les imaginations faibles ou les desseins pervers de quelques hommes de mauvaise foi, vous avez entendu naguère ces mots forcenés : « Catilina est aux portes de Rome, et l'on délibère[2]. » Et certes, il n'y avait autour de nous ni Catilina, ni périls, ni factions, ni Rome... Mais aujourd'hui la banqueroute, la hideuse banqueroute est là ; elle menace de consumer vous, vos propriétés, votre honneur..., et vous délibérez !

Mirabeau, Discours du 26 septembre 1789 devant l'Assemblée constituante.

1. Des jardins du Palais-Royal, lieu de rassemblement très prisé des Parisiens, partaient des mots d'ordre ou des mouvements plus ou moins spontanés, nombreux en cette période de discussion et d'agitation.

2. Allusion à un discours de Cicéron qui incite le Sénat à s'opposer à la conjuration de Catilina.

Danton
1759-1794

Pierre-Alexandre Wille dit Wille fils (1748-1821), *Danton conduit au supplice* (Paris, musée Carnavalet).

Une voix retentissante

Fondateur du Club des cordeliers, ministre de la Justice, puis président du Comité de salut public, Danton est l'homme du contact avec l'événement. C'est un homme d'action qui se sert de son éloquence pour pousser à agir. Il joua un rôle déterminant dans la politique étrangère de la République en 1792 et 1793. Il organisa la défense nationale, appelant par ses discours énergiques et pressants à sauver la patrie en danger.

Toujours prêt à intervenir à la tribune quand les circonstances l'exigent, il s'impose par ses talents d'improvisateur, son langage direct et sa voix retentissante. Le tribun a aussi le sens de la formule : « De l'audace, encore de l'audace, toujours de l'audace... » (voir ci-dessous), « Après le pain, l'éducation est le premier besoin du peuple », et quand on vint l'arrêter le 31 mars 1794 et que ses amis le pressaient de s'enfuir : « Partir ! Est-ce qu'on emporte sa patrie à la semelle de son soulier ? »

Pour s'être opposé aux excès de la Terreur, qu'il avait lui-même mise en place, il fut condamné à mort par le Tribunal révolutionnaire et guillotiné le 5 avril 1794.

« De l'audace, encore de l'audace, toujours de l'audace... »

Au mois d'août 1792, les Autrichiens et les Prussiens sont entrés en France. Longwy a capitulé ; Verdun est assiégé. L'armée des Princes menace la capitale. Le 28 août, Danton avait proclamé la patrie en danger. Dans son discours du 2 septembre devant l'Assemblée législative, il lance un appel à la levée en masse.

Il est bien satisfaisant, Messieurs, pour les ministres du peuple libre d'avoir à lui annoncer que la patrie va être sauvée. Tout s'émeut, tout s'ébranle, tout brûle de combattre.

Vous savez que Verdun n'est point encore au pouvoir de vos ennemis. Vous savez que la garnison a promis d'immoler le premier qui proposerait de se rendre.

Une partie du peuple va se porter aux frontières ; une autre va creuser des retranchements, et la troisième, avec des piques, défendra l'intérieur de nos villes.

Paris va seconder ces grands efforts. Les commissaires[1] de la Commune[2] vont proclamer d'une manière solennelle l'invitation aux citoyens de s'armer et de marcher pour la défense de la patrie.

1. Les représentants

2. La Commune de Paris.

Jean-Jacques-François Le Barbier l'aîné (1738-1826), *Le Départ du citoyen* (Paris, musée Carnavalet).

C'est en ce moment, Messieurs, que vous pouvez déclarer que la capitale a bien mérité de la France entière ; c'est en ce moment que l'Assemblée nationale va devenir un véritable Comité de guerre.

Nous demandons que vous concouriez avec nous à diriger ce mouvement sublime du peuple, en nommant des commissaires qui nous seconderont dans ces grandes mesures. Nous demandons que quiconque refusera de servir de sa personne, ou de remettre ses armes, soit puni de mort.

Nous demandons qu'il soit fait une instruction aux citoyens pour diriger leurs mouvements. Nous demandons qu'il soit envoyé des courriers dans tous les départements pour les avertir des décrets que vous aurez rendus. Le tocsin qu'on va sonner n'est point un signal d'alarme, c'est la charge sur les ennemis de la patrie. *(On applaudit.)* Pour les vaincre, Messieurs, il nous faut de l'audace, encore de l'audace, toujours de l'audace et la France est sauvée ! *(Les applaudissements recommencent.)*

Danton, Discours du 2 septembre 1792 devant l'Assemblée législative.

« Le salut du peuple exige de grands moyens, des mesures terribles »

Au début de l'année 1793, après les victoires de la République à Valmy et à Jemmapes, l'Europe entière se coalise contre la France. La situation extérieure s'aggrave d'heure en heure. À l'intérieur, on redoute aussi les ennemis de la Révolution. S'opposant aux Girondins modérés, les Montagnards (Robespierre, Danton, Marat) veulent renforcer les mesures révolutionnaires et organiser la répression.

Danton demande à la Convention que soit institué un Tribunal révolutionnaire pour juger les suspects.

Je somme tous les bons citoyens de ne pas quitter leurs postes !... *(L'Assemblée entière est en place dans un calme profond.)*

Quoi, citoyens, au moment où notre position est telle, que si, et cela n'est pas impossible, Miranda[1] était battu, Dumouriez[1] enveloppé serait obligé de mettre bas les armes, vous pourriez vous séparer sans prendre les grandes mesures qu'exige le salut de la chose publique ? – Je sens à quel point il est important de prendre des mesures judiciaires qui punissent les contre-révolutionnaires ; car c'est pour eux que ce tribunal est nécessaire, c'est pour eux que ce tribunal doit suppléer au tribunal suprême de vengeance populaire.

1. Généraux français. Un mois plus tard, Dumouriez sera battu et passera à l'ennemi.

Les ennemis de la liberté lèvent un front audacieux ; partout confondus, ils sont partout provocateurs. – En voyant le citoyen honnête occupé dans ses foyers, l'artisan occupé dans ses ateliers, ils ont la stupidité de se croire en majorité ! – Eh bien ! arrachez-les vous-mêmes à la vengeance populaire, l'humanité vous l'ordonne...

UNE VOIX. – Septembre[1] !...

(*Mouvement d'indignation générale.* – À l'ordre l'interrupteur ! *s'écrie-t-on de toutes parts.*)

DANTON *continue.* – Rien n'est si difficile que de définir un crime politique ; mais si un homme du peuple, pour un crime particulier, en reçoit à l'instant le châtiment, s'il est si difficile d'atteindre un crime politique, n'est-il pas nécessaire que des lois extraordinaires, prises hors du corps social, épouvantent les rebelles et atteignent les coupables ?

Ici, le salut du peuple exige de grands moyens, des mesures terribles. Je ne vois pas de point milieu entre les formes ordinaires et un tribunal révolutionnaire. L'histoire atteste cette vérité ; et puisqu'on a osé, dans cette Assemblée, rappeler ces journées sanglantes sur lesquelles tout bon citoyen a gémi, je dirai, moi, que si un tribunal eût alors existé, le peuple, auquel on a si souvent, si cruellement reproché ces journées, ne les aurait pas ensanglantées ; je dirai, et j'aurai l'assentiment de tous ceux qui ont été les témoins de ces événements, que nulle puissance humaine n'était dans le cas d'arrêter le débordement de la vengeance nationale.

Profitons des fautes de nos prédécesseurs. Faisons ce que n'a pas fait l'Assemblée législative : soyons terribles pour dispenser le peuple de l'être ; organisons un tribunal, non pas bien, cela est impossible, mais le moins mal qu'il se pourra, afin que le peuple sache que le glaive de la Loi pèse sur la tête de tous ses ennemis.

Danton, Discours du 10 mars 1793 devant la Convention nationale.

Louis David (1748-1825), *Marat assassiné*,
1,62 × 1,25 m, 1793
(Versailles, musée Lambinet).

1. Rappel des massacres de septembre 1792. Près de la moitié des prisonniers de la capitale (droits communs, prêtres réfractaires) avaient été arrachés à leur prison et massacrés par les sans-culottes parisiens. La Gironde et la Montagne exploitaient politiquement ce massacre pour s'accuser l'une l'autre de l'avoir couvert ou même déclenché.

Robespierre
1758-1794

École française XVIIIe s., *Portrait de Maximilien de Robespierre* (Paris, musée Carnavalet).

Un homme controversé

Président du Club des jacobins, député de la Convention, membre du Comité de salut public, Robespierre est l'homme le plus controversé de la Révolution en raison de la dictature qu'il exerça et de sa responsabilité dans l'installation d'un régime de Terreur, à partir de 1793.

« Incorruptible défenseur du peuple », il lutte pour l'établissement d'une démocratie intégrale et impose aux ennemis de l'extérieur comme à ceux de l'intérieur le respect intransigeant de la volonté populaire et de la souveraineté nationale.

L'éloquence de Robespierre est, à l'image de sa personne, rigoureuse et implacable. Il met sa logique, redoutable pour l'adversaire, au service de ses convictions, qu'il réaffirme sans cesse, avec l'efficacité d'un propagandiste. Mirabeau disait du jeune Robespierre : « Cet homme ira loin, car il croit tout ce qu'il dit. » De ces idées fixes, de cette sincérité, de cette intransigeance, l'orateur tire sa force de persuasion. Son éloquence est avant tout didactique ; elle vise à enseigner, à former et à réformer les hommes. Ses discours, parfois, ont quelque chose d'abstrait, mais cette abstraction peut envoyer à la guillotine.

Elle peut aussi soulever d'émotion un auditoire. Car Robespierre sait toucher. Sa marque personnelle est toujours dans le sens religieux, l'élévation spirituelle qu'il donne à l'idée, à l'événement. Disciple de Rousseau, il connaît la valeur du sentiment. Et autant qu'aux plaidoiries latines et à la rigueur cicéronienne, son style est redevable à *La Nouvelle Héloïse* qu'il gardait dans sa jeunesse sur sa table de travail, pour s'en inspirer.

« Le procès du tyran, c'est l'insurrection »

La logique implacable de Robespierre apparaît dans toute sa force au cours des luttes qui l'opposent aux Girondins (les modérés) sur l'affaire du procès de Louis XVI.

Dans le discours du 3 décembre 1792 devant la Convention, Robespierre réclame l'exécution sans jugement. L'idée même d'un procès est pour lui une idée contre-révolutionnaire : « Louis » en effet serait alors présumé innocent jusqu'à ce qu'il soit déclaré coupable. Au contraire, le condamner est un devoir, « une mesure de salut public à prendre, un acte de providence nationale à exercer ».

Lorsqu'une nation a été forcée de recourir au droit de l'insurrection, elle rentre dans l'état de la nature à l'égard du tyran. Comment celui-ci pourrait-il invoquer le pacte social ? Il l'a anéanti. La nation peut le conserver encore, si elle le juge à propos, pour ce qui concerne les rapports des citoyens entre eux : mais l'effet de la tyrannie et de l'insurrection, c'est de le rompre entièrement par rapport au tyran ; c'est de les constituer réciproquement en état de guerre ; les tribunaux, les procédures judiciaires sont faites pour les membres de la cité. C'est une contradiction grossière de supposer que la Constitution puisse présider à ce nouvel ordre de choses ; ce serait supposer qu'elle survit à elle-même. Quelles sont les lois qui la remplacent ? Celles de la nature, celle qui est la base de la société même : le salut du peuple. Le droit de punir le tyran, et celui de le détrôner, c'est la même chose. L'un ne comporte pas d'autres formes que l'autre ; le procès du tyran, c'est l'insurrection ; son jugement, c'est la chute de sa puissance ; sa peine, celle qu'exige la liberté du peuple.

Les peuples ne jugent pas comme les cours judiciaires ; ils ne rendent point de sentences ; ils lancent la foudre ; ils ne condamnent pas les rois, ils les replongent dans le néant ; et cette justice vaut bien celle des tribunaux. Si c'est pour leur salut qu'ils s'arment contre leurs oppresseurs, comment seraient-ils tenus d'adopter un mode de les punir qui serait pour eux un nouveau danger[1] ?

Robespierre, Discours à la Convention du 3 décembre 1792 sur le jugement de Louis XVI.

« Laissons les prêtres et retournons à la divinité »

La Terreur antireligieuse s'intensifie pendant l'année 1793, renforçant le programme de déchristianisation mis en place à la même époque : établissement d'un calendrier remplaçant l'ère chrétienne par l'ère révolutionnaire, célébration du culte de la déesse Raison. Mais Robespierre voit dans l'athéisme un signe de dégradation morale et le condamne solennellement. « L'idée de l'Être suprême et de l'immortalité de l'âme est un rappel continu à la justice : elle est donc sociale et républicaine. » La Convention votera le décret qu'il propose, proclamant que « le peuple français reconnaît l'existence de l'Être suprême et de l'immortalité de l'âme ». Le 8 juin 1794, se déroulera la Fête de l'Être suprême et de la Nature, présidée par Robespierre lui-même.

Laissons les prêtres et retournons à la divinité. Attachons la morale à des bases éternelles et sacrées, inspirons à l'homme ce respect religieux pour l'homme, ce sentiment profond de ses devoirs, qui est la seule garantie du bonheur social ; nourrissons-le par toutes nos institutions ; que l'éducation publique soit surtout dirigée vers ce but. Vous lui imprimerez sans doute un grand caractère, analogue à la nature de notre gouvernement, et à la sublimité des destinées de notre République. Vous sentirez la nécessité de la rendre commune et égale pour tous les Français. Il ne s'agit plus de former des *messieurs*, mais des citoyens ; la patrie a seule droit d'élever ses enfants ; elle ne peut confier ce dépôt à l'orgueil des familles, ni aux préjugés des particuliers, aliments éternels de l'aristocratie et d'un fédéralisme domestique[2] qui rétrécit les âmes en les isolant et détruit, avec l'égalité, tous les fondements de l'ordre social : mais ce grand objet est étranger à la discussion actuelle.

Il est cependant une sorte d'institution qui doit être considérée comme une partie essentielle de l'éducation publique, et qui appartient nécessairement au sujet de ce rapport. Je veux parler des fêtes nationales.

Rassemblez les hommes, vous les rendrez meilleurs ; car les hommes rassemblés chercheront à se plaire, et ils ne pourront se plaire que par les choses qui les rendent estimables. Donnez à leur réunion un grand motif moral et politique, et l'amour des choses honnêtes entrera avec le plaisir dans tous les cœurs ; car les hommes ne se voient pas sans plaisir. [...]

Ayez des fêtes générales et plus solennelles pour toute la République ; ayez des fêtes particulières et pour chaque lieu, qui soient des jours de repos, et qui remplacent ce que les circonstances ont détruit.

Que toutes tendent à réveiller les sentiments généreux qui font le charme et l'ornement de la vie humaine, l'enthousiasme de la liberté, l'amour de la patrie, le respect des lois. Que la mémoire des tyrans et des traîtres y soit vouée à l'exécration ; que celle des héros de la liberté et des bienfaiteurs de l'humanité y reçoive le juste tribut[3] de la reconnaissance publique ; qu'elles puisent leur intérêt et leurs noms même dans les événements immortels de notre Révolution et dans les objets les plus sacrés et les plus chers au cœur de l'homme ; qu'elles soient embellies et distinguées par les emblèmes analogues à leur objet particulier. Invitons à nos fêtes et la nature et toutes les vertus ; que toutes soient célébrées sous les auspices de l'Être suprême ; qu'elles lui soient consacrées ; qu'elles s'ouvrent et qu'elles finissent par un hommage à sa puissance et à sa bonté.

Robespierre, Rapport présenté au nom du Comité de salut public (18 floréal an II, 7 mai 1794).

1. Le roi, en effet, pourrait être acquitté.
2. Notion qui favorise l'initiative des familles et va donc à l'encontre du centralisme républicain.
3. Récompense.

QUELQUES GRANDS ÉCRIVAINS DU XVIIIE SIÈCLE

1700 1710 1720 1730 1740 1750 1760 1770 1780 1790 1800

Écrivain	Naissance	Mort
MONTESQUIEU	1689	1755
SAINT-SIMON	1675	1753
VOLTAIRE	1694	1778
LESAGE	1668	1747
MARIVAUX	1688	1763
DIDEROT	1713	1784
HELVÉTIUS	1715	1771
D'HOLBACH	1723	1789
ROUSSEAU	1712	1778
BERNARDIN DE SAINT-PIERRE	1737	1814
CAZOTTE	1719	1792
BEAUMARCHAIS	1732	1799
CHÉNIER	1762	1794
MERCIER	1740	1814
RÉTIF DE LA BRETONNE	1734	1806
LACLOS	1741	1803
SADE	1740	1814

INDEX DES AUTEURS CITÉS ET DES ŒUVRES

Index des genres, des thèmes et des mouvements[1]

1. *Les pages qui suivent immédiatement les rubriques renvoient aux développements qui leur sont consacrés, celles qui figurent à la suite des noms d'auteurs renvoient aux extraits des œuvres.*

LES GRANDES DATES

Événements politiques et sociaux	Événements et découvertes scientifiques	Littérature d'idées	Genres narratifs
		1682 Bayle, *Pensées diverses sur la comète*	
		1686 Fontenelle, *Entretiens sur la pluralité des mondes*	
		1687 Fontenelle, *Histoire des oracles*	
		1695-1697 Bayle, *Dictionnaire historique et critique*	**1704-1717** traduction et publication des *Mille et Une Nuits* par Galland
			1707 Lesage, *Le Diable boiteux*
1715 mort de Louis XIV, début de la Régence			
1716 système financier de Law, qui fonde la Banque générale	**1716** l'architecte Leblond dresse les plans de Saint-Pétersbourg		
1719 mauvaises récoltes			
1720 peste en Provence ; effondrement du système de Law			
1721 première loge maçonnique en France	**1721** la cloche de plongeur, découverte par Halley		**1721** Montesquieu, *Lettres persanes*
	1722 mise au point du microscope binoculaire. Publication de l'ouvrage de Réaumur : *L'Art de convertir le fer forgé en acier et l'art d'adoucir le fer fondu*		
1724 fondation de la Bourse de Paris au palais Brongniart			
	1725 création de la manufacture de porcelaine de Chantilly		
1726 début du ministère Fleury			
	1730 Poulin de Francheville exploite les mines de fer au Canada ; création de l'échelle thermométrique par Réaumur ; expérience sur la mesure de la vitesse du son		**1731-1741** Marivaux, *La Vie de Marianne*
	1731 création de l'Académie de chirurgie		**1731** Prévost, *Manon Lescaut*
1733-1735 guerre de succession de Pologne ; paix de Vienne	**1733** découverte de l'électricité positive et négative par Dufay		
		1734 Voltaire, *Lettres philosophiques*	
		1734 Montesquieu, *Considérations sur les causes de la grandeur et de la décadence des Romains*	**1735** Lesage, *Les Aventures de Gil Blas de Santillane*
		1735 invention du chronomètre Harrison	**1736-1738** Crébillon fils, *Les Égarements du cœur et de l'esprit*

LES GRANDES DATES

Les arts (France et étranger)	Littérature étrangère	Poésie	Théâtre
1706-1707 Morin, *Cantates françaises à une et deux voix*			**1707** Crébillon, *Atrée et Thyeste*, tragédie, Lesage, *Crispin, rival de son maître*
1712 Watteau, *Jupiter et Antiope*	**1712** création du *Spectator* d'Addison		**1709** Lesage, *Turcaret*
1716 Haendel, *Water Music*			
1717 Watteau, *L'Embarquement pour Cythère, L'Indifférent, Le Concert*			
1718 Watteau, *Les Fêtes galantes*	**1719** Defoe, *Robinson Crusoé*		
1720 Watteau, *L'Enseigne de Gersaint, Gilles*			
1721 Bach, *Concertos brandebourgeois*			
	1722 Defoe, *Moll Flanders*		**1722** Marivaux, *La Surprise de l'amour*
			1723 Marivaux, *La Double Inconstance*
1725 Vivaldi, *Les Quatre Saisons*			**1725** Marivaux, *L'Île des esclaves*
	1726 Swift, *Les Voyages de Gulliver*		
1728 Chardin, *La Raie*		**1728** Voltaire, *La Henriade*, épopée	
			1730 Marivaux, *Le Jeu de l'amour et du hasard*
			1732 Voltaire, *Zaïre*, tragédie
1733 Rameau, *Hippolyte et Aricie*	**1733** Pope, *Essai sur l'homme*		**1733** *L'Heureux Stratagème*
1735 Rameau, *Les Indes galantes*			**1735** Nivelle de La Chaussée, *Le Préjugé à la mode* (comédie larmoyante)
			1736 Voltaire, *Le Mondain*
			1737 Marivaux, *Les Fausses Confidences*

Les grandes dates

Événements politiques et sociaux	Événements et découvertes scientifiques	Littérature d'idées	Genres narratifs
	1739 Saint-Simon, début de la rédaction des *Mémoires*		
1740-1786 règne de Frédéric II de Prusse			
1741-1748 guerre de la Succession d'Autriche			
	1742 découverte de l'échelle thermométrique centésimale de Celsius. Fin des travaux de Réaumur sur l'histoire des insectes		
1744-1758 guerre coloniale avec l'Angleterre	**1743** *Traité de dynamique* de d'Alembert		
	1745 métier à tisser de Vaucanson	**1746** Condillac, *Essai sur l'origine des connaissances humaines*	
	1747 création de l'École des mines et de l'École des ponts et chaussées		
1748 traité d'Aix-la-Chapelle ; Madame de Pompadour devient la favorite du roi ; suppression des galères		**1748** Montesquieu, *De l'esprit des lois*	**1748** Voltaire, *Zadig ou la Destinée*
		1749 Diderot, *Lettre sur les aveugles*	
		1749-1788 Buffon, *Histoire naturelle*	
	1750 invention du paratonnerre, des conserves aseptisées ; exploitation du charbon au Creusot ; développement des fouilles d'Herculanum et de Pompéi	**1750-1772** *Encyclopédie* **1750** Rousseau, *Discours sur les sciences et les arts*	
			1752 Voltaire, *Micromégas*
		1754 Fréron, création de l'*Année littéraire*	
1755 tremblement de terre de Lisbonne	**1755** invention du crayon en bois à mine de graphite ; établissement d'une nomenclature rationnelle de chimie par Fourcroy	**1755** Rousseau, *Discours sur l'origine de l'inégalité*	
1756-1763 guerre de Sept Ans			
		1758 Helvétius, *De l'esprit*	
	1759 création de la première manufacture de toiles imprimées par Oberkampf à Jouy-en-Josas	**1759-1781** Diderot, *Salons*	**1759** Voltaire, *Candide ou l'Optimisme*
			1760 Diderot, début de la rédaction de *La Religieuse*
	1761 fondation de l'école vétérinaire à Lyon		**1761** Rousseau, *La Nouvelle Héloïse*
1762-1796 règne de la tsarine Catherine II		**1762** Rousseau, *Émile ou De l'éducation* **1762** Rousseau, *Du contrat social*	**1762** Rousseau, *Lettres à Monsieur de Malesherbes* **1762** Diderot, début de la rédaction du *Neveu de Rameau*
1763 traité de Paris		**1763** Voltaire, *Traité sur la tolérance*	
1764 expulsion des jésuites		**1764-1769** Voltaire, *Dictionnaire philosophique*	
	1765 machine à vapeur de J. Watt		**1765** Diderot, début de la rédaction de *Jacques le fataliste*
	1766-1769 voyages de Bougainville		

LES GRANDES DATES

Les arts (France et étranger)	Littérature étrangère	Poésie	Théâtre
1740 Boucher, *Le Triomphe de Vénus* Chardin, *Le Bénédicité*	**1740** Richardson, *Pamela*		
			1741 Nivelle de La Chaussée, *Mélanide*
	1742 Felding, *Joseph Andrews* **1742** Young, *Les Nuits*		
	1745 Swift, *Instructions aux domestiques*		
1747 La Tour, portrait de *Maurice de Saxe*	**1747** Richardson, *Clarisse Harlowe* **1748** Hume, *Essai sur l'entendement humain*		**1747** Gresset, *Le Méchant*
1749 Bach, *L'Art de la fugue*	**1749** Fielding, *Tom Jones*		**1749** Voltaire, *Nanine*
1750 Longhi, *Vues vénitiennes*	**1750** Comédies de Goldoni		
1751 Rousseau, *Le Devin de village*			**1751** Voltaire, *Mahomet*
1753 La Tour, portraits de d'Alembert, de Rousseau			
1755 Greuze, *Le Père de famille*			
		1756 Voltaire, *Poème sur le désastre de Lisbonne*	
			1757 Diderot, *Le Fils naturel*, drame
	1758 Swedenborg, *La Nouvelle Jérusalem*	**1758** Malfilâtre, *Soleil fixe au milieu des planètes*	**1758** Diderot, *Le Père de famille*, drame
1760 Guardi, *Vues vénitiennes*	**1760** Macpherson, *Poèmes d'Ossian* Sterne, *Tristram Shandy*		**1760** Palissot, *Les Philosophes* (comédie satirique)
1761 Greuze, *L'Accordée de village* **1761-1765** Fragonard, *Cascatelles à Tivoli*			
1764-1780 construction du Panthéon	**1764** Walpole, *Le Château d'Otrante*		
			1765 Sedaine, *Le Philosophe sans le savoir* (drame)
1766 Fragonard, *L'Escarpolette*	**1766** Goldsmith, *Le Vicaire de Wakefield*	**1766** Léonard, *Idylles morales*	

Les grandes dates

Événements politiques et sociaux	Événements et découvertes scientifiques	Littérature d'idées	Genres narratifs
		1767 Beaumarchais, *Essai sur le genre dramatique sérieux*	**1767** Voltaire, *L'Ingénu*
	1768-1779 voyages de Cook	**1768** d'Holbach, *La Contagion sacrée*	
1769 disette en France ; suppression de la Compagnie des Indes		**1769** Diderot, *Le Rêve de d'Alembert*	
1770 crise économique		**1770** d'Holbach, *Le Système de la nature*	**1770** Mercier, *L'An 2440, rêve s'il en fut jamais*
	1772 développement de la chimie avec Lavoisier et Berthollet	**1772** Diderot, *Supplément au Voyage de Bougainville*	
		1773-1778 Diderot, *Paradoxe sur le comédien*	
1774-1793 règne de Louis XVI	**1774** découverte de l'oxygène par Lavoisier		
			1775 Restif de La Bretonne, *Le Paysan perverti*
1776 indépendance des États-Unis		**1776** d'Holbach, *La Morale universelle*	
	1777 création des forges de Vierzon		
1778 traité d'amitié et de commerce avec les États-Unis	**1778** création de l'Académie de médecine		
			1779 Restif de La Bretonne, *La Vie de mon père*
			1780-1782 Rousseau, *Dialogues*
			1782 Laclos, *Les Liaisons dangereuses*
			1782 Rousseau, *Les Rêveries*
			1782-1789 Publication des *Confessions de Rousseau*
1783 traité de Versailles	**1783** premier aérostat des frères Montgolfier ; analyse de la composition de l'eau par Lavoisier. Plusieurs voyages en ballon à hydrogène		
1784 inondations			
	1785-1788 expédition de La Pérouse		
	1786 première ascension du Mont-Blanc		
1787 Édit de tolérance envers les protestants			
1788 convocation des états généraux			**1788** Bernardin de Saint-Pierre, *Paul et Virginie*
			1788 Restif de La Bretonne, *Les Nuits de Paris*
			1788 Mercier, *Tableau de Paris* (publication à partir de 1781)
1789 Révolution française	**1789** *Traité de chimie* de Lavoisier	**1789** Discours politiques de Mirabeau, Danton, Robespierre	
1790 proclamation des 83 départements	**1790** métier à tisser de Jacquard		
1792 proclamation de la République, Valmy, Jemmapes			
	1793 télégraphe de Chappe		
		1794 Condorcet, *Esquisse d'un tableau des progrès de l'esprit humain*	
1795 Directoire			**1795** Sade, *La Philosophie dans le boudoir*
1796 Affaire du courrier de Lyon	**1796** vaccination antivariolique de Jenner, pile de Volta		
			1797 Sade, *La Nouvelle Justine*
1799 coup d'État du 18 Brumaire	**1799** *Traité de géométrie descriptive* de Monge		

Les grandes dates

Les arts (France et étranger)	Littérature étrangère	Poésie	Théâtre
1767 Houdon, *L'Écorché*			
	1768 Sterne, *Voyage sentimental*		
		1769 Saint-Lambert, *Les Saisons*	
	1770-1775 mouvement « Sturm und Drang » en Allemagne		**1770** Beaumarchais, *Les Deux Amis*
	1774 Goethe, *Les Souffrances du jeune Werther*		
			1775 Beaumarchais, *Le Barbier de Séville*
1776 Gluck *Alceste*			
1777 Gluck, *Armide*		**1778** Parny, *Poésies érotiques*	**1778** Voltaire, *Irène*, tragédie
	1779 Hume, *Dialogue sur la religion naturelle*		
1781 Mozart, *L'Enlèvement au sérail*	**1781** Kant, *Critique de la raison pure*		
	1782 Schiller, *Les Brigands*	**1782** Delille, *Les Jardins*	
1783 David, *La Douleur d'Andromaque*			
			1784 Beaumarchais, *Le Mariage de Figaro*
		1785-1787 Chénier, *Bucoliques* **1785-1789** Chénier, *Élégies*	
1786 David, *Le Serment des Horaces*			
1787 Mozart, *Dom Juan*			**1787** Mercier, *La Brouette du vinaigrier*
	1788 Kant, *Critique de la raison pratique*		
1791 Mozart, *La Flûte enchantée*			
			1792 Beaumarchais, *La Mère coupable* (drame)
	1794 Radcliffe, *Les Mystères d'Udolphe*	**1794** Chénier, *Iambes*	
1795 Goya, *La Duchesse d'Albe*	**1795** Goethe, *Wilhelm Meister* Lewis, *Le Moine*		
1797 Cherubini, *Médée*			
1798 Gérard, *Psyché et l'amour* Gros, *Napoléon au pont d'Arcole*	**1798** Malthus, *Essai sur le principe de population*		

TABLE DES ILLUSTRATIONS

230 ph. © H. Josse
232 ph. © H. Josse
234 ph. © H. Josse
236 ph. © H. Josse
238 ph. © E.-T. Archive, London
245 ph. © Archives L'Hôpitault, Paris by permission of the Governors of Dulwich Picture Gallery
246 ph. © H. Josse
249 ph. © Bibliothèque Nationale, Paris
251 ph. © Photobusiness/Meyer, Leopoldsderf, Wien
253 ph. © Giraudon
254 ph. © H. Josse
256 ph. © Archives Hatier
257 ph. © Réunion des Musées Nationaux, Paris
259 ph. © Lauros-Giraudon
261 ph. © H. Josse
264 ph. © National Gallery of Scotland, Scottish National Portrait Gallery
266 ph. © Emil Bauer/Artothek
268 ph. © Réunion des Musées Nationaux, Paris
270 ph. © J.-L. Charmet
271 ph. © J.-L. Charmet
273 ph. © Bibliothèque Nationale/Archives Hatier
275 ph. © Réunion des Musées Nationaux, Paris
277 ph. © Bulloz
278 ph. © Archives Hatier
280 ph. © Musée de Chaalis
281 ph. © Archives L'Hôpitault, Paris
283 ph. © Giraudon
284 ph. © Roger-Viollet/Archives Hatier
288 ph. © Réunion des Musées nationaux, Paris
289 ph. © Fogg Art Museum, Harvard University, Cambridge, Massachusetts, Gift of Charles E. Dunlap
290 ph. © J.-L. Charmet
292 ph. © Giraudon/Archives Hatier
295 ph. © National Gallery of Canada/Ottawa
297 ph. © Giraudon
299 ph. © H. Josse
300 ph. © Bibliothèque publique et universitaire de Genève
301 ph. © Musées de la Ville de Paris © by Spadem 1989
302 ph. © H. Josse
305 ph. © H. Josse
306 ph. © Musée Carnavalet/Archives Hatier
308 ph. © F. Foliot
311 ph. © Bibliothèque Nationale, Paris
312 ph. © Lauros-Giraudon
313 ph. © Bulloz
315 ph. © E.-T. Archive
317 ph. © Lauros-Giraudon
318 ph. © Bibliothèque Forney, Paris
319 ph. © Scala
321 ph. © Lauros-Giraudon
323 ph. © Bibliothèque Nationale, Paris
324 ph. © Oronoz/Artephot
328 ph. © Bibliothèque Nationale, Paris
330 ph. Studio Delatouche, Orléans
331 ph. Studio Delatouche, Orléans
332 ph. © Bibliothèque Nationale, Paris
335 ph. © Bibliothèque Nationale, Paris
336 ph. © Bibliothèque Nationale/Archives Hatier
339 ph. © Hubert Josse
341 ph. © Giraudon
342 ph. © J.-L. Charmet, Orléans
343 ph. © J.-L. Charmet, Orléans
345 ph. © Réunion des Musées Nationaux, Paris
347 ph. © Bibliothèque Nationale, Paris
350 ph. © H. Josse
352 ph. © H. Josse
353 ph. © Réunion des Musées Nationaux, Paris
354 ph. © J.-L. Charmet
355 ph. © H. Josse
356 ph. © H. Josse
358 ph. © Oronoz/Artephot
360 ph. © Lauros-Giraudon
361 ph. © Bulloz
363 ph. © Oronoz/Artephot
364 ph. © Oronoz/Artephot
367 ph. © Archives L'Hôpitault
369 ph. © Oronoz/Artephot
371 ph. Gerhard Reinhold, Leipzig Molkau/Archives Hatier © Staatlichen Kunstsammlungen, Dresden
373 ph. © Oronoz/Artephot
377 ph. © Oronoz/Artephot
379 ph. © Dagli Orti
380 ph. © H. Josse
383 ph. © Bibliothèque Nationale, Paris
384 ph. © Lauros-Giraudon
385 ph. © Bulloz
386 ph. © H. Josse
391 ph. © Bibliothèque Nationale, Paris
393 ph. © H. Josse
394 ph. © Bibliothèque Nationale, Paris
396 ph. © Bibliothèque Nationale, Paris
398 ph. © Musée Carnavalet/Archives Hatier
400 ph. © Bibliothèque Nationale, Paris
401 ph. © Archives Hatier
402 ph. © Archives Hatier
404 ph. © Lauros-Giraudon
406 ph. © Réunion des Musées Nationaux, Paris
409 ph. © Dagli Orti
411 ph. © J. Blauel/Artothek
415 ph. © Archives L'Hôpitault, Paris
417 ph. © The Metropolitan Museum of Art, The Jules Bache Collection, 1949
418 ph. © Archives Hatier
421 ph. © Bibliothèque Nationale, Paris
424 ph. © H. Josse
426 ph. © Lauros-Giraudon
427 ph. © Musée des Beaux-Arts de Bordeaux
429 ph. © H. Josse
430 ph. © Lauros-Giraudon
431 ph. © J.-L. Charmet
432 ph. © H. Josse
433 ph. © H. Josse

Couverture : Francisco de Goya (1746-1828), « Le parasol », carton de tapisserie, détail, 1,04 × 1,52 m, 1777 (Madrid, Musée du Prado). ph. © Archives L'Hôpitault, Paris

Conception couverture : C. Blangez

Imprimerie Jean Lamour, 54320 Maxéville
Dépôt légal n° 8595 - Août 1991